핵의 변곡점

HINGE POINTS

핵물리학자가 들여다본
북핵의 실체

시그프리드 헤커 지음
천지현 옮김

핵의 변곡점

HINGE POINTS

창비
Changbi Publishers

한없는 활력과 평화롭게 번영하는 한반도를 위한 헌신으로

내 북한 관련 작업과 이 책에 영감을 준

존 윌슨 루이스 교수를 추모하며

한국어판 서문

2022년 5월 『핵의 변곡점』의 영어판 에필로그에서 나는 북한의 핵 문제가 무섭게 악화해왔다고 썼다. 평양과 워싱턴 사이에 외교적 대화는 없고 동시에 북한의 핵무력은 현저히 늘어나는 시기였다. 불행하게도, 북한이 바이든 정부 초기 대화 재개를 위해 빼꼼히 열어두었던 문은 그 이후로 굳게 닫혀버렸다. 미국과의 관계를 정상화하려던 30년 동안의 노력을 마침내 청산하는 방식으로 북한의 근본적인 정책 변화가 이뤄지는 모습을 우리는 지켜보았다.

『핵의 변곡점』에서 기술했듯이, 김일성은 냉전의 끝자락에서 붕괴하고 있는 소련과 고압적인 중국의 그늘로부터 벗어나기 위한 정책을 수립했다. 김정일은 그 정책을 물려받아 관계 정상화에 핵개발을 더한 이중경로 전략을 채택했다. 김정은은 북한의 핵·미사일 프로그램을 크게 확장하면서도 2012년과 2019년 사이 뚜렷하게 개선된 관계를 대가로 미국과 핵 문제를 해결하기 위한 몇가지 진지한 조치를 취했다. 불행하게도, 실패한 하노이 정상회담은 미국을 협상 테이블로 다시 불러오지 못했고 그로 인해 관계 정상화는 요원한 상태로 남게 되었다.

2021년 여름 즈음 러시아와 중국에 대한 지지 양상이 의미심장하게도 더욱 두드러지면서 북한의 정책이 변화하고 있다는 징후가 보였다. 북한 외무성은 러시아의 쿠릴열도에 대한 영유권 주장에 지지를 표명했으며 중국의 대만 관련 움직임에도 공감을 표했다. 돌이켜보면 새 정책은 "일시 중단되었던 모든 활동을 재개하는 문제를 즉각 검토할 것"이라는 결정을 발표한 2022년 정치국 회의의 선언 때부터 뚜렷이 드러났다. 여기에 새로운 대륙간 탄도미사일 발사가 뒤따랐으며, 이로써 그런 미사일을 발사하지 않겠다는 2018년의 약속은 마침내 깨지고 말았다.

그 이후로 우리가 목격한 바는 새로운 세계관을 반영한 일련의 선언과 행동이었다. 이 세계관은 이웃 강대국에 맞서는 완충 장치로서 미국과의 정상적 관계를 추구하려던 이전의 정책이 실패했다는 판단에서 나온 것이었다. 평양은 장기적인 지정학적 추세를 볼 때 실질적이고 아마도 가장 안전한 길로 모스크바 및 베이징과 다시 협력하는 길을 좇을 수밖에 없다는 결론을 내린 듯 보인다. 그들이 그런 결정을 내린 것은 2022년 2월 러시아가 정당한 이유 없이 우크라이나를 침공하기 전의 일이었지만, 이후 그런 관계는 2023년 김정은의 장기간 러시아 방문에서 보이듯 오히려 배가되었다. 김정은과 푸틴의 정상회담은 상호 지지와 미국의 일방주의에 대한 강고한 반대를 약속했다.

2022년 5월 남한의 대권이 윤석열 대통령의 강경파 정부로 넘어간 데 이어 북한에 대한 참수 작전까지 거론된 것도 러시아 및 중국과의 새로운 전략적 협력을 추구하기로 한 평양의 결심을 강화했을 것이다. 한국의 독자적 핵무력 개발 가능성에 대해 윤 대통령이 공개적으로 운을 떼자 워싱턴이 발 빠르게 "철통같은" 동맹 강화를 대가로 제시하며 이를 제어했지만, 그럼에도 불구하고 그로 인해 한반도는 훨씬 더 위험한 곳이 되었다. 바이든 정부는 전반적으로 북한에 대한 점잖은 무시 정책으로 회귀한 반면, 북한은 남한과 일본을 위태롭게 만들 뿐 아니라 궁극적으로는 미국 본토까지 위협할 정도로 자국의 핵무력과 그 운반 수단을 강화하는 행진을 이어가고 있다.

이 시점에서 유일한 한가닥 희망은 북한 사람들이 실용적이기도 하거니와 변화하는 환경에 빠르게 적응할 수 있는 면모를 보여왔다는 점이다. 김정은은 북한의 경제를 되살리기 위해 그가 품고 있는 어떤 계획이든 대외 안보 환경의 개선 없이는 성공할 수 없으며, 따라서 덜 적대적인 미국과의 관계가 필요하다는 것을 틀림없이 잘 알고 있을 것이다. 러시아 및 중국과의 협력이 북한의 생존에는 도움이 되겠지만, 그것으로 북한이 번영을 이루지는 못할 것이다. 만약 그가 워싱턴 및 서울과 어떤 형태로든 대화를 하려고 돌아서는 때가 온다면, 『핵의 변곡점』에 기술된 과거의 쓰라린 교훈을 새기고 있어야 할 것이다.

2023년 10월

시그프리드 헤커

영어판 서문

"우리가 만든 걸 좀 보시겠습니까?" 북한 영변 핵과학연구소의 소장 리홍섭 박사가 물었다. 그는 별 특색 없는 소형 회의실 탁자 너머에서 기대에 찬 눈빛으로 나를 쳐다보고 있었다. 그들 주장대로라면, 북한의 초기 핵무기 프로그램을 위한 폭탄 원료를 추출했다는 거대한 단지 내 방사화학실험실 안이었다. "플루토늄 말입니까?" 뜻밖의 질문에 나는 조심스레 반문했다. 그렇습니다, 리홍섭이 대답하며 흰 실험 가운을 입은 동료에게 손짓하자, 그는 곧바로 그 물질을 가져오기 위해 방을 나섰다. 몇분 후 내 손에는 밀봉된 유리병에 든 반 파운드에 달하는 깔때기 모양의 플루토늄 조각이 들려 있었다.

이 사건은 2004년 1월 나의 첫 북한 방문, 실현 가능성이 전혀 없어 보였던 그 방문의 정점을 찍는 순간이었다. 핵폭탄이 탄생한 현장, 뉴멕시코 로스앨러모스의 실험실에서 여름학기 학생 신분으로 손에 장갑을 낀 채 처음 플루토늄을 만져본 후 거의 40년이 흘렀다. 놀라운 것은 플루토늄이 존재한다는 사실 그 자체보다는 북한 사람들이 전직 로스앨러모스연구소 소장인 나에게 자기네 플루토늄을 기꺼이 보여주려 한다는 사실이었다. 더더욱 예상치 못했던 일은, 북한의 핵 전문가들이 그들의 시설을 낱낱이 보여주려 했다는 점이었다. 왜였을까? 내가 느낀 바대로라면, 그들은 그들의 핵시설이 잘 작동하고 있다는 사실을, 그들이 무엇을 달성했는지를 바깥세상에 보여주려 열심이었다. 당시 비정부·비공식(이른바 트랙2) 사절로 스탠퍼드대학의 존 W. 루이스(John W. Lewis) 교수와 동행하고 있었음에도 불구하고, 북한의 관계자들은 로스앨러모스에서의 내 전력을 미국 정부로 가는 쓸 만한 통로로 보았던 것이다.

핵시설과 핵무기에 관해서라면 나도 그런대로 사정을 꿰고 있었다. 로스앨러모스에서 수십년간 일했고, 그중 12년 가까이는 연구소의 5대 소장으로 재직했으니까. 러시아와 중국, 영국, 프랑스 등의 핵무기 시설을 방문한 적도 있었다. 내 전문 영역은 주로 기술 부문이었으나, 냉전 시기 영국·프랑스 동료들과 긴밀히 협력하여 소련을 저지하기 위한 공동 프로그램을 개발한 적도 있어 정치·외교 사안에도 문외한은 아니었다. 소련이 해체될 당시에는, 러시아 및 몇몇 다른 구소련 국가들과 함께 작업하며 소련의 붕괴가 초래한 핵 안보 및 안전 위기 완화를 위해 힘썼다. 중국의 핵단지와 협력하여 그곳 핵 전문가들이 그들의 핵물질을 보호 및 방위하고, 나중에는 핵 테러 방지에 힘을 모으도록 지원한 적도 있었다. 게다가 당시 나는 인도-파키스탄 분쟁을 유심히 살펴보기 시작한 참이었다. 1998년 핵실험 실시 이후 양국 모두가 핵보유국임을 선언하면서, 원래도 50년 넘게 적대적이었던 관계가 심상치 않은 단계에 들어섰기 때문이다. 북한은 당시 내 관심사 밖이었다. 특별히 그곳을 찾을 생각이 없었다는 얘기다.

그 첫 방문 중 보고 경험한 것이 조선민주주의인민공화국에 대해 내가 이전에 품고 있던 생각을 뿌리째 흔들어놓았다. 세계 경제 하위 10퍼센트에 속하는 국가가, 1990년대에는 수천수만의 주민들이 굶어 죽던 그 국가가 어떻게 폭탄 제조를 위한 자원들을 그러모을 수 있었을까? 그리고 그 어떤 것도 빠져나오지 못할 우주의 블랙홀이나 다름없이 여겨지던 이 나라가 지금 와서 왜 자기네 주요 핵단지를 나에게 개방하고 그곳의 핵 전문가들이 그 단지의 위상과 계획에 대해 나에게 설명하도록 하는 것일까?

무엇보다 중요한 점으로, 그 방문은 나의 경각심을 불러일으켰다. 핵시설의 활동을 8년 동안 중지시켰던 외교적 합의를 팽개치는 정치적 결정을 내리면서도 어떻게 조지 W. 부시(George W. Bush) 정권은 그것이 초래할 기술적 결과나 그에 따른 핵안보상의 위협을 예측하지 못했을까, 곰곰 생각해보았다. 나는 이때의 방문 결과를 의회 청문회에서도 보고했다. 그때가 바로 북한의 핵 프로그램을 제대로 평가하고 그것이 남한·일본 등 동북아시아의 우리 동맹과 그 지역 및 본토에 있는 미국의 자산에 가하는 위협을 완화하기 위해 그후 20년 가까이 펼쳐질 노력의 시발점이었던 셈이다. 이 여정은 이후 6년 동안 매해 나를 북한으로 이끌었다. 그곳을 찾을 때마다 나는 핵 프로그램의 본질과 나의 북측 교섭상대자의 인물됨, 그들 관료사회의 내적 작동에 대해 더 많은 정보를 얻을 수 있었다. 놀라움의 연속이었다.

내가 그곳을 마지막으로 방문한 2010년 11월 이후 북한 핵시설들에는 모든 외부인의 출입이 금지되었다. 북한이 한 단계 한 단계 핵개발 실적을 과시할 때마다 나는 그것을 멀리서 지켜보았다. 계속해서 기술적 분석을 업데이트하고, 정치적 상황이 어떻게 전개되는지 면밀하게 추적하면서 우리 정부와 동맹들에게 자문을 하기도 했다.

변변한 패 하나 손안에 없던 나라가 채 10개국도 안 되는 핵무기 보유국 중 하나, 그것도 미국을 겨냥할 가능성이 있는 단 3개국에 드는 동안, 어떻게 미 정부는 번번이 그것을 막지 못하는지 답답할 따름이었다. 어떻게 이런 사태가 벌어졌는지, 뭔가 다른 길은 없었던 것인지, 그리고 미래의 정부에게 전해줄 교훈은 무엇인지에 관한 분석이 이 책 『핵의 변곡점』의 주제다.

차례

1장

시작하며

러시아
두만강
중국
N
백두산
풍계리
핵실험장
동해위성발사장
압록강
신의주
영변 핵단지
함흥
금호 경수로
건설 현장
서해위성발사장
북한
원산
평양
남포
비무장지대
동해
평산
우라늄 광산
서울
연평도
인천
남한
서해
부산
0 50 100 150 km
제주도
일본

북한 함경도의 산악지역에 있는 만탑산은 원래도 거기서 가장 높은 산은 아니었다. 2017년 9월 3일 날이 밝아오자 이 산은 곧 더 낮아질 처지가 되었다. 오전 내내 북한 과학자와 기술자 들이 자국 핵개발 프로그램의 분수령이 되기를 바라마지 않는 이 실험을 준비하느라 만탑산의 한쪽 산비탈에 있는 기지를 바삐 오갔다. 지난 8월 몇주 동안 그들은 진단용 계기들을 준비하고 건설 작업을 서둘렀으며, 이미 지난 다섯차례 핵실험의 충격을 견뎌낸 만탑산 깊숙이 판 터널 안에 핵폭탄을 조립 및 설치했다.[1] 이제 그들은 북쪽 출구 밖 격납고에 수용된 기계와 설비 등을 재점검하고 진흙 밭 안뜰을 터벅터벅 걸어 통제센터로 향했다. 그곳에서 그들은 지난 몇년간 그들이 기울인 노력의 결과를 노심초사 기다렸다. 오후 12시 36분, 산이 흔들렸다. 1초도 안 되는 찰나의 순간에 강력한 핵반응이 일어나 가공할 열기와 압력으로 맹렬하게 불꽃을 피웠다. 그로 인해 실험 장비가 박살나고,

산 내부에 커다란 구형의 구멍이 뚫렸으며, 예상치 않은 결과였지만 2205미터 높이의 만탑산이 반미터나 주저앉으며 옆으로 3.5미터가량 더 불거져 나온 형상이 되었다.

이 폭발로 촉발된 진도 6.3의 지진이 북한 전역을 뒤흔들었고, 인접한 중국과 남한을 거쳐 전세계에 여파를 전했다. 그것은 전세계 지진 활동을 감시하는 미국지질조사국과 포괄적핵실험금지조약기구(CTBTO)의 감지 장치를 건드렸다.[2] 폭발 몇시간 전 조선중앙통신(KCNA)은 북한의 지도자 김정은이 핵폭탄을 시찰하는 모습을 담은 사진들을 공개했다. 그 가운데 특히 눈에 띄는 어느 사진에서 김정은은 명령을 내리는 모습이 아니라 북한 핵무기연구소 소장으로 확인된 리홍섭 박사의 손짓을 마치 학생처럼 주의 깊게 따르는 모습이었다. 실험이 끝나자 핵무기연구소는 그들이 실험한 폭탄이 북한 장거리 미사일의 노즈콘에 들어갈 수 있을 정도로 소형화된 2단계 열핵폭탄, 즉 수소폭탄이라고 밝혔다. 사진 속 김정은의 등 뒤로, 그 장거리 미사일 사진이 여봐란듯이 걸려 있었다.[3]

북한이 실험한 폭탄이 사진 속 그 폭탄이 맞는지는 아직 명확하지 않다. 그러나 지진 관측 자료로 추정한 폭발력은 200~250킬로톤에 달했는데,[4] 이는 1945년 8월 히로시마 폭발 규모의 15배 정도로 수소폭탄의 위력에 부합한다. 지구상에서 그 정도로 강력한 폭탄을 폭발시켰던 것은 1992년 중국에서의 핵실험이 마지막이었다. 미국과 소련은 양국이 1974년 지하핵실험금지조약을 체결한 이후 150킬로톤 이상의 폭발은 시도하지 않았다. 북한이 실험한 폭탄의 정확한 설계가 무엇이었든, 북한이 대규모 손상을 입힐 수 있는 새로운 능력을 증명했다는 점에는 의심의 여지가 없었다.

이 핵실험에 이어 11월 28일 북한은 핵탄두를 탑재하지 않은 비무장 탄도미사일을 거의 4500킬로미터 높이 우주로 쏘아 올렸다. 그 잔해는 동해에 떨어졌다. 곧바로 미국 정부와 독립적 분석가들은 북한이 화성15호라고 명명한 이 미사일이 대륙 간 사거리를 갖추었으며, 이는 곧 미 전역이 그 사정권에 들어갈 수 있음을 의미한다고 평가했다.[5] 북한 국영매체가 공개한 사진에는, 관측소에서 미사일의 비행 경로 화면을 주시하거나 위장막 속 우뚝 솟은 이동식발사대(TEL)를 배경으로 발사 전 미사일을 살펴보는 김정은의 모습이 담겨 있었다. 2017년 내내 북한은 새로 도입한 중·장거리 탄도미사일 여러대를 실험해왔는데, 화성15호 실험은 그들이 왕성하게 추진해온 개발 계획의 최신작이었다.

결론적으로 이 두가지 주요 사건, 즉 수소폭탄일 가능성이 큰 9월의 폭탄 실험과 11월의 신형 대륙간탄도미사일(ICBM) 실험은 위험하고 불안했던 그해 한반도 상황을 분명히 보여주었다. 북한 핵무력의 획기적인 발전으로 북한의 재래식 전력 및 화학 무기, 핵무기 등이 미국 및 동북아시아의 동맹국들에 가하는 기존의 군사적 위협도 한층 가중되었다. 북한이 핵탄두 ICBM의 안정성·신뢰도·성능을 높이려면 더 많은 실험이 필요하겠지만, 2017년의 이 두가지 사건은 모든 일이 착착 진행되고 있다는 사실을 보여주고도 남았다. 북한 김씨 왕조의 권좌에 오르고 채 6년도 되지 않아 젊은 지도자 김정은은 그의 아버지 김정일과 할아버지 김일성의 꿈을 실현했다. 미국을 억지하기에 충분할 만큼 위협적인 핵무력을 보유하게 된 것이다.

2017년이 특히 위험했던 것은 이렇게 쉴 새 없이 몰아치는 기술 개발이 워싱턴-평양 간의 정치적 관계가 긴장감을 더해가는 상황과 맞물려 일어났기 때문이었다. 김정은과 도널드 트럼프(Donald Trump) 미 대통령이 각자의 핵무력을 등에 업고 쏟아내는 도발적인 언사와 군사적 위협은 국제 안보에 심각한 위기를 불러왔다. 미국이 '코피' 타격—북한의 핵 자산 및 장·단거리 운반 체계에 대한 미국의 제한적·예방적 공격—을 개시해야 할지에 대해 트럼프의 보좌관들이 갑론을박하는 사이, 트럼프는 북한이 미사일 및 핵 개발을 계속하면 "지금껏 세상이 보지 못한 '화염과 분노'를 맞게 될 것"이라고 으름장을 놓았다. 2017년 9월에는 유엔 총회장에 서서 "로켓맨"에게 경고하기를, 만약 미국이 자신과 동맹들을 방어해야 하는 상황이 오면 "북한을 철저히 파괴하는 것 외에는 다른 선택의 여지가 없을 것"이라고 했다. 이에 김정은도 격렬한 언사로 맞받아쳤다. 북한 외교관들조차 놀랐고, 많은 미국인들은 서둘러 사전을 뒤적여야 했다. "미국의 늙다리 미치광이를 반드시, 반드시 불로 다스릴 것이다."

2017년 핵전쟁에 대한 공포가 한층 높아진 것은 당시 핵 단추에 손가락을 올려놓고 있는 이 두 지도자에 대해 알려진 바가 너무 적었기 때문이었다. 2011년 후반 북한 권력을 차지한 김정은은 젊기도 했거니와 미국 내에서는 경험 부족의 예측 불가한 인물로 여겨졌다. 미국 뉴스 매체들이 그를 미치광이나 살인광으로 묘사하는 일도 흔했다. 그의 전략로케트군을 지휘하는 군사적 지도력에 대해서는 더더욱 알려진 바가 없었다. 트럼프 대통령도 경험이 없기로는 마찬가지에다가, 모르긴 몰라도 훨씬 더 예측 불가한 인물이었다. 워싱턴과 평양 간 공식적인 직접 소통 라인이 없는 것도 문제를 더 복잡하게 만들었다.

북한은 모든 난관을 헤치고, 지난 30년 동안 미국 역대 정권의 영점조준을 받는 상태에서도 종종 여봐란듯이, 현재의 핵무력을 구축하는 데 성공했다. 미국의 대통령들은 북한이 핵폭탄을 손에 쥐도록 내버려두지 않겠다거나, 그런 사태가 일어나면 그것을 완전히 무장

해제하겠다고 저마다 공언해왔다. 북한의 핵 프로그램은 빌 클린턴(Bill Clinton) 정권 동안 억제되긴 했으나 완전히 폐기되진 않았다. 조지 W. 부시 정권 중에는 문제시되고 검증을 받기도 하였으나 결국은 다시 고삐 풀린 상태가 되었다. 오바마 시절엔 현저히 확장되더니 트럼프 임기 첫해에는 가공할 위협이 되어, 2017년에는 워싱턴과 평양이 자칫하면 핵 대결에 빠질 지경이 되었다. 화해의 해였던 2018년이 지나자 김정은은 다시 외교 현장에서 발을 뺐다. 북한은 계속해서 핵무력 보유국으로서의 제 지위를 그 어느 때보다 공고히 해왔다. 이것이 바로 지난 3대 정부의 지도자들이 감내해야 할, 그리고 현 정부가 마주해야 할 냉엄한 현실이다. 말 몇마디로 넘기거나 하염없이 대외정책의 뒷전으로 미뤄둘 문제가 아닌 것이다.

다른 시각

한반도의 핵 문제에 점점 더 깊이 관여할수록, 어떻게 북한이 2001년의 핵무기 하나 없던 상태에서 20여년이 흐른 후에는 50개에 달하는 무기로 핵무력을 갖추는 데까지 발전했는지에 대해 사태를 오도하는 실망스러운 담론이 미국 내에 존재함을 더욱 확실히 알게 되었다. 내가 거듭 맞닥뜨린 상투적 진리는, 북한의 핵 프로그램을 중지시키고자 했던 미국 측 노력이 북측의 반복적인 외교적 합의 위반 탓에 무위로 돌아갔다는 변함없는 믿음이었다. 수년에 걸쳐 나는 이런 시각이 사실이 아닐뿐더러 도움이 되지도 못한다는 것을 알게 되었다. 그것은 워싱턴이 제 실패에 대해 너무 쉽게 면피하도록 해주고, 왜 우리가 지금과 같은 곤경에 빠져 있는지도 설명해주지 못한다. 이

책에서는 북한의 배신이 있었다는 끈질긴 믿음, 김씨 일가가 워싱턴을 '도발과 억지 요구와 보상'이 반복되는 교묘한 순환고리 안에 묶어놓았다는 담론에서 벗어나 북한의 기술적·정치적 상황 전개가 어떠했는지, 또 그 둘이 얼마나 밀접하게 얽혀 있는지를 새로운 시선으로 바라보고자 한다.

북한 핵 프로그램이 기술적 발전을 이루느냐 실패하느냐에 따라 어떤 외교적 선택지가 열리기도 닫히기도 했다. 마찬가지로 외교적 진척이 때로는 기술 발전에 제동을 걸기도 했다. 실험실이나 실험 현장에서 실패하는 바람에 문제점들을 고칠 시간을 벌기 위해 외교로 돌아선 경우도 있었을 것이다. 다른 때에는 외교적 진척이 기술 개발 속도를 늦출 것을 고려할 만한 새로운 이유를 평양에 던지기도 했다. 동시에, 때로는 적극적인 외교와 합의가 (실험과 같은) 특정 단계를 제한하거나 현장에 검증단을 참여하게 해 기술적 선택지를 제약할 수도 있었다. 20년에 걸쳐 진행된 이러한 기술적·외교적 추이를 이후의 장에서 상세히 다루고자 한다.

덧붙여, 기술적·정치적 추이를 나란히 놓고 면밀하게 점검하는 일이 핵심적인 것은 기술적 역량에 대한 *인식*이 그 실체 못지않게 중요할 수 있기 때문이다. 달리 말하면, 평양 측에서 워싱턴이 믿어주었으면 하고 바라는 것과 현실 그 자체를 구별해야 한다는 것이다. 여러해에 걸쳐 평양은 핵과 미사일의 발전상을 감추려 하기보다는 공공연하게 과시해왔다. 현실과 인식을 구분하려면 어느정도는 그 나라 안에 들어가서 살피는 일이 필요하다. 미국 정보기관들이 가진 북한 내 자산은 혹 있다 하더라도 극히 적었고, 여기에 북한 정권 특유의 폐쇄성까지 겹쳐 북한은 정보를 수집하기가 까다로웠다. 정보당국이 북한에 대한 중요한 평가에서 결정적인 오류를 범한 적도 적지 않았고, 정확한 정보라 하더라도 그 정보가 협상 당사자들에게 도움이 될 만한 방식으로 종합되지 못하는 경우가 흔했으며, 협상자들과 함께 작업하는 정책입안자들에 의해 효율적으로 이용되거나 처리되지 못하는 경우도 마찬가지로 흔했다.

북핵 드라마가 펼쳐지는 동안 나는 2004년의 첫 방문부터 시작해 맨 앞줄 좌석을 차지하는 특혜를 누렸다. 북핵이 걸어온 길에 관한 나의 평가는 평양이 내리 7년 동안 그들의 핵시설과 핵 인력에 특별히 접근하도록 허용해주었기에 얻을 수 있었던 정보를 바탕으로 했다. 내 신분은 검증단이 아니라 초청객이었다. 평양은 자국 핵개발 과정을 숨기려 하기보다 어느정도 투명성을 확보하려 했다. 자신이 믿을 만한 핵 억지력을 갖고 있음을 워싱턴에 납득시키려는 것이 주목적이었을 것이다. 내게 허락된 북한 핵시설에 대한 접근성, 북측 핵 전문가들과 나눈 논의는 검증단에게 보여주는 것이나 정부 선전을 통해 공표되는 수준을 훨씬 넘어섰다. 그들도 내가 핵시설과 핵무기 사정에 훤하다는 것을 알았기에, 가식을 부리는 일도 거의 없었다.

내가 북한 문제에 관여하기 시작했을 때, 나는 거의 백지상태나 다름이 없었다. 로스앨러모스에 있는 동안 핵 프로그램을 진행하는 대부분의 나라에 가보았으나 한반도는 한번도 방문한 적이 없었고 한국의 역사나 문화에 대해 아는 바도 거의 없었다. 나중에 알았지만 나는 운이 좋은 경우였다. 초기 몇번의 방문에서 정치 전선에 대한 중요한 가르침을 얻었다. 이는 모두 오랫동안 가까이에서 북한을 경험해온 인사들로 자신의 트랙2 대표단을 구성한 스탠퍼드대학의 존 W. 루이스 교수 덕분이었다. 루이스는 인정받는 아시아 전문가로 1970년대에는 중국과의 트랙2 대화에, 1989년 북한을 처음 방문한 이후로는 북한과의 대화에 참여했다. 그가 선발한 인물 가운데는 노련한 외교관이자 동북아시아 전문가인 찰스 L. (잭) 프리처드(Charles L. (Jack) Pritchard)도 있었는데, 그는 막 공직을 떠난 상태로 처음 세 차례 방문 동안 우리와 함께했다. 프리처드는 국가안보실에서, 그뒤에는 국무부의 대북 협상단 대표로 북한과 직접 협상해본 경험을 가지고 있었다. 루이스 팀의 또 다른 핵심 구성원으로는 로버트 L. (밥) 칼린(Robert L. (Bob) Carlin)도 있었다. 그는 1974년 CIA 분석관으로 처음 북한이라는 난제를 맡았고, 나중에는 국무부 정보조사국(INR) 동북아시아 지부장으로 1992년부터 2000년까지 지속된 미북 협상의 전 단계에 참가했다. 1994년 클린턴 정부 하 북미제네바합의의 일환으로 전력 생산용 원자로를 북한에 공급하기 위해 설립된 한반도에너지개발기구(KEDO)에서도 일했다. 칼린은 2006년 이후 우리의 북한행에 합류했다. 루이스 교수와 이런 동료들이 정치와 외교에 관해 없어서는 안 될 스승 역할을 해주었다.[6]

나는 곧 루이스와 그의 팀이 평양에서 높은 평가를 받고 있으며 정부 핵심 관계자들과도 접촉할 수 있다는 사실을 알게 되었다. 덕분에 트랙2 방식으로 얻을 수 있는 가장 큰 효과를 누렸다. 양측 인사들 모두 정세나 외교적 이력을 잘 알면서도 공식적인 정부 협상에 속박되지는 않았던 것이다. 그들에게는 외교적 가능성을 타진해본다거나 잠재적 레드라인을 노출하거나 경고 신호를 전달하는 일이 가능했다. 미국 측에서 보면, 이런 트랙2 차원의 소통은 정권 이양기만 되면 증발해버리곤 하는 일관성을 그나마 어느정도 유지하도록 해주었다. 이런 일이 중요한 것은 북한이 언제나 일관성을 유지하기 때문이었다. 일례로 클린턴 시절 핵 협상에 참여했던 북한의 핵심 관계자 가운데 일부는 25년 가까이 지난 지금, 바이든 대통령의 임기 중에도 여전히 자리를 지키고 있다.

2004년부터 2010년에 이르는 7년 동안 평양은 우리에게 고위급 외교관, 핵 전문가, 핵시설에 접근하도록 해주었다. 우리는 그 방문들을 통해 북의 핵 개발에 대한 결정적인 이해를 얻을 수 있었고, 어떻게 평양이 이것을 정치 전략과 연계하는지 가늠할 수 있었다. 평양은 평양대로 제 능력과 정치적 관심사를 워싱턴에 알리기 위해 우리의 방문을 이용했다. 이런 상황은, 북한이 최신 원심분리기 시설을 공개함으로써 우리를 포함한 전세계를 놀라게 하며 플루토늄 경로의 핵폭탄 제조에 더해 우라늄 관련 계획도 있음을 증명한 2010년의 방문과 함께 끝이 났다.

2010년 이후 우리 스탠퍼드대학 팀은 멀리서나마 북의 핵개발 과정을 계속 추적했다. 손쉽게 구할 수 있는 상업용 위성사진이 큰 도움이 되었다. 노련한 전문가로 이루어진 우리 팀은 우리가 그동안 핵단지를 방문하며 얻은 정보도 유익하게 활용했다.[7] 평양 또한 핵과 미사일 개발 상황을 선택적으로 공개했다. 미사일 발사대를 세울 때면 북한은 선전물을 통해 외국 정부들이 조사한 사실을 재확인하곤 했다. 그들은 정기적으로 미사일 사진, 발사 영상, 구체적 기술 사항, 비행 궤적 등을 공개했다. 종종 이런 것을 살피고 있는 김정은의 모습도 보였다. 미사일이나 TEL 같은 신무기 시스템이 대규모 열병식에서 모습을 드러내기도 했다. 김정일과 김정은은 핵심 방위시설을 방문하고 핵 프로그램을 뒷받침하는 데 필수적인 주요 장비를 시찰하는 모습으로 등장했다.

핵실험은 지반을 흔든다거나 전세계 여러 장비에 기록되는 지진 신호를 쏘아보냄으로써 나름의 관측 지표를 생성했다. 지진으로 인한 진동의 강도로 우리는 폭발의 위력을 추산할 수 있었고, 그것을 바탕으로 북한이 얼마나 빠른 속도로 핵 폭발력을 강화해가고 있는지 단서를 얻었다. 그런 수치들로 짐작할 수 있는 사실을 강조하기 위해, 그리고 외부인들이 자신들의 능력을 과소평가하지 않도록 확실히 하기 위해 평양은 특이한 조치를 취했다. 김정은이 최신 폭탄 설계도 두점을 점검하는 사진을 공개한 것이다. 혹시라도 사람들이 이 사진을 해석하면서 뭐라도 놓칠세라, 국영매체는 모형 폭탄의 배경으로 핵미사일과 설계도들의 모습을 보여주었다. 이는 문제의 그 핵폭탄이 그 미사일에 장착될 것이라는 메시지를 전하기 위함이었다.

평양은 자신의 핵개발 진행 상황을 알리기 위해 우리의 방문 외에 다른 수단들을 이용하는 단계로 넘어갔다. 미사일 발사나 지진 신호, 사진, 영상 등이 거기에 포함되었다. 우리 팀도 이런 지표들을 활용하여 북핵의 궤적을 계속 검토하였으며, 그와 나란히 정치적 추이도 추적했다. 나는 역대 미국 정부의 협상팀들과 꾸준히 접촉했고, 중국·러시아·남한의 정부 관계자들과 학자·활동가들과도 의견을 나눴다. 특히 중국과의 토의에서는, 미 정부가 북한 문제 해결을 위해 중국에 기대를 건 것이 얼마나 어리석었는지 확실히 알 수 있었다.

밥 칼린은 2017년 내내 비공식 자격으로 북한을 방문해 정치 상황이 어떻게 돌아가는지 계속 추적할 수 있었다. 다행히 칼린은 북한과의 공식 협상을 통해 경험을 쌓은 백전노장에다, 평양이 어떻게 돌아가고 또 어떻게 뉴스를 관리하는지 물샐틈없이 살필 수 있는 사람이었다. 그에게는 지난 수년간 서른번 넘게 북한을 드나들면서 쌓은 현장 경험이 있었다. 칼린은 또한 북한의 성명이나 발표를 해독하는 데에도 능숙했다. 평양이 내는 성명서에서 무엇이 중요한지를 알기 위해서는 누가 무슨 말을 했는지, 그것이 정치선전인지 연막전술인지 파악해야 한다. 몇년 전 접촉했던 유엔 북한 대표부의 한 인사는 이렇게 털어놓았다. "칼린 씨는 평양 발표문의 행간을 읽는 것을 넘어 그 자간까지 읽는 능력자입니다."

북한의 이중경로 전략

핵개발 과정과 정치 상황 전개가 어떻게 교차하고 갈라서는지 양쪽의 추이를 나란히 놓고 추적해보니, 북한이 외교와 핵개발이라는 이중경로 전략을 추구해왔다는 점을 확실히 알 수 있었다. 나는 워싱턴이 외교적·기술적 요인들의 특정한 조합이 초래하는 득실을 재는 데 실패한, 내가 '변곡점'이라고 부르는 여러 핵심 사건들을 지목할 수 있었다. 북한이 핵개발에 필요한 시간을 벌기 위해 외교를 이용할 뿐이라는 워싱턴에 팽배한 시각과 달리, 1990년대 초부터 외교를 통해 미국과의 장기적인 전략적 관계를 모색한 것은 다름 아닌 북한의 국부 김일성이었다. 북한이 러시아와 중국 모두로부터 버려진 듯, 심지어는 위협받는 듯 느끼던 시기, 그 냉전의 마지막 순간에 펼쳐진 극적인 지정학적 대변동 속에서 김일성이 보기에 생존을 위한 최선의 길은 워싱턴과의 화해였다. 그러나 그는 그런 화해는 유약함이 아니라 힘을 바탕으로 이루어야 한다고도 역설했다.[8]

이 당시 북한의 경제력과 재래식 병력은 날이 갈수록 남한에 뒤떨어졌고, 당연히 미국에는 한참 뒤떨어져 있었다. 힘을 보여줄 수 있는 유일한 방법이 핵 프로그램이었을 것이며, 결국 그것이 북한 정권의 최우선 과제가 되었다. 둘 중 하나를 선택하는 것이 아니라 외교와 핵개발을 동시에 추구하기로 선택함으로써, 북한은 어느 한쪽 노선에서의 실패에 대비하고 냉전 이후 국제체제의 변동과 자국의 권위주의적 국내 정치에 내재한 위험을 줄일 수 있었다.

그들의 여전한 주적인 미국을 억지하기 위해 핵무기를 제조하겠다는 북한의 결심은, 항상 지배적이지는 않았다 할지라도 언제나 확고했다. 평양은 지난 30년에 걸쳐 번갈아가며 어느 한쪽 노선을 다른 노선보다 우선해왔지만, 돌이킬 수 없을 정도로 어느 하나에만 매진한 적은 없었다. 때로 핵실험 속도를 늦춘 적은 있었어도, 핵 노선을 완전히 폐기한 적은 한번도 없었다. 다만 북한이 핵개발에 쏟아부은 그 모든 열의와 자원에도 불구하고 믿을 만한 핵 억지력을 구현하고 끊임없이 추구한다는 것은 반드시 결과가 보장되는 사업은 아니었다. 어느 쪽 노선에서든 성공할 가능성을 열어두고 미국과의 거래에서 이것이 가져다주는 유연성을 잘 활용하여, 김씨 정권은 자국과 체제의 장기적 생존을 어느정도 보장받고자 했다. 다시 말해 3대에 걸친 이 지도자들은 저마다 때로는 워싱턴과의 전략적 화해에 도달하기 위한 외교적 수단을 진지하게 추구했고, 그 결과 핵무기 프로그램의 진척을 늦출 합의를 위한 길이 열리기도 했다.

그러나 워싱턴의 초점은 오로지 비핵화에 맞춰져 있었다. 처음부터 평양에게 외교냐 핵개발이냐 양자택일을 강요하며 정치적 중간지대를 없애버렸다. 평양의 이중경로 전략에 대처하는 데 실패한 것이다. 외교를 위한 결정적 기회들을 놓치고 북한의 행동들을 일부 잘못 해석함으로써 결국은 나쁜 결정을 내렸다. 내가 앞서 언급한 변곡점이란 이런 순간들을 말한다. 워싱턴이 내린 나쁜 결정은 당연히 나쁜 결과를 가져왔다. 20년간 거의 끊이지 않고 이어져온 위기 상황, 그리고 오늘날 미국이 당면한 가장 심각한 안보상의 위협 중 하나가 그 결과다.

워싱턴은 북한의 이중경로 전략을 제대로 인식하거나 그에 효과적으로 대처하는 데서 실패를 거듭해왔다. 북한은 종종 두개의 평행 전선, 즉 핵무력을 구축하거나 핵·미사일 수출을 통해 외화를 벌어들이는 기술/군사적 전선과 미국과의 전략적 협상을 모색하는 협상/외교적 전선을 따라 움직였다. 워싱턴은 북한이 이런 평행 전선을 따라 움직이고 있다는 심증을 가졌을 때조차 평양을 효과적으로 다루지 못했다. 워싱턴의 대북 정책에 온전한 기술적 분석이 포함된 적은 거의 없었다. 정책입안자들이 그런 분석을 찾지 않았거나, 그 분석이 워싱턴의 정책적 전제나 정치적 우선순위와 맞지 않았기 때문이었다.

북한의 이중경로 전략을 이끄는 논리는 실용적이었으며 북한의 권력이 김일성에게서 1994년 그의 사망과 함께 아들 김정일에게로, 또 2011년에는 손자 김정은에게로 이양되는 길을 순탄하게 만들었다. 세 지도자 모두 정도의 차이는 있으나 이중경로 전략의 요소를 동원하는 일의 유용성을 알았다. 한편으로 외교적 협상은 북한의 주적 미국과의 관계를 정상화하여 거대한 군사적 위협을 중화하고 지역 내 경쟁국들과 힘의 균형을 이루도록, 그리하여 제반 자원들을 보다 편하게 경제에 집중할 수 있도록 해줄 터였다. 다른 한편으로 핵무력의 확보도 미국과 지역 내 그 동맹국들의 위협을 중화하는 수단, 즉 공격적인 이웃 국가들과 호전적이기 그지없는 미국을 억지하고 그들로부터 체제를 보호하는 또다른 수단이 될 수 있었다. 외교적 노력과 마찬가지로, 아니 그보다 더 중요하게, 핵무력의 위력은 워싱턴이 평양을 진지하게 받아들이고 평양과의 협상에 나서지 않을 수 없도록 만들 수 있었다.

평양은 이미 오래전에 핵·미사일 프로그램의 기술적 토대를 개발하는 데는 시간과 함께 상당한 자원이 필요함을 깨달았다. 북한은 이 프로그램의 성공을 위해 대단히 끈질기게 노력했으나, 때로 그 속도와 범위는 외교 전선에서 성취하는 바에 따라 달라졌다. 나는 미국과의 정상적 관계에 대한 김일성의 전략적 구상을 시작으로 3대 김씨 정권 각각이 외교에 진정한 관심을 가졌다고 믿는다. 여러해에 걸쳐 그의 아들과 손자도 때에 따라 그런 전략적 화해를 모색했다. 그러는 동안에도 세 사람은 모두 협상이 만족스러운 수준에 도달하기 전까지 핵무기를 포기해서는 안 된다고 믿었다.

몇몇 중대한 결정 시점에 평양은 외교가 결실을 맺을 시간을 충분히 주지 않고 성급하게 핵이라는 대비책을 밀어붙이기도 했다. 기술개발은 물리법칙에 종속되는 반면, 외교는 진전되면서 현실을 바꿀 수도 있는 법이다. 오늘은 불가능한 것이 내일은 그럴듯한 것이 되는 경우도 종종 있다. 김씨 정권이 그 어떤 경우에도 무기를 포기하지 않겠다 확신하고 있더라도, 그렇게 하는 것이 그들에게 가장 유리할 수 있다고 생각할 만한 상황을 그리고 또 그 상황을 향해 노력해나가는 일은 가능하다. 불행히도 변곡점마다 이루어진 결정들은 북한의 핵·미사일 프로그램의 거의 무제한적인 확장을 촉진했고, 그런 무기들의 폐기로 나아가는 길을 점점 더 어렵게 만들었다. 하지만 김정은이 결코 자기 손안의 무기를 포기하지 않으리라 단정하는 것은 비생산적이다. 그것은 누구도 알 수 없는 일이다. 어쩌면 그 자신도 모르고 있을 것이다.

이 책의 계획

『핵의 변곡점』에서 나는 독자와 함께, 핵개발과 정치적 추이를 나란히 놓고 지난 20년을 거치면서 그 둘이 어떻게 교차하고 어떻게 갈라지는지를 추적하는 여정에 오르려 한다. 까다로운 길이 되겠지만 내가 본 것을 보고 내가 들은 것을 듣고, 또 내가 워싱턴 최고의 대외 정책 실패 중 하나로 꼽는 사례에 대한 적확한 설명을 제대로 이해하기 위해 꼭 필요한 일이기도 하다. 외교적·기술적 상황 전개 사이의 상호작용을 파악하기 위해 독자가 핵 과학자나 핵무기 전문가일 필요는 없을 것이다. 처음 몇장에서는 내 일곱차례 방문을 통해 북한 핵단지와 그곳 기술진을 내부에서 보는 듯 느끼게 하려고 노력했다. 북한 외교관들과의 만남은 그들이 기술적·외교적 상황들을 조화시킬 능력을 지녔음을 확신케 해주었으며, 이는 조지 W. 부시 정부부터 트럼프 시대에 이르기까지 워싱턴에서 일어난 일과 극명하게 대조되는 점이었다. 일곱차례 방문을 다룬 장들 사이사이에는 그 당시의 정치적 분위기를 분석하는 장들이 끼어 있다. 그 부분에서는 특히 워싱턴과 평양의 상황이 어떻게 돌아갔는지를 분석하는데, 이는 기술적·외교적 추이를 동시에 추적하는 일의 중요성을 강조하고자 함이다. 외교사나 지난 20년 동안의 협상 과정을 상세히 기술하고자 그런 정치 분석을 한 것은 아님을 밝혀둔다.[9]

2010년 내 마지막 북한 방문을 기술한 뒤에도 계속해서 오바마, 트럼프 정부까지 시간순으로 기술적 분석과 정치적·외교적 상황 전개를 통합해보고자 한다. 북한이 갈수록 더 증강되고 더 정교화된 핵무력을 지닌 존재가 되어가도록 우리 상황을 몰아온 변곡점들에 관해 얘기할 것이다. 워싱턴도 평양도 여러번의 기회를 헛되이 흘려보냈다. 이들 중 많은 경우에 만약 워싱턴이 정책 결정 과정에다 기술적 요인에 대한 합리적인 위기 분석만 제대로 결합했더라면, 북한 핵 프로그램의 동결과 축소와 궁극적 폐기를 위한 믿을 만한 장기적 절차를 밟을 수 있었을 것이고 북핵 프로그램의 발전을 보지 않을 수 있었을 것이다.

내가 보기에 비극은, 누가 백악관을 차지하든 워싱턴이 기술적 정보에 기반한 위험/편익 분석을 수행하지 못했다는 데에 있다. 오히려 미국의 정치지도자와 정책입안자 들은 정치적·이데올로기적 편견을 결정적 분석보다 우위에 놓고 결정을 내렸다. 정치적 결정들이 그것이 가져올 기술적 결과에 대한 냉철한 가치판단을 담는 데 실패를 거듭하면서, 결국은 북한이 핵 프로그램을 확장하도록 문을 열어준 셈이 되었다. 핵 프로그램을 개발하면서 동시에 외교무대에 나서는 북한의 동기에 대하여 워싱턴의 정치지도자들은 자신만의 (종종 오도된) 전제에 의존했다. 미국 정책입안자들 다수는 자기 생각에 도덕적이라 여기는 근거를 들며 김씨 정권과의 대화를 거부해왔다. 그들의 통치는 끔찍한 인권침해로 비난받아 마땅하다는 둥, 그들은 어떤 합의에 이르더라도 언제든 속임수를 쓸 존재라는 둥 말이다. 워싱턴의 정책들은 대립하고 갈등하는 이데올로기, 정부 내에서의 파괴적 의견 불일치와 내부투쟁, 단일 정권 내부 및 정권들 사이의 일관성 부족 등 여러 소모적 이유로 방해를 받았다. 유사한 실수들이 거듭 반복되었다. 김씨 3대를 거쳐 권력이 이양되는 동안에도 북한의 지도력은 중심을 잃은 적이 없었던 반면, 워싱턴은 갈지자 행보를 보였다.

여러해에 걸쳐 많은 사안들이 북한 핵 문제에 대한 미국의 의사결정을 어지럽게 만들어왔음을 잘 안다. 이런 사안들은 그동안 정치인들에 의해 논의되고, 학자들에 의해 기록되었으며, 뉴스 매체와 수십 권의 책들을 통해 진단되었다. 여러 회고록과 논평, 학술 저작들이 내게 큰 도움이 되었다. 이 책은 그동안 거의 주목을 받지 못했던 두 가지 중요한 실패에 집중하고자 한다. 첫째 미국이 외교와 핵개발을 동시에 추구하는 북한의 이중경로 전략에 대해 충분히 이해하지 못했다는 점, 둘째 워싱턴이 기술적 정보 기반의 위험/편익 분석을 의

사결정에 통합할 수 있는 능력을 갖추지 못했다는 점이다.

물론 한반도의 평화와 안보를 위협하는 것이 핵 문제만은 아니다. 그러나 북의 핵무력이 점점 더 위험해짐에 따라 이 문제는 계속해서 그 무엇보다도 더 크고 어두운 그림자를 드리운다. 따라서 나는 이 핵이라는 문제에 집중하고자 한다. 핵 문제의 해결이야말로 수십년에 걸친 반목을 해소하는 데, 비록 충분하지 않다는 것은 알지만, 필수적이기 때문이다.

2장

핵에 대한 기초 정보

핵에너지는 세상을 전기로 밝힐 수도 있지만, 그 세상을 파멸시킬 수도 있다. 1938년 독일에서 원자핵이 쪼개지는 핵분열이 발견된 직후부터 사람들은 이 사실을 깨달았다. 원자핵을 분열시킬 때 방출되는 에너지는 작은 핵 주변을 도는 전자들에서 생성되는(화석연료 연소와 같은 화학 반응이나 전자적 공정을 통해) 에너지의 1억배이다. 원자로 안에서 일어나는 우라늄과 플루토늄 원소들의 제어된 분열은 전기로 전환될 수 있는 열을 생산한다.[1] 아주 다른 설정 하에서, 우라늄과 플루토늄은 제어되지 않는 연쇄반응을 일으키며 분열되어 엄청난 파괴력을 지닌 폭탄을 생산할 수도 있다. 핵에너지의 평화적 활용과 군사적 활용을 위한 기술들이 대체로 호환 가능하며 상호 의존적이라는 사실—이중용도 딜레마—이 깨끗한 전기를 생산하기 위해 원자로를 더 많이 사용하는 일을 제한하는 한 이유였다.[2]

미국에서 맨해튼 프로젝트와 함께 핵분열을 처음 추진한 것은 군사적 목적 때문이었다. 제2차 세계대전 중 미국 정부는 이 경쟁에서 독일을 앞질러야 한다고 믿었으나, 결국 그 폭탄은 일본과의 전쟁을 끝내는 데 사용되었다. 1945년 8월 6일 히로시마, 그리고 3일 뒤 나가사키에서의 폭격으로 최초의 핵폭탄이 가공할 위력을 세상에 떨쳤다. 각각 TNT 15킬로톤(1만5천톤), 21킬로톤에 맞먹는 파괴력이었다. 다행히 전쟁 중 핵무기가 사용된 예는 아직 이 경우가 유일하다.

이후 20년 동안 미국과 소련은 무거운 형태의 수소를 강한 압력과 온도 하에서 융합하여 엄청난 에너지를 방출하는 핵융합 폭탄, 이른바 수소폭탄을 개발하면서 그 파괴력을 메가톤(100만톤)의 TNT에 맞먹는 수준까지 끌어올렸다. 이런 폭탄들은 실험 장비 내에서만 폭발이 이루어졌지만, 그중 다수는 대기에 무시무시한 영향을 끼쳤다. 핵금기 또는 핵 사용 금지 규범이라 불릴 만한 것이 75년 넘게 지켜져 왔으나, 미국 대중들은 놀랍게도—그것이 어떤 댓가를 치르더라도 피해야 할 순전한 파국이 되리라는 것을 알면서도—더이상 예전만큼 핵폭발을 두려워하지 않는다. 최근의 연구를 보면, 어떤 대통령이 엄혹한 전쟁 상황에서 핵무기 사용을 고려하는 사태가 왔을 때 여론이 그것에 심각한 제약으로 작용할 확률은 낮을 것임을 짐작할 수 있다.[3]

히로시마와 나가사키 이후 70년이 지난 지금(그리고 대기 중 핵실험이 끝난 지 50년이 다 되어가는 지금), 북한 지도자가 이런 무기를 손안에 쥐고 있을 수도 있는 상황에서 어떻게 대중들에게 핵폭발의 가공할 파괴력에 대해 경고할 수 있을까? 나가사키의 의사이자 도시 파괴의 목격자인 아키즈키 다쓰이치로(秋月辰一郎)의 말이 원폭 투하의 끔찍한 광경과 이런 무기들을 다시는 사용하지 말아야 할 이유에 대한 가장 설득력 있는 진술일 것이다.

> 근처 언덕에 서 있는 나무들에서 연기가 나고 있었다. 밭에 있는 고구마잎에서도 마찬가지로 연기가 났다. 모든 것들이 불탔다는 말로는 부족하다. 마치 대지 자체가 화염과 연기를, 땅 밑으로부터 꿈틀거리며 뿜어져나오는 불꽃들을 내뱉는 것 같았다. 하늘은 검었고 땅은 붉었다. 그 사이에는 누르스름한 연기구름이 걸려 있었다. 검정, 노랑, 빨강, 이 세가지 색깔이 달아나려 애쓰는 수많은 개미처럼 이리저리 뛰어다니는 사람들 머리 위를 불길하게 비췄다. (…) 그러나 그 불바다, 그 연기 하늘이란! 마치 세상의 종말이 온 것 같았다.[4]

1945년 8월까지 수천만의 사람들이 전쟁 중 재래식 무기로 죽었다. 드레스덴과 도쿄 같은 도시들은 연합군 폭격으로 거의 완파되었다. 히로시마와 나가사키가 달랐던 점은 그곳을 파괴하는 데에는 비행기 300대가 떠서 폭탄 수천개를 투하할 필요가 없었다는 것이었다. 비행기 한대, 폭탄 하나에 도시 하나가 파괴되었고 10만에 가까운 사람들이 죽었다. 나가사키의 경우 핵폭탄의 연료를 제공한 것은 약 6킬로그램, 자몽 하나 크기의 플루토늄이었다. 히로시마의 경우는 수십킬로그램 정도의 우라늄이었다. 혹시라도 한반도 상황이 악화되어 핵 대결의 순간에 이르게 된다면, 수백만까지는 아니더라도 수십만에 달하는 그 지역 내 군인·민간인 사상자를 낼 수 있다. 여기에는 남한에 거주하는 20만 미국인 다수도 포함될 것이다. 서울이나 도쿄 상공에서 핵무기가 단 하나라도 터진다면, 막대한 규모의 살상이 일어날 것이다. 10킬로톤의 탄두라면 7만7천명 이상을 죽일 수 있고, 북한이 2017년 9월에 실험한 폭탄의 폭발력에 가까운 250킬로톤의

탄두라면 60만명 이상을 죽일 수 있다.[5]

현재 핵무기를 보유한 것으로 알려진 국가는 채 10개국이 되지 않는다. 유엔 안전보장이사회의 5개 상임이사국인 미국, 러시아, 중국, 영국, 프랑스는 핵확산방지조약(NPT)에서 핵무기 보유국으로 특별 인정된다. NPT 비가입국인 인도와 파키스탄은 수십년간의 은밀한 핵무기 개발 끝에 1998년 핵실험을 했고, 그로써 자신들이 핵무기 보유국임을 선언했다. 이스라엘도 NPT 가입국이 아니다. 이 나라의 핵 관련 상황은 불분명한데, 이스라엘 정부가 핵무기 보유를 인정도 부인도 하지 않는 데다가 미국 정부도 알 수 없다는 입장을 유지하기 때문이다. 남아프리카공화국은 핵무기를 제조했다가 자발적으로 포기한 유일한 국가이다. 우크라이나와 카자흐스탄, 벨라루스는 소련 해체 당시 무기에 대한 작전 통제권은 배제한 채 소련의 핵무기 일부를 인계받았으나 설득을 거쳐 그 무기들을 러시아에 반환했다.

북한은 1985년 NPT에 가입했다가 2003년 탈퇴했다. 평양은 2006년 핵실험과 함께 핵보유국임을 선언했고, 그 이후 15년 동안 위협적인 핵무기와 그것을 운반할 수단을 지속적으로 개발해왔다. 북한의 핵 개발이 어떻게 진행되었고 또 이것이 평양과 워싱턴의 외교관계에 어떤 영향을 미쳤는지에 대한 독자들의 이해를 돕기 위해, 핵무력 구축에 필요한 핵기술의 기술적 기본 사항을 간략히 설명하고자 한다.

핵무력을 위한 기술적 필수 조건

핵무기를 실전 배치하기 위해서는 폭탄 연료, 무기화, 운반 수단이 필요하다. 몇가지 중원소들이 이론상으로는 핵분열 폭탄의 연료가 될 수도 있으나, 우라늄과 플루토늄만이 적합한 물리적·공학적 속성을 지닌 덕에 여기에 사용되어왔다.[6] 특히 동위원소 우라늄235와 플루토늄239는 이런 원소들의 핵분열성 형태로, 원자로뿐만 아니라 폭탄의 연료가 되어왔다. 수소폭탄은 융합에 의한 핵에너지를 만들기 위해 수소 중동위원소, 즉 중수소와 삼중수소가 필요하다. 무기화에는 핵무기의 설계, 제조, 실험이 포함된다. 그다음 단계로 핵폭탄을 운반 수단에 결합하는 일이 필요하다. 이 세가지 요소는 각각 매우 다른 기술력과 산업 기반을 필요로 한다. 북한은 몇십년에 걸쳐 이 세가지 필수 요소들을 개발하는 데 성공했다.

1 폭탄 연료

자연상태의 우라늄은 99.3퍼센트의 우라늄238과 0.7퍼센트의 우라늄235로 구성된다. 이 비율 차이는 엄청나게 다른 반감기를 가진 둘이 지질학적 시간대를 거치며 자연붕괴 해왔기 때문에 생긴 것이다.[7] 폭탄에 적합한 우라늄을 만들기 위해서는 거의 순수한 우라늄235가 필요한데, 이는 곧 그것이 동위원소 U-235에서 대략 90퍼센트 수준에 달할 정도로 농축되어야 한다는 뜻이다. 이 동위원소는 핵분열성을 띠며, 핵분열 과정에서 다른 핵들을 분열시킬 수 있는, 즉 연쇄반응을 지속시킬 수 있는 활동성 강한 중성자들을 배출한다.[8] U-235와 U-238은 화학적으로는 거의 동일하지만 물리적 속성, 특히 질량에서 차이가 난다. 이런 작은 질량차가 이 동위원소들을 분리할 수 있게 해주고 U-235의 비율을 높여주는 것이다. 현재와 과거의 모든 농축 과정은 직접적으로든 간접적으로든 이러한 작은 질량차를 이용한다.

원자로는 농축 수준이 훨씬 낮은 우라늄 연료로도 작동할 수 있다.

일부 원자로는 연쇄반응을 견딜 수 있도록 중성자들의 속도를 느리게 만드는 감속재와 결합하여 천연 우라늄을 연료로 사용한다. 여러 해 동안, 무기용 플루토늄 생산에만 이용되는 원자로의 감속재로는 '중수'(더 무거운 동위원소 중수소가 보통 수소를 대신한다)나 흑연이 쓰였다. 전력 생산을 위해서는 '경수(일반수)'를 감속재와 냉각제로도 사용함과 동시에, 천연 우라늄을 3~5퍼센트 U-235로 농축하는 것이 더 효율적이다. 원심분리기는 동위원소들 사이의 작은 질량차를 이용해 천연 우라늄 내 0.7퍼센트 U-235 함유분을 원자로용 3~5퍼센트로, 또는 무기급 우라늄용 90퍼센트로 농축하기에 가장 적합한 기술이다. 원심분리기의 캐스케이드가 육불화우라늄(UF_6) 가스를 (거의 10만 rpm에 달하는) 빠른 속도로 회전시켜 가벼운 동위원소(U-235)로부터 무거운 동위원소(U-238)를 분리한다. 원심분리기 기술은 정교하고 까다롭다. 전세계에서 그런 기술력을 개발한 국가는 소수에 불과하다.

우라늄 농축은 이중용도 딜레마를 벗어날 수 없다. 낮은 단계의 농축 우라늄은 전기를 만드는 원자로의 연료로 사용될 수 있지만, 높은 단계에서는 폭탄 연료로 사용될 수도 있기 때문이다. 국제원자력기구(IAEA)는 농축도 20퍼센트 이상의 U-235를 고농축 우라늄(HEU), 즉 무기로 전용 가능한 우라늄으로 분류한다.[9] (20퍼센트 미만) 저농축 우라늄(LEU)을 생산하는 데 필요한 원심분리기 기술은 고농축 우라늄 생산에 필요한 것과 동일하다. 원심분리기 캐스케이드의 세부사항만이 좀 다를 뿐이다. 게다가 천연 우라늄을 원자로용 저농축 우라늄 단계로 농축하는 데에는 무기급의 90퍼센트 단계에 도달하기 위한 작업의 절반 이상이 필요하다. 달리 말해, 저농축 우라늄을 생산한다는 것은 고농축 우라늄으로 가는 길의 절반을 지났다는 뜻이다.

플루토늄 동위원소의 (지질연대상) 짧은 반감기 때문에 플루토늄은 자연상태로는 사실상 존재하지 않는다.[10] 그것은 핵 원자로 내에서 U-238 원자로 연료가 중성자들을 흡수하여 플루토늄 원소로 변환될 때 생성된다. 플루토늄 동위원소 혼합물의 성격은 원자로의 설계, 연료, 가동 조건에 따라 달라진다. 우라늄과 달리 사실상 모든 플루토늄 동위원소들이 분열성을 갖지만, 무기급 플루토늄은 대체로 93퍼센트 이상의 동위원소 Pu-235를 함유한다. 주로 금속 형태의 천연 우라늄 연료를 사용하는, 중수로와 흑연감속 원자로는 무기급 플루토늄을 생산하기에 더 적합한 경로이다. 주로 산화물 형태로 저농축 우라늄 연료를 사용하는 경수로는 전력 생산용으로 작동되며 플루토늄을 배출한다. 이 플루토늄은 훨씬 더 고농축된 Pu-240과 Pu-241로, 무기에 적용하기에는 그리 바람직하지 않다. 그럼에도 불구하고 우라늄 연료의 그 어떤 원자로든 중성자를 배출할 수 있으며, 그 중성자는 플루토늄을 만들 수 있다.[11] 흥미롭게도 가동 주기가 끝날 때가 다가오면, 우라늄 연료 원자로의 에너지 절반 정도는 원자로 연료에 섞여 들어간 플루토늄의 분열에 의해 생성된다.

모든 원자로에서 생산되는 플루토늄은 수많은 핵분열 생성물들과 혼합된 상태로 만들어진다. 사용후 우라늄 연료 안에는 이 물질들이 함께 모여 있다. 핵무기용으로 플루토늄을 사용하려면, 사용후 연료 '재처리'라 불리는 과정을 통해 이 혼합물에서 플루토늄을 화학적으로 추출해야 한다. 현재까지 가장 많이 쓰이는 재처리를 위한 화학 및 화학공학은 맨해튼 프로젝트 동안 개발된 것이다. 이 PUREX(Plutonium-Uranium Extraction) 과정 역시 이중용도 사용이 가능하다. 그것은 폭탄 등급 플루토늄 금속을 생산하기 위해 사용되기도 하지만, 몇몇 나라들에서는 플루토늄을 추출하여 전력 생산을 위한 원자로 연료로 다시 공급하기 위해서 사용하기도 한다.

플루토늄 폭탄 원료를 생산하는 데에는 대규모 기반시설, 통합하여 '연료 주기 시설'이라 부르는 것이 필요하다. 여기에는 우라늄 채굴(또는 우라늄 광석의 구입), 우라늄(또는 산화우라늄) 원자로 연료를 준비하는 화학 공정, 우라늄으로부터 플루토늄을 생산할 수 있는 핵 원자로, 사용후 원자로 연료로부터 플루토늄을 재처리할(화학적으로 추출할) 화학 시설 등이 포함된다. 연료 주기 시설들은 상당한 재정 투자와 기술 인력을 요한다. 원자로 같은 몇몇 시설들은 상당히 큰 흔적을 남기기에 정보기관이 사용하는 국가기술 검증수단(NTM)이나 상업용 위성사진으로 탐지가 가능하다. 다른 시설들, 이를테면 원심분리기 같은 것들은 흔적이 아주 작기에 쉽게 은닉할 수 있다.

핵분열 물질 플루토늄과 우라늄에 더해, 수소폭탄은 융합 폭탄 연료용 중수소와 삼중수소가 필요하다. 융합 폭탄은 주로 수소폭탄, 열핵폭탄으로 불린다. 중수소와 삼중수소[12]는 '활성화'라 불리는 공정을 통해 —분열이 일정한 융합을 낳고, 또 그 융합이 다시 분열 반응 활성화를 돕는 방식으로— 핵분열 폭탄의 위력을 끌어올리기 위해 사용될 수도 있다. 중수소와 삼중수소는 미래의 민간 핵융합 원자로에도 필수적인 연료가 될 것이다.

2 무기화

무기화 단계는 핵무기의 설계, 제조, 실험으로 구성된다. 이 단계에는 핵물리학뿐만 아니라 유체역학, 응집물질 물리학, 그 외 극한 상황하의 다양한 물리적 특성 등에 대한 지식 등 물리학에 대한 이해가 필요하다. 여기에 더해 특히 핵물질과 고성능 폭약을 위한 화학,

공학, 재료학 등이 필요하다. 기계 가공과 용접 등 제조 기술과 기기들도 필요하다. 이런 과정과 공정 대부분은 위성사진으로는 감지할 수 없는 건물이나 공간 안에서 이루어진다. 대체 재료로 이루어지는 '모의실험'에서 일어나는 구형 물체의 폭발성 응축은 무기 개발의 명백한 징후이다. 이러한 일은 은밀하게 실행될 수도 있겠지만 감추기가 쉽지 않다. 핵실험은 핵무기 프로그램을 가장 확실하게 알려주는 지표이다. 지난 25년 동안 인도·파키스탄·북한이 행한 것과 같은 지하 핵실험들은 뚜렷한 지진 신호들을 내보내며, 이 신호들은 전세계 지진관측소에서 쉽게 포착된다.

연료 주기 작업은 정당한 민간 용도를 갖는 데 비해 무기화 작업 중 일부는 그렇지 않다. 무기화를 위한 필수 지식 기반에는 핵물리학, 컴퓨터, 고성능 폭약이 포함된다. 이들 모두는 이중용도 가능성을 가지므로 핵무기 비보유국이 그 어느 하나에 관심을 갖더라도 그 자체로 그 나라가 핵무기를 지향한다는 암시는 되지 못한다. 그러나 중성자 촉발 장치[13]나 고폭화약 렌즈에 대한 관심은 그런 경고가 될 수 있고, 따라서 이런 것들에 대한 연구는 은밀하게 실행될 것이다. 이런 작업 가운데는 상대적으로 감추기 쉬운 것들도 있다. 무기 목적 작업 중 가장 규모가 큰 것이 바로 핵실험인데, 이는 역사가 증명했다시피 감추기 어렵다.

핵분열 폭탄 설계는 여전히 맨해튼 프로젝트 동안 개발된 두 유형(그림 1)과 유사하게 이루어진다. 히로시마 상공에서 폭발한 폭탄은 HEU 연료 포신 방식 폭탄이었다. 이것의 구조는 기술적으로 간단한 편이다. 포신 내에서 비임계 질량의 HEU 두개가 추진체에 의해 고속으로 결합한다. 포신 방식의 기술은 HEU 연료로만 작동한다. 플루토늄을 사용하기에는 충분히 빠르지 않기 때문이다. 두번째 구조, 그

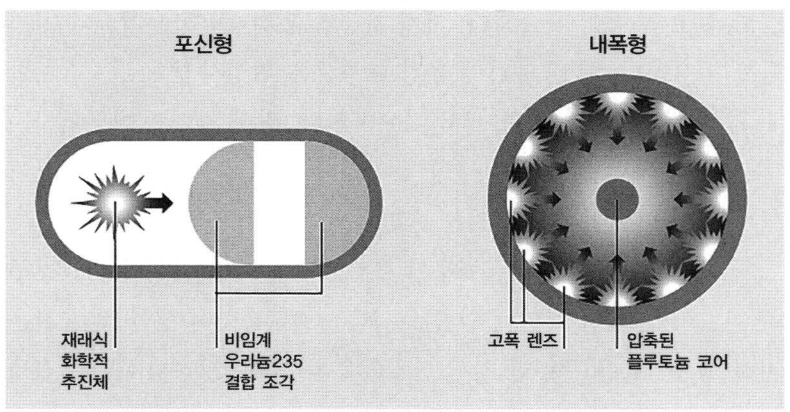

그림 1 두 종류 핵폭탄의 설계. 히로시마 폭탄에 사용된 기술적 정교함이 덜한 '포신형' 방식(왼쪽)에서는, HEU 비임계 발사체가 HEU 비임계 목표물을 향해 추진된다. 이런 결집 과정은 플루토늄에 사용하기에는 너무 느리다. 나가사키 폭탄에 사용된 더 빠른 '내폭형' 방식에서는, 플루토늄이 정상적인 금속 밀도 이상으로 압축되어 초임계 질량을 얻는다. 포신형은 U-235에만 유효하게 작동하며, 내폭형은 결집은 U-235나 Pu-239에 유효하게 작동한다. (Eighth annual report of the International Panel on Fissile Materials, Global Fissile Material Report 2015: Nuclear Weapon and Fissile Material Stockpiles and Production, 2015 International Panel on Fissile Materials.)

림 1에 실려 있는 내폭 방식의 장치는 강력한 화학 폭약을 사용해 비임계 질량의 플루토늄이나 HEU를 빠르게 압축한다. 나가사키 상공에서 폭발한 것이 바로 이 플루토늄 연료의 구조였다.

1950년대 초, 미국과 소련 양국의 과학자들은 중수소와 삼중수소의 압축 융합 원리에 기반한 수소폭탄을 개발하고 실험했다. 로스앨러모스의 과학자 에드워드 텔러(Edward Teller)와 스타니슬라브 울람(Stanislav Ulam)이 사용 가능한 수소폭탄을 위한 획기적인 기술, '방사 내파'를 개발했다. 그 기본 개념은 두단계 열핵폭탄이었다. 1차 핵분열 폭탄에서 방사선을 쏘아내서 융합 연료 중수소/삼중수소를 담고 있는 2차 폭탄을 압축하는 원리이다. 수소폭탄은 사실상 무제한의 파괴력을 지닐 정도로 개발될 수 있다. 미국이 가장 강력한 폭탄을 실험했던 것은 1954년 3월 중앙 태평양 마셜제도의 비키니환초에서 실행한 캐슬브라보 실험이었는데, 그때의 위력이 15메가톤이었다. 소련은 1961년 10월 노바야젬랴 군도 상공에서 100메가톤급 폭탄을 50메가톤이 조금 넘는 절반 정도의 위력으로 축소하여 폭발시켰다.

중수소는 바닷물에서 자연적으로 발생하는 수소 원자의 약 0.02퍼센트를 차지하며, 물속의 보통 수소로부터 증류를 통해 쉽게 분리할 수 있다. 삼중수소는 원자로 내에서 리튬6(가장 가벼운 금속인 리튬의 안정적인 동위원소 둘 가운데 하나) 중성자 충격에 의해 생산된다. 리튬6는 자연상태에서 12.5퍼센트의 비율로, 대부분을 차지하는 동위원소 리튬7과 공존하는데 이것 역시 쉽게 분리된다. 수소폭탄 개발 초기 단계에 삼중수소가 현장에서, 즉 핵폭발 중 1차 내파에서 나온 중성자들과 2차 융합을 일으킬 때 중수소화리튬6를 내파함으로써 생성될 수 있다는 사실이 발견되었다.

3 운반 체계

이렇게 생산된 핵폭탄과 탄두를 발사체에 탑재할 기술 역시 필요하다. 히로시마와 나가사키의 핵폭탄은 그 최초의 원자폭탄을 신도록 적절히 개조한 B-29 폭격기로 운반되었다. 공중 수송은 여전히 육해공 수송을 아우르는 미국의 '3각체계'의 중요한 일부이다. 미국은 중력 투하 폭탄과 더불어 핵탄두를 탑재한 공중 발사 크루즈미사일도 이용한다. 그러나 오늘날 가장 흔한 운반 체계는, 지상에서 또는 잠수함을 이용해 해상에서 쏘아올리는 탄도미사일이다. 북한은 핵무기 탑재용으로 개조할 수 있는 여러 비행기(러시아산 일류신28, 그 중국식 변형인 H-5, 러시아산 미그23)를 가지고 있지만, 모든 징후를 종합해볼 때 운반 방식으로 미사일에 집중할 결정을 일찍이 내린 것으로 생각된다.

운반 체계는 재래식 폭탄 발사를 위해서나 핵폭탄 발사를 위해서 사용될 수 있다. 많은 나라가 화학 폭탄 운반용으로 단거리 로켓들을 생산한다. 공공연하게든 은밀하게든 이런 것들을 거래하는 거대한 국제시장이 있는 것이 사실이다. 예를 들어 2021년 이스라엘-팔레스타인 분쟁 동안 재래식 폭탄을 탑재한 4천발 이상의 로켓이 가자지구에서 이스라엘을 향해 발사되었다. 이스라엘은 1천발에 달하는 표적 공습으로 대응했다. 이 분쟁으로 양쪽에서 300명 가까이 죽었고 수천명이 부상을 입었다. 만약 그 로켓 중 하나에 파괴력이 작은 것이라 할지라도 핵폭탄이 실려 있었다면, 수십만의 사망자를 내고 중동의 모습을 영원히 바꾸어놓았을 수도 있었다.

대량살상무기 운반 기능을 지닌 미사일의 확산은 미사일과 미사일 기술의 확산을 막고자 35개 회원국들이 맺은 비공식 정치 협약, 미사일기술통제체제(MTCR)[14]의 규제를 받는다. 그러나 북한을 비롯하여 이란, 파키스탄, 인도 등은 핵탄두를 실어 나를 수 있는 미사일 기술을 확보해왔다.

장거리 로켓은 대륙간탄도미사일용으로나 우주발사체용으로 사용될 수 있다. 둘은 세부사항이나 작동 방식이 다르지만, 여기에 적용되는 기술들 역시 대체로 호환 가능하며 상호 의존적이다. 우주발사용 로켓은 주로 이륙 직전 액체 추진체를 주입하고 일정하게 정해진 위치에서 발사된다. 핵탄두 미사일용으로는 고체연료 로켓엔진이 선호된다. 연료를 채운 채로 안전하게 움직일 수 있고, 따라서 더 신속하게 발사 준비를 갖추고 더 쉽게 흔적을 지울 수 있기 때문이다. 여기에 더해 고체연료 미사일은 육상용 이동식발사대나 잠수함에서도 발사할 수 있다. 중·장거리 핵탄두 미사일에는 발사, 우주 비행, 대기권 재진입을 아우르는 전 비행 궤적을 견딜 정도로 튼튼하고 고도로 소형화된 핵탄두가 필요하다. 핵탄두의 최종 장착은 군과 그 나라의 지도부를 연결하는 명령 및 통제 체계를 통해 완수된다.

북한의 초기 핵개발

북한이 어떻게 핵무기를 보유한 정예 국가에 들게 되었는지를 간략하게 돌아보는 것이 최근의 개발 상황을 이해하는 데 도움이 될 것이다. 서구에서 일반적으로 믿고 있는 바와 반대로, 북한의 핵무기 추구는 소련/러시아나 중국 정부로부터 지지를 받지 못했다. 지금의 상황은 토착 역량을 발전시키고자 했던 북한의 끈질긴 노력의 결과이다. 그들은 핵·미사일 기술을 확보하기 위해 허술한 국제적 수출관리체계의 빈틈을 놓치지 않고 이용했다.

1945년 일본이 항복하자 미국과 소련은 사전 숙고도 거의 없이 38선을 따라 한반도를 두개의 통제구역으로 나눴다. 북쪽은 붉은 군대가, 남쪽은 미군이 점령했다. 소련은 젊은 김일성을 북한의 지도자 자리에 앉혔다. 미국은 서구식 교육을 받은 이승만을 선택했다. 둘 모두 영구 분단을 용납할 수 없었다. 김일성의 무력통일 시도는 3년(1950~53)이 걸릴 잔혹한 내전을 초래했고, 이 전쟁은 곧 국제전으로 비화했다. 미국은 침략 후 단 며칠 만에 남한을 도우러 참전했다. 몇 달 뒤에는 건국한 지 얼마 되지 않은 중화인민공화국(PRC)이 북한을 돕기 위해 '자원병'들을 보냈다. 이 전쟁은 반도 전체를 초토화했다. 전체 인구의 거의 10분의 1이 죽거나 다치거나 실종되었다. 북한

을 돕다가 죽은 중국군이 18만명, 남한을 돕다가 죽은 미군은 3만6천명에 달했다.[15]

엄밀히 말해 한국전쟁은 아직 끝나지 않았다. 1953년 7월 정전될 때의 휴전협정이 (어느정도) 효력을 유지하고 있으나, 공식적이고 최종적인 평화협정을 남겨두고 있다. 두개의 한국은 여전히, 세계에서 가장 삼엄한 지대 중 하나인 4킬로미터 폭의 비무장지대(DMZ)를 사이에 두고 분단되어 있다. 전후 수십년 동안 북한과 남한은 "서로에 대한 우위를 차지하기 위해 외부의 강대국들과 손을 잡고 부단히 경쟁했다."[16] 1980년대 후반 대한민국, 즉 남한은 군사독재에서 민주제로 이양을 이루었고, 자국의 자원과 인재를 활용하여 세계 최고 수준의 성공적인 경제를 이룩했다. 남한은 미국과의 강력한 군사 동맹 덕분에 폭탄을 제조하기보다는 현대 자동차나 삼성 가전제품 등의 소비재를 만들어 수출하는 데 집중할 수 있었다.

북한, 즉 조선민주주의인민공화국은 여전히 김씨 일가의 독재 통치하에 있다. 통치권이 김일성에게서 1994년 아들 김정일에게, 2011년에는 손자 김정은에게 승계되었다. 정식으로 소비에트 블록에 들어간 적은 없었지만 김일성은 공산주의 정권들과의 밀접한 유대를 통해 전쟁 중 완전히 괴멸된 북한을 재건할 수 있었다. 북한의 국가통제 경제는 남한보다 큰 성공을 거뒀고, 1960년대부터 70년대까지는 확실히 북한이 경제적으로 남한을 앞서 있었다. 그러나 1980년대 초가 되자 역전이 일어났다. 북한도 1980년대 소련의 붕괴를 초래한 것과 똑같은 공산주의 경제의 기본적인 한계에 맞닥뜨린 것이다.

1961년 소련 및 중국과 상호방위조약을 체결했음에도, 또 미국과 남한 간의 방위조약이 체결되었음에도 북한은 자국의 안보를 이웃 강대국들 손에 맡길 생각이 없었다. 그리하여 세계에서 가장 큰 군대

중 하나를 키우고 폭탄 제조를 모색하기 시작했다. 폭탄에 관한 김일성의 관심이 어떻게 시작되었는가에 대해서는 알려진 바가 없지만, 몇몇 연구자들은 한국전쟁을 빨리 끝내기 위해 핵무기 사용을 고려하는 미국을 보고 그런 관심이 생겼으리라는 가정에 무게를 둔다. 평양은 과학 일반 분야에서 기술자와 과학자 들을 양성하기 위해 일찍이 1952년 모스크바와 협력 협정을 맺었다. 대학원생을 비롯한 북한 출신 학생들에게 소련의 대학이나 연구소에서 교육받을 기회를 제공하는 협약이었다. 1952년 12월, 아직 한국전쟁이 한창인 상황에서도 김일성은 조선민주주의인민공화국과학원 산하에 원자력 연구기관을 설립했다. 북한과 소련 간 협력은 소련의 '평화를 위한 원자력' 우산 아래 크게 확대되었다. 김일성은 수백명의 학생과 연구자 들을 소련의 대학과 두브나에 있는 합동원자핵연구소 등의 연구기관으로 보냈다. 핵물리연구소, 원자력연구소, 김책공업종합대학 등 북한에 새로 설립된 몇몇 과학센터들도 두브나에서의 기초 연구 및 핵 민간 사용에 관한 합동 연구 사업에 참여했다.

1952년 맺어진 소련과 북한의 핵 협력조약은 1960년대 소련형 연구 원자로 IRT2000 및 그 외 다른 핵심 핵시설들의 건설로 이어졌다. 이런 시설들은 지방 도시 영변으로부터 8킬로미터, 평양에서 북쪽으로 90킬로미터 거리에 새로 만든 핵 연구단지에 들어섰다. 이것들은 폭탄 제조를 위한 이후 북한의 노력에 결정적인 역할을 하게 될 기초 단계 — 과학자와 기술자를 양성하고 교육과 현장 경험의 바탕이 될 소형 원자로를 확보하는 등 — 의 일부였다.

그 위험성을 감지한 소련 정부는 자신들의 지원을 계속 받으려면 민간 사용의 길을 벗어나지 말라고 김일성을 압박했다. 그러는 동안 북한은 핵 전문가를 교육하는 국내 기관들을 확대하고 그들을 훈련하기 위해 소련이 지원한 연구시설들을 이용했다. 이 전문가들은 더 높은 성능을 내도록 소련형 연구 원자로를 개선하며 기술을 연마했다. 1974년 북한은 IAEA에 가입했고, 그럼으로써 방대한 IAEA의 문서와 경험 기반에 접근할 수 있게 되었다. 이 모든 일이 핵단지를 세우기 위한 평양의 과학적·기술적 자료 수집에 도움이 되었다. 이런 정보의 보고를 누리면서도, 1990년대 초까지 북한이 IAEA의 접근을 허용한 곳은 오로지 소련이 지원한 시설뿐이었다.

민간용 에너지 사업을 위한 경수로를 구하려다 소련의 거부에 부딪히자, 1985년 북한은 결국 NPT에 가입하는 데 동의했다. 평양은 이미 20년간 토착 핵 역량을 키우기 위해 노력해온 터였다. 자력 기술의 흑연감속(일명 기체-흑연) 원자로 건설도 순조롭게 추진되고 있었다. 그런 원자로에 우라늄 연료 농축은 필요치 않지만, 화학적으로 불안정한 사용후 연료를 안전상 재처리할 필요는 있다. 재처리는 폭탄용 플루토늄 추출을 가능하게 해준다. 영변에 설계되고 건설된 흑연감속 원자로는 영국 콜더홀의 원자로를 닮았다. 콜더홀 원자로는 세계 최초로 상업적 성공을 거둔 핵발전소 원자로이지만, 영국의 핵무기 개발 계획을 위한 플루토늄을 생산하는 데 사용된 바도 있었다. 콜더홀 원자로의 청사진과 세부사항들은 1950년대에 기밀 해제되었다. 폭탄 연료용 플루토늄 생산의 핵심적인 두번째 단계로 영변에 세워진 재처리 시설은 벨기에의 몰에 있는 민간시설 유로케믹(Eurochemic)을 닮았다. 이 공장의 청사진은 벨기에에서 출간되었고, 생산 공정 도표는 1970년대 IAEA가 발표한 자료 안에 들어 있었다. 영변에서 진행되는 이 야심만만한 건설 작업은 1980년대 초 미국 정찰위성에 포착되었으나, 이후 1989년 그 위성사진들 일부가 대중에 공개되기 전까지는 국제적인 관심을 받지 못했다.

영변 5MWe 원자로는 1986년 가동을 시작해 그 소재지와 근처 도시를 위해 소량의 전기를 생산하고, 그와 동시에 사용후 원자로 연료 속 플루토늄을 축적했다. (평양이 1985년 NPT에 가입했음에도 불구하고) 현장에서 그 프로그램을 감시하거나 사찰하는 일은 전혀 없었다. 북한이 1992년이 되도록 원자로 현장이나 관련 시설들에 IAEA 검증단 출입을 허용하지 않았기 때문이다. 그때쯤 평양은 이미 플루토늄 연료 주기를 위한 만반의 준비가 되어 있었다. 일단 초기 가동 단계의 문제점들을 극복한 뒤로는 1년에 무기급 플루토늄 약 6킬로그램(대체로 폭탄 하나를 만들 만한 양)을 생산할 역량을 갖췄다. 연료 제조와 재처리 시설들도 가동 중이었다. 각각 50메가와트와 200메가와트의 전력 생산을 위해 설계된, 더 큰 규모의 흑연감속 원자로 2기도 건설 중이었다.

북한의 초기 미사일 프로그램

북한 미사일 프로그램은 1960년대로 거슬러올라간다. 최초의 핵시설을 짓던 때와 같은 시기이다.[17] 1960년대 초 북한은 소련으로부터 재래 군수품들과 함께 해안방어 미사일, 단거리지대지미사일, 다연장로켓포(MRL) 등을 처음으로 들여왔다. 1965년이 되자, 아직 소련의 지원에 계속 의존하면서도 김일성은 토착 미사일 역량을 추구하기로 결심했다. 1971년 그는 이전까지는 역시 소련의 원조에 심하게 의존했던 중국으로도 눈을 돌렸다. 북한의 미사일 개발 전문가들을 양성하기 위해 함흥군사학교가 설립되었다. 이후 50년에 걸쳐 안전 보장과 외화를 위한 수출이라는 두가지 목적을 가지고 북한은 미사일 역량을 확대해나갔다.

알려진 대로라면 북한은 1970년대 말 또는 80년대 초에 이집트로부터 처음으로 소련형 스커드B 액체추진 미사일을 구입하고 이집트와 기술 인수 및 협력 협정을 맺었다. 북한이 미사일 개발을 향해 큰 걸음을 내딛는 순간이었다. 그들은 스커드B 미사일의 분해공학을 시작해 화성5호라 명명한 미사일을 생산한다. 1986년과 87년 사이 북한은 이 미사일들을 연속 생산하기 시작했고, 이라크의 공격으로 궁지에 몰린 이란에 그것들을 수출했다. 북한은 뒤이어 500킬로미터로 늘어난 사거리와 더 향상된 유도장치를 갖춘 화성6호(스커드C)을 개발했다. 1999년까지 북한이 생산한 화성6호 미사일은 600~1천대 정도일 것으로 추산되었다. 그중 약 300~500대는 이란, 시리아, 리비아 등에 수출해 수억달러를 벌어들였을 것으로 생각된다.

화성6호는 대폭 향상된 성능을 갖춘 로동1호에 의해 대체되었다. 로동1호는 1200~1500킬로미터 사거리를 지닌 준중거리 미사일로, 이로써 북한은 일본을 타격할 수 있는 능력을 처음으로 갖게 되었다. 북한은 광범위한 불법 조달망을 이용해 미사일과 TEL 부품들을 사들여, 이동식 미사일 발사대를 만들 수 있게 되었다. 이란은 북한의 개발 작업 가운데 많은 부분에 자금을 제공하고 샤하브3호라 불리는 자기 나름의 버전을 생산할 권리를 얻었다. 로동 미사일은 이집트와 리비아에도 수출되었다. 평양은 파키스탄과의 미사일 협력도 활발히 진행해온 상태였다. 모든 변형 스커드 미사일과 로동 미사일은 핵탄두를 운반할 수 있다. 예컨대 1958년 즈음 소련의 핵무력에는 50킬로톤의 핵탄두를 실은 스커드A가 있었다. 소련 정부는 또 5킬로톤에서 70킬로톤의 핵폭발력을 지닌 여러 종류의 탄두를 스커드B 미사일용으로 개발하기도 했다.

뒤이은 북한의 신속한 미사일 개발은 높은 수준의 해외 기술 원조, 주로 소련 정부의 원조가 있었기에 가능했으리라고 판단된다. 소련의 붕괴와 함께 수백명의 구소련 출신 미사일 과학자와 기술자 들이 돈을 받고 타국을 위해 일하기 시작했다. 반면 러시아 핵무기연구소의 과학자와 기술자 들은 자신의 기술과 전문성을 외국에 팔 생각이 없는 애국자들이었다.[18] 러시아의 미사일 수출업자들은 평양에 열렬한 구매자가 있다는 것을 알게 되었다. 북한은 1990년대 중반에 미래의 우주비행과 장거리 미사일 산업을 내다보고 장거리 로켓을 개발하기 시작했으니, 이 역시 놀랄 일도 아니었다.

핵 외교의 시작

1980년대 말 영변 핵 원자로가 본격 가동에 들어가던 바로 그때, 북한은 후원자였던 소련의 해체로 초래된 역사적인 지정학적 격변과 뒤이어 소비에트 블록 국가들로부터 오던 경제 지원이 사라지는 상황에 대처해야 했다. 갑자기 표류하는 신세가 된 것이다. 거의 하룻밤 사이에 북한은 석유 수입처, 원자재 공급원, 시장의 상당 부분을 잃었다. 1992년이 되자 북한 체제를 떠받치고 있던 소련의 안보 지원과 재정 원조가 완전히 붕괴했다. 북한이 앞으로 러시아와 어떤 관계를 맺게 될지도 불투명했다. 보리스 옐친(Boris Yeltsin) 지휘하의 새 러시아는 평양 김일성 정권에 보내던 군사 원조를 끊어버렸다. 북한에 개인적인 반감을 품고 있던 옐친은 해외정책 참모 다수의 완강한 반대를 물리치고 러시아와 한반도 관계의 무게 중심을 평양에서 서울로 옮겼다. DMZ 너머 미군과 남한군에 맞서 조선인민군이 유지하고 있던 재래식 병력의 균형이 사라진 것이다.

같은 시기, 냉전 내내 북한의 또다른 핵심 후원자였던 중국도 남한과 새로운 정치경제적 관계를 구축하려는 걸음을 내딛고 있었다. 1992년, 평양이 서울과 확대 회담을 진행하는 동안 베이징은 남한과 외교 관계를 수립했다. 평양에 충격과 분노를 준 조치였다. 평양은 자국의 안보를 위해 다시는 그 누구도 믿지 않겠다는 결의를 재삼 다졌다.

김일성은 특유의 실용적이고 용의주도한 방식으로 이런 상황 전개 속에서 북한 정책에 중요한 방향 전환이 필요하다고 판단했다. 그는 공개적으로 선언하지는 않았지만 적대적인 러시아와 믿을 수 없는 중국에 맞서는 완충장치로 미국과의 관계 개선을 모색하겠다는 전략적 결정을 내렸다. 소련이 붕괴하자 조지 H.W. 부시(George H.W. Bush) 대통령은 워싱턴이 소련에 맞서 억지책의 일환으로 배치했던 핵무기를 감축하는 일방적 조치를 취했다. 그 목적은 흔들리는 자국의 붕괴를 막고 자국 핵무기를 안전하게 유지하려 고군분투하는 소련 대통령 미하일 고르바초프(Mikhail Gorbachev)의 부담을 덜어주려는 것이었다. 부시는 전세계 육상·해상 기지에 배치된 전술 핵무기들을 모두 철수한다고 선언했다. 워싱턴은 그동안 '긍정도 부정도 하지 않는' 정책을 고수해왔으므로 이제 와 남한에서 핵무기를 철수한다고 특정하여 말할 수는 없었지만, 남한의 노태우 대통령은 이렇게 공표할 수 있었다. "내가 여러분에게 말씀드리는 이 시각, 우리나라 어디에도 단 하나의 핵무기도 존재하지 않습니다." 미국 핵무기가 한반도에 있는 한 남북 간의 핵 협상은 한발짝도 나아갈 수 없을 것이라는 북한의 입장에 부응하기 위해 다듬어진 발표였다.[19]

그 직후인 1992년 초, 북한과 남한은 양국 모두가 "핵무기를 실험도, 제조도, 생산도, 취득도, 보유도, 저장도, 배치도, 사용도 하지 않겠다" 그리고 "핵 재처리 및 우라늄 농축 시설을 보유하지 않겠다"고 약속하는 공동선언에 서명했다.[20] 조지 H.W. 부시 정부는 평양이 수년간 거부해왔던 태도를 버리고, 북한 핵 프로그램에 대한 IAEA의 안전조치를 받아들인다면 미국과 북한 사이에 외교적 길을 열 용의가 있다는 신호를 보냈다.

1992년 즈음 북한은 이미 핵무기 개발에서 큰 걸음을 내디딘 상태였다. 새로 가동에 들어간 방사화학실험실에서 5MWe 원자로의 사용후 연료로부터 소량의 플루토늄을 추출함으로써 표면상으로는 민간 용도인 영변 핵단지에서 무기급 플루토늄을 생산할 수 있다는 사실을 증명하는 데 성공한 것이다. 북한의 이런 핵무기 야심에 대한 워싱턴의 우려가 커짐에 따라, 김일성과 김정일은 아직 발생기에 있는 핵 프로그램을 미국과의 관계를 진전시키는 지렛대로 사용할 수 있겠구나 깨달았다. 1993년 6월 북미회담의 무대가 이렇게 마련되었고, 이 회담은 1994년 10월 최초의 핵 협상인 북미제네바합의의 조인으로 결실을 맺었다.

3장

2004년 1월 이전의 상황

북미제네바합의: 진영 간의 깊은 골

1994년 북미제네바합의는 에너지 원조, 북한 내 민간용 핵에너지 프로그램 제공, 미북 관계의 정상화를 교환 조건으로 하여 북한 핵무기 프로그램을 제한 및 삭감하고 궁극적으로는 폐기하기 위한 외교적 거래였다. 미국인들에게 이 북미제네바합의는 기본적으로 북한이 핵무력을 손에 넣지 못하게 막기 위한 비확산 문서였다. 평양에서는 그것이 냉전이 끝날 무렵 김일성이 구상했던 워싱턴과의 전략적 제휴가 될 것이라고 보았다. 실제로 북미제네바합의는 신중하게 이행되기만 한다면 1993년 봄과 1994년 5월에 겪은 것과 유사한 미래의 위기를 막는 데 필요한 시간·공간을 벌어줄 지침들을 모은 것이었다.

1992년 9월 IAEA는 여러해에 걸친 시도 끝에 영변의 핵심 핵시설을 검증할 수 있는 접근권을 받아냈다. 검증단은 북한의 플루토늄 신고에 모순이 있음을 발견하고, 현장 두곳에 대한 특별 검증을 요구했다. 1993년 3월 12일 평양은 국가안보라는 최고의 가치가 위협받는 경우 탈퇴가 가능하다는 10조 1항을 언급하며 3개월 뒤 NPT에서 탈퇴하겠다는 의사를 발표했다. 6월에 양측이 회담을 열어 평양이 "필요하다고 판단될 때까지" NPT 탈퇴를 보류하겠다고 선언하는 공동성명을 냈다. 이 일로 탈퇴가 법적 효력을 갖기 하루 전에 절차가 중단되었고, 심각한 대결 국면을 피할 수 있었다.

북한이 사실상 아직 NPT에 가입해 있는 상태였고, 또 6월 및 7월 회담에서 IAEA 검증단이 북한에 남아서 영변 시설들을 계속 조사해야 한다는 워싱턴의 주장이 제기된 바 있었기 때문에 북한의 핵시설은 여전히 IAEA의 감시 아래 있었다. 하지만 1994년 3월 IAEA 검증단은 방사화학실험실 접근을 거부당했다. IAEA 운영위원회는 북한에 검증단의 요구에 전적으로 따를 것을 촉구하는 결의안을 승인했다. 5월이 되자 북한은 IAEA 검증단의 협조와 감독 없이 5MWe 원자로에서 사용후 연료를 인출하기 시작했다. 윌리엄 페리(William Perry) 국방부 장관이 보기에, 이런 연료 수거는 레드라인을 넘는 행위로 미국의 조치를 요하는 것이었다. 여기에는 북한이 사용후 연료 속 플루토늄을 손에 넣는 것을 막기 위해 영변 핵단지 내 핵심 시설들을 폭격하는 방안까지 포함되었다.

유능하고 경험 많은 외교관으로 미국 협상단을 이끌고 있던 로버트 갈루치(Robert Gallucci)는 이 협상이 완성되더라도 폭탄과 미사일로 가는 잠재적 경로를 모두 차단할 수는 없다는 것을 알았다. 그러나 그는 이 협상이 당시의 가장 큰 위험, 즉 플루토늄을 통해 폭탄으로 가는 길은 막을 수 있다고 믿었다. 북한은 이미 5MWe 원자로와 플루토늄 재처리 시설을 포함하여 영변에서의 플루토늄 가동을 동결하고, 동시에 2000년대 초가 되면 해마다 플루토늄을 300킬로그램 가까이 생산할 수 있었을 더 큰 규모의 원자로 2기 건축을 중지하겠다고 합의한 바 있었다. 미사일과 우라늄 농축을 명시적으로 다루는 더 엄격한 제한은 실현도 검증도 불가능할 듯했다. 북한에 경수로 2기를 제공함으로써 생길 수 있는 잠재적 확산 위험은 관리 가능한 정도로 여겨졌고, 그 비용도 주로 남한과 일본이 부담하게 될 터였다.

미국이 중유를 지원하는 것도 영변의 가동 동결을 감안하면 합리적인 것으로 보였다. 이 일은 1990년대 들어 심각한 경제·식량 위기를 겪고 있는 북한에게는 특히 중요한 문제였다. 갈루치를 위시한 협상단은 조약을 맺을 때 필수적인 의회 승인을 피하기 위해 이 협상을 조약이 아닌 정치적 합의의 형태로 구상했다. 미국 정책그룹 내 북한에 대한 호감은 애초에 거의 없었을 뿐 아니라, 그 문제에 관해서라면 미국의 일반 국민도 마찬가지였기 때문이다.

북미제네바합의는 시작부터 순탄치 않았다. 워싱턴에는 제풀에 늪 속으로 가라앉고 있는 듯 보이는 밉상 정권을 구제해줄 마음이 없었다. 서울에서는 남한의 김영삼 대통령이 이 협상에 강하게 반대했다. 협상 과정에서 서울이 소외되었다고 느낀 것이 그 주된 이유였다. 그는 1994년 7월 초 김일성과의 정상회담을 준비해왔으나, 그달 말 김일성이 사망하자 그것으로 북한 정권의 종말이 시작되었다고 보았고, 김일성의 아들에게 상황이 이롭게 돌아가도록 해줄 일이라면 아무것도 할 생각이 없었다.

훨씬 더 큰 문제는 합의문 서명 2주 뒤 미국에서 치러진 선거 결과 민주당이 상·하원 모두에서 공화당에 다수당 자리를 내주며 완전히 판이 뒤집혔다는 사실이었다. 북한에 대한 정책은 완벽하게 당파적으로 의견이 갈리는 사안이라는 점이 드러났다. 미국이 약속한 바를 지키기 위해 클린턴이 내놓는 거의 모든 조치가 공화당이 장악한 의회의 거센 반대에 부딪혔다. 빅터 차(Victor Cha)와 데이비드 강(David Kang)이 북한 정책에 관한 2004년 토론에서도 지적했듯이, 북미제네바합의는 완전히 당파적 사안이 되어서 거기에 반대하는 측이 그 정책의 가치를 문제 삼는 것인지, 아니면 그 정책이 클린턴 정부와 엮였다는 사실 자체를 문제 삼는 것인지 구분할 수 없는 지경이 되어버렸다.[1]

워싱턴은 협상에서 자기가 약속한 바, 특히 중유 지원 등 의회 승인이 필수인 경비 지출을 요하는 조치들을 이행해야 한다는 압박에 시달렸다. 경수로 지원은 더 큰 난제였다. 경수로는 미국·남한·일본이 구성하고 나중에 유럽연합이 합류한 협의체인 한반도에너지개발기구(KEDO)가 자금을 대고 건설할 예정이었다. 합의 사항에 경수로 지원이 들어 있었음에도 불구하고, 의회는 그 20억달러짜리 사업을 위한 자금 지원에 동참하기를 거부했다. 자금 지원은 결국 남한과 일본의 몫으로 돌아갔다.

1998년 8월 북한이 일본 상공으로 미사일을 발사했다. 처음에 그 미사일은 2단계 탄도미사일로 추정되었다가 나중에는 발사 실패한 3단계 로켓으로 드러났으나, 이 사건은 북미제네바합의를 더더욱 벼랑 끝으로 내모는 계기가 되었다. 이 로켓 발사 및 국방정보국이 지하 핵 원자로라고 간주하는 새로운 현장에 대한 첩보가 워싱턴에 불난 데 기름 붓는 격의 결과를 가져왔다. 클린턴 대통령은 또다른 위기를 막기 위해 전임 국방부 장관 윌리엄 페리를 특사로 임명하여 미국의 대북 정책을 재검토하도록 했다. 페리는 남한 정부, 일본 정부와 협의하고 뒤이어 평양을 찾았다. 나중에 페리 프로세스라고 알려진 행보였다. 몇차례에 걸친 회담이 1999년 막을 내리며, 미국은 북한의 핵 및 장거리 미사일 활동의 검증 가능한 중지와 궁극적인 폐기를 추구해야 한다고 권고하는 보고서를 냈다. 보고서는 그 댓가로 미국이 북한의 안전보장 요구에 부응하고 정상적 관계를 수립해야 한다고 촉구했다. 이에 더해 워싱턴은 북한에 대한 경제 제재를 풀기 시작해야 한다고 했다. 이례적으로 페리는 이 검토 결과를 들고 평양을 찾아가 북한의 각계 관계자들을 만났다. 북한도 긍정적 반응을 보이며 페리의 권고 중 하나에 발맞춰 1999년 9월 회담이 진행되는 동안 미사일 실험을 동결하겠다고 동의했다. 그러나 미사일 발사 일시 중지를 제외하고 평양은 페리 프로세스가 열어준 외교의 장에 쉽게 나서지 않았다. 클린턴 대통령의 임기가 끝나기 전에, 북한이 핵·미사일 문제에서 주요한 진전을 이룸으로써 양국 관계를 더 공고히 하려고 시도한 것은 2000년 9월이나 되어서였다.

2000년 마지막 몇달 동안 평양과 워싱턴의 관계를 근본적으로 바꿀 만한 몇몇 핵심 조치가 취해졌다. 페리의 1999년 5월 평양 방문에 마침내 화답하여, 2000년 10월 김정일은 대통령에게 보내는 친서를 들려 최고위 군 간부인 조명록 차수를 워싱턴으로 보냈다. 10월 10일 클린턴이 백악관에서 조명록을 만났다. 조명록은 클린턴에게 만약 그가 평양에 온다면 "김정일이 모든 안전 문제를 보장할 것"이라고 말했다.[2] 페리와 함께 평양에 다녀온 국무부의 웬디 셔먼(Wendy Sherman)은 나중에 조명록과 클린턴이 작별 악수를 나눌 때의 일을 이렇게 회상했다. "우리는 모두 여기에 뭔가 진정한 것이 있다는 것을 알았다. 김정일은 거래를 할 준비가 되어 있었다."[3]

조명록의 워싱턴 방문이 마무리될 무렵 양측은 지금껏 미북이 이룬 관계의 최고점이라 할 것에 쐐기를 박는 공동성명을 발표했다.[4] 성명문에서 양측은 양국 관계를 근본적으로 진전시킬 것이고, 어느 쪽 정부도 상대 정부에 대해 적의를 품지 않을 것이며, "과거의 적대를 떨어버린 새로운 관계를 세우기 위해 앞으로 모든 노력을 다할 것"이라고 동의했다.

조명록 방문 후 불과 열흘 만에 평양은 매들린 올브라이트(Madeleine Albright) 국무장관을 맞아들였다. 올브라이트와 김정일 사이의 회담은 전과 다른 새로운 미래를 약속하는 듯했다. 올브라이트는 북한 내의 개발뿐만 아니라 우려국들로의 수출까지 포함하여 미사일 문제가 핵심 사안이라고 강조했다. 김정일은 놀랄 만큼 솔직한 어조로 북한이 이란과 시리아에 미사일을 팔고 있는 것은 갈급히 필요한 외화를 벌기 위함이라고 말했다. 그는 워싱턴이 보상책을 보장해준다면 수출을 일시 중단할 용의가 있다고 덧붙였다.[5]

북미제네바합의는 북한 핵 프로그램을 완전히 폐기하지 못했다고 혹독한 비난을 받았지만, 한해 뒤 어떤 인터뷰에서 갈루치가 지적했듯이 애초에 그러겠다고 주장한 적도 없었다. 그는 그 회담을 "우리 입장에서 보아 좋은 거래"라고 평가했다. "시간이 갈수록 그것이 없는 것보다는 있는 편이 나을 것이기 때문이다. 물론 그것이 완벽하진 않았지만."[6] 아마 이것이 정권 인수기에 클린턴이 대통령 당선인 부시에게 관례에 따른 보고를 하면서 북한을 미래 미국의 안보 문제 목록 맨 마지막에 등재해놓았던 이유일 것이다.

붕괴

2001년 1월 부시 정권이 백악관에 입성했을 때, 북한이 보내는 신호는 여전히 대체로 긍정적이었다. 평양은 2000년 공동성명에 담긴 클린턴 정책의 지속을 지지한다는 공식 입장을 내놓았다. 그러나 평양 쪽에도 걱정이 있었던 게 사실이다. 북한의 몇몇 관계자들은 미국 측 담당자들에게, 이른바 미국 보수 강경파들이 정책을 틀어버리지 않을까 하는 우려를 내비쳤다. 북한 사람들이 걱정하는 것도 그럴 만했다. 워싱턴과의 관계가 곧 깊은 이데올로기적 나락으로 떨어질 참이었기 때문이다.[7]

부시 정부는 클린턴 시절 (칼을 갈며) 때를 기다리고 있던 강경파 보수 인사들을 영입했다. 부통령 딕 체니(Dick Cheney)와 국방부 장관 도널드 럼스펠드(Donald Rumsfeld)도 신보수주의 보좌진과 참모진을 데려왔다. 그중 가장 거침없는 두명, 존 볼턴(John Bolton)과 로버트 조지프(Robert Joseph)가 각각 국무부와 국가안전보장회의(NSC)의 요직을 차지했다. 강경파는 클린턴 정부가 북한과 맺은 핵 합의에 소리 높여 반대해왔다. 그들은 북한식 접근법은 핵 프로그램을 위한 시간을 벌려는 도발과 위기, 그후 일시적 해소의 반복일 뿐이라고 치부했다.

정부 내 다양한 캠프에서 어떻게 북한과의 대화를 진행할지 갑론을박을 이어갔지만, 강경파 보좌진들은 봄을 지나 여름이 될 무렵에는 이미 기조를 정한 상태였다. 북한이 핵무기 프로그램과 정권 붕괴 사이에서 전략적 최종 선택을 하도록 강제하려면 더 큰 압박이 필요하다는 전반적인 합의가 생성되었다. 2001년 9월 11일 세계무역센터와 펜타곤을 친 알카에다의 테러 공격은 세계적 위협의 본질과 중요성에 대하여 세계를 '선과 악'의 관점에서 극명하게 나누어보도록 부시 정부의 사고를 완전히 바꾸어놓았다. 이런 극적인 세계관은 대북 정책에도 녹아들어 북한을 국제적 테러 세력의 후원자이자 대량살상무기를 퍼뜨릴 잠재적 존재로 주목하는 결과를 가져왔다.

2001년 말부터 2002년 봄으로 넘어가는 시기 부시 정부의 언사는 핵 문제에 대한 외교적 해결의 문을 완전히 닫지만 않았을 뿐 그 직전까지 계속해서 긴장을 끌어올렸다. 부시 대통령은 2002년 1월 시정연설에서 북한을 미국의 대테러 전쟁의 새로운 중심이라고 지목하며, 이라크·이란과 함께 북한을 "악의 축"으로 몰았다. 평양은 미국의 정권 교체 작업이 처음에는 이라크에 집중되다 나중엔 북한과 이란으로 옮겨오지 않을까 우려했다.

2002년 3월 부시 정부의 핵태세검토보고서(NPR) 일부가 유출되면서, 이 정부가 미 핵무기의 가능한 표적으로 남겨둔 6개국 중에 북한이 들어 있다는 사실이 알려졌다. 평양은 이런 입장은 미국이 북미제네바합의, 2000년 공동성명에서 한 약속과 배치된다고 주장했다. '악의 축' 언급과 핵태세검토보고서 사건은 이후로도 평양이 워싱턴의 적대적 정책을 얘기할 때 종종 그 증거로 불려나왔다.

2002년 여름, 정보당국은 북한의 비밀 우라늄 농축 프로그램에 대한 최신 평가를 내놓았다. 새로운 정보 보고서에는 평양이 원심분리기 프로그램을 위한 재료와 부품들을 대량 입수하려 시도하고 있다는 증거가 담겨 있었다. 이런 노력은 1990년대 말까지 거슬러 올라가는 것으로, 파키스탄 A. Q. 칸(A. Q. Khan)의 실험실로 이어지는 게 분명해 보이는 경로를 따라 유럽과 아시아에 닿아 있었다. 클린턴 정부의 국무부 차관보였던 로버트 아인혼(Robert Einhorn)은 나중에 인터뷰들을 통해 1990년대 말 평양이 우라늄 농축을 시도한다는 사실을 당시 정부도 알고 있었다고 말했다. 그러나 그 규모가 어느 정도인지는 특정할 수 없었고 몇가지 사유로 인해 그 사안은 나중에 해결하기로 결정되었다는 것이었다.[8] 9월 CIA 부국장 존 맥러플린(John McLaughlin)이 북한이 원심분리기 프로그램과 연관된 재료들을 입수하고 있음을 강하게 확신한다고 백악관에 보고했다. 그러나 그런 프로그램이 어디에서 진행되는지, 어느 정도까지 진척되었는지는 모른다는 내용이었다.[9]

이 보고와 첨부된 정보 보고서는 이미 빈사 상태에 빠져 있던 북미제네바합의에 치명타를 날리기에 충분했다. 존 볼턴에 따르면, 그 보고서는 "북미제네바합의를 박살내기 위해 〔그가〕 찾고 있던 망치"였다.[10] 볼턴과 같은 부시 정부의 강경파 관료들은 이 정보를 "기만"의 증거이자, 반드시 응징이 따라야 할 "도덕적 모욕"이라고 규정했다.[11] 부시 정부 내 완전한 매파가 아닌 성원들도 이 정보의 정확성을 문제 삼을 수는 없었다.

그러나 2002년이 다 지나도록 북한은 여전히 대화를 선호하는 것으로 보였다. 김정일은 7월 중대 경제개혁안을 발표했는데, 그것을 위해서는 북한에 크게 위협적이지 않은 대외 안보 환경이 필요했다. 이웃 나라들, 특히 일본과 상호관계를 쌓고 더 나아가 유럽 국가들이나 미국과의 관계를 강화해야 한다는 뜻이었다. 워싱턴도 크게 놀라고, 일본의 원로 관료들을 비롯하여 일본인 대부분도 놀랄 일이었으나, 9월 일본 총리 고이즈미 준이치로(小泉純一郎)가 평양으로 날아가 김정일과 정상회담을 열었고 북일 관계 정상화를 향해 노력하겠다는 양측의 합의가 도출되었다.[12]

김정일의 계획에도 불구하고 2002년의 외교적 대립은 클린턴 시절 북미제네바합의의 종말과 북한의 핵분열 물질 생산 재개를 서둘러 재촉했다. 평양에서의 회담 동안 국무부의 동아시아태평양담당 차관보 제임스 켈리(James Kelly)는 평양이 북미제네바합의의 약속을 퇴색시켰다고 비난하면서 북한이 우라늄 농축을 통해 폭탄으로 가는 길을 좇는 게 아니냐며 몰아세웠다. 미국 대표단은 북한 외교관들의 반응을 인정과 다름없는 것으로 해석했다. 회담 중 무슨 일이 벌어졌는지에 대한 미국과 북한 측의 설명이 서로 다르기는 하지만, 이 회담이 북한 핵 프로그램의 중요한 전환점이 된 것은 확실하다.[13] 미 대표단은 평양에 있는 영국대사관의 보안통신선을 이용해 워싱턴으로 긴급 메시지를 보냈다. "북한인들이 도발적으로 HEU 프로그램을 인정함"이 그 제목이었다. 이 짧은 문장이 결국 북미제네바합의의 관 뚜껑에 마지막 못을 박는 격이 되었다.[14] 녹취된 대담 기록과 그 요약본만 꼼꼼히 보아도 이 제목의 정확성을 의심하게 되지만, 당시 이 문장을 접한 거의 모든 고위 관계자들이 같은 결론에 도달했다. 정부 내 핵심 관계자들 사이에서 다음 조치에 대한 의견이 갈리기는 했으나, 이제 북미제네바합의를 구제할 길이 없다는 데에는 의문의 여지가 없었다.

북미제네바합의가 무너졌다는 명백한 신호로, 워싱턴은 북한으로 가는 KEDO의 중유 수송을 끊어버렸다. 11월 중유 수송분이 남포에 마지막으로 부려지고 수송이 중단된 지 이틀 후인 12월 12일, 조선민주주의인민공화국 외무성은 북한이 "즉각 〔영변〕 시설의 가동과 건설을 재개하여 전력을 생산할 것"이라고 선언했다.[15] 외무성은 KEDO의 중유 지원과 원자로 및 관련 시설을 동결할 북한의 책임을 연계해놓은 북미제네바합의의 한 조항을 들고 나왔다. 결국 "중유가 없으면 동결도 없다"는 얘기였다.

북한은 영변 핵단지를 다시 가동하기 위해 차곡차곡 일을 진행했다. IAEA는 북한 핵시설에 설치된 봉인과 감시카메라를 치우라는 통보를 받았다. IAEA가 이에 응하지 않자 북한 기술자들이 그 봉인들을 직접 제거했다. 그들은 원자로의 궁극적 재가동을 위해 새 연료를 원자로로 옮겨 넣기 시작했다. 그해 말, IAEA 검증단은 빈으로 돌아올 수밖에 없었다. 북한 당국자들의 냉소적 지적대로 북한에서 그들이 할 수 있는 일은 이제 아무것도 없었기 때문이었다. 2003년 1월이 되자 5MWe 원자로가 더 많은 플루토늄 생산을 위해 재가동되었다. 방사화학 실험실도 다시 가동되어 8년간 사용후 연료 저장소에 보관되어 있던 플루토늄 채취를 재개했다. 평양은 상당히 득의만면한 태도로, 이는 자신들이 1993년 일찍이 경고했던 시점부터 시계를 다시 돌리는 것이라는 입장을 취했다. NPT 탈퇴까지는 하루밖에 남지 않은 셈이었다. 북한이 더이상 핵무기 비보유국이라는 지위에 묶여 있지 않겠다는 경고와 다름없었다.

북한이 폭탄을 만드는 동안 하릴없이 시간을 보낸 워싱턴

상황이 이렇게 전개되면서 워싱턴의 전략은 외교적 수단을 멀리하고 압박 확대를 통해 억제를 유지하는 접근법으로 수렴되었다. 평양과 이웃 국가들의 교역을 제어하고 북의 무기 프로그램과 관련된 수출입을 차단하는 방식이었다. 이런 정책적 대응의 결과, 북한은 워싱턴의 헐거워진 족쇄와 인내를 기회 삼아 전속력으로 핵 프로그램을 추진했고 실질적 성과를 거둘 수 있었다. 플루토늄 재처리에 대응할 조치에 대한 계획도 없이, 부시 정부는 북한이 핵 물질이나 기술을 수출하지 못하도록 막는 쪽으로 시선을 돌렸다.[16]

비밀 우라늄 농축 프로그램으로 평양을 비난하고 북미제네바합의를 짓밟음으로써, 미 정부는 북한이 플루토늄 단지를 재가동하여 폭탄을 향한 결정적이고 위협적인 발걸음을 떼도록 허용한 것이었다. 고농축 우라늄도 폭탄 연료로 사용될 수 있겠지만, 그것은 북한이 6

개월 안에 반드시 확보하게 될 플루토늄만큼 강력한 것은 아니다. 북한은 이미 폭탄 한두개를 만들기에 충분한 플루토늄을 가지고 있다고 정보당국이 주장했으나, 이후의 장에서도 밝히겠지만 2003년 이전에 북한이 1~2킬로그램 이상, 즉 핵폭탄을 하나라도 만들 만한 양을 가지고 있었다고 보기는 어렵다.

그러나 당시 북한이 이미 폭탄 한두개를 만들기에 충분한 플루토늄을 가지고 있었다 하더라도, 부시 정부가 그랬듯 거기서 더 나아가 25~30킬로그램, 4~6개의 핵폭탄을 만들 만한 양을 추출하는 사태의 중요성을 낮추어 보는 것은 도저히 용납할 수 없는 일이다. 수출 위협 확대에 더해, 이 정도 양이면 북한에게는 그들의 제조 기술을 개선하고 추가 실험을 실행하며 필요하다면 핵실험을 실시하기에 충분한 재료가 될 터였다. 북한으로서는 이제 거침없이 신속하게 핵무기를 제조할 수 있는 돌파구가 열린 셈이었다. 볼턴과 체니, 럼스펠드를 비롯한 그쪽 진영의 목소리에 파묻혀 더 상식적이지만 영향력은 그에 미치지 못했던 콜린 파월(Colin Powell)이나 콘돌리자 라이스(Condoleezza Rice)의 목소리는 들리지 않았다. 게다가 그런 정책 결정이 내려지는 자리에는 북미제네바합의를 파기하고 북한이 영변 핵단지를 재가동하도록 방치함으로써 생길 무시무시한 기술적 결과에 대해 경고해줄 핵 전문가가 한 사람도 없었다.

한목소리의 힘있는 대응이 없었다는 것은 부분적으로는, 2003년 당시 북한이 미국 정부나 대중에게 최우선 과제가 아니었다는 사실에 기인한다고 볼 수도 있다. 미북 관계는 부시 정부의 이라크 침공과 사담 후세인(Saddam Hussein)의 사망이라는 사건의 그림자에 가려 시야에서 밀려났다. 번개 같은 승리 뒤에는 끝없는 수렁이 있었다. 정부의 대이라크 정책과 대북 정책 사이의 차이는 현저했다. 그것은 부시 정부가 북한 핵 문제를, 아니 어쩌면 더 중요한 이라크 침공을 규정하고 관리하는 일에 얼마나 형편없었는지를 여실히 보여준다. 간단히 말해보자. 미국은 이라크를 침공했다. 부분적으로는 정부 내 몇몇 인사들이 사담 후세인에게 핵무기가 있다고 믿었기 때문이었다. 그것은 사실이 아니었다. 정부는 동시에 북미제네바합의를 내팽개쳤다. 북한이 비밀리에 핵무기를 개발한다는 우려 때문이었다. 그러고 나서는 북한이 훤히 보이게 폭탄을 제조하는 동안 팔짱끼고 서 있기만 했다. 하지만 이라크전에 정신이 팔려 있었다는 주장만으로는 2003년 재개된 북한의 핵개발에 대한 부시 정부의 굼뜨고 거의 무관심한 대응을 충분히 해명하기 어렵다. 모든 정부는 각축하는 해외 정책 우선 과제들 사이에서 균형을 맞춰야 하는 법이다.

가까이서 지켜본 이의 견해에 따르면, 부시 정부는 두서가 없었을 뿐만 아니라 무능에 시달리고 있었다. 대북 정책에 영향을 미치는 관계자들이 북한에 대한 수많은 오해와 착각, 솔직히 말해 위태로운 가설들을 품고 있던 탓에 현실이 들어설 자리가 없었다. 평양과의 직접 협상은—그들의 믿음대로라면 클린턴 정부 때도 그랬던 것처럼, 그런 대화는 미국 외교관을 납치하려고 설계된 함정일 터였으므로—불가능하다고 판단했기에, 부시 정부는 다자간 협상 방식을 채택했다. 중국은 중간자적 위치의 영향력 있는 북한의 후원자로 여겨졌다. 부시 정부는 중국을 끌어들이는 데 그치지 않고 베이징에 주도적 역할을 넘기기로 했다.[17] 중국은 지지부진한 몇차례 3자회담(북한, 중국, 미국)을 주선했고, 이후 평양이 마지못해 참여하기로 동의하면서 6자회담(남한과 일본, 러시아까지 포함)으로 알려지게 된 협상장이 열렸다.

미 정부는 양면 접근법을 채택했다. 한편으로는 6자회담을 통해 외교를 추진하면서, 그와 동시에 추가 도발에 대해 평양을 응징하기 위해 국제사회로부터 더 강력한 조치를 끌어내겠다는 생각이었다. 2003년 5월 말 미국은 대량살상무기확대방지구상(PSI)을 출범했다. 대량살상무기 및 그 운반 체계, 관련 물질들의 국가 간 및 비국가적 주체 간 밀매를 막기 위해 설립된 이 기구는 당연히 북한을 주요 표적으로 삼았다. PSI의 시작은 순탄치 않았지만, 그것은 해를 거쳐가며 역대 미 정부들의 지지를 받았고 대체로 비확산과 테러 방지 노력에 긍정적인 기여를 한 것으로 평가받아왔다. 그러나 북한에 미친 영향은 이런 장애물들을 에둘러 가는 북한의 신묘한 능력 탓에 그 빛이 바래버렸다. 북한이 여러해 동안 유엔 제재를 우회해온 것과 크게 다르지 않았다.

북한도 나름의 이중경로 전략을 펼쳤다. 핵 노선은 폭탄을 제조하고 핵폭탄 실험을 위해 만반의 준비를 갖추는 데 집중되었다. 영변 단지는 다시 전면 가동에 들어갔으며 우라늄 농축 시도도 확실히 빨라졌다. 그와 동시에 평양은 외교 노선도 함께 추구했다. 6자회담에 참가하는 데 동의하긴 했지만 평양은 핵 문제 해결을 위해 워싱턴과 단둘이 협상하길 바랐다. 평양이 언제나 선호해온 외교 방식이었다. 존 루이스가 2003년 8월 방문 당시 전달받은 메시지도 바로 그런 내용이었다. 루이스의 초청자이자 북한 외무성 미국국 부국장인 리근 대사는 북한에 우라늄 농축 프로그램이 있다는 것을 부인하면서도, 그들에게는 플루토늄 동결을 다시 받아들이고 무기나 핵물질을 옮기지 않을 용의가 있다고 루이스에게 말했다.

그해 8월 말 베이징에서 열린 1차 6자회담은 돌파구를 열지 못했다. 양측은 각자의 기존 입장만을 고수했다. 북한은 미국에게 북미제네바합의 하의 의무를 지키라고 요구했다. 미국은 북한이 먼저 핵 프로그램의 "완전하고, 검증 가능하며, 돌이킬 수 없는 폐기(CVID)"에 무조건 동의해야 미국이 북한의 안전을 보장할 행동에 나설 것이라고 주장했다.[18] 평양은 더이상의 회담은 필요 없을 것으로 본다고 선언하고 정식 협상을 연기했다.[19] CVID를 역설해온 체니 부통령은 자신의 강경파 이데올로기에 충실했다. 알려진 바에 따르면, 미 협상팀에게 이렇게 말했다고 한다. "나는 대통령으로부터 이 세상 그 어떤 독재와도 절대 협상하지 말라는 임무를 부여받았다. 악과는 협상하지 않는다. 악은 무찌르는 것이다."[20] 12월 6자회담을 재개한다는 계획은 결국 백지화되었다.

그 시점에 평양은 다른 방침을 택하기로 하고 존 루이스를 다시 평양으로 초청했다. 바로 그 초청으로 인해 2004년 내가 북한을 찾아 영변 핵단지까지 도저히 있을 성싶지 않아 보였던 여행을 하게 된 것이다.

4장

“우리가 만든 걸 좀 보시겠습니까?”

"하지만 존, 저는 북한에 갈 마음이 없는데요." 2003년 루이스 교수가 나에게 여행에 동행해달라고 청했을 때 내가 한 대답이었다. 당시 나는 로스앨러모스국립연구소의 선임연구원이었다. 거의 12년에 달하는 연구소 소장직을 마치고 몇년 전 연구의 세계로 돌아와 있는 상태였다. 플루토늄의 과학적 미스터리를 파헤치려 노력하면서, 또 러시아의 핵무기 전문가들과 협업하여 소련 해체 이후 제기된 핵 위험을 완화하는 일을 돕기도 하면서 홀가분한 마음으로 지내고 있었다. 나는 또 중국 핵단지와 관계를 강화하는 길도 모색하는 중이었다. 중국도 러시아가 경험하고 있는 것과 유사한 핵 안보 문제를 마주하게 될 수도 있다고 생각했기 때문이었다. 북한에 간다는 것은 전혀 생각지도 못한 일이었다. 연구소에서 플루토늄과 다른 핵물질들로 작업해온 그 모든 시간들이 북한으로의, 실타래처럼 얽혀 있는 복잡하고 새롭고 만만찮은 문제들을 던져줄 그곳으로의 이 여행을 위한 준비 작업이었다는 것을 그땐 알지 못했다.

존 루이스는 14년 동안 여덟차례 북한을 방문했다. 2003년 8월 그는 마지막 방문을 마치고 돌아와 있었다. 그의 북한 측 교섭 상대는 그에게 북한에서는 영변 핵단지를 재가동하면 워싱턴이 다시 외교의 장으로 나오리라 생각했다고 말했다. 그러나 그런 일은 일어나지 않았다. 루이스로서는 행동에 나설 때가 된 것이었다.

나는 루이스에게 그의 방문에 내가 별 도움이 안 될 것이고, 또 (속으로 회심의 미소를 지으며) 나는 아직 온갖 보안 규정이 따르는 로스앨러모스연구소에 고용된 몸이기 때문에 워싱턴으로부터 여행 승인을 얻어내기는 거의 불가능할 것이라고 말했다. 그러나 존은 집요하기로 유명한 사람이었다. 북한 사람들이 그에게 북미제네바합의 파기로 국제 검증단과 미국 기술진이 추방당했던 곳, 영변 핵단지에 데려가줄 수도 있다고 말했다는 것이다. 자기는 정치학자로서 원자로와 원심분리기의 차이도 모르는 사람이니 (물론 그것은 사실이 아니었지만) 내가 함께 가는 것이 중요하다고 했다. 내가 항복할 수밖에 없었다. 하지만 워싱턴으로부터 승인을 받을 전망이 거의 없다시피 하다고 믿었기에 어느정도는 위안이 되었다. 게다가 북한 사람들이 로스앨러모스국립연구소의 전직 소장에게 그들의 핵센터를 둘러보도록 허용해줄 가능성도 그만큼이나 낮아 보였다.

미국 정부에 관해서는 내 생각이 거의 맞았다. 부시 정부의 관계자들, 특히 백악관 사람들은 내가 가길 원치 않았다. 북한에 대한 엄청난 불신과 평양이 나의 방문을 순전히 정치 선동의 기회로 이용할 것이라는 우려가 있었다. 그런 우려는 나중에 불식되었다. 로스앨러모스연구소의 직원인 나는 연구소의 정부 측 담당 부서인 에너지부 국가핵안보국(NNSA)으로부터 여행 허가를 받아야 했다. 북한으로의 여행 또한 이른바 국무부의 '특정국 방문 허가'가 필요했다. 놀랍게도, 여행 허가가 떨어졌다. NNSA의 현명하고 경험 많은 외교관인 린턴 브룩스(Linton Brooks) 대사는 당시 정부로서는 북한을 들여다볼 수 있는 다른 방법이 없으니 이 여행이 좋은 아이디어라고 생각했다. 루이스는 국무부 정보조사국(INR)의 국장인 토머스 핑거(Thomas Fingar) 박사로부터도 같은 대답을 얻어냈고 특정국 방문 허가를 받았다.

이런 상황에서 반대도 만만치 않음이 느껴졌다. 나의 방문이 언짢다는 표현으로, 국가안전보장회의 관계자들은 나에게 북한 핵 프로그램에 대한 배경 설명을 해주지 말아야 한다고 CIA에 권고했다. 다행히 북미제네바합의 기간에 북한에서 사찰과 검증 활동에 참여했던 로스앨러모스의 여러 동료들이 필수적인 기술 정보를 일부 알려주었다. 그들 중 몇몇은 이전의 미북 협상에 기술 고문으로 참여한 경험도 있었다. 그들은 내게 전체적인 외교적 배경을 알려주며, 6자회담 협상 과정의 경직된 형식주의의 일단을 엿보게 해주었다.

루이스는 미 정부에서 재직한 후 당시에는 브루킹스연구소에 있던 잭 프리처드에게도 우리 대표단에 들어와달라고 청했다. 미 상원 해외관계위원회의 실무자 두명도 우리와 동행했다. 두 사람 모두 동북아시아 전문가로 그들 나름대로 사실을 파악하기 위해 방문하는 것이었다. 그중 W. 키스 루스(W. Keith Luse)는 해외관계위원회 의장인 상원의원 리처드 루거(Richard Lugar)의 측근으로 일하고 있었고, 프랭크 자누치(Frank Jannuzi)는 민주당 중진인 상원의원 조지프 바이든(Joseph Biden Jr.)을 돕고 있었다.

나는 정부 핵심 관계자들을 만나기 위해 12월 중 두차례 워싱턴에 다녀왔다. 부시 행정부는 내가 CIA 분석가들을 만나도록 허락해주지 않았지만, 나는 에너지부 NNSA와 전미 과학공학한림원의 동료들로부터 많은 것을 배울 수 있었다. 기술적 측면에서 보면, 1년 전 검증단 전부가 쫓겨났기 때문에 그 이후 북한이 영변 핵단지에서 어떤 일을 해냈는지가 상당히 불투명했다. 외교 면에서는, 정부 내에 깊은 견해차가 있었다. 정부는 이라크 침공의 후과에 관심을 쏟고 있는 듯했다. 북한은 최우선 과제가 아니었다.

연말 휴일 내내 나는 이번 여행이 성사되지 않을 것이라 확신하고 있었지만, 모든 정부 허가가 떨어졌고 루이스는 북한으로부터 2004년 1월 4일 평양에 오면 된다는 최종 승인을 받았다. 1월 2일 금요일 아침 7시 로스앨러모스 우리집에서 가방을 다 꾸려놓고 이를 닦고 있는데, 아내가 나를 불렀다. "ABC뉴스에서 전화가 왔어요." 이것이야말로 내가 듣고 싶지 않은 소리였다. 기자는 그녀 표현대로라면 "임박한" 북한 여행에 대해 알고 싶어 했다. 도대체 어떻게 이런 일이 일어나는 것인지 자문해보았다. 원래의 계획은 이 여행을 사람들 눈에 뜨이지 않게 하는 것이었다. 나는 중얼중얼 지금 막 중국으로 떠날 참이며 북한에 대해서는 잘 모르겠다고 말했다.

사실상 둘러대는 얘기였으나, 진실에 가까운 얘기이기도 했다. 베이징에서 북한 방문 비자를 받을 수 있으리라는 확신이 여전히 없었기 때문이다. 나는 곧바로 NNSA 린턴 브룩스 국장에게 전화해서 얘기가 다 새나갔다고 말했다. 브룩스는 별 동요가 없었다. "예, 압니다. 「USA 투데이」 1면에 났어요. 헤커가 도대체 뭘 하러 북한에 가는지 알아야겠다는 백악관의 전화도 벌써 받았습니다."[1] 브룩스는 그들에게 우리가 뭔가를 새로 알아낼 수도 있기 때문에 이 여행을 허가했노라 말했다고 했다. 부시 대통령이 그 기사를 보고 불같이 화를 냈다는 것은 나중에 알았다. "내가 언제 이걸 허가했소? 당장 취소해요."

대통령이 씩씩거리며 콘돌리자 라이스에게 이렇게 말했다는 것이다.[2] 라이스가 파월 장관에게 전화했고, 파월은 바이든 상원의원에게 전화했다. 바이든의 참모 프랭크 자누치도 그 여행에 함께 할 계획이기 때문이었다. 파월은 바이든에게 백악관이 반대한다고 말했다. 그러나 바이든이 "그러니까 지금 그들이 가는 게 도움이 안 될 거라는 말씀입니까?"라고 묻자, 파월은 "아니오, 그런 말이 아닙니다. 그저 전하라고 들은 대로 말씀드리는 것뿐입니다"라고 대답했다. "좋아요. 그럼 그냥 가면 되겠군요." 바이든은 이렇게 답했다.

일어날 것 같지 않았던 북한 방문

린턴 브룩스에게서 오케이를 받고 나는 로스앤젤레스로 날아갔다가 다시 베이징으로 가, 그곳에서 존 루이스와 다른 일행들을 만났다. 다음 날 아침, 우리는 북한 영사관으로 향했다. 상당히 놀랍게도, 비자 절차는 30분도 걸리지 않았고 830위안(당시 84달러)밖에 들지 않았다. 비자를 받자 다음으로 간 곳은 북한의 국영항공사인 고려항공의 베이징 사무소였다. 그곳에서 310달러를 내고 평양행 비행기표를 샀다.

화요일 아침, 몇몇 기자들이 호텔에 나타나 루이스에게 여행에 관해 이것저것 묻기 시작했다. 이 일은 우리가 곧 공항에서 맞닥뜨릴 상황의 맛보기에 불과했다. 아수라장이었다. 뉴스 매체에서 보낸 사람들 50명 정도가 기다리고 있었다. 그들은 서로 밀고 당기고 소리쳐 질문을 해대며 공항을 다 지나도록 우리를 따라왔다. 다행히 188센티미터의 장신인 루이스는 큰 보폭을 이용해 그들을 따돌렸다. 나는

177센티미터로 다소 불리한 조건이었지만 평소 운동을 해온 덕에 겨우 빠져나올 수 있었다.

부시 정부가 나에게 영변 시설에 대한 상세한 정보를 일러주지 않는 쪽을 택했기 때문에, 나는 로스앨러모스의 동료들에게서 얻은 정보와 과학국제안보연구소(ISIS)[3]의 데이비드 올브라이트(David Albright)와 케빈 오닐(Kevin O'Neill)이 쓴 책에 의지하여 2000년까지 북한 핵 프로그램에 대해 알려져 있던 것을 세심하게 점검했다.[4] 이 책은 수십년에 걸친 북한의 핵기술 개발 과정을 이해하는 데 엄청난 도움을 주었고, 평양으로 가는 비행기 안에서, 그리고 그곳 호텔에 머무는 동안에도 든든한 벗이 되어주었다.

베이징에서 평양까지는 금방이었다. 고려항공 비행기는 낯이 익었다. 1960년대 소련에서 운항을 시작한 소련 최초의 장거리 소형 제트기, 소련산 일류신62였다. 1990년대 러시아에 여러번 방문하며 비슷한 비행기를 타본 적이 있던 터라, 이 비행기가 공중에 뜰 수 있으려나 하는 걱정은 하지 않았다. 평양에 착륙해 긴 유도로를 따라 승객터미널로 갔다. 활주로를 굽어보는 거대한 김일성의 초상화를 보는 순간 불현듯 머리를 스쳐가는 생각이 있었다. 이거야말로 일생일대의 모험이 되겠구나.

차가운, 스파르타식의 입국장에서 리근 대사가 우리를 맞았다. 앞으로 나흘 동안 그가 우리의 초청자, 또는 미국인 방문객들이 흔히 그렇게 부르듯 우리의 북측 '관리자' 역할을 할 터였다. 그러나 리근은 단순한 관리자 그 이상이었다. 그는 해박하고 유능했으며, 우리의 여행을 성공으로 이끌고 모든 문제를 잘 살피라는 확실한 지시를 받고 활동 중임이 분명했다. 존 루이스와 잭 프리처드는 이미 그를 알고 지낸 지 여러해였다. 전에 유엔 북한 대표의 지위로 뉴욕에 머문 적도 있고 1993년부터 2002년까지 진행된 여러차례의 북미 협상에 참여한 인물이기 때문이었다. 리근은 때로 거칠고 심지어는 성마른 사람으로 묘사된다. 그러나 나에게는 다감하고 사근사근한 사람으로 보였다. 그는 미국식 영어를 훌륭하게 구사했으며 태도에서도 여유가 넘쳤다. 이따금 짧게, 개구쟁이 같은 웃음을 지을 때는 입속 금니 몇개가 보였다. 평양에 자리를 잡고 앉아서도 그는 미국의 상황을 면밀하게 살피고 있었다. 이 여행이 이미 미국 매체들로부터 그렇게 많은 관심을 받고 있다는 사실, 특히 서방 언론에 언급되는 유일한 이름이 내 이름이라는 사실을 재미있어했다.

리근 대사는 운전사를 두명 고용해, 비용은 우리가 지불하는 것으로 하고[5] 토요타 랜드크루저로 우리를 보통강 강둑을 따라 호텔에 데려다주게 했다. 이 강은 평양 일부를 감아돌다가 수도 한가운데를 가로지르는 대동강으로 흘러들어가는 작고 얌전한 강이었다. 평양으로 들어가는 길에는 주로 인적 드문 거리를 지났다. 대기에는 스모그가 섞여 있었지만, 그것은 차량이 아니라 도시 외곽의 낡은 석탄화력발전소에서 나온 것이었다. 호텔 로비는 조용했고, 어딘지 어색하게 크리스마스 장식으로 꾸며져 있었다. 우리에게 배정된 방은 9층짜리 호텔 8층에 있는 특실이었다. 넓은 소파와 동양식 카펫, 작은 욕실, 푹신한 매트리스를 갖춘 소련 스타일의 방이었다. 그리고 내가 묵어본 소련의 호텔들과 마찬가지로, 눈에 보이진 않았지만 여기에도 틀림없이 마이크와 카메라가 설치되어 있었을 것이다. 공원 같은 부지에 호텔이 자리 잡고 있어서인지 창밖으로 보이는 풍경은 한겨울임에도 불구하고 평온했다.

이 여행에 나는 개인 소지품은 거의 챙겨가지 않았다. 우리의 일거수일투족이 조선민주주의인민공화국 보안당국의 감시와 사찰을 받을 것이라는 데는 의심의 여지가 없었다. 존 루이스에게서 휴대전화나 컴퓨터를 사용할 수 없을 것이라고 미리 주의를 들었기에, 그런 것들도 가져가지 않았다. 몇년 뒤에는 외국인들도 북한 체류 중 휴대전화를 사용할 수 있게 되었지만, 아직은 그런 좋은 시절이 아니었다. 카메라 한대를 들고 가긴 했지만, 사진을 찍기 전에 먼저 허가를 구하라는 권고를 들었다.

리근 대사는 그날 오후 호텔 로비에서 우리를 만나 우리 방문을 위해 준비된 일정을 설명했다. 수요일 오전엔 조선국제무역촉진위원회(CPIT)와 조선민주주의인민공화국과학원(KAS) 관계자들과, 오후엔 해당 건물에서 외무성 부상 김계관과 만나기로 되어 있었다. 목요일엔 하루 동안 영변 핵센터를 둘러보도록 해준다고 했다. 금요일엔 조선인민군 상장 리찬복과의 면담과 북한 시장에 들르는 일정이 있었다. 토요일 아침엔 베이징으로 돌아가는 비행기에 탑승할 예정이었다. 나중에 알게 된 바이지만, 리근 대사도 영변 방문에 관심이 컸다. 그에게도 이 이전엔 핵시설 방문이 허용되지 않았기 때문이다. 영변 방문은 당연한 얘기지만 내게도 최우선 관심사였다. 최신의 기술적 평가가 군사 위협과 외교 상황을 더욱 잘 이해하는 데 도움이 되리라 믿었다.

해결해야 할 가장 중요한 문제는 북미제네바합의 기간 중 냉각조에 보관되었던 사용후 연료봉들이 무기급 플루토늄을 추출하도록 재처리되었는가 하는 것이었다. 영변 원자로가 전출력으로 가동되고 있는지를 확인하는 것도 중요했다. 미국 정보당국은 이 문제를 확실히 알지 못했다. 정보국에 뛰어난 분석가들이 많았지만, 내부 정보도 없는 상태에서 국제 검증단이 추방된 이후 영변에서 어떤 일이 벌어졌는지를 제대로 알 수는 없는 일이었다. 북미제네바합의 파기 이후 북한의 핵 프로그램이 얼마나 더 위험해졌는지에 대해 정치적 평가를 내놓을 수 있으려면, 또 그 프로그램이 어디를 향해 가고 있는지 짐작하려면, 이 질문들에 대한 답을 얻는 것이 중요했다. 만약 북한 사람들이 우리를 영변에 데려가준다면, 그리고 내가 그곳 핵 전문가들과 성공적으로 대화를 나눌 수 있다면, 이 질문들 중 일부에는 답할 수 있게 될 터였다.

리근 대사와의 만남이 끝나고 우리는 강가를 산책해도 되는지 물었다. 수십번에 걸쳐 해외여행을 하면서 배운 게 하나 있다면, 도착 후 밖으로 나가 햇볕과 바람을 쐬는 것이 시차를 극복하는 가장 좋은 방법이라는 것이었다. 이곳 북한은 어떨지 전혀 예상할 수 없었고 길에서 마주친 어린아이들의 어리둥절한 표정을 보고 놀랐다. 우리가 그 시간 그 장소에서 산책할 것을 미리 안 사람은 아무도 없었을 테니, 이 아이들이 우리에게 좋은 인상을 남기려고 심어놓은 어린 배우들일 리는 없었다. 북한 사람들과 교류하면서 더 많은 경험을 쌓아감에 따라, 적어도 인간적인 면에서는 내가 머릿속으로 상상해온 차갑고 위협적인 이 나라의 이미지는 상당히 잘못된 것이라는 점이 명확해졌다. 여기서도 여느 곳에서와 마찬가지로 다른 모든 여행에서 경험한 바와 똑같은 모습을 만날 것이라는 사실, 접근을 허락하지 않는 도저히 넘기 어려워 보이는 정치적 장벽 같은 것 틈으로 기회만 된다면 따뜻한 인간미가 고개를 내밀 수 있다는 사실을 왜 몰랐던 것일까.

외무성에서의 첫 토의

내게 김계관 부상과의 수요일 만남은 외교에 눈을 뜨게 해준 중요한 수업이었다. 김계관은 북미제네바합의 시절 미국과의 공식 협의와 협상에서 북한 대표단을 이끄는 등 미국 측 인사들과 폭넓게 접촉해온 인물이었다. 잭 프리처드도 나름의 폭넓은 경험이 있고 그중 대부분은 김계관을 상대하는 것이었기에, 우리 측에서는 그가 대화를 주도했다. 회의 내내 김계관이(그는 영어를 알았지만 한국어로 얘기했고 나중에 외무성 고위직에 오르는 최선희가 통역을 맡았다) 얼마나 효과적으로 북한 입장을 드러내는지, 그가 미국 정치에 대해 얼마나 자세히 알고 있는지가 인상적으로 다가왔다. 돌이켜보면 당시 우리가 토의했던 사안 중 그 많은 것들이 이렇게 여러해가 지나도록 그대로 남아 있다는 사실이 놀랍다. 눈에 띄는 차이라고는, 당시는 북한이 막 폭탄 제조를 시작한 단계였지만 지금은 그들이 위협적인 핵무력을 보유하고 있다는 사실뿐이다.

김계관 부상은 우리를 맞으며 우리의 방문이 "중차대한 상징적 의미"를 지닐 수 있을 것이라고 밝혔다. 프리처드는 우리가 비록 비공식 그룹이긴 하지만 중요한 사안들, 즉 그들의 핵 프로그램에 대해 얘기하러 온 것이라고 말하며 내일 있을 영변 방문의 중요성을 강조했다. 영변 방문을 언급하자 김계관의 표정이 밝아졌다. "우리는 대표단의 영변 방문이 교착상태를 풀고 밝은 미래를 열어젖히는 데 기여할 수 있으리라 봅니다." 이렇게 말하고 그는 계속 말을 이었다.

> "우리는 여러분들과 장난칠 생각이 없습니다. 우리가 여러분을 초청한 주요 이유는 투명성을 확보하고 그럼으로써 온갖 가정과 오류들을 줄이고자 함입니다. 여러분이 객관적인 눈으로 보아주시길 바라며, 결론은 여러분께 맡기겠습니다. 시그프리드 헤커 박사가 함께 오신 게 그래서 그렇게 중요한 겁니다. 박사가 계시면 우

리가 여러분께 전부 다 말씀드릴 수 있을 겁니다. 우리로서는 각별하게 봐드리는 겁니다."

물론 그들이 우리에게 '전부 다' 말해주지는 않았다. 그러나 결과적으로, 이 방문은 그들의 기술 개발상과 정치적 사고방식을 이해하는 소중한 계기가 되었다.

프리처드는 우리 대표단도 투명성에 관심이 있다고 동의하며 우리는 검증단의 사고방식으로 이 방문에 임하지 않는다고 강조했다. 내가 알기로 평양은 '검증'이라는 말과 그 안에 내포된 주권 침해의 가능성에 대해 반발심을 가지고 있다. 이라크의 핵 사찰 과정에서 어떤 일이 벌어졌는지, 그 일이 어떻게 이후 미국의 침공으로 이어졌는지를 생각해보면 특히나 그럴 만했다. 김계관은 프리처드가 우리 방문을 규정하는 방식에 진심으로 동의하며, 우리가 완전한 이해에 이르도록 충분한 접근권을 보장하겠다고 약속했다. 그는 핵센터 내 사진 촬영은 허용되지 않는다고 말하고는 웃으며 덧붙였다. "여러분 기억력이 지나치게 좋지 않기를 바랍니다만."

김계관과 프리처드는 북미제네바합의 시절 사용후 연료봉을 재밀봉했을 때처럼 영변에서 이전에 함께 했던 작업이 성공적이었다는 데에 동의했다. 그러면서도 김계관은 그런 시절은 오래전에 끝났다고 한탄했다. "그 모든 노력이 무위로 돌아가고 말았습니다." 그는 워싱턴이 그 "적대적 정책"의 방향을 전환해야 한다고 주장하며 조선민주주의인민공화국은 "그러다 죽는 한이 있더라도 우리의 원칙을 고수할 것"이라고 강조했다. 싸우자는 말투는 아니었다. 오히려 단순한 사실 진술에 가까웠다. 그는 대화를 통한 평화적 해결이 여전히 가능하다고, 그러나 북한이 보여주는 '유연성'과 '양보'에 대한 응답으로 워싱턴이 먼저 조치를 취할 필요가 있다고 주장했다. 프리처드는 북한이 6자회담 초기 협상에서 유연성을 보여주었다는 사실에는 동의하면서도, 앞으로의 과정이 우라늄 농축 문제에 관한 북한의 완고함과 불투명성을 넘어서지 못한다면 외교적 진척이 어려우리라는 점도 지적했다. 이 순간 어디선가 본경기의 시작을 알리는 팡파르 소리가 들렸더라도 어색하지 않았을 것이다. 북한의 우라늄 농축 프로그램이야말로 워싱턴과 평양 간 갈등의 핵심 사안이 되어 있었기 때문이다. 북미제네바합의가 2002년 급작스럽게 끝난 것도 그 때문이었다. 비록 그것이 내가 영변을 방문하러 여기까지 온 이유는 아니었지만, 그 문제는 우리의 방문 내내 우리 머리 위에 어두운 그림자를 드리울 것이었다.

여기서 프리처드는 그 악명 높은 2002년 10월 3일 평양회담을 화제에 올렸다. 그 자신도 참석했던 회담으로, 이 자리에서 제임스 켈리 차관보가 북한 사람들에게 미국은 북한이 은밀하게 우라늄 농축 프로그램을 진행하고 있다는 "명확하고 강력한" 첩보를 가지고 있다고 말한 바 있었다. 프리처드는 김계관에게 자신도 그 첩보를 "믿는다"고 했다. 김계관은 바로 부인하는 자세로 나섰다. "그건 날조된 겁니다. 1998년 8월 금창리에 비밀 지하 핵 원자로가 있다고 우리를 비난했을 때처럼 말입니다." 프리처드는 물러서지 않고, 그의 입장과는 상관없이 — 또는 농축 문제에 대해 그 방에 있는 누가 무엇을 사실이라고 믿는지와도 상관없이 — 정말로 중요한 것은 미국이 지금은 "첩보에 근거하여 조선민주주의인민공화국이 HEU 프로그램을 진행한다고 믿고 있으며" 따라서 "이 HEU 문제에 대한 완전하고 검증 가능하며 돌이킬 수 없는 해결이 필수적"이라고 김계관에게 말했다. 얘기가 오가면서 김계관도 열을 올리기 시작했다. 그도 그 주제에 대해서라면 나름의 정리가 되어 있었던 것이다.

"2002년 10월 우리는 뭔가 새로운 것을 기대하고 있었습니다. 미국 대표단이 평양에 온다니 기뻐할 일이라고 생각했지요. 켈리가 걸어 들어와서는 날조된 정보를 들이밀며 북한을 압박합니다. 그의 행동은 무례했습니다. 우리 문화에서는 손님이 그런 식으로 처신 안 합니다. 강석주 부상은 미국이 강압적인 방식으로 회담을 하러 왔다고 생각했습니다. 내가 그의〔켈리의〕 의혹을 강하게 부정한 것도 그 때문입니다. 지금도 나는 우리가 HEU 프로그램과는 아무 관련도 없다는 입장입니다."

이 시점에서 존 루이스는 김계관이 어느정도 체면을 차리면서 빠져나갈 수 있는 길을 터주고자, 어쩌면 북한은 HEU 프로그램이 아니라 다른 과학적 이용을 위해 기체 원심분리기 장비를 보유하고 있는 게 아니냐고 물었다. 김계관은 여기에 넘어가지 않고 단호하게 대답했다. "그 소위 HEU 프로그램이라는 거 말입니다. 우린 그런 프로그램을 하기 위한 시설도, 과학자도 전혀 없습니다." 여기까지 오자 이 대화에서는 우라늄 농축에 관해 더 나아갈 수 없다는 것이 명백해졌다.

김계관은 중단 상태에 있는 6자회담과 그 교착 상황을 풀 방법에 대한 제안으로 화제를 옮겼다. 그는 그 첫 조치로 핵무기 제조, 실험, 이전을 모두 포함하는 북한 핵 프로그램 동결을 제안했다. 동결이 "공짜"로 되지는 않으니, 그 댓가로 북한도 뭔가를 받아야 할 것이라고 했다. 김계관은 미국에 몇가지 조치를 해줄 것을 제안했는데, 당시 워싱턴에 그런 조치는 도저히 귀에 담지 못할 소리로 들렸으나 이후 2007년과 2008년의 불능화 과정에서는 핵심 사안으로 떠오르게 되었다. 북한을 테러지원국 목록에서 삭제할 것, 북한에 대한 제재를 해제할 것, 이웃 국가들이 북한에 중유를 포함한 에너지를 지원할 것이 그것이었다. 그는 그러한 조치들이 미국이 북한의 주권을 존중한다는 것을 증명하는 과정으로 보일 것이라고 강조했다.

우리는 그날 밤 만찬 때 좀더 화기애애한 분위기에서 북한의 동결 제안에 관해 대화를 이어갔다. 북한과 관련해 그렇게 깊이있고 솔직한 외교적 대화가 오가는 것을 가까이에서 본 것은 이때가 처음이었다. 김계관은 "워싱턴 앞에 놓인 기본적인 정책 선택"이라는 것을 펼쳐 보였다. "세가지 선택지가 있습니다. 핵보유국과 함께 살든가, 우리와 평화롭게 핵 문제 해결을 보든가, 아니면 전쟁을 하든가. 우리는 전쟁할 준비가 되어 있습니다만, 당신네 나라가 이 문제를 해결할 의지만 있다면 어렵지 않게 문제를 풀 수 있을 겁니다." 10월 초 평양은 영변 핵센터가 사용후 연료 재처리의 목적을 민간 용도에서 "핵 억지력 증진"을 목표로 한 무기 프로그램으로 "전환했다"고 발표한 바 있었다.[6] 그후 몇달이 지난 지금 '핵보유국'과 함께 사는 것에 대한 김계관의 언급은 2003년 내내 평양이 보여준 세심하게 조율된 공개적 전략과 일맥상통하는 것이었으며, 북한이 폭탄 제조에 성공했으며 국가 방위를 위해 그 성과를 십분 활용할 것임을 예고하는 발언이었다.

내가 끼어들어 대화의 주제를 기술적 문제로 돌렸다. 김계관에게 나는 우리 대표단의 역할을 핵 문제에 투명성과 이해를 더하려는 것으로 본다고 말했다. 과학자와 기술자 들에게는 핵 문제에 대한 정치적 결정을 내리는 데 필요한 수단을 제공하고 나중엔 그 결정을 검증하기 위해 협력해야 할 의무가 있다고 했다. 러시아의 핵 전문가들과 함께 작업했던 경험에서 배운 표현들을 동원해, 다음 날 있을 우리의 영변 방문이 상호 존중과 신뢰의 분위기를 키우는 계기가 될 것이라고, 결국은 그것이 우리가 성공적인 이행과 검증을 이루도록 도와줄 것이라고 말했다. 우리가 힘을 합쳐야 한다는 점, 서로에게 비밀이 있어서는 안 된다는 점도 강조했다. 나는 영변에서 보는 것에 대해 내가 어떤 평가를 내리든 미국에 돌아가 정부에 보고하기 전에 그들에게 먼저 알리겠노라고 설명했다.

김계관도 이런 계획에 반대하지 않았다. "좋은 말씀입니다. 우리 과학자들도 여러분들을 환영할 겁니다. 그리고 이건 방문이지 검증은 아닌 겁니다." 그는 우리의 영변 방문에 대해 열성적인 것처럼 보였으나 투명성을 확보하려는 자신들의 노력에 대한 우려도 내비쳤다. "미국이 어쩌면 이 방문으로 조선민주주의인민공화국이 〔5MWe를〕 재가동함으로써 레드라인을 넘은 것이 증명되었다고 주장할지도 모르겠습니다. 우리가 레드라인 너머로 가버렸다고 미국이 선언한다면, 그쪽이 행동에 나서지 않으리라 우리가 확신할 수 있겠습니까? 부시가 아주 언짢아할 텐데요." 그의 생각엔, 그런 식으로 워싱턴이 북한을 공격할 새로운 구실을 찾을 수도 있겠다는 것이었다. 그는 곧 다가올 영변 방문으로 화제를 돌려 이렇게 강조했다. 그런 위험에도 불구하고, "우리는 여러분이 공정한 평가를 내려주길 바랍니다. 어려운 임무겠지요. 그러나 나는 여러분들이 미국이 이룬 대로 조선민주주의인민공화국도 할 수 있다는 결론을 내리리라 믿습니다". 나에게 이 말은, 딱히 에두르지도 않고, 우리처럼 그들도 핵무기를 만들 수 있다는 얘기를 하려는 걸로 들렸다.

김계관의 발언은 보통의 대화 수준을 넘는 것이었다. 2003년 내내 부시 정부는 북한이 검증단 전부를 내보내고 플루토늄 생산단지를 재가동했다는 사실을 중시하지 않는 것으로 보였다. 당연히 미국의 이런 자세는 북한에게는 화를 돋우는 일 이상이었을 것이다. 북한 사람들은 자신들이 폭탄 제조의 길에 들어섰음을 워싱턴에 알릴 때 얻을 수 있는 이익이 우리의 방문에서 나온 정보에 미국이 부정적이고 공격적으로 대응할 때 걸머져야 할 위험보다 더 크다고 확신하고 있었다.

영변 핵단지 방문

목요일 아침, 북한 사람들이 우리 대표단 일행 다섯명을 영변으로 데려다주기 위해 호텔 앞에서 기다리고 있었다. 김철남(원자력총국 부국장)과 총국에서 나온 젊은 관계자 한명, 그리고 리근 대사가 우리와 동행했다. 영변으로 가는 길 내내 검은색 세단이 우리가 탄 랜드크루저 두대에 앞장서서 평양의 복잡한 교차로들을 지나고 그다음엔 잘 지어진, 그러나 인적이 없는 북쪽으로 가는 4차선 고속도로를 지나도록 우리를 안내했다. 수도를 나서자 땅 위에 두껍게 쌓인 눈과 청명하게 푸른 하늘이 우리를 맞았다.

한시간 남짓 달려 우리는 영변시로 향하는 비포장도로로 들어섰다. 그 길은 구룡강을 따라 이어졌다. 핵시설을 감아도는 이 강 특유의 굴곡은 영변의 위성사진을 본 적이 있는 사람이라면 누구에게나 낯익은 것이었다. 강을 따라 영변 핵시설로 차를 달리는 동안 걷고 있는 사람들을 볼 수 있었다. 손수레를 끌거나 소달구지를 모는 사람들도 있었고 자전거를 타고 지나는 사람들도 있었다. 사람들 수십명이 삽과 빗자루로 흙길을 다지는 모습도 보았다. 이 가난한 나라에서 핵 프로그램이라니, 얼마나 앞뒤 안 맞는 짓인지를 보여주는 장면이었다.

핵센터는 보안문 너머 그 센터만을 위한 '폐쇄된' 도시 안에 있었다. 소비에트 스타일의 회색 행정동과 아파트 단지 들이 있는 러시아의 폐쇄된 핵 도시들이 연상되었다. 물론 이곳의 기념비들은 레닌이 아니라 김일성과 김정은을 기리고 있었지만. 두번째 보안문과 여권 확인을 거쳐 우리는 핵단지로 들어갔다. 핵센터 소장 리홍섭 박사가 접객소에서 우리를 맞이하고 기본적인 안내를 해주었다. 그는 우리를 몇몇 선임 관리자들에게 소개했다. 그중 안전관리 부서장인 리용호는 나중에 아주 잘 알고 지내게 되었다. 내가 영변을 방문할 때마다 항상 나와 동행했기 때문이다.

리홍섭 소장이 전문가다운 자신감 넘치는 태도로—통역을 통해—대화 대부분을 이끌었다. 그는 자신의 상급자들로부터 단지 내 특정 시설들을 우리에게 보여주라는 지시를 받았다고 설명했다. 리홍섭은 또 북미제네바합의 기간 중 미국 기술 전문가들과 진행한 협업을 높이 평가했다. 이 정도면 시작이 좋다고 나는 생각했다. 우리 측에서는 루이스가 몇마디 소개말을 마치고 내게 대화의 주도권을 넘겼다. 나는 (지난밤 김계관 부상과의 대화에서처럼) 우리는 검증단으로 여기 온 것이 아니고 그보다는 영변의 현 상황을 명확히 하고자 하는 동료 전문가로 온 것이라고 강조했다.

리홍섭 소장은 25열출력메가와트(MWth, 5전기출력메가와트MWe) 소형 실험용 원자로의 기술 사양과 건설 과정을 자세히 기술하면서 본격적인 대화를 개시했다. 그 과정에서 북한이 어떤 원조나 도움도 받지 않았다고 자랑스레 단언했다. 그는 북한은 또 50MWe 원자로 1기와 200MWe 원자로 1기도 건설할 계획이라고 했다. 원래의 목표—

최고인민회의가 설정한 목표—는 2002년까지 200MWe 원자로 가동에 들어가는 것이었지만, 1994년 북미제네바합의는 5MWe 원자로를 동결했을 뿐만 아니라 계획 중인 더 큰 원자로 2기의 건설도 중단시켰다. 리홍섭은 5MWe 원자로는 현재 재가동 중이라고 설명했다. 그의 얘기는 전부 새로울 게 없어, 나는 우리가 진짜 관심사에 다가갈 수 있을지 걱정되기 시작했다. 그건 기우였다. 바로 다음 순간 리홍섭은 그 원자로가 지금 가동 중이고 사용후 연료봉 저장조에 있던 8천개의 사용후 연료봉 전부를 수거해 방사화학실험실로 보냈다는 사실을 우리 눈으로 확인하게 될 것이라고 약속했다.[7]

리홍섭 소장은 지연되고 있는 대형 원자로 사업을 재개하는 것을 자신도 낙관하지 않는다고 했다. 8년 동안 멈춰 있던 50MWe 건설을 재개하는 것은 매우 어려울 것이라고 말했다. 나중에 우리가 그 원자로 옆을 차로 지나갈 때, 리홍섭이 루이스에게 이렇게 말했다. “원자로 옆을 지날 때마다 슬픈 마음이 듭니다. 그만 폐허가 되어버렸어요.” 틀린 말은 아닌 듯했다. 콘크리트에는 금이 가 있었고, 원자로 건물에 붙은 건물의 철골들은 심하게 녹슬어 있었으며 여기저기 쓰레기가 나뒹굴었다. 당시 이 원자로의 운명을 알 사람은 아무도 없었지만, 나는 구제할 길이 도저히 없지 않겠나 싶었다. 이후 북한을 다시 방문하면서 북한이 50MWe에 대한 희망을 버리지 않았음을 알게 되었지만, 결국은 이 원자로도 200MWe 원자로도 완성되지 못했다. 누구의 칭찬도 받지 못했지만, 북미제네바합의가 가져온 또 하나의 긍정적 효과였다.

리홍섭은 5MWe 원자로를 방문한 후 잠시 점심을 먹고 북한이 사용후 연료에서 나오는 플루토늄을 재처리하는 장소인 방사화학실험실을 둘러볼 예정이라고 설명했다. 그리고 그는 더 자세한 얘기를 덧붙였다. 2003년 6월까지 총 장전분 연료봉 8천개를 실험실로 가져와 — 플루토늄 추출을 위한 표준 화학처리 방식인 — PUREX 방식을 이용해 재처리했다고 했다. 그는 그렇게 재처리를 완료하는 데 여섯달이 걸렸으나 그 과정은 순조로웠다고 말했다. 그 시설은 보통은 매우 높은 방사능 수치를 보이지만, 재처리 작업이 다 끝나고 난 지금은 방사능 위험도가 낮았다. 덕분에 우리가 그 시설을 점검하고 그들이 재처리를 완료했다는 것을 알려주는 구체적 징후를 볼 수 있게 되리라는 것이었다.

리홍섭 소장에게 재처리의 생성물에 대해 묻자, 그는 "실제 생성물을 보게 될 겁니다"라고만 말했다. 그때는 그 말이 무슨 뜻인지 깨닫지 못했지만, 그래도 관심이 솟았다. 어쩌면 이 여행은 말로 대충 개요를 읊고 주마간산 격으로 둘러보는 것 이상을 정말로 이룰 수도 있겠구나 싶었다. 리홍섭은 우리에게 사진 촬영은 금지된다고 말했다. 이때는 당연한 소리라고 생각했으나, 나중에 북한 사진사들이 우리를 따라다니며 수백장의 사진을 찍고 여러편의 영상을 촬영하는 것을 보자 우리만 사진을 못 찍게 하는 것이 편치만은 않았다. 그나마 우리는 방문 이후 사용하기 위해 이중 일부를 얻을 수 있었다. 그 마지막 주의를 듣고 우리는 다시 차에 올라 세번째 보안문을 지나 단지로 향했다. 리근 대사는 핵시설까지는 동행하지 않았다. 리홍섭 소장이 존 루이스를 자기 관용차에 같이 태웠고 나머지 우리 일행은 토요타 두대에 나누어 타고 뒤를 따랐다.

5MWe 원자로

5MWe 원자로 단지에서는 나이 지긋한 수석엔지니어 리성환을 비롯한 직원 몇몇이 우리를 맞았다. 건물에 들어서며 우리는 대개는 적절한 방호 복장을 갖춰 입은 많은 직원을 보았다. 노란색 방호복, 노란 모자, 흰 장갑, 그러나 신발은 검은색 운동화였다. 건물 안은 심하게 추워서 메모를 적는 일도 어려웠다. 우리는 원자로 주제어실로 들어갔다. 몇대의 초기 모델 필립스 컴퓨터 모니터와 소니 TV 디스플레이 모니터를 빼면 1950년대 로스앨러모스 현장으로 돌아간 듯했다. 수석 엔지니어 리성환은 원자로가 100퍼센트 열출력으로 돌아가고 있고 발전기들이 2.18메가와트의 전기를 생산하고 있음을 모니터를 보면 알 수 있다고 언급했다. 2월 재가동에 들어간 이후 원자로는 지금 정격 출력으로 가동 중이라고 했다. 미국으로부터의 중유 지원이 중단되었으니, 원자로에서 나오는 열을 이용해 단지 전체에 열을 공급하는 보일러를 가동한다고도 했다. 원자로 건물 안의 온도로 보아, 그들은 연구소 건물에 열을 지나치게 낭비하지 않기로 마음먹은 모양이었다.

내게는 이때가 덜 민감한 기술적 영역으로 들어가—자신이 이곳에서 여러해 동안 일했다고 말하는—수석엔지니어 리성환이 원자로 작동의 전체 구도를 우리에게 전달해줄 준비가 되어 있는지 확인해볼 기회였다. 나는 먼저 1992년 IAEA 방문 이전 연료봉 피복 고장 사례와 같은 문제들에 근거해 몇가지 구체적인 질문들을 던졌다. 그의 대답들이 재가동 이후 원자로가 지금 얼마나 믿을 만한지를 밝히는 데 도움이 되길 바랐다. 리성환은 이번 가동 중에는 연료 피복관 파열을 딱 한번 겪었다고 말했다. 그때까지는 기꺼이 리성환에게 말

그림 2 5MWe 원자로 방문으로 이 원자로가 전출력으로 가동되고 있음을 알았다. 2004년.

기고 물러나 있던 리홍섭 소장이 덧붙이기를, 8년 동안 동결되어 있던 원자로가 상당히 만족스럽게 돌아가고 있으며 그들은 이것이 앞으로도 오랫동안, 수십년 동안 잘 작동하리라 기대한다고 했다. 그는 5MWe 1기를 더 채울 만큼 충분한 연료가 있다고도 했다. 그의 말에 따르자면, 서둘러 새 연료를 더 만들 필요가 없기 때문에 연료제조시설은 지금 일부만 가동 중이고 부분적으로는 정비 중이라고 했다.

우리는 위층으로 올라가 원자로 관람실로 들어갔다. 유리창을 통해 원자로 노심의 꼭대기와 그뒤에 있는 거대한 연료 재장전기가 보였다. 북미제네바합의를 앞두고 북한이 서둘러 원자로를 비우기로 결정했던 1994년 당시 그들은 2대의 재장전기를 사용했었는데, 그날

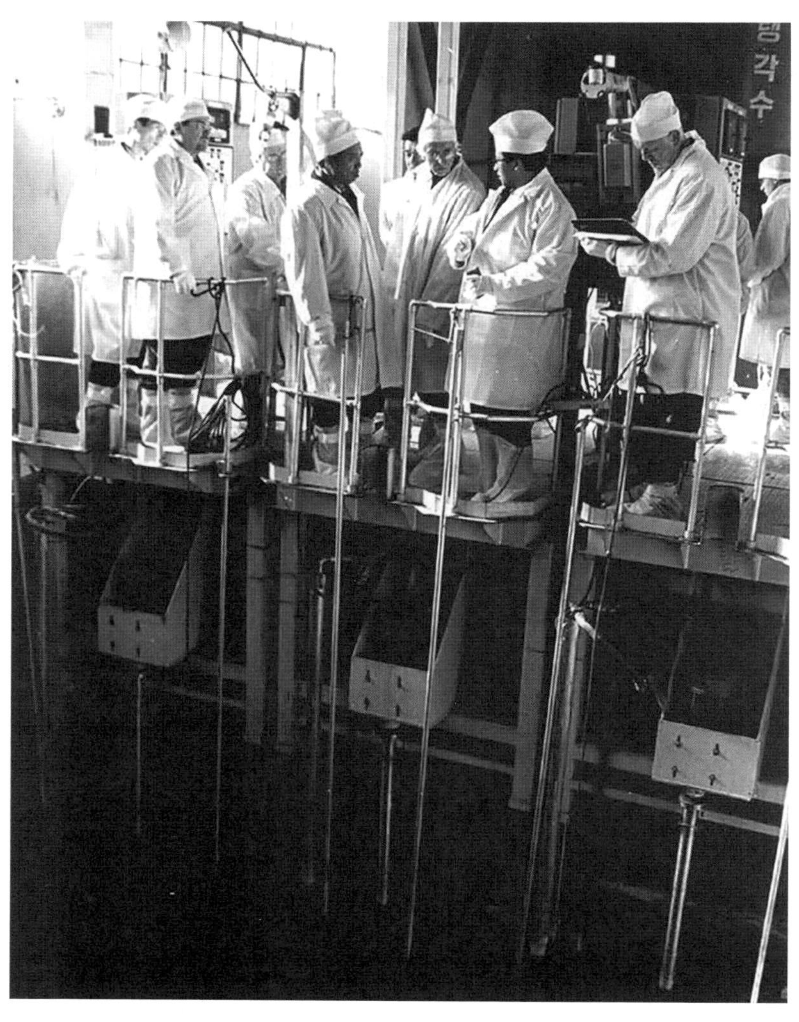

그림 3 사용후 연료 수조 관측대에서 북한의 기술자들이 사용후 연료가 수거되었음을 필자가 확인하게 해주었다. 2004년.

내 눈에 들어온 것은 한대뿐이었다. 기술자 셋이 바닥에서 노심 둘레를 진공청소기로 청소하고 있었다. 모든 것이 티끌 하나 없이 깨끗했다. 리성환이 북미제네바합의 기간 중 원자로에 접근했던 IAEA와 미국 기술팀에 익히 알려졌던 구체적인 설계 사양들을 우리에게 알려주었다. 원자로에 대한 나의 전반적인 인상은, 시설은 매우 깨끗하지만 제어장치와 전자기기들이 기능적이나 구식이라는 것이었다.

원자로에서 약 한시간을 보낸 후, 우리는 옆 건물에 있는 사용후 연료 저장수조로 자리를 옮겼다. 2003년 1월 북한이 영변 가동을 재개한 이후 저장수조에 어떤 일이 벌어졌는지가 이번 방문을 통해 우리가 풀고 싶었던 큰 미스터리였다. 저장수조는 그냥 저장수조 그대로였다. 거의 750센티미터 깊이로, 2~3년 정도 가동한 뒤 원자로에서 인출된 사용후 연료봉을 저장하도록 설계된 수조였다. 많은 양의 우라늄을 제어된 핵분열을 거치게 하면, 많은 열과 방사성 분열 물질들이 배출된다. 일단 원자로에서 수거되면 그 물질에서 나오는 방사능을 분해하는 과정을 거쳐야 한다. 사용후 연료봉은 약 3개월 동안 주로 수조 안에 머물다가, 그후 센터 내 재처리 시설로 안전하게 옮기기로 되어 있었다. 원자로 가동 중 생산되는 열을 이용하여 증기를 만들고 그 증기가 터빈을 돌려 전기를 생산한다. 원자로 가동은 플루토늄도 만들어내는데, 재처리 시설에서 이 플루토늄을 추출해 폭탄 연료를 만드는 것이다.

북미제네바합의 기간 동안 원자로의 마지막 가동 주기에서 나온 사용후 연료는 냉각수조에 보관된 상태로 IAEA 검증단의 감시를 받고 있었다. 그러나 감시 외에도 중요한 문제가 있었다. 연료봉은 마그네슘 합금 피복제로 싸여 있었는데, 그 피복제의 부식과 고장을 막기 위해서는 기술자들이 수조 속 물의 화학작용을 엄밀하게 제어해야 한다. 북한 사람들은 그 일을 해내지 못했고, 따라서 그들은 안전상의 이유로 짧은 보관 기간만 거친 사용후 연료를 재처리해야 한다고 자신들의 입장을 정당화했다. 이것이야말로 미국이 피하고 싶었던 사태였다. 북한이 무기급 플루토늄을 추출할 수 있게 되기 때문이었다. 그 결과, 북미제네바합의의 일환으로 미 정부는 수조 속 사용후 연료봉을 재밀봉하기로 합의했다. 그렇게 하려면 금속용기 안의 물을 빼내고 그 안을 비활성 가스로 다시 채워야 했다. 그럼으로써 이론적으로는 북한이 플루토늄에 손대지 못하게 그 연료봉들을 치워버릴 수 있을 때까지 장기 보관하는 일이 가능해지는 것이었다. 재밀봉 시도는 엄청난 작업이었고, 우리의 방문 몇년 전에야 겨우 완료되었다. 2004년 1월 우리가 도착할 즈음 북한은 이미 연료봉들을 수조에서 꺼내 방사화학실험실에서 재처리했다고 주장했지만, 미국의 정보기관들은 정말로 그것이 수거되었는지 확정할 수 없었다.

북한 사람들은 우리에게 연료봉들을 수조에서 꺼냈다는 사실을 믿게 하려고 단단히 마음을 먹고 있었다. 그런 일은 간단한 것처럼 보여도 실제로는 전혀 아니었다. 리홍섭 소장과 동료들은 우리를 사용후 연료 건물로 데려가 기초적인 보호 장구(작업용 겉옷, 헝겊 모자, 장화)를 착용하게 한 후 저장수조가 내려다보이는 관측대로 자리를 옮겼다.

수조는 1950년대의 구식 안전장치를 갖춘 초기 소비에트 스타일 같았다. 기술자들이 난간도 없는 수조의 좁은 가장자리 턱을 따라 걷고 있었다. 손에는 방사능 측정 장비도 들려 있지 않았다. 방사능 경보기도 보이지 않았다. 우리도 방사능 측정기를 가져가지 않았기 때문에, 나는 영변 소장이 하는 그대로 따라 했다. 방사능 수치가 위험할 정도로 높다면 그가 자기 건강까지 위험하게 내버려두지는 않으리라 짐작했다. 수조 가운데 서 있는 기중기가 수조를 반으로 나눠 앞뒤를 갈라놓고 있었다. 우리는 앞쪽 수조만 볼 수 있었다. 수조의 그 앞쪽 반을 들여다보니, 금속용기의 3분의 1은 자리에 없었고, 3분의 1은 뚜껑 없이 제자리에, 나머지 3분의 1은 뚜껑이 볼트로 고정돼 있었다.[8] 리홍섭 소장에게 사용후 연료를 부분적으로만 수거했는지 묻고 싶었으나, 소장은 방사능 위험이 있는 곳을 벗어나 회의실에서 얘기를 이어가자고 제안했다. 사용후 연료 건물은 방사선 노출 면에서 가장 문제가 될 만한 곳이었다. 사용후 연료봉에는 침투성이 높은 감마 방사선을 방출하는 핵분열 물질이 들어 있기 때문이다. 북한은 연료봉들이 벌써 다 수거되었다고 주장했지만, 나는 아직 확신이 서지 않았다. 만약 연료봉이 아직 거기 있다면, 잔류 방사선으로부터 우리를 보호해주리라 믿을 만한 것은 수조 속 물밖에 없는 셈이었다.

회의실에서 리 소장은 미국이 제공한 금속용기에서 연료봉들을 수거해 그것들을 재처리 시설로 옮기기 위해 북한이 어떤 기술적·논리적 절차들을 거쳤는지 설명했다. 그다지 믿음이 가지는 않았지만, 리 소장은 사용후 연료 재처리의 2003년 초 원래 목적은 "안전"이었다가 그가 모호하게 "국제 상황"이라고 부르는 어떤 상황에 대응하여 목적이 바뀌었다고 주장했다. 재처리에 대한 2003년 10월 발표에 드러난 외무성의 입장을 그대로 반영한 주장이었다. 그들이 핵무기용 플루토늄을 추출하기로 결정했다는 사실을 이런 식으로 말하는구나 싶었다. 나는 대놓고 반대하는 것처럼 들리지 않게 조심하면서, 내가 본 대로라면 아직 일부 금속용기들의 뚜껑이 덮여 있었다는 점을 근거로 연료봉들이 모두 수거되었다는 사실을 믿기 어렵다고 했다. 리성환 수석엔지니어가 기다렸다는 듯이 제안을 하나 했다. 다시 돌아가서 내가 임의로 금속용기 하나를 골라 그 속이 비었는지 아닌지 열어서 확인해볼 수 있다는 것이었다.

나는 내 미국 동료들은 남겨놓고 다시 저장수조로 돌아갔다. 그들이 추가적으로 방사선에 노출될 가능성을 감당할 이유는 없었다. 리성환 수석엔지니어가 제안한 대로 나는 무작위로 뚜껑이 덮인 금속 용기 하나를 골랐다. 앞에서 뒤로 일곱번째 줄, 오른쪽에서 안으로 네번째 칸. 특별할 것이라곤 없이, 가능한 한 임의로 고른 것이었다. 기중기가 선택된 용기 위로 움직였고, 노동자 두명이 위태롭게 몸을 기울여 기다란 도구를 이용해 볼트를 제거했다. 뚜껑을 벗겼으나 안이 잘 보이지 않았다. 그래서 나는 그들에게 근처 수조 속에 있던 수중조명을 가져와 용기 위로 비춰달라고 부탁했다. 그렇게 내가 임의로 고른 용기가 비어 있다는 사실을 확인할 수 있었다. 리성환이 내게 용기를 하나 더 골라서 열어볼 생각이 있느냐고 물었으나, 나는 이 정도면 충분히 되었다고 대답했다.

회의실로 돌아와 우리는 리 소장과 오래도록 솔직한 대화를 나눴다. 우리는 북미제네바합의의 영변 동결조치와 그것이 시설에 끼친 영향에 관해 물었다. 그는 동결이 그에게는 큰 부담이라고 말했다. 영변 사람들, 즉 원자로에서 일하는 약 100명과 센터에서 일하는 총 1천명은 동해안에서 벌어지는 KEDO의 경수로 건설 사업에는 참여하지 않았기에 그 사업이 끝났다고 해서 영향을 받지는 않았다고 했다. 그가 걱정하는 것은 만약 영변이 폐쇄되면 그의 직원들이 전부 직장을 잃을 것이라는 점이었다. 직원들에 대한 이런 걱정은 이 정도 시설의 책임자에게서 당연히 들을 법한 것이었다. 1990년대 러시아의 유사한 시설들을 책임졌던 사람들도 같은 심경을 토로하는 것을 들은 적 있었다.

우리는 안전관리에 관해서도 얘기를 나눴다. 그들이 어떻게 핵물질과 핵시설을 보호하고 관리하는가에 관해서였다. 리 소장은 우리에게 영변에는 그들 시설 내에서 뽑은 푸른색 제복을 입은 방호 인력과 인민군 군인들로 구성된 두번째 등급, 이렇게 두 등급의 보안요원들이 있다고 알려주었다. (아무도 묻지 않았는데도) 그는 군인들이 거기 있는 것은 "당신네들〔미국〕이 공격하겠다고 위협하고 있기 때문"이라고 설명했다. 우리는 점심식사를 위해 중앙 접객소로 돌아왔다. 밀봉작업을 담당했던 미국 팀들이 여러해 그 작업을 하는 동안 이곳 식당을 이용했기 때문에 그곳 여종업원은 미국인들을 다시 보는 게 즐거운 듯했다. 쇠고기와 김치가 나오는 근사한 점심을 마치고 우리는 다시 차에 몸을 싣고 두번째 검문소를 지났다. 그곳을 지키는 위병들은 웃음기도 끄덕임도 없이 매우 굳은 표정이었다. 그들이 우리의 증명서들을 점검했다. 리 소장은 이제 원자로가 위치한 곳보다 더 보안이 철저한 곳으로 가게 된다고 말해주었다.

이동 중 루이스가 리 소장에게 김정일이 영변 핵센터를 방문한 적이 있었는지 물었다. 리홍섭이 대답했다. "아니오, 그분의 안전을 걱정해서 오시지 못하게 할 겁니다." 방사선 노출에 대한 우려가 있다는 얘기로 해석되었다. 리근 대사가 우리의 실험실 방문에 따라나서지 않은 것도 어쩌면 이런 이유 때문일 수 있었다.

방사화학실험실

실험실에서는 리성환 수석엔지니어가 우리를 맞았다. 그는 이 시설의 역사를 자세히 들려주며 1986년부터 1990년까지 그들의 과학자와 기술자 들이 어떻게 그것을 설계하고 어떻게 그들만의 노력으로 그것을 건설했는지 설명했다. 그는 1990년 3월 장비를 테스트하고 사용후 연료 재처리 능력을 확인하기 위해 실제 물질을 가지고 시범 운행을 해보았으며, 그 결과 80개의 핵연료 요소를 처리해서 플루토늄 60그램을 추출했다고 말했다. 오직 60그램의 플루토늄만을 추출했다는 북한의 주장에 거센 반박이 돌아왔다. 나중에 IAEA 사무총장 한스 블릭스(Hans Blix)는 수백그램이라고 주장했고, 일부 미국 정보기관은 수킬로그램에 달할 것이라고 추산했다. 리성환은 거듭 이 시설은 북미제네바합의가 파기되었을 때 재가동되었다고 강조했다. 사용후 연료봉 8천개 전부가 2003년 1월 중순부터 6월 말 사이에 재처리되었다는 것이었다.

리성환은 천천히 걸어가며 실험실 내 6단계 재처리 과정을 우리에게 보여주면서 내가 쏟아내는 질문들에도 참을성 있게 대답해주었다. 존 루이스와 나는 우리가 이 시설을 둘러보는 최초의 미국인일 거라는 생각으로 꼼꼼히 메모를 했다. 리성환과 그의 동료들은 사용후 연료에서 플루토늄을 추출하는 데 사용되는 PUREX 공정의 모든 면을 훤히 꿰고 있었다. 그곳 시설들은 비록 구식이긴 했지만 제대로 기능하고 있었고 부족함이 없었다. 그러나 궁극적으로 나는 그들의 주장대로 그들이 6개월 전에 8천개 연료봉 전부를 재처리했다고는 확신할 수 없었다. 그들이 증명한 대로 연료봉이 사용후 연료 저장수조 안 금속용기 안에 없다 하더라도, 그 사실만으로 단 6개월 동안의 작업을 거쳐 연료봉들이 모두 재처리되었다고 볼 수는 없었다. 그들이 재처리를 완료했는지를 확인하는 것이 중요했다. 그래야 무기급 플루토늄의 보유량을 결정할 수 있고, 그럼으로써 북한이 몇개의 무기를 생산할 수 있을지 추정할 수 있기 때문이었다.

우리는 마침내 아래층으로 내려가 소형 회의실에 자리 잡고 대화

그림 4 방사화학실험실에서 영변 기술진이 사용후 핵연료에서 플루토늄을 재처리하는 기능을 보여주었다. 2004년.

를 이어갔다. 그곳에서 벌어진 일이 나중에 보니 전 방문 일정의 절정이었다. 리홍섭 소장은 내게 논평을 구하며 질문도 더 하라고 권했다. 나는 우리에게 중요한 것은 재처리된 생성물이라는 얘기를 반복했다. 그는 망설임도 없이 그들이 만든 생성물을 보겠느냐고 물었다. 예상 밖 일격이었다. 내가 생각하는 그런 의미가 맞는 건가? "플루토늄 말씀입니까?" 내가 묻자, 바로 그렇게 물어주기를 바랐다는 듯이 그가 대답했다. "맞습니다. 원하신다면요." 원하신다면, 이라고? 이 소장이라는 사람은 내가 뭘 원하는지 정확히 알고 있었다.

리 소장이 그의 직원 중 한명에게 복도로 나가보라고 손짓했을 때, 나는 그들이 이 모든 것을 용의주도하게 계획했다는 것을 깨달았다.

그들은 내가 그 생성물을 보길 바랐던 것이다. 몇분 후 기술자들이 큰 구두상자 크기의 적갈색 금속상자를 방안으로 가지고 들어왔다. 그들이 우연히 플루토늄 상자를 들고 복도를 서성이고 있었을 리는 만무했다. 그 물질은 금보다 훨씬 가치가 나간다. 일단 글러브박스(플루토늄을 안전하게 다루기 위해 이용되는 고무장갑이 달린 스테인리스 소재의 밀봉장치) 밖으로 나오면, 그것은 단단히 걸어잠근 금고에 보관되기 마련이다. 리 소장이 뭐라 한마디 하지도 않았는데 그들은 그 금속상자를 열어 그 안에서 미닫이 뚜껑이 달린 좀더 작은 하얀 나무상자를 꺼냈다. 뚜껑을 밀자 스티로폼 안에 자리 잡은 두개의 유리병이 보였다. 얼핏 보기엔 재활용한 마멀레이드 병처럼 보였다. 유리병들은 돌려서 닫는 뚜껑이 씌워진 채 투명테이프로 밀봉되어 있었다. 나는 생각했다. 이 정도면 괜찮군. 플루토늄을 완전히 밀봉된 용기에 보관하는 것은 안전상 중요한 일이었다.

리 소장이 유리병들을 가리켰다. 손으로 병을 가리키며 말했다. “이쪽 병엔 우리의 생성물, 플루토늄 금속 200그램이 담겨 있습니다. 그 옆의 것에는 옥살산플루토늄 250그램이 들어 있고요.” 나는 옥살산플루토늄을 보고 좀 놀랐다. 플루토늄은 반응성이 강한 옥살산 형태보다는 산화물로 보관될 때 훨씬 더 안정적이라 미국에서는 대체로 옥살산플루토늄을 장기간 보관하지 않기 때문이었다. 어떻게 옥살산플루토늄에서 금속을 만들었습니까, 내가 순진하게 물었다. 그들이 플루토늄에 대해 얼마나 아는지, 그들이 재처리된 플루토늄을 가지고 폭탄에 사용할 수 있는 형태의 플루토늄 금속을 어떻게 만들어내는지를 가능한 한 많이 이해해보려고 내가 애쓰고 있다는 것을 리 소장은 알았다. “우리는 사불화물/칼슘 환원 과정을 이용합니다.” 그가 주저 없이 대답했다. 나는 한걸음 더 나가 그들이 아이오딘도 사용하는지 물었다. 이 이후로도 몇년에 걸쳐 만나는 동안 내 앞에서 여러번 취했던 몸을 사리는 태도로, 그는 그 질문에는 즉답을 피하면서도 나를 올바른 방향으로 이끌었다. "내게 플루토늄 제작의 전 과정을 설명할 권한은 없습니다만, 선생도 일이 어떻게 돌아가는지는 잘 아시지 않습니까?" 그것으로 우리 사이에 일종의 교전 규칙이 섰다는 것을 알았다. 과학자 대 과학자로, 리 소장은 그들의 프로그램에 대해 갈수록 꼬치꼬치 묻는 내 질문을 막지는 않을 것이다. 어떤 질문에는 답할 것이고, 어떤 질문은 슬며시 넘길 것이며, 그 외 다른 질문에는 나에게 알려줄 권한이 없다고 할 모양이었다.

첫번째 병 속의 금속 조각은 얇은 판으로 이루어진 깔대기 형태였다. 어림잡아 두께 0.3~0.5센티미터, 바닥 약 7.5센티미터, 꼭지면 2.5센티미터, 높이 약 3.8센티미터 정도로 꼭지를 잘라놓은 아이스크림콘 같은 모양이었다. 표면은 거칠었다. 아직 가공되지 않은, 주조된 상태 그대로의 것으로 보였다. 그 모양새에 어리둥절한 표정을 보이자, 리 소장은—자신이 무엇을 밝히고 있는지 충분히 인식한 채로—그것은 최근의 주조 과정에서 나온 "자투리"(즉 끄트머리)라고 알려주었다.

노다지를 만났다 싶었다. 로스앨러모스에서 플루토늄 작업을 한 그 모든 시간이 이럴 때 쓰이는구나. 그 주조 형태는 북한 사람들이 플루토늄 금속을 만드는 법을 알 뿐만 아니라 플루토늄 주조와 합금에 대해서도 상당히 잘 안다는 사실에 대한 확증이었다. 맨해튼 프로젝트 당시 로스앨러모스의 내 전임자들은 폭탄 코어와 같은 것을 만들려면 플루토늄에 또다른 원소를 조금 첨가해야 한다는, 즉 합금해야 한다는 사실을 발견했다. 순수한 플루토늄은 모든 원소 가운데 가장 높은 밀도를 지닌 것 중 하나이다. 1입방센티미터당 20그램의 밀도로, 납의 밀도의 거의 두배에 해당한다. 순수 플루토늄을 합금하면 제조도 더 쉬워지고 더 바람직한 공학적 속성들도 띠게 되지만, 밀도는 1입방센티미터당 16그램 미만으로 떨어진다. 사실 그들이 정확한 밀도를 알려주었다면 나는 합금 원소의 양을 꽤 정확하게 맞출 수 있었을 것이다. 그런 세목들이 무기 설계에서는 상당히 중요하지만, 일반론은 기밀 해제된 지 50년도 넘은 상태이다.

내 다음 질문, 플루토늄의 정확한 성질에 대한 질문에는 직접적인 답을 듣지 못할 것이 거의 확실했기 때문에 나는 꾀를 써서 밀도에 대한 질문을 던지는 간접적인 길을 택하기로 했다. 리 소장은 1초도 주저하지 않았다. "15에서 16 사이입니다." 내가 눈썹을 치뜨자, 그가 재빨리 덧붙였다. "합금된 것이죠." 플루토늄을 합금하는 데 무엇을 사용하느냐고 묻자, 익히 예상했던 태도로 돌아갔다. 그것을 알려줄 권한은 없다는 것이었다. 그러고는 덧붙였다. "게다가, 선생도 이미 알고 계시지 않습니까."

리홍섭은 그가 나에게 밀도의 구체적 숫자, 가령 15.8이라든가 하는 숫자를 가르쳐준다는 것은 결국 그들이 얼마나 많은 합금 원소를 사용하는지 알려주는 것이나 마찬가지라는 사실을 알았다. 그러면 내가 허용 한도 이상으로 그들의 폭탄 설계에 대한 정보를 얻게 될 터였다. '15에서 16 사이'라는 그의 대답은 너무 많은 걸 노출하지 않으면서도 그들이 우리 미국에서와 마찬가지로 양호한 공학적 속성을 지닌 형태의 플루토늄을 사용한다는 것을 드러냈다. 합금용으로 가장 선호되는 원소가 갈륨이라는 것은 비밀이 아니다. 나도 Pu-Ga 합금에 대한 공개 논문을 여러편 쓴 바 있다. 그러나 플루토늄을 만들고, 정제하고, 합금하고, 주조하고, 가공하기 위한 암묵적 지식은 실험실에서 익힐 수밖에 없다. 내가 보고 들은 바로 판단컨대 북한 사람들은 그 방법을 알고 있었고, 그것을 하루아침에 배운 게 아니라는 것도 확실했다.

나는 용기를 내어 플루토늄에 대한 질문들을 밀어붙이기로 마음먹었다. 8천개의 사용후 연료봉에서 얼마나 많은 플루토늄을 얻어 금속으로 변환했는지 물었다. 리홍섭은 필요한 만큼 금속을 만들었다고 말하면서도, 그리 놀랍지 않게도 북한의 플루토늄 금속 폭탄 연료의 보유량이 얼마인지는 알려주려 하지 않았다. 그는 건물 내에 플루토늄을 취급하기 위한 글러브박스들이 있다고 확인해주었다. 그들은 1990년대 실전 시험 중 처음으로 글러브박스를 가지고 실험을 진행했으며, 1992년 IAEA 사찰 전에 그것들을 제거했다가 2003년 1월 10일이 지나자마자 다시 시설에 배치했다고 했다. 나는 그들이 글러브박스를 그렇게 신속하게 재배치한 것에 대해 놀라움을 표했으나, 리홍섭은 맨해튼 프로젝트의 속도를 언급하며 북한 사람들도 시간표를 당겨가며 작업하는 일이 가능하다는 점을 내게 납득시키려 했다. 내가 그들의 능력을 얕잡아보고 있다 여겨, 그들도 미국인 포함 세상 그 누구와도 마찬가지로 능력이 있음을 확실히 해두고 싶었던 것이 그 발언의 속뜻이었으리라. 그들이 플루토늄 실험실을 그렇게 빨리 복원한 것에 대해 내가 놀랐던 것은 주로 현재의 규제 환경에서는 그런 일이 1년은 걸릴 로스앨러모스에서의 내 경험 때문이었다.

이 지점에서 나는 우리가 방금 목격한 것을 워싱턴에 돌아가 어떻게 설명하게 될지 생각해보았다. 북한이 플루토늄에 대해 대단히 많이 알고 있으며 그들의 '생성물'이 플루토늄처럼 보인다고 말할 수는 있겠지만, 그 사실을 확정할 방법은 없었다. 회의실 안에 방사능 측정 장비가 있지도 않았고, 방문하는 동안 다른 곳에서도 그런 것을 본 적이 없었다. 로스앨러모스를 떠나 여행길에 오를 때 나도 그런 장비를 챙기지 않았다. 내가 방사능 측정기를 들고 나타나면, 북한에서 내가 민감한 정보를 빼내려 한다고 여겨 우리를 핵시설로 안 데려가는 것 아닐까 걱정이 되었기 때문이다. 모든 것을 고려할 때, 그런 것들을 안 가져갔을 때 생길 문제를 감수할 가치가 있었다고 본다.

직원들이 금속상자를 가지고 방을 나간 후 나는 리 소장에게 그것을 다시 가져올 수 있느냐고 물어보았다. 내 미국 동료들에게는 유리, 심지어는 플라스틱도 플루토늄의 알파선을 쉽게 막을 수 있으니 위험할 일은 없다고 설명했다. 사실 알파선은 인간의 피부도 뚫지 못한다. 다만 플루토늄이 인체에 들어가면 암을 발생시킬 수 있으므로 그것을 들이마시거나 삼키는 일은 피해야 한다. 내 말이 특별히 믿음직하지는 않은 모양이었으나 동료들은 방안에 남아 있기로 했다.

내 입장을 리 소장에게 설명하는 게 좋을 것 같았다. 방사능 측정기만큼 예민하지는 않아도, 이런 상황에서는 내 손이 그 대용품 기능을 충분히 할 수 있으리라 판단했다. 나는 리 소장에게 그 결과물의 온도와 밀도를 가늠해보도록 금속이 든 유리병을 들어봐도 되겠는지 물었다. 그는 반대하지 않았다. 그의 표정에서는 아무것도 읽을 수 없었지만, 사실 어쩌면 그는 오히려 반가워했을지도 모를 일이다. 직원들이 다시 상자를 가지고 와서 그 일에 안성맞춤인 주황색 비닐장갑 한벌을 주며 플루토늄 금속이 들어 있는 유리병을 꺼내게 해주었다.

나는 그 유리병이 약 반파운드, 또는 200그램에 해당하는 플루토늄이 들어 있다고 볼 만큼 무거운지 판별해보고자 했다. 얼추 비슷한 무게로 느껴졌다. 두번째 단서는 유리병이 따뜻한지 보는 것이었다. 특별히 따뜻하달 수는 없었다. 리 소장에게 그 얘길 하자 그는 Pu-240의 농축도가 낮기 때문이라고 대답했다. 내 말이 무슨 뜻인지 알고 있었던 것이다. 사실 Pu-240의 함유량이 낮을수록 열이 덜 생성되고, 그것은 무기급에 더 적합한 플루토늄이 된다. Pu-240 함유량에 대해서는 확실히 알 수 없었지만, 유리병이 주변 모든 것들이 아주 차가운 가운데 — 건물 안은 그저 추운 정도인 곳도 있었고 얼어붙을 정도인 곳도 있었다 — 약간의 열기를 띤다는 사실은 그 안에 방사성 물질이 들어 있다는 것을 확인해주었다. 그것이 약간 따뜻했던 것은, 당연하게도, 플루토늄의 알파선이 유리병을 뚫고 나오지는 못하지만 그래도 열은 배출하기 때문이었다.

나는 유리병을 만짐으로써 생길 수 있는 플루토늄 외부 오염에 대비하여 내가 착용했던 장갑을 반드시 검사해보고 싶었다. 플루토늄 샘플을 넣을 때 유리병의 바깥 면이 오염되었을 가능성이 없지 않았다. 옥살산플루토늄 분말이 담긴 유리병의 경우에는 그럴 가능성이 훨씬 컸기에, 그것을 만져보겠다고 청하지 않았던 것이기도 했다. 잠재적 플루토늄 오염 검사는 알파선 탐측기를 이용하여 장갑 위로 마치 마술지팡이처럼 천천히 오르락내리락 움직이는 식으로 진행한다. 나는 리 소장에게 장갑을 벗기 전에 검사를 할 수 있겠느냐고 물었다. 그의 동료가 복도 쪽으로 손짓하자 거의 즉각적으로 한 기술자가 허리춤에 가이거 계수기처럼 생긴 것을 차고 들어왔다. 이번에도 역시, 그런 장비를 갖춘 누군가가 우연히 복도를 지나고 있었다고 믿기는 어려웠다. 나는 그가 가이거 계수기를 가지고 나타나다니 특이한 일이라 생각했다. 그것은 플루토늄 알파 오염을 검사하는 데 적절한 방식이 아니었기 때문이다. 그 기술자가 상자에 다가가자, 계수기가 울리기 시작했다. 내 동료들이 움찔했다. 어조로 보아, 리 소장이 그 기술자에게 플루토늄이 든 금속상자를 들고 당장 방 밖으로 꺼지라고 말한 것 같았다. 그 순간 계수기가 다시 조용해졌고, 그 기술자는 내 장갑 낀 손을 스캔했다.

역설적인 것은 그 가이거 계수기가 유리병 속 플루토늄에서 나오는 약한 감마 방사선을 포착했다는 사실이었다. 그로써 나는 유리병 속 조각이 방사성 물질이라는 것, 이제 거의 의심할 여지없이 플루토늄이라는 것을 확정할 수 있었다. 장갑에 와서는 가이거 계수기가 울리지 않았다. 그것이 장갑에 남아 있는 미량의 플루토늄 잔여물을 포착할 가능성은 없었기 때문이다. 그래서 나는 장갑을 벗는 법에 대한 로스앨러모스의 표준 프로토콜을 따르는 수밖에 없다고 생각했다. 조심해서 한쪽 끝을 잡고 장갑을 뒤집어가며 벗는 방법이었다.

방사화학실험실이 우리 시설 방문의 마지막 차례였지만, 우리의 대화는 마무리 토의를 위해 영변 단지를 돌아 접객소로 가는 차 안에서도 계속되었다. 존 루이스는 관용차 안에서 북한 관계자들로부터 우라늄 농축에 관한 중요한 정보를 얻었다. 루이스는 북한이 1980년대에 네덜란드의 유렌코(Urenco) 그룹으로부터 (거의 틀림없이 제삼자를 통해) 사들인 원심분리기들을 가지고 소규모의 우라늄 농축 시범 프로그램을 진행했다는 얘기를 들었다. 루이스가 들은 바에 따르면, 그 프로그램은 방사화학실험실에서 그들이 만족할 만큼 성공적으로 플루토늄을 추출할 때까지 계속되었다. 1990년대 초로 추정되는 이 시점에, 평양은 농축 작업을 접고 플루토늄 경로를 취하기로 결정했다. 그동안 농축 작업에 전념해온 과학자들을 모두 다른 자리로 전근시키고 그 이후로는 농축에 관한 한 아무 일도 진행된 적이 없다고 했다. 우리가 다음 해 다시 방문해서 루이스가 이 대화를 언급했을 때 북한 사람들은 이렇게 발언했던 사실을 부인했다. 돌이켜보면 이것이 완전히 날조되어 루이스에게 주입된 이야기인지 아니면 부분적으로만 꾸며낸 이야기인지 명확하지 않다. 만약 후자라면 북한이 1992년 농축 프로그램을 그만두긴 두었다가 1998년 여름 A. Q. 칸에게서 원심분리기를 몇대 들여왔을 때 그 프로그램을 다시 시작했다는 뜻이 된다.

접객소에 돌아오자 리홍섭 소장은 대단히 여유로워 보였다. 그가 "객관적"이라고 칭한 나의 의견을 들을 준비가 된 듯했다. 나는 특별히 내가 점검할 수 있도록 임의로 선택한 저장 용기를 열어 보여주는 조치까지 취한 것으로 보아 저장수조에 연료봉이 없다는 것에 대해서는 확신한다고 말했다. 연료 재처리 문제에 관해서는 간접 증거는 많이 얻었지만 방사화학실험실이 2003년 전반기 6개월 동안 가동되었는지, 그들이 모든 연료를 재처리했는지 확정적으로 말할 수는 없겠다고 했다. 나는 재처리를 통해 생산된 이른바 생성물이라는 것, 즉 플루토늄을 그가 보여주었으나 그것이 가장 최근의 재처리 작업에서 얻은 것인지 아니면 이전의 작업에서 얻은 것인지는 알 수 없는 일임을 지적했다.

리홍섭은 동의의 뜻으로, 때론 그저 내 말을 이해했음을 알리는 뜻으로 이따금 고개를 끄덕이며 주의 깊게 귀를 기울였다. 내가 말을 마치자 그는 담담한 말투로 대답했다. 특별히 언짢다거나 실망한 기색은 없었다.

"오늘 우리는 여러분에게 가동 중인 우리 시설들의 현 상황을 보여주도록 권한을 부여받았습니다. 내 일은 거기까지입니다. 전부 다 재처리되었다는 증거를 여러분께 보여드리는 것은 내 일이 아닙니다. 우리가 보여드린 플루토늄 금속이 마지막 작업에서 나왔음을 증명하려면, 플루토늄241 대비 아메리슘 비율을 측정해봐야 할 겁니다."

내게 그것을 알려줄 의향이 없다는 얘기까지는 하지 않았다. 우리가 챙겨갔으면 하고 바라는 요점들에 밑줄이라도 긋는 것처럼, 그는 말을 이었다. "예, 재처리는 모두 완료되었습니다. 예, 그 결과물은 산화플루토늄이고 우리는 산화플루토늄을 금속으로 처리하는 과정도 완수했습니다. 다음 단계는 지금 5MWe 원자로에 든 것을 재처리하는 일이 될 겁니다. 언제가 될지는 모르겠지만 말입니다." 그는 말꼬리를 흐렸지만 그 말 속에 담긴 위협의 뜻은 알아듣기 그리 어렵지 않았다. 평온한 어조로 말했음에도 불구하고. 원자로 안에 그들의 폭탄 프로그램에 사용할 플루토늄이 더 들어 있으며, 평양에 있는 그들의 상급자가 더 많은 플루토늄을 원한다면 그것을 꺼낼 것이라는 뜻이었다.

한낮의 햇빛이 이울 때 우리는 사진을 찍으러 밖으로 나갔다. 우리는 리 소장에게 우리 방문 중 찍은 사진들을 보내달라고, 나중에 가능하면 몇몇 영상 촬영 분들의 사본도 부탁한다고 말했다. 우리가 그곳을 떠날 준비를 하고 있을 때, 내내 접객소에서 기다리고 있던 리근 대사가 다가와 나를 향해 물잔을 들었다. "감사를 드리고 싶습니다." 미소를 지으며 그가 말했다. "여러분의 방문이 아니었다면 나도 여기 와보지 못했을 겁니다." 우리와 함께 핵시설들을 직접 둘러보지 않은 것에 대해서는 그다지 개의치 않았던 듯했다.

차를 타고 평양으로 돌아가다가 한 시골 언덕길을 오르던 중 우리 앞에서 자전거를 타고 가는 한쌍의 사람들을 보았다. 여성이 짐받이에 옆으로 앉아 있었고 그 앞에선 남성이 페달을 밟고 있었다. 차가 다가가는 소리를 들은 남자가 뒤를 돌아보다가 균형을 잃는 바람에 두 사람은 땅바닥으로 넘어지며 당황한 듯 웃음을 터뜨렸다. 지나면서 본 웃음 짓는 그 아가씨의 얼굴을 나는 결코 잊지 못할 것 같다. 평양이 가까워지며 주황색 보름달이 떠올라 우리를 맞았다. 은자의 왕국이라 불리는 이곳에서 뜻밖의 아름다움을 만나는 순간이었다.

다시 외교의 장으로

그날 밤 우리 일행은 호텔에서 우리끼리 저녁을 먹으며 이례적으로 우리에게 부여되었던 접근권을 돌아보았다. 저녁을 마친 나는 내가 관찰한 것과 다음 날 밤 만찬 자리에서 김계관 부상에게 할 말을 적기 시작했다. 금요일 일정에는 조선인민군 대장 리찬복과의 회합이 들어 있었다. 우리 같은 대표단들을 위해 관례적으로 마련되는 인민군 장군과의 시간이었다. 리 대장은 비무장지대 문제에 대한 판문점 회담 당시 북측 수석 대표였다. 서방 방문객들에게도 낯익은 얼굴이었다. 작은 키에, 거의 할아버지처럼 보이는 연배의 그는 당의 방침을 정확하게 알았다. 그는 때론 유쾌하게 때론 신랄하게 대화 주제에 따라 자유자재로 자세를 바꿀 줄 알았다. 본질적으로 그날 만남에서 우리가 새로 들은 말은 없었지만, 제대로 정리된 북측의 기본 노선을 들을 수 있는 기회였다.

“우리를 향한 외부의 무력 위협으로부터 우리를 지킬 수 있어야만 경제를 발달시키고 인민의 삶을 개선할 수 있다고 생각합니다. 지금 선택할 수 있는 유일한 길은, 상대방이 핵무기로 우리를 공격하겠다고 계획하고 있는 만큼 우리도 〔핵〕무기를 갖는 것입니다. 물론 우리는 우리나라에도, 세상 어디에도 핵무기가 없기를 바랍니다. 그러나 당신네 대통령이 핵무기로 우리를 공격하겠다고 하고 있으니 우리도 우리 자신을 지키기 위해 핵무기를 가져야겠습니다."

그도 당연히 알고 있었겠지만, 방금 영변에 다녀온 우리로서는 직접 본 바에 근거하여 북한이 설혹 핵무력을 보유하고 있다 하더라도 그 규모가 크지 않으리라 보았다. 그러나 그에게 그런 말을 하지는 않았다.

호텔로 돌아와 우리는 김계관 부상과의 만찬에 갈 준비를 했다. 존 루이스와 잭 프리처드, 그리고 내가 리근 대사를 만나 그의 말로는 우리가 북한의 "억지력"을 볼 수 있도록 계획되었다는 우리의 영변 방문 내용을 간략히 설명했다. 나는 리근 대사에게, 영변의 전문가들이 우리에게 많은 것을 보여주었고 사용후 연료에서 플루토늄 금속을 생산하는 과정에 대해서도 많은 얘기를 해주었지만 플루토늄 금속을 핵폭탄으로 만들기 위해서는 다른 추가적 단계들이 필요하다고 말했다. 억지력의 기술적인 측면을 보면 폭탄 연료, 무기화, 운반수단으로의 통합 등 세가지 필수조건이 있다고 했다. 나는 리근에게 이런 단계의 작업에 관여하고 있는 누군가와 얘기를 나눌 수 있을지 물어보았다.

나는 또 리 대사에게 그곳 기술전문가들은 유능했고 그들의 시설은 구식이지만 깨끗하고 잘 기능하고 있더라고 말했다. 리근은 당혹스러워하며, 이미 높은 수준의 역량을 목격했으면서도 그들의 핵 프로그램에 대해 왜 좀더 확고한 결론을 내리지 못하는지 물었다. 나는 영변의 인력들이 원자로 물리학이나 재처리에 관련된 화학공학, 플루토늄 야금 등에 대해서는 해박하지만, 플루토늄 금속으로 핵폭탄

그림 5(위) 유익한 방문을 마친 후 물과 주스로 영변 방문을 기념하는 건배를 하고 있다. 리근 대사는 "우리는 여러분께 우리의 억지력을 보여드렸습니다"라고 말했다. 2004년.
그림 6(아래) 조선인민군 상장 리찬복(중앙)을 비롯한 보좌진과 존 루이스(리찬복의 왼쪽), 잭 프리처드(리찬복의 오른쪽)의 만남. 2004년.

을 생산하기까지는 아주 다른 종류의 기술들과 다른 시설들이 필요하다고 대답했다. 플루토늄 야금을 위해서도 플루토늄을 주조하고 열처리하고 부품들을 가공할 수 있어야 한다. 무기 설계를 위해서는 물리학과 전산기술, 폭약에 대한 전문 지식, 비핵물질 실험도 필요하고 그 외 다른 많은 재료들도 필요하다. "아니, 어제는 왜 이런 얘길 안 했습니까?"라며 리 대사가 맞받았다. 존 루이스가 그에게, 리홍섭 소장에게 플루토늄 금속 이외의 다른 것들도 보고 싶다고 했으나 자기에게 부여된 권한 안의 일은 다 보여준 것이라는 대답만 들었다고 말했다.

나는 다른 작업들은 영변 밖에서 진행되고 있을 것이라 짐작되었기 때문에 영변의 전문가들에게 그런 작업에 관해 묻는 것은 맞지 않는 것 같았다고 덧붙였다. 리근은 우리가 핵 프로그램의 다른 부분들을 보도록 뭘 할 수 있을지 알아보겠다고 했다. 정말 그렇게 한 모양이었다. 토요일, 우리가 베이징으로 돌아가는 비행기를 타려고 출발할 때 그는 이번에는 다른 곳 방문을 그렇게 급하게 주선하기가 불가능했다고 하면서 다음번에 방문하면 꼭 다시 요청해달라고 권했다. 그들에게 믿을 만한 억지력이 있다는 것을 내게 납득시키기 위해 그들이 어디까지 기꺼이 보여줄 마음일지 궁금했다. 당시 나는 그들이 무기급 플루토늄 생산이라는 결정적인 이정표는 지났지만 억지력을 갖기까지는 아직도 갈길이 멀다고 믿었다.

우리 대표단 다섯명은 호텔의 목란장 식당에서 김계관 부상, 리근 대사, 최선희(통역 담당)를 비롯하여 그들이 데리고 온 참모 세명과 만찬을 했다. 루이스가 우리가 미국으로 돌아가서 이번 방문에 대해 어떤 얘기를 해야 할지 짚는 것으로 말문을 열었다. 양측 모두 이번 방문의 목적이 중대 사안에 대한 투명성과 이해를 증진하려는 것이었다는 점, 그런 사안에 다가가는 방편으로 우리가 폭넓은 의견 교환을 이루었다는 점을 강조했다. 선전선동에 이용될 가능성이 있다는 우리 대표단의 민감한 특성에 대해 잘 아는 김계관은, 그들이 우리의 방문에 대해 공개적으로 말할 것은 많지 않으리라 본다고 했다. "우리는 여러분들이 요구한 모든 곳을 보여주었다고, 또 이번 방문이 현 상황에 대한 투명성과 이해를 높였다고 말할 겁니다." 결과적으로 보면 그의 이 말은 북한이 우리의 방문에 대한 공개 보도에서 취한 입장과 거의 정확하게 일치했다.

김계관은 물과 얼음을 탄 스카치위스키를 주문했다. 그는 내게 미국 핵 과학자들이 술을 많이 마시는지 물었다. "딱히 그렇지는 않습니다." 내가 대답했다. 김계관은 유머감각을 드러내며 핵 과학자들은 방사선 때문에 몸속을 씻어내려 술을 많이 마신다는 얘길 들었다고 했다. 러시아 과학자들은 술을 좋아하더라고 내가 덧붙였더니, 그는 "러시아 사람들은 다 술을 좋아하지요"라고 응수했다.

대화의 주제가 영변에서 우리가 본 것에 대한 나의 평가로 옮겨갔다. 나의 방문이 북한에 의해 선전선동에 이용당할 수도 있다는 우려를 떨어버릴 수가 없었다. 특히 부시 정부의 우려를 생각하면 더 그랬다. 게다가 이번 방문은 나의 첫 북한 여행이고 내게 북한은 미답의 나라였다. 이 나라의 정치에 대해서도 역사나 문화에 대해서도 아는 게 거의 없었다. 그래서 나는 내 눈앞의 일, 즉 기술 평가에만 집중하기로 마음먹었다.

나중에 놀라는 일이 없어야겠다는 취지에서 내가 받은 인상을 자리에 함께 한 사람들과 나누고 싶다고 김계관 부상에게 말했다. 그 순간 김계관은 메모장을 꺼내 최선희의 통역을 들어가며 직접 메모를 하기 시작했다. 김 부상은 분명 영어를 잘 알아듣는 것 같았지만,

그는 양방으로 통역을 쓰기를 고집했다. 그는 자기가 나의 발견을 진지하게 여긴다는 점을 알아주길 바라는 듯했고, 지도부에 자신이 직접 할 보고에 대비하기 위해서도 노트를 이용할 작정인 모양이었다.

나는 김계관에게 영변 핵 과학자들이 각별하게 협력해준 덕에 우리가 그곳에서 유익한 하루를 보낼 수 있었다고 말했다. 그들의 전문적 능력에 감탄했으며 시설 자체도 계획된 작업을 하기에 적합했다고 했다. 다만 우리가 방문할 수 있었으면 하고 바랐던 몇몇 시설들, 예를 들어 연료제조시설이나 플루토늄 금속을 핵폭탄으로 발전시키는 데 필요한 시설은 하나도 보지 못해서 실망스러웠다고도 했다. 우리는 그에게 이런 것들은 우리의 원래 요청 목록에 들어 있지 않았고 리홍섭 소장이 기존 요청 이상의 어떤 것을 볼 수 있도록 허가를 받기에는 너무 늦었다고 하더라고 말했다.

리근 대사 앞에서 했던 것처럼, 나는 영변에서 본 것을 차례대로 열거했다. 그들이 "생성물"이라 부르는 것은 겉보기에는 플루토늄이라고 할 만했다, 또 기계장치를 가지고 그것을 검사해보지는 못했지만 그들이 사용후 연료로부터 플루토늄을 추출할 수 있는 능력을 증명했다 믿는다고 말이다. 그다음으로는 내가 보지 못한 것 — 핵 억지력을 갖추는 데 요구되는 능력들 일체 — 에 대해서도 자세히 얘기했다. 다시 말해, 그들이 핵폭탄을 만들거나 그것을 운반할 수 있을 것이라 믿을 정도로는 충분히 보지 못했다는 얘기였다. 나의 결론은 이랬다.

"다시 말하지만, 여러분은 우리에게 플루토늄 금속을 만들 수 있는 여러분의 능력을 아주 확실히 보여주었습니다. 그것은 두가지 이유에서 중요합니다. 첫째, 그것은 핵 동결과 폐기에 관련된 현재의 대화에 긍정적인 영향을 미칠 수 있을 것입니다. 둘째, 그것은 과학자들이 동결을 시행할 준비를 하는 데 도움이 될 수 있을 것입니다. 우리의 어제 영변 방문은 핵 문제의 평화로운 해결을 향한 첫걸음이었습니다."

김계관은 확연한 관심을 드러내며 나의 이런 요약에 귀를 기울이다가 이렇게 대답했다. "우리의 영변 과학자들도 선생이 방금 말씀하신 요점들을 다 잘 알고 있습니다." 리근 대사는 직접 핵시설을 돌아보지 않았으니, 리홍섭 소장으로부터 정보 보고를 받은 게 틀림없었다. 그가 말을 이어갔다.

"그들은 선생께 그 이상을 믿게 만들 생각은 없었습니다. 우리도 아직 모호함이 남아 있다는 것을 잘 압니다. 물론 선생이 돌아가서 이런 얘기를 하면 전세계에 모호함을 불러일으키겠지요. 세계가 모호함을 좀 덜어버릴 수 있다면 좋겠습니다. 그렇지 않으면 너무 안타까운 일입니다."

김 부상은 내가 보다 확정적인 결론을 내려주길 자신은 희망하나 과학적인 시각에서는 그러기 어려우리라는 점도 이해한다고 말했다. "나는 선생이 과학자라는 것을 잘 압니다. 있는 그대로만 말해야 하겠지요. 지금 이 보고를 당신의 정부에도 그대로 해주면 좋겠습니다. 더하지도 빼지도 말고 말입니다."

그러나 내가 김 부상에게 모호함이 하나 더 남아 있는데 깜빡 잊고 말을 못 했다고 하자 그는 얘기를 꺼내기도 전에 말을 자르며 이렇게 말했다. "당신네 유명한 영화 「바람과 함께 사라지다」에서 대사 한 구절을 인용해야겠군요. '솔직히, 그대여, 그건 내 알 바가 아니라오.'" 북한의 지도부가 미국 영화를 좋아한다는 얘기는 들어보았지만, 그렇게 절묘한 타이밍에 이런 발언이 나오다니 놀라웠다. 그는 재빨리 이전 태도로 돌아가 이렇게 말했다. "그럼에도 불구하고 우리는 이번 방문이 평화적 위기 해결에 기여할 것이라 믿습니다. 우리는 현실과의 관련 속에서 사람들이 정책을 입안할 수 있도록 투명성을 더하고자 했습니다. 이제 첫걸음을 내딛었으니, 앞날을 기약해봅시다." 그들이 미래에 또다른 방문들을 계획하고 있다는 뜻이 담긴 말이었다.

그다음 김계관은 대화 주제를 바꿔 나에게 폭탄을 만들기 위해 플루토늄이 얼마나 필요한지 물었다. 나는 되묻는 것으로 답을 대신했다. "여기 폭탄에는 얼마나 들어갔습니까?" 답은 모르는 것 같았지만 유능한 외교관 역할에 충실한 김계관은 곧바로 영리한 대답을 내놓았다. "선생네 것과 같습니다." "나가사키 폭탄이요, 요즘 폭탄이요?" 내가 이렇게 묻자, 그저 얘기를 더 재미있게 끌고 가기 위해서인지 몰라도 그는 다시 즉답을 피해 이렇게 말했다. "요즘 폭탄이겠지요." 김계관은 자기 정부의 핵무기에 관한 자세한 기술 사항들을 속속들이 아는 것 같지는 않았다. 그러나 흥미롭게도 다음에 다시 만났을 때는 그가 사안에 대해 훨씬 더 많은 정보를 갖추었음을 알 수 있었다. 만찬을 마무리하면서 김계관은 나의 소견이 우리 두 나라 간의 교착상태를 푸는 데 도움이 되길 희망한다고 말했다.

핵을 넘어서

존 루이스는 핵 위기를 해결하기 위해서는 핵 문제를 넘어서는 폭넓은 이해가 필요하다고 믿었다. 나 역시 한 나라를 이해하기 위해서는 그 국민, 관습, 역사, 제도 등을 이해하는 것이 중요하다고 믿었다. 북한을 찾을 때마다 루이스는 우리가 다른 여러 장소와 기관 들을 방문하도록 해주었는데, 그런 일들이 내게는 큰 도움이 되었다. 루이스가 조선민주주의인민공화국과학원과 조선국제무역촉진위원회(CPIT) 방문 이외에 평양 관광과 대형시장 방문 기회를 마련한 것도 그런 취지에서였다. 이런 일들은 평양 도착 당시 우리가 받은 일정표에 따라 진행되었다. 우리와 영변 길에 동행했던 키스 루스와 프랭크 자누치도 더 넓은 경제적·문화적 의미를 담은 이번 관광 일정에 각별한 관심을 보였다.

루이스는 CPIT의 지역 소장과 함께 북한의 경제개혁에 관해 그간 진행 중이던 토의를 계속할 수 있었다. 북한 경제에 대해 토의하면서 소장이 보여준 성실하고 의욕적인 모습은 인상적이었다. 그는 자국이 지난 10년간 심각한 지체를 겪었다는 것을 인정하면서 작년부터는 반등세에 들어섰다고 했다. 2002년 7월 김정일의 경제개혁안이 가져온 긍정적 결과를 언급하며, 그들의 공업과 농업 분야가 회복 중이며 수출도 마찬가지라고 했다. 그러나 전력 부족은 아직도 북한 경제의 모든 분야에 가장 큰 난제였다. 조선과학원에서 나온 관계자와의 대화는 북한 과학의 현 상황에 대해 나에게 새롭게 알려주는 바가 거의 없었다. 그는 원해서 그 자리에 나온 것이 아님이 분명했다.

금요일 점심식사 후, 우리는 통일거리 시장을 방문했다. 수천으로 보이는 사람들이 꽉 들어찬 엄청나게 큰 건물이었다. 야단법석이었다. 상인들은 전부 붉은 유니폼을 입고 있었고, 그들 대부분은 내가 보내는 웃음에 같이 친절한 웃음으로 화답했다. 적개심이라고는 느낄 수 없었다. 시장에는 배터리에서 침대머리에 이르기까지 중국 상품들이 많았다. 온갖 과일, 채소, 고기도 풍성했다. 시장 보러 나온 사람들이 평양의 엘리트층에 국한된 것 같기는 했지만, 그럼에도 놀라운 광경이었다. 내 아내에게 빨간 토마토와 다른 채소들 사진을 보여주자 아내가 "우리도 여기 로스앨러모스 스미스 식료품점에서 1월에 저런 걸 살 수 있으면 좋겠네요"라고 말할 정도였다. 나는 작은 벽걸이용 그림 다섯점을 샀다. 아닌 게 아니라, 북한제 물건을 살 기회가 얼마나 자주 있겠는가?

호텔에 돌아와 나는 리근 대사에게 그들이 영변에서 찍은 사진들 일부의 사본을 구해줄 수 있겠는지 물었다. 우리가 떠나기 전에 보내주겠다고 했으나, 토요일 아침 우리가 출발 준비를 하고 있을 때 그는 그것들을 구하지 못했다고 말했다. 그는 뉴욕의 유엔 대표부를 통해 우리에게 전달하겠다고 약속했다.

베이징으로 돌아와

토요일 아침 베이징으로 돌아가는 길에, 우리는 언론과 공항에서 지난번 같은 아수라장을 연출하지는 않았으면 싶었다. 평양에 있는 동안 프랑스통신사(AFP)의 한 기자가 보통강호텔에 있는 존 루이스에게 전화를 걸어와 우리가 돌아올 때 공항에서 여러 뉴스 매체들과의 통합 기자회견을 꾸려보겠다고 제안했다. 우리가 평양으로 떠날 때의 대혼란과는 완연히 대비되는 모습일 터였다.

도착하자 그 AFP 기자가 존 루이스를 발견하곤, 그가 기적적으로 100명가량의 기자들을 모아 우리의 방문에 대해 질문하도록 주선해놓은 장소로 우리를 데려갔다. 여전히 혼란스럽기는 했지만, 발꿈치에 한 무리의 기자들을 달고 공항을 가로질러 달리던 것에 비할 바는 아니었다. 짧은 연설을 마친 존은 기자들이 핵 문제에 대한 더 많은 정보를 원한다는 것을 눈치채고 나에게 그 역할을 넘겼다. 나는 그후 몇분을 가능한 한 조금만 말하려고 애쓰며 버텼다. 우리가 영변 핵단지를 방문했으며, 그곳에서 매우 유능한 핵 전문가들로부터 매우 전문가다운 대접을 받았다고 말했다. 미국으로 돌아가 우리 정부에 내가 발견한 바를 보고하기 전에 국제뉴스 매체들에 브리핑을 할 생각은 전혀 없었다. 루스와 자누치가 1월 20일 미 상원 해외관계위원회 청문회에서 내가 증언하도록 이미 일정을 잡아놓은 상태였다.

공항을 빠져나와 중국에서 보낸 그 이후 며칠은 생산적이었다. 물리학과 화학의 법칙은 세계 어느 곳에서나 똑같이 작용하지만, 그 현실적인 적용은 나라마다 다르다. 자국 핵무기 프로그램을 전개한 경험이, 다른 나라들이 그들 나름의 핵 프로그램을 개진하는 양상을 바라보는 미국의 시각에 큰 영향을 미친다. 그리고 그것은 다소간 사실을 호도할 수도 있다. 오랫동안 많은 대화를 거치면서, 우리는 중국의 시각과 경험이 어떻게 북한 핵 프로그램에 대한 그들의 분석의 바탕이 되는지를 알게 되었다. 우선 우리는 중국 내 권위자들과 믿을 수 없을 정도로 가깝게 지낼 수 있었다. 존 루이스가 그의 스탠퍼드 대학 동료 쉐 리타이(Xue Litai)와 1998년 출판된 『중국이 폭탄을 제조한다』(*China Builds The Bomb*)[9]라는 중국 핵 프로그램에 관한 영향력 있는 책을 집필하는 동안 그들과 쌓아온 관계가 있었기에 가능한 일이었다. 그때의 경험에서 시작해 루이스는 중국의 주요 핵 전문가들과 수년간 접촉을 이어왔다. 나는 1994년에 두번 중국을 찾은 적이 있었다. 그때 핵물질의 보안과 안전관리에 관해 중국 핵무기 단지와의 협업을 모색하기 위해 쓰촨성의 멘양핵무기연구소(로스앨러모스에 상응하는 중국의 기관)를 방문하기도 했다. 월요일 우리는 동북아시아의 안보와 안정을 주제로 한 국제 세미나에 참석했다. 1994년 내가 만났던 과학자들, 그리고 루이스가 여러해 연락을 주고받아온 사람들이 개최한 세미나였다. 우리의 북한 방문이 최신의 뉴스였으니 영변 방문을 언급하지 않을 수는 없었으나 자세한 사항들은 전하지 않았다.

베이징에서의 세미나와 여러 방문들은, 중국이 북한 핵 문제를 풀도록 워싱턴을 도울 것이라는 미국 정부의 믿음과는 사뭇 다른 그림을 펼쳐 보였다. 중국의 전직 외교관들과 퇴역 군 간부들은 중국이 북한의 폭탄 제조에 반대하기는 하지만 그것을 막기 위해 김씨 정권을 무릎 꿇릴 생각은 없다고 주장했다. 평양이 폭탄을 보유하려 하는 것은 주로 워싱턴 탓이라고 했다. 그들은 베이징이 최근의 위기 상황에 개입한 것은 공정한 중재자로서 북미 간의 군사 대립을 막고자 함이었지 워싱턴을 거들려던 것이 아니었다고 말했다. 베이징의 최우선 관심사는 오로지 비핵화만 밀어붙이는 워싱턴의 편을 드는 것이 아니라 동북아시아의 평화와 안정을 유지하는 것이었다. 부시 정부가, 그리고 나중에는 오바마 정부가 어째서 중국이 북한 핵 프로그램의 고삐를 죄어주리라 기대했는지 나로서는 궁금할 뿐이었다.

세미나에서는 한 중국 핵 과학자가 북한의 핵 프로그램에 관한 놀랍도록 통찰력 있는 기술적 진단을 발표했다. 북한은 이미 수십년을 핵무기 프로그램 개발에 투자했다는 것이 그의 주요 결론이었다. 그는 북한이 핵폭탄 제조에만 관심을 두는 것이 아니고 미국의 위협으로부터 자국을 방어하기 위해 미사일에 탑재할 수 있는 핵무기를 구축하는 일에도 관심이 있다고 단언했다. 그러면서 북한이 조야한 형태의 원자폭탄을 만들 수 있는 능력은 있으나 그들이 미사일에 탑재할 수 있는 핵탄두도 생산할 수 있을지는 의문이라고 결론지었다.

이 이후로 나는 북한 핵의 진행 상황에 대한 진단을 중국의 핵 전문가들과 계속 비교해왔다. 중국 전문가들은 그들 자신의 1960년대 경험에 근거해서 경제적으로 어려운 시기에 불완전한 기술 역량만으로 막 걸음마를 시작한 핵무기 프로그램이 어떻게 발전할 수 있는지를 이해하는 혜안을 가지고 있었다. 그들은 우리가 북한의 준비 과정을 미국의 경험이라는 프리즘을 통해 바라보는 것은 실수라고 경고했다. 대신에 중국 전문가들은 우리 의견의 가치를 높이 샀다. 우리는 직접 북한의 핵시설들을 다녀왔지만, 2007년 9월 중국 전문가 두명이 북한의 불능화를 검증하기 위한 중국·미국·러시아 팀에 들어갈 때까지는 아무도 그런 허락을 받은 적이 없었기 때문이었다. 우리가 아는 한, 그 이후에도 북한 땅을 밟은 중국 핵 전문가는 한명도 없었다.

미국으로 돌아와 방문 보고를 하다

미국으로 돌아와 가장 버거웠던 일은 수십개의 뉴스 매체들로부터 쏟아지는 질문에 대응하는 것이었다. 로스앨러모스 및 스탠퍼드 홍보실의 도움으로 우리는 바라건대 우리의 방문을 대중에게 정확하게 (목표는 항상 그러하나 언론을 상대할 때 항상 거기에 도달할 수 있는 것은 아니다) 전달할 수 있는 소통 전략을 세웠다. 로스앨러모스의 소장으로 여러해 재직하면서 이야기를 글로 정리하는 것이 매우 중요하다는 것을 배웠다. 나는 1월 20일로 잡힌 상원 청문회에 대비하여 내가 발견한 중요 사실들을 글로 된 진술서에 담기로 마음먹었다.

이때쯤 나는 북한 상황이 얼마나 정치적으로 민감하고 당파적인 사안인지 이미 알고 있었다. 이전 클린턴 정부의 관계자들은 그들 생각에는 수십년 묵은 한반도 갈등을 거의 해결할 뻔한 합의를 내던져버렸다며 부시 정부를 공개적으로 비판했다. 반대편에는 부시 정부의 강경파들이 있었다. 존 루이스가 보기에 그들은 결국 합의를 파기해버렸고 김씨 정권의 무릎을 꿇리고야 말겠다는 결의에 차 있었다. 나는 어느 진영 사람도 아니었다. 나의 일은 북한에서 우리가 발견한 것에 대해 가능한 한 최선의 기술적 평가를 제공하는 것이었다. 그러나 이후로 여러해 동안 북한이라는 난제에 더 깊이 관여하게 되면서, 나는 이 강경파들의 이데올로기가 행동으로 옮겨졌을 때의 재난에 가까운 결과들을 직접 목격할 수 있었다.

청문회 기록을 위한 서면 진술은 내가 정책입안자들과 대중 모두에게 중요하다고 생각하는 세부사항들을 제시할 기회가 되었다. 그 진술서는 위원회 구성원들과 보좌진, 미 정부의 관계 기관들에 배부되었고, 공개청문회 전날 아침엔 언론에도 배부되었다. 청문회 전날 밤 나는 그 진술서 사본 한부를 유엔 북한 대표부로 보내 평양에 전달해달라고 했다. 평양이 뉴스 보도를 통해서가 아니라 나에게서 직접 그 얘기를 들었으면 싶었다.

서면 진술에서 나는, 추정한다거나 정치적 판단을 내린다거나 하지 않고 내가 본 그대로 말하려고 각별한 주의를 기울였다. 내 견해는 조심스레 보수적으로 제시했다. 나는 우리가 방문한 시설들 각각을 묘사하되 처음에는 북한 사람들이 우리에게 얘기해준 것을 기술하고 다음에는 내가 본 것을, 그다음에는 그 의미가 무엇이라고 생각하는지를 기술했다.

청문회 전 주가 다 지나갈 무렵, 루거 상원의원의 의원실에서 전화가 걸려왔다. 부시 대통령이 국정연설을 하기로 되어 있는 날 청문회가 열리는 것에 백악관이 반대한다는 소식이었다. 백악관 사람들이 청문회가 뉴스 헤드라인을 다 점령해버릴까 걱정한다는 것이었다. 우리는 바로 신통한 대안을 냈다. 1월 20일 청문회를 비공개회의로 열어서 비공개 토의만 허용하고 뉴스 보도는 피하는 방안이었다. 공개청문회는 다음 날 여는 것으로 했다.

나는 평양을 떠날 때 요청했던 우리의 영변 핵단지 방문 사진을 청문회 전에 받고 싶었다. 존 루이스가 뉴욕의 유엔 북한 대표부에 확인을 해보았고 그 사진들이 국제 특급 운송회사인 DHL 편으로 로스앨러모스로 가는 중이라는 얘기를 듣고 운송장 번호를 받았다. 1월 19일 월요일 로스앨러모스를 떠나 워싱턴으로 출발하려는데도 배송이 올 기미가 없자 나는 DHL에 전화를 걸었다. 그들이 주문번호를 추적해 배송기사와 통화하게 해주었다. 그는 로스앨러모스에서 내 주소를 찾고 있었는데, 문제는 그가 뉴멕시코의 로스앨러모스가 아니라 캘리포니아의 작은 마을 로스앨러모스에 있다는 것이었다. 나는 그 화물을 워싱턴DC의 랑팡플라자호텔로 보내달라고 부탁했다. 앞으로 며칠 동안 내가 묵을 곳이었다. 놀랍게도 사진들은 제때 도착했고 나는 다음 날 상원 청문회에 그 사진들을 들고 나갈 수 있었다.

미 상원 해외관계위원회의 비공개 청문회는 내가 그때까지 경험했던 것과는 완전히 달랐다. 위원회 의장인 루거 상원의원과 소수당 중진인 바이든 상원의원이 내게 말하길, 북한에 다녀와서 보고할 것이 많을 테니 필요한 만큼 시간을 써도 좋다고 했다. 나는 정말로 그렇게 했다. 그들이 귀 기울일 준비가 되어 있다면, 나도 말할 준비가 되어 있었다. 보통의 청문회라면 허용되지 않았을 정도로 훨씬 더 자세하게 설명했다. 그리고 그렇게 자세하게 얘기하는데도, 청문회가 진행됨에 따라 나는 여덟명의 상원의원들이 내 한마디 한마디에 집중하고 있다는 느낌을 받았다. 나는 영변 방문에서 내가 발견한 것들을 보고하는 데 그치지 않고 그런 것들이 무엇을 의미하는지도 설명할 수 있었다. 마치 대학에서 핵무기개론을 강의하는 것 같았다. 실제로 핵 관련 지식이 가장 뛰어난 상원의원 한명이 사용후 연료 저장수조와 사용후 연료봉이 없었다는 사실을 설명하는 대목에서 나에게 이렇게 물었다. "헤커 박사님, 연료봉이 뭔지 설명해주실 수 있겠습니까?" 청문회가 비공개로 (언론 없이 우리끼리만) 진행되었기 때문에, 젠체하는 태도도 없었고 정치놀음도 거의 없었다. 전에도 여러해에 걸쳐, 특히 로스앨러모스 소장 재직시에 30차례 정도 상하원 청문회에 나간 적이 있었다. 이번 청문회는 그에 비할 수 없을 정도로 최고로 만족스러웠다.

세시간 후 청문회가 휴회에 들어갔지만 바이든 상원의원은 더 자세한 것들을 알고 싶어 했다. 그래서 우리는 비공개 소형 회의실에 다시 모여 한시간을 더 보냈다. 그렇게 둘만의 면담을 하는 동안, 나는 새로운 마음으로 대화를 여는 바이든이 세부사항에 대해 놀랍도록 큰 관심이 있으며 대단히 박식하다는 것을 알게 되었다.

공개청문회는 다음 날 아침 9시 하트상원의원회관의 청문회실에서 시작되었다. 상원의원들, 참모진들, 뉴스 매체들이 들어차 있었다. 루거 상원의원이 내게 어제 있었던 교육적인 회의에 대해 감사의 뜻을 전하며 그날의 회의를 시작했다. 이날의 청문회는 더 일반적인 길을 따랐다. 루거 상원의원과 바이든 상원의원이 모두발언을 했다. 루거는 6자회담의 중요성, 중국의 역할, 북한의 인권 문제, 부시 정부의 목표인 평화적·외교적 해결 등에 초점을 두었다. 바이든은 그 전날의 비공개회의를 "이 위원회가 지금까지 열었던 회의 중 단연코 가장 교육적이었던 회의"라 부르며 높이 평가했다. 그의 말로는 내가

"보기 드문 특별한 능력으로 (…) 그 사안〔플루토늄과 핵 사안〕을 교양있는 여성과 남성들에게 풀어 설명해줄 수 있었고 (…) 지금 백척간두에 서 있는 게 무엇인지 이해하게 해주었다"고 했다. 바이든은 또 정책입안자들이 기술적 문제를 잘 이해하고 그에 대한 정보를 갖추는 것이 중요하다고 강조했다. 10년 넘게 워싱턴을 향해 그 메시지를 읊어온 내 귀에는 음악이 따로 없었다. 이후 거의 두시간 동안 나는 평양에서 김계관 부상과의 마지막 만찬에서와 거의 비슷하게 내가 발견한 바를 발표했다. 내 생각엔 대중 세미나와 수업 강의가 뒤섞인 그런 방식이었다.

당연히 뉴스 매체들이 나를 따라다니며 인터뷰를 청했다. 그들 모두에게 사실상 같은 얘기를 했음에도, 기사와 논평은 상이하게 나왔다. 『월스트리트 저널』은 '또 그 타령인 북한'이라는 제목의 날카로운 사설을 통해 그들이 "양두구육 북한 관광"이라고 규정한 우리의 방문을 때리고, 북한이 클린턴 정부를 "현혹시켜" 북미제네바합의를 맺는 데 사용했던 그 똑같은 "플루토늄 쇼"에 넘어가지 않은 부시 정부의 결기를 칭찬했다. 모두가 곧이곧대로 설명하는 것에 귀를 기울일 준비가 되어 있지는 않은 모양이었다. 그 당시의 나도 알았고 그 이후의 미국 정부들도 알게 되었듯이, 우리가 영변에서 목격한 것에 양두구육이라거나 눈속임 같은 것은 없었다. 내 보고를 북한이 집요하게 폭탄 제조를 추구한다는 것을 증명하기 위해 이용할 수 있었을 텐데도, 워싱턴의 강경파들은 북한의 핵시설들을 방문할 수 있었던 사람의 보고를 폄훼하는 쪽을 더 선호했다. 방문하고 돌아올 때마다 내가 목격한 대로, 그들은 사실에 입각한 보고에는 관심이 없었다. 그들은 북한에 대해서 이미 마음을 정해놓았던 것이다.

내가 북한에 간 것은 국가안보라는 중요한 관심사를 제대로 이해할 수 있도록 돕기 위함이었다. 돌이켜보면 그 오랜 시간 미국 정부를 상대해보았음에도 불구하고 다소 순진하게도, 당시의 나는 당파적 정치와 깊이 뿌리박힌 이데올로기 때문에 이런 관심사가 뒷전으로 밀리는 듯 보이리라고는 예상치 못했다. 부시 정부 내의 강경파들은 북한의 정권 교체에 미달하는 그 어떤 방식으로도 북핵 위기를 해결할 생각이 없어 보였다. 그들이 방금 이라크를 상대로 저지른 일과 일맥상통하는 노선이었다. 나는 이전에도 부시 정부의 구성원들이 그들의 정치적 의제에 맞게 정보보고를 왜곡하여 이라크가 핵무기를 가지고 있다는 부정확한 결론을 내리는 것을 목격했다. 나로서는 우리 정부를 상대로도, 대중을 상대로도 국제적 핵 문제에 관해 온전한 과학적 분석과 충고를 내놓아야겠다는 각오를 더더욱 다지게 되었다.

워싱턴에 머무는 동안 나는 우리의 방문에 대해 북한 쪽에서 어떤 뉴스가 나오는지 주의 깊게 살폈다. 우리가 다녀온 직후 북한의 공식 통신사가 간략한 보고 형식의 외무성 발표를 내보낸 후, 평양은 이 문제에 대해 침묵을 지켰다. 그 단 하나의 보도는 우리의 방문을 선전선동 쇼로 이용하지 않을 것이며 그것에 대해 공개적인 발언은 삼가겠다는, 김계관 부상이 우리에게 했던 말과 거의 같은 취지였다. 우리가 만찬에서 나누었던 대화의 결론과 같은 맥락에서, 북한의 보도는 그 방문이 "투명성을 확보하고 모호성을 제거하기 위해" 마련되었으며 약간의 명료함이라도 성취되었다면 "그것은 핵 문제의 평화적 해결을 위한 실질적 토대의 역할을 할 수 있을 것"이라고 맺었다. 누구든 이런 발언을 자기가 원하는 방식으로 해석할 수 있겠지만, 나는 긴장을 늦추고 추가 회담을 여는 길을 향해 문을 열어두었다는 것이 그 핵심이라고 보았다. 호전적인 언어가 눈에 띄게 빠진 외무성 발표에는 북한의 핵 프로그램에 관한 위협도 없었고 리찬복 대장이 우리 앞에 펼쳐놓았던 노골적인 선택 요구 같은 것도 없었다.

로스앨러모스에 다시 돌아와서, 우리 의료진과 함께 내가 영변에서 쐬었을지도 모르는 방사선의 양을 측정해보았다. 다양한 검사를 통해 나에게 잔여 핵분열 물질에서 나올 수 있는 체내 감마 방사선 초과치도 없고, 그 '생성물'을 만짐으로써 측정 가능한 양의 플루토늄을 묻혀 들인 것도 아니라는 사실을 확인했다. 그곳의 방사능 보호장치가 매우 원시적으로 보이기는 했지만, 그럼에도 불구하고 사용후 연료 저장수조 속의 물과 주황색 비닐장갑이 제 역할을 잘해주었던 것이다.

나는 또 로스앨러모스의 동료들과 함께 내가 방문을 통해 발견한 바를 재확인하는 작업을 했다. 실험실에서 시뮬레이션을 해본 결과 내가 영변에서 손에 들어본 유리병에 정말로 플루토늄이 들어 있었다는 것이 더욱 확실해졌다. 영변의 과학자와 기술자 들이 무기급 플루토늄을 만들 수 있으며 8천개의 사용후 연료봉을 전부 재처리했다는 북한의 주장이 믿을 만하다고 확신하게 되었다. 또한 북미제네바합의 동안 북한이 영변 밖에서 무기 설계와 무기 연구개발 활동을 계속함으로써 대비책을 세워두고 있었을 법하다는 것이 거의 명확했다. 그럴 경우, 비록 직접적인 증거는 없었으나 당시 북한이 가장 최근에 재처리된 플루토늄을 가지고 이미 나가사키 유형의 초보적인 핵폭탄 한두개 정도는 만들었을 것이라고 나는 기꺼이 단언할 수 있었다. 실로 위태로운 상황이라는 의미였다.

5장

볼턴의 망치가 가져온 참혹한 결과

우리가 북한에서 본 것들의 정치적 함의를 생각해보고 나는 정신이 번쩍 들었다. 내 생각에 따르면 북한이 폭탄을 만들었는데도, 어떻게 부시 정부는 북한이 또다른 길을 추진하고 있다는 것을 근거로 북미제네바합의를 내팽개칠 수 있었단 말인가? 그들이 의심했던 우라늄 경로는 개발하기에 수년이 걸릴 일인데, 워싱턴은 영변의 플루토늄 시설들에 대한 동결을 포기함으로써 북한이 플루토늄 폭탄을 제조할 수 있는 길을 열어준 것이다.

부시 정부가 이라크 일로 정신이 없다는 것은 알고 있었으나, 북한이 이룬 핵 프로그램의 진전에 대한 우리의 보고를 그들이 경시하는 데에는 놀라지 않을 수 없었다. 2005년 8월 다음번 북한 방문 전 정치 상황을 얘기하기 전에, 이 장에서는 정부가 북미제네바합의를 파기하면서 어떤 위험을 초래한 것인지, 볼턴의 망치가 어떤 끔찍한 결과를 가져왔는지를 좀더 자세히 살펴보고자 한다. 볼턴의 망치는 북미제네바합의를 끝장냈고 그로써 강경파들에게는 기쁨을 가져다주었겠지만, 그것은 결국 북한이 플루토늄 경로를 통해 폭탄으로 나아갈 수 있게 해주었다. 가장 기본적인 위험/편익 분석만 했더라도 워싱턴이 이런 결정을 내릴 수는 없었을 것이다. 강경파들에게는 이데올로기적 승리였을지 모르지만, 미국 안보라는 면에서는 참사였다.

전속력으로 전진하는 핵 프로그램

북미제네바합의 파기 자체도 나쁜 결정이었지만, 그 결과에 대비하지 못한 것은 더더욱 위험한 짓이었다. 영변 플루토늄 단지 동결은 북미제네바합의의 핵심 요소였다. 이것이 북한 핵 프로그램의 완전 폐기를 향한 한발짝에 불과하다는 점을 모르지 않았으나, 그것은 가장 시급한 일이기도 했다. 플루토늄 생산, 추출의 중단은 폭탄 연료가 없다는 의미였다. 실제로 1994년부터 2002년까지는 플루토늄이 생산되지 않았다. 그런 합의(북미제네바합의)가 없었더라면 북한은 5MWe 원자로를 가동할 수 있었을 것이며, 동시에 1994년 건설 중이던 더 큰 규모의 원자로 2기도 완성할 수 있었을 것이다. 그랬다면 북한은 해마다 300킬로그램에 가까운 플루토늄을 생산할 수 있는 능력을 갖게 되었을 것이다. 워싱턴은 지금도 5MWe가 8년 동안 가동되지 않고 더 큰 2기의 원자로 건설이 취소된 것의 혜택을 누리고 있다. 20년도 더 지난 지금, 내 추산으로는 북한의 플루토늄 총보유량이 50킬로그램 미만일 것이기 때문이다.

플루토늄 생산은 동결되었지만, 북미제네바합의 마지막 몇년 동안에도 비밀리에 우라늄을 농축하려는 것이 아니냐는 우려가 있었다.

북한은 그동안에도 의심의 여지없이 무기 설계 및 미사일 개발 프로그램을 진행하고 있었다. 그러한 작업은 원래 추적하기 어렵고 검증도 불가능했다. 1994년 북미제네바합의에 서명한 것은 위험도에 근거한 워싱턴의 합리적인 결정이었다. 그것은 북한 핵무기 프로그램의 가장 위험하고 긴박한 부분을 중단시켰다. 플루토늄이 없으면 폭탄도 없기 때문이다. 영변 시설 동결만으로는 북한이 신속하게 플루토늄 가동을 복원하는 것을 못 막는다는 걸 알고 있었으나 그것은 주고받는 협상의 불가피한 결과였다. 북한의 외교관들이 미국 사람들에게 줄곧 상기시킨 바대로, 북한은 피정복국이 아니었다. 협상 막판에 채택된 '비공개 양해록'에서, 평양은 원자로와 관련 시설들의 폐기가 경수로 1호기가 완공되면 시작될 것이고 2호기 완공시에는 완료될 것이라고 합의했다.[1] 수조에 저장 중인 사용후 연료의 북한 밖 이송도 경수로 1호기 완공 이후 시작될 것이었다. 그동안 IAEA 검증단과 미국의 기술진이 영변의 플루토늄 시설에 들어갈 수 있었다.

사실 KEDO의 다국적 컨소시엄이 수행한 경수로 사업으로 인해 미국인들은 북한 동북부의 금호 지역에 출입하면서 북한의 관계자 및 전문 기술진과 가까이 접촉할 수 있었다. 워싱턴이 경수로 건설을 주도한다는 구상은 강경파들의 거센 반대에 마주쳤다. 그들은 경수로를 도저히 용납할 수 없는 확산 위험이라고 간주했다. 그들에게 경수로를 지원하는 것은 못된 행동에 보상을 주는 것으로 보였다. 이것은 이데올로기가 올바른 의사결정을 흐려놓은 또 하나의 예였다. 모든 원자로에서 산출되는 중성자가 플루토늄 생산에 이용될 수 있긴 하지만, 북한이 민간용 전력을 생산하는 원자로의 용도를 변경하여 플루토늄을 만드는 데 사용할 가능성은 적었다. 그리고 강력한 안전장치도 존재했다. 경수로들은 해외 기술로 건설되고 해외 지원으로 운용되며 해외로부터의 원료 공급에 의존하기로 되어 있었다. 이 모든 것들은 위반의 기미가 보이기만 하면 중단될 일이었다. 이밖에도 경수로가 완공되어 이 에너지 태부족의 나라에 전력을 공급하게 되면, 김정일 정권은 자국을 다시 어둠 속으로 몰아넣을 결정을 하기 전에 다시 한번 생각을 하지 않을 수 없을 터였다.

경수로에 반대하는 사람들은 KEDO의 사업이 긍정적인—북한 사람들과 미국 사람들이 그렇게나 관심을 받는 에너지 사업을 10년 혹은 그 이상 어깨를 나란히 하고 진행함으로써 관계 정상화라는 더 큰 목표로 나아가는 과정에서 어쩌면 미국과 북한 간의 대립 관계가 변화하는 것과 같은—결과를 가져올 수 있다는 전망을 절대로 허용하지 않았다. 사실은 남한과 일본이 재정을 부담하고 있었는데도, 미국이 경수로에 재정 지원을 하고 있다며 반대하는 목소리도 나왔다. KEDO로서는 워싱턴이 평양과의 관계를 장기적으로 변화해가려는 마음이 있다고 남한과 일본을 설득할 수 있다는 이점도 있었다.

클린턴 정부는 평양이 1998년 8월 대포동1호를 공개적으로 발사하면서 관계를 긴장시키거나 1990년대 말 북한이 비밀리에 우라늄 원심분리기 매입 사업을 추진한다는 증거가 대두되었을 때에도 북미제네바합의를 포기하지 않았다. 북미제네바합의를 유지하는 것은 괜찮은 위험/편익 거래였다. 클린턴 정부도 그 합의가 깨지는 순간 평양이 신속하게 영변 단지를 복원할 수 있다는 사실을 알았다. 그러나 부시 정부는 그 합의를 걷어찼고 북한에게—평양이 폭탄을 제조하는 데 필요한 마지막 남은 한조각인—사용후 연료 속 25~30킬로그램의 플루토늄에 다가갈 기회를 주었다. 다음 해 북한은 그 일을 실제로 해냈다. 미국은 우라늄 농축 문제를 해결하긴 해야 했다. 그러나 이미 진행 중이던 외교의 틀 안에서 그 일을 하는 것이 그것을 날려버리고 무에서 시작하는 것, 이 경우에는 훨씬 악화된 상황에서 다시 시작하는 것보다는 더 합리적이고 위험도 적었다.

모든 지표는 1990년대에 평양이 그들의 이중경로 전략 접근법에서 외교를 우선하고 있었음을 가리킨다. 평양은 2000년 연말 즈음 워싱턴과 전략적 화해를 하기 직전까지 다가가 있었다. 그러나 그들은 외교가 실패할 경우를 대비해 핵무기라는 선택지도 열어놓고 있었다. 영변의 시설들은 동결되었지 폐기된 것은 아니었고, 그동안 평양은 워싱턴이 관계 정상화를 향해 나아갈 것인지 말 것인지, 얼마나 빨리 나아갈 것인지를 재고 있었다. 필요하다면 폭탄으로 가는 제2의 길을 모색하기 위해 그들은 우라늄 농축을 위한 기술과 원료들을 확보했다. 평양의 무기화 활동에 대해서는 알려진 바가 거의 없었다. 그러나 방문 경험으로 미루어 나는 북한이 핵무기 설계와 기술—플루토늄 야금과 제조 및 고성능 폭발물, 기폭 장치, 중성자선원에 대한 연구 등—개발을 계속해왔다는 결론을 내렸다. 이 모든 일은 영변 밖에서 이루어졌다. 북한은 아마 지하 핵실험을 준비하는 작업과 중·단거리 미사일 운반 역량을 키우는 작업도 꾸준히 진행했을 것이다.

북한은 또 외화를 벌기 위해서 핵시설 일부의 가동을 유지하고 있었다. 2004년 드러난 사실이지만, 평양은 몇년 전 리비아의 초창기 원심분리기 프로그램에 육불화우라늄(우라늄 농축을 위한 전구체)을 판매한 일에 연루되어 있었다.[2] 그리고 2007년까지는 발각되지 않았지만, 믿기 어려우리만치 대담한 방식으로 북한은 시리아를 위해 플루토늄 생산 원자로를 건설하는 일에 착수했다. 그 결정은 1990년대 말에 이루어진 것으로 보인다. 이후 위성사진을 분석해본 결과, 2001년 즈음 시리아가 유프라테스강 기슭의 알키바르에 나중에 그런 원자로로 판명된 시설을 착공했다는 사실이 확인되었다.[3] 이런 핵 수출을 통해 북한 정권은 갈급한 외화도 모을 수 있었고, 더 나아가 자국의 핵 관련 노동자들이 일자리를 유지하며 훈련하도록 만들 수 있었다. 핵 수출은 평양이 원심분리기 장비를 사들이는 것보다 당시 훨씬 더 심각한 위험이었다. 이미 불안정한 지역에 핵무기 프로그램을 지원하는 꼴이 될 수 있기 때문이었다.

미국의 지배적인 시각은 평양이 외교에, 그리고 핵무기 추구 포기에 절대로 진심이 아니라는 것이었다. 탈북 인사인 태영호는 1990년대의 외교는 오로지 정권이 핵무력을 개발할 시간을 벌기 위해 추진되었을 뿐이라고 주장했다.[4] 반대로, 윌리엄 페리와 매들린 올브라이트, 웬디 셔먼을 비롯하여 2000년에 북한 정권과 협상했던 다른 인사들은 모두 이 시기의 북한 외교에는 진정성이 있었다고 했다. 1994년 국방부 장관으로서 영변 핵시설 폭격 계획을 준비한 적이 있었던 페리도, 2000년 연말 워싱턴과 북한은 핵 문제 해결을 단 몇 달 앞두고 있었다고 믿는다는 발언을 한 적이 있다.[5]

김씨 정권은 외교가 설령 핵 합의로 귀결되지는 않는다고 하더라도 북한이 심각한 경제 위기를 겪고 있을 때 워싱턴의 압박을 낮출 수만 있다면 그것도 그들에게 도움이 된다고 믿었을 법하다. 평양은 또 극심한 에너지 부족 시기에 KEDO의 중유 지원으로 도움을 받았다. 다만 중유는 그 용도가 제한적이었고 그마저도 드문드문 인도되었다. 몇몇 북측 사람들은 이런 식으로 진행되는 인도는 조선민주주의인민공화국의 경제를 더욱 흔들어보려는 워싱턴 측의 의도적 시도라고 생각했다. 외교가 이익을 가져다준 것은 사실이나, 내가 보기에 북한이 외교에 나선 주된 이유는 외교가 적대관계의 종식으로 이어지기를 희망해왔기 때문이다. 나는 김씨 정권이 오로지 핵 프로그램을 키우기 위한 시간을 벌고자 외교의 장에 나섰다는 생각에도 동의하지 않는다. 영변 가동 정지와 더 큰 원자로 2기의 건축 중단은 플루토늄과 삼중수소를 생산할 수 있는 평양의 능력을 후퇴시켰다. 북한이 나중에 아무리 많은 농축 우라늄을 생산하더라도 우라늄 농축만으로는 극복할 수 없을 심각한 손실이었다. 북미제네바합의가 경제적으로 참혹했던 1990년대 동안 정권에 가해지는 압박을 줄여주었을지는 모르지만, 그것은 북한의 플루토늄 생산 역량에 심각한 손상을 입혔고, 이 책에서 기술한 대로 북한은 아직도 그 여파에서 회복하지 못했다.

2003년 북미제네바합의가 파기되자 평양은 이중경로 전략의 우선순위를 바꿨다. 폭탄 제조가 이제는 최고의 목표가 되었다. 북한이 이미 미국인들과 IAEA 검증단을 추방한 이후였기 때문에 이 일은 더 쉬워졌다. 그렇지만 평양은 2004년과 2005년까지도 외교 채널을 계속 살려놓았다. 무기 개발이 어려움에 봉착할 경우에 대한 대비책이기도 하고, 군사적 행동을 부를 만한 미국의 레드라인이 어디까지인지를 외교적으로 떠볼 기회이기도 했기 때문이다.

폭탄 프로그램은 이 시기 모든 방면에서 급속한 발전을 이루었던 것으로 보인다. 영변 단지는 다시 전력 가동되며 더 많은 플루토늄을 생산하고 있었다. 당시 워싱턴은 몰랐던 사실이지만, 이 시기에 원자로 엔지니어와 건설 전문가 들이 시리아를 도와 5MWe 원자로보다 약간 더 큰 같은 유형의 원자로를 짓고 있었다. 풍계리의 핵실험장도 핵실험을 위한 준비를 해가고 있었다. 폭발을 안전하게 봉쇄할 터널을 세심하게 준비하고 핵폭탄의 성능 측정을 위한 정교한 계기도 설치해야 하는 작업이었다.

북한의 우라늄 농축 프로그램도 속도를 올리고 있었다. 2004년 방문에서 우리가 알게 된 대로, 북한이 1980년대에 원심분리기 기술을 타진해보았다가 1990년대 초에 접었다 하더라도, 그 프로그램은 1990년대 말 A. Q. 칸에게서 원심분리기 몇대를 입수하며 다시 시작되었다.[6] 어느 시점에 그 프로그램은 가속되기 시작했고, 이때부터 정보당국도 북한의 원심분리기 기술 및 원료 조달 상황을 주시하며 그 프로그램을 추적하기 시작했다. 그러나 2004년 또는 그 이전에 북한이 무기 제작에 충분한 우라늄을 만들 만한 수준의 시설을 갖추고 있었다는 증거는 없었다. 그런 역량을 갖기까지는 아마도 서너해는 더 기다려야 했을 것이다.

2003년 리비아의 지도자 무아마르 카다피(Muammar Gaddafi)가 자국의 핵무기 개발을 끝내고 우라늄 원심분리기 구입을 포기할 것을 결정하면서 북한이 칸과 거래하고 있다는 더 많은 증거가 대두되기 시작했다. 카다피는 뒤이어 리비아의 주요 공급자, 즉 칸에 대한 정보의 보고를 제공했다. 칸의 네트워크에는 북한도 들어 있었는데, 이로써 북한이 칸과 협업하여 농축 프로그램의 핵심 부분인 육불화우라늄(UF_6)을 리비아에 팔았다는 사실이 밝혀졌다.[7] 당시 영변 단지는 원자로용 연료봉 제작에 필요한 우라늄 금속을 생산하기 위한 전구체, 사불화우라늄(UF_4)을 생산할 수 있는 능력이 있었다. 그러나 영변에는 UF_4에서 UF_6로 가는, 플루오르 처리의 다음 단계를 위한 시설은 없었다. 그런 시설은 틀림없이 영변 밖에 있었을 것이고 리비아 판매 이전까지 여러해 그렇게 존재했을 것이다. 그런 능력은 당시 북한이 비밀리에 진행 중이던 농축 시도를 위한 UF_6를 생산하는 데에도 이용되었을 가능성이 있다.

이 리비아발 대하소설은 A. Q. 칸의 악명 높은 국제적 핵확산 프로그램 및 그와 평양 간의 거래를 더 깊이 들여다볼 수 있는 계기를 제공했다. 2004년 초 파키스탄 정부에 의해 체포되자, 칸은 자신이 북한과 벌인 핵 관련 거래 일부를 털어놓았다.[8] 2004년 3월 CIA는 이런 지원에는 육불화우라늄, 원심분리기, 그리고 '한두개의 탄두 설계' 일습이 들어 있다는 결론을 내렸다.[9] 파키스탄의 대통령 페르베즈 무샤라프(Pervez Musharraf)는 그의 회고록에서 칸이 주로 원시적인 형태인 원심분리기 수십대를 북한에 전달했다고 진술함으로써 이런 분석을 확증했다.[10] 이에 더해 파키스탄 카후타에 있는 칸연구소는 북한의 엔지니어와 기술자 들에게 원심분리기 가동 훈련을 시켰다. 칸은 자백을 통해 1990년대 말 북한을 방문했을 때 북한 사람들이 자신에게 비밀 터널 안에 들어 있는 핵폭탄 세개를 보여주었다고 주장했다. 북한의 폭탄 제조 성공에 대한 자신의 책임을 면해보려는 마음으로 이런 주장을 했을 수도 있지만, 그의 말을 그대로 믿기는 어렵다. 사실 나는 나중에 다시 북한을 방문했을 때 리근 대사에게 자신이 북한을 13번 정도 방문했고 북한의 무기를 본 적이 있다는 칸의 주장에 관해 물어보았다. 그는 칸이 거짓말을 한 것이라고 딱 잘라 말했다. 칸은 북한을 단 두번 방문했을 뿐이고 그에게 핵무기를 보여준 적도 없었다고 했다.

북한이 최초의 폭탄을 조립한 것은 2003년 말 또는 2004년 초로 추정된다. 1990년대부터 개발해온 설계를 따랐을 것이다. 이런 설계들은 1980년대 말 시작되어 북미제네바합의가 끝나자마자 다시 시작된 모의실험, 즉 플루토늄 코어 대신에 다른 대체재를 사용하는 일련의 모의실험으로부터 도움을 받았다. 이런 실험들은 북한의 전문가들이 고성능 폭약 렌즈와 기폭 장치를 지닌 복잡한 내폭 시스템을 구축하도록 하는 데 핵심적이었다. 내폭 설계를 위한 재료들에 관한 실험 및 R&D는 1990년대 내내, 심지어는 북미제네바합의 기간에도 계속되었음이 확실하다. 그리고 이런 노력은 거의 확실하게 칸이 제공한 핵폭탄 설계 정보에 힘입었을 것이다. 북한의 핵 전문가들은 자신들의 탄두 설계를 북한의 미사일 병력에 통합하는 일을 시작하기 위해 틀림없이 미사일 전문가들, 군부와도 긴밀하게 협력했을 것이다.

칸의 폭로는 북한의 미사일 수출 사업에 대한 정보도 제공했다. 평양이 미사일 노하우를 제공하고 그에 대한 댓가로 파키스탄에서 원심분리기 기술 정보 일부를 받기로 한 거래는 파키스탄 총리 베나지르 부토(Benazir Bhutto)의 방문이 있었던 1993년까지 거슬러 올라간다. 2000년대 초 즈음 북한은 중동 여러 나라에 미사일과 미사일 기술을 수출하고 있었다. 파키스탄 및 이란과의 협력이 북한 자신의 미사일 사업에도 유익했을 것이다. 이러한 일이 중요한 것은, 북한이 클린턴 정부 막바지에 미사일 실험 금지에 동의했고 부시 시절 초기까지도 그 상태를 유지했기 때문이다. 그러나 이렇게 미사일 실험 금지 협정을 맺은 상태에서도 북한은 클린턴 임기 말에서 부시 임기 초까지 계속 장거리 미사일 성능을 개선해왔던 것이 틀림없다. 요약하자면, 미국 사람들이 북미제네바합의를 파기했을 때 그들은 북한이 영변 핵단지를 다시 전력 가동하고 그동안 은밀히 추구해왔던 사업에 박차를 가하도록 문을 열어준 셈이었다.

외교의 문을 열어놓다

2004년에도 워싱턴은 진지한 외교의 얼굴을 하고 말장난을 계속했으나 그런 식의 정책으로는 시간만 허비할 뿐이었다. 부시 정부는 다자간 회담을 통해, 특히 중국의 도움을 얻어 북한을 상대하기로 마음을 굳히고 있었다. 워싱턴은 무기력한 6자회담 절차에 자승자박된

꼴이었고 정책 결정기구 내의 분열로 앞길이 막힌 상태였다. 한편 평양은 핵 프로그램의 모든 전선에서 전진 중이면서도 외교의 문을 열어놓은 채였다.

2004년 2월 말 제2차 6자회담이 열렸다. 미국 측 협상자로 나선 제임스 켈리는 CVID(완전하고 검증 가능하며 돌이킬 수 없는 폐기) 원칙을 고수하고, 시작부터 우라늄 농축 문제를 포함하여 완전 공개를 밀어붙이라는 지시를 받은 상태였다. 부시 정부의 강경파들은 리비아에서 그들이 거둔 성공을 재현할 생각이었다. '그때그때의 분납 방식'이 아닌 신속한 폐기 선행이 목표였다.[11] 북측은 '보상을 조건으로 한 동결'을 바라고 있었다. 우라늄 농축 프로그램도 계속 부인했다. 당연하게도, 회담은 진전 없이 끝났다.

이후 몇달에 걸쳐 워싱턴은 북한이 미국의 조건에 따르게 만들라며 계속 중국을 압박했다. 체니 부통령은 후진타오(胡锦涛) 주석을 비롯한 베이징의 중국 지도자들에게 북한의 우라늄 농축 프로그램에 대한 증거를 보여주었다. 그는 그들에게 "시간이 반드시 우리 편이라는 법은 없다"고 경고했다.[12] 실제로 4월 말경 미국 정보계의 진단은 북한이 이미 2~8개의 무기를 보유하고 있다는 것으로 수렴되었다.[13] 내 추산으로는 8개까지는 아니었다. 중국은 북한 관련하여 워싱턴이 제시하는 바를 그대로 따를 태세가 아니었고, 평양도 핵 프로그램 강화를 이어갈 뿐이었다. 6월에 열린 다음번 6자회담에서 워싱턴과 평양은 서로 자신의 요구를 완화했다고 주장했으나, 얘기가 엇갈리기는 마찬가지였다. 의미있는 진전은 이루어지지 않았다.

그해 남은 기간 평양은 그들이 다시 회담으로 나갈 만한 전제조건들에 대한 요구를 펼치며 6자회담을 놓고 이런저런 수를 쓰는 것처럼 보였다. 유엔 총회를 앞둔 9월 말, 외무성 부상 최수헌은 6자회담 재개를 위해 충족되어야 할 새로운 조건들을 제시했다. 그 안에는 북한이 군축을 향해 움직이는 대신 미국은 양국 관계를 정상화하고 경제적 보상을 제공하려는 움직임을 보여야 한다는 조건도 들어 있었다.[14] 다른 참가국들, 특히 미국은 평양을 다시 협상 테이블로 불러들이려 몹시 안달이 난 상태였기에 진짜 진전보다는 그저 평양이 참가하느냐 마느냐로 외교적 성과를 평가하는 듯 보였다.

최수헌은 한발 더 나아가 조선민주주의인민공화국은 "이미 8천개의 연료봉을 재처리해 그것들을 무기로 만들었다는 사실을 분명히 했다"고 선언했다. 이 '무기'라는 것은 오로지 한가지, 핵무기를 말하는 것이었겠지만, 최수헌의 선언은 그것까지는 언명하지 않는 단계에서 멈췄다. 그런 언명은 다섯달 뒤 2005년 2월 외무성의 고위급 성명을 통해 나오게 된다. 부시가 재임을 시작하고 불과 몇주 지나지 않은 때였다. 그 성명은 북한이 "자위적 차원에서 핵무기를 제조했다"고 선언했다. 사실상 조선민주주의인민공화국이 핵보유국이 되기 위한 문턱을 넘었다는 공식 선언이었다. 놀랍게도 이 일은 워싱턴에 더 큰 긴박감을 불러일으키지 않았다. 워싱턴은 이것을 평양이 협상 지렛대를 얻기 위해 벌이는 술수 정도로 보았던 것이다.

조지 W. 부시가 재선에 성공해 두번째 임기를 시작하면서 북한을 대하는 워싱턴의 접근법은 서서히 방향을 바꾸기 시작했다. 핵심 인사의 교체가 이것을 뒷받침했다. 콘돌리자 라이스의 국무부 장관 임명은 6자회담을 되살리는 방향으로 미국의 자세를 돌려놓았다. 라이스는 차기 동아시아태평양담당 국무부 차관보에 크리스토퍼 힐(Christopher Hill)을 추천했다. 미국 협상단의 수장을 제임스 켈리에서 힐로 바꾸는 조치였다. 경험 많고 세계 곳곳에 대해 해박한 외교관 힐은 그의 전임자보다 압박의 강도를 낮추고자 했다. 눈에 띄는 다른 인사 교체도 정책에 대한 부처 간 다툼의 방향에 영향을 끼쳤다. 여기에는 라이스의 촉구로 존 볼턴을 군비통제담당 국무부 차관에서 유엔 대사 자리로 옮긴 인사 조치도 포함되었다. 이로써 볼턴은 일상적으로 북한 관련 정책 결정에 관여하던 역할에서 배제되었다. 그의 후임은 그와 마찬가지로 매파인 로버트 조지프로, NSC에서의 비확산 경력으로 승진한 인물이었다.

평양은 2기 부시 정부가 뭔가 다른 접근법을 취할 것인지 그 징후를 꼼꼼히 살폈다. 사정이 그리 녹록하진 않았다. 콘돌리자 라이스가 자신의 인준 청문회에서, 거의 무심하게 흘리는 말처럼, 북한을 세계 "독재의 전초기지" 중 하나라고 불렀던 것이다.[15] 그런 다음 부시는 국정연설에서 핵에 대한 야심을 버릴 것을 북한에 촉구하며 "미국은 우리의 세계에서 독재를 끝장내겠다는 궁극적인 목표 아래 (…) 자유의 동맹과 함께 할 것"이라고 목소리를 높였다.[16] 평양의 시각으로 보면 이런 발언들은 2기 부시 정부의 적대적 의도를 확인해주는 것이었다.[17]

그해 봄 내내 평양은 계속해서 핵 프로그램을 강화하고 자신이 핵 보유국임을 공개적으로 명시했다. 5월 11일 북한은 5MWe 원자로에서 8천개의 사용후 연료봉 1회분을 더 수거했다고 주장했다.[18] 그로써 폭탄을 두개 더 만들 수 있는 양의 플루토늄이 추가적으로 생겼을 것이다. 부시 정부는 낭패감에 이러지도 저러지도 못하고 서 있었다. 한 정부 고위 관계자는 "상징적 의미와 조롱이 많이 담겨 있는 표현일 것"이라는 말을 남겼다.[19] 워싱턴이 정말로 두려워했던 것은 상징적 의미를 훨씬 넘어서는 것, 즉 핵실험이었으나 평양은 한동안 그 길로는 나서지 않았다.

북한에 대한 정부 정책 중 최우선은 중국이 영향력을 행사하도록 다시 한번 압박을 시도하는 것이었다. 라이스와 체니 등은 중국이 점점 더 국제체제 속 책임있는 '이해당사자'로 보이기를 바라지 않을까, 그래서 북한에게 단호한 행동을 취하고 싶어 하지 않을까 하는 희망을 품었다.[20] 그들은 이전이나 이후의 다른 관계자들과 마찬가지로 중국의 이해관계를 오판했다. 베이징도 북한의 핵무기 확보에 반대하기는 했지만, 지역 안정의 유지가 그들에게는 더 우선했다. 다만 베이징도 그해 초 북한이 공공연한 핵개발을 선언한 것에 대해서는 불쾌감을 감추지 않았다. 그것이 지역 내 불안을 가져오기 때문이었다. 베이징의 전반적인 노력은 워싱턴이 바랐던 것에 비하면 크게 부족했으나, 중국이 막후에서 정치적 압박을 가한 것이 북한을 협상 테이블로 불러오는 데 일정한 역할을 했으리라는 점에는 의심의 여지가 거의 없다.

2005년 봄, 힐 대사가 미국의 정책을 이끌 주요 구상 및 협상에서 토의할 원칙들을 개발하는 등 외교를 재개할 새로운 방법을 모색하면서 외교적 기류가 양호하게 돌아섰다.[21] 이 구상은 기존의 협상 틀에 태생적 오류가 있다는 인식에 근거했다. 미국은 평양을 향해 과거에 제시했던 것보다 훨씬 더 풍부한 의제를 제안해야 한다는 것이었다. 실제로 정책에 대한 이런 새로운 접근은 기본적으로는 클린턴 정부의 그것과 같은 방식으로 진행되었다. 우선 "원칙상의 합의"에 도달하고 그다음에 실질적 단계를 밟아가는 방식이었다. 중국 측의 도움이 필요하긴 했지만, 이런 노력은 마침내 힐과 김계관이 양자회담을 여는 결과로 이어졌다. 중국 외교관들이 베이징에 삼자 간 만찬 모임을 마련해놓고 편리하게도 자기들은 나타나지 않음으로써 힐과 김계관에게 대화를 나눌 기회를 주었던 것이다.[22] 김계관은 힐에게, 7월 말 베이징에서 열리는 다음 회차 6자회담에 북한도 참석할 것이라고 했다.

평양의 이런 태세 변화를 어떻게 설명할 수 있을까? 북한이 협상 테이블로 돌아갈 것이라 선언하면서 북한 외무성은, 미국이 적대 정책을 물리는 조치를 취하고 6자회담 틀 안에서 양자 간 대화를 여는 쪽으로 선회했다는 사실을 언급했다.[23] 이것으로써 북한을 다시 회담장으로 불러올 수는 있었겠지만, 협상의 토대 전체가 완전히 변했다는 사실 자체에 대한 인식은 빠져 있었다. 6자회담의 원래 목적은 북한이 핵을 가지지 못하게 하는 것이었다. 그러나 이제 북한이 스스로 핵보유국이라고 선언했으니 6자회담도 목표를 재조정하거나, 아니면 결국 그렇게 되고 말았듯이 실패하는 수밖에 없었던 것이다.

워싱턴과 평양은 다가올 협상을 위한 완화되고 온건한 목표들을 주거니 받거니 했다. 힐은 어느정도까지는 스스로 판단하고 북한과 양자 간 접촉을 할 수 있는 권한을 가지고 있었지만, 여전히 워싱턴에 있는 회의적인 강경파들도 상대해야 했다. 그들은 힐이 부적절한 양보를 하기를 바라지 않았다.[24] 중국 측은 1992년 남북공동성명의 관례에 따라 공동성명의 문구를 손봄으로써 타협을 통해 당사국들을 화해시키려고 시도했다. 이런 노력에도 불구하고 당사국들은 공동성명에 대한 합의에 이르지 못했고, 중국은 8월 말 재개를 목표로 3주간 휴회에 들어간다고 선언했다.

협상이 지지부진했던 것은 주로 북한의 민간용 핵발전소 프로그램 유지 문제를 놓고서였다. 미국 측 협상자들은 경수로 문제를 양보하지 않았다. 당연히 이중용도 사용이 가능할 터이니, 북한에게는 그 어떤 핵 관련 역량도 믿고 넘겨줄 수 없다는 이유였다.[25] 회담이 끝난 후 힐 대사는 평양이 과거에 이중용도 사용이 가능한 핵 기술의 특성에 노골적으로 편승하여 "이 연구용 원자로로부터 폭탄을 만들고 있다고 자랑스레 선언했던" 바 평화로운 핵 프로그램과 관련하여 "약간의 문제"가 있다고 공개적으로 주장했다.[26] 게다가 부시 정부 내 강경파들의 시각에서 보면, 북한에 경수로를 제공한다는 생각은 클린턴 시절의 그 밉살맞은 북미제네바합의의 망령을 되살리는 것과 마찬가지였다. 그 제안에 대해 "사람들이 불같이 화를 내며" 라이스를 비롯하여 이 사안에 대한 정책 변화를 고려 중이던 국무부 내 인사들에게 심각한 반발을 표했다.[27] 북한에 평화로운 핵에너지를 사용할 권리가 있는가, 공동성명이 새로운 경수로를 약속해야 하는가 등의 쟁점이 당사국들의 머리 위에 드리워져 있었다. 미국의 자세가 반대쪽으로 굳어지는 듯 보이던 시점에, 존 루이스와 나는 다시 평양행 비행기에 올랐다.

6장

다시 북한으로:

“해가 서쪽에서 뜨기 전에는 경수로는 안 돼”

2005년 8월 어느 무더운 날, 평양 순안 공항에 비행기가 내렸다. 터미널 건물로 비행기가 움직이는 동안, 이번엔 내가 어떤 일을 겪게 될지에 대한 의구심은 없었다. 첫 방문과는 다르게, 내가 어쩌다 북한에 억류되는 사태가 일어나지 않을까 하는 마음 한편의 엉뚱한 걱정 없이 기대감을 가졌다. 나는 첫 방문으로부터 북한 사람들은 그들이 자기네 핵 프로그램에 대해 내게 말하고 보여준 것을 내가 워싱턴에 돌아가 보고해주기를 바란다는 결론을 얻었다.

지난번 방문으로부터 거의 18개월이 지났다. 나는 북한이 무기급 플루토늄 25~30킬로그램, 4~6개의 폭탄을 만들 양을 보유하고 있다고 추정했다. 다른 나라들의 핵무기 프로그램에 대해 아는 바에 비추어보아, 북한이 이미 몇개의 단순한 핵폭탄을 만들었을 수도 있겠다는 결론을 내리고 있었다. 그러나 북한이 아직 핵실험을 실행한 적은 없었기 때문에 북한의 과학자, 엔지니어, 기술자 들이 플루토늄 폭탄 제조 기술을 완전히 정복했는지는 아무도 확신할 수 없었다. 나는 이번 방문을 통해 그들이 어디까지 나아가 있는지 좀더 확실히 알게 되기를 희망했다. 첫 방문 동안의 경험에 근거하여 뭔가 구체적 증거를 볼 수 있도록 그들이 장막을 거둬주리라는 기대도 있었다.

비행기가 터미널에 도착했을 때 우리는 공항 직원들이 레드카펫을 까는 동안 좌석에서 기다려달라는 얘기를 들었다. 속으로 생각했다, 레드카펫이라니! 이건 북한이 우리의 첫 방문을 흡족해했다는 신호인 게 틀림없었다. 2004년 8월 뉴욕에서 열린 비확산 회의에서, 거기에 참석한 리근 대사가 존 루이스에게 우리가 미국에 돌아와서 북한 방문에 대해 보고한 것을 평양이 만족스럽게 여겼다고 알려주었다. 리근이 루이스에게 한 말이다.

> "영변에 있을 때 헤커 박사는 자신이 실제로 본 것, 과학적으로 확증할 수 있는 것에 관해서만 보고하겠다고 했습니다. 우리는 여러분들이 미국으로 돌아가서 그렇게 많은 대중적 관심을 받을 때 어떤 일이 벌어지는지 지켜보았습니다. 헤커 박사는 정말로 자기가 하겠다고 한 그대로 하더군요. 진심으로 존경스러웠습니다."

물론 그 레드카펫은 우리 대표단을 위한 것이 아니었음이 드러났다. 같은 비행기에 탄 잠비아의 부통령과 그 수행원들을 위한 것이었다. 비행 중 그들을 볼 수 없었던 것은 그들이 일등석에 탔기 때문이었다. 그 VIP들이 먼저 비행기에서 내리고 우리도 뒤를 따랐다. 외무성 관계자가 우리 대표단—존 루이스, 잭 프리처드, 그리고 나—을 맞아 보통강호텔까지 데려다주었다. 지난번에 머물렀던 그곳이었다. 우리를 위해 마련된 그 주의 일정을 살펴보다가, 나는 몹시 실망스럽게도 영변이 목록에서 빠져 있다는 사실을 발견했다.

나는 다시 영변에 가보기를 몹시 바라고 있었다. 우리의 방문 이후 영변에서 어떤 일이 일어났는지 알려진 바가 거의 없었기 때문이다. 그 어떤 외부인도 그곳에 접근한 적이 없었다. 영변의 핵 전문가들에게 묻고 싶은 질문들도 많았고, 핵시설을 다시 방문하여 나 스스로 판단하고 싶은 마음도 있었다. 5MWe 원자로가 얼마나 잘 작동하고 있는지, 더 큰 원자로 2기의 현 상황과 재건축 계획은 어떻게 되었는지를 확인하는 것이 중요했다. 또 북한의 기술전문가들이 우라늄 농축 프로그램에 대해 무슨 말이든 해줄지도 궁금했다.

영변 방문이 우리 일정에서 빠져 있기는 했지만, 그들이 마련한 것도 생산적인 방문이었다. 그러나 그들이 다시 나를 초청한 이유를 이해하기까지는 한동안이 걸렸다. 우리의 지난 방문은 합리적 의심의 여지없이, 나의 첫 방문을 양두구육 쇼라고 규정하며 믿지 않으려던 정부 인사들에게조차도 북한이 영변 단지를 다시 플루토늄 생산 프로그램으로 돌려놓았고 핵무기를 제조하는 단계까지 나아갔다는 사실을 확실히 해주었다. 우라늄 농축 문제는 아직 풀리지 않은 상태였다. 2002년 10월 평양에서 열린 제임스 켈리 차관보와의 그 악명 높은 막판 결전에서 원심분리기 프로그램을 인정했었다는 것을 북한은 단호하게 부인했지만, 그들이 최소한 걸음마 단계의 농축 프로그램을 진행하고 있으며 그것을 확대할 뜻을 품고 있다는 증거가 계속 나오고 있었다.

우리는 외무성에서 김계관 부상을 만나기 전 리근 대사를 만나 점심을 함께 했다. 내가 리 대사에게 북한이 핵무기를 제조했다는 최초의 공식적 선언인 2월 10일자 외무성 고위급 성명에 관해 물었다. 리근도 우리의 2004년 방문 당시 북한의 '핵 억지력'을 언급하면서 그 정도의 암시를 준 적이 있었다. 나는 리 대사에게 2004년 우리가 북한을 떠날 시점에 그가 나에게 핵 프로그램의 다음 단계를 보여달라고 요청하지 그랬느냐고 했던 말을 상기시켰다. 이 말에 그는 짓궂은 웃음을 보였다. "우리 핵무기를 보셔야지요. 아무렴요. 가서 보셔야지요." 이것은 아마도 틀림없이 그의 장난기 어린 유머였을 것이다. 내가 나중에 리 대사의 상관인 김계관 부상을 만났을 때, 그는 빠르게 그런 생각의 싹 자체를 잘라버렸다. "농담하시는 거겠죠. 선생이 우리 핵무기를 보는 일은 없을 겁니다. 그건 비밀입니다."

리홍섭 소장과의 토의

영변 핵센터 소장 리홍섭 박사가 보통강호텔 회의실에 우리와 마주 앉았다. 서기 한명, 통역 한명과 함께 원자력총국의 관계자 몇명과 외무성의 김명길이 같이 나왔다. 리홍섭은 정중하고 전문가다웠으나, 2004년 그의 영변 단지 방문 내내 그가 보여주었던 모습만큼 편안하고 솔직해 보이지는 않았다. 그는 핵 문제를 푸는 데 도움이 되도록 여기 와서 내 질문에 답하라는 요구를 받았다고 했다. 리홍섭은 어떻게든 영변 방문을 끌어내려는 나의 시도를 이런 말로 차단했다. "이번엔 영변을 방문하실 수 없습니다. 지금은 우리가 사용후 연료를 재처리하고 있기 때문입니다. 아시다시피, 이런 일은 아이오딘131 동위원소들과 크립톤85 배출로 주변을 고방사성으로 만들지 않습니까." 그렇게 조심하는 것이 논리에 맞는 일로 보였다. 영변에 다시 가기 위해선 다음 기회를 보아야 하는 모양이었다.

그럼에도 불구하고 외무성이, 틀림없이 김정일의 재가가 있었겠

그림 7(위) 최고인민회의 상임위원회 부위원장 양형섭 주최의 환영 행사(왼쪽부터 헤커, 루이스, 양형섭, 프리처드, 김계관). 2005년.
그림 8(아래) "이번엔 영변에 가게 해드릴 수가 없습니다. (…) 여러분이 방문하기에 안전하지 않기 때문입니다." 평양에서 만난 리홍섭 영변 소장(가운데). 2005년.

지만, 영변에서 리 박사를 불러내 우리와 얘기를 나누게 했다는 것은 좋은 조짐이었다. '안부를 전한다, 영변 일이 너무 바쁘다'고만 했어도 무난히 넘어갔을 일이었다. 대신 나는 내게 계속 정보를 제공하는 것이 평양의 계획 안에 들어 있다는 생각이 들었다. 그 이유는 여전히 알 수 없었다. 내 방문을 정치 선전의 기회로 삼으려 하는 것 같지도 않았고, 첫 방문 때 그들이 내게 보여주었던 것을 돌이켜보면 나를 속이려 드는 것 같지도 않았다.

영변에 돌아가 다시 한번 살펴볼 수 없다는 것은 상당히 실망스러웠지만, 리홍섭 소장과의 토론은 내가 품고 있던 가장 중요한 기술적 의문에 해답을 주었고, 북한은 자기들이 세상 그 어느 나라도 해내지 못한 방식으로 개발하고 있는 핵무기 프로그램을 외부세계에 보여주는 것에 진심이라는 인상을 강화해주었다. 우리 대화 중 일부 자세한 얘기는 복기할 만한 가치가 있다(존 루이스의 메모 실력이 그 일을 가능하게 해주었다). 그런 것들이 북한이 얼마나 많은 플루토늄을 생산했는지, 당시 추가 플루토늄 생산의 전망이 어땠는지를 판단하는 데 핵심적이었기 때문이다. 이런 세부 정보들은 양국이 또 다른 협상을 성사시킬 수 있다면 검증을 위해서도 중요할 것이다. 리홍섭 소장은 내 질문에 성실하고 진솔하게 답했다. 내가 특별히 예민한 영역으로 들어설 때면 그는 자신이 그런 문제에 관해서는 논평을 할 위치가 아니라는 것을 알려주었다. 우리 대화의 골자를 시설별로 나누어 정리하고자 한다. 직접적인 설명은 경우에 따라 필요할 때만 덧붙일 것이다. 독자들은 고도로 기술적인 질문과 답변을 접하게 될 것이다. 역사 기록을 위해, 또 리 소장의 답변이 얼마나 담백했는지를 보여주기 위해 여기에 그대로 담았다. 미국의 일반적 통념과 달리, 북한 사람들로부터 솔직한 답변을 듣는 것이 불가능한 일은 아닌 것이다.

5MWe 원자로

리 소장은 우리에게 실험용 5MWe 원자로는 2003년 1월부터 2005년 3월 중순까지 계속 가동했다고 말했다. 4월에 사용후 연료를 빼내기 위해 가동을 중단했으며, 연료봉 8천개 전부를 수거하는 데 한달이 걸렸다. 4월 말부터 5월까지 정비를 마친 원자로는 새 연료를 채워 6월 중순 재가동에 들어갔다. 당시 원자로는 원래 설계상의 출력인 25MWth(열출력메가와트)로 가동 중이었다.

서방의 핵 전문가들은 1990년대 영변 원자로는 한번도 설계 출력을 내지 못하고 20MWth로 운영되었다고 믿고 있었다. 출력 수준이 중요한 것은 그것을 통해 생산되는 플루토늄의 양을 추산할 수 있기 때문이다. 리 소장은 우리에게 1986년 원자로 가동을 시작한 이후 초창기에는 원자로의 출력을 매우 낮게 유지했다고 했다. 많은 실험을 했다는 것이다. 그들은 원자로가 작동하는 동안 손상된 연료봉을 교체하는 방법을 알아내야 했다. 노심 속 손상된 연료봉을 찾는 데에도 오랜 시간이 걸렸다. 리 소장은 1986년부터 1994년까지 원자로의 출력을 낮게 유지했다고 했다. 2003년 1월 원자로가 재가동되었을 때 그들은 그 문제를 해결했다. 그는 "그 이후로 지금까지 우리는 최고 출력 25MWth로 원자로를 가동해왔습니다"라고 말했다. 효율적 작동에 핵심적인, 일정한 중성자속 유지에 도움이 되도록 연료봉 대신 노심 속에 강철로 된 모조(비활성) 연료봉을 넣었다고 덧붙이기도 했다.

나는 2004년 우리에게 이 원자로를 사실상 무한히 돌릴 수 있을 거라고 했던 그들이 왜 단 2년 만에 원자로 가동을 중단하고 사용후 연료봉을 수거했는지 궁금했다. 리 소장은 두가지 이유가 있다고 설명했다. 첫째, 2003년 1월에 장전한 연료봉들이 온전한지 점검할 필요가 있었다. 북미제네바합의 이전에 제조된 것들이기 때문이었다. 따라서 그것들이 연료봉에 장전될 당시에는 10년을 묵은 상태였던 것이다. 둘째는 그들이 플루토늄 추출을 원했기 때문이었다. 최근의 원자로 가동을 마치고 연료봉과 마그네슘 합금 피복을 점검해보니 모두 양호한 상태였다고 리 소장이 우리에게 말해주었다. "원자로를 훨씬 더 오래 가동해도 됐을 뻔했습니다." 그가 덧붙였다.

나는 재처리하기까지 연료봉들을 수조에 얼마나 오래 보관했는지 물어보았다. 리 소장은 사용후 연료를 수조에 오랫동안 저장하지 않을 계획이었다고 했다. 우리가 방문한 당시(2005년 8월 25일) 연료봉의 방사능 수치는 극히 낮아서, 안전하게 수거할 수 있을 정도라고 그가 말했다. 따라서 사용후 연료봉 거의 전부가 수조 밖으로 나와 있었다. 리 소장은 이미 북미제네바합의 이전에 제조해놓았던 것 중에서 1회분의 새 연료를 원자로에 다시 장전했다고 말했다. 영변의 원자로는 이제 원하는 만큼 오래 가동할 수 있는 상태였다.

방사화학실험실

리 소장은 재처리 시설인 방사화학실험실로 공정이 옮겨와 있다고 설명했다. 6월 말 냉각 기간이 끝난 후 그들은 즉시 재처리를 시작했다. 2004년에 이미 설명했던 것처럼, 그는 내게 이 시설의 원래 처리량은 1일 우라늄 375킬로그램이라고 말했다. 그러나 지난해 그들은 처리량을 1.3배까지(1일 우라늄 487킬로그램 정도로) 올리기 위해 시설을 개조했다. 그는 이렇게 말했다. "우리는 상자 유형의 용매추출장치를 수직형 펄스 기둥으로 바꿨습니다. 그렇게 처리량이 늘어나 지금 연료봉 8천개의 처리 작업이 막바지 단계에 와 있습니다."

1990년대 초 IAEA 검증단이 방사화학실험실에 들어가보고 이 시설에 두개의 재처리 라인이 있다는 결론을 내렸지만, 이곳의 재처리 라인이 하나인지 둘인지는 확실히 규명된 적이 없었다. 내가 리 소장에게 묻자, 그는 재처리 라인은 하나만 사용한다고 밝혔다. 두번째 라인은 예비용으로 폐기물 처리를 위해 사용된다고 했다. 따라서 이 시설의 재처리 용량은 1일 우라늄 375킬로그램으로 한정되었다. 2004년 방문 중 리 소장이 나에게 플루토늄 금속을 보여주었을 때 그는 그것을 그들의 "생성물"이라고 불렀다. 나는 그에게 현재의 재처리 작업도 플루토늄 금속 생성물을 생산하는 것까지 진행하느냐고 물었다. 그 생성물을 산화플루토늄의 형태로 저장하는 것이 — 그쪽이 더 잘 유지되니까 — 훨씬 더 쉬웠을 텐데 약간 놀랐다는 얘기도 덧붙였다. 리 소장은 지금도 처리 과정을 플루토늄 금속 생산까지 진행한다고 말했다. 당연히 그의 말에는, 금속 형태여야 산화물이 아닌 금속이 필요한 핵폭탄 제조를 위해 신속하게 이용할 수 있다는 뜻이 깔려 있었다.

나는 재처리 과정에서 배출되는 핵분열 기체를 포집하기 위해 그들이 어떤 일을 하고 있는지 궁금했다. 그런 기체들은 건강에도 위험할 수 있을 뿐 아니라 대기 중으로 빠져나가게 되면 재처리 작업을 알리는 지표가 될 수도 있다. 나는 그들이 이 위험한 핵분열 기체를 포집하기 위해 필터를 사용하는지 물었다. 리 소장은 아이오딘131 기체는 포집하지만, 크립톤85를 잡는 필터는 없다고 알려주었다(그의 말이 맞다. 크립톤85는 화학적으로 반응하지 않는 비활성 기체이기 때문이다). 리 소장은 이렇게 말했다. "우리는 그 기체를 아주 낮은 온도에서 응축해야 할 겁니다. 크립톤 기체를 포집하기 위해서 더 큰 노력을 기울여야 합니다." 그는 비활성 기체를 포집하는 방법은 전세계적으로 아직 연구 중에 있다고 덧붙였다. 역시 맞는 말이었다. 건물 내 방사성 기체로 인한 노동자 안전에 대한 우려는 없는지도 물었다. 리 소장은 강력한 환풍 장치를 갖추고 있어 건물 내 기체에 대해서는 걱정이 없으나 건물 밖 방사능에 대한 우려는 있다고 대답했다. 나는 속으로 이것도 그들에게 의료용 동위원소들이 필요한 이유일 수 있겠다고 생각했다. 아래에서도 설명하겠지만, 방사능에 노출된 사람들을 치료하기 위해 그것이 필요하기 때문이다.

50MWe 원자로와 200MWe 원자로

나는 리 소장에게 50MWe 원자로와 200MWe 원자로의 건설 현황에 관해 물었다. 그는 50MWe 원자로를 다시 시작하기 위한 계획은 다 세워놓았고 이 원자로를 건설할 노동자 팀을 준비시키고 있다고 말했다. 200MWe 원자로에 관해서는 아직도 어떻게 해야 할지 연구 중이라고 했다. 재건축을 위한 투자액이 아예 새로 짓기 위한 투자액보다 더 클 것 같았지만, 그는 건축을 복구할 방법론이 있을 수도 있다는 투로 말했다. 리 소장은 이렇게 말했다. "50MWe 원자로의 경우, 어떤 부품들은 복구가 가능하고 예전에 제조된 일부 부품들도 설치 가능합니다. 우리는 이 원자로를 현재 위치에 건설하든가, 아니면 재건설할 겁니다." 나는 50MWe 원자로 건설이 중지되었을 당시 그 건물 안에 뭔가가 있었는지 궁금했다. 리 소장은 우리에게 격납용기는 설치되어 있었지만 노심은 없었다고 말해주었다. 노심은 다른 곳에서 제조되었다. 일부 부품은 1994년에 완성된 상태였으나 설치되지는 못했다. 리 소장은 기존의 격납 구조물을 사용할 계획을 하고 있다고 덧붙였다.

나는 50MWe 원자로를 완공하는 데 시간이 얼마나 걸릴지 궁금했다. 리 소장은 공사가 곧 시작될 것이라 자신했으나 구체적 내용은 말해주지 않았다. 그는 웃으며 덧붙였다. “우리가 그동안 아주 바빴습니다.” 아닌게 아니라 그랬을 것이다. 나는 원자로 가동에 연료 제조로 인한 문제는 없을지 물었다. 리 소장은 50MWe 원자로나 5MWe 원자로나 원료도 동일하고 피복관(연료를 감싸는 금속 외피)도 거의 같기 때문에 그런 문제는 없으리라 보았다. 200MWe 원자로의 피복관은 더 복잡하다고 그는 말했다. 내가 이런 질문을 한 것은 이 원자로들이 완공되면 북한의 플루토늄 생산 용량이 극적으로 증가할 것이기 때문이었다. 리 소장은 상황을 냉철하게 따져보며, 이런 문제들은 다 관리 가능한데 이들 원자로의 진짜 문제점은 “흑연감속 천연우라늄 원자로라는 구식 설계”에 있다고 말했다. 다른 말로 하자면, 그들도 이런 원자로는 전기 생산용으로는 끝물이라는 사실을 인식하고 있었다. 영국과 프랑스 같은 나라들은 이미 그런 원자로들을 전력 생산용 경수로로 대체했다. 리 소장의 언급은 북한이 — 폭탄용 플루토늄 생산에만 관심이 있는 게 아니라 — 핵발전 전력에도 지대한 관심이 있다는 점을 보여주었다. 플루토늄 생산을 위해서라면 이곳 원자로가 딱 알맞기 때문이었다.

당연한 일이겠지만, 북한 밖 세계는 북한 핵 원자로의 안전에 대해 걱정하고 있었다. 나는 리 소장에게 그들이 원자로 건설과 가동을 위해 어떤 종류의 규제 시스템과 검증 절차를 갖추고 있는지 물었다. 리 소장은 원자력규제위원회가 관할권을 가지고 있다고 대답했다. 이 위원회는 원자력총국 산하가 아니라 별도의 정부 부서였다. 핵센터는 원자로 시동을 위해서는 위원회에 허가를 신청해야 했다. 몇가지를 더 물어보는 과정에서, 리 소장은 일단 허가가 나면 위원회는 그 이상 원자로 가동에 관여하지 않는다고 했다. 영변 시설에 자체 검증단이 있고 그들이 리 소장에게 보고하지만 그것도 문제가 있을 때에 한해서였다. 검증단은 심각한 문제를 발견하면 원자로를 중단시킬 수 있는 권한이 있다고 했다. 그들이 어느정도의 검증 절차를 갖추고 있다는 사실은 위안이 되었지만, 리 소장이 기술한 바는 안전한 원자로 건설과 가동을 확보하기 위한 독립적인 규제당국이 있는 것에는 크게 못 미치는 수준이었다.

리 소장은 시시콜콜한 기술 문제처럼 보일 수 있는 것에 대해 내가 제기하는 기나긴 질문에 놀라우리만치 진솔한 태도로 대답해주었다. 그렇게 명확하고 자세하게 대답할 필요는 없었으나, 같은 분야에 종사하는 전문가에게 '노코멘트'라고 대답하거나 말을 꾸며내는 것보다는 있는 그대로 말하는 것이 낫겠다고 판단한 모양이었다. 나중에 밝혀진 대로, 2007년과 2008년 영변을 다시 방문하는 동안 나는 그의 답변의 진실성을 확인할 수 있었다. 내가 이런 질문들은 한 것은 원자로의 가동 이력과 현 상황이 북한의 플루토늄 보유량을 추산하는데 필수적이었고, 그 플루토늄의 양이 결국은 북한 핵 병력의 크기를 결정하기 때문이었다. 더 큰 원자로들의 건설 현황도 중요했다. 그 원자로들이 완공되면 플루토늄 생산 능력이 10배 이상 증가할 것이기 때문이었다. 북미제네바합의 동안에 50MWe 원자로의 상태가 얼마나 심하게 악화되었는지를 생각하면, 리 소장이 그 원자로의 완공에 아직 희망을 품고 있는 것이 놀라웠다. 2004년 리 소장 자신도 차를 타고 그 옆을 지나는 길에 원자로 완공이 바로 코앞이었는데 이제는 "폐허가 되어버렸다"고 존 루이스에게 말한 바 있었다.

연료제조시설

리 소장은 북미제네바합의 이전에는 50MWe 원자로용 금속 연료봉을 생산했으나 마그네슘합금(마그녹스) 피복관은 만들지 못했다고 설명했다. 이 연료봉의 사양은 5MWe 원자로 연료봉과는 약간 달랐다. 1994년 이후로는 새 연료봉을 생산하지 않았다고 했다. 리 소장은 북미제네바합의 동안 연료제조시설의 일부가 망가지다 못해 무너질 지경이 되었다고 말했다. 나는 그들이 새로 UF_4를 만든 적이 있는지 궁금했다. UF_4는 금속 연료봉을 만드는 데 사용될 수도 있고 UF_6을 만드는 데 사용될 수도 있으며, 또 이 UF_6은 우라늄 농축에 꼭 필요한 전구체이다. 리 소장은 북미제네바합의 이후로는 그런 것을 만든 적이 없다고 했다. 이 문제가 중요한 이유는 그들이 영변에서 UF_4를 만들고 그것을 비밀 시설로 수송해 그곳에서 원심분리기 가동을 위한 UF_6으로 만들었을 수도 있었기 때문이다. 리 소장은 나에게 다음 해에는 5MWe 원자로용 연료를 만들기 시작할 수 있도록 한쪽 제조 라인을 정비하고 있다고 말했다. 50MWe나 200MWe 원자로용 연료를 만들 계획은 없다고 했는데, 이 말을 보면 50MWe 원자로의 준공이 그가 앞선 답변에서 내비쳤던 것만큼 그렇게 임박한 것은 아님을 짐작할 수 있었다.

IRT2000 원자로

나는 리 소장에게 영변에서의 의료용 동위원소 생산에 관해 물어보았다. 그는 자신들이 쓸 동위원소들은 1960년대 소련 사람들이 세운 연구용 소형 원자로인 IRT 원자로에서 만든다고 말했다. 여러 병원에서 많은 동위원소를 필요로 했다. 그는 그들이 IRT 원자로 뒤에 있는 연구동을 사용한다고 설명했다. 여러해에 걸쳐 그들은 이 원자로를 갑상선암 치료에 사용되는 아이오딘131 생산에 사용해왔다. 그는 우리에게 일단 원자로에서 아이오딘131이 생산되면 그것은 연결된 송기관을 통해 인접한 방사성 물질 취급 시설로 보내져서 그곳에서 추출된다고 말해주었다.[1] 리 소장은 농축 우라늄 연료 요소들을 소련 사람들로부터 공급받기 때문에 IRT 원자로를 간헐적으로만 작동할 수 있었다며 한탄했다. 1992년 소련이 붕괴한 후로 러시아는 원자로용 연료를 공급하지 않았다.

리 소장은 IRT가 가동을 시작했을 때 출력은 2MWth(열출력메가와트)였다고 설명했다. 그들은 소련 사람들에게서 80퍼센트까지 농축된 연료를 구입해 출력을 8MWth까지 올렸다. 리 소장은 연료 요소들이 "봉 타입 연료에서 병렬 튜브 봉으로" 바뀌었다고 말했다. 그들은 36퍼센트까지 농축된 연료를 구입한 적도 있었다. 소련 사람들이 선호하는 농축도가 그랬기 때문이었다. 리 소장은 더 많은 연료를 구입해서 동위원소를 계속 생산하고 싶다고 말했다. 지금으로선 "만약 우리가 연료를 구할 수만 있다면, 80퍼센트 농축이었으면 더 좋겠습니다."

리 소장은 나에게 IRT2000의 사용후 연료 요소들은 원자로 건물 내에 위치한 저장수조에 보관한다고 말했다. 그 시설들은 모두 1970년대 초 이후 IAEA의 검증 대상이었다. IRT2000단지는 북미제네바 합의에 포함되지 않았다. 리 소장은 IAEA가 그 시설을 방문한 것은 한번뿐이었다고 했다. 이 원자로는 확산 관점에서는 중요한 것으로 보이지 않았으므로 IAEA 측은 여기에는 거의 관심이 없었다. 그러나 나는 이 원자로의 이력과 현황에 관심이 갔다. 작은 규모였으나 플루토늄과 삼중수소를 생산하는 데 이용되었을 수도 있기 때문이었다. 그들은 과거에 이 IRT 원자로를 이용하여 흥미로운 연구를 진행했으나 새 연료 요소를 구하지 못하게 돼 그만둘 수밖에 없었다고 리 소장은 말했다. 새 연료를 구하는 것이 가장 다급한 문제이기는 하지만 그들은 원자로의 수명에 대해서도 우려하고 있다고 했다. 그는 원자로 내벽을 교체해야 할 수도 있다고 말했다. 만약 그렇게 된다면, 그것은 앞으로도 20년에서 30년은 존속할 것이다. 북미제네바합의의 플루토늄 생산시설 검증 기간에도 IAEA가 이 단지의 현황에 거의 관심을 기울이지 않았다는 것은 전에는 몰랐던 사실이었다.

나는 북한에 다른 동위원소 생산 시설들이 있는지 물어보았다. 리 소장은 딱 하나 더 평양에 소형 이온가속기가 있는데 그곳에서 단수명 동위원소를 만든다고 알려주었다. 그는 동위원소가 다급하게 필요한 이 시점에 나라 안에 그것을 만들 수 있는 역량이 너무 부족하다며 한탄했다. 이것이 그들에게 좋은 사업이 될 수 있을 것이라고도 했다. 그는 "그런 사업이야말로 우리가 찾고 있는 겁니다"라고 덧붙였다.

핵무기 생산

나는 리 소장을 좀더 큰 문제, 이를테면 북한 핵무기에서 영변이 차지하는 역할 같은 문제에 끌어들이려고 해봤다. 일찍이 2005년에 정부가 북한이 핵무기를 제조했음을 선언한 사실을 언급했다. 나는 그에게 영변이 플루토늄 생산 외에 어떤 역할을 하는지 물었다. 리 소장은 플루토늄 생산이 영변의 유일한 역할이라고 대답했다. 일단 생산되고 나면 플루토늄은 어딘가 다른 곳으로 간다고 했다. 그에 어울리지 않게 회피적인 태도로 이렇게 말했다. "그 너머에서 무슨 일이 일어나는지는 나도 모릅니다."

이런 주제에 대해서는 분명히 상관에게서 얘기하지 말라는 지시를 받았을 터였다. 나는 영변이 유일한 핵 관련 시설이며 (원자로에서) 플루토늄을 생산하고, (방사화학실험실에서) 플루토늄을 추출하고, (2007년 이후에야 내가 방문할 수 있었던 일련의 실험실에서) 플루토늄 금속을 생산하고 정제한다는 얘기와 그후엔 (리 소장이 말한 대로) 이 생성물이 다른 장소로 보내진다는 얘기까지는 다 믿었으나, 리 소장과 그의 플루토늄 전문가들이 그런 다른 시설과 아무 관련이 없다는 것은 도저히 믿을 수 없었다.

민간용 핵에너지와 확산 위험

나는 경수로로 인한 잠재적 핵무기 위협에 대한 리 소장의 의견을 듣고 싶었다. 리 소장은 만약 연료가 경수로 안에서 정격 출력으로 연소된다 하더라도 그것을 이용하여 핵무기를 제조한다는 것은 이론적으로만 가능한 일이라고 설명했다. 그런 위험성에 대해 우려하는 국가들도 있을 수 있지만, 그는 그런 일은 실제로는 불가능하다고 보았다. 핵무기에 대한 우려가 경수로 건설을 막는 이유로 이용되어서는 안 된다고 그는 덧붙였다.

흑연감속 원자로는 어떤지 물었다. 리 소장은 그 경우는 가동 조건에 따라 달라진다고 말했다. 만약 연료의 총 연소가 우라늄 1톤당 1일 3000MWth라면 그것을 이용해 핵무기를 만들 방법은 없다는 것이었다. 그러나 그가 (내 의견으론 정확하게도) 덧붙이기를, 그것 역시 그 나라의 무기 제조 능력에 달려 있다고 했다. 다른 말로 하면 무기 설계의 정교함과 제조 능력에 따라 다를 수 있다는 얘기였다. 그는 우리에게 그들이 완전 연소된 연료를 사용할 수 있는 능력을 갖추지 못했다는 사실을 말하고 있었다.

나는 리 소장에게 경수로 연료 주기와 관련된 확산 우려에 어떻게 대처할 생각인지 물었다. 우선 그는 그들이 농축을 직접 하지 않고 외부에서 연료를 사들여올 것이라고 말했다. 그리고 결국 사용후 연료의 처리 문제는 그들이 연료 공급 국가와 어떤 협정을 맺느냐에 따라 달라질 것이라고 했다. 그는 나에게 만약 그들이 직접 사용후 연료를 처리해야 한다면 방사화학실험실을 개조해 경수로 산화 연료를 받도록 할 수 있겠지만, 연료를 공급해준 나라로 돌려보내는 편이 더 나을 것이라고 말했다.

우리는 그들 핵 원자로 프로그램의 초창기에 관해서도 얘기를 나눴다. 나는 그들이 어떤 원자로와 연료 주기를 추진할지 어떻게 결정했는지 궁금했다. 리 소장은 1970년대 연구용 IRT2000 원자로 외에 원자로가 한기도 없을 때 그들은 가능한 모든 기술을 점검해봤다고 했다. 그들은 그들 힘으로 추진할 수 있는 유일한 원자로는 흑연감속 원자로라는 결론을 내렸다. 연료를 농축할 필요가 없기 때문이었는데, 당시 그런 일은 그들 능력 밖이었던 것이다. 지금은 그들이 흑연감속 원자로에 관해서라면 그 어떤 기술적 문제도 풀 수 있지만, 만약 이 나라가 경수로의 길을 채택한다면 연료와 일부 기술에 대해서 도움을 받아야 할 것이라고 했다. 리 소장이 내게 물었다. "선생 쪽 사람들은 경수로 일을 우리와 함께 할 생각이 있는 겁니까?"

나 자신은 미국이 북한의 경수로 사업에 참여하는 것이 합리적이라고 믿었지만, 이 질문에 대해서는 즉답을 하지 않았다. 그것은 미국 정부의 몫이기 때문이었다. 각 유형의 원자로가 갖는 무기급 플루토늄 생산에 이용될 위험에 대한 리 소장의 의견은 기술적으로 정확했다. 경수로에서 무기용 플루토늄을 만드는 것이 기술적으로 가능하기는 하겠지만, 왜 그렇게 하려 하겠는가? 그들은 이미 잘 돌아가는 플루토늄 생산 원자로를 가지고 있고 더 큰 원자로를 지을 계획도 있지 않은가? 그뿐만 아니라 그들은 경수로를 군사용으로 전용하지 않겠다는 것을 미국 측에 보증하기 위해서라면 기꺼이 필요한 안전조치를 취할 마음도 있었다.

리 소장과의 대화는 다양한 원자로나 그 연료 주기와 관련된 확산 문제에 대해 그가 얼마나 정통한지를 잘 보여주었다. 그가 북한 입장에서 주장한 접근법은 합리적이었고 제안된 안전조치도 충실했다.

리 소장은 기술 영역 밖의 질문에 대해서는 답하기를 꺼렸다. 존 루이스가 그에게 만약 6자회담 과정의 일환으로 기술 실무그룹이 설치된다면 리 소장과 그와 함께 일하는 사람들이 거기에 참여할 것인가를 묻자, 리 소장은 그것은 외무성이 알아서 할 일이라고 말했다. 잭 프리처드가 KEDO 사업을 위한 인사들은 어디에서 오는 것인지, 그들은 누구에게 보고하는지를 물어보았을 때 그는 자기는 모른다고만 말했지만 그 말은 믿기 어려웠다. 그러나 그가 얘기해준 것만 가지고도 우리는 그런 인원들이 그의 영변 센터가 아니라 대학 쪽에서 온다는 것을 짐작할 수 있었다. 그는 또한 영변 단지의 전문가들은 조선민주주의인민공화국과학원과 관계가 거의 없다고 얘기해주었다.

리 소장이 눈에 띄게 동요했던 유일한 순간은 루이스가 2004년 1월 방문 중 영변이 1980년대에 다른 나라들도 그랬듯 우라늄 농축을 추진하기 위해 유렌코로부터 가스 원심분리기 몇대를 구입했다고 들었다는 사실을 소환했을 때였다. 그리고 1992년 말 방사화학실험실이 플루토늄을 재처리할 수 있음을 확인하고 나서는 농축 작업을 접었다는 얘기도 들었다고 했다. 리 소장은 그런 얘기를 했다는 사실 자체를 부인했다. 그는 루이스에게 루이스의 이해가 "부정확"했다고 말했다. 그들은 핵에너지를 얻을 수 있는 여러가지 방법들을 연구해

보았고 흑연감속 원자로로 결론을 보았다는 것이었다. 그들에겐 두 가지 경로를 모두 추진할 여분의 자원이 없었다고 했다. "우리는 절대로 가스 원심분리기를 구입하지 않았습니다." 그가 말했다.

리 소장이 당혹스러워하는 것도 당연했다. 그 자리에는 원자력총국과 외무성 관계자들도 함께 있었기 때문이었다. 우리의 첫번째 방문과 이번 방문 사이의 18개월 동안 북한은 공개적으로 원심분리기 활동은 전혀 없었다고 강하게 주장해왔다. 나중에 김계관 부상도 우리에게 확정적인 말투로 똑같은 얘기를 했다. 이 시점에 리 소장은 그것이 사실이 아니라는 것을 알았지만, 그럼에도 자신이 정부의 노선에 충실해야 한다는 점을 알고 있었다.

회의가 끝날 무렵 내가 리 소장에게 나에게 질문할 것은 없냐고 묻자 그가 말했다. "이번에 알게 된 걸로 뭘 어떻게 하실 겁니까?" 존 루이스가 먼저 대답했다. 이번 방문은 세간의 이목을 크게 끌었던 지난 2004년의 방문에 비해 별로 눈에 띄지 않게 이루어졌다고 했다. 나는 리 소장에게 미국에 돌아가면 여기서 우리가 본 것을 전달할 것이라고 말했다. 2004년 1월 방문 후 나는 미 의회에 보고해달라는 요청을 받았다. 이 보고서 사본을 조선민주주의인민공화국 외무성에도 보낸 바 있었다. 나는 리 소장에게 이 보고서 사본 한부를 전달했다. 나는 또 그에게 전미공학한림원 출판부를 위해 내가 2004년 1월 방문에 관해 쓴 논문 한부도 주었다.[2]

김계관 부상과의 대화

우리는 김계관 부상과 외무성에서 한번, 만찬에서 두번, 총 세차례 만났다. 그는 4차 6자회담 중 휴회 기간을 이용해 막 베이징에서 돌아와 있는 참이었다. 김계관은 2003년 8월의 1차 회담에는 참석하지 않았다. 2004년 2월 2차 회담이 되어서야 평양은 대표를 김계관 부상급으로 올리기로 결정했다. 이후로 그는 모든 회차의 회담에서 북한 대표단을 이끌었다. 김계관은 자신이 이런 회담 자리에서 미국 측과의 생산적인 대화에 방해가 된다고 생각하는 점들을 지적했다. 예컨대, 커다란 회의 탁자에 6개국을 대표하는 당사자들이 둘러앉고 모든 대화가 진행 과정에 대한 공식 기록 없이 5개 국어로 통역된다는 것이었다. 극히 빠르게 지나가는 통역 과정에서 미묘한 뜻은 다 놓쳐버린다고 그가 말했다. 지난 회기에는 중국 측이 준비한 원칙에 대한 성명서가 나왔으나 그것도 영어로만 되어 있었다(나중에 우리는 우리의 중국 측 교섭 담당 중 한명인 중국 외무성의 양시유(楊希雨)가 그 성명서의 초안을 잡았다는 것을 알게 되었다).

김계관은 우리에게 6자회담 형식 자체에 약점이 있기 때문에 자신은 지금 우리와의 만남과 같은 비공식 토의를 특히 중요하게 본다고 말했다. 우리의 토론이 그에게는 "비공식적인 것"이었을지 모르겠으나, 윤기 흐르는 마호가니 탁자와 붉은색 벨벳 의자가 있는 외무성 대형 회의실의 격식 차린 분위기에서 그가 내놓는 말 한마디 한마디는 격의 없는 토론이라기보다는 북한의 공식적 주장인 듯 느껴졌다. 김계관은 비핵화에 관한 북한의 입장을 제시했다. 비핵화와 관계 정상화의 연계, 평화로운 핵에너지를 사용할 북한의 권리가 그것이었다. 그는 우리에게 자신들이 핵무기와 핵무기 프로그램의 모든 부문을 포기할 전략적 결정에 도달했다고 반복해 얘기했다. 그는 미국이 비핵화를 북한만이 해야 할 일이라고 보는 것에 대해 불만을 표했다. 평양은 한반도 전체가 비핵화되어야 한다고 주장한다는 것이었다.

미 정부에 있는 동안 북한 사람들을 상대해보았던 잭 프리처드에게 김계관의 주장은 마치 고장난 레코드처럼 들렸다. 그의 주장은 또 여전한 의문을 남겼다. 만약 그들이 그렇게 한반도 비핵화에 진심이라면 왜 핵무기를 만드는 데 전력을 다하고 있는 것인가? 자리가 자리인지라 김계관은 계속 북한의 공식 입장을 고수할 것이 확실했다. 그래서 우리는 큰 질문들은 좀더 비공식적인 분위기의 이후 두차례 만찬을 위해 남겨놓았다.

우리가 희망했던 대로 외무성에서의 경직된 분위기와 대조적으로 두번의 만찬은 사뭇 느낌이 달랐다. 유머가 어우러진 허물없는 분위기였는데, 그럼에도 때로 날을 세우는 순간도 없지 않았다. 김계관 부상은 미국 국민들에게 조선민주주의인민공화국의 진짜 입장을 알려달라고 우리에게 부탁했다. 그들이 원하는 것은 경수로라는 것을. 그는 자신들이 전력 생산을 위해서는 흑연감속 원자로보다 경수로가 유리하다는 점을 잘 안다고 말했다. 그들은 소련으로부터 경수로를 지원받으려고 시도했으나, 소련이 거절했다.[3] 프랑스와 캐나다에도 타진을 해보았으나 그들도 거절했다고 했다. 조선민주주의인민공화국에 별 호감이 없는 보리스 옐친 하의 러시아도 딱 잘라 거절했다. 김계관은 흑연감속 원자로를 건설할 수밖에 없었다고 말했다. 영변 쪽 사람들의 큰 희생이 있긴 했지만 그들의 힘만으로 할 수 있는 것이 그것이었기 때문이었다.

나는 김계관에게 내가 리홍섭 소장과의 토론을 통해 알게 된 것을 자세히 설명했다. 결론은 영변에서 플루토늄 프로그램이 전속력으로 진행되고 있다는 것이었다. 나는 우리가 경수로의 확산 잠재성을 둘러싼 우려에 관해서도 토론했다는 얘기를 하면서 김계관에게 민간용 핵에너지 추진이 핵무기로 전용되는 것을 막기 위해 북한이 어떤 안전조치를 시행할 생각이 있는지 설명해달라고 요청했다. 김계관은 자기들은 경수로를 IAEA의 철저한 안전조치에 맡길 용의가 있다고 말했다. 만약 그것으로도 미국의 우려를 가라앉힐 수 없다면, 그들은 북한이 NPT에 재가입하고 IAEA의 검증을 받아들일 때까지 경수로 가동을 미국에 맡길 용의가 있었다. 그 모든 절차가 끝나는 시점에 경수로를 조선민주주의인민공화국에 넘겨주면 된다는 것이었다. 그의 말에 의하면, 북한은 미국과의 관계가 정상화되는 즉시 NPT로 돌아갈, 그리고 IAEA 검증에 응할 준비가 되어 있었다. 김계관은 농축 관련한 미국의 우려에 대처하기 위해 북한은 검증된 농축 시설을 짓거나 미국의 우려가 사라질 때까지 농축 연료를 외부에서 사오는 것 중 한가지 방법을 쓸 수 있다고 말했다. 만약 북한이 흑연감속 원자로를 유지할 수 있게 된다면, 그들은 경수로의 사용후 연료를 재처리하지 않겠다고 동의할 뿐만 아니라 재처리 작업 자체를 중단할 준비가 되어 있다고 했다.

김계관은 그동안 분명 열심히 공부한 모양이었다. 그 시점엔 약속에 불과하기는 했지만, 이런 입장은 북한 측이 내놓은 괄목할 만한 양보였다. 핵연료 주기나 비확산 안전조치에 관한 이해도도 2004년의 토론에 비하면 엄청나게 높아져 있었다. 그가 얘기한 것의 한도 내에서는 그의 말이 맞았다. 다만 그는 영변이 전속력으로 플루토늄 프로그램을 진행하고 있다는 얘기는 하지 않았다. 사실 북한은 시리아가 흑연감속 플루토늄 생산 원자로를 짓는 것을 돕고 있기도 했다(당시 미국은 그 사실을 몰랐고, 아마 김계관도 몰랐을 것이다). 그리고 북한 어딘가에서 그들은 우라늄 원심분리기 작업에도 더더욱 힘을 쏟고 있었다. 북한은 핵 노선을 우선시하면서도 외교를 살려놓는 길을 모색하고 있었던 것이다.

김계관은 아직도 경수로에 대해 할 말이 더 있었다. 그는 경수로 같은 첨단기술 시설을 지원한다면, 그것은 그들이 미국을 믿어도 된다는 의미일 것이라 말했다. 그것은 조선민주주의인민공화국을 주권국으로 여긴다는 워싱턴의 말이 진실임을 입증하는 것일 터였다. "이것이야말로 모든 것을 여는 열쇠입니다! 어떤 어려움이 존재하든 이 열쇠로 다 열 수 있습니다." 김계관은 말했다. 내가 보기에 그는 냉소적으로 굴고 있는 것이 아니었다. 그의 논리는 북미제네바합의와 KEDO 사업을 지지하는 더 지각있는 사람들이 북미제네바합의에 대한 북한의 생각일 것이라 믿는 바와 정확히 일치했다. 그러나 그 경수로라는 것은 강경파들에게는 말도 안 되는 얘기였다.

다가오는 연례 한미 연합군사훈련으로 대화가 흘러간 순간이 있었다. 김계관은 심사가 사나운 듯하더니 잭 프리처드가 그에게 그 훈련에 대해 너무 신경 쓰지 말라고 하자 도전적으로 변했다. 그는 이렇게 말했다. "우리도〔북한도〕 핵무기를 가져야겠소이다. 우리가 핵무기를 가지면 안 된다고 하느님이 결정하기라도 했답니까? 우린 모두 평등합니다. 평등하게 태어났다고요! 조선 사람이나 미국 사람이나 똑같은 거요." 김계관은 핵무기를 가지고 온 세상을 지배하려 한다고 미국을 비난하기까지 했다. 조선민주주의인민공화국은 이라크에 핵무기가 없어 미국이 그 나라를 침공했다고 믿고 있다고 그는 말했다. 그는 (2005년 5월의) NPT 평가회의에서 미국은 비핵국가를 향해 핵무기를 사용하지 않겠다고 서약하기를 거부했고 특별한 신종 핵무기 제작도 배제하지 않았다고 말했다. 다른 경우에는 대단히 전문가답고 침착한 김계관 쪽에서 이렇게 다소 놀라운 장광설이 쏟아지자 몇분간 분위기가 싸늘해졌다.

나는 김계관의 관심을 다시 돌리려 하며 내가 영변을 다시 방문할 수 없다는 것을 알면서도 나를 초대한 이유가 무엇인지 얘기해달라고 했다. 이런저런 말로 대답을 하던 김계관은 결국은 다시 경수로 얘기로 끝을 맺었다. “미국 국민들에게 진짜 우리의 입장을 알리기 위해서지요. 우리는 흑연감속 원자로와 경수로를 맞교환하는 것의 의미를 잘 압니다. 그게 바로 우리가 경수로를 원하는 이유입니다.” 결국 그의 말은, 북한이 1993년 6월 그들의 흑연감속 원자로와 경수로를 맞바꾸자는 아이디어를 처음 제시했을 때 인정했던 바를 다시 한번 확인시켜주었다. 경수로는 전력에는 유리하나 폭탄에는 불리하고, 반대로 흑연감속 원자로는 폭탄에는 유리하나 전력 생산에는 불리하다는 것이었다. 나중에 그는 다소 모호하게 이렇게 덧붙였다. “만약 미국이 우리에게 경수로 합의를 해준다면 그 어떤 핵무기도 생산되지 않도록 우리가 기술적 조치를 취할 것임을 선생이 보증해 줄 수 있겠지요.” 그러고 나서 그는 평소의 태도로 돌아와 추가적인 조건을 하나 보탰다. “우리 입장은 아주 확실합니다. 관계가 정상화되고 더 큰 신뢰와 함께 미국의 위협이 없어지면 우리는 우리의 핵무기 전부를 포기할 것입니다.”

그러니까, 어느 쪽이라는 얘긴가? 경수로와 ‘미국의 위협이 없어지는 것’, 둘 중 어느 것이 열쇠라는 것일까? 김계관은 알맞은 상황이 되면 그들의 핵무기 ‘전부’를 포기하겠다고 했지만 그들이 지금껏 뭔가를 실험한 적이 없으니 그들은 지금 진짜로 손에 쥐고 있지도 않은, 어쨌든 아직은 없는 판돈을 가지고 게임을 하고 있는 것이 아닌가? 솔직히 말해 나는 민간 용도의 경수로를 핵무기로 전용하지 않으리라는 점을 미국과 국제사회에 확신시키기 위해 그들이 그 정도까지 나갈 마음을 먹고 있다는 데 놀랐다. 이런 것들은 남한이 경수로를 짓도록 도와주기 전에 미국이 남한에 제시했던 바로 그 조건들이기도 했다. 우라늄 농축과 재처리를 하지 말 것. 일본은 이와 반대로, 남한보다 한참 전에 미국과 협상을 맺으며 이 두가지 모두를 유지하고 행사하도록 동의를 받아냈다. 이러한 제안을 거부한 미국을 이해할 유일한 길은 북한이 자기가 약속한 안전조치 조건들을 절대로 지키지 않으리라 믿는 것뿐이다. 그런데 미국으로 돌아와 워싱턴의 정부 관계자들에게 보고하면서 알게 된 바이지만, 부시 정부의 강경파들이 바로 그렇게 믿고 있었다.

루이스와 프리처드는 김계관과 함께 관계 정상화와 비핵화에 대해, 그리고 필요한 조치들의 절차를 북한이 어떻게 바라보고 있는지에 대해 몇차례 의견을 교환했다. 김계관은 평양이 관계 정상화가 먼저 이루어져야 한다고 고집하는 것은 아니라고 했다. 그는 우리에게 시작과 함께 우리가 각각 뭔가를 할 수 있다고 했다. 예컨대 조선민주주의인민공화국은 NPT에 복귀하고 IAEA를 따르겠다고 약속할 수 있을 것이었다. 미국 쪽에서는 북한을 위협하거나 핵무기를 사용하지 않겠다고 밝히고 관계 정상화를 약속할 수 있을 것이었다. 각국이 필요하다고 예상되는 조치들을 정리하고 순차적으로 행동을 취하면 될 것이었다. "우리는 이미 말에는 말, 행동에는 행동이라는 원칙에 동의했습니다." 그는 이렇게 덧붙였다. "지금으로선 아직 말 대 말의 단계인 겁니다."

이번 방문 전 나는 경수로가 당시 북한을 위한 정말로 합리적인 방안인지를 확인하기 위해 북한의 전반적인 에너지 사정을 자세히 살펴본 적이 있었다. 노틸러스연구소의 피터 헤이스(Peter Hayes)가 미국에서 행한 광범위한 작업에 대해서도 숙지했다. 나는 헤이스의 작업에 기반하여 매우 구체적인 제안 사항들을 준비해 갔다. 거기에는 에너지 부문의 생산과 송배전, 사용 등 모든 국면을 업그레이드하는 방안이 들어 있었다. 산업 기반 전체에 업그레이드와 교체가 필요했다. 나는 나중에 KEDO도 경수로 대신에 가스 발전소를 이용하는 방법을 검토해보았으나 결국 그 구상은 불발되었다는 사실을 알게 되었다.

나는 김 부상에게 만약 내가 그의 과학 고문이라면 미국에 재래식 에너지를 지원해달라 요청하는 안을 권할 것이라고 말했다. 김계관은 참을성 있게 내 말을 들었다. 어쩌면 내 장황한 설명이 그에게 잠시 쉬며 편안히 디저트를 즐길 시간을 주었는지도 모르겠다. 나는 핵을 이용한 전력 생산에는 10년이 걸리는 반면 이런 접근법으로는 대략 1년이면 그들 나라에 절실히 필요한 전기를 공급할 수 있을 것이라고 강조했다. 게다가 대대적인 전력망 업그레이드가 없으면 현재의 전력망에 그냥 경수로를 얹는 것은 안전하지 않을 수도 있었다. 또 업그레이드된 전력망이 있다 하더라도, 경수로는 북한이 그 연료를 자체 공급할 수 없기 때문에 가동이 시작된 후에도 외부 열강들이 스위치 한번 누르는 것으로 언제든지 닫아버릴 수 있었다.

김계관은 나의 이런 주장에 흔들리지 않았다. 재래식 발전소 문제는 6자회담 지난 회기에 전문가들에 의해 심도있게 다루어졌다고 말했다. "고맙긴 하지만 우리에게 필요한 것은 경수로라고 했소." 나도 포기하지 않았다. 나도 핵에너지 방안이 갖는 상징적·정치적 성격을 이해한다, 그러나 실용적인 관점에서 볼 때는 그들의 재래식 에너지 기반을 대대적으로 업그레이드하고 재래식 에너지를 즉각 공급하는 것이 훨씬 더 좋은 선택일 수 있다고 말했다. 지금 당장 에너지가 필요하다면, 핵은 좋은 방안이 아니라고 했다.

이 말에 김계관이 발끈했다. 나는 내가 아픈 데를 찔렀나보다 짐작했다. 그가 도전적으로 이렇게 답했기 때문이었다. "선생은 영변 과학자들과 얘기해본 최초의 외국 과학자입니다." (여기서 김계관은 북미제네바합의 동안 영변에 출입했던 미국 과학자들과 IAEA 검증단을 빼놓았다.)

"이런 특전은 선생에 대한 우리의 신뢰를 반영하는 겁니다. 조선민주주의인민공화국과 미국은 휴전 상태입니다. 전쟁 상태에 있단 말입니다. 선생이 우리 핵무기에 접근하는 건 안 됩니다. 모든 것을 다 보여줄 수는 없어요. 그러나 당신들〔미국〕이 할 수 있는 거라면 우리도 다 할 수 있습니다. 당신들이 할 수 있는 것과 똑같이 우리도 플루토늄 5킬로그램으로 핵무기를 만들 수 있습니다. 당신들이 미사일에 그 무기를 실을 수 있다면 우리도 그렇게 할 수 있습니다. 만약 당신들이 그것을 배낭에 넣을 수 있다면 우리도 마찬가지요. 다른 나라들이 할 수 있는 것, 우리도 할 수 있습니다. 허세를 부리는 것이 아니오. 우리 민족은 미국과의 전쟁을 경험했습니다. 당신들은 우리가 무엇을 가지고 있는지 의심해서는 안 됩니다. 만약 당신네가 우리에게 경수로 줄 수 있다면, 우리는 그 모든 것〔핵무기 능력〕을 포기할 겁니다."

나로서는 영문을 알 수 없는 격분과 함께 조선인으로서의 순수한 자존심이 끓어오르는 모습이었다. 배낭 안의 핵무기는 좀 너무 나간 얘기 아니냐며 따져볼 수도 있었겠으나, 그러기에는 그가 분통을 터뜨리는 것이 너무 확실히 보였다.

김계관은 말을 이어 다시 경수로 문제로 돌아왔다.

"나는 크리스 힐에게 경수로가 합의로 가는 열쇠라고 말했습니다. 그 이유도 말해줬지요. 다시 말해 나는 할 만큼 얘기를 했고, 그도 경수로 없이는 출구도 없다는 걸, 더이상 서로 시간을 낭비해봤자 아무 소용 없다는 걸 알아들었을 겁니다. 더 계속해봤자 소용이 없다는 거요."

김계관은 이렇게 말을 맺었다. "경수로 없이는 합의도 없다." 우리가 워싱턴에 전달해주었으면 하고 그들이 바라는 결론이 바로 이것이었다.

리근 대사는 이번에 지난번 방문만큼 많이 보지는 못했지만, 오찬을 함께 하며 흥미로운 대화를 나눌 기회가 있었다. 그 자리에서 그는 영변 직원들이 핵무기 일에서 민간 활동으로 옮기도록 돕기 위해 미국이 어떤 일을 하려고 준비하고 있느냐고 물었다. 리 대사는 소련 붕괴 당시 시행된 협력적 위협 감소 프로그램의 일환으로 워싱턴이 러시아 핵 노동자들을 어떻게 도왔는지를 꽤 잘 알고 있었다. 이 프로그램은 핵심 인력들을 위한 새 일자리를 창출하고 그들이 민간 경제에 적합한 새 기술을 습득하도록 재교육하기 위해 설계되었다. 리 대사는 영변에 기술적으로 숙련된 사람들은 수천명에 불과하기 때문에 그들에 대해서는 크게 걱정하지 않는다고 말했다. 그보다는 비기술 지원 인력들을 재교육하는 것이 걱정이라는 것이었다. 그는 영변 근처에 과거부터 지금까지 주요 견직물 생산지였던 도시가 있다고 말했다. 어쩌면 그 지역의 견직물 공장을 개발해서 영변 노동자들을 고용할 수 있지 않을까? 핵센터 지원 인력 일부를 고용할 수 있는 견직물 공장 지원 프로그램이 마련될 수 있을까? 나는 러시아의 핵도시들과 일하면서 그와 아주 유사한 조치들이 시행된 바 있었다고 얘기했다.[4]

점심을 먹다가 분위가 좀 가벼워졌을 때 내가 농담 삼아 말했다. "대사님, 김정일 위원장님이 미국 영화를 많이 소장하고 계시다고 들었습니다."(그는 1만점가량을 수집한 것으로 소문 나 있었다.) 리 대사가 고개를 끄덕였다. "맞습니다." 내가 계속 물었다. "대사님도 미국 영화를 좋아한다고들 하던데요? 정말 그렇습니까?" 그가 웃었다. "그 말도 맞소." 내가 용기를 내 물었다. "그럼, 제일 좋아하시는 미국 영화는 뭔가요?" 그가 더 환히 웃었다. "람보." 나도 마주 웃으며 생각했다. 왜 이 말이 놀랍지가 않지?

2004년 방문 때와 마찬가지로 우리 대표단은 다른 회합도 몇차례 더 가졌다. 리찬복 대장과도 다시 만났다. 이번에도 새로운 주제를 많이 다루지는 못했지만, 우리는 북한이 핵 프로그램을 정당화하기 위해 억지력이라는 표현을 사용하긴 하지만 핵에 대한 태도나 억지력 개념을 완전히 정립하지는 못했다는 느낌을 받았다. 우리는 또 조선민주주의인민공화국과학원과 조선국제무역촉진위원회의 대표들도 방문했다. 존 루이스는 농업연구원의 본부와 평양 외곽에 있는 집단농장을 방문하는 일정도 마련했다. 내 주요 관심사는 아니었지만, 이 회합들 모두 북한에 대해 아는 것이 많지 않은 나의 빈 부분을 채우는 데 큰 도움이 되었다. 핵 문제를 푸는 데 필요한 포괄적인 접근법을 개발하려 한다면 북한의 사람들과 제도를 더 잘 이해하는 것이 핵심적일 것이라는 루이스의 식견을 높이 살 수밖에 없었다.

루이스는 또 만경대학생소년궁전 방문도 주선할 수 있었다. 그곳에서 우리는 뛰어난 재능을 지닌 아이들이 펼치는 인상적인 음악 및 무용 공연을 보았다. 전통 한복을 입은 1, 2학년 소녀들이 한국 전통 악기로 보이는 12줄의 현악기인 가야금을 연주하던 모습이 내 기억 속에 생생하게 새겨져 있다. 나는 북한에 대해 공적 발언을 할 기회

그림 9 문화 탐방에는 만경대학생소년궁전에서 본 어린 소녀들의 뛰어난 가야금 연주도 포함되었다. 2005년.

가 생기면 미국인들이 북한 정권을 악마화하는 경향이 있더라도 그곳 사람들을 악마화해서는 안 된다는 것을 강조하기 위해 종종 그때 찍은 사진들을 활용하곤 한다. 우리는 또한 11만4천석 규모의 초대형 릉라도5월1일경기장에서 열리는 아리랑축제도 참관했다. 그 축제는 10만명 정도가 참여하는 인상적인 집단 체조와 예술 공연이었다.

이것들은 대개 북한의 초청자들이 우리에게 보여주고 싶어 하는 필수적 문화 행사였다. 여기에 더해 우리는 2004년 방문한 적 있는 통일거리 시장에도 다시 가보았다. 500개가량의 개인 노점들이 천이며 과일, 견과류, 전자제품, 신발 등을 팔고 있었다. 예전처럼 사람들로 꽉 들어차 있었다. 나는 사진을 찍어도 되겠는지 허락을 구했다.

우리와 동행한 리 대사가 시장 관리자에게서 허가를 받아주었다. 시장에 들어서면서부터 나는 사진을 찍어대기 시작했고, 급기야는 리 대사가 "그렇게 많이는 곤란합니다"라고 말했다. 나는 그가 직접 신발 진열장을 살펴보는 모습도 포착했다. 우리는 이 시장에 얼마나 많은 상품이—그중 대부분은 중국산인 듯했다—들어차 있는지, 그리고 얼마나 많은 사람이 물건들을 사고 있는지에 새삼 놀랐다. 주말이면 수만명이 이곳을 찾는다는 얘기를 들었다. 이런 방문을 통해 내가 예상하지 못했던 모습들을 보았고, 북한에 관한 많은 통념이 얼마나 틀린 것인지를 깨달았다.

영변은 방문하지 못했음에도, 토요일 아침 평양을 떠날 때 이번 방문이 상당히 만족스러웠다고 느꼈다. 리홍섭 소장과의 회합은 매우 유용하게도 핵 활동에 대한 최신 정보를 알려주었고 김계관 부상과의 솔직한 토론은 워싱턴에 전달해야 할 중요한 내용을 담고 있었다. 베이징에는 존 루이스가 영향력 있는 외무성 관계자들, 여러 연구소의 학자들과의 회합을 마련해놓은 상태였다. 나는 그들에게서 베이징은 평양이 핵무기를 계속 추구하기를 원치 않지만 그렇다고 북한 정권을 거꾸러뜨리기 위해 극단적인 제재를 행사할 생각도 없다는 느낌을 받았다. 중국의 우선순위에서는 평화와 안정이 먼저였고 핵개발은 그다음이었다. 중국 사람들이 보기에 한반도에 위기를 가져온 것, 적어도 거기에 일조한 것은 워싱턴 쪽의 혼선과 우유부단이었다.

미국으로 돌아와서

로스앨러모스로 돌아가는 길에 나는 스탠퍼드대학에 들렀다. 새 직장에서의 첫주를 시작하기 위해서였다. 2005년 초 에너지부는 로스앨러모스연구소 운영 계약에 대한 입찰을 개시하겠다는 결정을 내렸다. 연구소는 맨해튼 프로젝트 이후 일종의 공익사업으로 캘리포니아대학교에 의해 운영되고 있었다. 2005년 정부는 캘리포니아대학교와 같은 사업자들에게 인센티브가 돌아갈 수 있는 더 좋은 방법을 찾아야 한다고 결정했다. 그리하여 영리 목적의 기관들도 들어올 수 있도록 계약을 경쟁 입찰하는 방안이 채택되었다. 내 생각에 이것은 엄청난 실수였다. 핵무기 사업은 본질적으로 정부의 일이다. 금전적 인센티브나 이윤에 의해 휘둘려서는 안 될 일이다. 40년쯤 전에 이 연구소에 몸담도록 끌린 이유에는 캘리포니아대학교의 학술적 영향력도 있었다. 나는 계약 기간이 끝나는 6월 30일에 연구소에서 퇴직하기로 결정했고, 언제나 설득력이 넘치는 루이스 교수의 강권으로 1년 동안 객원 과학자로 스탠퍼드에 머물기로 했다.

2003년과 2004년 아직 로스앨러모스에 있는 동안에도 나는 부시 정부 사람들이 이라크와 북한에 대한 자신들의 정치적 의제에 맞추어 어떻게 정보 보고를 왜곡하는지 목격한 바 있었다. 이때가 되자 그것이 이라크에 얼마나 참혹한 결과를 가져왔는지, 북한 상황을 얼마나 악화시켰는지가 명확해졌다. 스탠퍼드의 국제안보협력센터(CISAC)에 들어가는 것이 나로서는 우리 정부와 대중을 상대로 온전한 과학적 분석과 국제적 핵 문제에 대한 조언을 제시할 수 있는 이상적인 길로 보였다. 스탠퍼드대학으로 옮긴 지 이제 16년이 넘었고 지금은 명예 연구교수, 명예 선임연구원으로 있다. 그때의 이직이 내게는 기술 분야의 정직한 중재자로서 역할을 더 잘 수행할 수 있는 계기가 되었다.

존 루이스와 당시 CISAC의 박사과정후 연구원이던 콘돌리자 라이스 장관의 직업상 친분 덕분에, 우리는 두번째 북한 방문에서 돌아온 지 얼마 지나지 않은 9월 8일 그녀의 국무부 집무실을 찾았다. 라이스 장관은 크리스 힐 대사와 그녀의 특별 보좌관인 필립 젤리코(Philip Zelikow)에게도 미리 청해 그 자리에 함께하도록 했다. 나는 다섯개의 브리핑용 도표에 방문 결과와 제안 사항들을 정리했다. 나는 라이스 장관에게 기술적인 면에서 5MWe 원자로가 대략 26개월 동안 전출력으로 가동되었음을 알게 되었다는 점, 리홍섭 소장이 그 원자로가 앞으로도 수십년 더 운영될 수 있으리라 자신했다는 사실을 얘기했다. 지난 방문 이후 북한은 그들의 재처리 효율과 속도를 높여왔다. 그들은 2차 완전 재처리 작업을 완료하는 중이었으며 폭탄을 두개 더 만들기에 충분한 10~12킬로그램의 플루토늄을 추출했을 가능성이 매우 컸다. 리 소장은 아직도 지난 10년간 방치되어 있던 50MWe 원자로 건설을 재개할 계획을 세우고 있었다. 2004년 방문 당시 우리가 본 바로는 그 원자로는 복구가 불가능해 보였으나 리 소장은 여전히 그것을 완공할 방법을 모색 중이었다. 그의 말로, 200MWe 원자로는 완전히 다시 시작하지 않으면 안 될 정도여서 아마도 그냥 포기하게 될 가능성이 컸다.

우리의 추산에 따르면 북한은 45킬로그램에 달하는 무기급 플루토늄을 생산했을 수 있고, 만약 그들이 50MWe 원자로를 완공하게 되면(또는 새로운 시공에 들어가면) 연간 생산량이 대략 60킬로그램으로 늘어날 것이었다. 이는 곧 훨씬 더 많은 폭탄을 의미하는 것이기에 중대한 문제가 될 수 있었다. 북한의 기술전문가들과 나눈 대화에 근거해볼 때, 우리는 북한이 나가사키 폭탄과 유사한 단순하고 원시적인 핵폭탄 몇개를 생산했으리라 생각할 수밖에 없었다. 그 폭탄이 미사일에 실릴 수 있을지는 판단을 내릴 수 없었다. 북한이 핵무기 프로그램을 전속력으로 밀어붙이고 있다는 것은 부인할 수 없는 사실이라고 나는 결론 내렸다.

나는 2004년에는 존 루이스가 북한이 모종의 우라늄 원심분리기 실험을 진행했다는 얘기를 들었으나, 이번 방문 중에는 리 소장이 강력한 반증으로 여겨지는 것들이 있음에도 우라늄 농축 프로그램을 한 적이 없다며 그 사실을 부인했다고 설명했다. 진짜 상황이 어떤지는 몰라도 플루토늄 자체가 중대한 위협이었다. 그리고 그들이 얼마나 많은 플루토늄을 보유하고 있는지가 중요했다. 그것이 폭탄의 갯수를 결정할 뿐만 아니라 무기를 실험할 그들의 능력과 수출 가능성까지도 결정하기 때문이었다.

우리는 김계관 부상의 경수로를 요구하는 단호한 주장에 관해서도 설명했다. 나는 그들의 재래식 에너지 능력을 대대적으로 업그레이드함으로써 갈급한 전력을 공급하는 것이 훨씬 더 효율적일 것이라 김계관을 설득하려고 노력했다는 사실도 그대로 전했다. 그는 자기 나라는 자기가 더 잘 안다며 단칼에 내 제안을 거절했다. 그는 그 대화를 "경수로 없이는 합의도 없다"는 말로—나는 그의 말을 그대로 인용했다—끝냈다.

우리는 핵무기로 전용하지 않겠다는 점을 워싱턴에게 보장하기 위해 북한이 실시할 용의가 있다고 김계관이 언명한 안전조치도 거론했다. 나는 라이스 장관에게 리 소장과 내가 경수로와 북한이 플루토늄 생산을 위해 현재 사용하고 있는 유형의 흑연감속 원자로를 놓고 각각의 잠재적 무기 위험을 정리한 도표를 보여주었다. 리 소장과 나는 흑연감속 원자로가 훨씬 더 적합하긴 하지만 양쪽 연료 주기가 모두 핵무기로 이어질 수 있다는 데에 합의했다. 두 경우 모두 전용의 위험을 감소시키기 위해 취할 수 있는 기술적 조치들이 있었다. 나는 라이스 장관에게 최종적으로 어느정도의 위험을 용납할 것인가는 정치적 결정의 문제라고 얘기했다.

나는 만약 북한이 그들의 핵무기와 핵 프로그램을 포기하고 다른 길을 택할 준비가 되어 있고 그 길로 미래 어느 시점에 경수로가 들어온다면 그것도 위험을 감수할 만한 괜찮은 거래일 것이라고 말했다. 특히 아무 합의 없이 계속 플루토늄이 생산될 수도 있는 다른 선택지를 생각해본다면 더욱 그랬다. 경수로를 지원하면서 북한에서의 우라늄 농축이나 재처리를 금지하는 합의를 볼 수 있을 것이었다. 사실 김계관 부상은 그런 것들을 고집하지 않겠다는 뜻을 비친 바 있었다. 존 루이스와 나는 정부가 미래의 경수로를 위해 당분간 KEDO 조직을 원래대로 유지하기를 제안했다. 라이스 장관은 이런 주장에 다른 의견을 비치지 않았으나, 이날로부터 11일 후 6자회담 다음 회기에서 힐은 KEDO가 그해 말 해산될 것이라고 선언했다. 그녀는 우리가 얘기하는 내내 상당한 주의를 기울였고 우리에게 최신 정보를 주어 고맙다고 했다. 내게는 그날 선약 때문에 참석하지 못한 밥 조지프와도 얘기해보라고 청했다.

다음 날 나는 그의 국무부 집무실에서 밥 조지프를 만났다. 국가안전보장회의에서 확산 반대 활동을 이끌던 그는 2005년 6월 군비통제 국가안보 담당 국무부 차관으로 자리를 옮겼다. 존 볼턴의 후임이었다. 조지프도 볼턴 못지않은 국방 매파이나 핵 문제에 대해 훨씬 더 깊은 학술적 경력과 더 많은 경험을 지닌 것으로 알려져 있었다. 그는 레이건 정부와 조지 H.W. 부시 정부에서 여러 정책적 역할을 수행했으며 국방대학교와 해군참모대학교에서 교편을 잡았다. 그는 2003년 리비아와 협상할 당시 미국 측 수석협상자로 카다피가 대량살상무기(WMD) 프로그램을 포기하도록 설득한 인물이기도 하다. 조지프는 WMD 재료 및 기술의 불법적인 이동을 막기 위해 협력하고자 하는 국가들의 연합체인 대량살상무기확산방지구상을 창립하는 데에도 중요한 역할을 했다. 그뿐만 아니라 조지 W. 부시 정부의 세계핵테러방지구상을 기획한 당사자이기도 했다.

조지프의 경력은 그가 핵 관련 초심자가 아니라 경험 많은 정책 전문가라는 사실을 잘 보여주었다. 나는 그가 북한이 지금 가고 있는 길, 플루토늄 생산과 폭탄 제조의 길에 대비하여 북한에 경수로를 제공하는 일이 갖는 위험의 경중을 잘 가려주길 기대했다. 나는 조지프에게도 전날 라이스 장관에게 했던 것과 동일한 브리핑과 결론을 제시했다. 경수로의 전용이라는 잠재적 위험과 북한이 흑연감속 원자로에서 더 많은 플루토늄을 생산하는 현재의 암울한 상황에 대한 나의 기술적 논의는 아무런 소용이 없었다. 경수로를 무기로 전용하지 않을 것을 보장하기 위해 북한이 시행할 용의가 있다는 안전조치에 대한 설명도 쇠귀에 경을 읽는 격이었다. 북한이 핵 역량을 유지하도록 하는 것, 특히 그들에게 그런 역량을 제공하는 것은 그것이 경수로라고 하더라도 도저히 용납할 수 없다고 조지프는 말했다. 그는 그들이 지금껏 서명했던 모든 합의를 배신해왔고 앞으로도 그럴 것이라고 말했다. 2004년 내가 북한에 가는 것을 막으려 했던 사람들이 바로 당시 백악관에서 일하던 조지프와 그의 직원들이었던 것을 생각하고 그의 이런 태도에 놀라지 않을 준비를 했어야 했던 모양이다.

정부와 학계에서 활동하는 동안 조지프는 힘을 통한 대외정책을 추진했다. 그는 군비통제 협약은 미국의 행동의 자유를 제한한다고 보았다. 그는 북한 같은 정권과의 협상은 그런 정권에게 정당성을 주고 그것의 생명을 연장해주는 부도덕한 일이라고 믿었다. 마이크 치노이(Mike Chinoy)가 『멜트다운』(*Meltdown*)에서 지적했듯이, 조지프는 북미제네바합의도 유화책에 불과하다며 미국 역사상 최악의 외교적 쓰레기라고 여겼다.[5]

지난 40년의 대부분을 로스앨러모스에서 소련 억지를 도우며 보냈으니 정확히 말하자면 나도 샌님 학자는 아니었다. 그러나 나는 북한의 상황을 밥 조지프와는 아주 다른 시각으로 보았다. 내게 그것은 기술적 정보를 바탕으로 한 위험성 평가의 문제였다. 나는 북한의 핵에너지에 대한 권리를 부정하고 그들이 지금 가고 있는 위험한 길을 계속 가게 하는 것보다는 그들의 권리에 동의함으로써 우리가 얻을 것이 더 많다고 믿었다. 조지프에게는 그런 종류의 거래는 도저히 불가능했다. 나는 이것이 이데올로기적 대립의 문제라는 느낌을 받았다. 위기 분석은 개나 주라지.

나는 크리스토퍼 힐 대사와도 만났다. 라이스 장관과의 회합에 대한 후속 조치인 셈이었다. 힐은 밥 조지프와는 아주 다른 성향의 사람이었다. 그는 이데올로기적 색안경을 끼고 있지 않았고 그보다는 협상을 이루는 데 필요한 것이 무엇인지를 살피는 실용적인 접근법을 취했다. 그는 북한과의 관계에서보다 미국 정부 내에서 협상 진척을 더 어렵게 만드는 워싱턴의 낯선 환경에서 일해야 했다. 그는 사람들이 가장 먼 가능성에 대해 걱정하다가 앞길을 막고야 마는 환경에서는 무슨 일을 하기가 어렵다고 말했다. 그는 협상을 이루는 데 도움만 된다면 경수로 제공에도 크게 반대하지 않는다는 입장이었다. 다만 그 문제를 나중에 생각해볼 수 있으면 그것이 가장 좋을 것 같다고 했다. 힐은 어떤 합의든 북미제네바합의 이상으로 나가야 한다는 것이 워싱턴의 분위기라고 했다. 이번엔 북한이 플루토늄을 포기하고 핵시설을 없애버려야만 하리라는 것이었다. 힐은 바로 다음 날에라도 평양에 가서 소통을 시작하고 일이 굴러가게 할 준비가 되어 있다고 말했다. 나머지 일은 상황을 보아가며 해결하면 된다는 것이었다. 그는 플루토늄이 더이상 생산되지 않도록 우리가 할 수 있는 모든 것을 해야 한다고 강조하는 나의 취지를 완전히 이해했다. 몇년 후 그는 나에게 그날 회합에서 내가 내린 결론이 "바보야, 문제는 플루토늄이야"였던 것으로 기억한다고 말했다.

나는 국무부 내 몇몇 다른 그룹들과도 만났다. 그중에는 힐의 보좌관인 조 디트래니(Joe Detrani)도 있었는데, 성격 좋은 그는 북한 방문에 대한 나의 기술적 진단과 핵무기 기초 및 심화 강의 일부를 참을성 있게 경청했다. 나는 에너지부와 여러 정보기관을 방문했다. 그 모든 방문을 통해 나는 북한 핵의 발전과 그들이 지금 올라서 있는 핵으로 가는 길에 대한 이해가 중요함을 강조했다.

또 하나의 변곡점

그다음 주, 크리스 힐과 조 디트래니 및 내 브리핑을 받았던 다른 관계자들이 4차 6자회담 두번째 회기에 맞춰 베이징으로 갔다. 나중에 드러난 대로, 이 행사에서 부시 정부는 나쁜 결정이 결국 나쁜 결과를 몰고 오는 또 하나의 변곡점을 만들고야 말았다.

9월 13일이 포함된 그 주에 회담이 재개되었을 때, 중국 사람들은 초안에 초안을 고쳐 쓰며 주요 당사자 셋을 만족시키려 하고 있었다. 북한과 힐, 그리고 워싱턴에 있는 그의 반대파 강경론자들이 그들이었다. 초안 중 하나에는 평화로운 핵 사용에 대한 일반적인 언급만이 담겨 있었으나, "미국은 조선민주주의인민공화국의 주권을 인정하고 존중하며, 양국 간의 정책과 대화에 따라 조선민주주의인민공화국과의 관계를 정상화하기 위한 절차를 밟아나가기로 약속함을 밝혀둔다"라는 구절도 들어 있었다. 워싱턴의 강경파들은 그 "양국 간의 대화"라는 대목을 빼버렸다. 그것은 그들에겐 여전히 얼토당토않은 얘기였기 때문이다. 북한 대표는 여기에 화답이라도 하듯, 이제 경수로에 대한 구체적 언급이 있어야 한다고 주장했다. 회담은 다시 막다른 골목에 부딪혔다.[6]

힐은 경수로에 대한 북한의 요구를 어떻게든 해결하지 않으면 안 된다는 것을 깨달았다. 그는 내가 그의 집무실에서 했던 얘기를 그대로 옮겼다. 만약 북한이 핵무기 프로그램을 접고 NPT에 재가입하고 IAEA 검증을 허락한다면, 경수로 문제를 토의할 것에 동의해도 별 문제가 없을 것이라는 얘기였다.[7] 힐은 라이스 장관에게 전화해 중국이 마지막으로 내놓은 초안을 받아들이자고 그녀를 설득했다. 거기에는 "조선민주주의인민공화국은 평화로운 핵에너지를 사용할 권리가 있음을 밝혀둔다. 다른 당사국들은 그에 대한 존중의 뜻을 밝혔고, 적절한 시기에 조선민주주의인민공화국에 경수로를 지원하는 문제에 대해 토의하기로 합의했다"라고 쓰여 있었다. 힐은 라이스에게 이번 초안대로 공동선언을 진행하자고 설득했다. 그러나 라이스는 힐이 마지막 본회의에서 공동선언에 대한 미국 측 해석을 담은 미국의 독자 성명을 발표해야 한다고 주장했다. 라이스는 경수로가 그리 이른 시일 안에 의제에 오를 일은 없다는 사실을 확실히 해두고 싶었던 것이다. 몇년 후 다시 스탠퍼드로 돌아와 있던 라이스 교수를 만나 물어본 적이 있었다. 2005년 우리의 북한 방문이, 그리고 베이징에서 회담이 다시 열리기 한주 전 우리가 그녀에게 했던 보고가 어떤 영향이라도 끼쳤느냐고. 라이스는 나의 결과 보고와 조언이 경수로에 대한 언급 자체에도 반대하던 강경파들에 맞서는 데 도움이 되었다고 했다. 그러나 그녀가 아래에 나오는 미국의 독자 성명을 재가했을 때, 그녀도 북한 대표단이 회담장을 박차고 나가리라는 것을 틀림없이 알았을 것이다.

힐은 자기가 이겼다고 생각했다. 그는 자기 팀에게도 상당 부분을 알리지 않았다. 그의 말대로 "우리 협상단에 대해서도 매 단계 상당히 믿지 못할 구석이 있었기" 때문이었다. 협상단으로 힐과 함께 베이징에 있던 강경파들은 상황을 알고 격분했다. 당시 NSC 일을 하고 있던 빅터 차는 초안을 보고는 다른 문제에 이의를 제기했다. "평화 공존"이라는 표현의 사용에 대해서였다. 한국계 미국인인 그는 한반도에 대한 이해가 깊었다. 그는 그 용어가 냉전시대의 느낌을 너무 많이 풍겨서 이번 선언에는 걸맞지 않는다고 느꼈다. 그는 NSC의 상관 스티븐 해들리(Stephen Hadley)에게 전화를 했고, 그러자 해들리는 라이스에게 얘기를 전했다. 라이스는 베이징 시간으로 아침, 힐이 성명 발표를 하는 마지막 공식회의 참가를 위해 막 나서는 참에 그에게 전화했다. 힐로서는 몹시 당혹스럽게도, 라이스는 그에게 그 표현을 빼라고 했다. 힐과 그의 중국 측 교섭 상대 우다웨이(武大伟), 라이스 장관과 그녀의 상대인 외교부장 리자오싱이 머리를 모아 힐이 제안한 타협안에 도달할 때까지 엄청난 외교적 작업을 해야 했다. 힐이 라이스에게 전화를 걸어 "평화 공존" 대신에 "함께 평화롭게 존재한다"는 문구는 써도 괜찮겠냐고 묻자, 라이스가 좋다고 대답했다.[8] 중국 대표들은 전혀 믿지 않으면서도 번역상의 정정이라는 말을 받아들이고 넘어가기로 했다.

이 공동선언은 당사국들이 이행할 후속 조치들과 함께 기본 원칙을 발표하는 것으로 계획되었다. 다음은 그 핵심 조항들을 요약한 것이다.[9]

1 목표는 평화로운 방식의 검증 가능한 한반도 비핵화이다. 조선민주주의인민공화국은 모든 핵무기와 기존의 핵 프로그램을 포기하기로 약속했다. 해당국은 조속한 시일 안에 NPT와 IAEA의 안전조치로 돌아올 것이다. 1992년 한반도비핵화공동선언은 모두에 의해 준수되고 이행되어야 한다. 조선민주주의인민공화국은 자신에게 평화로운 핵에너지 사용에 대한 권리가 있음을 언명했다. 다른 당사국들은 그에 대한 존중의 뜻을 표했고, 적절한 시기에 조선민주주의인민공화국에 경수로를 지원하는 문제에 대해 토의하기로 합의했다.

2 서로의 주권을 존중하고 평화롭게 공존하며 그들의 관계를 정상화하기 위한 조치를 취할 것.

3 6자 당사국들은 에너지 및 무역, 투자 분야에서 양자간 그리고/또는 다자간 경제협력을 증진하기로 약속했다.

4 동북아시아의 지속적 평화와 안정을 위한 6자 당사국들의 공동 노력.

5 "약속에는 약속, 행동에는 행동"의 원칙에 따라 단계적 방식으로 진행할 것.

6 2005년 11월 초 5차 6자회담을 개최할 것.

힐은 마지막 순간까지 "평화 공존" 문제에 매여 있는 바람에, 라이스가 공동선언에 서명이 끝나고 나서 반드시 발표해야 한다고 주장한 미국의 독자 성명을 살펴볼 시간이 거의 없었다. 이 성명서를 작성하는 일은 워싱턴에 있는 하원위원회에 넘겨졌다. 이것은 결국 강경파들의 복수가 되었다. 공동성명에 독약을 심은 것이었다. 밥 조지프와 국가안보자문위원 J. D. 크라우치(J. D. Crouch), NSC 비확산 수장 존 루드(John Rood)가 이 성명의 초안을 맡았다.[10] 힐은 워싱턴에서 준비해 그에게 내놓은 마무리 성명을 자신이 처음 읽어본 것은 6자회담의 마지막 회기가 열리는 대회실에서였다고 회상한다.[11] 치노이는 힐이 그것을 보곤 "이런 젠장, 도저히 믿을 수가 없군"이라고 반응했노라 전한다. 치노이의 진술에 따르면, 힐은 그것이 "모골이 송연해지는, 무례하고 상스러운, 북한 대표들이 화를 내도록 자극하기 위해 교묘하게 설계된 것"이라고 느꼈다. 힐은 정말 중요한 것, 앞으로도 지속되어야 할 것은 6자 공동선언이기에 이것이 사소한 자극 정도로만 끝나주기를 희망하며 자신이 할 수 있는 최선을 다했다. 그는 비록 마지못해서였지만, 그 선언문을 읽었다. 치노이가 언급했듯이, 힐은 자신이 큰 실수를 했다는 것을 나중에 깨달았다. 그 회의실에 있던 다른 당사국들도 같은 생각이었다.

이상하게도 2005년 9월의 그 사건 이후 9년 만에 출간된 『크리스토퍼 힐 회고록: 미국 외교의 최전선』(*Outpost: Life on the Frontlines of American Diplomacy, A Memoir*)에 실린 힐 자신의 설명을 보면, 그는 그 성명의 파괴적 성격을 사소한 것으로 치부한다. 그는 "그 어조가 회의실 안의 한껏 들뜬 분위기에는 맞지 않았지만, 선언의 내용 자체는 괜찮았다"고 썼다.[12] 그가 우려한 구절은 "미국은 그 모든 불법적 확산 행위에 맞서 우리 자신과 우리의 동맹을 보호하기 위해 필요한 구체적 행동을 취할 것"이라는 대목이었다. 그는 경수로를 고려할 적절한 시기가 모든 핵무기와 모든 핵 프로그램 폐기라는 조건이 충족되는 때로 충분히 명확하게 규정되어 있다고 생각했다. 그리고 이것은 IAEA를 포함한 믿을 만한 국제적 수단에 의해 모든 당사국들이 만족할 정도로 검증되리라 생각했다. 그를 더 걱정시킨 것은 방금 미국 재무부가 마카오에 본사를 둔 방코델타아시아 은행을 주요한 돈세탁 업체로 지목했다는 사실, 그리고 그에 대해 미국의 구체적 행동이 있을 것이라는 위협이 공동선언을 탈선시킬 수도 있다는 점이었다.

돈 오버도퍼(Don Oberdorfer)와 로버트 칼린은 『두개의 한국』(*The Two Koreas*)에서, 마이크 치노이는 『멜트다운』에서, 미국의 입장을 분명히 밝힌 독자 성명은 "적절한 시기"가 거의 영원히 도래할 수 없도록 만들었을 뿐만 아니라 교묘하게 북한의 거부를 유발하는 듯한 언어를 사용했다고 지적한다. 이 성명은 검증 가능한 비핵화에 만족하지 않고 "조선민주주의인민공화국의 과거, 현재 핵 프로그램의 모든 요소들—플루토늄과 우라늄—과 모든 핵무기가 포괄적으로 신고되고 완전히, 검증 가능하게, 돌이킬 수 없게 폐기되기"를 명확하게 요구했다. 과거에 이미 북한이 거부한 적 있는 CVID라는 표현이 다시 등장한 것이다. 그 성명에서는 또 평화로운 핵에너지 사용에 대한 북한의 "권리"는 조선민주주의인민공화국의 모든 핵무기와 핵 프로그램 폐기에 대한 검증 완료를 조건으로 해야 하며 NPT와 IAEA의 안전조치에 완전히 따라야 한다고도 했다. 달리 말해, 북한의 "권리"는 그들이 핵무기 프로그램을 선행해서 폐기하라는 미국의 요구에 머리를 조아리느냐에 달려 있다는 것이었다. 북한의 귀에도 그렇게 들렸을 것이다. 결국 이것은 공동선언을 가능케 했던 그 조심스러운 표현법을 무효로 만들었다.

마치 그것만으로는 부족하다는 듯, 힐은 계속 읽어나갔다. "나는 미국이 올해 말 KEDO를 해산한다는 결정을 지지한다는 사실 또한 밝혀두고 싶다." 경수로를 건설하는 다국적 사업을 되살리겠다는 희망은 물 건너간 것이다. 강경파들은 여기서 멈추지 않았다. 그들은 앞으로 논의해야 할 미해결 문제들을 분명히 했다. "인권 유린, 생물학 및 화학무기 프로그램, 탄도미사일 프로그램 및 핵확산, 테러리즘, 불법적 활동" 등이었다.

회의장에서 김계관의 맞은편에 앉아 있던 빅터 차는 김계관이 준비했던 발언 원고를 옆으로 밀어놓으며 "겨우 산 하나를 넘었더니, 산 넘어 산이구먼"이라고 말했다고 전한다. 미국이 골대를 옮겼고 북한은 당했다는 뜻의 점잖은 표현이었다.[13] 다음 날 평양은 힐의 성명으로 판도가 완전히 바뀌었음을 분명히 했다. 매우 신속하고도 노기에 찬 외무성 성명을 통해 북한은, 미국이 신뢰 구축의 물리적 보장으로 경수로를 제공하기 전에 조선민주주의인민공화국이 핵 억지력을 폐기할 것이라고는 꿈도 꾸어선 안 될 것이라 선언했다. 몇몇 미국 인사들은 이것으로 북한은 자신이 합의한 것을 절대로 지키지 않을 것이라고 한 자신들의 주장이 증명되었다고 했다. 힐을 비롯한 다른 인사들은 이것이 워싱턴 강경파들의 교묘한 도발에 대한 북한의 대응이라는 것을 알았다.

그렇게, 힐의 말을 빌리자면 6자가 모인 들뜬 분위기 속에서 강경파들은 회담이 이룬 진전을 모조리 파괴해버렸다. 어렵사리 얻어낸 합리적 공동선언의 이행을 계획하도록 대표단을 출발시키는 대신에 그들은, 오버도퍼와 칼린의 표현에 의하면 "열차 사고를 향해" 나아가고 있었다.[14] 약 1년이 흐른 후 우리는 그것이 이보다 더 나쁜 것임을 알게 되었다. 그것은 북한 최초의 핵실험으로 가는 문을 열었고, 그로써 모든 것이 바뀌어버렸다.

이 사건은 워싱턴의 강경파들이 분열과 불신, 혼선을 이용해 자신들의 이데올로기를 밀어붙이면서 합리적인 위기관리를 제물 삼은 또다른 생생한 사례이다. 그 재앙적 지시는 부시 대통령이나 라이스 장관의 공개적 결정에서 나온 것이 아니라, 협상을 훼손하기 위해 그 과정 속으로 교묘하게 침투했다. 일을 마무리하려는 힐의 노력이 6자회담 공동선언에 집중되어 있는 동안 밥 조지프와 그의 일당은 미국의 독자 성명에 담긴 터무니없는 요구로 6자회담 과정을 장악하고 완전히 탈선시키는 일을 해냈다. 크리스 힐은 그것을 읽음으로써 아마도 일본을 제외한 다른 모든 당사국들을 당혹케 만들었다.

나로서 특히나 실망스러웠던 것은 6자회담이 재개되기 일주일 전 내가 라이스 장관에게 우리의 8월 방문에 근거하여 북한 핵 프로그램의 현 상황과 방향에 대한 나의 기술적 평가를 제시했다는 점이었다. 나는 북한이 핵 프로그램의 모든 방면 — 폭탄 제조, 플루토늄 생산, 핵실험 준비, 그리고 아마도 미사일 제작까지 — 에서 전속력으로 나아가고 있음을 명확히 알렸다. 나는 이런 진전을 막는 데 초점을 두어야 한다고 조언했다. 합의된 공동선언에 따라 신속하게 행동을 취했다면 이 모든 것의 속도를 늦추고 다시 영변 핵단지에 국제검증단이 들어갈 수 있었을 것이다. 나는 또한 평양에 민간용 핵에너지에 대한 권리가 있다는 데 합의하고 일이 진행되는 과정 중 어느 시점에 경수로를 제공하는 것이 우리가 치러야 할 댓가라고 하더라도 그것은 그럴 만한 가치가 있다고 주장했다.

나는 라이스 장관과 힐 대사가 나의 건의 대부분에 공감한다고 보았다. 그러나 밥 조지프는 아니었다. 틀림없이 나의 보고는 그에게 베이징에 있는 힐의 앞길을 방해하고 회담을 탈선시킬 추가적 이유를 제공했을 것이다. 그런 이유들이 필요하기라도 했는지 모르겠지만 말이다. 완전하고 검증 가능하며 돌이킬 수 없는 군비 축소를 주장한 것, KEDO 해산을 선언한 것, 그리고 "적절한 시기"를 먼 미래로 못 박은 것, 이것들의 조합은 강경파들의 승리로 판명났다. 3년 전 존 볼턴과 그의 망치가 북미제네바합의를 박살내면서 이룬 것과 같은 승리였다. 자신이 승인하기는 했지만 라이스 장관은 독약이 든 조지프의 독자 성명이 끼칠 영향을 헤아리지 못한 게 분명했다. 아니면 그녀도 힐 대사처럼 어떻게든 눙치고 넘어갈 수 있기를 바랐을지도 모르겠다. 그와 반대로 조지프는 눙치거나 할 생각이 전혀 없었다. 1년도 지나지 않아 경수로를 위한 "적절한 시기"를 명확히 해달라는 질문을 받자 그는 남한의 차기 6자회담 특사인 천영우에게 이렇게 말했다. "해가 서쪽에서 뜰 때까지 경수로는 없다."[15]

평양이 공동선언을 핵 위기 해결을 향한 진지한 한걸음이라고 여겼을지 아닐지, 우리는 아마 결코 알 수 없을 것이다. 물론 미국의 강경파들은 아니라고 믿었다. 그들이 만들어낸 미국의 독자 성명은 공동선언을 훼손했고 그것이 시험받을 기회조차 없애버렸다. 『외교의 실패』(*Failed Diplomacy*)에서 잭 프리처드는 강경파들이 북한에게는 그 어떤 종류의 평화로운 핵 프로그램도 믿고 맡길 수 없다고 확고하게 믿고 있었다는 점을 상기시킨다.[16] 그는 그들이 공식 절차를 탈취해서, 이 경우에는 6자회담 협상을 장악해서, 정부의 공식적 협의 과정보다는 뒷공론을 통해 정책을 만들었다고 지적한다.

김계관 부상은 공동선언을 준비하는 동안 경수로를 지지하는 세력을 모으기 위해 왜 그렇게까지 애를 썼을까? 그는 당사국의 개별 대표들, 참관하러 온 미국 의회 대표들, CNN의 마이크 치노이, 그리고 우리 스탠퍼드 대표단까지 만나 설득 작업을 했다. 3장에서도 지적했듯이, 2002년 부시 정부가 북미제네바합의를 끝장냈을 때 평양은 그들의 이중경로 전략에서 우선순위를 변경한 것으로 보였다. 핵 프로그램 추진이 제1 노선의 자리에서 외교를 밀어냈다. 다소 놀랍게도 워싱턴이 그런 일 이후에도 외교의 문을 닫지 않았을 때, 북한은 외교 노선을 오로지 핵개발을 위한 시간을 벌기 위해 이용한 것일까, 아니면 외교에도 아직 기회가 남아 있었던 것일까? 우리는 분명 김 부상에게서 그가 외교의 가능성을 믿고 있다는 인상을 받았다. 물론 경수로에 대한 동의를 얻을 수 있을 때에 한한 것이었겠지만 말이다. 그는 경수로를 얻을 수 있는 최선의 방법, 즉 KEDO의 다국적 컨소시엄 역시 북미제네바합의의 사망 이후 생명유지 장치에 의존하고 있다는 것도 틀림없이 알고 있었을 것이다.

김정일이 무슨 생각을 하고 있었는지 알 방도는 없지만, 논리상 그가 김 부상에게 북미제네바합의의 종언 이후 비핵화와 관계 정상화를 맞바꾸는, 경수로를 포함한 협상을 성사시킬 수 있을지 한번 더 확인해보라는 신호를 보냈을 수도 있다고 추정해볼 만하다. 김계관이 우리 스탠퍼드 대표단에게 설명한 대로 경수로는 그것이 가져다줄 에너지 혜택을 훌쩍 넘어서는 상징적 의미가 있었기 때문이다. 게다가 이 시점 북한은 기껏해야 서너개의 원시적 폭탄을 가지고 있었고 그것들을 실험해보지도 못한 상태였다. 그런 폭탄을 확실하게 운반할 수 있는 검증된 미사일 체계도 갖추지 못하고 있었다. 2002년 중대 경제개혁을 개시한 김정일의 입장에서 보아도 외교는 중요했다. 그런 개혁들이 성공하려면 우호적인 대외 안보 환경이 필요했다. 부시 정부의 자세를 보아서는 기대하기 어려운 것이었다. 그러므로 외교적 협상 모색은 비록 그동안 핵 프로그램 추진을 멈출 의도는 없었지만 시도해볼 만한 가치가 있었다.

김계관은 합의에 아주 가까이 갔던 것으로 보인다. 그는 경수로에 대한 "적절한 시기"라는 표현도 기꺼이 받아들이려고 했으나, 그 시기가 얼마나 먼 훗날인지를 못 박는 데 더해 다른 규정들까지 들이민 미국의 독자 성명에 망연자실할 수밖에 없었다. 그런 규정들에 분개한 그의 대답이 "산 넘어 산"이었던 것이다. KEDO 사업이 그해 말 공식적으로 해체될 것이라고 힐이 선언했을 때 김계관은 자신이 낭떠러지 앞까지 몰려 있음을 알았을 것이 틀림없다. 평양이 외교보다 핵 노선을 앞세우는 길로 다시 돌아가리라 생각했을 것이다. 그리고 실제로 벌어진 일이 바로 그랬다.

7장

김정일:

시간을 벌다

김계관이 베이징에서 6자회담을 마치고 북한으로 돌아갈 즈음, 상황은 이미 결판이 난 것이나 마찬가지였다. 외교를 되살리고 합의를 이루어내려던 그에게 어떤 가망이 있었든, 그것은 모두 사라져버렸다. 다음 해 보여준 북한의 행동에 근거하여, 나는 김정일이 다시 핵 노선을 외교보다 우선하기로 결정했다고 본다. 가장 중요한 다음 단계는 핵실험과 장거리 미사일 실험이었다. 둘 다 한동안 작업이 진행되어왔으나 다음 해 안에 성사를 시키기 위해서는 여전히 막바지 분투가 필요한 상황이었다. 김계관에게도 분명 전달이 되었겠지만, 2005년 9월 이후 외교의 역할은 이제 핵 합의에 도달하는 것이라기보다는 핵 및 미사일 개발을 추진할 시간과 공간을 확보하는 것이었다. 북한도 이것이 위험한 줄타기가 되리라는 것을 모르지 않았을 것이다. 그런 실험들, 심지어는 그것을 준비하는 행위조차도 미국의 군사적 대응을 촉발할 수 있었기 때문이다. 실제로는 어떤 일이 일어났는가. 평양이 1년 후 북한 최초의 핵실험을 실시할 수 있도록 김계관이 정교한 과정을 고안하는 동안 부시 정부는 우유부단과 내분으로 침몰하고 있었다.

북한은 공동성명을 부정하기보다는 그것을 이용하기로 마음먹었다. 중국과 남한도 그것을 살려놓기 위해 자신들이 할 수 있는 것을 다 했다. 그러나 미국 측은 이어지는 성명과 회의 들을 통해 부시 정부는 애초에 공동성명을 협상하는 데에 진심이 아니었다는 점을 부각하며 강경 노선을 계속 밀고 나갔다. 정부는 이라크전에 대한 국내 지지를 잃고 있었고, 이란과의 협상은 산으로 가고 있었으며, 대통령의 지지율도 허리케인 카트리나에 대한 정부의 형편없는 대응 이후 바닥을 향했다. 따라서 공동선언 성사로 정부가 대외정책상의 승점을 올릴 수도 있지 않을까 하는 바람이 있었다.[1]

공동선언 이후 며칠 동안 정부 관계자들은 계속해서 강경 노선을 밟았다. 라이스 장관은 미국이 경수로를 '논의'라도 할 마음을 먹으려면 북측의 군비 축소가 선행되어야 한다고 주장했다.[2] 부시 대통령은 검증 조항들이 공동성명에 들어 있지는 않지만 그런 것들이 꼭 필요하다고 말했다. 몇몇 정부 관계자들은 어떤 합의든 검증하기 위해서는 북한 전체를 샅샅이 들여다볼 수 있는 미국인들이 검증을 수행해야 할 것이라고 제안했다. 분명 이 모든 것들이 북한에게는 어림 반푼어치도 없는 소리였지만, 북한 외무성은 자신들이 여전히 "기존의 핵무기 프로그램을 폐기하고 NPT에 돌아가며 IAEA의 시찰을 허용할 것을 공약한다"는 인상을 풍겼다.[3] 이런 언급들은 북한이 외교에 한발을 걸치고 있음으로써 핵개발을 위한 시간을 벌려고 했다는 사실과 더 맥이 통하는 것이었다.

10월 초 힐 대사는 미국이 "협정의 모호한 표현을 더 구체적인 의무 조항들로 전환할" 명확하고 구체적인 절차에 관해 북한을 압박할 준비를 하고 있다고 말했다. "그 첫단계는 그들이 보유하고 있는 것을 신고하는 것이다. 우리는 그 신고가 철저하기를 희망한다. 커다란 불신을 극복하지 않으면 안 되기 때문에 철저하게 하는 것이 무엇보다 중요하다."[4] 그는 이렇게 덧붙였다. 이 발표는 명백히 우라늄 농축 프로그램을 가리키는 것이었다. 회담 중에는 인정도 공개도 된 적이 없었던 사안이었다. 이것에는 궁극적으로 무기 프로그램에 대한 완전한 신고가 따라야 할 것이었다. 힐도 이 시점에 와서는 미국이 독자 성명에서 제시한 규정들이나 이런 요구들을 북한이 귓등으로도 듣지 않으리라는 것을 틀림없이 알고 있었을 것이다.

10월 14일 조선민주주의인민공화국 유엔 총회 사절은 경수로에 대한 북한의 기존 입장을 되풀이했다. 그러나 10월 18일이 되자, 북한 외무성 대변인이 기조를 바꾸는 듯한 모습을 보였다. 방코델타아시아(BDA) 제재에 대한 불쾌함을 부각하면서 워싱턴이 지레짐작으로 "마약 거래나 위조지폐 같은 불법 거래"라고 넘겨짚은 것에 대해 수선을 피운다고 조롱했다.[5] 이보다 한달 앞서 미국 재무부가 조선민주주의인민공화국에 대한 압박의 수위를 높인 바 있었다. BDA 제재는 그 은행에 들어 있는 2500만 달러 규모의 북한 자산을 손댈 수 없게 만들기도 했고, 더 나아가 평양이 국제시장에서 불법적 사업만이 아니라 합법적 사업까지 하기 어렵게 만들고 있었다. 김정일 정권이 다음 해 내내 BDA 문제에 쏟은 집중적인 관심이—어쩌면 김씨 일가의 금전적 거래를 포함해서—북한에 초래된 실질적 고통에서 기인한 것이었을까. 아니면 북한은 이런 제재를 진지한 외교의 장으로 돌아가기 위한, 혹은 그저 미국의 눈길을 딴 데로 돌리기 위한 편리한 핑계로 이용한 것일까. 어느 쪽인지는 아직도 명확하지 않다. 거의 확실하게, 양쪽 모두 어느정도는 사실이었을 것이다.

BDA 제재가 단기적으로 외교를 지배하다

11월 초 베이징에서 열린 다음 회차 6자회담에서도 김계관이 북한 대표단을 이끌었다. 중국 측은 9월 합의에 개괄된 대원칙들을 마침내 실행에 옮기기 시작하도록 실질적 진전이 있기를 희망한다고 말했다. 반면 미국과 북한 측은 모두 크리스 힐이 밝힌 대로 일을 진척시키는 방법에 대한 논의에만 매달리는 듯했다. 힐은 나중에 북한이 계속 "서서히 진행되는 더 정교한 과정"을 원했다고 불만을 표했다.[6] 중국 국영 매체에 따르면, 그동안 김계관은 이번 회담에 대해 다음과 같이 말했다. "〔이번 회담은〕 6자 당사국들의 앞길을 인도하는 등대이다. (…) 그러나 지금 현재 그 등대는 저 멀리 있고, 더구나 바다 위 안개가 짙어 때로는 그 등대를 가린다."[7] 그는 시간을 벌고 있었다.

11월 12일 회담은 북한이 BDA 제재에 대해 야단스레 구는 가운데 아무 결론도 내리지 못하고 흐지부지 끝났다. 평양은 한동안 경수로 문제를 언급하지 않았다. 어떤 합의도 이루어지지 않았고 다음 회의 일정도 정해지지 않았다. 11월 말 조선민주주의인민공화국 외무성 대변인이 곧 닥칠 KEDO 해산을 거론했다. 그 성명은 미국이 이미 2년째 건설을 막고 있는 상황에서 그것이 끝나는 것은 시간문제일 뿐이라고 했다. 성명은 미국이 약속을 따르지 않은 이 예를 들며, 왜 미국과 함께 하는 어떤 합의에든 동시 행동의 원칙을 고수해야 하는지 그 이유를 정당화했다. "경수로 건설이 완전히 멈춘 지금, 조선민주주의인민공화국은 북미제네바합의를 뒤엎은 것에 대해 미국의 책임을 묻고 그것이 우리나라에 가져온 정치적·경제적 손실에 대한 보상을 요구하지 않을 수 없다."[8]

그런 일이 정말로 일어날 리는 없었다. 평양도 분명히 그것을 알았을 것이다. 2006년 1월 초 몹시 추운 어느 아침, 남아 있던 KEDO 노동자들을 실은 마지막 배가 항구를 떠날 때 그들은 거의 10년에 걸친 노력이, 그리고 10억달러가 넘는(대부분 남한과 일본이 제공한) 투자가 눈앞에서 사라지는 것을 지켜보았다.[9] 북미 관계를 더 나은 방향으로 영원히 바꾸어놓을 수도 있었을 일이 이렇게 애석하게 끝나다니. KEDO가 경수로 2기를 완공했더라면, 그것은 미국 및 그 동맹국들과 북한의 관계를 변화시킬 수 있었을 것이다. 그것은 실로 평양이 워싱턴의 "적대적 의도"라고 불렀던 것의 종말을 알렸을 것이다. 서울과 도쿄에 북한과의 장기적 외교 관계에 대해 워싱턴이 진지하다는 것을 확실히 보여주었을 것이다. 게다가 종료되는 바로 그 시점에도 KEDO는 북한을 들여다보는 중요한 창문 역할을 했다. 돈 오버도퍼와 로버트 칼린이 지적했듯이, "어떤 면에서 KEDO는 다자간 관계에서 북한에 대응하는 데 6자회담보다 더 효율적이었다."[10] KEDO의 미국인 노동자와 관계자 들은 북한 땅을 직접 밟았고 북한의 그들 상대와 상시 접촉했다. KEDO의 종언과 함께 북한 내부의 접촉 지점 하나를 또 잃은 것이다.

2006년 초 몇달 동안 대부분의 소통과 논의는 BDA 문제에 집중되었다. 힐은 자신이 법 집행의 문제라고 규정한 이 문제에 대해 미 재무부 전문가들이 북한에 브리핑하도록 하겠다고 제안했다. 북한은 이 기회를 최대한 이용해 회담으로 돌아가지 않는 것을 정당화하려 했다. 그러던 3월 8일 북한이 단거리 미사일 두발을 시험 발사했다. 6년 만에 처음 있는 일이었다. 다음 날 미국과 북한의 관계자들이 뉴욕

채널을 이용해 유엔에서 만났다. 북한은 다시 미국이 BDA 제재를 완화해야 한다고 경고했다. 그러지 않으면 계속해서 6자회담장에 나가지 않겠다는 것이었다.

그러나 이때쯤 부시 정부는 방코델타아시아 제재 시도가 성공적이라고 믿었다. 해외의 은행들이 사태에 주목하며 북한과의 관계를 제한하고 있었기 때문에 이 전술이 그 누구도 상상하지 못했을 만큼 효과적이라고 여겼던 것이다. 더 좋은 것은 평양이 불쾌감을 감추지 않고 목소리를 높인다는 사실이었다. 이에 만족한 미국의 한 관계자는 제재가 제대로 급소를 찔렀다고 했다. 강경파들이 밀어붙인 제재가 나중에는 그들에게 힘을 실어주었다. 그것은 6자회담을 멀리하고 압박을 선호하는 접근법이 확연히 효과적임을 보여주었고, 이는 협상에도 이런 직접적·징벌적 행동이 동반되지 않으면 그 협상은 성공하기 힘들다는 결론으로 이어졌다. 협상이 "북한의 항복을 받아내기 위한 수단 정도로만 기능해주기"를 바라며, "그들을 쥐어짜되 협상은 계속 진행시키는 것"이 이들의 전략이었다.[11] 북한은 늦여름이 되자 더 적대적인 행동을 향해 나아가는 것으로 이에 대응했다.

부시 정부는 자신이 북한의 손안에서 놀아나고 있다는 것을 거의 인식하지 못하는 듯했다. 북한은 핵·미사일 프로그램의 중대 진전을 준비할 시간을 벌고 있었다. BDA 압박이 상처를 입힐 수는 있었겠지만, 미국 재무부가 이런 제재를 국제 금융 시스템에서 북한을 철저히 단절시키는 수단으로 삼을 것이라는 평양의 우려에도 불구하고 그것으로 정권을 무너뜨리지는 못할 터였다. 이 제재는 또한 북한이 2005년 9월 외교 노선의 명백한 실패 이후 핵 노선을 따라 계속 전진하고 심지어는 그 움직임을 가속하도록 편리하게 위장하는 데 일조했다.

북한이 미사일 실험 모라토리엄을 깨다

6월 17일 미 정보당국에 의해 이런 과정의 첫단계가 보고되었다. 북한이 장거리 미사일 실험을 준비하는 징후를 포착했던 것이다. 북한은 2005년 3월, 1990년에 스스로 부과한 미사일 실험 모라토리엄이 이제는 유효하다고 느끼지 않는다는 발표를 한 바 있었다. 그 발표는 북한이 스스로 핵무기 보유국이 되었음을 선언한 지 단 한달 만에 나온 것이었다. 이 연타를 당시 워싱턴은 별것 아닌 듯 넘기려는 것처럼 보였다. 부시 정부와 남한은 진행 중인 발사 준비가 워싱턴을 다시 협상 테이블로 끌고 오기 위해 고안된 것이라고 보았다. 라이스 장관은 발사 준비를 제재 강화와 국제적 고립으로 대처해야 할 도발 행위라고 규정했다.[12] 평양은 이에 개의치 않고 꾸준히 미사일 역량과 핵 역량을 키워나갔다. 논리적으로 다음 단계는 미사일 발사 재개였다.

전 국방부 장관 윌리엄 페리와 그의 동료(이자 미래의 국방부 장관)인 애슈턴 카터(Ashton Carter)는 북한의 이 다음 행동이 몰고 올 수 있는 위험에 화들짝 놀랐다. 「워싱턴 포스트」 칼럼을 통해 그들은, 미국은 장거리 미사일이 발사대 위에 있을 때 그것을 조준해 파괴할 계획을 세워야 한다고 주장했다. 그들은 이 미사일이 북한 핵 역량의 극적인 강화, 즉 핵무기로 미 본토를 타격할 수 있는 잠재력을 예고하는 것일 수 있다고 언급했다.[13] 아이러니하게도 모두 클린턴 정부 관료였던 페리와 카터는 북한의 행동에 대한 강력한 대응을 주문했고, 반대로 체니 부통령과 스티븐 해들리 국가안보 고문을 위시한 부시 정부 관계자들은 이것을 북한의 "상당히 초보적인" 미사일 역량이라

규정하며 그것이 제기하는 위험성을 공개적으로 경시했다.[14] 6월 30일 부시 대통령은 "미사일 발사는 용납할 수 없다"고 되풀이했지만, 평양에 대한 위협은 군사적 대응이 아니라 지속적인 국제적 고립일 거라는 말로 그쳤다.[15] 만약 북한이 이 집중적인 기술적 준비의 시기에 외교적 끈을 놓지 않은 채로 있었던 이유가 그들이 핵·미사일 개발 관련하여 어느 선까지 넘어가도 좋을지를 타진해보기 위함이었다면, 부시 정부는 그들에게 그대로 진행해도 좋다는 신호를 보내준 것이나 마찬가지였다.

실제로 7월 5일 새벽 동이 트기 전 북한은 7발의 미사일 중 첫발을 쏘아올렸다. 단거리 기종인 나머지 6발은 성공한 것으로 판단되었다. 첫발이었던 중거리 미사일 대포동2호는 발사 후 몇분 만에 실패하여 동해로 떨어졌다. 1998년 당시 북한이 우주발사체라고 했던 대포동1호 발사와는 달리, 이 대포동2호 발사는 "자기방어를 위한 조국의 군사 역량을 높이기" 위해 조선인민군이 전개하는 정기 군사훈련의 일환이라 표현되었다.[16] 이 장거리 미사일은 워싱턴에 위협적으로 보이도록 의도된 것이었다. 실제로 국방부 장관 도널드 럼스펠드는 나중에 회고록에서 당시 미국의 탄도탄 요격미사일이 비상경계태세에 들어갔었다고 밝혔다.

해들리는 이 미사일 발사를 "도발 행위"라 부르면서도 그것이 제기하는 위협의 심각성을 크게 보지 않았다. 부시 대통령은 이 미사일 실험을 기점으로 북한과의 양자회담에 대한 고려는 일절 없을 것이라고 했지만, 미국은 이번에도 군사적 대응의 가능성을 신속하게 배제했다. 용인 가능한 군사적 선택지가 없다는 생각이 대세였다. 아니면 적어도 그런 위험을 감수하고 나설 사람이 없었는지도 모르겠다. 부시는 유엔을 통해 국제사회를 동원하여 강력한 징계 조치를 취하려고 했다. 당시 유엔 대사였던 존 볼턴은 유엔 안보리 제재를 강력하게 주장했다. 그는 "우리는 결의안을 원한다. 그것은 〔군사 행동의 가능성을 허용하는〕 7조여야 한다. 그 점은 명백하다고 생각한다. 북한의 이번 미사일 발사에 담긴 도발 수준이 그 이유가 될 것이다"라고 밝혔다.[17]

7월 16일 유엔 안전보장이사회는 북한에 탄도미사일 프로그램을 그만둘 것을 요구하는, 그리고 참가국들에게는 북한의 탄도미사일 기술의 수출입을 제한하기를 촉구하는 결의안을 통과시켰다. 이 결의안은 중국의 거부권 행사를 피하기 위해 강도를 낮추어 7조 발동 및 유엔이 북한에 대한 군사적 개입을 허용할 가능성은 차단했다. 오버도퍼와 칼린은, 유엔 제재의 가장 중요한 결과는 뒤이어 미사일이 발사될 때마다 워싱턴이 어쩔 수 없이 대응의 수위를 높여갈 수밖에 없게 된 것이라는 사실을 아무도 이해하지 못하는 듯했다고 지적한다. 미국은 자기가 세운 전례에 비추어 압박의 강도를 높여갈 수밖에 없다고 느꼈고, 그러면 그것은 또 북한 측의 새로운 반발을 불렀다.[18]

경고 신호

제재에 대한 반발은 시작부터 대단했다. 석달도 지나지 않아 핵실험을 실시한 것이다. 평양은 이런 외교적 입씨름이 있기 오래전부터 이 실험을 위한 시간표를 세워왔다. 7월 16일부터 일찌감치 공개적으로 기반을 조성해왔으며, 그와 함께 조선민주주의인민공화국 외무성은 독설에 가까운 긴 성명을 냈다. 그 성명을 통해 북한 외무성은 유엔 안보리 결의안을 규탄하며 그것이 "한민족의 주권과 이 나라의 안보가 심각하게 침해당한 한반도에 극히 위험한 상황"을 낳았다고 비난했다. "미국의 극도로 적대적인 행동으로 인해 상황이 최악의 지경에 다다른 만큼, 우리 공화국은 모든 수단과 방법을 동원해 모든 방면에서 자기방어를 위한 전쟁억지력을 배가해나갈 것이다."[19]

그후 얼마 지나지 않은 8월에는 동북부의 풍계리 현장에서 임박한 핵실험 준비의 첫 징후들이 눈에 띄었다. 9월 말 김계관은 그동안 북한의 교섭 상대로 자주 활동했던 셀리그 해리슨(Selig Harrison)을 방문했다. 또다른 경고였다. 김계관은 그에게 북한은 5MWe 원자로에서 다음 회차분의 연료봉을 빼낼 생각이라고 말했다. 김계관은 양측이 협상을 재개할 수 있도록 워싱턴이 금융 제재를 백지화하게 계속해서 압박할 것이라고 했다. 무엇보다 중요한 것은 그가 해리슨에게 핵실험을 새로운 외교의 기회를 여는 것으로 봐야지 군사적 도전으로만 보아서는 안 된다고 얘기했다는 사실이다. 김계관은 북한은 여전히 완전하고 최종적으로 핵무기 프로그램을 폐기하려고 하지만 그런 일에는 시간이 좀 걸릴 것이라고 했다. 그런 과정이 진행되는 동안 "당신들은 핵무기를 보유한 북한과 공존하는 법을 배워야 할 것이다".[20] 해리슨을 방문하는 이 시점에 풍계리에서는 핵실험을 시행할 거의 모든 준비가 갖추어져 있었다.

결국 2006년 10월 4일 북한은 구체적으로 날짜만 특정하지 않았을 뿐 핵실험을 실행할 계획임을 공표했다. 조선민주주의인민공화국 외무성은 일상적으로 가해지는 미국의 적대적 위협이 북한이 핵 억지력을 배가하지 않을 수 없게 만들었다는 평소의 주장을 다시금 펼쳤다. 그리고 이렇게 덧붙였다. "한민족은 지금 생사의 갈림길에 서 있다. (…) 조선민주주의인민공화국은 향후 안전이 확고하게 보장되는 조건 하에 핵실험을 실행할 것이다." 이 성명은 북한은 "최신식"(아마

현대식을 의미하는 듯) 핵무기를 제작했다고도 덧붙였다. 핵실험은 "핵억지력 배가에 필수적인 과정"이라고 외무성은 역설했다.[21]

아귀가 맞지 않는 부시 정부의 발표와 행동에 비해 이 선언은 이 이상 명징할 수 없었다. 북한은 자신이 핵실험을 실행하려는 이유를 명확히 밝혔다. "핵무기는 국가 최고의 이익을 보호하기 위한 믿을 만한 전쟁억지력으로 작용할 것"이라고 외무성은 단언했다. 그리고 조선민주주의인민공화국이 "먼저 핵무기를 사용하는 일은 절대로 없을 것"이며 또 "책임있는 핵보유국으로서 핵 비확산 문제에 대해 국제적인 약속을 항상 성실히 이행할 것"이라고 덧붙였다.[22]

외무성이 이런 점잖은 주장을 펼치고 있는 바로 그 시간에 북한의 기술 노동자와 군인 들은 시리아의 유프라테스강 근처 알키바르에서 영변 원자로의 쌍둥이 원자로 건설을 완수하기 위해 바쁘게 일하고 있었다. 우리가 나중에 보게 될 터이지만, 그것은 순전히 플루토늄 생산을 목적으로 설계된 원자로였다.

북한의 이런 성명이 나온 것은, 남한과 협력하여 미국의 접근법을 다시 한번 바꾸어보려는 계획하에 라이스 장관이 이끄는 행정부 내 절차가 한창 진행 중일 때였다. 라이스 장관은 자신의 회고록에서 이런 "전략적 도약"의 시작을 부시 대통령이 4월 워싱턴을 방문한 후진타오 중국 주석과 가진 회담으로 잡는다. 이 과정은 9월 중순 부시 대통령이 남한의 노무현 대통령을 만나면서 급진전을 이뤘다. 라이스는 이 결정적인 6주간을 이용해 그 구상을 발전시키고 동북아시아 순방에서 시험해보려는 희망을 품고 있었다. 그러나 평양의 핵실험 발표가 "합의 달성으로 아무런 이익도 얻을 수 없다"는 결론으로 마무리되며 새로운 협상으로 가는 문을 닫아버린 셈이 되었다.[23]

10월 5일 힐은 유엔 북한 대표부에 미국의 솔직한 반응을 전달했다. 그는 공개적으로 "우리는 핵을 보유한 북한과 한 하늘을 이고 살지 않을 것이다. 우리는 그것을 용납할 수 없다. (…) 북한은 미래를 선택할 수도 있고, 아니면 핵무기를 선택할 수도 있다. 그러나 둘 다를 가질 수는 없을 것이다"라고 밝혔다. 백악관은 북한이 계획하는 핵실험에 대한 매파다운 반응을 내놓으며, 강력한 제재 목록을 나열했다. 이런 제재가 시행된다면 그것은 "되돌아갈 수 없음을 알리는 신호이자, 포용이냐 압박이냐 하는 오래 끌어온 논쟁이 압박의 압도적 승리로 끝나게 되리라는 신호"가 될 터였다.[24]

1차 핵실험

10월 9일 아침 이른 시각에 평양은 임박한 핵실험의 시간과 장소, 예상 폭발력을 베이징에 통지하는 전례 없는 조치를 행했다. 그 어떤 나라도 최초의 핵실험을 하면서 그런 통지를 한 적은 없었다. 그로부터 얼마 지나지 않아 전세계의 지진관측소들이 북한 동북부의 풍계리 부근으로부터 퍼져나오는 약하나마 분명한 신호를 기록했다. 약한 신호는 낮은 폭발력을 의미했으나, 북한이 여덟번째 핵 선언 국가가 된 것만은 분명했다. 곧바로 전세계로부터의 규탄이 잇달았으나, 북한이 핵의 길로 가지 않도록 막으려던 모든 노력이 실패했음을 모두가 인정하지 않을 수 없었다.

라이스 장관은 북한이 이제 "이전에 경험한 것과는 차원이 다른" 국제사회로부터의 제재를 마주하게 될 것이라고 경고했다. 그러면서도 미국은 북한을 타격하거나 침공할 계획은 없다고 덧붙였다.[25] 남한의 노무현 대통령은 이 핵실험을 심대한 위협이라고 규정하며 남한은 평양의 선언에 엄중하게 대처하겠다고 경고했다. 그는 또 이 실험 때문에 남한은 대화와 지금껏 추구해온 포용 정책을 주장할 기반을 잃게 되었다고 애석해했다. 중국 정부는 북한이 행한 핵실험에 단호히 반대한다고 선언하며 극악무도하고 파렴치한 행동이라고 강력하게 비난했다. 중국은 평양을 향한 불쾌감을 감추지 않았고 자신의 불만이 얼마나 큰지를 확실히 알리기 위해 전세계 주요 수도에 특사를 파견했다.

10월 15일 즈음 존 볼턴 대사는 이 핵실험에 대한 대응으로 새로운 유엔 안보리 제재를 끌어내는 데 성공한 상태였다. 중국과 러시아의 지지를 받기 위해 일부 조항을 희석시킨 후 결의안 1718이 통과되었다. 이 결의안은 북한의 WMD 프로그램 및 탄도미사일 프로그램, 재래식 무기, 사치재 관련 품목들의 거래를 금지했다. 7월에 채택된 것과는 달리 이번 결의안은 무력 사용을 허가하는 7조에 의거하여 통과되었다.

반면 실험 전 백악관이 보여주었던 일사불란한 매파 전선은 거의 하룻밤 새 연기처럼 사라져버렸다. 응징을 강조하며 강경파들이 유엔 결의안을 받아냈지만, 대통령과 라이스 장관에게는 부시 정부 6년 동안 그들이 북한을 상대로 해온 그 모든 일이 효과가 없었다는 점이 명확해졌을 것이다. 그들은 외교적 해법을 좇는 방향으로 재빨리 선회했다. 남한과 중국으로부터의 위협도 희미해졌다. 노무현 대통령은 흔들림 없이 포용 정책에 충실했다. 그는 더 엄중한 조치를 취하라는 미국의 요구를 받아들이지 않았다. 또한 부시 대통령에게 북한이 시도할지 모를 핵 수송을 봉쇄하려는 계획에 전적으로 참여하지는 않겠다고 알렸다. 그런 행동이 도발 가능성을 불러일으킬 수도 있다는 것이었다. 중국도 북한 땅을 들고 나는 물품들을 검사하겠

다는 규정은 승인하지 않겠다는 입장을 밝혔다.[26]

관련된 모든 당사자들 중에서 이 실험의 정치적 영향에 대처할 준비가 가장 잘되어 있는 것은 김정일이었다. 북한 외무성은 유엔 안보리의 결정을 "전쟁 선포"라고 불렀다. 외무성은 "조선민주주의인민공화국은 대화와 협상을 통해 핵 문제를 해결하기 위해 가능한 모든 노력을 기울였으나" 미국은 "우리의 참을성 있고 성실한 노력과 관대함에 제재와 봉쇄의 정책으로 답했다"고 주장했다. 그 결과, "조선민주주의인민공화국은 주권과 생존권을 지키기 위해 핵 보유를 실질적으로 증명하지 않으면 안 되었다"는 것이었다.[27] 한발 더 나아간 경고도 있었다. "조선민주주의인민공화국은 평화를 원하지만 전쟁도 두려워하지 않는다. 대화를 원하지만 언제든 대결도 각오하고 있다. (…) 조선민주주의인민공화국은 향후 미국의 태도를 주시하며 그에 상응하는 조치를 취할 것이다."[28]

돌아보면, 부시 정부가 2005년 9월 19일 6자회담에서 불가능한 요구들을 담은 독자 성명을 내기로 결정하고도 그 결과에 대처할 준비는 하지 못했다는 사실이 놀랍다. 그들은 북한이 핵무력에 필요한 조치를 취하리라는 것을, 즉 더 많은 핵분열 물질을 계속 생산하고, 미사일 시험으로 회귀하고, 핵실험을 실행하리라는 것을 알았어야 했다. 북미제네바합의를 내팽개친 것과 똑같은 실수를 반복하고도 이 정부는 그로부터 새로 깨우친 바가 없었던 듯 보인다. 2005년 9월과 핵실험이 있었던 2006년 10월 사이 정부 관계자들은 북한의 핵 프로그램과 관련된 온갖 주장과 행동으로 끊임없이 호들갑을 떠느라 열심이었지만 정작 핵심 관계자들, 즉 크리스토퍼 힐과 라이스 장관의 회고록에는 이 결정적 시기가 거의 다루어지지 않는다. 힐은 『크리스토퍼 힐 회고록: 미국 외교의 최전선』의 단 두면만을 이 시기에 할애했다. 부시 정부의 관계자들은 북한이 그들 핵 프로그램의 이 당연한 다음 단계를 추진하리라 예상하지 못했거나, 또는 핵실험이 상황을 완전히 바꾸어놓으리라는 점을 이해하지 못했던 것이다.

10월 말, 핵실험 후 겨우 2주 지난 시점에 나는 세번째 북한 방문길에 올랐다. 북한 사람들에게 핵실험이 어떤 의미인지를 그들로부터 직접 듣고 싶은 마음이 굴뚝같았다.

8장

“미국에 성공이라고
전하시오.
조선민주주의인민공화국은
자부심이 넘칩니다.”

2006년 10월 31일 존 루이스와 잭 프리처드, 로버트 칼린, 그리고 나는 베이징발 고려항공 비행기에서 내렸다. 따뜻하고 스모그가 깔린 평양의 오후였다. 가방이 나오길 기다리는 시간이 너무 길어지자 우리 짐 속에서 무슨 요주의 물건이 발견되었나 궁금해지기 시작했다. 나로서는 이전과 마찬가지로 의심을 살 만한 것은 가져오지 않으려고 신경을 썼다. 우리를 초대한 외무성의 송일혁과 김현철이 세관 구역에서 우리를 맞았고 시내까지 우리와 동행했다. 세번째 방문인 터라 시내 풍경은 이제 낯이 익었다. 넓게 뻗은 대로와 길가의 많은 행인과 자전거 들, 근처 언덕에서 염소를 지키는 병사들이 보였다. 우리의 이번 목적지는 시내 한가운데에 있는 고려호텔이었다. 지난번에 묵었던 보통강호텔보다 한 등급 높은 더 편리한 곳이었다. 17층에 있는 내 방에는 두개의 정규 북한 TV채널을 비롯하여 중국, 러시아, 일본 채널도 나왔고 BBC도 있었다. 지하층에는 자전거와 스테퍼, 웨이트 운동장비 등이 있는 헬스장이 차려져 있었다. 하루 1유로면 사용할 수 있었다.

나는 이번엔 북한에 다시 들어갈 수 없을 줄 알았다. 그러나 놀랍게도, 9월 말 루이스가 유엔 북한 대표부를 통해 10월 방문 허가를 받았다. 내가 '놀랍게도'라고 말하는 이유는 그들이 우리를 초청했을 때쯤 평양은 이미 10월 9일 핵실험을 하기로 결정을 내리고 그에 대한 준비에 들어가 있었을 것이기 때문이다.

핵실험이 끝나자마자, 서방 분석가들 대부분은 이번 실험이 미미한 핵 폭발력만을 보여주며 끝났다고 결론을 내렸다. 그러나 그들은 모든 걸 덮어버릴 그것의 의미를 간과했다. 폭발의 크기에도 불구하고 북한은 자신이 핵보유국으로 국제무대에 등장했음을 선언했다. 나에게 가장 놀라웠던 것은 북한이 국제사회를 똑바로 쳐다보며 그 정치적 결과를 관리하는 동안 보여준 그 능란함이었다. 미국, 남한, 일본, 심지어는 중국까지 예상된 규탄을 쏟아내고 난 후, 그들은 모두 북한을 달래 다시 협상 테이블로 나오게 하려는 옛 입장으로 즉시 돌아갔다. 그리고 평양은 그것을 마다할 마음이 전혀 없었다.

우리 일행으로서는 이때가 북한에 다시 돌아갈 더할 나위 없이 좋은 시기였다. 이번 핵실험과 북한 핵 프로그램의 현황에 대해 내가 갖고 있던 무수한 기술적 질문들에 대한 답을 찾고, 스스로 핵무기 보유국임을 증명하는 데 새롭게 한발 더 다가서게 해준 이번 일이 북한에 어떤 정치적 의미인지 알고 싶었다. 미사일 실험과 핵실험을 준비하는 동안 평양은 그 일들을 해내기 위한 시간을 벌기 위해 외교에 참여했다. 지금은 어떨까? 세계를 향해, 그리고 자국 지도자를 향해 자신의 핵 위상을 더 설득력 있게 증명하기 위해 2차 실험을 성공적으로 수행할 수 있도록 여전히 시간을 벌려 할 것인가? 아니면 핵 노선으로 성공하는 일이 의심스러워 보이는 만큼 진지하게 외교의 길로 돌아설 것인가? 우리는 북한의 고위급 정치·기술 인사들의 견해를 직접 듣고 싶은 마음이 간절했다.

리근 대사와의 회합

외무성의 송일혁·김현철과 일정 조율을 위한 회의를 하는 동안 우리는 김계관 부상이 우리를 만나기는 어렵겠다는 얘기를 들었다. 영변 방문도 어렵겠다고 했다. 다만 평양에서 리홍섭 소장을 만나게 될 것이고 리찬복 대장과 최고인민회의에서 나온 고위급 대표도 만나게 될 것이었다. 나머지 일정은 문화적 방문이나 존 루이스가 언제나 들르는 곳, 언제나 갖는 토론 등으로 채워져 있었다. 내 방 TV로 BBC 뉴스를 볼 수 있었기 때문에 나는 북한이 6자회담에 다시 참여하기로 동의했다는 사실, 김계관 부상이 베이징에 가 있다는 사실 등을 알게 되었다. 그가 아침에 타고 베이징으로 간 바로 그 비행기가 화요일 오후 우리를 태우고 돌아왔다는 사실도 나중에 알게 되었다.

다음 날 아침 리근 대사가 외무성에서 우리를 맞이했다. 일행 중 다른 이들은 몇년째 그를 알아왔고 나도 두번의 지난 방문마다 그를 만난 바 있었다. 리근은 우리의 지난 방문이 회담 분위기를 조성하는데 도움이 되었으며 세계가 조선민주주의인민공화국의 핵 억지력을 이해하도록 해주었다고 말했다. 그다음으로 그는 우리가 채 물어보기도 전에, 우리 마음속 큰 자리를 차지하고 있던 질문에 답했다. 그들이 왜 핵실험 이후 이렇게 빨리 우리를 들어오게 해주었는지. 그는 "마침 경사스러운 시기에 오셨습니다"라고 했다. "여러분을 이렇게 오시도록 한 것은 미국 국민에게 우리 공화국이 자신감과 긍지를 가지고 살고 있다는 걸 알리기 위해서였습니다." 리근의 발언과 외무성 회의실의 딱딱하고 형식적인 분위기 속에서도 사뭇 여유롭던 그의 몸동작은 북한의 지도부가 그들과 우리의 만남을 얼마나 중요하게 여기는지 명확히 보여주었다. 두번에 걸친 나의 지난 방문에 대한 그들의 언급으로 미루어, 지도부가 나의 기술적 조사 결과와 평가를 그들의 목적에도 유리하다고 여기는 것 같았다.

리 대사는 그들이 핵실험을 단행한 것은 미국의 정치적 압박 때문이며 핵무기를 가진 나라가 핵실험을 실행하는 것은 지극히 당연한 일이므로 우리가 놀랄 일은 아니라고 말했다. "핵무기를 보유한 나라는 보호를 받는다는 걸 잘 알고 계시겠지요." 그는 특유의 웃음을 지으며 이렇게 말했다. 리근은 핵실험에도 불구하고 그들은 여전히 한반도의 비핵화가 중요하다고 믿는다고 바로 덧붙였다. 그들이 6자회담으로 돌아가기는 하겠지만, "우리는 미국에게 스스로 한 약속을 지키라고 더 강력하고 단호하게 요구할 겁니다"라고 리근은 경고했다.

나는 그들이 워싱턴에 전달하고 싶어 하는 핵심 메시지가 이것이구나 생각했다. "너희가 한 약속을 지켜라." 이는 워싱턴의 정책 파트, 특히 부시 정부에게는 생소한 사고였다. 그들은 합의를 할 때마다 그것을 배신한 것은 평양이라고 주장함으로써 자신들이 도덕적 우위에 있다고 여겼다. 평양에 핵무기를 믿고 맡길 수는 없으니 어떤 새로운 협상이라도 이루어지려면 평양이 핵 프로그램을 먼저 포기해야 한다는 것이었다. 리근의 발언은 사실상 이것의 거울상이었다. 북한이 보기에 자기 약속을 어긴 것은 미국인들이었다. 이쯤 되면 북한 사람들이 항상 들고나오는 답변이 있었다. 북미제네바합의에서 관계 정상화를 약속한 것은 어떻게 되었는가? 경수로 건설 약속은 어떻게 되었는가? 또 미국인들은 9월 19일 공동성명의 약속을 두고 어떻게 그렇게 곧바로 뒷걸음질칠 수 있었는가?

어느 쪽에 잘못이 있든, 나는 북한 사람들이 왜 이러는지를 제대로 아는 것이 중요하다고 느꼈다. 그것은 우리가 그들 전략의 두 갈래, 핵개발과 외교 사이의 긴장과 상호작용을 더 잘 이해하고 북한이 다음에 어느 길을 택할지 알고자 한다면 특히 더 중요했다. 내 생각에 리 대사의 목표는 자국의 첫 핵실험 성공을 우리에게 확신시키려는 것이었다. 그 실험이 실패라거나 기껏해야 부분적 성공이라는 서구 언론의 보도에도 불구하고 말이다.

우리가 그 당시 알 수 없었던 것, 그리고 지금도 여전히 모르는 것은 왜 북한이 핵실험 후 그렇게 빨리 외교로 다시 돌아갔는가이다. 김계관 부상은 6자회담을 위해 베이징에 있고 리근 대사는 우리 일행을 만나 외교적 방안을 모색하고 있지 않았던가? 그것은 그들이 정말로 리근이 암시한 대로 그 실험 덕분에 더 큰 외교적 지렛대와 신뢰성을 얻게 되었다고 믿었기 때문일까, 아니면 실험 결과 진정한 핵 억지력은 아직 갈 길이 멀다는 것이 드러났고 따라서 외교가 여전히 필수적이라고 생각했기 때문일까? BDA 제재 완화를 도모하려는 것도 아마 중요한 요인 중의 하나였을 것이다.

프리처드나 칼린 같은 노련한 외교의 고수들과 북한 땅에 같이 있다는 것의 좋은 점 하나는, 그들은 북한의 준비된 논점을 예리하고 도발적인 질문으로 뚫고 들어갈 줄 안다는 것이었다. 프리처드가 불쑥 리 대사에게 조선민주주의인민공화국이 6자회담으로 돌아온 것은 핵실험이 성공적이지 못했기 때문 아니냐고 물었다. 리 대사는 웃음으로 그 생각을 일축해버렸다. "그 실험은 성공적이었습니다." 그는 숨 쉴 틈도 주지 않고 이렇게 대답했다. "우린 남들이 뭐라든 개의치 않습니다. 그 실험이 우리의 목표를 달성했다고 확신하고 있습니다." 물론 그 모든 것은 그들의 목표가 무엇인지에 달려 있었다. 자신들이 이제 실행력 있는 핵 억지력을 가지고 있다는 얘기를 하려는 의도였겠으나, 내가 보기에 그들이 그것을 달성하려면 아직도 몇년은 더 걸릴 것이었다.

프리처드는 계속해서 짐짓 악역을 자처했다. "당신들의 핵실험은 완전한 성공이 아니었고, 미사일 실험도 실패했습니다. 하지만 미국의 압박은 성공한 것 아닙니까?" 리근은 당황하지 않았다. 그는 프리처드의 진술은 현실과는 크게 다르다고 했다. "그건 핵실험이었습니다, 재래식 무기 실험이 아니라. 미국도 그것이 핵이었다는 걸 증명할 샘플을 찾지 않았습니까." 그가 되풀이해서 말했다. 규모가 작은 것에 대해서는 남들이 뭐라 하든 신경 안 쓴다는 말도 반복했다. 그들은 그런 비판에 이골이 나 있었다. 그는 자신에게 구체적인 정보가 없다는 건 인정하면서도 북한의 전문가들이 그것의 강력함을 자신했다고 했다.

칼린과 프리처드는 리근 대사와 함께 비핵화와 정상화가 어떤 의미인지 어떻게 그것을 이룰 수 있을지 열띤 논의를 이어갔다. 리 대사는 6자회담의 시작은 BDA 제재 해제로 열어야 할 것이라고 얘기했다. 그는 힐 대사가 미국이 그렇게 할 준비가 되어 있다는 신호를 보냈다고 덧붙였다. 완전한 정상화란 조선민주주의인민공화국이 존속할 수 있도록 정치적 권리를 보장하는 것을 뜻한다고 리근은 말했다. 그것은 지적·경제적·군사적 관계의 정상화를, 그리고 우호적 관계 수립을 의미한다고 했다. 그는 우선 중지로 시작해 그뒤로 폐기를 시행하는, 비핵화를 위한 전체적 전략을 내놓았다. 리 대사는 북한이 무기 생산과 실험을 중단하고 그런 것들을 이전하지도 않을 것이라고 말했다. 6자회담 내의 절차를 통해서든 아니면 다른 수단에 의해서든 감시 계통도 가동되어야 하리라는 것이었다. 리 대사는 냉전 종식 당시 레이건 대통령이 했던 "신뢰하되 검증하라"는 발언을 끌어왔다. 당사국들은 신뢰와 믿음을 쌓아야 한다는 것이었다. 조선민주주의인민공화국이 행하는 모든 일이 검증 가능한 방식으로 이루어져야겠지만, 그와 동시에 미국 역시 검증 가능한 방식으로 행동을 취해야 한다고 그는 말을 이었다.

리 대사가 한 말 중 가장 그럴듯한 진술은 중국의 역할을 논의하던 중에 나왔다. 그는 미국의 연구자들 일부는 중국이 억지로 북한을 협상 테이블로 데려왔다고 믿고 있으나 그것은 사실이 아니며, 조선민주주의인민공화국의 결정이었다고 말했다. 더군다나 한반도에 "장기적 전략상의 이해관계"가 있는 쪽은 바로 미국인들이었다. 이는 중국 관련 논의의 맥락에서 볼 때, 정작 큰 게임은 중국과 미국 사이의 문제라는 것을 북한도 알고 있으며 그 게임에서 자신이 워싱턴에 도움이 될 수도 있다는 북한의 입장을 에둘러 말하는 것으로 보였다.

리찬복 대장과의 담화

리찬복 대장은 지난 두번의 방문 때도 그랬듯이 위풍당당한 인민문화궁전에서 정중하게 우리를 맞아주었다. 그는 잭 프리처드에게 가족의 안부를 묻고, 나에게는 내 흰머리를 보았을 텐데도 지난번보다 더 젊어 보인다고 하는 등 듣기 좋은 인사말을 곁들이며 대화를 열었다. 우리는 리근 대사와 얘기했던 같은 주제들 대부분을 다시 다루었다. 리 대장의 발언은 당의 노선에 짜맞춰진 듯했으나 그럼에도 그 대화는 여전히 유용했다. 그는 북한은 군사 행동을 포함하여 미국이 핵실험에 대한 대응으로 취할 수 있는 모든 행동의 가능한 결과들을 예측하고 있었으며, 만반의 준비가 되어 있다고 주장했다.

리근 대사에게 그랬던 것처럼, 잭 프리처드는 리 대장에게 그 "성공적인" 핵실험에 대해 자신이 부러 악역을 맡아 얘기해보겠다고 했다. 잭이 말했다. "맞습니다, 실험을 하셨죠. 그런데 그 실험이 잘 안 됐습니다. 북한은 지금 억지력이 없는 상태이고 앞으로 실험을 더 해야 할 겁니다." 말이 떨어지기 무섭게 리찬복이 받았다. "실패라고 주장하는 사람들도 있고 부분적 성공이라고 주장하는 사람들도 있다는 건 우리도 압니다. 헤커 박사님은 대규모 실험이 작은 것보다 하기 쉽다는 걸 잘 아시겠지요." 그는 자기들은 실험이 완전한 성공이라고 본다고 말했다. 그의 말에 따르면 그 핵폭발은 "폭탄을 운반 수단에 올릴 수 있도록 규모를 조정한 것이었다".

나는 리 대장에게 북한이 핵실험 발표를 미리 한 것이 특이하게 생각된다, 지금까지 그렇게 한 나라는 하나도 없었다는 얘기를 꺼냈다. 다른 모든 나라의 첫 실험은 북한의 것보다 상당히 규모가 컸다고도 했다. 그는 의욕적으로 답했다. "우리는 안전한 방식의 핵실험 실시에 반대하지 않는다는 것을 세상에 알리는 게 중요하다고 생각했습니다. 여러분은 어느 쪽이 더 유익하고 합리적인 것 같습니까?"

리 대장은 실험이 실패했다거나 부분적으로만 성공했다는 그 어떤 주장도 물리칠 준비가 되어 있었다. 그는 내가 실험의 구체적 내용을 알기 위해 질문했다는 것을 알면서도, 영리하게도 자신은 그런 것은 모른다고 말했다. 내가 만약 다음 날 리홍섭 소장에게서 그런 정보를 얻을 수 있을까 기대했다면 나는 아마도 똑같이 실망했을 것이다.

리홍섭 소장과의 기술 관련 대화

우리는 고려호텔에서 리홍섭 소장을 만났다. 원자력총국의 관계자 두명과 서기 한명이 그와 동행했다. 리 소장은 다정하게 인사를 건네며 내 질문에 대답할 준비가 되어 있다고 말했다. 물론 인가 범위 내에서라고 했다. 우리가 알게 된 바로, 그는 핵실험에 대해 말할 허가를 받지 못했으나 그런 내용을 길게 설명하지는 않았다. 대신 그는 핵실험은 자신의 권한 밖이라고 말하면서 대답을 피해 갔다. 그가 몇 년 후 이른바 핵무기연구소 소장으로 지명받은 사실을 볼 때, 정말로 그랬을 것이라고는 믿기 어렵다.

나는 리 소장에게 영변의 최근 소식에 관해 물었다. 그는 우리가

그림 10 북한의 1차 핵실험 몇주 뒤 평양에서 리홍섭 소장을 만난 필자. 2006년.

일년 남짓 전에 그곳에 다녀간 이후 큰 변화는 없었다고 했다. 그는 우리가 지난 8월 방문했을 당시 자신들이 한창 재처리 작업을 하는 중이어서 그곳 방문을 막을 수밖에 없었다는 점을 상기시켰다. 이번에는 2005년 재처리 작업과 관련된 핵폐기물 처리 활동을 막 끝낸 시점이라 "시설 내 방사능 수치가 그 어느 때보다도 높다"고 했다. 따라서 이번에도 영변 방문은 어렵다는 것이었다.

리 소장은 5MWe 원자로는 지금 최대 출력으로 아무 문제없이 가동 중이라고 말했다. 나는 그 원자로가 꺼졌다 켜졌다 하면서 돌아가고 있으며 이것이 어쩌면 작동상 문제의 징후일 수도 있다는 오픈소스 보고서를 본 적이 있었다. 리 소장은 그렇지 않다고 했다. 사소한 수리를 좀 하느라 원자로를 끈 적은 있지만 그것도 예정된 검사 기간에만 그랬다는 것이었다. 나는 그에게 최근에 장전된 새 연료봉은 제 역할을 하고 있는지 물었다. 내가 궁금해했던 것은 이것들이 1994년 북미제네바합의에 따른 가동 중지 이전에 제작되었기 때문이었다. 그는 이 연료봉들 중 서너개만이 오랜 저장 기간에 부식되었을 뿐 대부분은 좋은 상태라고 말했다. 리 소장은 나에게 원자로의 가동 온도를 섭씨 350도에서 300도로 낮췄다고 알려주었다. 그것이 피복관 고장을 덜 일으키기 때문이라고 했다. 그는 낮은 온도가 전력 생산에는 그다지 바람직하지 않지만 플루토늄 생산에는 더 적합하다고 말했다. 이 말은 그들이 무기용 플루토늄 생산에 진력하고 있으며 자기들이 무슨 일을 하고 있는지 잘 안다는 점을 명확히 하려고 의도한 날카로운 공격 중 하나였다.

리 소장은 2007년 새 연료를 만들기 위한 연료제조시설의 보수 계획이 거의 완성되었다고 말했다. 일단 완공되면 그들은 1년에 원자로 1기 장전분의 연료봉을 생산할 수 있을 것이었다. 그는 아직 예전에 비축해놓은 여분의 연료봉이 있기 때문에 서두르지는 않는다고 말했다. 전체를 한번에 다 장전하기에는 부족하지만 필요할 때 연료봉을 교체하거나 부분적 재장전을 하기에는 충분하다고 했다. 그는 다음번 원자로를 중지할 때쯤에는 노심 전체를 채울 만큼 충분한 연료봉이 있을 것이라고 말했다. 나중에 보게 되겠지만, 이 원자로는 2007년 작동이 중지되었고 2013년 8월까지 새 연료 부족이 아닌 다른 이유로 재가동되지 못했다.

지난 방문 동안 리 소장은 그들이 방사화학실험실에 변화를 주었다고 설명한 적이 있었다. 그에게, 나는 아직도 그런 변화에 관해 궁금한 점이 있다고 말했다. 이른바 '믹서-세틀러' 방식의 용매추출장치를 펄스기둥 방식으로 교체하는 것이 재처리 효율을 30퍼센트까지 증가시켰다고 그는 말했다. 그 시설 내 잉여 용량이 있다는 것을 감안하면 그 방식에 크게 유리한 면이 있을까 싶었다. 나는 리 소장에게 그런 효율 증가가 방사능이 강력한 집중취급실 환경에서 위험을 감수할 만큼 가치가 있을 것 같지는 않다고 말했다. 미국에서라면 그런 변화를 매우 꺼릴 것이라고도 했다. 리 소장이 피식 웃으며 답했다. "맞습니다, 쉽지 않았어요. 그러나 우리는 해냈습니다. 그렇다면 우리 기술자들이 당신네 사람들보다 더 앞선 게 되는 건가요?" 이는 그들이 핵 후진국이 아니라는 것을 알리려고 그가 나에게 했던 발언 중 하나다. 그다음에 그는 진지하게 태도를 바꿔, 미국으로부터의 핵 위협이 있었기 때문에 핵실험을 위한 플루토늄을 생산하기 위해서는 그런 위험 정도는 감수할 가치가 있었다고 덧붙였다. 공동침전라인의 믹서-세틀러를 펄스기둥으로 교체한 것은 처리량을 올리기 위해서가 아니라 믹서-세틀러의 폐색 문제가 플루토늄 생산량에 손실을 가져왔기 때문이라고 했다. 그런 거라면 말이 되는군. 나는 생각했다.

나는 연료 제조나 재처리를 위한 모든 재료와 장비들이 국내에서 생산되는지 물었다. 리 소장은 이제 그들도 그렇게 할 수 있다고 대답했다. 거기에는 여러 작동 과정에 필요한 내부식성 스테인리스강도 포함되며, 필요한 모든 화학 물질들도 마찬가지라고 했다. 50MWe 원자로의 완공 전망에 대해서도 물어보았다. 리 소장은 지금 전면 작업 중은 아니고 그보다는 원자로 장비의 원상 복구를 위해 노력 중이라고 했다. 1994년 건설이 중단되었을 때 완공을 겨우 몇년 앞둔 상태였다는 것이었다. 흥미롭게도, 그는 문제를 영변 밖의 제조 부문 탓으로 돌렸다. 그들이 필요한 부품들을 공급해주지 못한다고 했다. 그는 이제 무엇이든 수입하기가 어렵기 때문에 자신들이 모든 것을 자력으로 해내야 한다고 덧붙였다. 여기서 그는 일을 더 진행할지 말지에 대한 결정은 더 고위급 인사들의 손에 달려 있다고 말했다.

나는 2004년 방문 중 플루토늄 생산에 관해 내가 새로 알게 된 사실에 대해 좀더 자세히 알아보려고 했다. 그때 그들은 내게 주조된 플루토늄을 들어볼 수 있도록 해준 바 있었다. 리 소장은 더이상 말을 보태기를 주저했다. 내가 조금 더 캐묻자 그는 자신들이 플루토늄을 전기분해 제련하여 고순도 물질로 만드는 법을 알고 있다는 사실과 고순도의 온전한 주조를 해내기 위해 주조에 관한 연구를 많이 했다는 사실을 알려주었다. 플루토늄의 성질에 관해서는 대부분 여러 문헌을 통해 알 수 있어서 별로 연구를 하지는 않는다고 했다. 그는 핵실험 장비에 사용된 플루토늄 코어가 영변에서 생산된 것인지에 대해서는 말을 아꼈다. 영변에서는 플루토늄 금속을 만들 뿐이라고 했다. 이전에도 그랬듯, 그는 부품의 최종 주조와 가공은 영변 밖에서 이루어지며 그의 관할 밖이라는 것을 넌지시 알려주고 있었다.

리 소장은 핵실험에 대한 나의 질문 대부분을 그것은 그의 책임이 아니라는 말로 비껴갔다. 그의 일과 영변의 일은 플루토늄 금속을 만드는 것이라고 했다. 내가 실험 당시 현장에 있었느냐고 묻자 그는 아니라고 대답했다. 흥미롭게도 그는 핵 프로그램에 대한 보안 실태가 아주 엄격하다고 언급했다. 서로 다른 기술 부문들이 보안상의 이유로 완전히 분리되어 있다는 것이었다. 나는 다시 한번 그를 이 주제로 끌어들이려고 핵실험의 폭발력을 측정하는 최선의 방법에 관한 얘기를 꺼내보았다. 잘 알려져 있다시피, 가장 좋은 방법은 실험으로 생긴 공동 안으로 천공을 뚫어 실험 잔해의 샘플을 채취하고 방사화학 분석을 실시하는 것이라고 말했다(핵분열에서 생성된 물질의 성질이 폭발에 대한 가장 정확한 측정을 가능하게 해준다는 것은 알려진 사실이다). 리 소장은 그것이 가장 좋은 방법이라는 데 동의하면서도 그것은 자신의 책임이 아니라는 것을 다시 강조했다. 조금 더 캐물어보았다. 사람들이 방사화학 분석을 하기 위해 잔해 샘플을 영변으로 다시 가져왔을 텐데요, 아닙니까? 그는 그랬다는 뜻을 넌지시 비쳤지만, 이번에도 그것은 그의 관할 밖이라고 말했다. 핵실험에 관한 그 어떤 얘기도 리 소장에게는 불편한 모양이었지만, 나는 그들이 어떻게 폭발력을 측정하는지를 알아내는 것이 중요하다고 보았다. 내가 이 대화를 통해 얻을 수 있었던 것은 그들이 천공 작업을 실행했다는 것이었다. 그랬다면 그들도 그들의 폭탄이 폭발력이 낮음을 알게 되었을 게 틀림없었다. 또 그것을 통해 어디서 무엇이 잘못되었는가에 관한 좋은 단서를 얻었을 것이다.

리 소장이 핵실험에 대한 논의를 삼가라는 지시를 받은 것이 명백했다. 나는 이전에 리근 대사에게 내가 영변 이외의 핵 프로그램 및 핵실험에 책임이 있는 기술진과 얘기를 나눌 수 있을지 물어본 적이 있었다. 그 주 초에 리근은 나에게 "요청하신 얘기는 들었습니다"라고 했다. 서구에서 이런 말은 뭔가를 진지하게 고려하는 중이라는 뜻으로 들릴 것이다. 북한에서 이 말은 부드럽게 거절하는 방법이다. 실제로 리근 대사는 그뒤로 아무 말이 없었다.

리 소장에게 더 편안한 영역으로 화제를 돌려, 나는 IRT2000 연구원자로에 대해 더 많은 정보를 얻고자 했다. 리 소장은 아주 제한된 방식으로만 그것을 가동하며 갑상선암 치료용 방사성의약품 아이오딘131을 만든다고 말했다. 나는 그에게 KEDO 사업이 공식적으로 종료된 지금도 김계관 부상은 외교 협상 과정에서 여전히 경수로를 요구하고 있다고 얘기했다. 나는 영변 핵센터의 역할에 대한 리 소장의 생각이 궁금했다. 그는 매우 방어적으로 대답했다. 칼린이 KEDO 사업의 종결로 약 100명의 젊은 북한 기술진이 직장을 잃었다는 사실을 거론했다. 그들 중 영변에서 일자리를 얻은 사람들이 있는가? 리 소장은 '그렇지 않다, 영변에도 일손은 충분하다'고 대답했다. 그는 지난 방문 중 우리가 들었던 소리를 되풀이했다. 영변 단지는 KEDO와는 아무런 관계도 없다는 것이었다.

나는 토착형 경수로 사업을 지원하기 위해 영변이 어떤 일을 할 수 있을지 물어보았다. 이제 5MWe 원자로용의 금속과는 달리 산화우라늄이 연료로 필요할 텐데, 계속해서 그곳에 있는 대규모 화학시설을 이용해 우라늄염을 변환시켜 자체적으로 연료를 만들 것인가? 아니면 우라늄염이나 산화우라늄을 러시아 같은 다른 나라로 보내 농축하고 연료봉을 만들게 할 것인가? 북한이 자체적으로 얼마나 많은 일을 하게 될지에 대한 결정은 "가격 균형"—달리 말해 경제—에 달려 있다고 리 소장은 말했다. 그들이 산화물 연료와 함께 피복관도 스스로 만들 수 있게 될 것인가? 피복관은 스테인리스강이 될 것인가, 또는 지르코늄합금이 될 것인가? 리 소장은 산화물 제조를 위해 그들 건물 일부를 사용할 수 있겠지만 그러려면 새 장비를 설치해야 할 것이라고 말했다. 피복관에 관해서는 그들에겐 스테인리스강이 더 맞을 것 같다고 했다. 경수로가 생겼다고 가정할 때 재처리는 어떻게 될지 물어보았다. 자체 시설 내에서 재처리할 것인가, 아니면 원연료를 공급한 나라로 돌려보낼 것인가? 리 소장은 모든 것이 구매 계약의 성격에 달려 있다고 말했다. 그는 이 모든 질문이 지나치게 가정에 근거하고 있다는 점을 지적했다. 조선민주주의인민공화국은 농축 능력이 없고, 따라서 토착형 경수로에 대해서는 생각해본 적도 없다고 했다. 나중에 나는 이때 내가 한 질문들이 상당히 적절했다는 것을 알게 되었다. 4년 후 그들이 토착형 경수로 건설에 착수했기 때문이다.

끝으로 나는 리 소장에게 영변 사람들이 어떻게 지내고 있는지 물어보았다. 그는 "일거리가 더 많아졌는데 우리한테는 좋은 일이죠"라고 말했다. 리 소장이 일거리라고 한 것이 북한의 핵무기 프로그램을 위한 플루토늄 가동만이 아니라 그들이 시리아에 짓고 있던 영변식 원자로 준비를 완료하려는 작업에 관한 얘기일 수도 있다는 점을 당시에는 알지 못했다. 그 원자로는 2007년에 발각되었고, 그때 이스라엘에 의해 파괴되었다. 장비와 부품 제조는 아마 북한 내 다른 곳—아마 영변의 50MWe 원자로 완공이 이루어지지 않는 것에 대해 리 소장이 탓했던 바로 그 공업 현장—에서 이루어졌겠지만, 그런 원자로를 건설할 수 있는 전문 역량이 영변 내에 갖추어져 있었던 것이다.

덧붙이자면, 2006년 당시에 북한의 우라늄 원심분리기 프로그램은 시범 생산 단계로까지 진척되고 있었던 것으로 보인다. 원심분리기 시설은 영변 밖에 위치했지만, 그 가동을 위한 전구체 사불화우라늄과 육불화우라늄 화합물은 당연히 영변에 있는 화학 변환 시설들이 일부 제공했을 것이다.

호텔에서 이루어진 우리 회합의 다소 경직된 분위기에도 불구하고, 리 소장과의 토의에는 유용한 정보가 많았다. 기술적 세부사항들은 내가 플루토늄 생산 속도와 보유량을 더 잘 추산할 수 있도록 해주었다. 나는 영변이 전속력으로 돌아가고 있다고 결론지었다. 원자로도 가동 중이고 방사화학실험실은 사용후 연료가 인출되면 다음 장전분의 무기급 플루토늄을 분리하기 위해 대기 중이었다. 연료제조시설은 다음에 장전할 연료를 만들기 위한 완전 보수를 코앞에 두고 있었다. 50MWe 원자로의 앞날은 아직 불확실했다. 공사 재개는 갈수록 타당성이 없어 보였다. 대신 그들이 밑바닥부터 다시 지어나가지 않을까 예상할 만도 했다. 그들에게는 설계안도 있었고, 필수 기반 시설도 있었고, 재활용할 수 있는 부품들도 있었다. 그러나 그들은 그런 일을 고려하고 있다는 기미는 전혀 보이지 않았다.

다시 외교로

평양에서 김정일 정권은 북한의 핵무기 보유 사실을 공개적으로 과시했다. 10월 중순 지도부는 평양 한복판에서 "역사적인 핵실험 성공을 경축하는" 대규모 집회를 열었다. 정권이 모든 정보를 철저하게 통제하고 인민들의 외부세계와의 접촉을 제한하고 있었기 때문에, 이 정권은 핵실험이 성공이었다고 선언할 수 있었다. 평양 3대혁명 전시관 안에서 궤도를 그리며 돌고 있는 위성 무선 표지국의 경우와 마찬가지였다.

만찬을 하는 동안 리근 대사가 놀랄 정도로 상세한 폭탄 관련 기술 문제를 질문했다. 그는 5MWe 원자로의 플루토늄 생산에 대해 궁금해했다. 그는 새로 만든 연료를 장전하는 것과 부분적으로 사용된 적 있는 연료로 가동하는 것에 무슨 차이가 있는지 물었다. 나는 어느 쪽이든 연간 최대 6킬로그램을 생산할 수 있기 때문에 그런 것은 별로 중요하지 않다고 설명했다. 그는 어떤 폭탄의 폭발력과 그 폭탄에 들어 있는 플루토늄 양 사이의 관계에 대해서도 알고 싶어 했다. "나가사키 폭탄은 6킬로그램의 플루토늄이 들어 있었고 20킬로톤의 위력을 냈습니다"라고 거론한 뒤 그가 물었다. "1킬로톤의 폭발을 위해서는 얼마나 많은 플루토늄이 필요한 겁니까?" 폭발력과 플루토늄의 양 사이에 직접적인 비례관계가 있다고 생각하는 듯했다. 나는 리 대사에게 그런 식의 관계가 있는 것은 아니라고 말해주었다. 어느 지점까지 내려가면 핵폭발을 아예 일으킬 수 없을 정도로 플루토늄이 부족한 경우도 있다고 설명했다. 내가 보기에 리 대사는 핵실험에 대해 지금까지 그에게 전해진 정보의 정확도를 판단해보고자 그런 질문을 하는 것 같았다. 이른바 실패한 핵실험에 관한 서구의 뉴스 기사들을 그도 읽었을 것이 틀림없었다. 바로 그 문제에 대해서 잭 프리처드와 설전을 벌이기도 한 그였다.

나는 리 대사에게 조선민주주의인민공화국이 핵실험에 앞서 중국과 러시아에 고지를 하면서 그들에게 4킬로톤의 폭발이 있을 것이라고 했다는 게 사실인지 물어보았다. 리 대사는 베이징과 모스크바에 두시간 전 사전 통보를 했다고 말했다. 그러나 그 고지에서 예상 폭발력을 언급하지는 않았다며 단호하게 부인했다.[1] 나는 안전과 안보가 핵을 보유한 국가에게는 까다로운 책임이 된다고 지적했다. 그에 더해 핵분열 물질을 안전하게 보관하는 것도 어느 것 못지않게 중요하다고 했다. 리 대사는 나에게 다른 나라들은 그런 책임을 어떻게 감당하고 있는지 물었다. 나는 소련 해체 직후 러시아가 엄청난 안전 및 안보 문제를 마주했을 때 미국의 핵 과학자들이 러시아의 핵 과학자·엔지니어들과 했던 협력 작업에 관해 설명했다. 리 대사는 그런 작업이 소련 붕괴 전이 아니라 그 이후에 진행되었다는 것에 어떤 만족을 느끼는 것 같았다.

폭넓은 시각

이번 방문 동안에는 핵과 관련된 일정이 비교적 적어서 존 루이스가 문화적 장소에 대한 방문을 더 많이 계획할 수 있었다. 북한 문제를 완전히 입체적인 시각으로 보려는, 즉 경제, 교육제도, 건강 문제, 문화적 측면 등을 아울러 보려는 그의 집요한 욕구가 투영된 계획이었다. 존은 북한이 미국의 다양한 기관들, 특히 스탠퍼드대학과 협업할 기회를 모색했다. 우리는 조선국제무역촉진위원회, 인민경제대학, 교육성 등에서 나온 대표들과 만났다. 밥 칼린은 북한 경제와 김정일의 2002년 경제개혁이 끼친 영향에 특히 관심을 두었다. 칼린은 미국 정부에서 수년간 북한 관련 일을 해온 경험에 근거하여 비핵화 하나에만 초점을 두기보다는 훨씬 더 종합적으로 접근해야 한다고 확신했다. 그는 인민경제대학의 서재영 학장에게 그들의 사회주의체제 내에 시장경제가 들어설 공간이 있는지 물어보았다. 그들의 선군정책(군사우선 정책) 내에서 자원은 어떻게 배분되는가? 군사적 요구가 우선시 되는가, 아니면 튼튼한 경제가 군사력을 강화한다고 생각하는가? 서 학장은 새로운 경제개혁 덕분에 경제 상황은 상당히 좋은 편이라고 했다. 그는 우리에게 국제 무역이 없다면 그 어떤 나라도 생존할 수 없으므로 경제대학이 할 일은 외국과의 경제 관계를 발전시키는 것이라고 말했다. 그러나 미국의 제재, 특히 국제 금융 거래를 제한하는 제재가 가중되고 있는 지금 그런 일이 갈수록 어려워지고 있다고 했다. 그러나 건국 이래 북한에 최우선으로 중요한 것은 언제나 국방이었다고 그는 말했다. 국방산업이 처음이고, 국방을 지원하는 그런 산업들이 그다음, 그뒤에 경공업이 있다는 것이었다.

교육성 방문은 많은 것을 새로 깨우치는 경험이었다. 소련과 동구권의 많은 나라에서 그러하듯, 교육은 최우선 순위에 있었다. 산업경영 학부장인 김령근은 초등교육은 1956년, 중등교육은 1958년에 의무화되었다고 말해주었다. 대학을 포함한 전 교육과정이 무료였다. 북한의 문맹률은 0퍼센트에 가까웠다. 당시의 우선 과제는 교육의 질을 향상시키는 것이었다. 총 300개의 종합대학과 단과대학이 있었으며, 그중 100개는 박사학위 수여가 가능한 기관이었다. 자원이 충분하냐는 질문을 받자 그는 "아니요, 그렇지만 국가의 주권이 우선이지요"라고 대답했다. 그들은 나노공학이나 생물공학 같은 분야를 연구할 수 있는 설비가 더 늘어나길 바랐다. 외국인 학생들은 적은 편이었고 그들 대부분은 한국어를 공부하려는 학생들이었다. 약 500명의 북한 학생들이 해외 대학에 다녔다. 루이스는 이번에도 스탠퍼드대학과의 협업을 타진해보았고 예의 그 대답을 들었다. "당연히 관심은 있습니다만, 그 문제는 정부의 결정에 따라야죠."

교육제도를 직접 볼 기회도 있었다. 제1중학교를 방문했는데, 6층짜리 큰 건물에 10~11세에서 16~17세까지 학생 1500명이 다니는 학교였다. 자성과 열전기를 연구하기 위한 물리학 실험을 하고 있는 학

그림 11 평양중학교 영어 수업 참관 중, 나는 젊은 여학생의 공책을 들여다보고 그녀의 에세이가 미국 발명가 토머스 앨버 에디슨에 관한 것임을 알게 되었다. 그 글은 작문도 훌륭한데다가 아름다운 서체의 영어로 쓰여 있었다. 2006년.

생들부터 화학 및 생물학 실험, 미술 수업과 음악 연주까지 둘러본 멋진 경험이었다. 내 마음에 가장 들었던 순간은 영어 수업에 들어갔을 때였는데, 학생들이 서구에 관한 에세이를 쓰고 있다고 했다. 책상 사이를 걷다가 미국 발명가 토머스 앨버 에디슨에 대한 글을 쓰고 있는 한 학생의 공책을 내려다보았다. 그 글은 작문도 매우 훌륭한데다가 아름다운 서체의 영어로 쓰여 있었다.

우리는 거대한 천문관 모양의 건물에 자리한 3대혁명전시관도 방문했다. 이 전시관은 북한 지도자들의 업적을 기리고 자존과 자립의 주체사상을 예찬하기 위한 것이었다. 우리 가이드를 맡은 사람은 활달하고 똑똑한 젊은 여성이었는데, 그녀는 흠잡을 데 없는 (미국식 억양의) 영어를 구사했으며 각각의 전시물에 대해 자세한 내용을 전부 꿰고 있었다. 그녀는 천문관에서 지구를 돌고 있는 깜빡거리는 작은 빨간색 물체가 북한이 1998년 쏘아 올린 광명성 위성이라고 설명했다. 그 로켓이 궤도에 도달하기 전에 실패했다는 것을 그녀가 모르거나, 아니면 당에서 써준 것에서 벗어날 수 없었기 때문에 그랬을 것이다. 이 방문에서 가장 재미있었던 부분은 가이드가 북한의 전력망에 관해 설명했을 때였다. 그녀는 대형 북한지도 앞에 서서 전력망 구석구석, 수력이나 석탄으로 발전이 이루어지는 지역에 전구를 켜가며 그 체계가 어떻게 전국에, 특히 평양에 전기를 공급하는지 보여주었다. 그녀가 온 힘을 기울인 설명을 마치자, 외무성에서 파견된 우리의 관리자가 불쑥 그녀의 말을 막고 물었다. "그럼 평양에서는 왜 그렇게 전기가 자꾸 나가는 겁니까?" 그가 물었다. 다음 날 아침에도 여전히 그가 우리의 관리자로 남아 있어서 얼마나 다행이었는지.

우리는 평양수예연구소도 방문했다. 류경호텔 근처 미완성의 105층짜리 피라미드 형상의 초고층 건물에 있었는데, 그곳에서 정교한 예술작품을 구경했다. 통일거리 시장에도 다시 들렀다. 이번에도 육류, 과일, 견과류부터 네스카페 인스턴트커피, 소형 가전제품들, 배터리, 신발에 이르기까지 온갖 상품들이 모여 있는 모습이 인상적이었다. 상품 대부분은 중국산이었다. 이 시장이 문을 연 것은 2003년이고 지금은 장보러 나오는 사람들을 하루 최대 10만에서 15만명까지 수용할 수 있다는 얘기를 들었다.

가장 내 마음에 들었던 곳 — 그리고 많은 외국인 방문객들이 좋아하는 곳 — 은 호텔에서 모퉁이를 돌면 있는 우표 가게였다. 북한은 다른 옛 소비에트권 국가들과 마찬가지로 우표를 가지고 역사적·문화적·기술적 업적을 기념하는 데 많은 힘을 쏟았다. 나는 1998년 위성 발사—궤도에 도달하기 전 실패한 바로 그 위성 발사—를 기념하는 우표를 살 수 있었다. 호텔 길 건너에 있는 매점도 역시 북적였다. 도넛이며 바나나, 파인애플, 배, 페퍼로니피자, 통닭구이 등을 팔았다. 통닭 가격은 북한 돈으로 1만원이었는데, 그 돈은 대략 평균적인 노동자의 4개월치 임금에 해당한다고 우리 관리자 중 한명이 알려주었다.

중국인들과 정보를 비교하다

토요일 오전 우리는 다시 고려항공편으로 베이징을 향해 출발했다. 그곳에서 핵 분야의 중국인 동료들과 모임을 갖고 저녁을 먹기로 약속이 되어 있었다. 그들은 우리가 핵실험에 대해 알게 된 것에 강한 관심을 보였다. 나는 후시더(Hu Side) 박사에게 북한 사람들이 중국에 미리 핵실험에 관한 고지를 했는지 물어보았다. 그는 평양에 있는 중국 대사관이 실험 두시간 전에 고지를 받았다고 말했다. 위치, 시간, 예상 폭발력이 4킬로톤이라는 통보를 받았다는 것이었다. 그는 러시아 사람들도 예상 폭발력만 제외하고 비슷한 정보를 받았다고 주장했다. 중국 측이 예상 폭발력 4킬로톤에 대한 정보를 가지고 있었던 것으로 보이는 점만 빼면 우리가 평양에서 들었던 것과 상당히 일치하는 얘기였다.

후 박사와 그의 동료들은 서구 매체들에서 쏟아져나온, 그 실험이 용두사미로 끝났다는 보도에 대해 잘 알고 있었다. 그는 중국이 포착한 리히터 규모 4.1~4.2의 지진 신호와—그는 그들의 관측소가 풍계리 실험 현장과 가장 가깝다는 사실을 상기시켰다—그곳의 지질

구조에 대한 그들 나름의 평가에 근거해서, 그들은 그 실험이 서구 분석가 대부분이 추산한 수백톤이 아니라 약 1킬로톤 규모라고 본다고 말했다. 후 박사의 최종 결론은 1킬로톤, 핵실험이었다는 것이었다. "그들은 4킬로톤을 목표로 했으나 1킬로톤으로 끝난 거지요"라고 그는 말했다. "그러나 1킬로톤은 얻은 겁니다. 그 정도면 성공이라고 해야겠지요. 완벽한 건 아니지만 말입니다." 사실 처음으로 하는 핵실험이 쉬운 건 아니지 않냐고 그는 말했다.

우리의 토론은 상당히 추측성으로 흘렀다. 핵실험 실시 후 몇주 만에 그 실험에 대한 확정적 결론을 내리기는 어려웠기 때문이다. 2009년 2차 핵실험 후 북한은 실험 현장과 핵폭발을 안전하게 봉쇄하기 위한 그들의 노력에 대해 훨씬 더 많은 정보를 공개했다. 그 정보 및 실험 현장의 지형학과 지진 신호에 대한 상세한 분석에 근거해, 동료인 프랭크 페이비언(Frank Pabian)과 나는 1차 실험이 동쪽 입구에 연결된 터널에서 시행되었다는 결론을 내렸다.[2] 이후의 모든 실험은 서쪽 입구를 통해 들어가는 여러 터널에서 이루어졌다. 또 하나의 입구, 남쪽 입구가 실험 현장이었다는 사실은 현재까지 알려지지 않았다. 우리는 분석 결과 2006년 실험의 정확한 위치를 짚어냈고 규모는 약 1킬로톤이라고 규정했다. 이번 방문 중 중국 사람들에게서 들은 얘기와 거의 일치하는 결과였다.

후시더가 지적했듯이, 최초의 실험은 쉽지 않다. 북한의 실험이 계획대로 폭발력 4킬로톤에 도달하지 못한 이유는 여러가지가 있을 수 있다. 내폭 장치에는 동시 폭발과 정확한 중성자 촉발을 비롯하여 완벽한 기하학적 구조까지 필요하다. 미국의 경우 최초 실험이 20킬로톤 규모였다는 사실을 생각해볼 때, 더 큰 수수께끼는 그들이 4킬로톤 폭발력을 내는 설계를 선택한 이유였다. 그 실험은 단지 핵 역량을 증명하려고 계획된 것일까, 아니면 운반 가능한 핵탄두를 개발하려고 계획된 것일까? 후 박사는 그들이 안전을 확보하기 위해 4킬로톤의 낮은 폭발력으로 실험하기로 결정했으리라 보았다. 즉 지하 터널에 폭발을 가두려고 그랬다는 것이었다. 나는 전체적인 핵실험 경험을 보면 폭발의 규모가 클수록 실험 동공을 더 잘 막기 때문에 큰 규모의 실험이 완전 봉쇄를 더 쉽게 해준다는 사실을 알 수 있다고 지적했다. 우리는 그에 관한 정보가 자료로 나와 있긴 하지만 북한의 엔지니어들이 그것을 몰랐을 수도 있겠다는 데 의견의 일치를 보았다. 그 외에도 터널(북한의 경우)과 수직갱(대부분의 미국 실험에 사용됨) 사이의 봉쇄 결과치가 상이하다는 문제도 있었다.

우리는 그들이 폭발을 충분하게 봉쇄했다고 결론지었다. 대규모 방사능 오염을 가져올 만한 폭탄 잔해의 분출도 없었다. 중국 사람들에게 이것은 매우 중요한 문제였다. 중국 국경에서 80킬로미터도 안 되는 곳에 풍계리가 있기 때문이었다. 광범위한 지하 실험 경험에도 불구하고 미국은 1970년 네바다 실험 현장에서 베인베리 사태 때 대규모 분출을 겪은 바 있었다. 그것은 소규모 대기권 실험과 비슷한 방사능 구름을 생성했고 인접한 여러 주에 오염을 퍼뜨렸다. 나는 북한이, 특히 중국이 보일지도 모르는 반발 때문에라도 그런 분출을 피하려는 뜻이 확고했을 것이라고 믿는다. 평양에서 리찬복 대장과 토론했을 때 그도 안전하게 실험을 실행했다는 사실이 중요하다고 강조한 바 있었다.

실험 1주 후 미국 국가정보장실이 10월 11일 현장 밖에서 방사능 가스 핵분열 생성물이 탐지되었고 그로써 그 폭발이 핵실험이었다는 것이 확인되었다고 보고했다.[3] 우리의 중국 동료들은 누출된 방사능 가스가 그 폭탄이 플루토늄을 사용했음을 가리킨다는 일부 미국 뉴스 보도에 강력한 반대 의사를 표했다. 그들 말이 맞았다. 그 샘플이 채취되었다고 생각되는 시점에는 플루토늄 폭탄과 우라늄 폭탄을 변별하는 데 필요한 크세논 동위원소 비율 관련 핵심 데이터가 손상되었을 수도 있었기 때문이다. 달리 말해 현장 밖 측정으로는 HEU 폭탄과 플루토늄 폭탄을 구분할 수 없고, 따라서 그것은 북한의 우라늄 농축 활동에 대해 아무것도 알려주지 못한다는 것이다. 그러나 우리가 평양에 있을 때 리홍섭 소장은 1차 핵실험은 플루토늄 폭탄이었다고 얘기했다. 방사능 가스의 소량 누출은 놀랄 일이 아니다. 크세논은 비활성 가스여서 지질학적 환경과 화학적 반응을 일으키지도 않고 물에 잘 녹지도 않는다. 따라서 그것은 바위의 틈이나 구멍을 통해 쉽게 빠져나갈 수 있다. 북한 실험으로 인한 누출 수치는 건강에 위협이 될 정도는 아니었다. 우리의 중국 동료들은 중국은 그곳 대기에서 아무런 방사능 징후도 포착하지 못했고, 한해 중 그 시기에는 바람이 동쪽으로, 즉 중국 국경에서 북한 쪽으로 불기 때문이라고 우리에게 알려주었다.

폭탄 설계 문제로 돌아가보자. 단지 그들이 핵폭탄을 폭발시킬 수 있다는 것을 증명하려고만 했다면, 나는 북한이 튼튼한 설계, 아마 1945년 미국이 시행한 트리니티 실험이나 나가사키 핵폭탄과 유사한 무언가를 선택할 것이라 예상했을 것이다. 1949년 소련도 정확히 그렇게 했었다. 1992년 러시아를 처음 방문했을 때 러시아 핵 프로그램의 과학 분야 수장이었던 율리 B. 하리톤(Yuli B. Khariton)을 만난 적 있었다. 그때 그는 나에게 그들이 최초 실험에서 트리니티와 흡사한 폭탄을 실험했다고 말해주었다. 실험할 즈음엔 폭발력 두배에 질량은 절반인 폭탄을 설계해놓았었다고 그는 재빨리 덧붙였다. 내가 왜 그 첨단 설계를 실험하지 않았느냐고 묻자, 그는 이렇게 말했다.

"라브렌티 베리야(Lavrenti Beria, 폭탄 개발 전반의 책임을 맡았던 스탈린의 악명 높은 심복) 얘기는 들어봤겠지요? 그러니까, 우린 당신네 폭탄이 성공했다는 걸 알았고, 뭐 죽기는 싫었으니까요."

처음에 나는 북한 사람들이 이미 성공한 것으로 알려져 있는, 플루토늄을 충분히 채운 트리니티 폭탄 같은 설계를 선택했으리라고 추측했다. 돌이켜보니 그들은 그 정도로 조심스럽지는 않았다. 어쨌든 트리니티 이후 벌써 60년째였고 북한은 파키스탄의 A. Q. 칸으로부터 모종의 도움을 받고 있었을 것이다. 2003년 리비아의 카다피가 자신의 핵무기 프로그램을 포기했을 때, 그는 그가 칸으로부터 구입한 설계 정보도 넘겨주었다. 그것은 중국에서 만들어진 미사일에 장착할 수 있는 HEU 내폭 폭탄의 설계로, 대체로 중국의 4차 실험에 사용된 폭탄인 CHIC-4라고 여겨졌다. 칸이 우라늄 원심분리기로 북한과 손잡았던 것을 생각해보면 그가 핵폭탄의 세부사항도 북한에 팔았을 가능성이 크다. HEU 내폭 폭탄 설계이기는 했지만, 그래도 그것은 북한 사람들이 플루토늄 폭탄을 위해 컴퓨터 코드를 교정하는 데 큰 도움이 되었을 것이다. 만약 칸이 북한에게 파키스탄의 핵실험 결과까지 볼 수 있게 해주었다면 특히나 더 그랬을 것이다.

따라서 북한의 핵 과학자들이 폭발시킨 것은 4500킬로그램에 가까운 트리니티 실험 모델보다는 미사일 장착 가능한 폭탄과 상당히 흡사한 설계였을 가능성이 더 크다. 내가 중국의 핵 전문가들에게 북한이 소형의 정교한(말하자면 미사일에 탑재 가능한) 폭탄을 시험했을 것이라 보는지 묻자 그들은 소형인 것 같기는 하지만 정교한지는 모르겠다고 말했다. 당시 뉴스 매체에는 북한이 실험 폭탄에 2킬로그램밖에 안 되는 플루토늄을 사용했을 수도 있다는 보도들도 있었다. 중국 동료들과 나는 그 정도로 적은 플루토늄 양은 말도 안 된다는 데 의견의 일치를 보았다. 어떤 서구 분석가들은 김정일이 그의 과학자들을 무시하고 플루토늄을 더 적게 쓰는 무모한 설계를 고집했을지도 모른다고 주장했다. 중국의 동료들은 나에게 마오쩌둥은 과학자들의 의견을 존중했다고 얘기해주었다. 그들은 북한의 상황도 비슷하리라고 예상했다.

우리는 중국개혁포럼의 북한 전문 학자들과 외교부 관계자들도 만났다. 그중에는 외교부 차관보이자 나중에 주미 중국대사가 된 추이톈카이(崔天凱)도 있었다. 그런 만남은 우리가 이전 방문에서 들었던 얘기들을 더 분명히 해주었다. 중국은 북한의 핵실험에도 불만이 있었지만, 그 책임을 바로 부시 정부에게로 돌렸다. 평양을 향한 적대적 정책과 제재 조치 탓이라는 것이다. 북한이 핵무기를 개발한 것은 미국으로부터 자국을 보호하기 위해서였다고 그들은 말했다. 그들은 핵실험이 북한 인민들을 단결시키고 군부와 강경파들의 역할에 힘을 실어주었을 것이라고 믿었다. 그들이 보기에, 1998년 인도와 파키스탄의 핵실험에서 북한이 얻은 교훈이 있다면 그것은 처음의 규탄이 지나가면 결국은 핵보유국의 지위를 인정받을 수 있다는 것이었다. 그들은 중국이 북한에 미치는 영향은 제한적이며 이제는 미국이 평양에 양보할 때가 되었다고 강조했다.

미국에 돌아오자마자, 존 루이스는 콘돌리자 라이스 장관에게 우리 방문에 대해 짧게 브리핑했다. 그는 영변이 전면적으로 가동 중이라고 보고했다. 북한은 플루토늄 연료 주기 전체를 완전히 숙달했으며 고순도 무기급 플루토늄을 생산하고 있었다. 북한의 외교관들은 미사일 실험과 핵실험이 성공에 미치지 못한다는 비판과 미국의 압박이 효과가 있는 것으로 보인다는 비판에 대해 잘 알고 있었다. 그러나 그들은 그런 것에 별로 신경 쓰는 것 같지 않았다. 그들은 핵실험이 억지력, 대등한 지위, 그리고 6자회담에 돌아갈 힘을 주었다고 믿었다. 나는 서면 개요를 준비해 워싱턴DC에서 열리는 내셔널프레스클럽의 공청회에서 그것을 발표했다.[4] 그 공청회가 열린 워싱턴DC에서는 미국 정부가 북한의 핵실험을 안절부절못하는 채로 지켜보고 있었다.

9장

2007년:

다시 협상 테이블로

2006년 11월 초 즈음, 북한의 핵실험은 역사가 되어 있었다. 북한의 핵 전문가들은 지하터널에서 핵분열 가스가 소량 누출되는 정도로 방사능 낙진을 제어하는 데 성공했다. 국제적인 핵 비확산 체제를 조롱했음에도 불구하고, 평양도 정치적 낙진을 제어하는 데 마찬가지로 성공했다. 북한은 지하 핵실험을 실행하고 핵무기 보유국임을 선언한 여덟번째 국가가 되었다. 그들은 10월 15일 유엔 안보리 결의안 1718을 비롯하여 전세계에서 가해지는 즉각적인 규탄 세례를 뚫고 나가고 있었다.

북한의 전략은 이미 성공을 거두었다. 부시 정부가 2005년 9월 합의를 미국의 독자 성명으로 탈선시킨 뒤에도 평양은 이중경로 접근법을 유지했다. 핵개발을 전속력으로 추진하면서도 다른 한편으론 미사일 실험과 핵실험을 위한 시간을 벌기 위해 외교의 불씨를 살려놓았다. 이 실험에 대한 미국의 반응은 이상하리만치 소극적이었다.

평양이 그 실험으로 치러야 하는 댓가는 6자회담으로 돌아가는 데 합의하는 것, 그리고 (중국과 러시아의 주장 덕분에) 희석된 유엔 제재를 감내하는 것뿐이었다. 백악관은 악화일로에 있는 이라크와 중동의 상황으로 정신이 없었다. 게다가 직전 중간선거 결과 의회 상하원 모두에서 공화당은 다수당 자리를 민주당에 내줬고 정부의 국가안보팀은 개편 중이었다. 이후 몇달에 걸쳐 가장 열성적인 강경파들 중 국방부 장관 도널드 럼스펠드, 유엔 대사 존 볼턴, 국무부 차관보 로버트 조지프를 비롯한 여럿이 옷을 벗었다. 물론 그들은 경기장 밖에서도 계속해서 북한에 대한 반대 목소리를 높였다.

라이스 장관은 이번 핵실험이 북한을 향한 새 정책에 추진력을 제공한다는 사실에서 한가닥 희망을 보았다. 그 정책은 4월에 이미 구상이 끝났으나 정부 내 강경 분파의 방해를 받아왔는데, 이제 그들의 백악관 내 영향력이 이전 같지 않았던 것이다. 정부는 이제 북한을 응징하는 대신에 더 유화적인 접근법을 시도했고, 이번 방식은 주로 크리스토퍼 힐 대사가 북한과의 협상에 있어서 운신할 폭을 넓혀주는 쪽으로 작용했다. 11월 19일 아시아태평양 경제협력체에서 부시 대통령과 그의 팀은 북한에 "새로운 일련의 인센티브를 제시할" 의사가 있다는 신호를 보냈다. 대신에 북한이 핵 프로그램 폐기와 축소를 즉각 시작하기 위해 구체적 조치를 취할 준비를 갖추고 12월에 열리는 다음 6자회담에 돌아와야 한다는 조건이 달려 있었다.[1] 11월 말 베이징에서 힐은 후속 조치로 김계관 부상과 중국 관계자들에게 구체적 제안을 내놓았다. 김계관과 그가 이끄는 협상단이 12월 말 6자회담으로 돌아왔다. 당사국들은 별 진전을 이루지 못했지만, 북한은 지난 부시 정부 6년 동안 얻어내지 못했던 바로 그것을 받아내는 데 성공했다. 미국 측 교섭 상대와의 직접적인 양자회담이었다.

새해가 밝아올 때 김정일은 2006년 한해의 일들을 돌아보며 틀림없이 기분 좋은 놀라움을 느꼈을 것이다. 핵실험은 국내 지지를 강화하는 데에도 도움이 되었고, 처음에는 국제사회로부터 비난을 받았지만 결국은 북한에게 새로운 자긍심과 국제무대에서의 일정한 명성을 가져다주기도 했다. 북한은 핵보유국임을 주장할 수 있는 몇 안 되는 나라 중 하나가 되었다. 명성의 반감기는 비난의 반감기를 크게 넘어서는 법이다.

평양은 핵실험으로 국내외적 이익을 얻었지만, 핵무기를 보유하고자 했던 세번째이자 가장 중요한 이유, 즉 안보 강화는 아직 달성되지 않았다. 그 실험의 성공에 한계가 있었기 때문이다.[2] 성공에 못 미치는 실험을 시행했다는 사실이 평양을 안보 측면에서 이전보다 더 열악한 상태에 놓이게 했다. 핵 억지력에 대한 북한의 주장은 그 실험이 없었더라면 더 믿을 만하고 설득력 있었을 것이었다. 북한의 실제 능력에 대한 모호함이 남아 있었을 것이기 때문이다. 그 실험은 틀림없이 북한의 핵 전문가들에게 문제점을 고칠 방법에 대한 값진 기술적 통찰력을 부여해주었겠지만, 그것은 핵 장치를 실전 배치할 수 없다는 것을 결정적으로 보여주었고 이는 곧 북한이 다시 핵실험을 실시해야 한다는 뜻이었다. 북한으로서는 다행스럽게도, 2차 핵실험으로 가는 기술적 진로는 상당히 곧게 뻗어 있었다. 북한의 설계자와 엔지니어 들은 아마 첫 폭탄 폭발 바로 다음 날부터 작업에 착수했을 것이다. 정치적 진로는 그만큼 확실하지는 않았다.

되살아난 외교와 계속되는 이중경로 전략

평양은 계속 이중경로 전략—핵개발과 외교—의 길을 갔다. 핵개발 전선에서는 영변 가동이 전속력으로 진행 중이라는 얘기가 2006년 10월 스탠퍼드 대표단에게 들려왔다. 무기 설계자들은 분명히 1차 실험에서 얻은 교훈을 반영하여 그들의 설계를 개선하는 작업을 하고 있었다. 이와 병행하여 김계관 부상은 다중 전선에서 외교적 지렛대를 움직이고 있었다. 다만 북한이 외교의 길을 얼마나 진지하게 추구하고 있는지는 불명확했다. 다음 두해, 부시 정부의 남은 임기 동안 김정일은 김 부상에게 협상을 위한 공간을 열어주었던 것으로 보인다. 워싱턴도 힐 대사에게 그만큼 공간을 열어주었다. 양쪽 모두 부족하기는 마찬가지였다.

침체에 빠진 12월 6자회담 동안 당사국들이 연말 휴일을 위해 휴회를 준비하고 있을 때, 외교가 힘을 얻을 중요한 계기가 생겼다. 김 부상의 참모와 힐 대사 대표단의 인사 양측이 조용히 만나 힐과 김계관의 회담을 성사시켰다. 2007년 1월 중순 베를린에서 만난 힐과 김계관은 새로운 협상의 핵심에 대한 개요를 내놓았다.[3] 북한 사람들이 6자회담으로 돌아와 비핵화 논의를 하도록 만들 열쇠는 힐이 나서서 미국이 BDA 계좌에 동결되어 있는 북한 자산 2500만 달러를 풀어주는 절차를 밟도록 만드는 것이었다. 그동안은 이 문제를 시간을 버는 구실로 이용하는 것처럼 보였기에, 평양이 BDA 제재 해제를 우선과제로 여기는 듯한 모습은 쉽게 이해가 가지 않았다. 북한은 어쩌면 그저 워싱턴이 해법을 찾으려 바둥거리는 모습을 보고 싶었는지도 모르겠다. 힐이 그의 회고록에서 인정했듯이, 특히 미국에서는 아직 그 누구도 제재 문제를 해결할 방법을 생각해내지 못한 상태였던 것이다.[4] 국제 금융체제로부터 배제당하는 것에 대한 걱정 때문에 북한이 BDA 문제 해결을 최우선 과제로 설정했다고 믿는 사람들도 있다.[5]

2월 중순에 열린 6자회담 다음 회의는 신속하게 "공동성명 이행을 위한 초기 조치"를 산출했다.[6] 표면상 그것은 북한이 시간 버는 일을 끝내고 외교에 대해 다시 진지해지려 한다는 신호인 듯 보였다. 행동 대 행동 목록에는 북한이 궁극적 폐기를 목표로 재처리 시설을 포함한 영변 핵센터를 폐쇄하고 봉인하기로, 그리고 IAEA와 조선민주주의인민공화국 사이에 합의된 대로 필요한 모든 감시와 검증을 수행할 IAEA 인력을 다시 초청하기로 동의해야 한다는 조항이 들어 있었다. 그에 덧붙여 조선민주주의인민공화국은 "〔2005년 9월〕 공동성명에 기술된 대로, 공동성명에 따르면 폐기되어야 할 사용후 연료봉에서 추출된 플루토늄을 포함하여 모든 핵 프로그램"의 목록을 다른 당사국들과 함께 검토하기로 되어 있었다. "공동성명에 기술된 대로"라는 수식어구가 불행하게도 북한이 HEU 프로그램에 대한 대답을 회피할 여지를 남겨놓았다. 힐은 차후에 김계관과의 회담에서 다시 이 문제로 돌아오지 않을 수 없었다.

'초기 조치' 목록에는 조선민주주의인민공화국과 미합중국이 "양국 간의 현안 해결과 완전한 외교 관계 추구를 목표로 하는 양자회담"을 시작하는 것이 들어 있었다. 당사국들은 상호 협력하여 조선민주주의인민공화국에 경제, 에너지, 인도주의적 지원을 하기로 동의했다. 이와는 별개로 힐은 BDA 제재 문제를 해결하겠다고 약속했고, 결국은 실제로 그렇게 했다. 중요한 것은 2005년 9월과 달리 미국이 독자 성명을 통해 협상을 깨는 추가사항을 덧붙이지 않았다는 사실이다. 이번에는 힐에게 2005년 공동성명을 작동하게 만들 기회가 주어진 것이었다.

BDA 제재를 풀기 위해 워싱턴은 자기가 만들어놓은 엉킨 매듭으로부터 빠져나오려 안간힘을 썼다. 일도양단의 묘수는 없었다. 연방준비은행은 6월이 되어서야 이름 모를 한 시베리아 은행의 도움을 받아 2500만달러라는 큰돈이 북한에 반환되도록 할 수 있었다. 그러는 동안 김계관은 평양의 마음에 드는 방향으로 협상을 이행하기 위해 외교적 주도권을 적극적으로 잡아나가려 하고 있었다.

정신없이 몰아치는 외교전선 속에서 김계관이 보여준 가장 특이한 행보 중 하나는 캘리포니아 '인앳새러토가'(Inn At Saratoga)에서 존 루이스와 우리 스탠퍼드 팀을 만난 것이었다. 존 루이스는 북한 방문 중 김계관에게 언제든 스탠퍼드대학을 방문해달라는 뜻을 전한 적이 있었다. 2월 말 유엔 대표부가 루이스에게 일주일 후 김계관이 방문할 수 있도록 자리를 마련해줄 수 있겠느냐는 문의를 해왔다. 김계관이 3월 초 뉴욕에서 힐 대사와 회담하기 위해 미국으로 올 예정이며, 이때가 스탠퍼드에 들러 우리 팀을 만날 좋은 기회라고 본다는 것이었다. 놀랍게도 루이스는 시간에 맞춰 국무부 승인을 받을 수 있었다. 공개된 스탠퍼드 캠퍼스에 뉴스 매체들이 몰려들 것을 우려하여 루이스는 새러토가 근처의 조용한 호텔로 회합 장소를 잡았다. 이 새러토가 회합에 대해서는 다음 장에서 더 자세히 기술하겠다.

김계관은 그 수행단과 함께 서해안에서 비행기를 타고 뉴욕으로 날아가 힐과 이틀간 회담했다. 토의는 BDA 제재 문제를 최종적으로 어떻게 해결할 것인지, 북한을 미국의 테러지원국 명단에서 제외하려면 어떤 일이 필요한지, 그들을 (1917년에 제정된) 그 케케묵은 적과의거래행위법에서 벗어나게 하려면 또 어떻게 해야 할지에 집중되었다. 힐은 김계관에게 고농축 우라늄을 포함한 북한의 모든 핵 프로그램을 공개하라고 압박했다.[7] 4월 14일 미국 재무부가 그간의 조사가 끝났다고 선언한 후 방코델타아시아 제재가 해제되었다. 돈을 돌려주기 위한 기술적 문제를 해결하기 위해서는 앞으로 두달이 더 걸릴 것이었고, 그 안에 6자회담 다음 회차도 열릴 예정이었다.

정부는 흔들리지 않고 협상을 향한 노력을 이어갔지만, 워싱턴의 강경파들도 굴하지 않고 반대 의사를 표명했다. 존 볼턴은 정부를 떠나 있는 상태에서도 다양한 뉴스 매체의 칼럼난을 통해 계속해서 불만의 목소리를 높였다. 2월 성명이 나오기 전 그는 이렇게 썼다. "지금 그들〔북한〕이 동의하겠다는 그 어떤 협상도 쓸데없는 일이다. 그들이 협상의 조건들을 지키리라는 일말의 믿음이라도 갖기 위해 우리에게 꼭 필요한, 그들 내부를 들여다보는 검증 체계에 그들이 동의할 리 만무하다."[8] 역시 정부를 떠나 있던 밥 조지프도 당사국들이 합의에 가까워지고 나자 말을 보탰다. 그는 "그 협상은 정치범들을 강제수용소에 가두고 마약을 거래하며 미국 화폐를 위조하여 그 이익으로 핵무기를 제조하는 그런 정권의 통치를 영속하게 해줄 것"이라고 말했다.[9] 두 사람 모두 자기들이 정부에 있을 때 일을 망친 것에 대한 회한 따위는 없는 듯했다. 볼턴의 망치는 우리에게 북한의 폭탄을 가져다주었다. 9월 19일 협상을 무용지물로 만들어버린 조지프의 펜은 북한 최초의 핵실험을 우리에게 선물했다.

밥 칼린과 존 루이스같이 북한을 면밀하게 살펴보는 사람들은 상황을 바라보는 눈이 볼턴이나 조지프와는 달랐다. 1월의 「워싱턴 포스트」 칼럼에서 그들은 무엇보다도 북한이 1991년 이후로 꾸준히 추구해온 것은 다음과 같은 것이라고 주장했다.

〔그들이 추구해온〕 미국과의 장기적·전략적 관계는 역사와 평

양이 인식하고 있는 지정학적 현실에 근거한 냉철한 계산에서 나온 결론이다. 북한 사람들은 직감적으로, 이웃 국가들이 자기네 작고 약한 나라에 이미 행사하고 있거나 곧 갖게 될 수도 있는 막강한 영향력을 완충할 장치가 필요하다고 믿는다.[10]

그들은 북한이 "집요하게" 미국과의 양자회담을 모색하는 이유이자 6자회담 과정이 생산적이지 못했던 이유가 바로 이것이라고 말했다.[11]

6월 25일 BDA 계좌에 들어 있던 2500만달러 중 대부분이 마침내 북한의 은행계좌로 옮겨졌다. 다음 날, 출중한 식견을 지닌 올리 헤이노넨(Olli Heinonen) 사무차장이 이끄는 IAEA 검증단이 다시 북한으로 들어갔다. 7월 15일 북한은 영변의 5MWe 원자로와 그 부속 시설을 폐쇄했다고 발표했고, 그 사실은 이틀 후 IAEA에 의해 확인되었다. 7월 19일 베이징에서는 6자회담이 재개되어 영변 시설들을 영구히 불능화하는 일정에 합의하고 북한이 핵 프로그램에 대한 완전한 신고를 제출하도록 하기 위한 논의에 들어갔다.

조금씩 전진하는 핵 전선

영변 단지를 다시 폐쇄하고 2007년의 궁극적 폐기를 향한 불능화 단계를 밟기로 동의했다는 것은, 평양이 핵 프로그램을 위한 시간만 벌고 있는 게 아니라 정말로 다시 진지하게 외교를 추구하고 있다는 강한 신호처럼 보였다. 그러나 이와 동시에, 우리가 나중에 알게 된 바대로 북한은 여전히 핵의 길을 가며 2차 핵실험을 준비하고 있었다. 장거리 로켓 시스템 관련해서도 지난번 2006년 7월 시도에서 발사 42초 만에 로켓이 바다에 떨어지게 만든 문제점을 수정하려 계속 노력 중이었다. 이때쯤 우라늄 원심분리기 프로그램은 시제품을 시험하는 단계에 있었을 것이다. 그리고 두달 후 밝혀지겠지만, 북한은 시리아에 건설 중이던 원자로의 완공을 앞두고 있었다.

그럼에도 불구하고 영변 폐쇄는 사소한 조치는 아니었다. 그것은 당시만 해도 북한에게 핵무기용 핵분열 물질의 유일한 조달원이었던 플루토늄 생산을 완전히 중단시킬 것이었다. 2005년 여름 이후 원자로 안의 연료봉에는 10~12킬로그램의 플루토늄이 들어 있을 것으로 추정되었다. 불능화 합의에 따르면 연료봉을 인출할 수는 있지만, 그것들은 재처리되지 않고 저장 과정을 거치게 되어 있었다. 북한이 24~42킬로그램의 얼마 안 되는 플루토늄을 보유하고 있다고 생각되었던 당시에 영변 원자로를 폐쇄하는 일은 핵 프로그램을 심각하게 제한하는 것이었다.[12]

결론적으로 나는 김정일이 1차 핵실험으로 배척 — 더 심하게는 군사적 대응 — 보다는 오히려 외교적 지렛대를 얻은 것 같다는 점을 깨닫고, 김계관을 비롯한 외교관들에게 워싱턴과의 관계 정상화를 진전시킬 협상을 이룰 수 있는지 알아보도록 한번 더 기회를 주었을 것이라고 믿는다. 그러나 그는 외교가 잘 풀리지 않을 경우를 대비해 핵·미사일 팀에게 작업을 계속하라는 지시도 내렸다. 다른 말로 하자면, 이중경로 전략의 두 갈래 길 모두에 청신호가 켜진 것이었다. 외교가 핵 프로그램 개발을 위한 시간 벌기에 불과했던 2002~2006년과는 다른 상황이었다.

그 예로 2007년 김계관 부상은 여러 협상 전선에서 공격적인 행보를 보이고 있었다. 평양은 존 루이스의 의학 팀 초청에 응했다. 루이스는 북한이 이미 위험 수준에 도달한 다제내성 결핵에 대처하도록 돕기 위한 공동 작업을 모색하기 위해 베이에어리어 결핵협회와 협의하도록 그들을 스탠퍼드대학으로 초청했던 것이다. 힐 대사와의 회합 중 김계관은 북한이 뉴욕 필하모닉의 평양 방문 같은 더 폭넓은 문화적 교류를 원한다는 뜻을 내비쳤다. 그 초청은 8월 뉴욕필 오케스트라에 바로 전달되었다. 같은 8월 스탠퍼드 대표단은 다시 영변을 방문해 불능화 작업을 참관하고 이전에 공개된 적 없는 실험실들을 둘러보라는 초청을 받았다. IAEA 검증단도 북미제네바합의 동안 그들이 검증했던 영변 시설에 다시 들어갈 수 있게 되었다. 화룡점정은 8월에 있었던 남북 정상회담 발표였다. 김정일 국방위원장과 노무현 대통령이 화해로 가는 길을 모색하기 위해 그달이 지나기 전 만난다는 것이었다. 북한에 내린 폭우로 이 정상회담은 10월까지 연기될 수밖에 없었다.

시리아의 충격

2007년 9월 6일 이스라엘의 시리아 공습 감행 보도로 세상이 떠들썩했다. 부시 정부는 4월 중순에 이미 이스라엘 정보부의 수장으로부터 시리아의 원자로와 북한의 연루 사실에 대해 경고를 받은 바 있었다. 미 정부는 공습에 대해 침묵을 지키기로 했다. 이스라엘 역시 침묵을 지켰는데 그 이유는 다음 장에서 설명될 것이다. 지금은 부시 정부의 핵심 관계자들, 특히 감춰진 원자로의 존재와 그 파괴에 대해 보고받은 미 정부 내 극소수의 인사 중 하나인 힐 대사가 시리아 문제로 북한과의 협상이 탈선되지 않기를 바랐다는 얘기만으로 충분할 듯하다. 그러나 그 사건과 미 정부가 그것을 다루는 방식이 안 그래도 어려운 북한과의 협상을 근본적으로 불가능하게 만들었다. 갈수록 시리아 사건에 대한 정보가 더 많이 드러나면서, 북한과 대화하려는 정부의 현재 전략에 대해 워싱턴 내에 그나마 남아 있던 지지조차 사라져가기 시작했다. 힐은 다 알면서도 말을 해서는 안 되는 난처한 입장에 처했다. 그는 북한의 유례없이 대담한 확산 행위 시도에 대한 질문에 대체로 무응답으로 대처했다.

> "우리는 항상 핵 확산 문제를 우려해왔다. 나에게 이것은 한반도 비핵화를 달성하기 위해 우리가 이미 추진하고 있는 과정을 가속할 필요가 있음을 상기시켜주는 중요한 사건일 뿐이며, 그 사안 때문에 우리가 겨냥하고 있는 목표가 바뀌는 것은 아니다."[13]

이런 발언이 존 볼턴과 같은 비판자들을 누그러뜨리지는 못했다. "그들은 이것을 끝내고(즉, 회담을 끝내고) 승리를 선언하려고 서두르고 있다. 그것은 대통령에게는 재앙이 될 수도 있다"고 볼턴은 경고했다.[14] 『크리스토퍼 힐 회고록: 미국 외교의 최전선』에서 힐은, 시리아 원자로에 북한이 연루되어 있다는 증거 사진을 CIA의 허락하에 김계관 부상에게 보여주었을 때 김계관이 그 사진들은 합성이라며 대응했다고 기술했다. 미국은 다음 해 4월이 되어서야 시리아의 원자로와 그 파괴에 대한 구체적 사항을 공개했는데, 그때까지 미 정부는 이 공공연한 비밀을 슬쩍 덮어놓으려는 듯 보였다.

불능화 조치

북한 사람들은 그동안에도 외교적 노력을 계속했다. 시리아 공습 일주일 후 미국의 기술 전문가들이 러시아와 중국의 전문가들과 함께 불능화 절차를 어떻게 진행해야 할지 모색하기 위해 영변을 찾았다. 9월 말경 부시 대통령은 5년 만에 처음으로 미국의 중유를 북한으로 수송하도록 재가했다. "행동 대 행동"이라는 거래 조건을 뒷받침하는 미국 측의 구체적 조치로 보이도록 의도된 결정이었다. 외교관들도 베이징에서 6자회담을 재개했다. 이 회담은 불능화 과정과 2005년 9월 공동성명의 목표를 달성하기 위한 그 밖의 절차들이 어떻게 진행되어야 할지에 대한 매우 구체적인 권고사항을 내는 것으로 마무리되었다.

이 회담의 결과로 나온 10월 3일자 2차 행동 성명에서는 북한에게 그해 말까지 모든 핵 프로그램을 "완전하고 정확하게"—농축 문제에 관한 해명을 포함하여—신고하라고 주문했다.[15] 이것으로 소 잃고 외양간을 완전히 고쳤다고 할 수는 없었으나, 그것은 최소한 농축에 관해서는 아무 말이 없었던 2월의 성명을 한단계 넘어서는 것이었다. 평양도 영변의 시설들을 불능화하는 것에는 동의했고, 핵 물질이나 기술, 노하우를 이전하지 않겠다는 약속을 반복했다. 이 두번째 약속은 시리아 사태 이후 이렇게 이른 시기에 북한의 입에서 나오기에는 분명 뻔뻔스러운 얘기였다. 워싱턴의 입장에 관해서는 그 속을 헤아리기 어려웠다. 이스라엘, 시리아, 북한, 미국 등 관련된 당사국 가운데 그 누구도 어떤 일이 일어났는지 공식적으로 인정하지 않았지만 항간에 보도와 추측이 이미 난무하고 있었다.

시리아 문제를 겨우 앞길에서 치워버렸다 하더라도 정부는 북한이 "완전하고 정확한" 신고를 먼저 내놓도록 해야 하는 극복하기 어려운 난국을 마주하게 되어 있었다. 워싱턴은 이 신고에 플루토늄 프로그램, 우라늄 농축 문제, 그리고 (힐과 김계관의 비공개 회담을 통해) 북한과 시리아의 핵 협력이 포함되어야 한다고 주장했다. 다음 9개월에 걸쳐 북한은 영변의 핵시설들을 불능화하는 진지한 조치를 취하고 플루토늄 프로그램을 신고하라고 요구하는 워싱턴을 달래기 위해 몇몇 놀라운 시도를 하면서도, 우라늄 농축과 시리아 문제에 대해서는 철벽을 쳤다. 북한의 이런 지연 작전도 장기적으로 보면 넘기 어려운 장벽이 되었다고 할 수 있겠지만, 그 순간 협상의 파국을 재촉한 것은 협상을 통해 필요한 신뢰가 형성되기도 전에 느닷없이 공격적 검증 조치를 요구하고 나온 미 정부의 태도였다. 평양에서 벌어진 의학적 비상사태도 여기에 한몫을 담당했다.

10장

2007년과 2008년의 방문: 불능화 확인을 위해 다시 영변으로

2006년 11월 방문에서 돌아온 후 존 루이스는 오래 지체하지 않고 재방문을 위해 뉴욕의 조선민주주의인민공화국 유엔 대표부를 재촉했다. 핵 문제에 대한 대처에 덧붙여 그는 더 광범위한 교육적·의학적·문화적 교류를 계속 요구했다. 이런 루이스의 노력으로 2007년과 2008년 나는 다시 북한으로 들어갈 수 있었다. 적극적인 외교적 대화가 벌어지고 있던 시기, 영변의 핵 프로그램을 원위치 하는 것으로 이어질 수 있는 진지한 첫 조치들이 행해지던 때였다.

북한 대표단 새러토가에 들르다

김계관 부상도 대화 재개에 마찬가지로 열심이었다. 유엔의 북한 대표부를 통해 그는 앞에서 언급했던 대로 캘리포니아 새러토가에서 루이스와 우리 스탠퍼드 팀을 만나기로 일정을 잡았다. 3월 1일 오전 존 루이스는 김 부상과 그의 대표단이 공항에서 기자들과 마주치는 일이 없도록 그들을 빼내기 위해 FBI 요원들과 함께 샌프란시스코 공항의 활주로에 나가 있었다. 하지만 남한의 기자들이 김계관의 방문 소식을 이미 입수하고 김 부상으로부터 멀지 않은 비즈니스석을 예약해놓은 상태였다. 샌프란시스코 공항에서 새러토가까지 김 부상과 그 일행은 가는 길 내내 고속도로 입구를 통제한 캘리포니아 고속도로경비대 순찰차와 오토바이의 호위를 받았다. 상황을 기민하게 잘 살핀 몇몇 뉴스 매체들은 김 부상을 비롯한 수행단과 존 루이스, FBI 호위대가 한적하고 조용한 '인앳새러토가'에 도착했을 때 그들 바로 뒤에 바짝 붙어 있었다. 다행히도 FBI가 그 매체들을 구내에 들어오지 못하게 막을 수 있었고, 덕분에 이 호텔은 우리 스탠퍼드 팀과 김 부상을 포함한 7인의 대표단이 편안하고 진솔한 대화를 나누기에 이상적인 장소가 되어주었다. 최선희를 비롯하여 북아메리카국에서 나온 낯익은 얼굴 몇몇이 김 부상을 수행하고 있었다. 존 루이스는 밥 칼린과 스탠퍼드대학의 몇몇 교수 외에도, 국무부 정보조사국 출신의 노련한 북한통 존 메릴(John Merrill)도 초대해놓았다.

이 방문은 김 부상의 여러갈래 외교 행보의 일환이었고, 그는 곧 힐 대사를 만나러 뉴욕으로 옮겨 그와 함께 BDA 제재 문제의 최종적 해결을 포함하여 2월 행동 계획을 진전시키는 문제에 대해 심도 있는 대화를 나누게 될 것이었다. 잠시 휴식을 취한 후, 안락하고 조용한 분위기의 호텔 안에서 김 부상은 우리에게 평양이 2월 행동 계획의 여러 조치를 수행하기 위해 계획 중임을 우리 스탠퍼드 대표단이 알아주길 바란다고 얘기했다. 그 계획에 대해 낙관하는 그는 이렇게 말했다. "그 합의는 우리 정부의 붕괴를 전제로 하는 것이 아닙니

그림 12 존·재키 루이스 부부와 함께한 김계관 부상과 조선민주주의인민공화국 미국국에서 나온 최선희. 그녀는 내가 북한을 방문할 때마다 함께 자리했으며 나중엔 외무상이 되었다. 2007년.

다. 이번엔 우리의 주권을 인정하고 공존을 약속한 것입니다." 김계관은 우리에게 평양은 2005년 공동성명에 부합하도록 비핵화를 할 준비가 되어 있으나 그런 일은 미북 관계 정상화의 진전에 상응하여 단계별로 행해질 것이라고 말했다. 합의에 대한 부시 정부의 진실성에 대해 평양이 의심을 품고 있는 만큼, 북한은 두가지 안전망을 유지할 것이라고 했다. 당분간 핵무기를 보유할 것이고 돌이킬 수 있을 정도로만 핵시설들의 불능화 조치를 취하겠다는 것이었다. 김계관은 우리에게, 만약 합당한 조치가 완수되면 "평양은 핵무기를 유지할 필요가 없으며 NPT에 재가입하고 IAEA 시찰단을 받아들이기로 약속한다"고 말했다. 왜 핵실험으로 인해 그 장기적 약속이 바뀌지 않았는지 묻자, 그는 그것은 그저 작은 과학 실험이었을 뿐 핵을 보유하게 된 다른 나라들의 최초 실험과는 다르다고 대답했다. 그가 아직도 그들의 최초 실험이 그다지 좋지 않은 결과로 끝났다는 사실을 받아들이려 애쓰고 있는 것처럼 들렸다.

김계관은 경수로에 대해 또 한번 열변을 토했다. 직전의 6자회담 회의 중에는 뒷전으로 밀려나 있던 주장이었다. 그는 경수로는 경제적으로도 중요할 뿐만 아니라 정치적·상징적으로도 중요하다며 2005년 8월 우리에게 했던 얘기를 되풀이했다. 그는 북한이 흑연감속 원자로를 포기하기로 한 데에는 경수로가 중요한 요인으로 작용했다고 지적했다. 게다가 이전에도 강조했다시피 북한에 경수로를 제공한다면 그것을 건설하는 데 여러해가 걸릴 것이고, 그런 일은 북한과의 관계를 정상화하겠다는 미국의 약속을 상징하게 될 것이라고 했다. 우리는 북한 비핵화 과정의 위험을 감소시키기 위한 협력사업을 추진할 가능성을 얘기해보자고 했다. 냉전 종식 당시 미국이 러시아와 함께 수행했던 작업과 유사한 어떤 일이 가능하지 않겠냐는 것이었다. 나는 러시아 핵 과학자들과 협력하여 그들 중 일부가 군사적 작업에서 민간 작업으로 이직하도록 돕고, 또 우리 모두 수년간 생산해온 바 있는 핵분열 물질의 안전을 확보하는 일에 참여했던 나의 경험을 설명했다. 김계관은 어느정도 관심을 보이는 시늉을 하면서도 이 시점에서는 경수로가 더 중요하다고 말했다.

가장 열띤 논의를 불러온 주제 중에는 우라늄 농축 문제도 있었다. 김계관은 2002년 10월 켈리 대사가 평양을 찾은 그 치명적인 방문 기간에 어떤 일이 벌어졌는가에 관해 이전에 설명했던 얘기를 다시 펼쳐놓았다. 내가 그에게 핵을 가지고 있는 나라들은 전부 폭탄을 개발하는 두가지 경로를 모두 모색해왔다는 점을 다시 상기시키자, 그는 내게 이렇게 말했다. "선생도 우리나라에 대해 다 알고 있다고는 못 합니다. 우리는 원자로로 민간용 핵 프로그램을 추구하기로 선택한 거요." 그 원자로들이 결국은 폭탄 제작으로 연결되지 않았느냐고 말할 수도 있었지만, 나는 그 말을 입 밖으로 내지는 않았다. 내가 좀더 캐묻자 그는, 자기들은 미국에 우라늄 농축 문제를 투명하게 밝힐 준비가 되어 있다고 말했다. 그날 저녁 작은 이탈리아 식당에서의 저녁 식사 자리에서 그는 2002년 10월 이 농축 문제가 처음 제기되었을 때 자신도 자기네 사람들 여럿에게 물어보았지만 아무에게서도 답을 얻지 못했다는 얘기를 꺼냈다. 그는 "이 문젠 아직까지도 큰 골칫거리 중 하나라오"라고 말했다. 2002년 10월에는 김 부상이 북한의 농축 시도에 관한 이야기를 듣지 못했을 수도 있겠다고 생각했다. 그러나 아무리 북한이 배타적이고 수직적인 정보 체계를 가지고 있다 하더라도 2007년에도 그가 이 사실을 몰랐으리라고 믿기는 어려웠다.

한반도에 관여하고 있는 여러 당사국들의 이해관계에 대해 논하던 중, 김계관은 칼린과 루이스가 최근에 쓴 「워싱턴 포스트」의 칼럼을 칭송했다. 두 필자는 그 칼럼에서 평양이 정말로 원하는 것은, 자기네 같은 약소국에 인접국들이 이미 행사하고 있거나 곧 행사하게 될 강력한 영향력을 완충해줄 미국과의 장기적·전략적 관계라고 주장한 바 있었다.[1] 김계관은 그 주장이 "제대로 옳은 얘기"라고 했다. 이것이 그저 칼린과 루이스에게 하는 인사치레만은 아니라는 생각이 들었다. 진심을 담은 말로 들렸다.

저녁 자리에서 나는 김계관에게 내가 곧 북한의 핵 프로그램에 대한 평가를 담은 논문을 내기로 되어 있다고 귀띔했다.[2] 그 논문에서 나는 내 영변 방문에 근거해 북한의 핵 프로그램을 평가하고 모든 증거가 북한이 원심분리기 프로그램을 진행하고 있다는 쪽을 가리킨다고 했다. 나는 또 내가 북한 핵 프로그램의 가장 위험한 점 중 하나라고 여기는 것, 즉 이란과의 핵 협력 가능성에 관해서도 기술했다. 김계관은 이에 반박하지 않고 자신도 지금 워싱턴의 가장 큰 관심사가 북한이 플루토늄을 더이상 생산하지 못하게 하는 것, 그리고 그 플루토늄이 수출되지 않도록 하는 것임을 안다고 말했다. 김계관이 언제나 한발 빠른 사람인 것은 우리 모두 알고 있었지만, 그다음 발언에는 놀라지 않을 수 없었다. 김 부상은 자기 포도주잔을 들어올리며 이렇게 말했다. "이거야말로 가장 중요한 문제지요. 이런 물질들이 테러리스트의 손에 들어가는 것을 막아야 합니다." 이유는 아래에 설명하겠지만 나로서는 이 발언의 진정성이 의심스러웠다.

내가 김계관에게 언급한 그 논문에서, 나는 북한과 이란이 핵 프로그램으로 협업하는 그 치명적인 결합의 가능성에 대한 우려를 표했다. 나는 북한이 더 큰 규모의 원자로를 완성하고 플루토늄 생산을 대대적으로 늘리지 않는 한 평양이 이란에 플루토늄을 판매할 가능성은 적다고 생각했다. 핵 기술 분야에서 협력할 가능성이 훨씬 더 컸다. 이란은 비밀리에 우라늄 경로를 통해 폭탄으로 가는 길을 밟고 있었다. 북한은 자기네 원자로 연료용 금속 우라늄 성분을 생산할 수 있는, 그리고 이란이 폭탄용 금속 우라늄 성분을 만들도록 도울 수 있는 필수 기술과 노하우를 개발해놓고 있었다. 다른 한편 이란은, 최초의 고체연료 미사일을 제작하는 데에는 북한의 도움을 받았지만, 그 이후로 고체연료 미사일 기술면에서 북한을 앞질렀다. 이는 미사일 개발에 대한 북한의 야심을 채우는 데 필수적인 기술이었다. 정치적으로 이 두 나라가 핵을 중심으로 이런 유대를 쌓아갔는지는 확실치 않았다. 북한과 이란의 관계는 북한이 이집트나 시리아 같은 중동의 다른 몇몇 나라들과 맺고 있는 관계에 비해 그다지 긴밀하지 않았기 때문이다. 2007년 3월 당시 우리는 북한이 시리아의 플루토늄 생산 원자로 건설에 깊이 관여하고 있다는 사실을 전혀 몰랐다. 내가 그것을 알게 된 것은 7월 4일 독립기념일이 되어서였다.

나중에 알게 된 바에 따르면, 이스라엘 정보부가 시리아의 원자로가 완공에 가까워졌다는 소식을 백악관에 알리고 난 후 에후드 올메르트(Ehud Olmert) 총리가 부시 대통령에게 그 원자로를 파괴해달라고 요청했다. 체니 부통령은 동의했으나 부시와 그의 참모진은 내켜하지 않았다. 부시 대통령은 그 정보의 진위를 파악하기 위한 면밀한 조사를 지시했다. 그는 존재하지도 않는 사담 후세인의 핵무기를 제거하기 위해 정부가 이라크 침공을 개시했던 2003년의 실수를 반복하기 싫었던 것이다. 나는 2007년 여름휴가 중 스탠퍼드대학을 떠나 로스앨러모스를 다시 찾았다. 미국 정부의 한 관계자가 나를 찾아와 시리아 원자로의 증거물을 내놓았다. 그러면서 내게 CIA 본부로 와서 미국 정보팀이 수집한 나머지 정보들을 평가해달라고 청했다. 문제의 그 구조물이 실제로 가동 단계에 거의 다가간 핵 원자로이며 북한이 그 건설에 중요한 역할을 했음을 확신할 수 있었다.

부시 대통령은 시리아가 핵 원자로를 세우고 있다는 정보기관의 평가를 받고도 그것이 미국이 선제적 군사 행동을 택할 만한 충분한 이유는 못 된다고 판단했다. 그는 그 일을 이스라엘 사람들에게 미뤘다. 다만 그는 미 정부가 침묵을 지킬 것이라 약속했고, 정부는 실제로 다음 해 4월까지 그렇게 했다. 나 역시 비밀을 지켜야만 하는 처지였으나 내가 보기에 이 일은 북한이 저지른 중 가장 무모한 핵 관련 일탈 행위였다.

2007년 8월 평양과 영변 방문

8월 7일 존 루이스, 밥 칼린, 국무부의 존 메릴, 그리고 내가 다시 평양 땅을 밟았다. 평소의 경로를 그대로 따라 베이징을 경유하며, 그곳에서 북한 방문 전후로 우리의 중국 동료들과도 다시 만났다. 불과 다섯달 전에 캘리포니아에서 김계관 부상을 맞았기에 우리는 이렇게 빨리 북한에 돌아올 것이라는 기대는 하지 못한 터였다. 그러나 존 루이스가 7월 말 유엔 북한 대표부로부터 8월 첫주에 평양으로 들어와달라고 청하는 전화를 받았다. 김 부상이 다음 6자회담에 참석해야 해서 이때만 잠시 시간이 빈다는 것이었다. 김계관은 이전에 루이스에게 나의 기술적 지식이 "조선민주주의인민공화국 핵 프로그램을 더 투명하게 해줄 것"이라며 다음 방문에 내가 같이 와주기를 바란다고 얘기한 적이 있었다. 그들이 '선택적'으로 투명성을 행사한다는 것을 모르는 바는 아니었지만, 그럼에도 나는 2005년이나 2006년에는 가보지 못했던 영변 시설들을 기꺼이 다시 찾을 마음이었다.

우리는 고려호텔에서 김계관 부상, 최선희, 외무성 북아메리카국에서 나온 다른 대표들이 주최하는 만찬에 참석했다. 김계관은 새러토가에서 우리가 그와 일행들에게 보여준 호의에 사의를 표했다. 그는 협상이 돌아가는 상황에 대해 낙관적이었다. 그는 힐 대사가 정부로부터 대화를 해도 좋다는 허가를 받고 나서 갖게 된 미국 측과의 양자회담의 좋은 점을 칭송했다. 그는 우리에게 우리가 영변 핵단지를 방문해서 그들이 취한 불능화 조치를 평가하게 될 것이라고 얘기했다. 김계관은 불능화 조치에 대한 내 의견을 듣고 싶어 했지만, 그 전에 불능화란 기술적·정치적·환경적으로 수많은 문제를 수반하는 복잡한 과정이라는 설명을 앞세웠다. 그것은 단계적으로 실행되어야 할 것이라고 했다. 그는 핵시설을 불능화하는 데 수반될 수 있는 일에 대한 구체적인 지식을 내보이며 그것을 안전하게 수행하려면 시간이 걸릴 것이라는 데 대해 나의 동의를 받고 싶어 했다.

김계관의 말이 맞는 말이긴 했지만, 그가 불능화 과정의 시간을 북한 외교에 이롭도록 이용하고자 한다는 것도 확실했다. 내게는 그들이 협상 과정에서의 전술적 유연성을 최대한 확보하기 위해 다중의 대비책을 마련해놓은 것처럼 보였다. 초기 불능화 조치는 돌이킬 수 있었다. 돌이킬 수 없는 폐기 조치는 오직 최후에, 경수로 공급과 연계될 때에만 실행될 것이었다. 김계관은 "미국이 우리에게 경수로를 줄 생각이 없다면, 우리도 돌이킬 수 없는 상태까지 갈 수는 없다"는 점을 명확히 했다.

불능화 논의의 초점은 온통 영변 핵단지와 핵분열 물질 생산에 맞춰졌다. 우리는 그들의 핵무기가 어떻게 될지 논의하는 것은 수사학적인 '궁극적' 목표로만 거론될 뿐 뒷전으로 밀린 느낌을 받았다. 내가 나머지 핵무기 프로그램에 관해 묻자, 김계관은 내게 "영변 사람들에게 무기화 과정을 보여달라 요구하라"고 했다. 나중에 영변 방문 중 그곳 사람들이 나에게 플루토늄 글러브박스 실험실을 보여줄 때에 가서야 이 말이 무슨 뜻이었는지 이해할 수 있었다. 바로 이 실험실에서 재처리된 사용후 연료에서 얻은 플루토늄 생성물이 무기급 금속 플루토늄으로 제련되는 것이었다. 내가 김계관에게 무기 자체를 볼 수는 없겠냐고 묻자 그는 웃으며 이렇게 답했다. "아직은 안 되지요. 우린 지금도 교전국 사이 아닙니까?"

우라늄 농축 문제는 짤막하게만 거론되었다. 한번은 김계관이 우리를 전적으로 믿는다는 식으로 "오프더레코드"로 얘기하는 것이라 말했다. 그의 발언들이 북한이 농축 문제에 대해 앞으로도 이런저런 꾀를 부릴 수 있도록 면밀하게 짜인 것이었다는 데에는 의심의 여지가 없다. 김계관은 북한이 농축 문제를 신고할 시점이 되면 그것을 "완전하게" 처리할 것이라고 했다. 흥미로운 점은 김계관이 2004년 1월 이후로 우리 스탠퍼드 대표단과 논의를 해온 과정에서 이 문제에 대한 그의 주장을 점차로 누그러뜨려 왔다는 사실이었다. 2004년 당시에 그는 조선민주주의인민공화국에 우라늄 농축 프로그램이란 없다, 시설도, 장비도, 우라늄 농축 훈련을 받은 기술 인력도 없다고 강변했다. 2007년 3월이 되자 그는 새러토가의 저녁 자리에서, 2002년 10월에는 자기네 나라 사람들에게서도 농축에 대한 답을 얻을 수 없었다고 우리에게 얘기했다. 이제 그는 그 문제가 신고 시점에 처리될 것이라고만 할 뿐, 북한에 농축 프로그램이 없다는 말을 단정적으로 하지 않으려 했다.

다음 날에는 리근 대사가, 김 부상의 입장에 아주 잘 맞추어진 접근법으로 불능화 문제에 대해 상세히 설명했다. 그는 그들 시설의 불능화 단계는 경수로 건설의 단계와 상응해야 한다고 말했다. 그는 불능화와 그에 뒤따를 폐기는, 당연히 핵 관련 종사자들을 어떻게 할 것인가 하는 심각한 과제를 낳는다고 인정했다. 김계관도 핵시설이 폐쇄된 현재 상황에 대해 영변 책임자는 마땅치 않아 한다고 말한 바 있었다. 그는 다음 날 우리가 영변을 방문하면 그곳의 진전 상황과 분위기를 직접 판단할 수 있을 것이라고 했다.

핵 문제를 넘어

우리 대표단은 미국과 북한 간 '정상화'라는 주제를 발전시키는 데에도 관심이 있었다. 루이스와 칼린은 정상화가 앞으로도 지속되고 진실로 의미를 지니려면 핵 문제와 외교적 공식 조치들을 넘어 다양한 스펙트럼에 걸쳐 확대되고 심화되어야 한다고 믿었다. 김 부상의 도움으로 루이스는 교육 및 보건 부서 관계자들과의 회합을 잡을 수 있었다. 이 방문과 논의들은 미국과의 비공식 대화 전반에 있어서 북한의 접근법에 의미있고 매우 긍정적인 방향 전환이 생겼음을 보여주었다.

병원장 리정찬 박사가 이끄는 평양 제3결핵병원 방문은 다제내성 결핵에 맞서는 협업을 모색하게 해주었다. 우리가 병원의 결핵 연구동을 걸어서 지나는 동안 내가 몹시 불안해했다는 사실을 고백해야겠다. 핵 위험을 판단하는 법과 핵 방사능을 감지하는 법은 알았어도 결핵 실험실 안에서는 완전한 무력감을 느꼈다. 어쨌든 우리는 그 방문에서 살아남았고, 루이스는 다음 해 1월 북한 의료팀이 스탠퍼드 대학과 베이에어리어 결핵협회에 방문하도록 추진할 수 있었다. 교육성 방문은 상당히 늦게 시작되었으나 루이스는 그것 역시 상승세로 돌려놓는 데 성공했다. 그러나 후일을 기약하자는 다짐은 북한 측의 이유로 실현되지 못했다. 우리 대표단은 최고인민회의 부의장 김영대를 예방하기도 했다. 2006년 방문 때와 마찬가지로 이것 역시 관례에 따른 예방 이상도 이하도 아니었다.

우리는 북한 과학자들이 핵물리학 연구를 진행하고 있는 소규모의 사이클로트론(이온가속기) 실험실을 방문했다. 구식의 소규모 시설이었으나, 나이 지긋한 소장이 전기도 들어오지 않는 건물 속 찜통 같은 열기 속에서도 우리를 안내하며 보여준 열의에 나도 기분이 좋아졌다. 그는 우리에게 정전 사태가 시도 때도 없이 일어나는 바람에 연구 프로그램이 심하게 지장을 받을 정도라고 했다. 전기가 또 나가서 실내가 깜깜해진 적이 있었다. 소장은 껄껄 웃으며 미국이 그동안 중유 수송을 끊어줘서 참 고맙게 생각한다고 말했다. 덕분에 자기네 기술자들은 이제 어둠 속에서도 기계를 완전히 분해했다가 다시 조립할 수 있는 능력을 갖추게 되었다는 것이었다. 시설을 둘러보고 얘기를 나누어본 결과 북한의 핵 과학 역량은 매우 제한적이나, 영변에서도 보았듯이 그들의 기술공학적 지식은 상당하다는 내 믿음을 확인하게 되었다.

다시 영변으로

8월 10일 우리는 토요타 랜드크루저를 타고 영변으로 향했다. 거리에 차량은 거의 없었으나 거센 비를 뚫고 가야 했다. 우리를 맞아준 사람은 신임 소장 리상근과 부소장 최길만, 그리고 2004년 방문 당시 우리와 동행했던 사근사근한 성격의 안전부서 책임자 리용호였다. 2004년 우리를 안내해주었고 2005년과 2006년에는 평양에서 우리와 만났던 전임 소장 리홍섭을 볼 수 없어서 뜻밖이었다. 그가 소장 자리에서 물러나 지금은 평양에 살고 있다는 얘기를 들었다. 나는 이것을 그가 은퇴했다는 뜻으로 받아들였다. 그러나 몇년 후 그가 북한 매체에 김정은에게 그들의 핵폭탄을 보여주는 모습으로 등장했을 때 우리가 알게 되었다시피, 그는 이 당시 전혀 은퇴한 것이 아니었다.

우리는 중요 시설 세곳, 즉 5MWe 원자로 단지, 재처리 단지, 연료제조 단지의 가동이 중단되어 있음을 확인했다. 원자로에서는 창문이 있어 햇빛이 들어오는 방에만 들어갈 수 있었다. 지난밤의 폭풍우로 대규모 정전 사태가 발생했기 때문이었다. 우리는 IAEA의 봉인과 카메라가 비밀리의 가동 재개를 막는 역할을 다시 하고 있는 모습도 목격했다. 10~12킬로그램으로 추산되는 플루토늄이 든 연료봉들은 아직 원자로 노심 속에 그대로 있었다. 그것들은 이산화탄소 냉각제의 단순한 대류작용을 통해 냉각 중이었는데, 만약 온도가 오르면 송풍기 두대를 다시 틀도록 담당자들이 대기하고 있다는 얘기를 들었다. 신임 수석 엔지니어 유순철은 그 연료가 필요하다면 연료봉을 처리할 최선의 기술적·정치적 결정을 찾을 수 있도록 몇년이라도 그 상태로 있을 수 있다고 말했다. 그는 우리에게 지금 장전된 연료로도 원자로 가동을 다시 시작해 앞으로 2년은 가동할 수 있을 것이라고 얘기했다. 리상근 소장은 연료봉을 수거하기로 결정이 내려진다면 그렇게 하는 데 200일이 필요할 것이라 말했다. 지난번에 (플루토늄 추출을 위해) 연료를 수거할 때 두달밖에 걸리지 않았던 것을 볼 때, 그들이 원자로에서 연료를 빼내는 작업을 오래 끌 생각을 미리부터 하고 있는 게 틀림없었다. 그들은 또 그동안 저출력, 낮은 온도로 원자로를 가동해왔음을 인정했다. 당시 소장인 리홍섭이 북미제네바합의 이후 최고 설계 출력인 25MWth로 원자로 가동을 복구할 수 있었다고 자랑스럽게 말했던 2004년의 얘기와는 상반되는 소리였다. 저출력 가동은 미래에 그들이 가동을 재개할 때 겪게 될 어려움의 전조였을지도 모르겠다.

방사화학실험실로 가는 길에 우리는 방치되어 있는 50MWe 원자로 옆을 지났다. 2004년에 보았을 때보다 훨씬 더 안 좋은 상태였다. 복구가 도저히 불가능해 보였다. 하지만 1994년 이전에 제조되어 (현재 IAEA의 감시 아래) 영변에 저장 중인 원자로 노심용 흑연 블록은 다른 부지에 그런 원자로를 세우는 것을 더 어렵게 만들기 위해 파괴되어야 할 터였다. 우리가 알기로 그런 일은 행해지지 않았다.

방사화학실험실에 도착했을 때도 여전히 정전 상태였으나, 그들은 그 시설이 폐쇄되었고 상황 감시용 카메라와 봉인이 제자리에 있다는 사실을 증명하기 위해 반드시 우리가 그곳을 둘러보게 할 작정이었다. 복도를 따라 걸으며 손전등을 이용해 방사능물질 취급실을 들여다보는 것은 초현실적인 경험이었다. 나는 플루토늄 금속이 생산되는 실험실을 약속대로 방문할 수 있기를 고대하고 있었다. 2004년 방문 당시에 그들은 플루토늄 금속 생성물은 보여주었으나 실험실은 보여주지 않았던 것이다. 플루토늄 생산 실험실은 방사화학실험실의 2층짜리 별관에 자리하고 있었다. IAEA 검증단도 미국 기술진도 그곳에 들어가본 적은 없었다. 6월 IAEA 사무차장 올리 헤이노넨이 그 실험실에 들어간 것이 최초였다. 나는 그들의 플루토늄 가동이 어떤 수준에 있는지, 시설들은 얼마나 큰지, 어떤 종류의 안전조치들이 행해지고 있는지를 더 잘 알아보기 위해 그 실험실을 직접 보고 싶었다. 안전 문제에 대해서는 곧 답을 얻을 수 있었다. 전기가 다시 들어오자 실험실에 들어가도 되겠다는 얘기를 들었던 것이다.

전기가 다시 들어오고 나서 단 몇분 후에 플루토늄 글러브박스 시설 출입 허가가 떨어진다는 것은 아무리 좋게 얘기하더라도 특이한 일이었다. 내가 마지막으로 그런 상황에 마주쳤던 때는 1993년 9월 로스앨러모스였고, CMB(화학-야금-요업) 분과 책임자로 발령받은 첫날이었다. 모든 플루토늄 시설을 책임지는 자리였다. 그날 오후 거센 뇌우가 몰아쳐 화학-야금 연구동의 전기가 나가는 사태가 벌어졌다. 나는 다음 날 아침 여섯시까지 집에 갈 수 없었다. 플루토늄 실험실의 복잡한 환기 장치의 균형을 잡는 것이 글러브박스의 방사선 누출을 막는 핵심이기 때문이었다. 글러브박스의 기압은 실험실의 기압

그림 13 플루토늄 글러브박스 실험실에서 필자(오른쪽에서 세번째)는 이곳이 첫번째 핵실험을 위한 플루토늄이 준비되는 곳이라는 말을 들었다. 그 일을 하기에 깨끗하고 기능적으로 보였다. 2007년.

보다 낮게 유지되어야 하고, 또 그 실험실의 기압은 건물 내 복도나 사무실 들의 기압보다 낮아야 한다. 그런 식으로 해야 플루토늄이 글러브박스 밖으로 새어나가지 않는다. 로스앨러모스에서 그 일이 있었을 때 나는 내가 남아서 환기 장치의 안전한 복구를 지켜봐야 한다고 생각했다.

리상근 소장이 우리를 향해 환히 웃으며 같이 가보자고 했을 때, 나는 그들과 함께 가기로 결심했지만 내 미국 동료들에게는 따라오지 말고 빠져 있으라고 권했다. 나는 연구실에 들어갈지 말지를 결정할 두가지 기준을 세웠다. 첫째, 만약 소장이 들어가지 않으면 나도 들어가지 않는다. 필요한 작업복과 장화를 착용하고 있는 것을 보니 그도 들어갈 모양이었다. 두번째 기준은 글러브박스 실험실에 들어갔을 때 글러브박스의 장갑이 어느 방향을 향하고 있는지 보는 것이었다. 만약 원래 그래야 하는 바대로 박스 안의 기압이 실험실보다 낮다면 장갑이 안쪽을 향하고 있을 것이다. 만약 그 장갑이 밖을 향하고 있다면, 뒤도 돌아보지 말고 도망쳐야 한다. 다행히도 그것은 안을 향해 있었다.

우리는 플루토늄 금속이 생산되고 정제되고 (원하는 공학적 속성을 얻기 위해 주조된 플루토늄에 갈륨을 더하는 단계로) 합금되는 네 개의 실험실 중 세곳을 볼 시간이 있었다. 글러브박스 실험실은 상당히 원시적이었으나 제대로 기능하고 있었고, 글러브박스 내부는 고성능의 글러브박스 공기 조절 장치가 없음에도 불구하고 놀랄 만큼 깨끗했다. 글러브박스와 실험실들 전반에 방사선 감지기가 부족한 것을 보아 그들이 가장 기본적인 안전조치만 시행하고 있음을 알 수 있었다. 1990년대에 방문했던 러시아의 플루토늄 실험실과 유사한 상태였다.

내가 본 실험실과 장비의 규모로 플루토늄 금속을 생산하기 위한 처리량이 제한적임을 알 수 있었다. 보유량이 50킬로그램 미만으로 얼마 안 될 것이라는 내 추산과 일치했다. 실험실에는 플루토늄 무기 요소를 주조할 수 있을 정도로 큰 용광로도 없었고 정교한 부품들을 가공하는 데 필요한 장치도 없었다. 이로써 내가 2004년에 들은 대로 그런 작업은 영변 단지 밖에서 이루어진다는 사실이 확인되었다. 이것이 사실일 가능성이 큰 것은, 일단 원자로에서 생산된 플루토늄이 재처리를 거쳐 추출되어 금속으로 정련되고 나면 그 나머지 작업은 터널이나 창고 안에 감춰진 공업 실험실 내 글러브박스에서 진행될 수 있고, 그런 경우엔 흔적이 별로 남지 않아 추적이 어려울 것이기

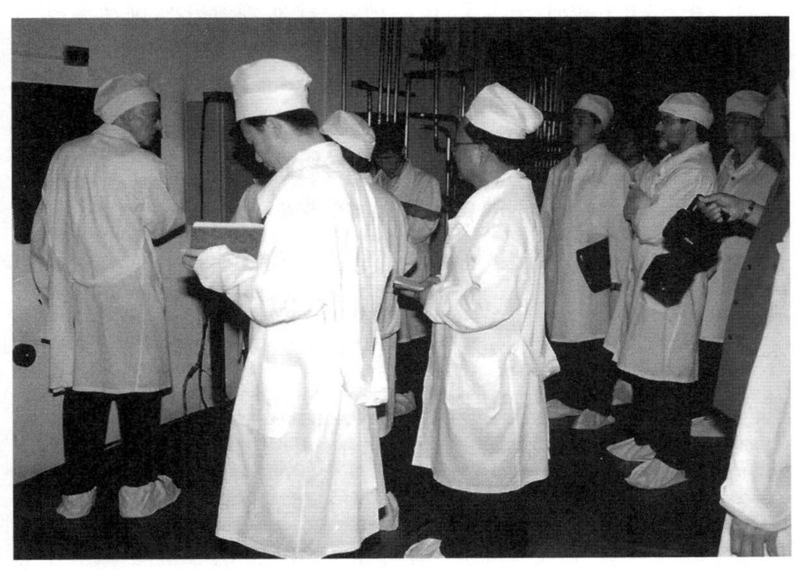

그림 14 2007년 여름 북한이 진지한 불능화 조치를 취했음을 증명하기 위해 영변 기술진이 우리 스탠퍼드 팀(왼쪽에 헤커)에게 방사화학실험실을 보여주었다.

때문이다.

우리는 플루토늄 실험실들은 방사화학실험실 별관에 있긴 하지만 다른 기관에 의해 운영된다는 얘기를 들었다. 확실히 말을 하진 않았지만, 아마 그 기관들 역시 영변 단지 내에 있었을 것이다. 말이 되는 얘기였다. 금속 플루토늄을 가지고 작업하는 기술은 사용후 연료에서 플루토늄을 추출하는 데 사용되는 재처리 작업의 기술과 크게 다르기 때문이다. 방사화학실험실의 나머지 활동에 대해서는, 우리가 방문한 당시 진행되고 있는 유일한 작업은 폐기물 재처리라고 했다. 기술 전문가들은 이 시설들을 불능화하는 데에는 현재 원자로 안에 있는 사용후 연료 폐기에 어떤 경로를 채택하느냐에 따라 최소 1년,

많게는 4~5년이 걸릴 수 있다고 말했다. 완전 폐기까지 해체와 정화 작업에도 10년 이상이 걸릴 것이라 했다. 내 생각으론 일리있는 추정이었다.

우리는 현재 원자로 안에 있는 사용후 연료를 처리하는 최선의 방안에 대해 논의했다. 나는 10~12킬로그램의 플루토늄이 들어 있을 것이라 추정했지만, 영변 사람들은 그 양을 확인해주지 않았다. 능히 예상할 수 있는 일이었다. 워싱턴에서는 사용후 연료를 일정 기간 방사선과 온도를 낮추는 냉각 과정을 거친 후 저장이나 재처리를 위해 북한 밖으로 내보내는 정치적 해법을 선호했다. 북미제네바합의 기간에 사용후 연료를 처리하려던 방법이 바로 이것이었다. 당시 양국은 연료를 재포장해서 사용후 연료 저장 수조에 안전하게 보관하는 데까지만 나아갔고, 북미제네바합의가 종결되는 바람에 연료봉이 국외로 수송된 적은 한번도 없었다. 이 덕분에 북한이 25~30킬로그램의 플루토늄을 추출할 수 있었던 것이다. 그때도 그랬고 지금도 마찬가지지만, 나의 걱정은 북미제네바합의에 따라 사용후 연료를 수송하는 단계까지 진척되었다 하더라도 50톤의 방사성 사용후 연료를 지구 반 바퀴를 돌아 영국이나 프랑스(이런 유형의 사용후 연료를 재처리하는 시설을 갖춘 유일한 나라들)까지 옮기는 것은 악몽이라는 데에 있었다. 내가 보기에 가장 좋은 해법은 IAEA의 감시하에 영변에서 사용후 연료를 재처리하고 그다음에 거기서 나온 10~12킬로그램의 플루토늄을 러시아나 중국으로 보내 국제적 감시하에 저장하는 것이었다. 그런 합리적인 기술적 해법은 클린턴 정부나 부시 정부 할 것 없이 회의론자들의 거센 반대에 부딪혔다. 그들은 북한이 재처리된 플루토늄을 순순히 넘겨줄 리 없다고 의심했다. 내 생각은 달랐다. 플루토늄 금속 십수 킬로그램을 수송하는 것에 비해 50톤의 사용후 연료를 운반하는 것은 안전 면에서 엄청나게 어려운 과제이자 재정적으로도 막대한 부담이기 때문이다.

우리는 처음으로 연료제조시설을 방문했다. 이 시설들은 규모는 거창했으나 상태가 좋지 않았다. 8년 동안 폐쇄되었다가 지난 4년간 제대로 복구되지 못한 영향을 그대로 보여주고 있었다. 우리는 6층짜리 우라늄 변환 건물을 점검했다. 채굴 단지에서 받은 우라늄광을 산화우라늄으로 만들고, 다시 그것을 원자로 연료나 원심분리기 가동에 쓰이도록 공급재로 만드는 시설이다. 덥고 습한 8월 오후에 우리는 6층까지 계단을 걸어 올라갔다가 다시 내려오면서 녹슨 장비와 불쾌한 화학약품 냄새에 둘러싸여 화학처리 과정을 단계별로 살펴보았다. 영변의 다른 시설들과 거의 비슷하게 모양새는 별로였지만 기능에는 문제가 없었다. 그들은 1층에 다음 단계 처리로 들어갈 준비가 된 5톤의 산화우라늄을 꾸려놓고 있었다. 다음 단계가 무엇일지, 그것이 어디로 가게 될지는 확실치 않았다. 그 산화우라늄이 영변 밖으로 옮겨져 비밀 원심분리기 프로그램을 위한 UF_4과 UF_6을 만드는 공급재 역할을 할 가능성도 있었다. 아니면 더 많은 플루토늄을 생산하기 위해 새로운 금속 원자로 연료봉을 만드는 데 UF_4가 사용될 때를 대비하여 그냥 저장해놓을 수도 있었다.

수소불산화 공정을 통해 산화우라늄을 UF_4로 만들도록 설계된 건물에는 들어가 볼 수 없었다. 내부 구조물과 배관이 대부분 부식되고 붕괴했기 때문이었다. 따라서 북미제네바합의 기간 중, 그리고 그 후로도 여러해 동안 영변에서 UF_4가 생산되지 않았음을 알 수 있었다. 우리는 그들이 수성이 아닌 건식 공정을 이용하는 대안적 UF_4 생산 공정을 개발함으로써 문제점을 고치려 작업 중이라는 얘기를 들었다. 그러면 그들은 5MWe 원자로 가동을 유지하기 위한 새로운 우라늄 금속 연료를 만들 수 있게 될 것이었다. 그들이 말하지 않은 것은 UF_4가 원심분리기 내 농축 작업에 필요한 공급재인 UF_6를 생산하는 데 필수적인 전구체이기도 하다는 사실이었다. 당시 그들은 적어도 몇년 동안 비밀 원심분리기 프로그램을 위해 UF_6를 만들어왔고, 2000년대 초반 리비아에 판매한 UF_4도 생산한 바 있었다. 결론을 내리자면 북한은 영변 밖 어딘가에 또 다른 수소불산화 시설을 갖추고 있었으며, 그와 함께 UF_6 생산을 가능하게 해주는 불산화 시설도 갖추고 있었던 것이다. 이런 시설들의 성능은 알려지지 않았다.

우리는 실내 공기나 온도 조절 장치도 없는 황폐한 창고 건물 안에서 새 우라늄 금속 연료봉을 보관해놓은 연료 저장대를 보았다. 그 연료봉들은 플라스틱 커버만 덮인 목재 와인 선반처럼 생긴 것 안에 보관되어 있었다. 우리는 그들에게 1994년 북미제네바합의 조인 전에 생산된 98미터톤의 새 우라늄 금속 연료가 있다는 얘기를 들었다. 그 이후로는 새 연료가 생산되지 않았다. 5MWe 원자로용 약 200개의 미피복 연료봉이 있었지만, 그중 약 30퍼센트는 저장 중 부식되었다고 했다. 지금은 다 무너져가는 50MWe 원자로용으로 만들어진 연료봉도 1만2500개 있었다. 당시에는 확실치 않았지만, 이후에 미국 기술진으로부터 이것들이 5MWe 원자료용 연료봉과 지름은 같고 길이만 10퍼센트 더 길다는 얘기를 들었다. 그들은 10개를 채우는 일반적인 경우와 달리 이 긴 형태의 연료봉은 9개로 노심을 채울 수 있다고 생각했다. 불능화를 위해서는 이 연료봉들을 못 쓰게 만드는 것이 바람직한데, 그것들을 심하게 구부러뜨리는 것만으로도 꽤 간단히 그런 결과를 낼 수 있었다. 대안으로 우라늄을 함유한 채로 연료봉을 판매하는 방법도 있었다. 남한이 자국 원자력 발전소용 산화우라늄 연료 펠릿을 만드는 공급재로 쓰기 위해 이 연료봉 구입에 관심을 보였다.

이 연료봉들 안에 들어 있는 우라늄은 당시 2500만달러 정도의 가치가 있었다. 안타깝게도 북한과 남한은 판매 조건에 합의를 보지 못했고, 그 결과 나중에 — 2013년 8월이 되어 — 원자로가 재가동되었을 때 북한이 이 연료봉들로 총 장전량 8천개를 채울 수 있게 되었다.

우리는 접객소에서 방문을 마무리하면서 영변 시설이 불능화되고 폐기된 후에 그곳 노동자들의 재교육을 위해 가능한 방법이 무엇이 있을지 논의했다. 이 주제에 관한 관심은 그리 크지 않았다. 우리의 초청자들은 그것을 너무 먼 미래의 일이라고 보았다. 다만 그들은 우리 방문에서는 빠져 있었던 IRT2000 원자로가 의료용 동위원소를 만드는 데 이용될 수 있을 것이나 새 연료가 부족하다는 점을 얘기했다.

늦은 오후 영변을 떠나는 순간, 불현듯 이곳 시설들이 내가 기억하는 것보다 더 원시적이고 황폐해 보인다는 생각이 스쳤다. 어느정도는 다양한 화학 공정이 이루어지고 있는 연료제조시설을 방문했고 그곳 실험실이나 장비가 영변의 다른 곳에 비해 더 퇴락한 탓이었을 수도 있겠다. 낮 동안 휘몰아친 폭풍우도, 오전에 손전등을 들고 몇몇 시설들을 누볐던 것도 전반적으로 음울한 분위기를 자아내는 데 일조했을 수 있다. 그러나 나는 일단 그러기로 결정만 내려지면 그 모든 가동을 재건할 수 있는 북한의 능력을 과소평가해서는 안 된다는 것도 알았다. 강가의 도로가 폭우로 손상되었다는 소식에 우리의 출발이 지연되었다. 이런 상황에서 접객소에 훨씬 더 오래 머물러야 할지도 모른다고 생각하니 약간 심란해졌다. 다행히도 실제로는 그리 오래 지체되지는 않았다.

우리가 단지 밖으로 빠져나올 때 강으로부터 접객소 쪽에 있는 도로는 특수한 모래 자루로 둑을 쌓아 급류가 흐르는 물길을 막고 있었다. 우리가 콘크리트 다리 위로 강을 건너자 도로가 위험해지기 시작했다. 다리에서 보이는 광경은 정말 놀라웠다. 사람들이 강에서 도로 쪽 오르막길까지 컨베이어 시스템으로 일하고 있었다. 나란히 서서 옆 사람에게 돌을 건네주었다. 손으로 하나씩 나르는가 하면 플라스틱 개수통에 담아서 나르기도 했다. 마을 사람들이 모두 다 나온 모양이었다. 아이 어른 할 것 없이 20~30명씩 조를 지어 일하고 있었다. 누런색으로 빠르게 흐르는 강물이 양쪽 강변 차도의 많은 부분을 쓸어버렸다. 우리가 영변 시내를 거쳐 평양으로 돌아가려면 지나야 하는 길인 강 건너 쪽 도로는 낮 동안 쓸려내려온 돌과 흙으로 가득했다. 사람들은 흠뻑 젖어 있었다. 판초 우비를 입은 사람들도 있

그림 15 스탠퍼드 대표단의 영변 핵센터 출발이 큰 홍수로 지연되었다. 인근 마을 사람들이 도로와 범람한 구룡강 위 다리를 복구하고 있다. 2007년.

었으나 대부분은 평상복 차림이었다. 어른들은 심각한 표정이었으나 아이들은 마치 모험이라도 즐기는 듯 함박웃음을 지었다. 벌써 걸어서 몇마일이나 떨어진 영변으로 돌아가는 사람들도 많았다. 이따금 길 위로 트럭이 지나긴 했지만, 승용차는 우리가 탄 차밖에 없었다.

차를 타고 돌아오는 길에 우리는 상당한 수해 상황을 볼 수 있었다. 나무들이 쓰러졌고, 옥수숫대도 널브러져 있었으며, 저지대 밭은 물이 차 있었다. 사람들이 도끼를 들고 나와 나무를 토막내고 있었다. 어린 시절 오스트리아 알프스 지역에 살던 때 이후로 그런 도끼는 본 적이 없었다. 그곳에서도 봄이면 이와 유사한 파괴적인 홍수가 일어나 나무가 쓰러지곤 했다. 나중에 우리는 이 폭우로 인한 엄청난 피해 규모를 알게 되었다. 500밀리미터가 넘는 폭우로 북한 전역에서 200명이 사망하고 20~30만명이 이재민이 되었다. 옥수수와 쌀 10퍼센트를 포함하여 추정치 45만톤의 농작물이 유실되었다.[3] 대자연의 위력 앞에 속수무책인 이런 인간적 비극에 더하여, 나는 핵사고의 위급상황에 그들이 얼마나 무방비일지 생각하지 않을 수 없었다.

방문을 마무리하며

우리는 그날을 리근 대사가 베푸는 호텔 안 아리랑식당에서의 만찬으로 마무리했다. 우리 팀이 영변의 불능화 조치를 확인하도록 하는 것이 그들 외교 활동의 중요한 부분임이 분명했다. IAEA 검증단을 다시 불러들인 상태에서 우리의 방문이 그들에게 그렇게 중요하다는 것이 내겐 여전히 뜻밖이었다. 그들은 올리 헤이노넨 사무처장에게도 우리가 들어가본 곳을 그대로 개방했고, 곧 미국 기술팀도 상시적으로 영변 전체에 들어올 수 있게 할 예정이었다. 나는 처음으로 연료제조시설에 들어갈 수 있었고 그 외 영변의 최신 상황을 파악할 수 있어서 이번 방문이 유용했다고 생각했다. 만찬이 진행되는 동안 우리는 이전에 김 부상으로부터도 그랬듯이 리 대사로부터 그들이 우리의 방문을 다가올 6자회담에 맞춰 자신들의 입장을 널리 퍼뜨리고 시험해볼 좋은 기회라 여긴다는 인상을 받았다. 우리는 나중에 베이징에서 김계관이 우리가 도착하기 며칠 전 중국 정부 관계자들에게도 우리에게 한 것과 같은 대접을 했다는 것을 알게 되었다. 우리에게는 외무성이 미국 사람들과의 학술적·의학적·문화적 대화 확대를 진지하게 모색하는 데 관심이 있다는 것도 명확해 보였다.

토요일 아침, 비가 억수같이 쏟아졌다. 놀랍게도 고려항공 비행기는 제시간에 탑승 수속을 했다. 그러나 비행기 창 밖으로 아무것도 보이지 않을 정도로 심하게 비가 내렸기 때문에 우리가 탄 비행기는 30분 가까이 활주로 끝에 서 있었다. 날씨가 충분히 좋아지자 러시아제 투폴레프154가 활주로를 달려 아무 문제없이 이륙했다. 우리는 안전한 피난처 베이징으로 돌아갈 수 있다는 사실에 가슴을 쓸어내렸다. 어리석게도, 이번엔 50명이 넘는 기자 무리가 짐 찾는 곳 맞은편에서 우리를 기다리고 있으리라고 예상하지 못했다. 북한이 영변 핵단지를 폐쇄하는 진전을 보여주어서 흡족했다며 기자들을 달래는 몇마디를 한 뒤에 중국 동료들이 우리를 재빨리 빼내주었다. 베이징에 있는 동안 우리는 다시 중국 핵무기 프로그램 일을 하는 동료들과 만났고 존 루이스는 외교부 관계자들과의 저녁식사 자리를 마련했다. 핵 폐기의 기술적·정치적 측면들에 이야기가 집중되었다. 우리는 외교가 상승곡선을 그리는 듯하고 플루토늄 시설들은 중지되었다는 사실에 중국 동료들이 크게 안도하는 것을 느낄 수 있었다.

미국에 돌아와서 우리는 힐 대사를 비롯한 워싱턴의 여러 관계자에게 우리가 알게 된 것, 특히 영변 불능화 과정의 다음 단계를 어떻게 할지에 대해 보고했다. 이미 해본 일이었지만, 가동을 중단하는 것만이 아니라 불능화를 시작하는 기술적 조치도 상당히 단순할 수 있었다. 나는 폐기 단계로 넘어가기 전에는 정확한 신고는 근처에 가기도 어려울 것이라는 의견을 제시했다. 시리아에 대해 알고는 있으면서도 말할 수는 없는 처지였기에, 나는 핵 기술의 이전에 대한 일반적인 우려만을 표했다. 그 당시 나는 힐도 시리아 원자로에 대해 이미 보고받은 상태였다는 사실을 모르고 있었다.

2008년 2월 평양과 영변 방문

워싱턴도 평양도 시리아 폭격에 대해서는 말을 아끼는 상태로 영변 시설의 불능화와 미북 관계의 정상화를 향해 움직이는 구체적인 조치들을 밟아갔다. 새해 초에 우리는 평양이 다시 우리를 영변으로 맞아들일 준비가 되었다는 소식을 들었다. 존 루이스와 밥 칼린은 이번엔 사정이 안 되었으나 다행히도 상원 해외관계위원회의 선임실무자인 키스 루스가 합류했다. 루스는 2004년 우리 스탠퍼드 대표단의 방문에도 함께 한 바 있었다. 그가 조엘 위트(Joel Wit)도 합류시켰는데, 위트는 1990년대 북미제네바합의 협상과 시행을 도왔던 전직 국무부 관료였고, 당시에는 존스홉킨스대 고등국제학대학 미국-한국연구소의 선임연구원이었다. 나는 뉴욕의 북한 대표부에서 김명길 공사와 함께 방문 일정을 잡았다.

우리는 2008년 2월 12일 다시 평양 땅을 밟았다. 지난 8월 방문 때

후덥지근하고 비가 내리던 것과 반대로 평양 날씨는 청명하고 매우 추웠다. 스웨덴 대사관의 잉그리드 요한센(Ingrid Johanssen)과 평양에 있는 미국 기술팀의 물류 조정관 팻 오브라이언(Pat O'Brian)이 우리를 맞아주었다. 요한센은 그주 후반 평양에 대표부가 있는 유럽 국가 대부분이 참여하는 회의를 주선했다. 이런 회의들은 언제나 북한의 정세를 판단하는 데 중요한 역할을 했다.

나로서는 2007년 방문 이후 불과 여섯달 만에 다시 평양을 찾게 되어 뜻밖이었다. 주요 주최자는 이번에도 역시 리근 대사였다. 정책토의와 저녁식사 자리에는 미국국의 최선희도 함께 했다. 그동안 우리가 방문할 때 통역을 맡았던 그녀가 승진해 있었다. 우리는 김계관 부상을 만나고자 했으나, 이번에는 사정이 되지 않는다는 얘기를 들었다. 리 대사는 우리 방문의 주요 목적은 영변 핵단지에서 그들이 시행 중인 불능화 조치의 진정성을 검증하는 것이라고 강조했다.

목요일 우리는 이제는 낯익은 황량한 고속도로를 지나 영변 시내로 향하는 흙길로 접어들었다. 맑고 추운 아침 따뜻하게 옷을 차려입은 많은 사람들이 걸어서, 혹은 자전거를 타고 지나고 있었다. 영변 핵단지에서 우리는 평소와 달리 단지 내에서 카메라를 사용해도 좋다는 허가 안내를 받았다. 그들이 얼마나 진심으로 우리가 불능화 조치를 확인해주기를 바라는지 보여주는 일이었다. 외국의 핵무기 프로그램 시설 내부에서 직접 내 카메라를 사용하도록 허가받은 적은 한번도 없었다. 카메라로 불능화 조치만을 촬영해야 한다는 주의를 듣기는 했지만, 그것을 확인하기 위한 별다른 절차가 있지도 않았다.

영변 사람들은 우리에게 그들이 보기에 불능화 조치의 목적은 그들의 시설을 다시 가동하기 어렵게, 그러나 불가능하지는 않게 만드는 데 있다고 설명했다. 불능화는 핵심 시설 세곳—연료제조시설,

5MWe 원자로, 방사화학실험실—각각에서 네가지 조치를 하는 것으로 이루어져 있었다. 우리는 12개 항목의 불능화 조치 가운데 10개가 완료되었음을 보게 될 예정이었다. 11번째 조치인 5MWe 원자로의 연료봉 배출은 다른 당사국들이 2007년에 합의한 약속들, 즉 중유 지원 등을 빨리 이행하도록 자극을 주기 위해 북한에 의해 의도적으로 지연되고 있었다. 12번째 조치인 제어봉 구동장치 제거는 모든 연료봉이 배출되고 나면 완료될 예정이었다. 이전엔 가본 적 없었던 건물이나 방 들을 포함하여 이런 시설들을 둘러보고 나서 우리는 이 불능화 조치들이 진지한 것이며, 재가동을 위해서는 그들이 지적했듯 불가능한 것은 아니라 하더라도 상당한 시간과 노력이 필요하겠다는 확신이 들었다.

5MWe 원자로에서 그들은 우리에게 구체적인 불능화 조치로 원자로 외부의 보조 냉각관이 절단되어 바닥에 놓여 있는 모습 등을 보여주었다. 그들은—약 240입방미터의 목재로—냉각탑의 목조 내부 구조물을 해체 및 폐기한 것을 우리에게 보여줄 수 있어서 한껏 뿌듯한 것 같았다. 그들은 이런 구조물을 다시 세우려면 1년은 걸릴 것이라 주장했다. 내 추산으론 3~4개월 정도면 될 것 같았고, 만약 다시 세우지 않기로 결정이 난다면 다른 냉각 방법을, 예컨대 강으로 가져간다거나 하는 방법을 이용할 수도 있을 터였다. 미국 측은 평양이 탑 전체를 철거하도록 하려고 시도했으나 북한은 이를 거부했다. 그들이 협상 전술의 일환으로 그 일을 미루고 있었던 것인지 아니면 그렇게 빨리 진행하는 데 대해 정말로 정권 내부의 반대가 있었던 것인지는 알 수 없다. 하지만 북한은 이때의 태도를 바꿔 6월이 되자 해외의 뉴스 매체들 앞에서 대대적으로 팡파르를 울리며 정말로 냉각탑을 날려버렸다. 북한은—두대의(한대당 10~15톤인) 대형 이산화탄소

송풍기를 제거한다거나 노심을 못 쓰게 만들기 위해 거기에 가돌리늄을 붓는 것 같은—더 영구적인 불능화 조치에 대한 제안은 받아들이지 않았다. 그들은 우리에게 당분간은 미국이 자기 책임을 다하지 못할 경우를 대비하여 불능화 단계를 돌이킬 수 있는 정도까지만 계획하고 있다고 다시 강조했다. 이는 북한이 추구하고 있는 이중경로 접근법과 전적으로 일치하는 것으로, 그런 노선이 어떤 것인지를 더 명확하게 보여주었다. 절대로 한쪽 경로에만 몰두하지 말 것. 항상 다른 길을 열어놓을 것.

방사화학실험실의 경우 그들은 사용후 연료봉이 주입되는 공정의 선행 핵주기에만 불능화 조치를 취해놓고 있었다. 예를 들어 우리는 사용후 핵연료를 시설 안으로 들여오는 트롤리용 전선이 절단되어 있고 구동기가 제거된 모습을 목격했다. 그들은 우리에게 시설의 나머지 부분은 이전 작업에서 나온 폐기물들을 처리하기 위해 가동할 수 있도록 남아 있어야 한다고 말했다. 안전과 실행의 관점에서 볼 때 불합리한 얘기가 아니었다. 그들은 2003년과 2005년의 재처리 작업에서 남겨진 100톤가량의 우라늄 폐기물이 있다고 했다.

연료제조시설이 가장 심하게 불능화된 것으로 보였다. 2007년 우리가 본 그대로, 수소불산화 시설은 동결 기간(1994년부터 2003년까지) 중 상태가 너무 악화되어 건물 자체가 방치되고 있었다. 6층짜리 우라늄 변환 건물에서는 우라늄 용해 탱크가 불능화되었다. 수천개의 내화벽돌로 이루어진 변환로의 해체는 심각한 불능화 단계에 있음을 보여주었다. 주조로와 제조 선반의 제거는 더 쉽게 복원될 수 있겠지만, 제4동 건물의 내부는 처참한 상태였다. 그들이 우라늄 금속 제조 기능을 불능화하기 위해 얼마나 애를 써왔는지 인상적이었다. 그 당시 우리가 2년 뒤 이 건물이 완전히 수리되어 신형 원심분리기 시설을 들여오게 되리라고 예측하기는 어려웠다. 우리에게 그 다 허물어진 건물을 보여주고 있을 당시 그들이 어느정도나 그럴 계획을 세워놓고 있었을지 의문이다. 새 연료의 상황은 2007년 방문 때와 달라진 것이 없었다. 노심 하나를 더 장전할 연료가 있기는 했지만, 그것은 마그녹스 피복이 필요한 상태였다. 그런 작업에 필요한 시설들은 보지 못했다.

모든 시설에서 지난 방문 때와 비교해서 가장 두드러진 차이점은 건강 및 안전 관련 관행들이 극적인 향상을 이루었다는 점이었다. 지난 방문 당시엔 시설 내 복장 규정에 정해진 규칙이 없었고, 방사선 탐지기는 없는 것이나 마찬가지였다. 이번에는 대부분의 실험실에서 작업복과 장화를 착용하고 몇몇 실험실에서는 정식 방호복을 입었다. 가는 곳마다 이동식 방사선 탐지기가 있었다. 미국 기술팀이 전면 마스크, 간이 마스크, 헤파필터, 안전 장비, 발전기, 중장비, 겨울 의복 등 많은 양의 장비들을 공급했다. 그들은 또 겨울용 디젤 연료 1천톤도 지원했다. 이런 지원은 북한이 신속하고 안전하게 시설들을 불능화하도록 하려고 계획된 것이었다. 여기 쓰인 돈은 제재가 아직 풀리지 않은 상태에서 허용된 유일한 자금원인 미 국무부의 비확산군축기금에서 나왔다. 힐 대사는 불능화를 하는 동안 영변에 노동에 대한 보상으로 북한 노동자 한명당 하루 100달러 상당을 지불하자고 미국 정부를 설득하는 데 성공했다. 미국 측 참가자들 몇명은 내게 불능화를 위한 미국의 전체 원조가 1930만 달러에 달할 것으로 추산되며, 그중 1500~1700만달러는 2007년 말 현재 이미 지출되었을 것이라고 얘기해주었다.

이 기간 내내 미국은 영변에 상시적으로 사람들을 두었고, 평양에 사무실도 개설하고 있었다. 영변 시설에 미국 기술팀이 접근할 수 있도록 허용된 정도나 영변의 주인들이 보여주는 협조는 특별한 수준이었다. 두개의 미국 팀이 2주 교대로 영변 접객소에 머물렀으며, 영변 기술진으로부터 각별한 협조를 받았다. 늘 우리와 함께했던 사람 좋은 안전부서 책임자 리용호에게 미국 기술팀에 있는 나의 한 젊은 동료에 대해 어떻게 생각하느냐고 묻자, 그는 웃으며 "그 사람 아주 유능합니다. 실수란 게 없어요"라고 말했다. IAEA 역시 이전에 비해 이번에는 훨씬 더 협조적인 대접을 받았다. 그들은 약속이 준수되는지를 검증하기 위해 인력 두세명을 영변에 상주시켰다. 미국 기술팀과 IAEA 검증단, 그리고 우리 같은 비정부 대표단이 이 같은 접근권을 누림으로써, 영변 일에 대한 중요한 통찰을 얻는 데는 현장을 직접 보는 것이 결정적으로 중요하다는 사실이 더욱 분명해졌다.

영변 노동자들의 전직 가능성

접객소에서 열린 최종브리핑 자리에서 전임 소장 리홍섭 박사가 우리를 맞아주었다. 2007년 그가 평양에 살고 있다는 얘기를 들었던 터라, 그를 만난 것은 뜻밖이었다. 나는 우리의 인상을 간략하게 정리하고 불능화 조치들에 대한 나의 평가를 얘기했다. 리 박사는 흡족해하며 우리가 받아들일 만한 해법을 낳는 데 도움을 주기를 바란다고 말했다. 2007년의 합의를 가리키는 것인 듯했다. 나는 리홍섭에게 지금 그들이 이런 진지한 불능화 조치들을 취하고 있는 만큼 핵 관련 일을 해오던 영변 노동자들의 향후 거취에 대한 논의에 특히 관심이 간다고 말했다. 이전에도 나는 전체 핵 프로그램에 얼마나 많은 사람이 종사하고 있는지를 대충이라도 알고 싶었다. 주제넘게 리홍섭 앞에서 추정치를 내놓지는 않았지만, 내 생각으로 영변에 약 2천명, 채굴까지 포함하여 전체적으로는 1만명이 아닐까 싶었다. 리홍섭은 자신도 자기네 노동자들의 미래에 관심은 있지만 지금으로선 불능화가 우선이라고 말했다. 2007년 합의 조항들이 완전히 이행되고 나면, 그때는 아마도 기술 인력들의 미래에 관해 얘기해볼 수 있을 것이라고 했다.

리 박사는 영변 인력의 전직에 대한 논의는 꺼리면서도, 내가 미래가 어떻게 될 것 같으냐고 묻자 기꺼이 여러가지 대안을 얘기했다. 그는 영변 단지의 중점을 평화로운 핵에너지 사용으로 옮겨야 한다고 말했다. 그들은 경수로 도입을 기대했다. 그들은 자기네 기술자와 엔지니어 들을 경수로 기술과 발전소에 맞게 훈련할 수 있었다. 핵 엔지니어들을 비핵 분야에 종사하도록 훈련할 방법을 모색 중이었다. 그는 협력 작업에 대한 내 생각에 관심을 보이며, 미래를 위한 과학적 기반을 다질 방법을 알고 싶어 했다. 그는 2007년 합의가 완전히 이행된 후에야 핵 노동자들의 미래에 대한 협업이 실행 가능하리라 보았다. 지금으로선 이런 일에 대해선 생각만 할 뿐 무언가를 할 준비는 되어 있지 않다고 말이다. 나는 그가 들을 준비가 된 것만으로도 충분하다고 생각했다. 내가 생각해온 구체적인 방안 몇가지를 제시할 여지가 생긴 것이었다.

나는 가까운 미래에 영변 시설의 폐기 작업이 시작되면 많은 일손이 필요할 것이라는 점에 주목했다. 시설의 폐로 및 제염에는 한동안 많은 노동력이 필요할 것이었다. 방사선 보건물리학과 환경 개선 분야의 지원도 상당히 필요하리라 생각되었다. 그들의 시설에는 다량의 방사성 물질들이 들어 있고, 시설 전반은 물론 바깥쪽 부지까지 일정 부분 심하게 오염된 상태였다. 나는 그들도 안전한 작업을 원하는 만큼, 우리가 방사선 탐지와 건강영향평가 영역에서 협업할 수 있을 것이라고 말했다. 나는 미국은 이런 영역에서 60년의 경험이 있으며 환경 문제에 대해서도 마찬가지라고 강조했다. 리 박사가 고개를 끄덕였다. "그런 분야라면 괜찮겠군요. 우리 역시 그런 방향으로 생각하고 있었습니다."

다음으로 나는 베흐조트 율다셰프(Bekhzod Yuldashev) 박사와 논의했던 고려사항 중 몇가지 방안을 제시했다. 율다셰프는 우즈베키스탄 타슈켄트에 있는 핵물리학연구소의 전임 소장으로 객원 과학자 자격으로 스탠퍼드에 와 있었다. 그는 소련이 해체될 당시 비슷한 문제에 봉착한 적이 있었다. 그의 연구소도 전적으로 평화로운 사업으로 방향 전환을 해야 했고 거기에는 재정 지원이 필요했다. 그들의 원자로는 영변의 IRT2000 연구 원자로처럼 소련에서 제공받은 것이었다. 나는 리홍섭에게 율다셰프는 우즈베키스탄이 소비에트 연방공화국의 일부이던 시절 모스크바 외곽의 두브나 시설에서 핵 관련 연구를 한 사람이라고 말해주었다. 그러자 리홍섭은 자기도 소비에트 시절에 두브나에 여러번 가본 적이 있다고 말했다. 이전에는 언급한 적 없는 얘기였다. 우리는 IRT2000을 어떻게 활용할지 율다셰프가 작성한 긴 제안 목록을 함께 살펴보았다. 리홍섭은 그 리스트에 탄복하며 만족스러워했다. 그는 IRT 원자로의 관건은 연료라고 했다. 러시아에서 오랫동안 새 연료를 공급받지 못한 터라, 말하자면 1992년부터 새 연료가 없는 셈이었다. 그들에게도 의료용·공업용 동위원소를 생산한 경험이 있었다. IRT2000 원자로 단지 내 동위원소생산실험실(IPL)에는 표적에 방사능을 조사하고 방사성 동위원소를 추출할 수 있는 통로가 있었다. 그들이 암 치료를 해본 적은 없었지만, 리홍섭은 이 영역에서 교류를 할 수 있다면 도움이 될 거라고 말했다.

갑상선암에 걸린 사람들이 있는데 그들을 치료할 방사성 동위원소가 없다는 것이었다.

리홍섭은 핵 사태 이전에는 모든 것이 가능했는데 이제 그런 시절은 다 끝났다고 애석해했다.[4] 핵 사태가 언제 시작된 것이냐고 묻자, 리홍섭은 평소답지 않게 미국에 대한 신랄한 비난을 쏟아내며, 핵 사태의 시작 시기를 미국 사람들이 대체로 전제하는 시기보다 오래전으로 잡았다. 그는 미국이 남한에 어네스트존 미사일을 배치하면서 핵 사태가 시작되었다고 말했다. 이것들은 로스앨러모스에서 설계된 W-31 탄두를 탑재하고 있다고 그는 말했다. 그는 또 남한에 배치되었다는 W-33 폭탄에 관해서도 얘기하면서 미국의 핵포탄과 중성자탄 배치도 언급했다. 그는 이 모든 것을 미국에서 출간된, 그가 '핵무기 편람'이라 부르는 책에서 읽었다고 했다. 자신이 영변에서 맡은 일은 플루토늄 생산이며 그렇게 생산된 플루토늄은 "어딘가 다른 곳으로" 간다고 말했던 그가 미국 핵무기에 대해 그렇게 많이 알고 있다는 사실은 특기할 만했다. 앞에서도 언급했다시피, 우리는 나중에 리홍섭이 결국은 모든 핵 프로그램을 책임지는 것으로 보이는 핵무기연구소 소장이 되었다는 사실을 알게 되었다.

나는 리홍섭을 다시 협조 분위기로 유도하기 위해 미래에 IRT2000 원자로로 구체적으로 어떤 일을 할 수 있을지로 초점을 돌리려 노력했다. 그와 나, 그리고 수석 엔지니어 유순철이 함께 원자로의 설계상 특성과 가동 이력에 관해 상세한 기술적 토의를 나눴다. 원자로 단지에서 어떤 민간용 작업이 효과적으로 추진될 수 있을지를 평가하기 위해서는 그런 세부사항들을 점검하는 것이 중요했다. 이에 더해 그들은 내가 그 시설의 당시 HEU 보유량을 알 수 있도록 도와주었다. 여기에 그중 중요한 것들을 추려보겠다.

IRT 원자로는 원래 1960년대 말 소련으로부터 막대 타입의 10퍼센트 LEU 연료와 함께 공급받았다. 북한 사람들이 그 원자로를 36퍼센트, 80퍼센트 농축 연료를 사용할 수 있도록 개선했고, 그런 연료 역시 소련으로부터 공급받았다. 유순철은 만약 (확산 우려 때문에) 그들이 구매할 수 있는 새 연료가 LEU뿐이라면 원자로는 재변환할 수도 있다고 말했다. 유순철은 원자로에 들어 있는 수직 및 수평의 방사능 조사 통로에 대해 설명했다. 그것들을 활용해 의료용 동위원소 생산과 같은 방사능 조사 실험을 할 수 있다고 했다. 유순철이 그렇게 말하지는 않았지만, 거기서 제한된 양의 플루토늄이나 삼중수소 생산도 가능했을 것이다. 방사능 조사된 결과물들을 담고 있는 큰 통이 압축공기관을 통해 동위원소생산실험실로 전달되고, 거기에는 동위원소 분리를 처리할 수 있는 방사화학자 팀이 있었다. 소련이 제공한 조종 장치를 갖춘 방사성물질 취급실도 있었다. 이런 것들은 가동이 가능한 상태였다. 과거에는 방사성 동위원소를 포장하고 수송하는 일을 취급한 적도 있었다. 앞에서 언급한 대로 그들은 의료용 동위원소의 생산과 공급 재개를 간절히 바라고 있었으나, 그러기 위해서는 새 연료가 필요했다.

유순철은 총 연료 보유량과 그것의 동위원소 조성, 연료 소비도를 자세히 알려주었다. 그의 설명에 따르면 그들에겐 가동에 필요한 연료가 거의 남아 있지 않았다. 당시 원자로는 간헐적으로만 가동할 수 있었다. 그들은 시설에 약 15킬로그램의 방사능 조사된 HEU를 비축하고 있었다. 원자로 노심은 LEU에 맞게 개조될 수 있었다. 그들의 힘으로도 노심 재설계가 가능했다. 냉각장치나 제어장치 같은 몇몇 부품들은 교체할 필요가 있었으나, 리 박사의 말로는 만약 그렇게 한다면 이 40년 된 원자로를 앞으로 30~40년 더 가동할 수 있을 것이라고 했다. 그는 방사화학이나 분석화학 같은 보조적 역량은 현대적이며 끄떡없다고 말했다.

리 박사는 우리가 IRT에 대해 제안한 내용이 아주 마음에 드는 표정이었다. 그는 말했다. "때가 오면, 이런 방안들을 활용할 수 있겠습니다." 나는 경수로에 대한 그의 견해를 물었다. 그는 이전에 자기 사람들은 KEDO의 경수로 사업과는 아무런 관련도 없다고 말한 바 있었다. 플루토늄 가동이 정지되면 경수로 사업에 그의 엔지니어들이 할 역할이 있는가? 리홍섭은 영변에 경수로 경험자는 없지만, 엔지니어들을 재훈련할 최선의 방법을 알아볼 것이라고 말했다. 나는 또 그들이 경수로에 필요한 세라믹 산화물 연료를 생산할 수 있겠는지 물어보았다. 그는 그 문제에 대해서는 생각해보지 않았다고 대답했다. 처음에는 외부에서 연료를 구해오고 그러는 동안 자체적으로 연료를 생산할 방법을 배워가야 할 것 같다고 했다. 되돌아보면, 리홍섭과 그의 영변 동료들이 경수로 전망에 대해 그렇게 별생각을 안 하고 있었다는 것은 상당히 믿기 어렵다. 이때로부터 2년 남짓 지나 그들이 영변에 그들 나름의 실험용 경수로를 건설하는 모습을 보여주었기 때문이다.

노동자들의 전직 방안을 모색하기 위한 대화에는 조엘 위트와 키스 루스도 합류했다. 위트는 자기가 전미 과학한림원이 후원하고 러시아와 함께 하는 노동자 전직 프로젝트에 관여하고 있다고 말했다. 그는 영변 노동자들과 이 문제에 대해 협업하는 데 상당한 관심이 있다고 했다. 여기에는 방사선 보건물리학이나 비핵 산업 분야에서 할 수 있는 일에 대한 공조 가능성에 관한 관심도 포함되었다. 루스는 리 박사에게 상원 해외관계위원회의 리처드 루거와 조 바이든 상원의원이 노동자 전직을 지원하는 일에 우호적이라고 말했다. 루거 의

원을 대신하여 루스는 핵물질 안전보장의 문제를 제기했다. 리홍섭은 그들에겐 핵물질 저장을 위한 엄격한 규정과 기준이 있다고 대답했다. 원자력총국의 관계자조차 영변의 허가 없이는 이 시설들에 들어갈 수 없다고 했다. 리홍섭은, 영변에는 소량의 핵물질이 있고 그것은 엄격한 통제하에 보관된다고 말했다. 루스는 리홍섭에게 미얀마의 핵 전문가들이 영변을 방문한 적이 있는지 물었다. 최근 뉴스매체들을 통해 추측이 오가던 사안이었다. 리홍섭은 자신은 모르는 일이라고 대답했다. 그리고 외국인들이 교육을 받기 위해 여기 영변에 온 적은 없었던 것 같다는 말을 재빨리 덧붙였다.

핵을 넘어

평양에 머무는 그 주 나머지 기간에 우리는 교육성과 보건성을 방문했다. 수요일 우리는 교육성 해외국의 부국장 최덕훈 박사와 만났다. 지난번 논의에서도 그랬듯, 이번에도 우리는 그들에게서 공동 연구 및 과학계 인사 교류에 대한 본원적 욕구를 보았다. 그러나 "미국이 적대 정책을 완전히 포기하지 않았다"는 이유로 인한 주저도 그들에게 남아 있었다. 당시 스탠퍼드에서는 교수진 여럿이 북한 대학과의 교육적 유대관계 발전에 큰 관심을 보이고 있었던 터라 그들의 이런 태도가 참으로 안타까웠다.

우리는 또 리현철 박사를 비롯한 보건성 관계자들과도 만나 결핵 프로젝트가 어떻게 되어가고 있는지 살펴보았다. 리현철은 2008년 1월 스탠퍼드 방문이 그들에겐 첫 미국 방문이었다고 말했다. 그들은 루이스 교수가 베푼 환대와 베이에어리어 결핵 컨소시엄의 협조에 큰 감사를 표했다. 그는 북한에 응용할 만한 많은 것들을 배웠다고 했다. 보건성 관계자들과의 대화를 통해, 북한이 당시의 심각한 의료 위기에 대처하도록 미국의 NGO들이 어떤 도움을 주고 있는지 들여다볼 수 있었다. 유진벨 재단의 설립자이자 회장인 스티브 린턴(Steve Linton) 박사는 북한 농촌에 인도주의적 의료 지원을 하는 데, 특히 다제내성 결핵 치료를 지원하는 데 큰 역할을 했다. 기독교인친한회 상임이사인 하이디 린턴(Heidi Linton, 스티브 린턴과 친척이 아니다)도 북한이 결핵과 간염을 치료하고 그 역량을 키울 수 있도록 지원했다. 나는 스탠퍼드대학 팀이 지속적인 다제내성 결핵 치료 공조에 관심이 있음을 전달했다. 루이스가 그런 협력 사업을 진척시키기 위해 약 한달 뒤 방문할 예정이었다. 하이디 린턴은 북한에 2009년에 개관 예정인 국립결핵표준검사실을 스탠퍼드 의과대학과 공동 설립했다. 2009년 말 두 나라의 정치적 관계가 다시 한번 붕괴하기 전까지, 이런 노력들은 미국 내에서 강력한 지지를 받았다.

키스 루스의 요청에 따라 우리는 평양외국어학원과 바로 그 옆에 있는 평양국제대학을 방문했다. 몹시 추운 교실 안에서 따뜻한 환대를 받았다. 특히 영어 시간이 그랬다. 열세살 정도의 학생들이 작은 나무 책상에 앉아 헤드폰을 끼고 영어 수업을 받고 있었다. 나는 그들에게 한 말씀 해달라는 요청을 받았다. 그들은 낯도 가리지 않았고 호기심도 많았다. 나는 학생들이 놀랍도록 훌륭한 미국식 영어를 구사하며 벌이는 토론 수업을 촬영해도 좋다는 허락을 받았다. 외무성에서 우리의 안내역으로 나온 황 선생의 모교인 평양국제대학 강의실도 만만치않게 추웠다. 우리가 들어갔을 때 수업을 듣는 학생들은 컴퓨터 모니터를 보고 있었는데, 그 모니터에는 문제가 하나 떠 있었다. "볼프강 아마데우스 모차르트는 언제 어디서 태어났는가?" 내가 바로 대답했다. “1756년 1월 27일, 오스트리아 잘츠부르크.” 내 대답에 학생들은 크게 놀라는 모습이었다. 내가 자란 오스트리아에서 그 시절엔 아이들이 모두 그것을 외우고 있었다. 나는 황제들의 이름 전부와 그들이 합스부르크제국을 통치한 연표도 외우곤 했다.

우리는 평소처럼 리근 대사와 최선희를 비롯한 일행들과 저녁식사를 하면서 방문을 마무리했다. 우리가 알게 된 사실을 돌아보고 앞날을 내다보는 자리였다. 우리는 이번 영변 방문으로 그들이 진지하게 불능화를 추구하고 있음을 확신하게 되었다고 말했다. 인상적인 조치들이 행해지고 있었지만, 돌이킬 수 있는 조치들이었다. 리 대사도 이 점을 인정하며 우선 불능화를 하고 그다음으로 두번째 국면이 되면 다른 당사국들이 그들의 의무를 이행하는 것에 발맞추어 폐기를 향해 나아가는 것이 그들의 계획이라는 설명을 반복했다. 나는 신고 단계가 특히 어려울 것 같다고 말했다. 리 대사는 자기들은 2007년 11월 그들의 신고 의무를 다했다고 주장했다. “완전하고 정확한” 신고에 대한 답을 촉구하자 그는 5개 당사국이 2007년 3월 합의에 따라 상응하는 조치를 완수할 때까지 그런 목록은 내놓을 수 없다고 분명한 뜻을 밝혔다.

우리는 내가 완전하고 정확한 신고의 세가지 주요 요소로 꼽는 것에 관해 대화를 나눴다. ① 플루토늄과 무기화, ② 우라늄 농축, ③ 핵 공조와 수출이 그것이었다. 리근 대사는 자기들은 이미 30킬로그램의 플루토늄 보유 사실을 신고했다고 했다. 협상 과정이 훨씬 더 진행될 때까지 무기를 신고할 계획은 없었다. 우라늄 농축 문제에 대해서는, 미국 전문가들이 미사일 공장 내 문제가 되는 그 알루미늄 튜브에 접근하도록 해주고 그것들이 농축 목적으로 사용된 적이 없음을 증명함으로써 이 문제는 미국과의 사이에서 이미 해결되었다고 했다. 수출에 관해서 그는 앞으로의 일만을 거론하며 "미래에 우리가 핵기술을 수출하는 일은 없을 겁니다"라고 말했다. 시리아 원자로 문제가 아직은 공개적으로 알려지기 전이었기에 나는 그 문제는 제기하지 않았다. 우리에게 불능화로 시작해서 북한 핵무기의 최종적인 폐기로 나아갈 기회가 왔다는 점, 그러나 아직 할 일이 많이 남아 있다는 점에 양측이 합의하면서 우리는 그 자리를 훈훈하게 끝냈다.

토요일 아침 우리는 베이징으로 돌아왔다. 고려항공이 늘 그렇듯, 비행기에 승객이 많지 않았는데도 그들은 우리를 앞줄에 몰아 앉히고 뒷좌석들은 비워놓았다. 나는 오스트리아의 광산 및 광물 회사 직원인 에발트 하스(Ewald Haas)의 옆자리에 앉게 되었다. 6명가량 되는 그들 일행은 일주일간 북한에 머물며 오스트리아 철강산업에 내화물로 사용할 마그네사이트 채굴에 대해 알아보고 돌아가는 중이었다. 하스는 자기들이 북쪽으로 한참을 올라가봤는데, 그곳은 영하 30도 정도로 혹독하게 추웠다고 했다. 대부분은 전기도 거의 안 들어왔고 난방도 안 되었다. 그의 회사는 오스트리아 레오벤에 본사가 있었다. 내 고향 로텐만에서 10킬로미터도 떨어지지 않은 곳에 그 회사의 공장 하나가 있다는 것도 알게 되었다. 그는 자기가 스키 타는 것을 좋아한다며, 나를 자기가 가장 좋아하는 도너스바흐발트의 스키장에 데려가겠노라고 약속했다. 역시 내 고향에서 가까운 곳이었다. 거기서 스키를 타본 적은 없었다. 어렸을 때 우리집 형편으론 도저히 감당할 수 없는 일이었다.

미국에 돌아와 나는 워싱턴의 정부 관계자 및 대중에게 내 소견을 제시했다. 만약 미국을 비롯한 다른 4개 당사국이 2007년 10월의 약속을 지킨다면 조선민주주의인민공화국의 지도부가 플루토늄 생산 시설을 영구 폐쇄하겠다는 결정을 내렸다는 것이 나의 결론이었다.

그러나 북한은 협상이 실패할 경우 그 시설들을 재가동하기 위한 대비책도 유지하고 있었다. 우리는 지금까지 취해진 불능화 조치가 차후 있을 수 있는 플루토늄 생산 재개를 효과적으로 지연시킬 것임을 확인했다. 나는 일부 시설을 되돌리는 데에는 수개월, 모든 시설을 재가동시키는 데에는 약 1년이 걸릴 것이라 전망했다. 나는 그간의 외교적 노력으로 영변 플루토늄 생산 단지의 영구 폐쇄가 목전에 와 있다고 보고했다. 그 결실을 보려면 불능화 단계(원자로 연료를 배출하고 기존의 새 연료봉을 불능화하거나 매각하는 등의 일)를 완료하고 완전 폐기 단계로 나아가는 일에 최우선 순위를 두어야 할 터였다. 이런 일이 이뤄진다면, 조선민주주의인민공화국은 폭탄을 더이상 만들 수 없게 될 것이다. 그 시점이 되면 북한에 남는 것은 플루토늄 생산 시설밖에 없을 것이기 때문이다. 내가 보기에, HEU 프로그램은 아직 생산 단계에까진 이르지 못한 상태였다. 그리고 추가적 핵실험이 없는 한 북한은 더 성능 좋은 폭탄을 만들어내지 못할 것이었다.

11장

2008년:

거의 다 와서
모든 것이 무너지다

2008년 4월 24일, 우리 스탠퍼드 대표단이 평양에서 돌아온 두달 후 CIA 국장 마이클 헤이든(Michael Hayden) 장군이 북한이 시리아의 플루토늄 생산 원자로 건설을 도와왔다는 정보를 공개했다.[1] 이스라엘이 시리아 사막에 있는 의문의 시설에 대해 야간 기습 공습을 감행한 뒤 거의 8개월 만의 일이었다. 이제 미국 정부는 그 문제에 관해 침묵해오던 공식 입장을 거두고 가스냉각 및 흑연감속 원자로의 건설과 파괴 과정을 담은 사진과 영상을 배포했다. 이 발표 시기는 크리스토퍼 힐 대사에게는 그 이상 안 좋을 수 없었다. 그는 2007년 양국이 다시 연 외교의 문으로 북한을 끌어들이려고 갖은 애를 쓰는 중이었다. 2008년의 영변 방문 후 나는 힐에게 북한이 핵단지에서 진지한, 그러나 되돌릴 수 있는 불능화 조치를 취해왔다고 얘기한 바 있었다. 그도 이런 진전이 계속될 수 있으리라 낙관적으로 생각하는 것 같았다.

그러나 북한 영변의 불능화 조치가 아무리 중요한 것이었다 하더라도, 헤이든 장군과 CIA 분석가들이 기술한 시리아 핵 원자로 건설에 북한이 공모한 사건의 규모와 비교하면 그 빛이 바랠 수밖에 없었다. 북한의 연루 사실에 대해 CIA가 증거를 내놓기 전 국제안보과학연구소의 데이비드 올브라이트와 동료들이 이미 오픈소스 이미지를 열심히 분석해 그 결과를 발표한 적 있었다. 그들은 폭격 한달 남짓 지났을 때 폭격 위치를 찾아냈고, 기술적 분석을 통해 그 원자로가 북한의 5MWe 원자로와 직접 연관이 있음을 밝혔다. 이런 올브라이트의 보고 이후로도 여섯달 동안 헤이든은 정보를 공개하지 않았다. IAEA가 올브라이트와 CIA가 내린 것과 같은 결론에 도달했음을 선언하기까지는 여기에서 다시 3년이 더 걸렸다.[2] 시리아가 — 그리고 그들의 협력자 북한이 — 그런 대규모 건설 사업을 그렇게 오랫동안 비밀리에 진행할 수 있었던 것은 정교한 교란 작전 덕분이었다. 그들은 원자로 주변 지형을 변형하여 현장을 은폐했고, 냉각탑같이 원자로의 존재를 노출시키는 전형적 특징이 없는 원자로를 설계했다.[3] 부시 정부가 자랑하는 대량살상무기와 관련된 수송을 금지하는 대량살상무기확산방지구상 속에서 시리아인들이 원자로에 쓰일 자재와 장비를 어떻게 수입할 수 있었는지는 아직도 수수께끼다.

증거를 보면 원자로가 파괴 직전 거의 가동이 가능한 단계까지 갔다는 사실도 알 수 있었다. 그러나 원자로에서 나온 사용후 연료에서 무기급 플루토늄을 추출하는 데 필요한 재처리 시설의 흔적은 찾을 수 없었다. 그런 시설은 당시 계획 단계에 있었을 수도 있다. 원자로를 몇년 가동한 후에야 사용후 연료의 재처리가 필요했을 것이기 때문이다. 한가지 어려운 질문이 오늘날까지도 답을 얻지 못한 채 남아 있다. 이 원자로에서 나온 플루토늄을 원하는 고객은 과연 누구였을까? 독일의 전직 국방 관리로 은퇴 전부터 이 문제를 연구해온 한스 륄레(Hans Ruehle)가 2009년 스위스의 한 신문을 통해 최초로 흥미로운 대답을 내놓았다. 그는 "이란이 돈을 대고, 시리아는 부지를 제공하며 북한은 핵 관련 설비를 제공할 것"을 명기한 거래가 있었을 것이라 분석했다.[4] 당시 시리아는 그런 사업에 투자할 재정 여력이 없었을 것이다. 북한이 자국 핵 프로그램을 위해 국외에 원자로를 짓는 일에 돈을 지불했으리라고는 상상하기 어렵다. 오히려 그런 사업은 절실히 필요한 외화를 마련할 창구가 되어주었을 것이다. 이란은 당시 겉으로는 농축 우라늄 기반의 핵무기 프로그램을 축소한 듯 보였지만, 무기에 대한 야망을 추구하기 위해 원자로 사업에 자금을 댔을 가능성이 있다. 시리아인들이 여러 당사자들을 끌어들여 플루토늄의 최종 수령자 결정에 다양한 선택지를 마련하려고 했을 수도 있다. 이 모든 것들은 15년 가까이 지난 지금까지도 추론의 영역으로 남아 있다.

우리가 원자로 개발에 대해 알고 있는 사실만으로도 북한이 기술적으로도 뛰어날 뿐만 아니라 위험을 감당할 배짱도 갖추었음을 능히 짐작할 수 있다. 북한은 영변의 핵 활동이 엄격한 국제적 감시를 받는 상황에서도 원자로 개발을 추구했다. 이는 자신이 지키겠다고 공언한 비확산 규약과 핵 관리책임 원칙을 대놓고 무시한 행위였다. 륄레는 이 일을 그의 글에서 이렇게 표현했다. "우리는 북한이, 한편으로는 핵 군축으로 협상을 진행하면서 그와 동시에 시리아를 핵보유국으로 끌어올리는 행동을 할 정도로 대담하다는 사실을 잊어선 안 된다." 북한의 핵 전문가와 시리아의 고위급 관계자의 접촉은 일찍이 1997년에 시작되었을 것으로 추정된다. 2000년 6월 북한 사람들이 다마스쿠스에서 열린 하페즈 알아사드(Hafez al-Assad)의 장례식에 참석했을 때, 아마도 그의 아들 바샤르 알아사드(Bashar al-Assad)와 최초로 진지한 토론을 나누었을 것이다. 뤌레에 따르면, 2002년 7월 시리아·이란·북한이 모인 한 회합에서 이 계획에 대한 합의가 이루어졌다. 이런 타임라인과 일치하는 것으로, 미국 정보부는 2002년부터 북한 선박이 시리아에 건설 물자를 실어나르는 것을 탐지했고 미국 위성들은 일찍이 2001년에 바로 그 자리에 건설이 진행되는 것을 포착했다. 그러나 당시 미 정보부의 평가 결과 이런 일은 별 특별하지 않은 일로 치부되었다.[5]

2007년 9월 중순, 공습 직후에 시리아 사람들은 폭파된 원자로 건물을 철거하고 유죄의 증거가 될 수 있는 핵 관련 물질, 장비, 구조물들을 치우기 위한 작업을 대대적으로 펼치기 시작했다. 급하게 증거를 파괴하려던 시리아의 이런 작업으로 인해 그 건물 내부의 구성이 미국 위성에 노출되었고 미국이 이전에 그 원자로에 대해 내렸던 결론이 확증되었다.

이스라엘 정부는 2018년 3월까지 시리아 원자로를 파괴했다는 사실을 인정하지 않았다. 그동안 이스라엘 사람들이 원자로 사업에 대한 사진이나 문서 같은 노다지를 어떻게 손에 넣었는가에 대해 분석하는 수많은 기사와 책들이 나왔다. 그중 가장 상세하고 믿을 만한 책은 최근에 출간된 이스라엘의 탐사보도 기자 야코프 카츠(Yaakov Katz)가 쓴 『그림자 공습』(*Shadow Strike*)이다.[6] 이 책에는 어떻게 이스라엘 정보부 모사드가 빈을 방문 중인 시리아 원자력기구의 수장 이브라힘 오스만(Ibrahim Othman)이 호텔 방을 비운 사이 그 방에 들어갔는지 묘사되어 있다. 오스만은 부주의하게도 여러 사진들을 포함하여 원자로의 세부사항이 들어 있는 노트북 컴퓨터를 방에 두고 나갔던 것이다. 거기에는 원자로 사진뿐만 아니라 북한 영변에서 온 어떤 엔지니어가 오스만과 함께 포즈를 취한 사진도 들어 있었다. 이스라엘인들은 그때 모든 파일을 다운로드했고, 그 컴퓨터에 트로이 목마 바이러스를 심어 이후의 최신 정보들도 계속 들여볼 수 있었다.

북한-시리아 공모 발각과 그 이후의 협상

북한과 시리아의 핵 관련 결탁에 대해 워싱턴의 강력 대응이 없었던 것은 얼핏 보기에는 이해하기 어렵다. 부시의 첫 임기 동안 백악관이 보여준 강경한 태도와 모순되는 것이다. 미국 관계자들 다수가 보기에, 북한이 시리아에서 감행한 사업은 외교적 파트너로서 북한의 신뢰성에 대해 그들이 품고 있던 최악의 가설을 확인해주었다. 실제로 막후에서는 이런 관계자들 일부, 그중에서도 특히 헤이든 장군과 체니 부통령이 원자로를 파괴하기 위해 미국이 행동에 나서야 한다고 주장했다. 그러나 힐의 외교가 한창 진행 중이던 그때, 미국이 군사공격을 해야 한다거나 심지어는 북한의 행위를 조기에 공개적으로 인정하자는 주장조차 부시 대통령은 결국 받아들이지 않았다. 헤이든은 그의 회고록에서 미국이 그런 북한의 행태를 응징하기 위한 단호한 행동을 한번도 보이지 않았다고 한탄하며, 다른 그 무엇보다 외교적 과정을 우선시한 정책을 그 이유로 든다. 그는 힐이 "역사상 유례없는 엄청난 핵확산 행위를 저지르다 그 현장에서 덜미를 잡힌 국가와 협상을 하고 있었다"고 덧붙였다. "심지어 그들은 그 일로 비난을 받은 적도 없었다!"[7] 이와 반대로 힐은 이 문제가 외교 과정 전부를 탈선시키는 일은 피하면서도, 북한이 시리아에서 벌인 일을 시인하도록 만들기 위해 미국의 대응을 정교하게 조율하려 애썼다.

2002년 우라늄 농축이 폭로되었을 때와 같은 일이 발생해서는 안 되기 때문이었다.

북한과 시리아 간 핵 협력 폭로가 2005년 9월 공동선언의 이행에 대한 협상을 어렵게 만드는 위협 요소였다면, 그 외 다른 전개 상황은 외교에 힘을 실어주는 것처럼 보였다. 2007년 10월 2일 노무현 대통령이 김정일과의 회담을 위해 비무장지대를 통과해 평양으로 건너갔다. 두번째 남북 정상회담이었다. 회담은 해묵은 서해 갈등을 해결하기 위한 군사적 협력을 포함하는 야심찬 의제를 배출하고 경제협력을 약속하면서 마무리되었다. 그러나 이런 의제들은 오래가지 못했다. 그해 12월 대선에서 이명박이 당선되었기 때문이다. 이명박 대통령은 이전 두 정부의 '햇볕정책'과 대립하는 훨씬 더 보수적인 정부를 예고했다.

2008년 초 힐의 외교적 노력에 힘을 실어줄 또 하나의 사건 전개가 있었으나, 이 역시 워싱턴이 음악을 통한 외교의 역사적 순간을 활용할 기회를 놓치면서 결국은 큰 힘을 발휘하지 못했다. 2월 26일 평양에 있는 2500석 규모 동평양대극장에서 지휘자 로린 마젤(Lorin Maazel)이 이끄는 뉴욕필하모닉 오케스트라가 5분간 이어지는 기립박수를 받았다. 한국 전통 민요「아리랑」연주를 마친 후였다. 연주된 작품은 드보르자크의 교향곡 9번(신세계 교향곡)과 바그너의「로엔그린」3막 서곡, 그리고 거슈윈의「파리의 미국인」등이었다. 필하모닉은 무대에 미국 국기를 건 채「성조기여 영원하라」를 연주할 수 있는 허가도 받았다.

현장의 관중들은 주로 평양의 엘리트층이었지만, 해외 기자들의 참석과 음악회의 북한 전역 생중계를 허용해달라는 필하모닉 측의 요구가 있었던 터였다. 전세계 시청자 200만명이 방송을 통해, 병사들이 그 특유의 걸음걸이로 행진하는 군사 열병식과는 다른 북한의 모습을 지켜보았다. 언론인, 오케스트라 단원, 초대 손님 들로 구성된 400명 규모의 미국 방문단에는 전 국방부 장관 윌리엄 페리도 들어 있었다. 그러나 힐 대사의 모습은 보이지 않았다. 이 방문을 더 나은 이해와 관계를 증진하는 장기적 과정의 일환이라 생각한 힐은 처음에 이 방문을 지원했으나, 성사 단계에서는 정부로부터 물러나 있으라는 말을 들었다. 그 자신이 훌륭한 피아니스트인 라이스 장관도 공연 하루 전날 이명박 대통령의 취임식 참석차 가까운 서울에 와 있었음에도 불구하고 연주회에 참석하지 않기로 했다. 부시 정부는 이 연주회가 낳을 친선의 분위기를 발판으로 삼으려 하기보다는 그것을 더 넓은 맥락의 대화 정책으로부터 분리해야겠다고 판단했던 것이다.

힐과 라이스 같은 고위 관계자를 연주회에 참석시키지 않기로 결정함으로써 워싱턴은 관계 진전과 2005년 공동성명 이행에 추진력을 더할 기회를 잃어버렸다. 연주회가 막을 내린 순간 그곳의 분위기는 마법과도 같았다. 오케스트라의 수석 베이시스트 존 딕(John Deak)은 그것을 이렇게 묘사했다.

> "단원들 절반이 눈물을 터뜨렸습니다. (…) 그리고 갑자기 기적과 같은 예술적 유대의 기운이 그곳을 흘렀죠. 앞으로 어떤 변화가 생길지는 감히 말하지 않으렵니다. (…) 그런 일은 서서히 일어나는 법이니까요. 그러나 한가지 확실한 것은, 오늘 밤 북한 사람들과 우리 사이에 가장 뜻깊은 관계가 맺어졌다는 것입니다."[8]

열렬한 고전음악 애호가인 윌리엄 페리는 연주회가 끝나자 옆자리에 앉아 있는 리근 대사에게 이것은 "역사적 순간이며, 이로써 우리는 방금 어딘가 한 차원 높은 곳으로 올라섰을지도 모릅니다"라고 말했다. 그는 이렇게 덧붙였다. "적어도 내 희망은 그렇습니다. (…) 거기 앉아서 그들의 음악을 들으며 상대를 악마화할 수는 없지요. 먼저 상대를 악마화하지 않은 한 그들과 전쟁을 할 수는 없는 겁니다."[9]

이 (김정일도 분명 축복했을) 특별한 순간에서 가장 실망스러웠던 부분은 아마도 이 사건의 의미를 깎아내리는 라이스 장관의 논평이었을 것이다. 그녀는 북한은 변한 게 없다고 강조하며, "드보르자크를 듣는 것이 북한에 어떤 변화를 가져올 것이라 쉽게 들떠서는 곤란하다"라고 했다.[10] 백악관 대변인 데이너 페리노(Dana Perino)도 이 의견에 동조했다. "하루가 끝나면서 보니, 이번 연주회는 그저 한번의 연주회일 뿐 무슨 외교적 성과 같은 건 아니지 않나 싶습니다."[11] 라이스는 계속해서 체니 부통령 같은 강경파들과 맞서싸우고 북한과의 대화를 지원했지만, 궁지에 몰리자 이 정권을 불신하는 자신의 기본 본능에 충실해졌다. 힐도 지적했다시피 그녀는 '양갈래 정책'을 가지고 있었는데, 이는 미국이 한편으로는 북한과 '대화'를 계속하는 동안 다른 한편으로는 북한을 '압박'할 것이라는 뜻이었다.[12] 불행히도 이 두 갈래는 서로 경합할 뿐 북한을 올바른 방향으로 끌어당기는 전략적 방식으로 조율되지 못했다. 결국 이 연주회는 합의를 성공적으로 이행할 추진력을 미국에 더해주는 획기적 계기가 되기보다 한낱 순간적인 반짝임으로 끝나고 말았다.

행동 대 행동 문제를 둘러싸고 외교가 교착되다

이해 겨울, 뒷배경으로는 시리아와 뉴욕필하모닉에 대한 공개적 뉴스와 내부 논의가 이어지는 가운데 외교 절차는 서서히 멈춰서고 있었다. 10월에 합의된 신고 절차는 난관에 부딪혔고 북한은 핵 신고일로 예정되었던 2007년 12월 31일을 그냥 넘겨버렸다. 양국은 어느 쪽이 약속을 안 지키는지를 놓고 말싸움을 이어갔다. 평양은 제재 해제를 위한 구체적 행동이 부족하다며 불만을 표했고, 워싱턴은 북한이 영변에서 불능화 조치를 계속하고 있음에도 불구하고 그들이 핵 신고 진행에 굼뜨다고 우려했다. 부시 정부에 남은 시간이 얼마 없었음에도 북한은 시리아와 우라늄 농축 행위에 관한 협의를 계속 무시했다.[13] 2008년 초 또 한차례의 회담을 마친 후 힐은 북한의 "지연 작전"에 좌절감을 느낀다고 공개적으로 밝히며, 북한 사람들은 "내 임기 중, 혹은 내 평생 그들을 향해 계속 질문을 던지는 것 말고는 내가 더 할 일이 없다고 생각하는 듯했다"고 한탄했다.[14]

힐과 김계관은 3월 제네바에서 한차례, 잇따라 4월 초 싱가포르에서 또 한차례 만났다. 힐은 관계 부처 간 협의 과정을 생략하고 자신의 재량으로 협상에 나서겠다고 마음먹은 터였다. 이렇게 독자적으로 일을 만들어가는 것이 극심하게 분열되어 기능 장애를 겪고 있는 워싱턴의 분위기 속에서 앞길을 헤쳐나가는 그 특유의 행동 방식이 되어 있었다. 힐은 앞으로 나아갈 방향에 대해 북한과 합의에 도달했다. 미국 입장에서 이 합의의 핵심 목적은, 북한이 5MWe 원자로의 불능화를 완결하고 플루토늄 비축량을 빠짐없이 설명하도록 그 앞길을 치우는 것이었다. 그에 호응하여 부시 대통령은 북한을 테러지원국 명단에서 삭제하고 적과의 거래행위법에서 면제해주기로 되어 있었다. 협상을 촉진하기 위해 힐은 중대한 양보를 했다. 그는 미국이 어떤 행보를 보이기 전에 북한이 우라늄 농축 프로그램과 시리아에서의 핵확산 행위에 대한 구체적 정황을 낱낱이 밝혀야 한다고 요구했던 기존의 입장을 완화했다. 북한은 공개적으로 그런 혐의를 확인하거나 시인할 필요 없이 그것을 인정하기만 하면 된다는 것이었다.

이 상황을 지켜보는 많은 이들에게 힐의 이런 행동은 강력한 비확산 규범을 강제하고 북한의 책임, 특히 시리아 문제에 대한 책임을 묻는 데 필요한 수준에 미달하는 것으로 보였다. 그 순간 그는 이 문제를 풀어나가기 위해 그 나름의 댓가를 확실히 치렀다. 시리아 사태의 폭로와 불능화 협상 상황에서 힐이 그 문제를 다룬 방식은 그해 봄을 지나 여름이 되도록 부시 정부 내 그의 입지에 상처를 입혔다. 그로 인해 힐은 정치적으로 타격을 입었으며, 그에 더해 의회로부터의 신뢰도 잃어갔다.[15] 워싱턴의 대체적인 반응은 신속하고도 가차 없었다. 힐은 북한에 미국을 팔아넘긴 인물로 여겨졌고, 워싱턴의 대외정책 관련 기관들 대부분으로부터 집중포화를 당했다. 당시 정부 밖에서 의견을 내던 존 볼턴은 힐의 행보를 "빌 클린턴이나 지미 카터의 대본에서 나온 것 같다"며 조롱조로 평가했다.[16] 그의 '외로운 총잡이'식 행동이 점점 심해지면서 수가 늘어나고 있던 힐의 반대파들도 이 기회를 잡아 시리아 이야기를 다시 대중적 관심 안으로 끌어들였다. 힐은 자신의 독자적 접근 방식을 오히려 강화함으로써 이런 반대에 대항하면서 부시 정부의 임기가 끝나기 전 이 협상을 매듭지으려고 필사적으로 노력했다.[17]

힐의 노력: 정치적 지지가 없는 약속

나는 2008년 힐의 시도를 실용적인 위기관리 접근법이라고 보았다. 우라늄 농축 문제로 북미제네바합의를 파기한 2002년의 결정, 결국 북한의 플루토늄 단지 재가동으로 이어진 그 결정과 극명한 대조를 이루는 방법이었다. 힐은 북한의 — 무기 12개 정도를 만들기에 충분한 — 무기급 플루토늄 신고와 양도가 확산 위험 감소에 가장 중요하다고 여겼다. 그는 이 일에 한동안 우라늄 농축과 시리아 문제는 슬쩍 덮어놓는 댓가를 치를 만한 가치가 있다고 생각했다. 힐의 말을 직접 빌리자면, 미국은 "플루토늄에 집중하려고 노력 중"이었다. 그것이야말로 가장 직접적인 확산 위험과 우려를 제기했기 때문이다. "폭탄 문제는 바로 거기에서 시작된다. 플루토늄에 대한 의혹이 있는 게 아니다. 우리에게는 플루토늄에 대한 부인할 수 없는 냉혹한 사실이 있다."[18] 부시 정부는 처음으로, 우라늄 농축에 관한 덜 시급한 문제를 관리하고 그 직접 해결은 잠정적으로 피해감으로써 플루토늄 전선에서 즉각적인 이익을 취하려는 적절한 의지를 보여주었다. 힐도 이것이 당분간 자기가 북한 사람들로부터 얻어낼 수 있는 최선이라는 것을 알고 있었다. 플루토늄 프로그램 폐쇄를 얻어내는 것이 아무것도 얻어내지 못하는 것보다는 낫다는 결론을 내린 힐과 라이스는 북한이 "완전한 자백"을 하지는 않을 것이라는 사실을 받아들였다.[19] 그들은 이 문제로 협상의 전 과정이 붕괴할 위험을 감수하고 싶지 않았다.

힐은 미국의 입장 완화에 대한 보답으로 북한에게서 몇가지 중요한 양보를 받았다. 5월 초 북한은 미 국무부 한국과장 성 김(Sung Kim)에게 5MWe 원자로의 가동이 시작된 1986년까지 거슬러올라가는 1만8천쪽이 넘는 영변 시설의 가동 기록 사본을 넘겨주었다. 김계관은 힐에게 자기들이 테러지원국 명단에서 삭제되는 즉시 원자로 냉각탑을 폭파하겠다고 약속하기도 했다. 그전 해 11월 북한은 원심분리기 프로그램을 위해 매입되었다는 의혹을 사고 있던 알루미늄 튜브가 사실은 로켓 발사대에 이용되었다는 것을 증명하기 위해 미국 외교관과 기술진의 군수공장 접근을 허용하는 이례적 조치를 취한 바 있었다.[20] 이는 평소 비밀주의적인 북한 사람들로서는 예상 밖의 행동이었다. 괴이하고도 오늘날까지 알 수 없는 일이지만, 미국에 가져와 분석해본 결과 그 알루미늄 튜브도 가동 기록 사본도 고농축 우라늄 흔적으로 오염되어 있다는 사실이 드러났다.[21] 이때는 북한이 농축 기술을 가지고 있다는 사실을 여전히 부인하던 시점이었고, 그들은 알루미늄 튜브의 일부를 넘겨주는 것이 원심분리기 프로그램이 없음을 증명해줄 증거라고 생각했다. 그것이 오염되어 있다는 것은 아마 모르고 있었을 것이다.

4월 시리아의 원자로 사업에 북한이 연루되었다는 사실이 드러난 후로 정부와 힐이 받아온 비판에도 불구하고, 힐은 대화를 계속 진행해갈 수 있었다. 북한으로서는 시리아와 우라늄 농축에 연루되어 있다는 비난을 그저 부인하거나 무시하면 될 일이었다. 그러한 부인이 협상 진척에 지장을 초래하지 않는 한 말이다. 5월 28일 힐과 김계관이 베이징에서 만나 북한 핵 물질 신고의 세부 절차를 최종적으로 결정했다. 힐은 일을 진전시키도록 워싱턴을 설득하기 위해서는 김계관에게서 무언가를 조금 더 받아내야 했다. 그는 김계관에게 그들이 그럴듯한 검증 프로토콜을 만들어내야 할 것이라고 말했다. 다소 놀랍게도 김계관은 그 원칙에 동의했다. 구체적 내용은 나중에 다시 얘기하기로 했다. 힐은 이제 자기가 북한으로부터 받을 만큼 받아냈으니 이 정도면 북한을 테러지원국 명단에서 삭제하도록 라이스 장관과 대통령을 설득하기에 충분하리라고 믿었다.

미국이 골대를 옮기다

힐은 이런 잠정적 합의가 그렇게 광범위한 반대를 낳을 것이라고는 예측하지 못했다. 일본도, 보수주의 대통령 이명박이 집권하고 있는 남한도 북한을 명단에서 제외하는 것에 반대하며 워싱턴을 향해 강경 노선에 충실할 것을 촉구했다. 워싱턴의 반응도 더 나을 것이 없었다. 정부 내 힐의 가장 든든한 지원군인—최근 그가 잇따라 비교적 독자적인 협상을 펼칠 수 있도록 최고 수준의 지지를 해주던—라이스 장관도 이제 한 발 빼는 듯했다. 그녀는 6월 보수성향의 헤리티지재단에서 한 연설에서, 자신이 아직도 합의를 위한 협상에 기울어 있다는 뜻을 밝히면서도 북한 측의 엄밀한 검증을 처음으로 주장하며 명단 삭제 문제에 대한 훨씬 더 완강한 방침을 제시했다. 나중에 라이스는 순서가 정해져 있는 일련의 조치 가운데서 검증 부분을 앞으로 끌어냄으로써 자기가 북한 사람들을 상대로 골대를 옮긴 셈이 되었음을 인정했다.[22] 이에 더해 그녀는 국무부 검증및준수국 내의 철저한 검증 조치를 신봉하는 강경파 인사 폴라 드서터(Paula Desutter)에게 계획을 마련하라고 요청했다. 드서터는 북한으로서는 당연히 거부할 수밖에 없는 4쪽 분량의 비타협적이고 강압적인 검증 계획안을 작성했다. 결국 힐의 위기관리식 접근법은 평양에 대한 워싱턴의 깊은 의심을 극복하지 못할 운명이었다.

워싱턴의 명백한 기류 변화에도 불구하고 북한은 계속해서 자기 책임의 일부를 이행했다. 6월 26일 북한은 6쪽의 신고서를 6자회담 의장국인 중국에 전달했다. 그 신고서에는 북한이 30킬로그램의 플루토늄을 분리했다는 내용과 2006년 핵실험을 위해 그중 약 2킬로그램을 사용했다는 주장이 들어 있었다. 이 신고는 미 정부가 요구하는 완전함의 수준에 미치지 못했지만, 그럼에도 불구하고 부시 대통령은 몇시간 만에 적과의거래행위법 북한 관련 조항을 해제했다고 발표했다. 그는 또 45일간의 정식 고지 기간이 끝나면 북한을 테러지원국 명단에서 삭제할 생각임을 의회에 알리고 있다고도 했다. 그때 대통령은 북한의 테러지원국 명단에서의 최종 삭제는 그 45일 동안 "포괄적이고 엄밀한 검증 프로토콜을 개발하기 위해" 북한이 미국과 어떻게 협력하는지에 달려 있다고 애매하게 여운을 남겼다.[23] 연설이 끝나자 곧바로 미국 관계자들이 북한을 테러지원국 명단에서 삭제하는 절차는 북한이 비협조적이라 판단되면 중지될 수도 있다고 경고하면서 이 문제는 더 모호해졌다. 조선민주주의인민공화국 외무성 대변인은 부시의 이런 발표에 신속하고 긍정적인 화답을 보내며 2007년 10월 3일의 합의에 따라 제재 해제가 완료되길 바란다는 기대를 표했다. 미 대통령의 검증 프로토콜 언급에 대한 논평은 이 성명에서 빠져 있었다.[24]

그다음 날, 이전에 합의한 바대로 북한은 텔레비전 방송용 장관을 연출했다. 5MWe 원자로의 냉각탑을 폭파한 것이다. 그 조치는 상징적 의미는 컸지만, 원자로 내부가 북한의 불능화 작업 중 이미 철거된 상황이라 실질적으로 큰 변화라고 할 수는 없었다. 이 시점에서 진짜 난제는 영변의 불능화 조치가 아니라 북한의 핵 신고 내용과 그 뒤에 연속으로 이어질 명단 삭제 및 검증 절차였다.

7월 둘째 주 베이징에서 열리는 다음 회차 6자회담에 참석하는 힐의 손에는 드서터가 작성한 비타협적 검증 프로토콜이 들려 있었다. 불안함이 없진 않았으나 워싱턴 내 입지가 무너져내리는 상황에서 그는 그것을 제시할밖에 다른 도리가 없었다. 그 검증 프로토콜은 북한은 미국이 의심하는 어떤 현장에서든 모든 물질에 대한 완전한 접근을 허가할 것, 검증단이 분석용 샘플을 국외로 반출하도록 허용할 것, 핵 물질과 핵 관련 장비의 전체 수출입 기록을 제공할 것 등을 명시했다.[25] 이런 강경 노선의 요구를 듣고 김계관은 격노했다. 그 요구사항을 보고 그는 틀림없이 2005년 9월 힐이 내놓았던 미국의 독소적 독자 성명을 떠올렸을 것이다. 3년 가까운 집중적 협상을 거친 후에도 미국과 북한은 핵을 둘러싼 교착 해결에 한발짝도 더 다가가지 못했던 것이다. 김계관이 평양은 일정한 검증 조치를 취할 준비가 되어 있다는 뜻을 밝혔지만, 이번 미국의 요구는 정도를 넘는 것이었다.

뒤이어 부시 대통령은 방콕 방문 연설 중 질문에 답을 하면서 까다로운 추가 요구를 제시했다. 그는 우라늄 농축과 확산 행위도 검증 조치에 포함되어야 한다고 말하는 데 그치지 않고 북한이 "폭정을 끝내고 자기 주민들의 존엄과 인권을 존중해야" 한다고까지 말해버렸다.[26] 북한과 무슨 일을 이루어낼 만큼 힐의 백악관 내 입지가 확고하지 못하다는 것을 보여주는 사건이었다. 힐은 그가 자기들을 배신했다고 믿는 대부분의 워싱턴 정계 사람들로부터도 외면당했고, 그뿐만 아니라 김계관의 신뢰도 잃어버렸다. 김계관은 미 정부는 더 강경한 다른 노선으로 가고 있는데 힐이 자신에게 딴소리를 하고 있다고 여겼다. 북한에게 힐은 더이상 믿을 만한 협상 파트너가 아니었다. 그들은 힐이 미국 정부를 대신해서 말하는 것인지를 확신할 수 없었다.

8월 11일로 예고했던 45일이 지났지만, 부시 대통령은 북한을 테러지원국 명단에서 삭제하지 않았다. 워싱턴은 평양을 향해 강력한 검증체제가 자리 잡기까지 그런 일은 없을 것이라고 말했다. 이전의 잠정적 합의가 진짜로 끝났음을 알리는 신호로, 8월 26일 평양은 영변 핵심 핵시설의 불능화를 중단하고 그 시설들을 "원래 상태로" 복구하기 위한 조치를 고려할 것이라고 선언했다.

의학적 사태로 셈법이 바뀌다

조선민주주의인민공화국 건국 60주년을 기념하는 대규모 9·9절 열병식에 김정일의 모습이 보이지 않자, 그가 중병 상태이거나 이미 죽었을 것이라는 소문이 돌기 시작했다. 그가 (다음 날 북한 매체를 통해 보도된 바) 가장 최근에 대중 앞에 나선 것은 8월 14일이었다. 김정일이 그 여름에 심한 뇌졸중을 앓았다는 사실이 얼마 지나지 않아 밝혀졌다. 미국은 다시 한번 약속을 지키지 못했고, 여기에 더해 김정일 위원장의 생명이 위태로운 상황이 오자 외교는 사망 선고를 받은 거나 다름이 없었다. 힐은 어떻게든 협상을 구해내려는 노력을 멈추지 않았다. 그는 10월 초 평양에서 다시 김계관을 만났다. 힐은 드서터의 강압적인 검증 방식을 철회하겠다고 약속했다. 김계관은 그의 제안을 수용했으나, 그 얘기는 말로만 오갔을 뿐 문서화되지는 않았다. 힐에게는 이것이면 북한을 명단에서 삭제하도록 부시 대통령과 라이스 장관을 설득하기에 충분할 듯했다. 이것이 정부의 임기가 다해가는 지금 그들이 얻을 수 있는 최고의 협상 결과일 것이기 때문이었다.

그러나 만시지탄이었다. 이제 국내의 정치적 필요성이 북한의 의

사결정을 주도하게 되었고 이런 필요성은 미국과의 화해 증진에는 보탬이 되지 않았다. 김정일의 뇌졸중으로 승계 계획이 필요해졌다. 외부세력이 이런 취약한 시기를 틈타 북한을 이용하려 들지도 모른다는 우려가, 화해의 순간은 지나갔으니 이제 북한은 핵 프로그램을 신속하게 진행해야 한다는 결정을 초래했을 것이다. 그들의 최우선 과제는 북한에게 효과적인 핵폭탄이 있다는 것, 북한이 미국에 대한 억지력을 발휘할 수 있다는 것을 증명하기 위한 2차 핵실험이었을 것이다. 그러나 2008년의 남은 기간은 단번에 모든 것을 철회하기에는 시기가 좋지 않았다. 북한은 8월에 위협했던 대로 즉각 영변을 재가동하기보다는 불능화 절차의 속도를 늦추기로 선택하고, 그동안 미국 사람들을 발을 계속 묶어놓고 있었다.

돈 오버도퍼와 밥 칼린은 『두개의 한국』에서, 애나 파이필드(Anna Fifield)는 『마지막 계승자』(*The Great Successor*)에서 이 시기의 승계 계획에 대해 알려진 바를 서술한다.[27] 두 책 모두 15년쯤 전에 어떤 사고 후 김정일을 치료한 적 있는 프랑스의 뇌 전문의 프랑수아 그자비에 루(Francois-Xavier Roux) 박사가 그를 치료하기 위해 평양으로 불려갔다고 진술한다. 김정일의 여동생 김경희는 당내 정치국과 4성 장군으로 임명되면서 통치 엘리트의 일원이 되었다. 파이필드에 따르면, 김정일은 2009년 1월 8일 노동당 고위 관계자들에게 자신이 막내아들 김정은을 후계자로 선택했음을 알렸다. 김정은의 스물다섯번째 생일날이었다. 이 사실이 대중에 알려지는 데에는 시간이 걸렸지만, 그 과정은 확고했다. 핵 전선에서의 정치적 변화를 이해하기 위해서는 북한 국내 정권 이양기의 이런 극적인 상황을 고려하지 않으면 안 된다. 지금은 김씨 일가가 국제사회를 향해서도 자국민들을 향해서도 약한 모습을 보일 때가 아니었다.

『크리스토퍼 힐 회고록: 미국 외교의 최전선』에서 힐이 김정일의 뇌졸중이나 승계 계획, 그 결과 그가 감당해야 했던 복잡한 상황 등에 대해 언급하지 않은 것은 이상한 일이다. 당시 힐은 자신이 승산 없는 싸움을 하고 있다는 사실을 깨닫지 못했을 수도 있다. 2008년 11월 4일 버락 오바마가 대통령으로 당선된 후, 힐은 중국의 지원을 받아 12월에 6자회담을 한차례 더 개최할 기회를 얻었다. 그러나 그 회담은 험악한 분위기로 끝났다. 힐이 정부로부터 과도한 검증 조치를 밀어붙이라는 압박을 받고 있었던 이유가 컸다. 그와 상관없이, 북한도 이번엔 진지하게 임할 준비가 되어 있지 않았다. 2008년 12월 11일 마지막 6자회담이 용두사미로 막을 내렸다. 북한이 바라던 바였다.

북한이 오바마 대통령과 새 정부를 반갑게 맞아주리라는 전망은 선거 다음 날 뉴욕에서 열린 비공개 회담에서 여지없이 꺾여버렸다. 리근 대사는 경험 많은 북한 연구자들 여럿의 얘기를 들었다. 헨리 키신저(Henry Kissinger)와 에반스 리비어(Evans Revere, 전직 국무부 관리이자 당시 코리아소사이어티의 회장), 전임 주한미국대사 3명을 비롯하여 여러명이 그 자리에 있었다. 이들은 평양이 외교에 힘을 쓰는, 협상을 추진할 열의가 있는 새 정부를 기대해도 좋을 것이라고 말했다.[28] 그런 그들에게 리근은 지금은 상황이 완전히 달라졌다고 말했다. 북한은 더이상 관심이 없다는 것을 확실히 해놓겠다는 듯, 그는 그들이 핵무기를 포기하는 댓가로 받을 것의 판돈을 올려 불렀다.

『최고의 영예』(*No Higher Honor: A Memoir Of My Years In Washington*)에서 콘돌리자 라이스는 부시 정부의 다자외교 추진, 특히 중국을 참가시킨 것이 나름의 성과를 낳았다고 회고했다. “그 결과 북한은 지역 내에서 고립된 채 있게 되었고 신임 대통령은 임기 첫날 한반도의 위기 상황을 마주하지 않아도 되었다"라고 그녀는 썼다.[29] 그리고 이렇게 덧붙였다. "적어도 외교 분야에서 최선을 다했다는 점에서, 북한이 저지른 일로 미국이 비난을 받아서는 안 된다."

현실을 보면, 북한은 정부 초기의 헛발질을 이용하여 폭탄을 만들고 그것을 실험하였으며, 시리아의 플루토늄 생산 원자로 건설을 지원하기까지 했다. 그리고 2007년과 2008년 초 김정일이 진지한 조치를 취하며 핵무기 프로그램을 포기하고자 했을 때 미국 정부는 그 기회를 이용할 수 있었음에도 다시금 그 기회를 놓쳐버렸다. 정부가 협상 책임자 힐 대사에게 어느정도의 재량권을 준 것은 사실이지만 정부 자체, 아니 워싱턴 전체가 계속 사분오열 상태였다. 정부는 내부 분열이나 자기가 싫어하는 정권과 대화하는 일에 대통령이 품고 있던 거부감을 극복하지 못했다. 2008년 여름 김정일이 뇌졸중을 앓게 되면서 게임은 끝이 났다. 차기 미국 대통령은 진짜 위기를 마주하게 되었다. 김정일은 이제 협상에 나설 생각이 없었다. 그는 2차 핵실험을 실시하고 승계 계획을 탄탄대로에 올려놓기로 마음을 굳힌 상태였다. 다음 장은 그에 관한 얘기다.

12장

2009년 방문:

“ 어디까지 나빠질지는 모르는 겁니다.”

2008년 하반기 동안 존 루이스 교수는 다시 북한을 방문하기 위해 유엔 북한대표부를 압박했다. 뜻밖에도 그는 2009년 초 입국이 가능하다는 허가를 받았다. 2월 24일 오바마 대통령 취임 후 약 한달 만에 우리는 다시 평양에 들어갔다. 부시 정부 마지막 2년 동안의 외교적 시도로 핵 문제가 해결에 가까워지지는 못했다 하더라도, 대화와 협상에 힘쓰겠다는 오바마 대통령의 언명을 북한이 긍정적으로 받아들일지도 모른다는 것이 우리의 희망이었다. 하지만 평양은 위성 발사로 오바마 대통령을 맞이했다. 그리고 2차 핵실험으로 귀결될 일련의 사건들에 시동을 걸었다. 임기 내내 계속된 북한 정권에 대한 오바마 대통령의 불신은 이렇게 형성되었다.

루이스가 이끄는 대표단에는 밥 칼린과 나를 비롯하여, 루이스의 북한 일을 지원하는 재단 두곳을 대표하는 마저리 키위트(Marjorie Kiewit)와 폴 캐럴(Paul Carroll), 국무부에서 한국과 과장직을 포함하여 수년간 근무한 후 최근에 스탠퍼드대학에 합류한 식견 높은 한국 분석가 데이비드 스트라우브(David Straub)가 포함되었다.

리근 대사의 강경한 태도

외무성에서 우리를 맞이하며, 리근 대사는 준비해온 성명문을 읽었다. 그런 공식 석상에서는 늘 그렇듯 리 대사는 한국어를 사용했다. 그의 통역사는 그만큼 영어를 잘 구사하지 못했고, 그에 대해 리 대사는 눈에 띄게 짜증을 냈다. 통역이 제대로 뜻을 전하지 못한다 싶으면 그것을 정정하기 위해 끼어들곤 했다.

리근은 우리가 지난 한달 북한을 찾은 네번째 비공식 미국 대표단이라고 했다.[1] 그는 북한에 비핵화 의지가 없다는 소문은 자기도 잘 안다고 말하면서, 그것은 사실이 아니라고 주장했다. 그것은 김일성의 "평생 소원"이었다며 익히 듣던 북한의 입장을 되풀이했다. 리 대사에 따르면, 조선민주주의인민공화국은 2005년 9월의 공동성명에 따라 검증 가능한 방식으로 비핵화를 이행할 준비가 되어 있었다.

비핵화에 대한 의무적인 헌사를 일단 처리하자 리근은 본론으로 들어갔다. 그는 북한은 불능화 과정을 통해 부시 정부에 약속한 자기 의무를 다했으나 다른 당사국들도 그렇게 하지 않으면 "앞날이 험난할 것"이라고 주장했다. 리 대사는 공동성명 이행의 세단계가 현재 어떤 상황에 와 있는지에 대한 북한의 입장을 정리했다. 첫단계는 워싱턴이 방코델타아시아에 묶여 있던 자금을 풀어준 후 북한이 영변을 폐쇄하는 것으로 이루어졌다. 두번째 단계는 워싱턴으로부터 경제적·정치적 보상—즉 관계 정상화 조치—을 받고 그 댓가로 영변 핵시설을 불능화하는 것이었다. 평양은 현재 세번째 단계, 영변 시설의 폐기로 나아갈 준비가 되었으나 그 과정에서 장애물에 부딪혔다. 일본과 남한이 중유를 공급하겠다는 2단계 약속을 제때 지키지 못했기 때문이었다.

2단계에서 북한은 1만8천쪽이 넘는 영변 가동 기록 사본을 미국 관계자들에게 제출하면서 필수적인 검증을 제공하는 등 제몫을 다 이행했다고 리근은 말했다. 그는 "워싱턴이 검증 문제를 뒤엎어버렸다"고 말을 이었다(아마도 2008년 부시 정부가 검증 골대를 옮긴 것을 일컫는 듯했다). 핵무기에 대한 검증은 한반도 전체에 적용되는 문제라고 그는 강조했다. 북한은 남한에 핵무기가 없다는 남측 주장도 검증해야 하고, 그뿐만 아니라 어떤 방법으로든 한반도에 핵무기를 재도입하지 않겠다는 미국의 주장도 계속 검증해야 한다는 것이었다.

리근 대사의 언사가 점점 사나워졌다. 오바마 정부와 그 정부가 대화에 갖는 관심에 대해서 지금까지는 부정적인 징후밖에 없었다고 했다. 오바마 대통령이 북한 회사들을 제재하면서 임기를 시작하더니 몇주 후엔 미국-남한 군사훈련까지 시행될 것 아니냐는 것이었다. 리 대사는 제일 사나운 비판은 힐러리 클린턴(Hillary Clinton) 장관 몫으로 남겨두었다. 그는 그녀를 "힐러리 장관"이라 부르며, 지난주 처음 나선 동북아시아 순방길에 그녀가 조선민주주의인민공화국을 독재국가라 칭하며 승계 문제를 거론했다고 불만을 표했다. 그런 언사는 "상식을 벗어나는 것으로 국제사회에 충격을 안겼다"고 했다. 부시 정부의 적대 정책에서 아무것도 바뀐 게 없다는 것이 북한의 인식이었다. 이것은 곧 "가까운 미래에 핵무기 포기를 의논할 우호적 분위기"는 없으리라는 의미이고, 따라서 미국은 "북한이 핵무기 보유국이라는 사실에 익숙해져야 할 것"이라고 리 대사는 말했다. 그는 "오바마 정부는 아직도 조선민주주의인민공화국이 먼저 비핵화를 하면 그다음에 미국이 정상화나 평화협정을 비롯한 다른 혜택을 주겠다고 고집하고 있는데, 우리 생각은 다르다"며 비판을 이어갔다. 밥 칼린이 현재 상황을 보면 1994년 봄의 드라마가 떠오른다고 말했다. 그에 대해 리근 대사는 약간 지쳤다는 듯, "어디까지 나빠질지는 모르는 겁니다"라고 답했다.

이것이 정리된 공식 발언임을 감안할 때 그런 불만은 예상 못할 바가 아니었다. 보통 뒤따르는 토의에서는 그런 날선 분위기가 누그러지는 법이었다. 본질적인 양해가 이루어지진 않아도 격식이 덜한 분위기에서는 서로의 의견을 좀더 깊이있게 나눌 수 있었다. 이번에도 비슷했지만, 두드러진 차이점이 하나 있었다. 공식 발표문을 옆으로 치우며 리 대사가 말했다. "미국은 현실적이고 실용적이어야 합니다. 비핵화는 차츰차츰 이루어질 수밖에 없어요. 우리는 한발 한발 신뢰를 쌓아가야 합니다. 우리에게 무기가 필요 없게 되는 순간은 오직 정상화와 신뢰가 이루어지는 때일 겁니다." 리근은 또 평양은 여전히 미국이 경수로를 제공해주기를 기대하고 있다는 사실도 우리에게 상기시켰다. 그것이 안 된다면, 그들이 직접 경수로를 짓는 수밖에 다른 도리가 없으리라는 것이었다. 이 말은 앞으로 일어날 일에 대한 암시인 셈이었다.

리근 대사와의 저녁 자리는 훨씬 더 부드러웠으나, 모든 대화는 결국 언제나 같은 결론으로 돌아갔다. 시절이 바뀌었다, 그러니 이른 시일에 조선민주주의인민공화국이 비핵화하는 일은 없을 것이다. 몹시 실망스럽게도 리 대사에게서 이번엔 영변을 방문할 수도, 전임 소장 리홍섭 박사를 만날 수도 없을 것이라는 말을 들었다. 영변에는 새로 볼 만한 것도 없고, 게다가 그가 언급한 — 남한과 일본이 2005년 9월 합의의 약속을 지키지 않는다는 — 그 이유로 기술진들이 불능화 작업 중단을 준비하고 있다는 얘기였다. 내가 짐짓 영변에도 못 가게 할 거면서 왜 나를 북한으로 부른 거냐고 묻자, 리 대사는 태평스레 대답했다. "우리가 불능화 연기를 준비하고 있어서 방문 허가가 안 나왔다고 뉴스 매체에 얘기하면 되지 않소." 나는 리근에게, 언론 발표를 하자고 오기에는 너무 먼 길이 아니냐면서 이렇게 말했다. "나는 그런 건 안 할 겁니다. 하고 싶으면 직접 하시든지요."

저녁 자리 대화를 통해 우리는, 북한이 다자간 협상의 현주소에 대해 가지고 있는 시각과 그들의 미래 계획을 좀더 잘 알게 되었다. 리근 대사를 비롯한 외무성의 교섭담당자들은 6자회담과 그런 협상 형식 전반에 대한 거부감을 보였다. 리 대사는 특히 6자회담 틀 내에 일본과 남한에 유엔 안보리 상임이사국 세 나라 — 미국과 러시아, 중국 — 를 능가하는 명백한 거부권이 있다는 사실에 분개했다. 리 대사는 핵 검증 문제를 잘못 처리하여 "부시 정부가 오바마 정부에게 엉망진창 상태를 물려줬다"고도 했다. 그는 북한과 힐 대사가 협상한 원래의 검증 프로토콜 안을 부시 대통령이 직접 승인해놓고서도 나중에 다른 정부 인사들이 그것을 변경해서 도저히 북한이 받아들일 수 없게 만들도록 내버려두었다며 불만을 드러냈다.

리 대사는 또 우리에게, 북한은 다음 달 5MWe 원자로에서 사용후 연료봉을 인출하는 작업을 더 늦출 것이며 차후에는 영변 불능화 조치를 전면 중단할 것이라고 알려주었다. 그후에는 사용후 연료봉에서 플루토늄을 추출하는 것을 포함하여 시설을 다시 가동하겠다는 것이었다. 게다가 조선민주주의인민공화국은 위성 발사를 실행할 준비를 하고 있다고도 했다. 우리 대표단은 이 발사 계획에는 특히 비판적이었다. 우리는 리 대사에게 이런 상황은 2006년 7월 북한의 미사일 발사 시도를 떠올리게 한다고 말하며, 그 일로 핵 위기가 심각하게 악화되었고 결국 북한의 1차 핵실험이 초래되었음을 지적했다. 우리는 그에게 발사를 진행하면 틀림없이 오바마 정부가 대화를 중단하고 더 많은 유엔 안보리 제재를 밀어붙이는 방향으로 움직이게 될 것이라고 했다. 미 정부는 우주발사체를 위장된 장거리 미사일 실험으로 볼 것이었다. 그러나 상황은 이미 결정나 있었다. 북한은 핵·미사일 프로그램을 진전시키며 오바마 정부가 보일 부정적인 대응에도 대비하고 있었다. 나는 리근 대사에게, 이건 움켜쥐었던 주먹을 펴는 게 아니라 오히려 오바마 정부에게 제대로 한방을 먹이겠다는 계획이라고 말했다.

조선중앙통신의 위성 발사 발표가 외무성의 허가를 받은 것이었느냐는 질문에, 외무성은 그 발표 이후에 "통보를 받았다"고 리근 대사는 답했다. 그 발표에서 "조선우주공간기술위원회"를 언급했을 때 처음으로 그런 조직이 있다는 얘길 들은 것이라고, 그는 꽤 솔직하게 덧붙였다. 그는 이제 북한에도 정식으로 우주발사 통보를 할 수 있는 공식채널이 생긴 거라며 생각에 잠긴 듯 혼잣말을 했다. 외무성이 발사에 대해 '통보'만 받았다는 리 대사의 인정은, 외무성은 핵 프로그램과 달리 북한의 미사일 및 우주 프로그램에는 크게 관계하지 않는다는 사실을—아마 그러려고 의도된 것이었겠지만—우리에게 알려주었다. 이는 핵 프로그램이 워싱턴과의 공식 협상에서 전면이자 중심에 놓여 있었던 까닭이 클 것이다. 또한 미국이 미사일 및 우주 프로그램의 전문가들에 대해서는 아는 바도 접촉도 거의 없다는 사실도 이와 무관하지 않았을 것이다.

거의 모든 이전 방문에 우리의 호스트 역할을 했고 2007년에는 캘리포니아로 우리를 찾아오기도 했던 김계관 부상을 이번 방문에서는 만날 수 없었다. 그는 지금 입원해 있다고 했다. 늘 그렇듯 존 루이스는 핵 문제와 관련이 없는 몇가지 추가적인 방문 일정을 준비했다. 이런 일은 언제나처럼 내가 이 나라를 좀더 잘 이해할 수 있도록 해주었다. 이번엔 평양 남쪽에 있는 사리원시를 방문해 시범 농장을 둘러볼 수 있었다.

베이징에서 의견을 교환하다

토요일 아침 우리는 한반도 앞에 더 어려운 시간이 놓여 있다는 생각에 무거운 마음으로 평양을 떠났다. 이번 방문은 2008년 후반기를 기점으로 판세가 바뀌었다는 우리의 판단에 힘을 실어주었다. 평양은 핵 노선을 전면으로 끌어올리고 외교는 필요하다 하더라도 시간을 벌기 위한 조역 정도에 두기로 결정을 내린 것이었다. 평양이 오바마 정부를 향해 떡밥을 던져놓은 것으로 보였다. 우리는 북한이 위성 발사를 실행하고, 그러면 미 정부가 어쩔 수 없이 2006년 발사에 대응하며 세운 선례에 비추어 강력한 유엔 안보리 제재를 요구하게 되는 시나리오를 예상할 수 있었다. 그러면 다시 평양은 2차 핵실험을 실시할 정당성을 얻게 될 터였다. 2차 핵실험은 세계에, 그리고 스스로 제기능을 할 수 있는 핵무기가 있다는 것을 믿도록 만들기 위해 북한으로서는 꼭 필요한 일이었다. 북한이 7월 미사일 발사를 시도하고, 부시 정부가 그것을 이용해 유엔 안보리 제재에 대한 지지를 끌어모으고, 이에 북한이 10월의 1차 핵실험으로 맞대응한 2006년의 사태를 다시 보는 듯한 기시감이 들었다.

베이징에 돌아와서 존 루이스, 밥 칼린과 나는 평소처럼 중국 정부의 관계자, 싱크탱크, 중국 핵 프로그램 관계자 들을 만났고 중국의 몇몇 전문가들과 함께 북한의 핵 프로그램에 관한 각자의 의견을 비교해보았다. 중국의 핵무기 전문가들도 북한이 곧 2차 핵실험을 실행하리라고 보는 나와 같은 의견이었다. 그들은 북한이 영변 핵단지를 다시 전면 가동할 가능성에 대해서는 매우 회의적이었다. 그들은 핵 원자로와 재처리 시설이, 특히 북미제네바합의 기간 동안 완전 폐쇄되었음을 고려해볼 때 너무 오래 쉬었다고 생각했다. 그들은 또 북한엔 폐쇄된 원자로를 대체할 새 5MWe 원자로를 지을 산업 역량이 없다고 봤다(당시 이미 공공연한 사실이 된, 시리아에 그런 원자로를 건설한 북한의 능력을 짐짓 무시하는 것처럼 보였다). 북미제네바합의 기간 중 포기한 더 큰 원자로 2기의 건설 재개는 그들 능력을 한참 벗어나는 일이라고 중국 전문가들은 덧붙였다. 나는 그들에게 1차 핵실험에서 플루토늄 2킬로그램만을 사용했다고 한 2008년 북한의 신고 내용에 대해 어떻게 생각하느냐고도 물어보았다. 그들은 그 내용을 믿기 어렵다고 보았고 그에 대한 일리있는 설명을 내놓았다. 북한이 플루토늄 양을 축소 발표한 것은 핵실험이 폭발력 기대치에 훨씬 미달했다는 사실을 가리기 위함이었다는 것이었다.

중국의 정책 전문가들은 북한이 로켓 발사를 고집하는 것을 당혹스러워했다. 워싱턴으로서는 평양을 응징해야 한다고 생각할 것임을 알기 때문이었다. 그들은 중국도 북한이 핵무기를 갖기를 바라지는 않으나 평양을 다루는 법에 관해서는 미국과 시각이 매우 다르다고 강조했다. 그들은 평양은 무시당하는 것을 제일 싫어한다고 주장했다. 베이징은 북한의 도발 행위에 대응하지 않는 것이 최선이라고 믿었다. 우리의 중국 동료들은 평양이 일정한 비핵화 조치를 취해서 경제적 양보를 얻고, 그것을 이용해 경제를 일으키고, 그다음에 스스로를 핵무기 보유국으로 선언할 마음을 먹고 있다고 보았다. 평양은 핵무기를 포기하지 않으리라는 것이다. 그들은 다른 5개 당사국이 힘을 합쳐 평양을 고달프게 만드는 것, 다시 말해 평양을 계속 감시하는 것이 최선이라고 믿었다. 그렇게 해야 일본이나 남한의 핵무기 개발을 부추기는 일이 없으리라는 것이었다.

위성 발사가 몰고 올 여파

미국에 돌아와서 나는 우리 방문 동안 북한이 시사한 행위들—위성 발사와 이후 이어질 핵실험 및 영변 핵시설 재가동—로부터 제기되는 위협을 분석했다. 미사일 발사 성공으로 장거리 미사일 프로그램에 도움이 될 중요한 정보들을 얻을 수는 있겠지만, 그것이 당장 긴박한 위협을 초래하는 것은 아니었다. 워싱턴은 2차 핵실험을 막는 데 주력하는 것이 옳았다. 북한에게 성공적인 핵실험이 필요한 데에는 기술적·정치적 이유가 있었다. 그들은 2006년 1차 실험에서 부딪힌 문제들을 해결하기 위해 노력해온 바 있었다. 2007년과 2008년 영변에서의 작업이 중단되었다고 해서 그것이 2차 실험을 준비하는 데 장애가 되지는 않았다. 테스트 장비에 쓸 만큼 플루토늄 비축량이 이미 충분했기 때문이었다. 내가 처음 방문했을 때 리홍섭 소장은 일단 플루토늄이 사용후 연료로부터 재처리되고 나면 그것은 영변 밖으로 보내진다고 설명한 적 있었다. 플루토늄 무기 요소가 영변에서 제조되지 않는다는 의미였다. 이런 작업은 틀림없이 계속되어왔을 것이다. 2007년의 불능화 합의는 영변에만 국한되었기 때문이다. 풍계리 실험장에서도 2차 핵실험용 터널을 준비하는 작업이 계속되었을 것이다. 그곳 역시 불능화 합의의 범위를 벗어나 있었다. 진행 명령이 떨어지기만 하면 북한은 지체 없이 핵실험 실시에 필요한 모든 조치를 밟을 수 있을 것이었다.

내가 미 정부에 보고하고 대중들에게도 알린 내용은, 영변 시설들은 상당히 안 좋은 상태에 있다, 그러나 북한은 결심만 서면 그 시설들을 상대적으로 신속하게 복원할 수 있도록 불능화 조치를 면밀하게 조정해왔다는 것이었다. 예를 들어, 그들은 그 시설을 빠르게 재가동해 당시 인출된 사용후 연료를 재처리하여 기존 비축분에다 폭탄 하나를 제조하고도 남을 무기급 플루토늄 7~8킬로그램을 더 보탤 수 있었다. 5MWe 원자로는 재가동하기가 다소 더 어려운 상태였다. 그곳의 불능화 조치에는 원자로의 냉각탑 폭파가 포함되었다. 원자로를 재가동하기 위해서 북한은 냉각탑을 다시 세우거나 냉각을 위해 강물을 이용하는 대안을 찾아야 할 것이었다. 어느 쪽이든 1년이 걸리지 않을 것이라고 나는 생각했다. 연료제조시설도 심각하게 불능화되어 복원에 꽤 시간이 걸릴 것이었다. 그러나 우리는 지난 방문들을 통해 북한이 원자로 하나를 한번 더 장전하는 데 쓸 만큼 이전에 제조된 연료봉들을 비축하고 있다는 것을 알게 되었다. 모두 종합해볼 때, 나는 영변의 모든 핵심적 작업이 1년 또는 그보다 짧은 시간 안에 재개될 수 있다고 생각했다. 이런 행위들이 예정된 위성 발사보다 훨씬 더 큰 위협 요소가 될 것이었다.

이에 더해 북한은 어딘가 다른 곳에 핵연료 주기 시설을 두고 있음이 분명했다. 예컨대 당시 북한의 우라늄 농축 작업은 틀림없이 영변 밖에서 이루어졌을 것이다. 2007년과 2008년 IAEA 검증단에게 접근권이 있었을 때 그들도 영변 단지 내에서 우라늄 농축 시설을 발견하지 못했다. 원심분리기의 공급재인 UF_6을 생산할 수 있는 시설도 마찬가지로 찾지 못했다. 평양은 농축 프로그램의 존재를 계속 부인해온 바 있었다. 실제로 우라늄 농축 프로그램의 위치와 규모와 완성도에 관해 얻을 수 있는 정보는 거의 없었지만, 북한의 관련 장비 입수 노력과 2008년 그들이 미국에 건네준 물건에 남아 있던 고농축 우라늄의 흔적 등 정황 증거는 북한이 그런 역량을 추구하고 있다는 점을 거의 확실하게 보여주었다.

우라늄은 평산 광산에서 채굴되었는데, 그곳은 지난 20년간 거의 중단 없이 가동되어왔다. 영변 연료 제조 단지 내 커다란 6층짜리 우라늄 변환 건물에서 채굴 단지에서 온 우라늄광을 정제하여 산화우라늄을 만드는 작업도 계속해왔다. 이 일은 영변 불능화 기간에도 멈추지 않았다. 이후 이 물질을 아직 발견되지 않은 모종의 장소로 옮겨 UF_4를 생산했을 가능성이 크다. 이 UF_4는 시리아에 짓고 있던 원자로를 위한 금속 연료체를 만들거나 리비아에 판매된 UF_6을 만드는 데 사용되었을 수 있다. 이런 시설들은 영변 밖 어딘가에 위치한 비밀 원심분리기 시설에 공급재를 제공하는 데에도 이용되었다. 결론적으로, 영변의 불능화 조치들이 플루토늄 추가 생산은 멈추도록 했지만 우라늄 농축 프로그램은 다른 어딘가에서 진행 중이었던 것이다. 나는 그것이 기껏해야 시험 단계의 원심분리기 캐스캐이드일 뿐 산업 규모의 원심분리기 시설은 아닐 것이라 믿었다.

지금 돌아보면, 2007년에서 2008년 초까지는 평양이 이중경로 전략의 외교적 노선과 핵 노선을 모두 추구하다가 가을쯤에는 오바마 정부가 시작되기 몇달 앞서 핵 프로그램을 밀고 나가기로 결심했던 것으로 보인다. 2009년 1월 20일 취임식 날 북한은 위성 발사로 오바마 정부를 맞이할 태세를 갖추고 있었다.

13장

2009년과 2010년: 오바마가 내민 손을 외면하다

리근 대사가 우리 스탠퍼드 팀에 경고를 하고 오래 지나지 않아, 북한 외무성은 계획된 위성 발사가 4월 초 실시될 것이라고 발표했다. 이 발표는 이번 발사가 근본적으로 민간용이며 군사 계획과는 무관함을 강조했다. 외무성은 3월 중 여러차례 성명을 내어 평화로운 목적으로 우주를 사용할 권리를 강조하고 임박한 발사가 정당한 주권 행사임을 주장했다. 북한이 당시까지는 외국의 지원으로 구축된 남한의 우주 프로그램을 앞지르는 데 첨예한 관심이 있다는 것은 북한 연구자들에게도 익히 알려진 사실이었다. 평양은 국제민간항공기구와 국제해사기구에 위성 발사 예정일을 정식 통보함으로써 자기 행위를 정당화·정상화하려고 했다.[1] 평양은 만약 이 평화로운 위성 발사로 제재를 받게 된다면 더이상의 6자회담도 2005년 9월의 공동 성명에 대한 준수도 없을 것이라고 경고했다.[2] 바로 앞 장에서도 지적했다시피 평양은 위성 발사 실행이 아니라, 그것으로 예상되는 규탄과 제재를 구실로 삼아 영변 핵단지의 불능화를 끝내고 2차 핵실험을 실시해 자국 핵 프로그램을 다음 단계로 끌어올릴 계획이었다. 그 무대가 이제 마련된 것이었다.

오바마 대통령은 대선 기간 중 약속했던 대로 대화와 협상에 충실하겠다며 임기를 시작했다. 거의 취임하자마자 그는 협상을 향한 자신의 마음은 진심이라며 북한 지도부에게 공개·비공개 메시지를 전달했다.[3] 그러나 북한이 위성 발사 의도를 발표하자, 그는 곧바로 참모들에게 강경하게 대하라는 지시를 내렸다. 부시 정부 동안 미국의 동맹이 흐트러졌다고 염려한 오바마는 자신의 대북 정책을 서울 및 도쿄와 밀접히 조율하는 데에도 크게 신경을 썼다. 2월 힐러리 클린턴 장관이 첫 해외 순방으로 이 지역을 선택한 것도 그 점을 확실히 보여주었다. 당시 터프츠대학 법률및외교플레처스쿨의 학장으로 있던 스티븐 보즈워스(Stephen Bosworth) 대사를(본인의 요청에 따라 플레처스쿨에 남아 있는 동안에는 비상임직이었지만) 대북 정책 특별대표로 임명한 것도 오바마 정부 초기의 희망적인 신호였다. 보즈워스는 동북아시아에 깊은 식견이 있는 노련한 외교관으로, 1995년부터 1997년까지 KEDO 초대 사무총장직을 맡아 북한의 관계자들과 직접 협상한 경험과 1997년 12월부터 2001년 2월까지 주한 미국대사로 재직한 경력이 있는 인물이었다. 시들어가는 6자회담을 이끌 새 협상 대표로는 한반도에 대한 폭넓은 경험을 갖춘 노련한 국무부 외교관 출신 성 김이 지명되었다.

보즈워스의 임명은, 그의 성격과 방식이 그의 전임이었던 크리스 힐 대사와 극명한 대조를 이룬다는 점에서 남북한 모두에게 약간은 안심되는 일이기도 했다. 힐이 대중의 관심을 즐기는 수완가였다면, 보즈워스는 차분한 학자이자 막후에서 어려운 문제를 풀어가는 쪽을 선호하는 외교관이었다. 보즈워스는 이전에 한반도라는 난제를 어떻게 다룰 것인지에 대한 견해를 정리해 발표한 바 있었다. 2008년 조선민주주의인민공화국을 방문한 후 그와 모턴 아브라모위츠(Morton Abramowitz)는 북한에 있어서 근본적인 문제는 초지일관 워싱턴이 집중하고 있는 비핵화 그 이상의 것이라고 썼다.[4] 평양은 미국을 대하는 단기 및 장기 정책이 있다고 그들은 주장했다.

> 그들은 자신의 핵무기 프로그램을 지금이라도 시작해 하나씩 흥정할 마음이 있다. 다만 워싱턴과의 비적대적인 새로운 관계 및 더 많은 경제적 지원이 그 댓가로 주어질 때만 그런 일이 가능할 것이다. 바라건대 그 작지만 위험한 나라를 어떻게 대할 것인가 하는 장기적 문제와 핵 문제를 동시에 다룰 전략을 고안하는 것이 차기 정부의 몫이 되었다.[5]

이제 보즈워스는 그 정부의 일원이었다. 그러나 불행하게도 그의 깊이있는 경험과 조언은 한번도 제대로 활용되지 못했다. 그의 영향력은 어느정도는 시작부터 불협화음으로 끝날 운명이었는지도 모르겠다. 평양이 핵 프로그램의 진전을 증명하고 병든 김정일에게서 그의 아들로의 권력 승계를 강화할 결심을 굳힌 상황이었기 때문이다.

위성 발사로 상황이 악화되다

약속을 지키겠다는 듯, 2009년 4월 5일 늦은 오전 북한은 동해위성발사장에서 이미 통보했던 위성 발사를 시도했다. 은하2호 로켓의 1

단계는 동해에 떨어졌다. 다른 단계들은 태평양에 떨어졌다. 그리고 로켓 탑재물 광명성2호 통신위성은 결국 궤도에 진입하지 못했다. 그러나 조선민주주의인민공화국 정부는 발사가 성공했다고 발표했다. 워싱턴의 반응은 예측 가능한 것이었고 평양이 기대했던 그대로였다.

오바마 대통령은 이번 로켓 발사는 도발 행위이자 유엔 안보리 결의안 1718에 대한 명백한 위반이라고 규정했다. 그는 이런 행위가 평양을 국제사회로부터 더욱 고립시킬 것이라고 말했다. 오바마는 이것을 임기 초 그의 지도력에 대한 시험이라고 여겼다. 미국은 기존의 제재 집행을 강화하고, 다른 나라의 안전과 안보를 위협하면 반드시 처벌이 따른다는 사실을 북한에게 알려줄 적절한 조치를 밟을 유엔 결의안을 도출하기 위해 비공개 토의를 개최할 것이라고 했다.[6] 클린턴 장관도 부시 정부 초기를 떠올리게 하는 언사로 뒤를 이었다. 미국은 평양의 협박에 응하지 않을 것이고 그 대신 "북한에 대한 압박을 강화"하기 위해 국제사회를 불러모을 것이라고 했다.[7]

미 정부는 4월 12일자 유엔 안전보장이사회 성명을 주도해 만들어내는 데 성공했다. 북한의 위성 발사를 규탄하면서 결의안 1718을 준수하고 미사일 시험을 멈출 것을 촉구하는 내용이었다. 미사일 프로그램과 연결된 북한의 관계자 및 기관에 재정 및 여행 제재를 가하겠다고 위협하는 내용도 들어 있었다. 신임 미 유엔대사 수전 라이스(Susan Rice)는 이 성명은 북한의 국제법 위반이 댓가를 치르게 될 것이라는 명확한 메시지를 담고 있다고 말했다.[8] 그러나 희석된 상태의 유엔 안보리 성명은 법적 구속력이 있는 결의안과는 달랐다. 그것은 중국과 러시아의 반대에 부딪혀 강력한 새 징계를 피해 갔으며, 따라서 결국은 북한의 손안에서 놀게 되었다.

조선민주주의인민공화국 외무성은 이 유엔 안보리 성명을 "견딜 수 없는 조롱"이라 칭하며 북한은 우주를 사용할 권리를 부정당하고 있지만은 않을 것이라고 말했다. 평양은 6자회담 과정에 참가하지도, 과거의 합의들도 인정하지 않을 것이며, 이것은 미국의 대응 때문이라는 것이었다. 외무성은 북한이 미리 정해놓은 행동 방침의 개요를 발표했다. 조선민주주의인민공화국은 "모든 방면에서" 자국 수호를 위한 핵 억지력을 높여갈 것이며 경수로 건설을 검토하고 2007년과 2008년 불능화된 시설들을 "원래의 상태"로 복구할 것이라는 선언이었다. 심지어 5MWe 원자로에서 나온 사용후 연료봉을 완전히 재처리하겠다고도 했다.[9] 며칠 후 IAEA 검증단이 북한을 떠나는 비행기에 태워졌다. 이후로 그들은 다시 돌아가지 못했다.

2차 핵실험과 그 정치적 낙진

위성을 궤도 진입시키는 기술적 임무는 실패로 돌아갔지만, 평양의 정치적 목표는 달성되었다. 유엔 안보리의 규탄을 얄팍한 핑계 삼아 모든 합의를 끝내고 미국 및 국제 검증단을 영변과 나라 전체에서 추방하려는 것이 그 목표였다. 더 중요한 것으로, 미국의 대응은 그로부터 6주 뒤인 2009년 5월 25일 북한이 2차 핵실험을 실시하도록 앞길을 닦아주었다. 세계적으로 감지된 지진 신호에 근거해 추정했을 때, 그 폭발력은 2~7킬로톤 사이였을 것으로 보였다. 이 두번째 폭발은 다른 핵보유국들의 첫번째 폭발보다 작은 규모였지만, 내 판단에 그것은 성공이었다.[10] 조선중앙통신은 느닷없이, 이 실험은 "북한 과학자와 기술자 들의 요구에 맞춘" 자국 수호를 위한 북한의 핵 억지력 향상을 향한 한걸음이라고 선언하며 이 실험이 "핵무기의 위력을 더욱 증진하고 지속적으로 핵기술을 개발하는 과정에서 제기되는 과학적·기술적 문제들을 만족스럽게 해결하는 데 도움이 되었다"고 주장했다.[11] 다른 말로 하자면, 핵 과학자들로서는 첫번째 폭탄의 설계나 제조상 결함을 바로잡기 위해 2차 실험이 필요했다는 것이었다. 조선중앙통신의 보도는 뒤이어 이번 실험은 "폭발의 위력과 관련하여 더 높은 새로운 기준에서 안전하게 실시되었다"고 밝혔다. 이는 북한이 이후 8년에 걸쳐 핵실험을 마칠 때마다, 인접한 중국 동북부 주민들에게 방사선 위험이 미칠까 우려를 표하는 베이징을 달래기 위해 반복하게 되는 주제였다.

미 정부의 반응은 능히 예상할 만한 것이었다. 부시 정부는 북한의 2006년 미사일 및 핵 실험 이후 근본적으로 북한이 미래에 그런 실험을 실행하는 것을 금지하는 제재 결의안을 끌어낸 바 있었다. 그후로 이 최초의 유엔 안보리 결의안에 대한, 아마도 필연적인 차후의 위반에 더 많은 유엔 제재와 더 강한 압박으로 대응하는 것이 하나의 관례가 되었다. 돈 오버도퍼와 밥 칼린이 지적하듯이 미국은 새 제재와 결의안으로 압박의 수위를 높여갈 수밖에 없다고 느꼈고, 그러면 그것은 또 북한의 새로운 저항에 불을 붙였다.[12] 원래 미래에 있을지도 모를 위반을 저지하려 의도된 일에 북한은 오히려 핵·미사일 프로그램을 다음 단계로 밀고 나가는 것으로 대응했던 것이다.

정치적으로 보면 평양을 응징하지 않고 내버려두는 일은 새로 출범한 오바마 정부를 존 볼턴이나 로버트 조지프 같은 부시 시절 강경파로부터의 혹독한 비판에 내어주는 셈이 되었을 것이다. 그들은 자신들이 재임하던 시절 북한과의 관계에서 거둔 비참한 성적은 인정하지도 않으면서 지금은 정부 밖에서 평양을 향한 유화적 움직임이 보일 때마다 그것을 저주하고 있었다. 게다가 로버트 게이츠(Robert Gates) 국방부 장관처럼 현 내각에 속한 인물도 응징의 필요성에 동조하는 목소리를 냈다. 5월의 샹그릴라 대화에서 그는 북한에 대한 더 강력한 세계적 압박을 촉구했다.

"우리는 북한이 지역 내 어떤 목표물이든, 아니면 우리까지도 파괴할 능력을 구축하도록 좌시하지 않을 것이다. (…) 〔오바마 대통령은〕 긍정적인 전망을 품고 있지만 순진하지는 않다. 마찬가지로 미국과 우리 동맹국들도 대화의 문을 열어두겠지만 그렇다고 압박이나 도발에 굴하지는 않을 것이다."[13]

그의 이런 발언은 오바마 대통령의 기본 정서에 부합하는 것이었다. 역사적인 프라하 연설에서 오바마는 북한을 지목해 이렇게 말했다.

"규칙은 지켜져야 합니다. 위반은 응징을 받아야 합니다. 말에는 뜻이 담겨 있어야 합니다. 세계는 이런 무기의 확산을 막기 위해 뭉쳐야 합니다. 지금은 강력한 국제적 대응이 필요한 시기입니다. 그리고 북한은 협박과 불법적 무기를 통해서는 결코 안보와 존중의 길로 나갈 수 없다는 것을 깨달아야 할 것입니다."[14]

회고록 『약속의 땅』에서 오바마는 그 연설의 동기는 일부 "2개국 모두(북한과 이란)에 대한 실효성 있는 경제 제재를 포함하여 국제적 압박을 끌어올리려는 데" 있었다고 썼다.[15] 그는 수전 라이스에게 북한 핵실험 후 유엔 안보리를 통해 성공적으로 강력한 제재를 만들어냈다며 공을 돌렸다. 그리고 그런 제재는 효과적인 대응이라 여겨졌다.

만약 이것이 성공이었다고 한다면, 질문이 하나 남는다. 과연 어떤 면에서 그랬다는 것인가? 그 제재에 대한 평양의 대응은 핵 프로그램 확장이었다. 그것은 핵 프로그램을 끝내지도 못했고, 심지어 우리가 판단하는 한에서는 늦추지도 못했다. 제재는 북한으로부터 그 어떤 긍정적인 태도 변화도 끌어내지 못했다. 1998년 8월 북한의 발사 시도 후 클린턴 대통령은 영변에 검증단을 계속 두겠다고 주장하면서도 그와 동시에 북한을 미사일 회담으로 끌어들이려 했다. 이번에도 그와 유사한 대응이었다면 더 효과가 있었을 것이다. 미국이 유엔에서 조직해낸 제재 조치는 오히려 워싱턴을 궁지로 몰았고, 평양의 핵 야심에 유리하게 작용하는 압박과 규탄이라는 패턴이 무한 반복되도록 만드는 데 그쳤다.

핵실험 후 백악관이 협상으로 들어갈 가능성은 거의 없어졌다. 오바마 대통령은 북한의 행위를 거의 개인적 모욕으로 받아들이는 듯했고, 미국의 제1 목표는 "도발과 보상"의 순환고리를 끊음으로써 북한의 행태를 바꾸는 것이어야 한다는 입장을 고수했다. 미국이 대화에 참여하는 일은 없을 것이라는 뜻이었다.[16] 나중에 오바마 정부의 몇몇 인사들이 평양만 그럴 마음이 있었다면 미 정부도 6자회담 절차를 이어갈 준비가 되어 있었다는 얘기를 내비치긴 했지만, 당시 오바마 정부는 대통령의 관심과 정치적 자산을 다른 문제, 그들이 판단컨대 북한 문제와 달리 그가 "회피할 수 없거나 혹은 승산이 충분한" 문제에 쏟기로 결정했다. 그들은 평양과의 협상을 계속할 합당한 이유가 없다는 사실이 부시 정부의 경험으로 증명되었다는 결론을 내렸다. 따라서 그런 협상을 얻기 위해 대통령의 시간과 노력을 소모할 이유도 없었다.[17] 더군다나 대통령은 미국 금융시스템의 붕괴와 그것의 국제적 여파를 해결하는 일에 몰두해야 했다. 북한과의 협상을 통해 얻을 것이 별로 없다는 정부 초기의 판단은 오바마의 남은 임기 동안에도 그다지 변하지 않은 채로 있었다. 때때로 새로운 기회를 여는 현실적 조건의 변화가 생겼을 때도 마찬가지였다.

북한과의 협상에 대한 대통령의 모순적 태도에도 불구하고 보즈워스 대사는 계속해서 최선을 다해 자기 일을 해나갔으며, 6월 11일 상원 해외관계위원회에서 선서할 때에는 더 유화적인 자세를 선보였다.[18] 그는 비핵화의 길을 협상하기 위한 현실적인 외교적 대화 전략을 제시했다. 그 안에는 동북아시아 지역 내의 긴밀한 협의와 협력, 유엔 및 미국의 제재, 적절한 방어 조치 등이 포함되었다. 그는 지금까지 오바마 정부 대외정책 접근법의 핵심 원칙은 미국과 차이가 있는 나라들과도 언제든 대화에 나선다는 것이었음을 강조했다. 보즈워스는 미국이 내민 손을 북한이 탄도미사일 발사 준비로 맞았고 평양을 방문하겠다는 자신의 제안도 아직 수락하지 않았다며 아쉬워했다. 불행히도 보즈워스의 시각은 같은 정부 내에서도 널리 인정받지 못했다. 그리고 북한은 12월까지 그를 초청하지 않았다.

빌 클린턴, 평양에 가다

7월 평양은 국영매체를 통해 북한이 대화에 관한 관심을 거두지는 않겠지만 6자회담에는 기대가 없다는 몇가지 신호를 보냈다. 8월엔 중국을 통해 북한으로 넘어갔다가 3월 억류당한 미국 기자 두명의 석방이라는 임무를 띠고 클린턴 전 대통령이 평양을 찾았다. 김정일은 클린턴의 방문을 워싱턴이 무슨 생각을 하고 있는지 타진해보고 자신이 대화 재개에 열려 있다는 뜻을 내비치는 기회로 이용했다. 오바마 정부가 그럴까 두려워했던 그대로였다. 김정일과 클린턴의 이 특별한 대화가 "일찌감치 북한과의 해빙 분위기를 조성할 계기가 될 수도 있었고 '움켜쥔 주먹을 펴도록' 김정일을 설득할 기회가 될 수도 있었으나 (…) 워싱턴은 그런 것을 따져볼 심경이 아니었다"고 오버도퍼와 칼린은 지적했다. 정부는 클린턴에게 "가서 그 기자들을 데리고 돌아오되 어떤 상황에서도 절대 웃음을 보이지 말라"고 엄격한 지침을 내렸다.[19]

줄잡아 2008년 한여름부터 북한은, 김정일의 뇌졸중에 대한 체제 내 우려와 대외적으로 강한 태도를 보여야 한다는 인식 속에서, 핵 프로그램을 최우선으로 하는 동시에 미중 양국을 포함한 외부세력들을 저지하기 위해 외교를 이용해오고 있었다. 이제 김정일은 2차 핵실험이 성공으로 끝나고 건강이 좋아지자 다시 외교 노선을 모색하기 위해 클린턴과의 만남을 이용하고자 했다.[20] 반갑게 클린턴을 맞이하는 김정일의 모습은 그동안 해외 매체들이 짐작했던 것보다 훨씬 좋아 보였다. 그는 확실히 건재했고 무슨 말을 해야 할지 알고 있었으며 자기주장을 펼치는 데 거침이 없었다. 김정일은 클린턴 재임 당시 양국이 이루었던 관계 발전에 대한 기억을 얘기했다. 하지만 부시 정부에서는 양국 관계가 "미국의 신보수주의자들 탓에 케케묵은 관계로 돌아갔다"고 그는 말했다. 핵 문제는 부시가 조선민주주의인민공화국에 '악의 축'이라는 딱지를 붙인 후 더 악화되었고 미국의 이라크 침공 이후 세계정세도 악화일로라고 했다. 김정일은 만약 2000년 대선에서 민주당이 이겼더라면 양국 사이의 모든 합의가 이행되어서 조선민주주의인민공화국에는 경수로가 생기고 미국은 "이 복잡한 세상에서 동북아시아에 새 친구가 생겼을 것"이라 믿는다고 덧붙였다. 김정일이 클린턴에게 이렇게 다가간 것이 핵 프로그램을 감추려는 연막작전이었다고 무시하기는 쉬운 일이다. 그러나 그렇게 되면, 김정일에게 권력 승계에 호의적인 대외 안보 환경이 필요했다는 사실과 함께 그가 미국과의 관계 정상화 추구라는 아버지의 전략적 정책을 이으려 오랫동안 노력해왔다는 사실을 간과하게 된다.

김정일은 오바마 행정부가 조선민주주의인민공화국에 좋은 첫인상을 남기지 못했다며 불만을 표했다. 그는 오바마가 적대국과도 기꺼이 대화하겠다고 공개적으로 밝히면서도 조선민주주의인민공화국에는 위성을 궤도에 올릴 권리 행사도 허용하지 않는다고 말했다. 김정일은 미국을 불구대천의 원수로 볼 생각이 없다고 강조했다.[21] 그의 말에 따르면, 만약 미북 양국 관계가 진전되면 동북아시아 다른 나라들과의 관계도 호전되리라는 것이었다. 이 북한의 지도자는 클린턴에게 그가 재임하는 동안 조선민주주의인민공화국은 미사일 모라토리엄을 한결같이 존중했으며, 부시 정부에 들어와서 계속된 것까지 합치면 총 7년을 그래왔다는 사실을 상기시켰다. "만약 오바마 정부가 진지하고 건설적인 태도를 보인다면, 조선민주주의인민공화국은 다시 그런 약속을 할 수도 있습니다." 김정일이 클린턴에게 전한 말이었다.

오바마 정부의 지침으로 손발이 단단히 묶인 처지인 클린턴은 이 비상한 제안에 뭐라 말을 얹을 수가 없었다. 그는 김정일에게 자신은 미국을 대표해 협상하고 있는 것이 아니니 그저 개인적인 생각만을 얘기해보겠다고 말했다. 그는 북한이 다시 6자회담으로 돌아와주길 바라는 오바마 정부의 희망을 거듭 말하며 오바마 대통령이 바라는 바도 그것이라고 말했다. 그는 또 보즈워스 대사가 아직도 방문 요청에 대한 답을 듣지 못하고 있는데, 그의 북한 방문을 허가해주라고 권하기도 했다. 김정일은 미국과의 양자회담을 추구하는 동시에 6자회담을 지킬 방법도 생각해보겠노라며 예의를 갖춰 즉답을 피했다.

클린턴의 방문은 국내를 보아도 동아시아 지역을 보아도 복잡한 환경 안에서 일어난 일이었다. 국내적으로, 김정일 정권의 관심은 권력 승계에 유리한 상황을 구축하는 데 맞춰져 있었다. 김정일이 2009년 말 재앙적 화폐개혁을 단행한 이후 경제를 향상시키는 것이 가장 큰 과제였다. 동북아시아 내에서 북한은 이웃의 그 어느 나라와도 별로 좋은 관계가 아니었다. 남한과의 관계는 2008년 2월 이명박이 대통령이 된 이후로 줄곧 악화되었다. 이명박 개인은 특별히 강경론자가 아니었지만, 그의 내각 내 다수 인사들이 자기들이 보기엔 가망 없는 구상인 전임 대통령들의 햇볕정책에 강력하게 반대했다. 2009년 8월 전 대통령 김대중의 장례식에 대표단을 보내면서 김정일은 남한과의 더 나은 관계 및 이명박과의 남북회담 가능성을 타진해보기 시작했다. 이명박도 정상회담의 가능성을 고려하며 그해 후반에 북한과의 비밀 회담을 열기도 했다. 그러나 이명박이 그의 회고록 『대통령의 시간』에서 밝혔다시피, 그는 북한이 막대한 보상 보따리를 요구한다는 이유로 김정일의 제안을 거절했다. 그리고 워싱턴의 어법을 흉내라도 내듯 “그는 평양에 있는 그 고집 센 정권에게 (…) 단지 대화에 합의했다는 것만으로 보상을 주는 패턴을 깨고 싶었다.”[22] 도쿄도 납북자 문제에 집중하며 평양을 향한 강경책을 견지했다.[23] 베이징의 경우에도 김정일은 숙제를 안고 있었다. 이번엔 북한의 핵실험에 대한 중국의 불만 때문에 양국 관계가 다시 악화된 상태였기 때문이었다. 김정일은 그쪽 전선에서의 취약함을 감당할 처지가 아니었다. 게다가 중국의 경제적 도움이 필요하기도 했다.

기술 발전을 계속 추진하는 북한

김정일은 워싱턴 및 서울과의 관계에 해빙을 가져오려 시도하면서도 핵 프로그램을 강행했다. 2009년 하반기 부담스러운 국제 검증단이나 미국 기술진이 영변에 없는 상태에서 북한은 5MWe 원자로에서 나온 사용후 연료를 재처리해 대략 8킬로그램의 무기급 플루토늄을 더 추출했다. 당시 미국에는 알려지지 않았으나 북한은 우라늄 농축용 원심분리기를 들여놓기 위해 영변의 불능화된 플루토늄 시설 중 일부를 개축 중이었다. 그리고 평양이 경수로 건설을 추진하겠다고 선언한 이후로, 북한의 핵 과학자와 엔지니어 들은 틀림없이 이미 토착 경수로 설계 작업을 진행하고 있었을 것이다. 경수로에 연료를 조달하기 위해서도 우라늄 농축이 필요했을 것이다. 9월이 되자 북한은 국영 매체를 통해 "우라늄 농축 실험이 성공적으로 실시되어 완성 단계에 진입했다"라고 선언하며 사상 처음으로 우라늄 농축 프로그램의 존재를 인정했다.[24]

위성 발사 시도에 더해 북한은 5월부터 10월까지 14차례 중단거리 미사일을 발사하는 등 작전 훈련에 박차를 가했다. 북한의 엔지니어들이 중거리 미사일 및 대륙간 미사일을 포함하여 그들 미사일 함대를 위한 설계 현대화 작업을 진행해왔을 것이다. 평양은 자기 야심을 감춰야 한다는 생각이 없는 듯했다. 9월 4일 조선중앙통신의 보도에 따르면, 북한 유엔 상임대표가 안보리에 "조선민주주의인민공화국은 이미 제재에 대응할 대비책을 확실히 했다. (…) 사용후 연료봉의 재처리는 최종 단계에 와 있으며 추출된 플루토늄이 무기화되는 중이다"라고 경고했다. 그의 발언은 관례적인 공식 문구로 끝을 맺었다. "우리는 대화에도 제재에도 대비를 갖추고 있다."[25]

10월 초 원자바오(温家宝) 중국 총리가 중국 기업인 여러명을 대동하고 평양으로 날아갔다. 김정일이 기다리고 있다가 비행기 계단을 내려온 그를 맞았다. 이 방문은 중국과 북한 관계에 있어서 분명히 중요한 사건이 될 것이었다. 김정일은 평양을 찾은 손님들에게 베이징이 듣고 싶어 하는 말을 들려주었다. "미국과의 양자회담에 진전이 보이면" 평양은 6자회담으로 돌아갈 것이라는 얘기였다. 북한이 미국과의 대화에 관심 비슷한 것이라도 계속 보여준다면 베이징은 북한의 핵개발에 대해 응징하지 않을 듯했다. 외교를 이어가겠다는 약속의 댓가로, 김정일과 후계자인 그의 아들이 나란히 서 있는 가운데 중국은 원조 및 경제 교류에 관한 일련의 합의서에 서명했다. "북한 내 안정성을 확보하려는 중국의 최우선 관심사"를 반영한 행위였다.[26] 이후 몇해에 걸쳐 중국은 북한과의 연간 교역량을 30억 달러에서 60억 달러로 늘려갔다.

12월 북한은 마침내 보즈워스 특별 대표를 맞아들였다. 북한이 기꺼이 외교 노선을 살려놓을 것이라고 공언했음에도 불구하고 그 방문은 특별히 새로운 장을 열지는 못했다. 외무성 발표는 그들이 "6자회담을 재개할 필요성과 9월 19일 공동성명 이행의 중요성에 대해 일련의 공동 이해에 도달했다"고 선언했다.[27] 보즈워스는 같은 정서를 공유하는 조심스러운 성명을 발표했지만 "회담 일정에 관해서는 결정된 바가 없으며 북한이 언제 어떻게 협상 테이블로 돌아올지는 두고 볼 일"이라고 덧붙였다.[28] 북한은 6자회담으로 돌아가는 일에 관심이 없었고 미국은 다자회담 틀 밖의 양자회담에 동의해줄 마음이 없었다. 달리 말해, 절차를 둘러싼 잠정적 의견 불일치가 양측 모두 진짜 문제에 대한 실질적 대화를 회피할 수 있게 해준 셈이다.

워싱턴의 '전략적 인내'

이때쯤 미 정부는 클린턴 장관이 "전략적 인내"라고 칭한 기조로 정착하는 중이었다. 이 표현은 꼬리표가 되어 임기 내내 오바마 정부를 따라다녔다. 클린턴이 이 용어를 사용한 것은 크로아티아 방문 중 한 뉴스 매체의 질문에 답할 때였다. 보즈워스가 막 북한을 떠나려고 짐을 싸고 있을 시점이었다. 그녀는 보즈워스의 평양 회담이 예비 방문으로서는 상당히 긍정적이었다고 설명했다.

> 〔이번 방문은〕 6자회담과 한반도 비핵화에 대한 미국의 약속을 재확인하고, 우리가 차후의 진전을 위해 북한에게 요구하는 바에 대한 그들의 대응에 관해 의논〔할 수 있는 기회였다〕 (…) 우리 정부가 취하고 있는 접근법은 6자회담에 참가하는 동료들과 긴밀히 협력하는 가운데 전략적 인내를 견지하는 것이다.[29]

'전략적 인내'란 북한 측의 "못된 행동에 보상하는 것"에 대한 공공연한 반감을 중심으로 하고, 북한이 핵 프로그램을 끝낼 협상에 진지한 열의를 보여주는 경우에만 고위급 회담으로 돌아가겠다는 조건부 의지와 짝을 이루는 것이었다. 또 도발 행위에 대한 대응으로 평양을 향한 경제적·외교적 압박의 수위를 점진적으로 높여가는 일이 그뒤를 따랐다.[30] 오바마 정부가 오직 어쩌다 한번 북한과의 대화에 나서게 된 것이 그것의 결과였다.

2010년 3월 26일 북한의 공격으로 서해에서 초계 중이던 남한 군함 천안함이 침몰하고 46명의 해군이 사망하는 사건이 벌어지면서 북한과 남한 및 미국의 관계는 특히 긴장감을 띠게 되었다. 평양은 자신의 책임을 부인했다. 5월 국제조사단의 보고는 북한에 책임이 있음을 명시했다. 이명박 대통령은 북한과의 거의 모든 교역을 중단할 것이라고 발표했다. "우리는 언제나, 거듭하여 북한의 만행을 참아왔다. (…) 그러나 이제 상황이 달라졌다. 북한은 도발 행위에 상응하는 대가를 치르게 될 것이다. 남한과 북한 사이의 교역과 교류는 정지될 것이다." 이것은 무력 보복을 빼고 남한이 할 수 있는 가장 심각한 수준의 조치였다.[31] 남한의 조치에 대한 대응으로 북한은 남한과의 모든 관계를 단절한다고 발표했다.[32] 평양이 도대체 무슨 생각으로 천안함을 침몰시킬 마음을 먹었는지는 명확하지 않았지만, 지난 가을 북한 선박이 북방한계선을 넘어와 배회했을 때 남한이 취한 과도한 군사 조치 및 남한 정부가 북한을 상대로 취하고 있는 전반적인 비타협적 입장에 대해 이명박에게 본때를 보여주려고 했을 것으로 추측하는 견해들도 있다.[33]

4월 오바마 정부가 핵태세검토보고서를 발표하면서 긴장이 더욱 크게 고조되었다. 북한과 이란이 '열외국', 즉 미 핵무기의 공격 목표가 될 수 있는 예외적 국가로 분류되었다. 이렇게 그들을 지목한 것은 북한에 더 많은 압박을 가하려는 정부 전략 기조의 일환인 것도 명백했다. 평양의 반응은 아래와 같았다.

> 이것으로 조선민주주의인민공화국을 향한 미국의 현 정책은 부시 정부가 추구한 적대 정책과 다를 것이 없음이 증명되었다. (…) 미국의 핵 위협이 계속되는 한 조선민주주의인민공화국은 향후 필요하다고 판단되는 방식으로 각종 핵무기를 확장, 갱신해갈 것이다.[34]

남북회담을 열려던 김정일의 시도가 서울의 거절로 불발된 것 역시 북한의 불만에 한몫했을 가능성도 배제하기 어렵다.

천안함 사건이 있고 얼마 지나지 않아 조선민주주의인민공화국 외무성은 북한 핵 프로그램의 정당성을 주장하는 자세한 입장문을 내놓았다. 부시 정부의 핵 위협 탓에 북한은 어쩔 수 없이 10년을 이어온 핵무기 개발 모라토리엄을 해제할 수밖에 없었다고 그들은 주장했다. 효과적인 억지력을 갖추기 위해서 핵무기 제조와 (2006년과 2009년의) 폭탄 실험을 재개해야 했다는 것이었다. 북한은 "다른 핵무기 보유국들과 대등한 위치에서 국제적인 핵무력 축소 노력에 동참할" 준비가 되어 있다고 그들은 덧붙였다.[35] 평양은 한편으로는 자기의 정치적 위세를 과시하면서 동시에 책임있는 핵보유국이 되겠다는 주장을 반복하고 있었다.

기술 측면에서 보자면, 북한이 폭탄 대여섯개의 연료로 사용할 만큼의 플루토늄을 보유하고 있었을 수는 있지만 핵실험과 미사일 실험 경험이 제한적이었던 탓에 그들이 군사적으로 유용한 핵탄두 미사일을 실전 배치할 능력은 아직 갖추지 못했을 가능성이 컸다. 그러나 그해 평양은 기회가 있을 때마다 자국의 핵·미사일 프로그램이 실제보다 더 위협적으로 보이도록 하기 위해 여러차례 성명을 발표했다. 일례로 5월 북한은 핵융합을 성공적으로 달성했다고 발표했다. 폭탄보다는 에너지와 관계된 발표였지만, 이것은 북한이 수소폭탄을 제조하고 있는 게 아닌가 하는 두려움의 망령을 불러일으켰다.

여름이 되자 클린턴 장관은 정부의 대북 정책이 제대로 효과를 내지 못하고 있다는 결론에 도달했다. 그녀는 자문을 구하고자 정부 내외의 북한 전문가들을 불러모았다. 나도 참석한 그 모임은, 평양과의 대화에 찬성하는 사람들과 강경 노선을 지지하는 사람들이 정확히 반반으로 갈라져 있었다. 미국이 김정일과 어떤 형태로든 접촉을 재개해야 한다는 데 거기 모인 사람들의 의견이 일치되었다. 정부는 계속 강경하고 단호한 입장을 표방하고 있었지만, 보즈워스 대사 역시 "새로운 제안"을 지지하는 쪽이었다. 국가안전보장회의의 제프리 베이더(Jeffrey Bader)의 말을 그대로 옮기자면, "우리는 지나간 길을 다시 따라가 과거의 경험을 되풀이할 생각이 없다. (…) 우리는 북한 측의 태도 변화를 기대하고 있다."[36]

10월 10일 노동당 창건 65주년 기념식에서 북한은 해외 언론들을 초청해 열병식을 보여주었다. 평양은 이전에 본 적 없는 세 종류의 미사일 체계를 선보였다. 중거리 미사일 무수단, 신형 준중거리 미사일 로동, 러시아의 S300 및 중국의 HQ9 미사일과 유사한 신형 지대공 미사일 체계가 그것이었다.[37] 이렇게 선보인 군사 장비보다 더 중요한 것은, 2주 전 4성장군과 조선로동당 중앙군사위원회 부위원장으로 임명된 김정은이 주목을 받으며 등장했다는 사실이었다.

2009년 북한의 우주 발사 시도에 대한 오바마 정부의 대응은 어떤 측면에서 보면 이해가 가지 않는 것은 아니었고 그 방침을 옹호하는 사람들도 많았지만, 결국 그것은 하나의 변곡점이 되었다. 정부는 대안적 접근법을 취할 때의 위험성과 비교해서 제재를 가할 때의 위험성을 제대로 평가하지 못했다. 비록 성공했다 하더라도 그 우주 발사는 북한의 핵·미사일 프로그램을 진전시키는 데 별 역할을 하지 못했을 것이다. 반면 정부가 합의를 외면하자 그때부터 북한은 핵시설을 재가동하고 성공적인 핵실험을 실행했으며 그로써 핵 프로그램을 크게 진전시켰다. 워싱턴이 내린 그 어떤 결정이든 그것이 위성 발사에서 핵실험으로 가는 과정을 막을 수 있었으리라 확언하기는 어렵지만, 북한에 불리한 유엔 안보리의 조치를 엮어내기로 정부가 결정하면서 정부에게는 다른 방법을 선택할 여지가 거의 남지 않게 된 것으로 보였다.

이와 동시에 김정일도 위성을 발사하지 않거나 최소한 시기를 늦추는 다른 길을 선택함으로써 이 변곡점을 피할 수 있었다. 위성 발사와 핵실험을 연타로 퍼붓자는 로동당과 군부로부터의 압박이 분명 김정일에게 거세게 밀려들었겠지만, 그럼에도 이런 방향으로 나가는 것은 오바마의 남은 임기 동안 미 정부와의 관계를 망치는 행위였다.

2010년 11월 평양은 또 한번 놀랄 일을 벌일 준비를 했다. 그들은 우리 스탠퍼드 대표단을 선택해 그걸 보고 놀라는 역할을 맡기기로 했다.

14장

2010년 방문:

“ 내일이면 더 놀라게 될 겁니다.”

2009년 협상이 결렬되고 평양이 핵 프로그램 추진을 선언한 이후, 존 루이스는 북한에 2010년에 다시 방문하도록 승인해주기를 요청했다. 1월의 1차 문의는 시기가 좋지 않다는 근거로 정중하게 거절당했다. 루이스가 몇차례 더 시도한 후 8월에 우리는 앞으로 서너달 안에 방문해달라는 초청장을 북한대표부로부터 받았다. 하루하루 시간만 흐르다가 11월 초 마침내 방문 허가를 받았다. 우리는 스티븐 보즈워스와 그의 팀에 이 소식을 알렸다. 그들도 반대하지 않았다.

존 루이스, 밥 칼린과 나는 우리가 방문 중 과연 어떤 것들을 발견하게 될지, 그 범위가 엄청날 것이라는 마음의 준비를 하고 있었지만 우리가 상상한 것은 우리가 직접 본 것에 비할 바가 아니었다. 이번은 나의 일곱번째 북한 방문, 네번째 영변 방문이었다. 나는 그들이 2009년 9월의 발표대로 우라늄 농축에 성공한 모습을 보여줄 것이라고 예상했다. 북한의 우라늄 원심분리기 진척 상황에 대한 나의 이전

추산에 근거하여, 나는 그들이 원심분리기 몇백대를 '캐스케이드'로 가동하고 있을 수도 있겠다고 생각했다.[1] 여기엔 그들이 파키스탄의 A. Q. 칸에게서 받은 20여대를 비롯해 암시장을 통해 들여온 재료로 직접 제조한 다른 원심분리기들이 포함되어 있으리라는 것이 내 생각이었다. 기술자 동료 중 몇몇은 내게 화학적 동위원소 추출도 눈여겨 찾아보라고 말해주었다. 북한 사람들이 그들의 공개 학술지에 발표한 여러 논문을 보고 하는 소리였다. 우라늄 동위원소의 화학적 추출이 실험실 규모로 가능하기는 하지만, 그것을 상업적으로 개발한 나라는 그때까지 없었다. 화학적 농축은 원심분리기 농축에 비해 효율이 많이 떨어졌다. 자력으로 경수로를 짓고 있다는 북한의 발표에 대해서는, 아무리 잘 봐주어도 그럴 가능성이 희박하다고 나는 생각했다. 여기에 필요한 기술은 북한이 이미 보유하고 있는 흑연감속 원자로와 매우 다르고 그보다 훨씬 더 까다로웠다. 북한의 전문 기술진 몇몇이 KEDO 사업에 참여한 적이 있긴 하지만, 당시의 경수로 설계나 부품 제조는 주로 남한과 일본 사람들이 도맡다시피 진행했다. 그때까지 우리는 영변 단지의 오픈소스 위성사진에서도 새 원자로를 건설하는 징후를 전혀 발견할 수 없었다.

북한으로 가는 길에 들른 베이징에서 우리 팀은 핵 분야 중국 동료들을 만나 우리가 평양에 도착하면 어떤 것을 보게 될지 의견을 나눴다. 그들은 경수로 건설은 북한이 이룰 수 없는 일일 것이라 보았고 우라늄 농축에 성공했다는 주장도 믿을 수 없다고 생각했다. 북한 사람들이 중국에 경수로 일로 지원을 요청한 적 있느냐는 질문에 그들은 딱 잘라 아니라고 대답했다. 우리는 북한의 2차 핵실험에 대해 알려진 사실들을 재검토했다. 나는 그것을 성공적인 폭발이었다고 평가하면서도 북한이 아직은 미사일에 탑재할 만큼 탄두를 소형화하지는 못하리라 믿는다고 했다. 중국 동료들은 나에게 너무 그렇게 확신하지는 말라고 얘기했다. 그들(중국)도 핵 프로그램 초기에 핵탄두를 미사일 — 단거리 미사일이긴 하지만 — 에 실을 수 있었다. 한 중국 전문가는 그들의 폭탄(8장에서 언급한 CHIC-4와 동일)은 고농축 우라늄(HEU)을 사용한다는 점을 지적했다. 그는 북한에서 핵이나 물리적 특성이 다른 플루토늄을 사용할 수 있도록 설계를 수정해야 했을 것이지만 결국은 성공했을 수도 있다고 말했다. 평양으로 출발하기 전 우리는 잭 프리처드로부터 전화를 받았다. 그는 자기가 지금 짧은 트랙2 방문을 마치고 막 평양을 떠날 참인데, 그 방문 중 북한 사람들이 자신에게 영변에 건설을 시작하는 100MW 경수로를 보여주었다고 얘기했다. 나는 그때 100전기출력메가와트를 말한다는 인상을 받았지만, 나중에 그것이 100열출력메가와트라는 것을, 다시 말해 내가 생각했던 것보다 3분의 1에서 4분의 1 정도로 규모가 작다는 것을 알게 되었다.

마지막 북한 방문

2010년 11월 9일 화요일, 우리는 다시 고려항공 비행기를 탔다. 이번에 우리가 탄 비행기는 신형 Tu-204(투폴레프)였는데, 이것이 우리가 평양에서 보게 될 경제 발전상의 전조였던 셈이다. 다음 날 외무성에서 리근 대사가 우리를 맞아주었다. 첫머리에 그는 준비해온 성명을 한국어로 읽었지만, 친밀한 태도로 도중에 즉흥 발언을 덧붙이기도 했다. 그는 우리에게 양국 관계가 긴박하고 대립적이던 지난해 우리의 방문 이후로 많은 변화가 있었다고 말했다. 물론 상황의 긴장감은 계속되고 있지만 2009년 8월 클린턴 전 대통령의 방문 후로 분위기가 변했다는 얘기였다. 리 대사는 자신이 뉴욕과 샌디에이고에서 열리는 민간 학자들과의 회합에 참석할 허가를 최근에 받았다고 말했다. 보즈워스 대사의 12월 방문에 관해서도 얘기했다. 양측은 2005년 9월의 공동성명을 이행하고 6자회담으로 돌아갈 의향을 확인했다고 했다.

그는 이 모든 일이 2010년 3월의 천안함 사건으로 방해를 받았지만, 7월 유엔 안보리 의장 성명으로 그 사건엔 공식적으로 종지부가 찍혔다고 말했다. 리 대사는 우리에게 미국 측이 평양을 접촉해서 이제 "다음 장으로 넘어가" 대화를 재개할 준비가 되었다는 뜻을 비쳤다고 말했다. 남한의 한 보도가 북한의 어뢰가 천안함을 침몰시킨 것이라고 주장했으나, 리 대사는 그것을 부인했다. 그는 어떻게 남한이 미북 간 대화에 끼어들어서 그것을 망치고 있는지 장황하게 불만을 늘어놓았다. 그는 오바마 정부가 서울과의 관계를 강화해왔고 이제는 맹목적으로 남한에 기대고 있다고 불만을 표했다. 남한의 눈을 통해 북한을 보는 것은 미국에 도움이 되지 않으리라는 것이 그의 얘기였다.

리 대사는 오바마 정부의 '전략적 인내' 정책에 대해서도 비판적이었다. 그는 그것을 "우리 인민이 선택한 우리의 체제, 우리의 이데올로기, 우리의 원칙을 포기하라는 요구"라고 규정했다. 리 대사는 약간 비꼬는 투로 "실제 어떤 일이 일어났는가 하면, 오바마가 기다리고 있는 동안 우리는 핵무기 소형화를 실현했고 억지력을 발전시켰다"고 말했다. "만약 오바마 정부가 계속 인내라는 전략에 의존한다면, 우리는 아무 걱정 없이 우리 경제에 집중할 수 있을 것"이라고 그는 덧붙였다.

리 대사의 준비된 성명에 뒤이은 비공식 논의 중 우리는 2007년 6자회담의 불능화 합의로 돌아가기 위해 어떤 일을 할 수 있을지 물어보았다. 리 대사는 일본과 남한이 중유 공급 의무를 이행하지 않아 그 합의는 길을 잃었다고 주장했다. 이명박은 남한이 약속한 것의 70퍼센트를 완료한 후 중단했고 일본은 "한방울"도 공급한 적 없다고 그는 말했다. 반대로 리 대사의 말대로라면 북한은 자기 할 일을 다 했다. 영변 시설을 불능화했고 원자로 냉각탑을 폭파하기도 했다는 것이었다. 리 대사는 또한 위성 발사와 핵실험 이후 그들에게 부과된 제재에 대해서도 불만을 표했다. "제재를 받고 있는 한 우리는 비핵화에 관해서는 얘기할 수 없습니다."

나는 리 대사에게 금요일 영변에 가면 어디를 둘러보고 싶은지 얘기했다. 그 목록에는 잭 프리처드가 엊그제 얘기해준 경수로 건설 현장과 그 경수로용 연료를 만들 계획이라는 연료제조시설이 들어 있었다. 나는 또 5MWe 원자로도 다시 방문해 왜 그곳이 2009년의 발표와 달리 아직 재가동이 안 되고 있는지를 알아보고 싶다고 했다. 나는 지난 20년간 대부분 휴지 상태였으나 되살릴 가능성도 있는 IRT2000 연구 원자로 방문도 요청했다. 그들이 이전에 발표한 대로 핵융합에 성공했다고 한 시설도 보고 싶다고 했다. 그 외에 안될 걸 뻔히 알면서도, 무기화 및 탄두의 운반 장치 탑재와 관련된 시설을 살펴보는 일에도 관심이 있다고 얘기했다. 특히 북한이 핵탄두 소형화를 이루었다고 주장한 일도 있고 하니 말이다. 리 대사는 잭 프리처드의 방문이 큰 뉴스거리가 되었다고 말했다. "내일이면 더 놀랄 일이 있을 겁니다. 선생이 요청하신 것은 관계 기관에 전달하겠습니다." 나중에 알게 되었지만, 그들은 우리의 방문지를 우리에게 보여주고 싶은 두곳으로 한정하기로 이미 결정해놓은 상태였다.

다시 영변으로

맑고 쨍한 아침 영변에 도착했다. 우리 일행은 핵단지 바로 바깥쪽 마을에 상당한 규모의 거주용 건물이 건설되고 있는 광경에 놀랐다. 7층짜리 아파트 형식의 건물 적어도 16동이 올라가고 있는 것을 보았다. 핵단지에서는 안전관리부서장인 리용호가 새 접객소에서 우리를 맞아주었다. 그는 네번째 우리를 맞게 되어 기쁘다고 했다. 그와 함께 원자력총국에서도 관계자들이 나와 있었다. 현대적인 3층짜리 신축 접객소를 인상적으로 본 나는 리영호에게 그 건물의 용도를 물었다. 그는 6자회담 진행 중 앞으로 많은 방문객이 있을 것을 예상

그림 16 관록 있는 조선민주주의인민공화국 외교관인 리용호 제1 부상이 김계관의 자리를 물려받아 평양에서 우리 스탠퍼드 대표단을 맞았다. 2010년.

하고 이곳의 건축을 시작했는데 이제는 그렇게 되지 않을 것 같다고 했다.

이전의 방문 동안 리용호는 영변의 핵 전문가들 중에서 가장 말도 많이 하고 친근감을 보이는 인물이었다. 이번에 그는 여전히 유쾌한 태도였으나 철저히 사무적이었다. 리용호는 영변이 어떻게 현재의 상태에 도달했는지에 대한 기술적 개요를 간결하게 들려주었다. 우리가 앞으로 보게 될 것의 전주곡인 셈이었다. 리용호는 1990년대 조선민주주의인민공화국은 미국과 그 동맹들이 2기의 경수로를 제공하는 댓가로 그들의 (흑연감속) 원자로를 포기하기로 합의했다고 말했다. 그들은 당시 가동 중이던 5MWe 원자로를 보완하기 위해 50MWe 원자로와 200MWe 원자로의 건설도 시작한 상태였다. 이제 "그것들은 다 무너진 콘크리트 구조물과 철근 조각이 되었다"고 그는 말했다. 그는 핵 프로그램이 예상대로 진척되지 않아서 전력을 조달할 수가 없었고, 그것이 북한 경제에 영향을 끼쳤다고 설명했다. 현실이 그러하므로, "우리는 처음부터 다시 시작하기로 결정했습니다. 우리는 우리 센터를 경수로 및 우라늄 농축 시범 시설로 전환할 것입니다"라고 그는 말했다. 우라늄 농축이 최우선 사업이 되었다고 했다. 농축 시설이 가장 시급하므로 거기서부터 시작하고 있다는 얘기였다. 리용호는 우리에게 건설은 이미 완료되었고 시설이 가동 중이라고 알려주었다. "여러분들이 그걸 처음 보는 사람들일 겁니다."[2] 그는, 잭 프리처드가 이끈 한국경제연구소의 대표단도 경수로 건설 현장을 방문해서 둘러보긴 했으나 농축 시설을 보지는 못했다고 했다. 5MWe 원자로의 사용후 연료를 모두 수거해서 재처리하고 그것을 무기화하도록 군에 전달했다고도 알려주었다. 그에게 주어진 대본에 따라 그는 북한이 여전히 6자회담과 2005년 9월의 합의로 돌아갈 의향을 가지고 있으나 영원히 기다리고 있지는 않을 것이라고 말했다.

리용호는 핵단지까지 우리와 동행했다. 이전에 영변을 방문했을 때와 달리, 기술진들이 우리에게 시설 두곳에서 기본적인 것들만 보여주고 최소한의 질문에만 답하라는 지시를 받은 듯했다. 그들은 매 단계 우리를 재촉했다. 경수로 건설 현장으로 가는 길에 우리는 5MWe 원자로를 지나쳤다. 가동 중단 중인 것으로 보였다. 우리는 경수로를 위한 원형 격납구조물 기초 공사가 진행되고 있는 현장에 멈췄다. 그곳에서 수석 엔지니어 유순철이 우리를 맞아주었다. 그는 5MWe 원자로에서 수년간 근무한 후 이곳 새 임지로 자리를 옮긴 상태였다. 나는 5MWe 원자로에 대해, 그것이 그들에겐 추가적인 플루토늄과 삼중수소를 얻을 수 있는 유일한 원천일 텐데 그것이 아직 재가동에 들어가지 않았다는 점이 의아하다고 말했다. 유순철이 대답을 머뭇거리기에 나는 서구에는 그 원자로가 너무 오래되어서 재가동이 불가능할 것이라 주장하는 사람들이 많다고 덧붙였다. 그 말에 유순철이 웃으며, "예, 압니다. 하지만 2003년에도 그런 소리들이 있었죠. 우린 그때도 그게 틀린 소리임을 증명했고 앞으로도 그럴 겁니다"라고 말했다.

우리는 경수로 건설 현장이 파괴된 냉각탑 근처임을 알게 되었다. 이 구역은 한두달 전 위성사진을 통해 새로운 작업이 진행되는 곳으로 확인되었으나 그 목적은 알 수 없었다.[3] 유순철 수석 엔지니어는 우리에게 기본 설계 정보에 관해 사전 준비된 브리핑을 해주었다. 이 원자로는 100MW(열출력)로 설계되었다. 그는 전기출력을 특정하지는 않았지만, 열출력에서 전기출력으로의 변환 효율이 일반적으로 30퍼센트라는 나의 의견에 동의했다. 그에 따라 내가 추산한 전기출력은 25~30MWe 정도였다. 이것은 KEDO가 금호 현장에 건설을 진행했던 2기의 1000MWe 원자로에 비해 훨씬 작은 규모였다. 유순철은 지금은 우선 시범형 경수로를 짓고 있다고 설명했다. 기체-흑연 원자로에서 얻은 그들의 경험 기반과 많이 다른 기술이 필요하기 때문이라고 했다. 일단 이 기술을 완전히 익히면 더 큰 경수로를 지을 계획이었다.[4] 유순철은 이것이 압력 용기 외부에 증기 발생기가 있는 가압경수로라고 얘기해주었다. 그의 말에 따르면, 넓은 콘크리트 기초 위에 지금 세워지고 있는 철근 콘크리트 격납 구조물은 지름 22미터, 두께 0.9미터, 완공 후 높이 40미터였다. 그들은 지역사회에 전력을 공급하고 이후 전국 전력망에 연결할 발전기 두대를 지을 것이라고 했다.

2010년 7월 31일 시작된 건설은 2012년 4월 가동을 목표로 진행 중이라고 유순철은 말을 이었다. 내가 그건 너무 비현실적으로 낙관적인 전망 아니냐고 했더니 그는 다시 웃으며 이렇게 대답했다. "헤커 박사님, 모르시는 말씀입니다. 2012년 4월 15일은 김일성 탄생 100주년 기념일이고 우리나라의 모든 일은 그 시점에 완료되는 걸 목표로 합니다." 그가 빈정거리는 것인지 진지한 것인지 구분하기 어려웠다. 이 이외에는 유순철이 자청해서 말해주질 않았고 꼬치꼬치 물어서 나머지 답을 얻을 수밖에 없었다. 나는 원자로 설계자도 궁금했고 원자로의 연료, 피복재, 압력 용기 재질 및 제조 등 구체적인 사양에 대해서도 물었다. 유순철은 원자로 설계 경험이 없는 젊은 새 팀이 그 일을 담당했다고 말했다. 기체-흑연 감속 원자로 경험이 있는 설계자들이 그들에게 자문하고 있다고 했다. 신임 설계자들은 연령대가 40대로 북한의 대학 출신이며 영변에서 경력을 쌓았다. KEDO 경수로 팀에 참여했던 북한 사람들은 아직 영변으로 불러오지 않았으나 가동 단계가 되면 그럴 수도 있다고 했다. 우리는 이렇게 복잡한 공학적 사업인 데 비해 그들의 접근법은 비정상적일 만큼 즉흥적이라는 인상을 받았다. 대화 중 가장 놀라웠던 점이었다. 그들은 일을 진행해가면서 원자로 설계를 마무리하고 있는 것처럼 보였다.

유순철은 압력 용기는 고강도 강철로, 아마 스테인리스 내벽을 둘러 제조될 것이라고 말했다. 압력 용기, 펌프를 비롯한 원자로 부품들은 국내에서 생산될 예정이었다. 그들은 품질 관리와 안전 면에서 요구되는 가장 까다로운 기술 중 하나인 필수적인 용접 경험이 있다고 그는 우리에게 장담했다. 원자로는 경수로 연료로 일반적인 우라늄235를 3.5퍼센트로 농축한 이산화우라늄 연료를 사용할 예정이었다. 그들은 세라믹 산화물 연료 요소는 기체-흑연 원자로에 사용되는 금속 우라늄 합금 연료봉과는 상당히 다른 기술을 사용한다는 것을 알고 있었다. 유순철은 연료를 한차례 완전 장전하는 데 4미터톤의 우라늄이 필요할 것이라고 말했다. 나는 나중에 북한 국내에 풍부한 우라늄 광석 자원이 있다는 것을 알게 되었다. 나는 산화물 연료 펠렛 피복재의 재질은 지르코늄으로 할 것인지 스테인리스강으로 할 것인지 물어보았다. 핵에 더 적합한 속성 때문에 최신 경수로에는 지르코늄이 주로 사용되지만, 북한이 이런 지르코늄합금에 대한 경험이 있는지는 알 수 없었다. 유순철은 아직 결정되지 않았다고 했다. 내가 그 선택이 원자로 설계의 기본이 되지 않느냐고 묻자, 유순철은 원자로 설계가 완성되긴 했지만 많은 세부사항에 대해서는 아직 작업 중이라고 얘기했다. 그는 나에게 이해를 해야 한다며 이렇게 말했다. “원자로는 마치 태아 같고 아기 같습니다. 우리는 설계자들과 긴밀하게 작업하고 있습니다. 그들도 설계는 처음이라서요.” 나는 또 원자로에 충분한 냉각시설이 있을지도 물었다. 유순철은 근처 구룡강에 댐을 지을 예정이라며 그 정도면 이 원자로에 충분할 것이라고 했다. 나중에 살펴볼 테지만, 원자로 냉각은 5MWe 원자로의 가동 지속 때도 그랬거니와 이 실험용 경수로(ELWR)에도 두고두고 문젯거리가 되었다.

원자로 건설 현장을 둘러보면서 우리는 그곳이 마치 아파트 건물 건설 현장처럼 보인다는 생각이 들었다. 소형 히타치 EX200 굴착기 한대와 차고 바닥 작업에나 맞을 만한 크기의 콘크리트 믹서 한대가 보였다. 이런 식으로 핵 원자로를 지을 수는 없다는 것이 우리의 즉각적인 반응이었다. 예컨대 원자로 급의 콘크리트 작업을 위한 국제기준은 콘크리트가 고르게 양생되도록 하기 위해 연속적인 타설을 요구한다. 그런 일은 소형 콘크리트 믹서 한대로는 불가능하다. 적절한 내진을 보장하기 위해 격납 구조물의 기초도 기반암까지 닿아 있어야 한다. 기초가 그 정도로 깊다는 것을 알려줄 발파 흔적은 전혀 보이지 않았다. 그들이 기반암까지 굴착을 했는지, 현장의 지진 분석은 마쳤는지 묻자 유순철은 그렇게 했다고 장담했지만 우리는 그의 말을 믿을 수 없었다. 나는 이 사업을 인가하고 감독할 핵 관련 규제기관이 있는지 물어보았다. 유순철은 국립핵안전위원회가 감독을 맡는다고 했다. 그들이 그 위원회에 계획안을 제출했고 현장에는 위원회에서 파견된 감독관들도 있다는 것이었다. 어떤 독립적 규제기관이 이렇게 많은 핵심 설계 사양들이 미정인 상태로 원자로 건설 허가를 내주었다는 것인지 상상하기 어려웠다.

크게 놀랄 일: 우라늄 농축 공장

우리는 연료제조시설 옆을 차로 지났다. 이전에 이 단지를 방문했던 때와 달리 보안이 강화되어 있었다. 보안요원들이 입구에서 우리의 여권을 검사했다. 우리는 2층짜리 하얀 테두리에 회색 회벽을 한, 미식축구(또는 축구) 경기장 길이의 신축 건물처럼 보이는 건물 앞에 멈췄다. 그것은 사실 새 단장을 한 제4동, 이전에 우라늄 금속 연료봉을 만들던 시설이었다. 2008년 나는 북한이 불능화 조치의 일부로 그곳 내부 장치들을 들어냈는지 확인하기 위해 제4동 건물을 방문한 적이 있었다. 안전관리과장 리용호가 자신을 수석 공정 엔지니어라고 밝히는 손남현에게 우리를 소개했다. 손남현은 이 건물을 우라늄 농축 공장이라고 불렀다. 그는 2009년 4월 이곳의 건설이 시작되었으며 우리 방문 7일 전에 시설이 모두 갖추어졌다고 말했다.

'공장'은 캐스케이드 홀과 제어실, 공급 및 회수 장, 전원 장치로 구성되어 있었다. 우리가 막 들어가려 할 때 손남현이 말했다. "사실 저희는 이 시설을 보여드리고 싶지 않았지만, 상부에서 그렇게 하라는 말씀이 있었습니다." 그의 말이 놀랍진 않았다. 원심분리기 기술과 가동은 일반적으로 기업 기밀같이 여겨지기 때문이었다. 그는 윤이 나는 대리석 계단을 올라 2층에 있는 제어실과 전망창으로 우리를 안내했다. 리 과장은 시설을 둘러보는 길을 의도적으로 서둘렀다. 그는 반복적으로 우리의 말을 끊고 계속해서 우리를 움직이게 했다. 찬찬히 보고 질문하여 답을 얻기가 극히 어려웠다. 우리를 안내하는 자기 임무는 다하면서도 우리에게 가능한 한 많이 보여주지는 않으려고 하는 것이 분명했다. 이 모든 것이 이전에 영변을 방문했을 때, 기술 전문가들이 자랑스레 시설을 과시하기도 하고 시설 가동에 대한 깊은 지식도 보여주었던 그때와는 아주 달랐다.

전망창을 통해 처음 보는 1층의 가동 광경은 대경실색할 만큼 놀라웠다. 틀림없이 입을 다물지 못하고 서 있었을 것이다. 나는 원심분리기 캐스케이드 서너개쯤을 보겠거니 예상하고 있었다. 그러나 우리 아래엔 1천개 이상의 원심분리기가 가지런히 정렬되고 연결되어 있는, 현대적이고 깨끗한 원심분리기 공장의 모습이 펼쳐져 있었다. 중앙 아일랜드 양옆으로 하나씩 총 두개의 하이베이 구역이 있었다. 하이베이 구역은 각각 2층 건물 높이에 50미터 길이, 12~15미터 너비였다. 미식축구장 정도의 길이에 대략 그 3분의 1 너비였다. 중앙 아일랜드와 하이베이를 연결하는 브리지에는 제어 및 관측 장비가 있었다. 스테인리스 튜브와 플랜지로 아주 깔끔하게 연결된 상태였다. 각각의 홀에는 머리 위를 지나는 연결 라인 옆으로 여러쌍의 원심분리기들이 들어 있었다. 각 홀의 길이대로 원심분리기 쌍들이 바짝 붙어서 세줄로 서 있었다. 추정컨대 원심분리기는 지름 20센티미터, 높이 180센티미터 미만인 듯했다. 원심분리기의 외부는 매끄러운 알루미늄 케이싱처럼 보였고 가열 코일은 눈에 띄지 않았다.

내 질문에 답하며 손남현은 각 홀당 3개씩, 6개 캐스케이드에 총 2천개의 원심분리기가 있다고 말했다. 그는 원심분리기의 구체적인 크기는 알려주고 싶어 하지 않았다. 입장을 바꿔 나라면 미국의 원심분리기에 대해 그런 기밀급 세부사항을 공개하겠느냐고 했다. 평양으로 돌아가는 길에 나는 우리가 본 원심분리기가 몇개나 될지 급히 계산을 해보았다. 전체 홀과 원심분리기의 크기에 대한 우리의 추정에 근거한 나의 추정치는 1500~2500개 사이였는데, 그렇다면 2천이라는 수치도 타당할 듯했다. 나는 손남현에게 회전자가 알루미늄으로 만들어졌는지 강철로 만들어졌는지 물어보았다. 고강도 강철 회전자는 훨씬 더 빨리 회전할 수 있고 고강도 알루미늄 합금 회전자에 비해 서너배의 분리 효율을 갖는다. 그는 그것이 철을 함유한 합금으로 되어 있다고 대답했다. 비록 그가 특정해서 말하지는 않았지만, 이 말은 회전자가 마레이징강으로 만들어졌다는 뜻임이 거의 확실했다. 마레이징강은 UF_6 기체로부터 오는 화학적 공격에 대해 방어하도록 뛰어난 내부식성을 지닌 특수 고강도 강철이다. 질문을 받자 손남현은 케이싱(배관 라인과 받침대 플랜지 외에 우리가 눈으로 확인할 수 있는 유일한 부품이었던 원심분리기의 외피)이 알루미늄 합금으로 만들어졌음을 확인해주었다. 그는 또 나중에, 회전자에 송풍기가 있다는 사실도 알려주었다. 이는 분리 성능 향상을 위해 회전자의 길이를 늘이는 데 일반적으로 이용되는 기술이다. 손남현은 우리에게 이 원심분리기들은 국내에서 제조되었다고 얘기했다. 실제로 그는 "여러분이 보시는 것은 전부 국내에서 만들어진 것입니다"라고 말했다. 존 루이스는 그것들이 — 알루미늄 회전자를 사용하는 독일 원심분리기 설계의 파키스탄형 버전인 — P1 원심분리기 같은 것이냐고 물었다. 손남현은 아니라고 답하며, 그것은 알멜로(네덜란드 알멜로에 위치한 유렌코의 원심분리기 유럽 컨소시엄)와 롯카쇼무라(일본 원심분리기 시설)의 것을 모델로 하여 국내 생산된 것이라고 했다. 시설의 SWU(분리 작업 단위) 성능에 대해서도 물어보았다. SWU는 원심분리기의 농축 성능에 대한 가장 직접적인 척도가 된다. 손남현은 연간 8천킬로그램 SWU라고 답했다. 그는 농축 수준은 3.5퍼센트이고 부산물(열화물)은 0.27퍼센트라고 했다. 원자로 설계자들에게서 2.2에서 4퍼센트의 농축 수준을 목표로 하라는 말을 들었다고 했다.

우리는 제어실을 급히 살펴보았다. 그곳은 예전 원자로와 재처리 시설에 있던 제어실과 달리 놀라우리만큼 현대적이었다. 후면에는 다섯개의 대형 패널이 설치되어 있었고, 거기엔 가동 파라미터를 보여주는 수많은 LED 디스플레이가 있었다. 컴퓨터와 네대의 평면 모니터 앞에서는 운영자들이 화면 속 작업 흐름도를 지켜보고 있었다.

나는 그것들을 판독하거나 그것이 실시간 디스플레이인지를 확인할 정도로 자세히 볼 수가 없었다. 손남현이 제어실을 서둘러 보게 한 후 회수실도 빨리 둘러보도록 재촉했다. 그곳 역시 두대의 평면 패널 디스플레이가 있었고 탱크와 배관도 많았다. 1층의 연료 공급실로 연결되는 계단도 있었다.

그동안 줄곧 우리와 함께 움직인 리용호 과장이 우리를 밖으로 안내했다. 점심도 먹을 겸 우리가 질문을 더 못하도록 막으려는 의도였겠지만, 나는 아직도 물어볼 것이 많았다. 리 과장으로서는 성가신 일이기도 했을 것이다. 내 질문에 답하며 그는 원심분리기를 위한 모든 핵심 부품과 재료들 — 베어링, 고리 자석, 특수 오일 등 — 이 갖추어져 있으며 그 모두가 국내에서 생산된다고 주장했다. 나는 정밀 회전자를 생산하는 데 필요한 유동성형 기계도 있느냐고 물었지만, 그에 대한 대답은 듣지 못했다. 리 과장은 길 건너 6층짜리 처리 시설 건물을 가리키며 바로 저기 연료 제조 단지에서 UF_6을 생산한다고 알려주었다.

나는 리 과장에게 원심분리기 시설이 지금 가동되면서 우라늄을 농축하고 있는지 물어보았다. 우리가 목격한 광경은 모두 이 시설이 가동된다는 사실을 보여주는 듯했지만, 급히 본 탓에 그 사실을 확정할 수가 없었다고 했다. 리 과장은 그렇다고 했다. 나는 이제 북한이 이 시설에서 고농축 우라늄을 생산하고 있는 게 아닐까 하고 미국 사람들이 걱정할 수도 있다고 그에게 말했다. 그는 제어실 모니터를 본 사람이라면 누구라도 캐스케이드가 저농축 우라늄 용도로 설정되어 있다는 것을 알 수 있었을 것이라고 했다. 여기에 덧붙여, 북한 사람들이 흔히 힘주어 말하는 방식으로 그는 사람들은 자기가 생각하고 싶은 대로 생각하는 법이라고 말했다. 거기에 그들이 우리를 재촉하는 바람에 모니터를 읽을 수가 없었다고 대꾸하지는 않았다. 어차피 글자도 주로 한글이라 읽을 수 없는 신세였으니까.

리용호는 접객소에 늦게 도착하게 되어 마음이 불편한 모양이었다. 헤어지면서 나는 그에게 리홍섭 전 소장은 어떻게 지내고 있는지 물어보았다. 리 과장은, 그는 잘 지내고 있으나 유엔 제재로 인해 그가 금지 명단에 올랐기 때문에 나를 만날 수는 없을 것이라고 대답했다. 나는 이것이 언짢은 그들 마음의 표현이 아닐까 생각했다. 그 명단에 올랐다고 해서 리 소장이 나를 만나러 자기 나라 안에서 움직이는 것까지 막지는 못했을 것이기 때문이었다. 나로서는 그동안 영변을 이해하는 가장 훌륭한 통로가 되어주었던 사람과의 관계를 그렇게 잃게 되는 것이 아쉬웠다. 이번 영변 방문의 촉박한 일정은 평양의 계획에 의한 것임이 분명했다. 일정에 따라 우리는 영변을 떠나 대동강 과일 농장으로 차를 몰 수밖에 없었다. 그곳은 이탈리아에서 수입한 1만그루 사과나무가 있는 대형 과수원이었다. 사실 우리는 이 일정은 건너뛰었으면 좋겠다 싶었지만, 그들은 꼭 가봐야 한다고 주장했다.

우리가 머무르는 동안의 방문 일정—과수원과 섬유 공장, 현대식 전선 공장, 유럽 대사관 직원들과의 점심식사, 폴란드 독립기념 저녁 행사 등—은 북한이 붕괴 직전에 있지 않다는 것을 보여주었다. 김일성대학 방문은 특히나 인상적이었다. 그곳에서 그들은 신축 전자도서관과 올림픽 규격의 수영 레인, 다이빙 시설, 사우나 등을 갖추고 건설 중인 수영장을 자랑스레 보여주었다. 우리가 방문하는 곳마다 우리의 이전 방문들에 비해 경제 활동이 회복세에 들어섰다는 사실이 확실히 드러났다. 평양 중심부는 번쩍이는 네온사인과 가로등이 늘어선 거리, 환히 불이 켜진 정부 건물들로 가득했다. 교차로에서 교통정리를 하던 여성들의 자리엔 거의 신호등이 들어서 있었다. 105층 류경호텔의 유리 전면 장식도 완공되어 있었다. 훨씬 많은 차들과 수가 크게 불어난 택시들이 거리를 오갔다. 포드 포커스 택시도 있었다. 어딜 가나 휴대전화 천지였다. 사람들이 통화를 하며 평양 거리를 걸어 다녔다. 유럽 외교관들에게서 전국의 4분의 3이 넘는 지역에서 휴대전화 사용이 가능하다는 얘기를 들었다. 대학 내 어디에나 컴퓨터와 평면 모니터가 있었다. 결론은, 설혹 제재가 북한을 괴롭혔다고 해도 평양의 엘리트층에서는 그런 흔적을 찾을 수 없다는 것이었다.

에드바르트 피에트시크 대사가 주최한 폴란드 독립기념일을 기리는 저녁 행사가 특히 좋았다. 그날 음악회는 폴란드 음악가들과 북한의 정경희가 연주를 선보였는데, 프레데릭 쇼팽 작품의 절묘하게 아름다운 피아노 연주였다. 냉전 기간 중 폴란드는 북한과 가까운 동구권의 동맹국이었다. 폴란드는 그 이후로도 평양에 대사관을 두고 양국 관계를 계속 이어왔다. 사실, 꾸준히 외무성과 우리 사이의 연결점 역할을 해주던 리근 대사가 몇년 뒤 폴란드 주재 북한 대사로 부임하기도 했다. 나 역시 폴란드에 각별한 관심이 있었다. 그곳은 바로 우리 아버지가 독일 군수회사에서 일하며 그곳에 배치되어 있던 중 1943년 말 내가 태어난 곳이었다.

외무성에서

금요일 저녁 자리에서 우리는 외무성 신임 부상 리용호에게 영변 방문에 관해 보고했다. 밥 칼린은 북미제네바합의 협상 중에, 그리고 그 이후로도 여러번 그를 만난 적이 있었다. 전직 외무성 관계자 한 사람이 우리에게, 리 부상이 북미제네바합의 작성자 중 한명이라고 말해주었다. 리 부상은 2000년 조명록 차수가 클린턴 대통령을 만나러 워싱턴에 갔을 때 동행하기도 했다. 그는 2003년에서 2007년 사이 영국 주재 대사로 재임했으며 그 이후엔 6자회담 협상에 참여했다. 그는 노련한 외교관으로 영어를 유창하게 구사하는, 명석하고 차분하며 정확하고 통찰력 있는 인물이었다.

나는 경수로 현장과 우라늄 농축 공장에서 내가 본 기술적 사항들을 요약해 발표했다. 칼린은 워싱턴에 돌아가서 이 소식을 보고하면 부정적인 정치적 여파가 있지 않을까 우려를 표하고 이 모든 일의 시기가 좋지 않다며 안타까워했다. 그는 오바마 정부가 이제 막 평양과 대화할 방법을 찾기 시작한 참인데 이런 새로운 상황 전개로 정부 최초의 그런 재평가가 좌초할 것같이 보인다고 했다. 리 부상은 자신도 경수로와 우라늄 농축 계획을 처음 듣고서는 그 정치적 여파에 대한 우려를 표현했었다고 말했다. 그러나 그는 조선민주주의인민공화국은 오바마 정부가 새로 들어섰다고 해도 미국의 대북 정책은 변하지 않으리라는 결론을 내렸다고 했다. “우리는 출구를 찾아야만 했습니다”라고 그는 덧붙였다. 만약 미국이 정말로 우려를 한다면, 공화국이 안전하다고 느끼도록 만드는 방식으로 먼저 생각하고 그다음에 행동해야 할 것이라고 말했다. 그는 북한 사람들이 늘상 하는 말을 되풀이했다. “워싱턴에 정부가 바뀔 때마다 모든 것이 바뀐다.” 그는 어떻게 하면 공화국이 안전하다고 느끼게 만들 수 있겠느냐고 자문하고는 혼자서 자답했다. “만약 미 정부가 2000년 10월의 공동선언을 재확인하고 그들이 진심임을 증명할 수 있다면, 그건 상당히 도움이 될 겁니다.”

루이스가 우리에게 그 두 시설을 보여주면서 무엇을 얻고자 했던 것인지 물었다. 리 부상은 2009년 그들이 핵 프로그램을 이렇게 진행할 것이라고 선언했음에도 아무도 그 말을 믿지 않았다고 말했다. "헤커 박사님, 거기엔 선생도 포함됩니다. 우린 우리가 진지하다는 것을 보여주고 싶었습니다"라고 그는 덧붙였다. 우리는 이 소식에 대해 중국이 어떤 반응을 보일지 물어보았다. 리 부상은 중국에는 이미 알렸다고 했다. "우리는 그들에게 2009년 4월의 공식 발표가 허튼소리가 아니라 진실이라고 말했습니다." 리 부상은 중국인들이 미국인들보다 더 잘 이해해줄 것이라 확신한다고 말했다. 곧이어 그는 민감한 지점을 건드렸다. "경수로와 농축 작업은 지금으로서는 평화적입니다만, 어느날 군부 쪽 사람들이 영변 사람들에게 그런 기술을 자기네 목적에 맞게 사용하라고 요구할지는 우리(외무성을 가리키는 말인 듯)도 모르는 일입니다. 나 나름으론 그런 일이 일어나지 않게끔 최선을 다하고 있습니다." 북한 군부와 외교관들 사이의 차이점에 대한, 그의 이 별로 완곡하지도 않은 암시는 진심인 듯했다. 그가 말하길, 과거에 북한은 외부에서 경수로를 들여올 수 있을 것이라 주장한 적이 있지만 이제 그런 희망은 사라져버렸다고 했다. 지금은 과학자들이 자기들 힘으로 해보겠다고 말한다는 것이었다.

리 부상은 자신이 핵심 문제라고 생각하는 바를 제시했다. 오바마 정부는 조선민주주의인민공화국을 하나의 국가로 생각하지 않고 오로지 적으로만 바라본다는 것이었다. 미국은 전세계 192개 국가 중 188개국과 외교 관계를 맺었지만, 이란, 쿠바, 부탄, 그리고 조선민주주의인민공화국과는 맺지 않았다고 그는 지적했다. 그는 미국이 공화국을 그런 식으로 바라보는 한 정상적인 대화는 있을 수 없다고 했다. 더욱이 오바마 정부의 이른바 전략적 인내 정책은 공화국을 어떻게 대해야 할지를 생각해내지 못한 워싱턴의 무능을 반영하는 것이라고 했다. 평양에는 전략적 인내가 북한에 나쁠 게 없다고 생각하는 사람들이 많다고 그는 말했다. "그것은 우리에게 경수로를 마무리하고 그 〔저농축 우라늄〕 연료를 생산할 시간을 줍니다. 우리는 기다릴 수 있어요. 시간이야말로 우리에게 필요한 것이니 말입니다."

리 부상은 조선민주주의인민공화국의 핵무기는 미국이 공화국에 계속 적대적으로 나오는 한 그들 옆에 있을 것이라고 강조했다. 핵무기를 보유할 이유가 줄어들기는커녕 더 늘어났다고 했다. "당신들이 서해에 항공모함을 배치하지 않았습니까"라고 지적했다. 칼린이 리 부상에게 만약 양국 관계가 재정립된다면 공화국은 헤커가 '3무'라고 부르는—더이상의 폭탄 보유, 폭탄 개발, 수출이 없는—방침을 채택할 수 있겠느냐고 물었다. 여기에는 당연히 '1답', 즉 미국 측이 안보에 대한 공화국의 우려에 응답한다는 조건이 동반되어야 할 것이라고 내가 덧붙였다. 리 부상은 자기들도 이 '3무'와 '1답'에 대해 잘 알고 있다고 말했다. 그러나 그는 그 제안이 나에게서 나온 것인지 아닌지는 상관없다고 덧붙이며, 미 정부가 과연 그렇게 묻는 것인지가 중요하다고 말했다. 만약 그렇게 된다면 "나도 거기엔 대답하겠소"라고 그는 말했다. 다만 그는 자신의 대답이 어떤 것일지는 그 자리에서 말해줄 생각이 없는 듯했다. 평양은 이것을 철두철미한 비확산이라고 부른다고 설명하면서 그들은 이런 구상들을 미국과 토의할 준비가 되어 있다고 말했다.

리 대사는 저녁 자리의 대화를 끝내면서 기대감을 돋우는 발언을 남겼다. 경수로와 우라늄 농축 시설을 짓는 것은 북한이 좋아서 하는 일이 아니라는 것이었다. 그보다 북한은 어쩔 수 없어서 그렇게 한 것이라고 했다. 그러므로 우리(북한과 미국을 의미하는 듯)는 그 문제를 어떻게 해볼 수 있을 것이라고 그는 말했다. "우리는 그 결과가 양국 모두에게 이익이 될 수 있도록 해야 합니다." 왜 이 두 나라가 이 지점까지 와 있는지 그 이유에 대한 그의 설명에는 뭔가 만족스럽지 못한 면이 있었지만, 그가 지금의 교착 상태를 벗어날 출구를 가리키고 있는 것만은 확실해 보였다.

미국으로 돌아와서

토요일 아침 우리는 다시 베이징행 비행기에 올랐다. 공항에서 한 무리의 기자들이 우리를 반겼다. 우리는 미국으로 돌아가는 것이 우선이라는 생각에 이번 방문에 대해서는 말을 아꼈다. 대신에 우리는 앞으로 나올 블록버스터급 뉴스에 대해 미리 경고하기 위해 보즈워스 대사와 그의 팀에게 전화도 하고 이메일도 보냈다. 우리는 11월 23일 워싱턴의 내셔널프레스센터에서 잭 프리처드가 마련한 회의를 통해 우리의 방문 결과를 상세히 보고할 계획을 세웠다. 이 시점에는 경수로 건설 현장을 방문했다는 사실만 공개적으로 인정한 상태였다. 그곳은 프리처드도 방문해서 둘러본 곳이었다. 일이 계획대로만 돌아가지는 않았다. 예정일 전주 금요일, 나는 국가안전보장회의 비확산 부문의 우두머리인 게리 새모어(Gary Samore)에게서 전화를 받았다. 그는 워싱턴에서 국가 안보 분야의 가장 영향력 있는 기자 중 한명인 『뉴욕 타임스』의 데이비드 생어(David Sanger)에게 방문의 개요를 설명해주라고 요청했다. 새모어는 정부가 6자회담 과정에 참여하고 있는 다른 나라들에게도 곧 이 사실을 알릴 예정이어서, 우리의 방문 결과를 공개하기로 했다고 말했다.

나는 생어에게 간략하게 설명하고 나서 그가 일요일 아침 머리기사를 낼 때까지는 준비가 되어 있도록 상세보고서 마무리를 서둘렀다.[5] 생어는 기사를 이렇게 시작했다.

> 북한이 이달 초 북한을 방문한 미국의 핵 과학자에게 우라늄 농축을 위해 은밀하고 신속하게 세운 엄청난 새 시설을 보여주었다. 이 나라는 핵무력 확장과 한층 강력한 유형의 원자폭탄 제조를 준비하고 있다는 가능성을 보이며 오바마 정부에 정면으로 맞서고 나선 것이다.[6]

다행히 전세계에서 한마디 해달라는 요청이 쏟아지기 전에 내 보고서를 마칠 수 있었다. 나는 우리가 본 것, 또 그것의 의미에 대해 올바른 맥락을 확실하게 제시하고 싶었다. 데이비드 생어가 이미 그의 기사를 통해 중요한 내용을 공개했음에도 불구하고, 그다음 주 화요일 내셔널프레스센터 행사에서 밥 칼린과 나는 전세계의 주목거리가 되었다.

나는 다양한 정부 기관의 핵기술 전문가들과 시간을 보내며 우리가 본 세부적 기술 사항들을 설명했다. 나는 또 정부 인사 다수와 대중들이 미국 첩보의 실패라고 부르는 사건에 대해서도 문제를 제기했다. 어떻게 북한이 지구상에서 가장 많은 감시를 받는 곳에 현대적 원심분리기 시설을 짓는 동안 그것을 감지하지 못했느냐는 것이었다. 하나의 아이러니랄까, 방문 후 나는 영변 연료제조단지를 찍은 위성사진에서 원심분리기가 들어 있는 그 개조 건물이 눈에 확 띄는 밝은 파란색 금속 지붕으로 덮인 것을 발견했다. 핵 원자로와 달리 원심분리기 시설이 숨기기 쉽다는 것은 사실이지만, 북한이 2천대의 원심분리기를 엄밀한 감시를 받는 영변 핵단지에 들여오면서 미국 정보계에 들키지 않을 수 있었다는 사실은 하나의 경고 신호였다. (그리고 지금도 그렇다.) 만약 미 정부의 주시 하에서도 원심분리기 시설 하나가 완성될 정도라면 북한에 추가적 원심분리기 시설이 몇 군데나 있는지, 또 그것들이 어디에 있는지 워싱턴이 여전히 파악하지 못하고 있는 것도 놀랄 일이 아니다.

칼린과 나는 힐러리 클린턴 장관에게 비공개 브리핑을 했다. 나는 우리의 조사결과를 요약하고 북한 핵 프로그램의 간략한 역사를 담은 도표를 준비했다. 나는 북한이 경수로를 원해온 역사는 오래된 것으로, 1980년대 중반 소련에 경수로를 요청했던 때부터 시작해 클린턴, 부시, 오바마 정부에 이르기까지 계속되었다고 설명했다. 우리 방문 중 그들이 자력으로 경수로를 만들기로 결정하고 영변 단지를 경수로와 우라늄 농축 시설로 바꾸어나갔다고 주장한 내용은 믿을 만하기도 하고 우리가 본 사실과도 일치했다. 만약 그들의 관심이 폭탄 사업에 있다면, 그것을 증진할 가장 빠른 길은 5MWe 플루토늄 생산 원자로를 재가동하거나 북미제네바합의 동안 버려져 있던 원자로와 유사한 더 큰 규모의 기체-흑연 원자로를 짓는 것이었을 것이다. 하지만 그들이 우리에게 보여준 시설들이 북한의 핵무기 프로그램을 발전시키는 데 이용될 수 있다는 것 또한 사실이었다. 특히 미국이나 국제적 검증단이 영변에 접근할 수 없다면 더더욱 그럴 것이었다. 나는 또 일단 그들이 HEU를 생산하게 되면 핵물질 수출의 위험도 증가하게 될 것이라는 우려도 전달했다. 그들이 플루토늄보다 HEU를 더 많이 생산할 수 있을 것이고 HEU는 탐지하기도 더 어렵기 때문이라고 했다. 내가 클린턴 장관에게 그런 우려를 제기한 이유는 핵물질의 안전과 수출 가능성이 오바마 대통령의 관심사 목록 상단에 올라 있다는 사실을 알았기 때문이었다. 그의 대표적인 핵 관련 기획 중 하나인 핵안보 정상회담 첫번째 회의가 2010년 4월 워싱턴에서 열린 바 있었다.

우리는 브리핑을 마치며 상황이 더 나빠지는 것을 막는 일이 가장 중요하다고 강조했다. 북한을 우리가 바꾸고자 하는 방식이 아니라 있는 그대로 대하라는 페리 프로세스의 권고를 재차 언급했다. 우리는 미국이 장기적으로는 비핵화 노선을 계속 유지해야겠지만, 단기적으로는 북한의 불안감의 근본 원인을 해결함과 동시에 '3무' 방침으로 위협을 억제하는 데 미국의 정책을 집중해야 한다고 조언했다. 우리는 현대적 원심분리기 시설의 공개와 토착 경수로 건설이 그동안 미국의 정책이 얼마나 크게 실패했는가를 여실히 보여주는 사례라고 믿었다. 클린턴 장관은 지난여름 한국 관련 전문가들을 만났을 때와 마찬가지로 열심히 듣고 큰 관심을 보였다. 그녀는 남한 정부가 우리의 권고를 어떻게 바라볼 것인지가 가장 큰 걱정거리라고 했다.

우리는 우리의 조사결과와 권고가 고조되는 북핵 위협을 해결하기 위해 북한과의 진지한 협상을 재개하도록 정부를 설득할 수 있기를 희망했다. 하지만 북한이 일을 더 어렵게 만들었다. 우리가 클린턴 장관에게 브리핑을 한 바로 그날, 11월 23일 북한은 서해 분쟁 해역에서 남한이 영유한 여러 섬 중 하나인 연평도를 포격했다. 이 포격으로 남한 해병 2명, 건설노동자 2명이 죽었고 많은 사람이 다쳤다. 평양은 남한에 미리 경고를 했음에도 불구하고 남한이 실탄 훈련을 진행해서 북한 해역에 포탄을 떨어뜨렸기에 그에 대응한 것이라고 주장했다. 이 포격 사건은 일시적으로 주가를 폭락시킬 정도로 국제적 사건이 되었다.

당시 나는 이것이 내 마지막 북한 방문이 되리라는 것을 알지 못했다. 이 이후 여러해 동안 나는 계속해서 북한의 핵개발을 면밀하게 추적해왔다. 그러나 영변에서 일어나는 일에 대해서는 멀리서 위성사진 분석의 도움을 받아가며 알아낼 수 있을 뿐이었다. 방문을 통해 그곳 시설들을 직접 보고 기술·정치 전문가와 관계자 들을 직접 만나며 알게 된 것들이 위성사진을 해석하고 북한이 공개하는 기기와 실험 결과를 해석하는 데 큰 도움이 되었다. 나는 공개적으로 얻을 수 있는 자료를 통해, 그리고 워싱턴과 남한·중국·러시아의 관계자 및 전문가 들과 협의하면서 정치적 상황 변화도 추적했다. 앞으로 남은 장에서는 북한의 핵 정책이 어떻게 진화했는지, 그리고 오바마 정부와 트럼프 정부가 결정적인 변곡점마다 잘못된 결정을 함으로써 어떻게 효과적 대응에 실패했는지를 더 분명히 밝히기 위해 핵심적인 기술적·정치적 상황이 어떻게 전개되었는지를 상술해보고자 한다.

15장

2010년 11월부터 2012년 4월까지:

로켓과 함께 날아간 협상

오바마 정부 관계자들은 우라늄 농축이 드러난 이 사건을 둘러싼 담론을 확증하고 그것을 일정한 논의 틀 안에서 다루고자 했다. 상업용 위성사진의 공개적 분석 결과, 영변에 파란 지붕의 원심분리기 시설이 존재함이 확인되었다. 미 정부 관계자들은 애써 그 소식의 중요성을 축소하고 정부가 불시에 허를 찔렸다는 비난을 방어하려 했다. 남한 정부도 오바마 정부의 주장과 맥을 같이 하여 그 소식에 대해 겉으로는 침착하게 대응했다. 워싱턴에 그 소식은 북한이 믿을 수 없는 존재라는 사실, 그들은 한번도 합의를 존중한 적이 없었다는 사실을 다시 한번 확인시켜주는 증거로 여겨졌다. 시기가 좋지 않았다. 연평도 포격과 어우러져서 이 농축 사실 공개는 막 움트고 있던 미 정부의 대화 재개 노력에 찬물을 뿌렸다. 북한은 그들의 우라늄 농축 작업이 민간용 핵에너지 프로그램의 일환이라고 주장했지만, 그 아래 잠재하는 무기 전환의 가능성은 부인할 수 없는 것이었다. 그 소식으로 워싱턴은 협상 테이블에 나서지 않으면 많은 것을 잃을 수도 있다는 점을 다시 생각해보지 않을 수 없게 되었다.

모든 정황을 볼 때, 북한은 만날 준비가 되어 있었다. 『뉴욕 타임스』에 스탠퍼드 대표단의 영변 방문에 관한 기사가 터지기 며칠 전 평양에서는 북한 외무성이 비정부 인사로 북한을 자주 방문해온 미국인 리 시걸(Lee Sigal)에게 대화에 관심이 있다는 의사를 내비쳤다. 만약 미국이 2007년 10월 6자회담 합의와 에너지 원조에 대한 약속을 재천명한다면 북한도 우라늄 농축 프로그램을 접고 방향을 뒤집을 준비가 되어 있다는 것이 시걸이 들은 얘기였다.[1]

그러나 워싱턴의 지배적인 분위기는 북한의 제안에 회의적이었다. 오바마 정부 관계자들은 나쁜 행동에 대한 보상을 줄 마음이 없다는, 부시 정부가 늘 하던 말을 주문처럼 되뇌었다. 정부는 우라늄 농축 개발을 우려할 사안이라고 보면서도 그것을 위기라고 여기지는 않았다. 정부는 단합된 대응을 끌어내기 위해 우방과 협의하기로 했다. 보수주의자가 수반으로 있는 남한과 일본 정부가 대화 증진을 지지하지 않는 것도 놀랄 일이 아니었다. 워싱턴은 중국을 향해서도 북한에 대한 압박의 강도를 높이는 더 강경한 태도를 보여달라고 호소했다. 워싱턴에서 중국은 종종 평화를 요구하기는 하지만 결국 북한의 행위를 규탄하지는 못하는, 평양의 범죄 행위에 대한 방조자 정도로 여겨졌다.[2] 11월 초 후진타오 주석과의 전화 통화에서 오바마 대통령은 후 주석에게, 서해에서의 도발 행위에 대하여 북한의 고삐를 더 죄어달라고 간곡히 부탁하며 우라늄 농축 프로그램은 6자회담 과정에서 북한이 한 약속을 어긴 행위라는 점을 상기시켰다.[3]

그러나 북한에 대한 중국의 지원은 평양이 베이징과의 소원한 관계를 풀기로 한 이후 수년에 걸쳐 확대되어왔으며, 2000년에는 김정일이 중국을 방문하기도 했다. 2000년에서 2011년 사이 김정일은 일곱차례 중국을 방문했고, 그동안 양국의 경제적 결속은 꾸준한 성장세를 보였다. 이명박 정부의 강경 정책과 남북 간 경제 교류 철회는 평양을 더더욱 중국 쪽으로 밀착시켰을 뿐이었다. 김정일은 계속 베이징의 그늘에 있어야 하는 상황을 우려했지만, 중국과의 관계는 2008년 여름 그의 뇌졸중 이후 권력 승계의 길을 닦기 위한 안전한 대외 환경을 확립하는 데 결정적으로 중요했다. 2010년 8월, 김정일은 공식적으로 소개하기 위해 아들을 중국행에 동행시켰다. 중국 동북 삼성 지역을 중심으로 한, 김일성의 활동을 비롯한 북한 혁명 사업의 역사 및 정통성을 잇는 자리에 자기 아들을 각인하려는 의도도 있었을 것이다.[4] 2011년 5월에도 김정일은 베이징과의 관계를 다지기 위해 중국을 재방문했다.

중국과의 관계와 더불어, 김씨 일가의 세습을 위한 안정적인 대외 환경을 조성하기 위해 두번째로 중요한 일은 워싱턴과의 관계를 더 나은 궤도에 올려놓는 것이었다. 2010년 11월 말 리 시걸에게 전달된 메시지가 바로 그런 것이었다. 뉴멕시코 주지사이자 전임 유엔 미 대사인 빌 리처드슨(Bill Richardson)이 12월 말 평양을 방문했을 때 그에게도 그 메시지가 똑같이 반복 전달되었다. 리처드슨은 IAEA가 막 베일을 벗은 우라늄 농축 시설을 방문하도록 북한이 허가할 수 있다는 얘기를 들었다.[5] 2008년 김정일의 뇌졸중 이후 그 계획이 최종 승인되었을 가능성이 있는 2009년 핵실험의 성공은 북한이 사용 가능한 플루토늄 폭탄을 보유하고 있다는 사실에 의문의 여지가 거의 없도록 만들었다. 현대적 우라늄 농축 시설의 공개는 북한이 폭탄으로 가는 제2의 경로 위에 있다는 것을 분명히 보여주었다. 북한은 이제 틀림없이 유리한 위치에서 워싱턴과 협상할 수 있겠다고 믿었을 것이다. 그들은 워싱턴을 향해 농축 작업을 중단하고 검증을 허용하겠다는 제안을 함으로써 자신들이 협상에 진심이라는 신호를 보낸 것이었다.

며칠 동안 심각한 긴장 고조 상황으로 내닫게 만드는 듯 보이던 연평도 포격의 충격이 어느정도 가라앉은 2011년 초, 오바마 정부 관계자들은 외교적 대화에 나설 일정한 의지를 보였으나 그들의 이런 뜻은 거의 힘을 받지 못했다. 2011년 봄은 전세계적으로 비상한 격변의 시기였고, 정부 최고위급은 여기에 집중할 수밖에 없었다. 아랍의 봄이 튀니지에서 오만으로, 예멘과 이집트, 시리아, 모로코로 번져가고 있었고 리비아는 혼돈의 수렁으로 빠져드는 중이었다. 평양은 계속해서 협상에 관심이 있다는 신호를 내보냈다. 3월 북 외무성은 러시아 외교부 차관 알렉세이 보로답킨(Aleksei Borodavkin)에게 조선민주주의인민공화국은 핵실험 및 탄도미사일 발사 모라토리엄을 논의하는 데—IAEA 전문가들의 영변 우라늄 농축 시설 접근을 허용하고 우라늄 농축 문제를 논의하는 데—반대하지 않는다고 알렸다.[6]

승계 계획이 현실이 되다

봄을 지나 여름으로 접어들면서 워싱턴은 서울을 앞세워 평양과의 대화 재개 가능성을 타진했다. 인도네시아에서 열린 외무장관 회담에서 북한과 남한의 핵 특사가 양자회담을 열고 그 긍정적인 결과로 가능한 한 빨리 6자회담을 재개하자는 합의를 도출했다.[7] 스티븐 보즈워스와 김계관 부상이 7월 말 뉴욕에서 만나 2009년 11월 보즈워스가 사흘간 북한을 방문한 이후 처음으로 고위급 외교 회담을 열었다. 양측이 표명한 입장은 긍정적이면서도 신중했다. 그 회담은 양측을 협상을 향한 길 위에 올려놓기는 했지만, 그들이 진지한 외교적 절차를 밟게 된 것은 10월 말이 되어서였다. 이때는 또 한명의 노련한 외교관 글린 데이비스(Glyn Davies)가 보즈워스 후임으로 임명된 상태였다. 데이비스는 회담의 속도를 내기 위해 10월 25일 제네바에서 열린 보즈워스와 김계관의 회의에 합류했다. 미국과 북한의 관계자들은 서로 간의 의견 차이를 줄였다고 입을 모았다. 김계관의 어투도 낙관적으로 들렸다.

12월 중순, 데이비스와 북한 인권 문제 미국특사인 로버트 킹(Robert King)이 북한에 대한 인도주의적 원조를 논의하기 위해 베이징에서 리근 대사와 그의 팀을 만났다. 그들은 조선민주주의인민공화국이 2009년 추방된 핵 검증단을 다시 받아들이는 것에 더해 우라늄 농축 프로그램 및 핵실험과 미사일 실험을 중단하는 등 핵 관련 양보를 하는 대신 미국은 원조를 제공하는 것으로 논의를 진척시켰다. 그들은 또 남북 간 대화 재개에도 합의했다.[8] 워싱턴과 평양이 외교적 돌파구에 도달한 듯 보이던 바로 그 순간, 12월 17일 김정일이 갑작스러운 심장마비로 사망했다. 그의 죽음을 알리는 조선중앙통신의 보도는 한줄을 할애하여 그의 중요한 핵 관련 업적은 그 나라를 “핵보유국이자 그 어떤 적도 감히 도발할 수 없는 무적의 무력 열강 반열에 올려놓은” 것이라고 찬양했다.[9]

오바마 정부는 애도 기간이 끝난 뒤 북한의 지도자 문제가 어떻게 되는지 지켜보는 대기 상태에 머물렀다. 거기서 무슨 일이 일어날지에 대해 아는 바도 거의 없고 사실상 영향을 끼칠 수도 없었기 때문이었다. 평양에선 김정은이 갑자기 최고지도자 자리에 올랐다. 김정일의 추도식으로부터 하루 뒤인 12월 30일, 북한 정부는 지난 10월 8일 김정일의 유훈에 따라 김정은이 조선인민군 통수권을 맡게 되었다고 발표했다. 임명 날짜를 앞당긴 듯한 의혹이 드는 소리였다. 김정은은 권력을 공고히 하기 위해 부지런히 움직였다. 그는 직접적인 관리 스타일을 선보였고 아버지보다 대중들과 더 편하게 어울리고자 했다. 미국에 대한 명시적이고 직접적인 비난이 빠진 연두 성명은 외교를 테이블 위에 계속 올려놓고 싶다는 욕구를 보여주는 것이었다. 2012년 1월 12일에 나온 조선민주주의인민공화국 외무성 성명은 그 뜻이 명백했다. "미국이 앞으로 제공할 식량 원조의 양을 증가시킴으로써 신뢰를 확립할 용의가 있는지 우리는 두고 볼 것이다."[10]

윤달 합의

2월 23일과 24일, 글린 데이비스와 6자회담 특사인 클리퍼드 (포드) 하트(Clifford (Ford) Hart) 가 베이징에서 김계관 부상을 만났다. 워싱턴이 "양자 예비회담"이라고 부른 이 만남은, 실제로는 그것을 훌쩍 넘어서는 결과를 가져왔다. 양측은 12월에 거의 성사될 뻔했던 합의에 마침표를 찍은 듯했다. 기대감을 낮춰두기 위해 베이징을 떠나는 길에 데이비스는 기자의 질문에 대답하며 "돌파구"에 도달하지는 못했다고 주장했다. 그러나 2월 29일 미국과 북한은 거의 동시에 독자적인 언론 발표를 통해 이후 윤달 합의라고 불리게 된 그 회담의 개요를 내놓았다. 양측의 발표가 미리 얼마나 잘 조율된 것인지는 확실하지 않지만, 그 발표들은 대화를 재개하려는 북한의 오랜 노력이 보답받았음을 보여주었다. 그러나 그 안에는 자기파괴의 씨앗도 도사리고 있었다.

우선 그 발표들은 어조와 강조점에서 서로 달랐다. 북한의 발표는 조선민주주의인민공화국과 미국이 특정한 조항들에 대해 합의했다거나 확인했다고 거듭하여 언급하는 등 공동 합의를 보고하는 투였다. 평양은 주권과 동등함에 대한 상호 존중의 정신에서 양국 관계를 발전시키기로 미국이 약속했음을 강조했다.[11] 미 국무부의 언론 발표는 주로 조선민주주의인민공화국이 비핵화에 충실함을 증명할 필요가 있다는 데에 초점을 두었다.[12] 미국의 약속은 주로 베이징 회담 중 "흘러나온" 논점들을 열거하고 그것을 재확인하는 방식으로 표현되었다. 공동 합의를 암시할 만한 표현은 전혀 없었다.

기술적인 면을 보면, 조선민주주의인민공화국은 미국의 요청에 따라 그리고 북미 고위급 회담의 긍정적인 분위기를 유지하기 위해 생산적 대화가 계속되는 동안 핵실험 및 장거리 미사일 발사, 영변의 우라늄 농축 작업에 대한 모라토리엄을 실시하고 IAEA가 우라늄 농축 모라토리엄을 감시하도록 허용하는 데 동의했다고 밝혔다. 미국의 발표에서는 모라토리엄 대상에 (우라늄 농축 이외의 다른 것들도 모두 포함한다는 뜻으로) 영변에서의 핵 관련 활동들도 포함되며, IAEA 검증단이 우라늄 농축 활동을 검증 및 감시할 뿐만 아니라 5MWe 원자로 및 관련 시설들의 불능화도 확인할 것이라고 말했다. "생산적 대화가 계속되는 동안" 협상이 진전될 것이라는 북한의 단서 조항에 대한 언급 역시 없었다.

양측은 미국의 표현으로는 북한에 대한 "영양 지원"이라는 것을 24만톤 보내겠다는 미국의 제안을 추진하기로 합의했다. 협상가들은 북한 식량 원조에 대한 새로운 기준을 만들어냈는데, 그에 따르면 미국 구호 인력이 폐쇄적이었던 지역에 전례 없이 접근할 수 있게 되고 원조가 군사적 용도로 전용되는 일 없이 영양실조로 고통받는 북한 주민들에게 확실히 전달되도록 하는 새로운 감시 기준이 설 것이었다. 추가 조항에는 미국이 조선민주주의인민공화국에 적대적 의도가 없음을 선언할 것, 2005년 9월의 공동선언을 준수하겠다고 재확인할 것, 1953년 휴전협정이 한반도의 평화와 안전을 위한 초석임을 인정할 것, 미국의 제재가 공화국 인민들의 생계를 공격 목표로 삼지 않음을 밝힐 것 등이 포함되었다. 북한의 발표는 경수로 문제도 다시 살려내서 "6자회담이 재개된다면 조선민주주의공화국에 대한 제재 철회와 경수로 지원 문제에 관한 논의가 최우선이 될 것"이라고 강조했다.

오바마 정부는 이 합의를 "중요하지만 한계가 있다"고 표현하는 등 애써 대중의 기대치를 낮추어놓으려는 듯 보였다. 아마 오바마 대통령이 재선 출마를 앞두고 있었던 이유도 있었을 것이다. 당시 정부 외 인사가 되어 있던 스티븐 보즈워스는 그 중요성을 알리는 취지에서 다음과 같은 평을 남겼다. "〔이 합의는〕 지난해 우리가 이루려고 노력했던 것이다. (…) 그것은 북한이 연속성을 유지하고자 한다는 신호이다. (…) 우선 그들에겐 식량 원조가 필요하다. 그리고 내 생각에 그들은 권력 이양을 이루기 위해 비교적 조용한 정치 환경을 원하고 있을 것이다."[13]

그러나 3월 16일, 조선우주공간기술위원회 대변인이 북한은 4월 15일 김일성 탄생 100주년을 기념하여 극궤도 지구관측위성 광명성 3호를 발사할 생각이라고 발표했다. 미 국무부는 이에 대응하여 윤달 합의에 미사일 실험 및 위성 발사 금지가 명기되어 있음을 언급했다. 위성 발사는 위장된 (장거리) 미사일 개발일 수 있으며 ICBM 기술의 로켓 발사를 금지하는 유엔 안보리 결의안 위반이 될 것이라고 했다.[14] 국무부는 식량 원조와 이번 합의 사이에 직접적인 연관은 없다고 여전히 주장하면서도, 식량 원조 논의를 잠정 중단할 것이라고 공표했다. 국무부는 만약 발사가 실행된다면 미 정부는 "그 말을 신뢰할 수 없고 국제적인 약속을 터무니없이 위반해온 정권과 어떻게 앞날을 도모할 수 있을지 그 방법을 상상하기 어렵게" 될 것이라고 경고했다.[15]

며칠 후 조선민주주의인민공화국 외무성 대변인은 우주조약에 따르면 북한에 발사를 실행할 권한이 있음을 지적하며, 북한의 평화로운 위성 발사 계획에 대한 정식 담화를 내놓았다. 북한은 또 운반용 로켓 잔해가 인접국들에 영향을 끼치지 않도록 (서해안의 서해위성발사장에서 남쪽을 향하는) 안전한 비행 궤도를 선택했다고 말했다. 외무성 대변인은 "조선민주주의인민공화국은 이미 세차례의 북미 고위급 회담에서 위성 발사는 장거리 미사일 발사 모라토리엄에 포함되지 않는다는 것을 명확히 해왔다"면서 위성 발사는 윤달 합의에 배치되는 것이 아니라고 주장했다. 평양은 그들이 여전히 북미 합의 이행을 충실히 지키고 있으며 "우라늄 농축 모라토리엄을 검증할 절차를 논의하기" 위해 이미 IAEA 검증단을 초청해놓았다고 주장했다.[16]

윤달 합의의 가장 큰 패착은 장거리 미사일 발사 모라토리엄에 무엇이 포함되는지에 대해 양측이 서로 다르게 이해했다는 데 있었다. 그 합의는 건설적 모호함의 산물이었다. 그 덕분에 양 당사국이 더 넓은 범위의 정치적 목적을 진전시키기 위해 여러 조건에 대한 실질적인 이견은 넘어가기로 대체로 합의할 수 있었다. 양측은 미사일 실험 모라토리엄에 대한 이런 차이를 알고 있으면서도 그들이 그나마 합의한 바를 진행하기로 결정했던 것이다. 양쪽 발표에서 드러난 다른 불일치는 시험대에 오를 기회조차 없었다. 북한이 4월 13일 우주

발사를 실행했기 때문이었다. 데이비스 대사가 집중적 4주라고 부른 기간 동안 6자회담의 다른 5개 당사국들이 모두 평양에 미사일 발사를 하지 말라고 공개 및 비공개로 촉구했지만 북한은 자신들의 계획을 밀어붙였다.[17] 로켓은 발사 직후 서해발사장에 초청된 국제 기자단과 평양 관제센터의 눈앞에서 해체되어버렸다. 평양이 새로운 스타일의 지도부 아래 있다는 하나의 표시로, 북한은 위성 발사 실패를 최초로 공식 인정했다. 그 발표는 로켓이 "미리 설정된 궤도에 진압하는 데 실패"했으며 북한의 과학자와 기술자 들이 오작동의 원인을 찾고 있다고 밝혔다.[18] 실패로 끝난 위성 발사는 윤달 합의가 오래갈 것이라는 희망을 침몰시키는 데에는 성공했다. 평양은 이 실패한 시도에 이어 2012년 12월에는 최초의 위성 발사 성공을 이루게 될 것이었다.

김정은은 발사하지 말라는 강력한 국제적 압박에도 불구하고 4월 위성 발사를 강행했다. 그의 할아버지의 탄생 100주년을 기념하는 위성 발사는 그의 아버지가 사망 오래전에 내린 결정이었다. 새로 지도자가 된 그가 이 계획을 바꾸기는 어려웠을 것이다. 게다가 우주 진출은 북한이 오랫동안 중요한 경제적 자산으로 거론해온 것이었다. 남한과의 우주 개발 경쟁도 이전의 위성 발사 시도 때와 마찬가지로 한몫했을 것이다. 사실 2012년 12월의 발사 성공으로 북한은 남한을 따돌리고 국내기술로 만든 로켓을 먼저 우주에 올려보냈다. 남한은 그다음 해 봄이 되어서야 이룬 일이었다. 작동 가능한 ICBM으로 가는 길에 위성 발사는 겨우 한발짝을 뗀 정도의 의미였을 것이기에, 이 발사 결정이 미사일 및 핵 프로그램을 강화하는 데 총력을 기울이겠다는 새로운 전략의 일환이었을 것이라 보기는 어렵다. 조선민주주의인민공화국이 발사 직전까지 합의를 이행할 준비가 된 듯했던 것을 보면, 미국의 대응이 어떨지에 대해 김정은이 잘못 판단했을 가능성도 없지 않다.

오바마 정부는 북한이 위성 발사를 진행하지 못하도록 막으려 시도하며 한달 가까이 전면압박 수비를 펼쳤다. 오바마 대통령은 3월 말 2차 핵안보정상회의 참석차 서울에 머무는 동안 DMZ를 방문하여 직접 평양에 대한 압박 수위를 높였다. 그는 부시 정부가 외교 협상의 성격을 규정했던 방식과 놀라울 정도로 유사한 표현을 사용하여 북한에 경고했다. "그들도 나쁜 행동은 보상받지 못한다는 사실을 알아야 할 것"이라는 경고였다.[19] 정상회의에서 오바마는 후진타오와 90분에 걸친 양자회담을 열어, 주로 평양의 호전성에 어떻게 대처할 것인지에 대한 대화를 나눴다.[20]

이미 코너에 몰린 상태에서, 발사 시도 후 백악관은 예상했던 그대로 그리고 약속대로 식량 원조를 중단하겠다고 발표했다.[21] 오바마 정부는 유엔 안보리를 통한 추가 제재나 다른 징계를 추진할 계획은 없었고, 그보다는 기존 유엔 결의안의 집행 강화를 추진할 계획이었다. 정부는 더이상의 대화 진전에 관심을 보이지 않았다. 북한이 스스로를 고립시키는 길을 가고 있으며 오바마 대통령은 북한이 다시 미국의 "사전 조치"에 부응할 때에만 대화에 나설 것이라는 백악관 성명이 발표됐다. 윤달 합의에서 북한이 동의한 의무를 포함하여 기존의 국제적 의무를 다하라는 얘기였다.[22] 백악관은 유엔 안보리에서 북한의 행위에 대한 만장일치의 비판을 끌어내기도 했다.

김정은은 4월 15일 군사 열병식에서 최초로 대중 앞 연설을 했다. 대규모 군사 장비를 선보이는 자리임에도 그의 어투는 상당히 신중했다. 반미, 반남한 정서를 드러내는 표현도 없었다. 그는 인민들이 "다시 허리띠를 졸라매는" 일이 없게 하겠다는 당의 결의를 밝혔다.

그의 연설은 국가의 자원을 군사 목적에서 민간 경제로 돌리기 위해 안정적인 대외 안보 환경을 확보하고자 하는 뜻을 예고한 것이었다.[23] 이로써 북한 경제의 성장이 지상 과제라는 사실을 새 지도자도 인식하고 있음이 일찌감치 드러났다. 그러나 2012년 4월 18일, 윤달 합의가 북한의 위성 발사 때문에 폐기되었다는 미국의 성명이 반복되어 나오던 끝에 조선민주주의인민공화국 외무성도 협의를 폐기한다는 성명을 발표했다. 북한이 외교의 길을 뒤로하고 다시 핵 노선으로 향할 길이 열린 셈이었다.

16장

" 멍청한 로켓 발사 한번 때문에 미국은 이걸 다 날리는 건가?"

2010년 11월 북한은 자기가 유리한 위치에 있다고 생각했다. 우리 스탠퍼드 팀에게 영변의 새 농축 시설을 보게 함으로써 북한은 자신이 핵무기 프로그램을 대폭 확장하고 자력으로 핵에너지를 추구할 역량이 있음을 워싱턴에 통고한 것이었다. 그러면서도 김정일은 협상을 위해 미국을 다시 외교의 장으로 끌어들이기로 했고 2011년 그가 사망했을 때에는 그 문턱까지 가 있었다. 그의 아들 김정은이 협상을 물려받아 2012년 2월 합의 성사로 일을 마무리지었다.

이제껏 시험받은 적 없는 새 지도자가 자신의 통치를 공고히 할 시간을 벌기 위해 대외 환경의 안정을 유지하려 한다는 것, 이것은 좋은 기회일 수도 있었다. 그러나 이 역시 하나의 변곡점이 되었다. 오바마 정부의 나쁜 결정이 나쁜 결과를 초래한 것이다. 이 경우 나쁜 결정이란 북한의 위성 발사 시도 때문에 윤달 합의를 날려버리기로 한 워싱턴의 선택이었다.[1]

윤달 합의의 파국은 미국의 정책과 기술적 평가가 유리된 또 하나의 예였다. 위성을 궤도에 올리려는 북한의 시도를 이유로 윤달 합의를 파기함으로써 오바마 정부는 감시자들을 영변 핵단지 현장에 다시 돌려놓고 그곳 원심분리기의 회전을 멈추고 또 핵실험과 장거리 미사일 실험 모라토리엄을 이룰 기회를 놓쳐버렸다. 미국이 영양 원조 20만톤(대략 2억4천만달러 가치)을 약속하기만 했다면 이 모든 일을 이룰 수 있었을 것이다.

미국과 반대로 북한은 그들의 이중경로 전략 속에서 외교와 기술적 평가를 서로 연계해 활용했다. 둘 중 어느 하나가 앞장설 때마다 나머지 하나는 그와 조화를 이루어 대비책이 되어주거나 새로운 기회를 만들어냈다. 반면 워싱턴은 오로지 정치적 시각으로만 대응했다. 그 시각이 부시 정부에서처럼 주로 이데올로기에 사로잡힌 것이었는지, 오바마 정부에서처럼 김씨 정권에 대한 철저한 신뢰 부족으로 인한 것이었는지는 상관없었다. 오바마 대통령은 재임 중 여러번에 걸쳐 말했듯이 평양이 다시 한번 "도발과 억지 요구, 보상"으로 이어지는 순환고리를 따르려 한다는 이유로 윤달 합의를 파기하기로 결정한 것이 틀림없었다.

윤달 합의에 이르는 준비 기간에 우리는 북한의 핵 프로그램에 대해 많은 것을 알고 있었다. 그 상당 부분은 우리의 북한 방문, 특히 영변 핵단지에서의 방문 및 토론의 결과였다. 그러나 아직 우리가 모르는 것도 많았고, 바로 그 때문에 북한 핵 프로그램의 현 상황과 그것의 향후 방향을 가늠하기 위해서는 영변에 다시 돌아가는 것이 핵심적이었다. 기술적 관점에서 보면 윤달 합의에서 북한이 제안한 가동중단 및 접근이 가져다줄 이익은 위성 발사가 제기하는 추가적 위험보다 월등히 컸다. 그것이 성공했을 경우라 하더라도 말이다. 그러나 오바마 정부는 이 발사를 평양이 약속을 지킬 것이라 믿어도 될 만한 상대인지 알아볼 리트머스 시험지로 이용했다. 그런 시험은 워싱턴의 기준으로는 낙제점을 받도록 정해져 있는 셈이나 마찬가지였다. 그동안 북한은 미국이나 유엔 안보리가 뭐라고 하든 줄곧 자기들은 위성 발사를 주권 사항이라고 여긴다는 주장을 펼쳐왔기 때문이다. 그렇게 설정된 리트머스 시험이라면 평양이 그 상투적인 순환고리를 따르고 있다는 대통령의 믿음을 재확인해줄 수밖에 없을 터였다.

나는 우리가 북한 방문을 통해 알게 된 것을 미국의 역대 두 정부와 나눔으로써 워싱턴이 북한에 대한 기술적 정보를 기반으로 더 나은 위험/편익 결정을 내리는 데 도움이 되기를 희망했다. 그러나 그런 일은 일어나지 않았다. 일례로 밥 칼린과 내가 2010년 11월 북한 방문에서 돌아와 클린턴 장관에게 브리핑했을 때, 우리는 평양이 여러 전선에서 동시에 핵 프로그램을 진행할 수 있는 능력을 갖춰왔다고 강조했다. 오바마 정부에는 상황이 더 나빠지지 않도록 워싱턴이 조치를 해야 한다고, 예컨대 더이상의 폭탄 보유, 폭탄 개발, 수출이 없는 '3무' 방침 같은 것을 채택해야 한다고 조언했다. 우선은 5MWe 원자로의 폐쇄를 유지함으로써 플루토늄 및 삼중수소 생산을 막는 일에 외교적 기획의 초점을 두어야 한다고 했다. ELWR은 가동 단계에 들어가려면 앞으로도 수년이 걸릴 것이기에 그렇게 큰 우려 사항은 아니었다. 우리는 워싱턴에 핵실험 및 미사일 발사 모라토리엄에 대한 평양의 서면 동의를 받으라고 촉구했다. 어렵긴 하겠지만 원심분리기 프로그램 역시 억제하려는 워싱턴의 노력이 필요하다고도 했다. 핵 기술 및 물질의 수출에는 6자회담 나머지 5개 당사국들의 엄중한 대응이 따를 것이라는 점을 평양에 몇번이고 경고해야 한다고 했다.

나는 워싱턴이 평양을 다시 외교 테이블로 데려와 영변 가동을 중단시킬 모든 기회를 찾아봐야 한다고 믿었다. 또 북한이 원심분리기 프로그램이나 경수로 건설을 어디까지 진척시켰는지 더 확실히 알기 위해 미국 기술진을 다시 현장에 보내야 한다고 강조했다. 평양이 2010년 우리에게 원심분리기 시설을 공개하고 거의 그 직후에 우라늄 농축을 중단하겠다는 제안을 들고 1년에 걸친 외교 활동에 나서리라고는 예상하지 못했다. 북한은 우라늄 농축 모라토리엄을 감시하고 검증하도록 IAEA 검증단을 다시 영변에, 또 우라늄 농축 시설에 받아들이려고 했었다. 평양이 윤달 합의에서 핵실험 및 장거리 미사일 발사 모라토리엄에 동의한 것도 내게는 뜻밖이었다. 북한이 제안한 기술적 양보는 워싱턴이 정책 결정상의 더 큰 정치적 위험을 감수했어도 좋을 만큼 충분히 매력적이었다. 그러나 일은 그렇게 되지 않았다.

일곱차례 북한 방문이 끝나고 윤달 합의가 무산된 이 시점에, 잠시 멈추어 북한 핵 프로그램의 당시 상황을 다시 점검해볼 필요가 있겠다. 2012년 4월 오바마 정부가 협상을 결렬시킴으로써 영변에 대한 접근권과 북한 핵실험 및 장거리 미사일 실험 동결을 포기했던 2012년 4월 북한 핵 프로그램의 현황은 다음과 같았다. 이를 통해 북한이 향후 어디를 향할지도 가늠해볼 수 있을 것이다.

플루토늄 및 삼중수소 생산

2012년 플루토늄은 북한 핵무기 프로그램에 여전히 핵심적이었다. 플루토늄은 1986년 5MWe 원자로 가동 이후로 생산되었다. 이 원자로는 북미제네바합의가 폐기되자 8년의 동결 기간에도 불구하고 2003년 신속하게 새 연료를 채우고 재가동에 들어갔다. 2005년에 한 차례 연료 재장전이 있었고, 그때 사용후 연료가 플루토늄 추출을 위해 재처리되었다. 2007년 2월의 불능화 합의의 일환으로 이 원자로는 그해 6월 폐쇄되었다.

윤달 합의의 평양 측 발표에는 이 5MWe 원자로의 운명에 대한 언급이 빠져 있는 반면, 미국 측 발표는 IAEA 검증단이 원자로와 관련 시설들의 불능화를 확인할 것이라고 주장했다. 당시엔 원자로가 가동 중이 아니었기 때문에 이런 차이는 문제가 되지 않았다. 그러나 미국이 협상을 깨버리자, 이로 인해 북한 사람들에게는 원자로를 괴롭히는 문제점을 고칠 수 있는 문이 열렸다. 그들은 실제로 이 원자로를 재가동해 2013년 8월을 시작으로 더 많은 플루토늄을 생산했다. 아마 약간의 삼중수소도 생산했을 것이다. 윤달 합의가 성사되었다면, 플루토늄 및 삼중수소 생산으로 가는 길을 차단할 수 있었을 것이다.

왜 토착 경수로인가?

우리의 2010년 방문 동안 리용호 부상은 우리에게 평양은 결국 워싱턴에 대한 기대를 접고 2009년 4월 자체적으로 경수로를 짓기로 결정했다고 얘기해주었다. 나는 ELWR은 경수로를 가지고 전력을 생산하는 법을 알아내기 위한 북한의 정당한 시도라고 믿는다. 하지만 평양은 이 ELWR을 무기 프로그램을 위한 플루토늄이나 삼중수소를 생산하기 위한 5MWe 원자로의 예비 장치로 사용할 의도를 가졌을 수도 있다. 전력을 생산하기 위해 ELWR을 정상 가동하면 폭탄용으로는 그다지 이상적이지 못한 플루토늄 동위원소 혼합물이 생산된다. 그러나 이 원자로를 매우 짧은 작동(혹은 연소) 주기로 가동해서 사용후 연료를, 원치 않는 플루토늄 동위원소가 그것을 무기용으로 부적합하게 만들기 전에 수거하는 방법도 있을 수 있다. 그렇게 가동하려면 원자로 연료를 자주 채웠다 빼내는 작업이 필요한데, 그런 작업은 인공위성에 포착되었을 것이다. 하지만 원자로의 중성자 선속에 천연 우라늄을 신중하게 주입하여 중성자들을 흡수하고 플루토늄으로 바꿈으로써 플루토늄을 생산하는 방법도 있을 수 있다. 천연 우라늄 대신에 리튬6을 사용하는 것만 다를 뿐 유사한 과정이 삼중수소를 생산하는 데 이용될 수도 있을 것이다. 북한이 플루토늄 생산에 ELWR을 어떻게 이용하려고 선택하느냐에 따라 연간 10~15킬로그램 가량의 플루토늄을 더 생산할 수 있을 것이었다. 게다가 ELWR이 오로지 전기 생산용으로만 사용된다고 하더라도 2010년 방문 당시 우리가 현장에서 목격한 건설 실태와 원자로 설계에 대해서 들은 바에 근거할 때 원자로의 안전에 대해 심각하게 걱정해야 할 상황이었다.

자국 기술팀이나 IAEA가 영변에 다시 접근할 기회를 얻지 못한 상황에서 미국은 북한이 냉각 시스템을 위한 펌프실 건설을 포함하여 ELWR의 외피를 완성해가는 동안 멀리서 지켜볼 수밖에 없었다. 그 펌프실은 처음에는 플루토늄을 더 생산하고 아마도 삼중수소까지 생산하기 위해 5MWe 원자로의 재가동이 가능하도록 냉각 기능을 제공했다. 이 책을 쓰고 있는 이 시점까지 ELWR이 가동을 시작하지 못하고 있는 것으로 보아, 신진 팀으로 이루어진 경수로 설계자와 엔지니어 들이 기술적 문제에 부닥쳤음이 틀림없어 보인다.

우라늄 농축

부시 정부가 북미제네바합의를 파기하고 나자 평양은 합의 기간 말기 몇년 동안 은밀하게 개시한 원심분리기 프로그램을 확대할 수 있었다. 북한이 농축 시설의 위치를 은밀한 다른 곳이 아니라 영변으로 택했다는 사실이 의아했다. 그렇게 하는 데에는 어쩌면 중요한 외교적 목적이 있었을지도 모르겠다. 2010년 저녁 자리에서 리용호 부상이 우리에게 얘기한 대로, 앞서 9월에 그들이 우라늄 농축 성공을 발표했을 때 아무도 그들의 말을 믿지 않았다. 그는 조선민주주의공화국의 발표가 진짜임을 보여주기 위해 우리를 초대해 농축 시설을 보게 하는 것이라고 했다. 사실, 효과가 있었다. 우리의 방문 기사가 국제적인 뉴스가 되었던 것이다.

평양은 또 북한에 몇개의 원심분리기 시설이 있는지, 그것들이 어디에 위치하는지, 그리고 북한이 얼마나 많은 농축 우라늄을 생산할 수 있는지 미국이 알 수 없으리라는 점을 증명했다.[2] 방문 때 우리가 목격한 원심분리기가 P-2형이었는지 확신하기에는 약간 부족한 면도 있다. 만약 그것들이 강철 회전자 대신 알루미늄 회전자를 사용하는 P-1형이었다면, 우리의 추정치가 실제보다 네배나 더 높은 셈이 된다. 영변 시설은 저농축 우라늄(LEU)을 생산하고 있었을 가능성이 더 크지만, 거기엔 고농축 우라늄을 생산하는 데 필요한 모든 것이 갖춰져 있었다. 영변 원심분리기의 캐스케이드도 손쉽게 배관을 재정비해서 농축 수준을 원자로용으로 일반적인 3.5퍼센트의 우라늄235에서 무기용인 90퍼센트까지 올릴 수 있었을 것이다. 그런 경우(P-2 원심분리기라고 가정했을 때) 매년 40킬로그램까지의 HEU를 생산할 수 있었을 것이며 이는 해마다 폭탄 한두개를 만들기에 충분한 양이었다. 그러나 나는 LEU 생산에서 HEU 생산으로 전환하기 위해 영변 시설을 변경하기보다는 영변 시설은 LEU 생산용으로만 남겨두었을 가능성이 크다고 생각했다. 거기서 생산된 LEU를 다른 원심분리기 시설에 공급재로 사용하여, 거기서 농축 수준을 단계별로, 즉 처음에는 20퍼센트, 다음에는 60퍼센트, 최종적으로 90퍼센트까지 올리는 일은 쉬웠을 것이다. 그런 일은 영변 밖 비밀 시설에서 행해졌을 수도 있다. 하지만 확실한 결론은 우리가 그에 대해 모른다는 것이었다.

영변에서 이루어지는 원심분리기 가동에 대한 모라토리엄은 적어도 잠재적 HEU 생산의 속도를 늦추는 결과를 가져올 수 있었을 것이다. 북한은 분명히 다른 곳에 비밀 원심분리기 시설을 마련해놓았을 것이기 때문에, 이런 모라토리엄으로 HEU 생산으로 가는 모든 길을 차단할 수는 없었을 것이다. 그러나 영변의 원심분리기 시설에 들어갈 수 있었다면, 그것으로 북한의 원심분리기 프로그램이 어느 수준에 있는지, 얼마나 잘 작동되고 있는지를 더 정확하게 평가할 수 있었을 것이다. 비밀 시설들도 거의 틀림없이 동일한 기술을 사용하고 있었을 터이고, 아마도 농축 모라토리엄 동안엔 정지되었을 영변의 대규모 화학 전환 시설에 크게 의존하고 있었을 것이다. 그 프로그램의 속도를 늦추고 핵심적인 기술 사항을 알아내는 대신에 미국은 다음 몇해 동안 북한이 원심분리기 시설의 규모를 두배로 키우는 것을 위성으로 지켜보기만 하는 신세가 되었다. 미국 팀 그리고/또는 IAEA 검증단의 영변 재입성을 미국이 북한과의 외교적 예비 교섭에서 가장 중요한 목표로 삼아야 했던 이유가 바로 이것이다.

미사일 현황

2009년 위성 발사 시도에 더해, 북한은 같은 해 5월과 10월 사이 시험 발사와 작전 기동 훈련을 모두 합쳐 총 14회 중·단거리 미사일을 발사했다. 2010년에는 미사일 실험이 없었으나, 10월 10일 열병식에서 평양은 중거리 미사일 무수단(화성10호)과 신형 준중거리 미사일 로동 변형형을 비롯하여 새로운 지대공 미사일 체계를 선보였다. 북한은 또 서해안에 새로운 서해위성발사장을 완공 중이었다. 이곳이 바로 2012년 4월 위성 발사가 실행된 곳이다. 2011년에는 미사일 발사가 없었지만 새 모라토리엄 없이는 미사일 프로그램이 반드시 재개될 것이었고, 실제로 그렇게 되었다. 북한은 오바마 대통령의 두번째 임기 동안 60회가 넘는 미사일 시험 발사를 했다.

핵무기

핵실험을 모라토리엄의 제약이 없는 상태에서 북한은 또 한번의 핵실험을 준비해, 미국이 협상을 파기하고 1년도 지나지 않아 그 실험을 실행했다. 2009년 플루토늄 폭탄을 성공적으로 폭발시킨 이후 북한은 폭탄으로 가는 두가지 경로를 모두 장악했음을 증명하기 위해 HEU 폭탄 실험을 준비해왔을 수 있다. 2013년 실험을 실행할 시점에 북한은 아마도 핵실험에 일부를 사용해도 좋을 만큼 충분한 HEU를 생산해놓은 상태였을 것이다. 만약 북한이 CHIC-4 설계를 확보했다면(어쩌면 A. Q. 칸에게서 입수한 핵실험 데이터와 함께),

스커드 미사일 및 로동 미사일에 맞을 정도로 소형화된 HEU 폭탄을 시험하는 일이 가능했을 수도 있다. 2013년 핵실험이 없었다면, 북한이 플루토늄 연료든 HEU 연료든 상관없이 군사적으로 유용한 핵 탑재 미사일을 실전 배치하지는 못했을 것이라고 나는 생각한다.

요약하자면, 미국은 윤달 합의를 저버림으로써 값비싼 댓가를 치렀다. 핵 노선이 다시 전면에 부상했다. 미국 정부가 그 위험을 제대로 이해했다거나 위험/편익 분석을 했다는 흔적은 찾아볼 수가 없다. 영변을 폐쇄하지 않음으로써 북한은 가열찬 속도로 영변 핵단지의 개조와 신축을 이어가고 더 나아가 미사일의 정교함과 사거리를 더욱 발전시킬 수 있었다.

17장

전략적 인내에서 점잖은 무시로

남은 2012년 동안에도 외교적 기회가 새로 열리지는 않았다. 8월 말의 북한 외무성 제안서는 미국의 적대 정책이 핵 문제 해결을 가로막는 주요인이며 따라서 조선민주주의인민공화국은 "핵 문제를 전면적으로 재검토"할 것이라는, 늘 하던 상투적 주장을 내놓았다.[1] 외무성은 위성 발사에 따른 윤달 합의 결렬을 미국의 이중잣대를 보여주는 예로 거론했다. 이 발표는 이렇게 이어졌다. "만약 미국이 올바른 선택을 하지 않는다면 조선민주주의인민공화국의 핵 보유는 필연적으로 장기화될 것이며, 미국의 상상을 넘어서는 핵 억지 역량의 현대화와 확장이 일어날 것이다."

12월 12일 북한의 위성 발사 성공에 뒤이어 2013년 1월 22일 유엔안전보장이사회는 만장일치로 결의안2087을 채택하며 이번 발사를 북한의 탄도미사일 프로그램에 응용될 수 있는 기술 개발을 금지한 이전의 두 결의안에 대한 위반이라고 규정했다. 바로 다음 날 외무성이 이에 답했다. "조선민주주의인민공화국은 한반도의 비핵화는 불가능한 일이라는 최종 결론에 도달했다."[2] 이 성명은 이렇게 덧붙였다. "조선민주주의인민공화국은 이미 본격적인 핵보유국의 위치에 올랐으며 미국이 핵무기로 우리 공화국을 위협하던 시절은 끝이 났다." 그리고 다가올 핵실험에 대한 경고라도 하는 듯, 외무성은 이렇게 말했다.

> 조선민주주의인민공화국을 향한 적대 행위가 보편적으로 용인할 수 있는 이해의 한계와 국제사회의 기준을 넘어선 지금, 공화국이 그에 대응할 방법 역시 적대 세력의 상상을 넘어설 것이다.[3]

북한의 3차 핵실험

2013년 2월 12일 오바마 대통령이 두번째 임기를 시작한 직후, 풍계리에서 들려온 요란한 소리가 그에게 축하 인사를 전했다. 북한의 3차 핵실험이었다. 실험은 성공적이었고 7에서 14킬로톤의 핵폭발 위력을 기록했다. 2차 핵실험보다 크고 히로시마 폭발과 비슷한 규모였다. 평양은 이번 실험이 설계 목표에 도달했으며 이로써 그들의 핵 억지력이 "다각화"되었음을 증명했다고 발표했다.[4] 이 '다각화'라는 말은 무슨 뜻이었을까? 그것은 북한이 이번 실험에 HEU를 사용했음을 뜻하고, 따라서 이제 그들이 폭탄으로 가는 제2의 경로를 확보했음이 확인되었다는 것이 그 당시에도 가장 그럴듯한 추측이었다. 그들은 발표를 통해 이번이 "이전과 달리 더 작고 더 가볍지만 폭발력은 더 큰 원자폭탄" 실험이었다고 밝혔다. 북한이 중·단거리 미사일로 이루어진 그들의 기존 무력에 적합한 소형 폭탄을 향해 결정적인 걸음을 내딛었음을 의미할 수도 있는 표현이었다.

김정은은 승승장구 중이었다. 위성 발사와 핵실험은 사실상 미국이 윤달 합의를 깬 결과로 얻은 최초의 과실이었다. 이 3차 핵실험은 1기 오바마 정부의 대북 정책 실패에 느낌표를 찍는 사건이었으나 워싱턴이 그들의 전략을 재검토하도록 이끌지는 못했다. 불행히도 정부 관계자들에게 그것은 북한과의 협상은 아무런 소용이 없을 것이라는 시각을 강화하기만 하는 것으로 보였다. 2기 정부 대부분의 시간 동안 그들은 북한 핵 프로그램을 늦추기 시작할 기회를 놓쳐버리고 평양이 협상 테이블에 같이 앉아도 될 정도로 비핵화에 대해 충분히 '진지하다'는 증거를 찾으려고만 했다. 매 고비 그들은, 김정은이 내미는 외교적 손이 어차피 실패할 게 뻔한 회담에 미 정부를 꾀어내려는 계획에서 나온 것이라는 뿌리 깊은 의심을 떨치지 못했다. 평양의 방식은 정치적·경제적 이득을 얻기 위해 협박을 지렛대 삼기를 되풀이하는 것으로 보였다.

1기를 마친 오바마 정부는 외교적으로 막다른 길에 봉착해 있었다. 2기에 들어서도 정부는 거기서 빠져나올 의지나 능력을 보여주지 않았다. 오바마가 첫번째 임기를 마무리할 즈음 연세대학교 교수이자 예리한 한국 연구자인 존 델러리(John Delury)가 그동안 잘못된 게 무엇이고 그것을 고치지 않으면 얼마나 더 나빠질 수 있는지를 잘 정리하여 제시했다. 델러리는 정부 초기 북한의 도발적이고 무책임한 행동이 오바마에게 북한을 벌주는 것 외에 다른 선택지를 남겨주지 않았다는 것이 이제까지의 통념이었다고 썼다. 그러나 2009년 봄 즈음 정부가 이미 봉쇄 및 예의주시, 즉 나중에 '전략적 인내'라는 이름을 얻게 된 정책을 결정해놓고 있었다는 점에 그는 주목했다. 델러리는 미 정부를 전략적 인내의 길로, 그리고 그가 "철수"라고 부른 길로 이끈 다양한 요인들을 열거했다. 오바마 정부의 관계자들은 평양이 결코 핵무기를 포기하지 않을 것이라고, 따라서 그것을 목표로 협상하는 일은 바보짓이라고 믿었다. 한정된 수익을 보고 정치적 자본을 투자하는 것에 대한 반감과 함께 김씨 정권이 곧 붕괴하리라는 믿음도 있었다. 정부는 계속해서 제재가 효능을 발휘하고 있다고, 이제 더 보수적인 남한의 새 정부와 단일대오를 형성했으니 워싱턴이 더 유리한 입장에 서게 되었다고 믿었다.[5]

2013년 여름이 되자 오바마 대통령은 그가 이란에 한 제안에서 돌파구가 열릴 가능성을 보고 북한 문제에서는 더욱 손을 떼게 되었다. 8월 이란의 온건파 정치인, 특히 싸움꾼인 마흐무드 아마디네자드(Mahmoud Ahmadinejad)와 비교했을 때 훨씬 온건한 하산 로하니(Hassan Rouhani)가 이란 대통령으로 당선되었다. 『약속의 땅』에서 지적했듯이, 2009년 취임 후 몇주 지나지 않아 오바마가 아야톨라 하메네이(Ayatollah Khamenei)에게 비밀 서신을 보내 회담을 제안했으나 그의 제안은 이란으로부터 사실상 꺼지라는 소리를 들은 거나 마찬가지로 퇴짜를 맞았다.[6] 오바마는 이번엔 9월 유엔 총회 회기 중 막 당선된 로하니에게 직접 전화를 걸었다. 오바마는 로하니에게 큰 기대를 걸고 있었고 이란과의 대화 재개에 역점을 두고 있었다.

점잖은 무시의 시작

몇년이 지나 공직에서 물러난 후 오바마 정부 국가 안보 분야의 핵심 관계자였던 커트 캠벨(Kurt Campbell)과 제이크 설리번(Jake

Sullivan)이 『포린어페어스』(*Foreign Affairs*)를 통해 전략적 인내란 "무엇을 해야 할지, 언제 해야 할지에 대한 확신 부족"의 반영이라고 설명했다.[7] 그들의 글 자체는 주로 중국에 관한 것이었으나, 이런 규정은 오바마 정부가 2기를 시작하면서 어떻게 대북 정책을 수립했는지에 대한 적절한 기술이다.

김정은의 사전에 인내란 없었다. 그에게는 급한 일들이 있었다. 그는 자신이 미국과 남한의 압박을 받고 있다는 것을 알았고, 국외의 그리고 국내의 도전에 맞서 자신이 흔들리지 않는 장악력을 갖추고 있음을 보여주어야 한다는 것도 알았다. 겨우내 북한의 지극히 도발적인 성명들이 잇달아 발표되면서 한반도의 긴장이 고조되었다. 그러던 와중 2013년 3월 조선로동당 회의에서 김정은은 핵무기 개발과 경제를 동시에 추구하겠다는 병진 정책을 발표했다. 이 발표는 김정은이 지난 몇주 동안 던져놓았던 위협들을 이행할 준비가 안 되어 있다는 것을 보여주는 신호로, 당면한 긴장을 해소하는 역할을 했다. 그러나 그것은 장기적으로 핵무기 프로그램이 우선할 것임을 공식화하는 것이기도 했고, 비핵화는 확실히 협의 대상이 아니라는 외무성의 1월 성명으로 이어졌다. 이것은 경제에 집중한다던 그의 앞선 입장에서 반 발짝 물러선 것인 동시에, 아직 공식적으로는 유효한 그의 아버지의 '선군' 정책으로부터도 반 발짝 물러선 것이었다. 김정은이 자기가 물려받은 핵 억지력이 생각했던 것만큼 강력하지 않다는 것을 깨달았을 수도 있다. 4월 평양은 2007년 중반 이후 폐쇄된 상태였던 5MWe 원자로를 포함하여 영변 핵시설들을 재가동할 것이라고 발표했다.

북한 핵 프로그램의 이런 새로운 상황에 직면하여 오바마 정부는 익숙하고 편안하며 궁극적으로 완전히 무용한 정책으로 회귀했다.

베이징에 짐을 떠넘긴 것이다. 3월 말에서 4월 초까지 정부는 북한에 대해 더 강경한 자세를 취하도록 베이징을 압박하려 했으며, 새로 주석이 된 시진핑(习近平)에게 둘 중 하나를 선택하라는 뜻을 전달했다. 북한을 혼쭐내야지 그렇지 않으면 동북아시아에서 더 큰 규모의 미 군사력을 보게 되리라는 것이었다. 이 경고는 여러 경로를 부산하게 오가며 전달되었고, 그중에는 오바마와 시진핑의 직접 통화도 포함돼 있었다.[8] 오바마는 시진핑에게 미 정부가 미사일 방어를 업그레이드하고 북한의 위협에 맞설 다른 방위 조치를 취할 계획임을 알렸다. 베이징이 북한을 향한 미국의 이해 관계와 발맞추어 행동하지 않는다면 지역 내 중국의 이해관계에도 좋을 것이 없다고 에둘러 위협하려는 의도가 분명했다.

6월 중순, 북한의 (김정은이 위원장인) 국방위원회가 비핵화는 협의 대상이 아니라고 했던 1월의 발표를 뒤집는 중대 성명을 내놓았다. 이 성명은 조선민주주의인민공화국과 미국의 관계당국 간 고위급 회담을 제안하며, 군사적 긴장의 완화 및 정전체제의 평화체제로의 교체, 미국이 제안한 핵무기 없는 세계 건설을 포함한 다른 공동의 관심 사안에 대한 포괄적이고 심도있는 논의를 촉구했다.[9] 그다음 달 유럽에서 열린 (정부, 비정부 인사들이 참가한) 트랙1.5 회담에서 북한의 한 관계자는 워싱턴이 이 제안의 중요성을, 특히 그 제안의 출처를 보고도 제대로 파악하지 못하는 듯 보이는 것에 대한 분한 마음과 깊은 당혹감을 자신의 미국 측 교섭상대자에게 털어놓았다. 그의 말에는 그것이 김정은에게서 직접 나온 것이라는 뜻이 담겨 있었다.[10]

이런 양자 간 노력의 실마리를 살리는 대신 워싱턴은 계속해서 중국에 기대 북한의 고삐를 죄려 했다. 12월 초 바이든 부통령이 베이징의 시진핑 주석을 방문했다. 그는 일치된 국제적 제재가 이란이 예비 이란 합의에 동의하도록 만드는 데 효과가 있었음을 예로 들며 시 주석에게 북한에 대해 더 큰 경제적·금융적 압박을 행사해달라고 요청했다.[11] 신임 국무부 장관 존 케리(John Kerry)도 뒤이어 2014년 2월 아시아를 순방하며 중국으로부터 비핵화를 향해 움직이도록 "북한을 압박하는 노력에 도움"을 얻는 것을 최우선 목표로 삼았으나,[12] 별 성과를 내지는 못했다. 12월 김정은이 자신의 고모부 장성택을 처형하면서 북한과 중국의 관계가 곤두박질쳤다. 언제나 지도부 내 문젯거리였던 장성택이 정말로 김정은에 대한 반역을 모의했는지 아닌지는 알 수 없다. 어느 경우든 그는 중국과 너무 가까운 것으로 여겨졌다. 이후로 한두해 동안—때때로 친밀한 관계로 묘사되나 사실은 전혀 그렇지 않았던—평양과 베이징의 관계는 수년 내 그 어느 때보다 더 험악했다. 시진핑과 김정은은 서로에게 볼일이 없었고, 이 모든 상황으로 인해 중국에 의존하려던 미 정부의 시도는 쓸데없는 짓이 되어버렸다.

한해 내내 워싱턴은 평양과의 대화에 미적거리는 듯 보였다. 2014년 4월 말 오바마 대통령이 서울과 도쿄 순방길에 나설 때 워싱턴에서는 평양이 협상장으로 돌아오기 위해 충족시켜야 하는 전제조건 일부를 미국이 완화하려 하지 않겠느냐는 관측이 떠돌았다. 그러나 이명박에 이어 지난해 대통령이 된 박근혜와 회담을 하고 나서 오바마는 언론에 대고 미국과 남한과 동맹국들이 북한에 대한 제재를 늘려 그들을 더 괴롭게 만들 수도 있다고 말했다.

11월 케리 장관과 시드 사일러(Syd Seiler) 특사가 6자회담 재개를 제의하며 북한의 인권 문제를 논의해보자고 제안했다. 며칠 후 11월 9일 "국가 전복" 행위를 했다는 이유로 북한에 억류되어 있던 두 미국인, 매슈 밀러(Matthew Miller)와 케네스 배(Kenneth Bae)가 미국으로 송환되었다. 그들을 석방시키기 위해 북한으로 달려간 국가정보국장 제임스 클래퍼(James Clapper)가 힘쓴 결과였다.[13] 그러나 미국이 북한의 인권 문제에 집중하자 그 일이 평양의 화를 돋웠다. 외무성에서 다음과 같은 경고가 나왔다.

〔미국은 지난 몇달 동안〕 독자적인 국가의 인권 문제를 정치적·국제적 쟁점으로 만들어 그것을 이용해 우리의 사회체제를 무너뜨리려 했다. (…) 이제 조선민주주의인민공화국을 향한 미국의 적대 정책으로 말미암아 우리 공화국은 핵실험을 새로 실시할 것을 더이상 자제할 수 없게 되었다.[14]

강력한 경고였으나, 1년이 넘도록 핵실험이 또 실시되는 일은 일어나지 않았다. 이 경고가 2015년 평양이 워싱턴을 대화로 끌어들이려 한 두차례의 시도(1월에 한번, 가을에 다시 한번)를 위한 장을 마련하기 위한 것인지, 아니면 이 두차례의 대화 시도가 다음번 핵실험을 막으려는 평양 내 일부 인사들의 뜻이었는지는 알 길이 없다.

어쨌든 외교적·정치적 표현과는 별개로, 2014년 12월 소니픽처스가 김정은 암살을 묘사한 장면이 들어 있는 영화 한 편을 개봉하면서 상황이 더욱 악화되었다. 「인터뷰」라는 제목의 코미디 영화였다. 북한은 이 영화가 최고의 모욕이라고 경고하며 그 어떤 나라도 현직 국가 원수의 암살을 묘사하는 일을 묵과할 수 없을 것이라고 위협했다. 미국 관계자들은 이런 경고를 별 것 아니라 여기고 소니에게도 걱정할 것 없다고 했다. 그러나 클래퍼의 방북 이후 얼마 지나지 않아 북한의 해커들이 소니에 엄청나게 파괴적인 사이버 공격을 가했다. 미국은 북한이 이 공격의 배후에 있다고 비난했다.[15] 버락 오바마는 미국이 "비례하여 대응할 것"이라고 맹세하며 북한을 다시 테러후원국 명단에 넣어야 할지 "재검토"하겠노라고 말했다. 그는 이렇게 덧붙였다. "나는 그것이 많은 희생과 값을 치러야 하는 사이버반달리즘이라고 생각한다. 우리는 그것을 매우 심각하게 받아들인다."[16]

마지막 대화 기회?

2015년에 접어들기 바쁘게 1월 10일 조선중앙통신은 하루 전 조선민주주의인민공화국이 워싱턴에 미국이 "올해 남한과 인근 지역에서의 연합군사훈련을 일시 중단"하면 북한은 그에 응답하여 "미국이 우려하고 있는 핵실험을 일시 중단하는 방안을 고려할 수 있다"는 제안을 전달했다고 발표했다. 더 나아가 언제라도 미국과 마주앉아 이 문제를 논의해보자고도 했다.[17] 이것은 진지한 제의라는 꼬리표를 달고 있었다. 그냥 공개 발표를 통해 제안하기보다 북한은 먼저 미 정부에 그 제안을 전달하고 그다음에 그 사실을 보도한 것이다. 그러한 흥정에 대한 구상이 몇달 전부터 해외에 있는 북한 고위 관계자들 사이에서 떠돌고 있었다. 1월 표면화되기 전 한동안 평양에서 준비 작업을 거친 것이 분명했다. 이 제안은 의식적으로 1992년 선례를 따른 것이었다. 그때 미국은 중요한 한미 훈련을 연기했고 북한은 미국이 원하는 대로 핵 문제에 대한 조치를 취한 바 있었다. 하지만 오바마 정부는 이번의 새로운 제안을 곧장 거절했다. 이 제안을 어처구니없을 정도로 오독한 국무부 대변인 젠 사키(Jen Psaki)가 존 케리 장관과 유럽을 순방하던 중 기자들에게 이렇게 말했다. "정기적인 한미

훈련을 북한 핵실험의 가능성과 부적절하게 연계하는 북한의 성명은 사실상의 협박이다."[18] 북한은 협박이 아니라 자기네 핵 프로그램을 의제에 올릴 수 있다는 구체적인 제안을 하고 있는 것이었다.

그런 제안이 곧바로, 말 그대로 그다음 날로 거절당한 것은 김정은으로서는 뺨을 한대 맞은 격이었다. 평양의 제안을 받아들이지 않기로 결정을 내린 사람은 2013년 중반 국가안전보장회의에서 국무부 동아시아·태평양 담당 차관보로 자리를 옮긴 대니얼 러셀(Daniel Russel)이었다.[19] 그는 북한이 진심이라고 보지 않는다고 말했다. 그는 당시 북한은 또 한차례 핵실험을 실시할 준비가 되어 있지 않다고, 따라서 그들은 애초에 할 수도 없는 일을 거래 조건으로 내걸고 미국에 뭔가를 내놓으라고 요구하고 있는 것이라고 믿었다. 그러나 나중에 밝혀진 대로 북한에 대한 이런 깊은 불신은 또다시 기회를 놓치는 결과를 가져왔다. 사소하나마 하나의 변곡점이었다.

그해 가을 평양은 또 한번 워싱턴과의 대화를 시도했다. 10월 북한은 1953년 정전 협정을 대체할 평화조약에 대한 논의와 핵무기 프로그램에 대한 논의를 암묵적으로 연계하는 새로운 활동을 개시했다. 초점은 시기와 일의 순서에 맞추어져 있었다. 그리고 의미심장하게도 핵 프로그램을 의제로 올려놓을 가능성도 배제되지 않았다. 평양이 이런 구상을 정확히 어디까지 밀고나갈 준비가 되어 있었는지는 그 누구도 짐작하기 어렵다. 평양이 어떤 일을 할 준비가 되어 있었을지 아무도 진지하게 알아보고자 한 적이 없었기 때문이다. 평소처럼 워싱턴과 서울에는 이것이 선전 책략에 불과하다는 엄청나게 깊은 의심이 있었다. 그러나 북한이 메시지를 내보낸 방식과 그 일관성은 그것이 구체적인 정책에 대한 고위급의 결단을 반영하고 있었음을 시사한다. 여전히 이 사안을 포기 못한 북한은 11월 13일 외무성 대변인을 통해 "만약 평화조약이 체결되고 미국이 더이상 조선민주주의인민공화국의 적이 아니라는 확신이 선다면, 다른 모든 문제들도 해결될 수 있을 것"이라고 주장했다.[20] 몇주 동안 북한과 미국 NSC 관계자들 사이에 막후로 얘기가 오가던 끝에 12월이 되자, 김정은이 더이상 참지 못하고 오랫동안 위협해오던 핵실험을 최종 승인했을 것이다. 이를 위한 준비 작업이 이미 한동안 진행되어왔던 터였다.

4차 및 5차 핵실험

2016년 1월 6일 4차 핵실험의 폭발력은 2013년 3차 핵실험과 마찬가지로 7~14킬로톤 규모였다. 조선민주주의인민공화국 정부는 그들이 수소폭탄 실험에 성공했으며 그 실험은 "소형 수소폭탄의 위력을 과학적으로 증명했다"고 발표했다. 북한 정부는 수소폭탄의 상징적 가치를 칭송하며, 그것은 북한이 "핵무기 보유국 중에서도 상위권에 당당하게 합류했음"을 알리는 신호탄이라고 했다. 그들은 또 북한의 핵 원칙 관련 일부 조항들을 공포하며, 북한은 책임있는 핵무기 보유국으로서 "침략적 적대 세력이 공화국의 주권을 침범하지 않는 한 (…) 그 어떤 상황에서도 북한이 먼저 핵무기를 사용하거나 관련된 수단이나 기술을 이전하는 일은 없을 것"이라고 주장했다.[21] 이것은 평양을 방문했을 당시 외무성 관계자들에게서 들은 얘기와 일맥상통하는 주장이었다.

전세계 지진관측소에서 측정된 폭발력은 전형적인 수소폭탄 폭발치고는 너무 낮았다. 하지만 나는 북한의 주장을 쉽사리 무시해서는 안 된다는 것을 경험으로 알고 있었다. 그들의 주장에는 종종 그들이 달성하려고 했던 바가 무엇이었는지를 알려주는 단서가 들어 있다. 나는 이 경우, 당시에는 수소폭탄이라는 그들의 주장을 믿지 않았다. 그러나 1년 뒤의 엄청난 폭발을 보고 나서는 이 먼저번 실험이 잘 고안된 수소폭탄의 원리증명 실험이었을 수도 있다는 것을 깨달았다. 다른 말로 해보자면, 북한이 '1차' 분열, 즉 2단계 수소폭탄 전단부의 폭발력을 '높이기' 위해 융합 연료 중수소와 삼중수소를 이용하여 활성화된 분열 폭탄을 폭파시켰을 수도 있겠다는 것이다. 그들이 후단부, 즉 '2차' 분열을 어떻게 처리했을지는 확실치 않지만, 올바른 진단을 병행했다면 이 실험에서 성공적인 수소폭탄 실험으로 보이는 2017년 9월의 6차 실험을 위한 충분한 정보를 얻었을 것이다.

2016년 9월 북한은 그들이 5차 핵실험을 실시했다고 발표했다. 조선민주주의인민공화국 핵무기연구소(NWI)가 성명을 내어 그 실험이 "마침내 화성 포대의 전략 탄도 로켓에 탑재할 수 있도록 규격화된 핵탄두 운동의 구조와 특성을 시험하고 확인했다"고 설명했다. 이 성명에서는 중국의 우려를 알고 있다는 취지로, "방사성물질 유출은 없었으며 (…) 주변 생태 환경에 대한 부정적 영향도 없었음"을 되풀이 밝혔다.[22] 그들은 이로써 "조선민주주의인민공화국이 다양한 핵분열 물질을 생산하고 이용하는 기술을 확고히 하여 더 강력한 타격력을 지닌 더 작고 더 가벼우며 다각화된, 다양한 핵탄두를 필요한 만큼 생산할 수 있게 되었다"며 탄두의 '규격화'를 칭송했다.

지진 신호에 근거하여 나는 이번의 폭발력이 15~25킬로톤이라고 추정했다. 그때까지 북한의 핵실험 중 가장 큰 규모였다. NWI 발표를 통해 그들은 이 실험에 대한 중요한 단서를 제공할 수 있는 두가지 주장을 했다. 그들은 북한의 미사일이 탑재 가능해지는 데 결정적으로 중요한 조건인 더 작고 더 가벼우며 규격화된 탄두를 언급했다. 3월 초 북한은 김정은이 평양 외곽에 있는 북한의 주요 미사일 생산 시설인 태성기계공장으로 보이는 곳을 방문하여 이른바 "소형화된 핵탄두"라는 물건을 시찰하는 모습을 공개한 바 있었다.[23] 그것은 모형이었지만 북한의 일부 미사일 내부에 들어갈 수 있을 만큼 충분히 작은 크기였다. 사실 그들은 김정은이 미사일 모형과 그런 핵탄두를 실을 수 있는 미사일의 밑그림이 있는 장소에 등장한 것을 보여줌으로써 그 사실을 세계적으로 인정받게 만들고 싶었던 것이다. 미사일 전문가들은 사진에서 보이는 미사일 종류와 그것들의 규모에서 많은 모순이 발견된다고 지적했다. 북한의 실험 시설 한곳에서 김정은은 그들의 미사일이 표적을 향하는 도중 대기권 재진입시 그 엄청난 온도를 견딜 수 있다는 것을 증명하기 위한 노즈콘 실험 같은 것을 지켜보는 모습을 드러내기도 했다. 이런 시연들 가운데 그 어느 것도 북한이 자기네 미사일에 탑재할 만큼 작은 핵탄두 생산 기술을 완성했다거나 그 핵탄두가 대기권 재진입을 견딜 수 있다거나 하는 설득력 있는 증거는 못 되었지만, 북한은 한가지만은 확실히 했다. 이것이 그들이 나아가고자 하는 방향이며, 9월의 핵실험은 중요한 또 한 걸음이라는 것이었다.

5차 핵실험 후 나온 NWI 성명에 등장하는 또 하나의 주장은 실험에 사용된 "다양한" 핵분열 물질과 관련된 것이었다. 플루토늄 외에 폭탄에 쓰일 수 있는 유일한 핵분열 물질은 고농축 우라늄이다. 나는 그것이 3차 실험에 처음으로 사용되었고, 그다음으론 5차 실험에 다시 사용되었다고 믿는다. 만약 그렇다면 이 실험은 평양이 자기네 스커드 미사일이나 로동 미사일에 히로시마나 나가사키급 파괴력을 지닌 탄두를 탑재해서 남한 및 일본 영토 대부분에 있는 도시를 파괴할 수 있다고 자신하도록 해주었을 것이다. 핵탄두를 대륙간탄도미사일에 실어서 그것을 표적까지 보내는 일은 내 생각엔 아직 그들의 능력 밖이었다. 하지만 북한은 그런 목표를 향해 작업 중이라는 여러 신호를 내보냈다. 4월 9일 그들은 서해발사장에서 고체 연료 로켓의 엔진 실험을 하는 사진을 공개했다.[24]

돌이켜보면 오바마 정부가 핵실험 모라토리엄을 거절한 것은 결국 북한 핵실험 과정의 반환점으로 기록될 것에 대한 모라토리엄을 거절한 것이었다. 다른 말로, 북한이 핵실험을 통해 알아낸 지식 중 적어도 절반은 2015년 핵실험 모라토리엄 제안이 미 정부로부터 거절당한 이후 얻은 것이라는 뜻이다.

게다가 만약 핵실험 모라토리엄이 받아들여지고 평양이 제안한 대로 회담이 재개되었더라면, 이는 2012년 윤달 합의의 제안과 같은 맥락에서 북한이 핵 프로그램을 더 폭넓게 자제하는 결과로 이어졌을지도 모른다. 영변 가동이 본격화된 당시로서는 그런 자제가 결정적이었을 것이다. 5MWe 원자로는 연간 대략 6킬로그램의 플루토늄을 생산하고 있었다. 원심분리기 시설은 2013년쯤 그 규모를 두배로 불려, 4천개의 원심분리기가 돌아가며 북한의 고농축 우라늄 보유량을 해마다 80킬로그램씩 늘려나가고 있음이 확실해 보였다.[25] 영변에는 다른 건물들도 건설 중이었는데, 거기에는 당시 5MWe 원자로에서 생산되는 것으로 추정되던 삼중수소를 추출할 새 시설로 보이는 건물도 들어 있었다. 그러나 북한에 대한 미국 정부의 의심과 깊은 불신은 결국 '인내'의 연장으로 이어졌고, 그동안 북한은 핵 프로그램을 전속력으로 추진할 수 있게 된 것이다.

합의도 이루어진 것이 없고 진지한 대화도 전혀 진행되지 않는 상황에서 북한은 미사일실험 프로그램에도 한층 속도를 냈다. 북한은 시험 발사 관행을 바꿔 발사 위치를 영토 내 곳곳으로 옮겨가며 하루 중 시간에 구애받지 않고 더 빈번하게 발사했으며, 매 경우를 발사장, 제어실, 공장 현장 등 어디든 등장하는 김정은의 존재를 알릴 계기로 이용했다. 2015년 한해 동안 북한은 미사일실험에 속도를 더하기 시작했던 2014년과 마찬가지로 16개의 미사일을 발사했다.[26] 2014년과 2015년에 발사된 기종은 주로 중·단거리 미사일이었지만, 2015년 중반부터 평양은 북극성1호라 명명된 잠수함발사 탄도미사일(SLBM)에 관심을 보이기 시작했다. 이것들 대부분은 수중 발사대에서 발사되었는데, 이때도 북한에서는 실패와 실망스러운 성능을 감추기 위해 사진들을 손보아 발표했다. SLBM 프로그램은 이후로도 몇번의 실패를 더 겪지만, 2016년 8월 잠수함에서 발사된 미사일이 동해로 떨어지기 전 500킬로미터를 날아가는 결과를 기록하면서 중요한 초기 이정표에 도달했다.

2016년은 주로 무수단 미사일의 연속된 발사 실패로 이목을 끈 해였다. 여덟번의 발사 시도 중 일곱번이 처참하게 실패했다. 무수단은 2010년 10월 미사일 열병식에서 첫선을 보인 바 있었다. 그것은 2016년 북한에서 시험 발사를 하기 전 이란과 공유되었으리라 여겨지기도 했다. 그것은 단단계 중거리 미사일로 소련의 R-27 미사일을 기본으로 삼은 것으로 보였다. 평양은 무수단 프로그램을 접기로 결정하고 중거리 미사일 프로그램의 방향을 전환해 ICBM으로 넘어갔으며 2017년 극적인 성공을 거뒀다.

오바마 임기 마지막 2년 평양이 핵 프로그램과 미사일 프로그램에서 급격한 성장을 거듭하는 동안 미 정부는 이른바 북한의 '도발'에 이미 너덜너덜해진 그 똑같은 계획으로 대응하며 기존의 방침을 고수했다. 하지만 2016년쯤 되자 대북 정책이 실패하고 있으며 그것이 오바마 정부의 유산에 오점으로 남을 것 같다는 불안감이 자랐다. 정부에서 의회 및 대중과의 소통을 대부분 담당했던 대니얼 러셀 차관보는 이 정부의 정책이 외교, 압박, 그리고 억지라는 세가지 노선에 기반을 둔다고 설명했다.[27] 억지란 그가 남한 및 일본과의 "철통같은" 동맹이라고 부르는 것에서 비롯된다고 그는 말했다. 실제로 오바마 정부는 동맹 관계와 미국의 강화된 핵 억지력에 대한 그들의 믿음을 강화하기 위해 남한과 일본의 보수 정부와 합심하여 공동의 노력을 기울였다.

정부는 유엔 제재 집행의 폭을 더 넓히고 더 강화해가면서 외교보다는 압박이라는 방안으로 회귀하기를 계속했다. 워싱턴은 베이징에 더 심하게 기대 비핵화 노력이 부족한 평양을 응징하고자 했다. 오바마 대통령은 시진핑 주석에게 직접 호소했다. 앤터니 블링컨(Antony Blinken) 부장관은 중국 측 상대에게 유난히 직설적으로 요구했다. 그는 북한의 행태에 변화가 없다면 미국으로서는 스스로와 동맹국을 지키기 위해 추가 조치를 취할 수밖에 없을 것이라고 중국에 경고했다. 다른 말로 하자면, 미국은 북한에 맞서 자신을 방어하기 위해 사드(THAAD, 고고도미사일방어체계) 배치 등 중국의 이익에 반할 수 있는 지역 내 조치를 취할 수 있다는 것이었다. 블링컨은 중국의 기관들에 대한 2차 제재를 포함하여 모든 것이 논의 대상이 될 수 있다고 설명했다.[28] 북한 정부와 접촉하려고, 또 그들을 "진정성 있고 신뢰할 수 있는" 협상 절차에 참여하도록 설득하려고 각고의 노력을 다했다는 정부의 공개적 주장에도 불구하고, 오바마 정부는 대화를 통해 평양이 핵무기 프로그램을 폐기하도록 만들려는 지속적이고 일관된 절차를 제대로 개시한 적도 없었다. 대신에 정부는 비핵화에 대한 진지함을 증명하고 "완전하고 증명 가능하며 돌이킬 수 없는 비핵화에 동의하라고" 평양을 밀어붙이기만 했다.[29] 시종일관 정부는 김정은의 모든 외교적 손짓이 미 정부를 함정에 빠뜨리려는 설계라는 깊은 의심을 떨치지 못했다.

오바마 정부의 불신 정도가 너무나 높은 탓에 그들은 김정은이 그의 아버지나 할아버지처럼 미국과의 전략적 화해를 달성하는 데 관심이 있는지 없는지 시험해보지도 못했다. 미국이 주도한 제재의 결과 바깥세계와의 적법한 교역조차 차단당한 북한은 갈수록 더 중국에 의존하게 되었다. 오바마 정부는 김정은의 의도를 시험해볼 마음이 없었다. 의회에도 북한을 편드는 인사들이 거의 없었고 미국 대중에게서도 동정 여론을 찾기 어려웠다.

오바마 대통령은 임기 시작부터 끝까지 강경 노선을 폈다. 일찍이 2009년에 그는 북한이 "도발, 억지 요구, 보상"의 사이클을 계속하지 못하도록 하겠다고 천명했다. 2016년 5월에도 일본 방문 중이던 그는 김정은 정권을 국제적 기준과 규칙을 조롱하고 "먼 거리까지 쏘아보낼 수 있는 핵무기를 만드는 데 혈안이 되어 있는" 불안하고 고립된 정권이라고 맹비난했다.[30] 7월, 이전의 노력에서 한치도 벗어나지 않고 정부는 새로운 제재를 공포했다. 이번에는 국무부 보고서에 기록된 인권유린 혐의에 대한 대응으로 김정은과 북한의 고위 간부들을 직접 대상으로 하여 그들을 블랙리스트에 올리는 제재였다.[31]

오바마 대통령의 남은 임기 동안에도 정부가 북한을 다루는 기조에는 별다른 변화가 없었다. 2016년 4월 러셀이 남긴 발언에 당시 정부 내의 시각이 고스란히 담겨 있었다. 그는 김정은의 핵무기 프로그램을 비웃으며 평양의 전략적 입지는 이미 약화되었다고 말했다. 그는 "김정은이 거기〔핵 프로그램〕에서 얻은 게 무엇인가?"라고 자문하고는 이렇게 답했다. "그는 미사일을 날려 바다에 물보라를 좀 일으키고 땅 밑에서 핵폭탄을 터뜨렸다. (…) 그러나 존중이나 안보, 경제 지원, 외교적 인정의 관점에서 보면 그는 그것으로 얻은 게 하나도 없다." 러셀은 "우리는 전세계가 연합하여 북한이 역사상 그 어떤 나라도 겪어보지 못한 고립 상태에 빠지도록 만들었다."[32]

정부는 북한을 다루는 데는 자신이 있다며 공개적으로는 당당한 태도를 견지했지만, 오바마 대통령은 대통령 당선인 도널드 트럼프에게 11월 그들 사이 한차례 있었던 인수 회의 중에 자신은 북한을 국가 안보의 최우선과제로 본다고 말했다.[33] 사실을 어물쩍 분칠하고 넘어갈 상황이 아니었다. 오바마 대통령이 취임할 때 북한은 한차례 핵실험을 실시했고 초보적 핵무기 다섯개 정도를 만들 만큼 플루토늄을 축적해놓았으나 이런 것을 미사일로 실어 나를 역량은 없는 상태였다. 그가 백악관을 떠나는 시점에 북한은 네차례 더 핵실험 경험을 쌓았고 대략 25개의 핵무기를 만들 수 있는 충분한 플루토늄과 고농축 우라늄을 보유하고 있었으며 십수번의 미사일 실험 성공을 통해 미사일 역량을 인상적으로 증명한 상태였다. 김정은이 핵무기에서 얻은 것은 아무것도 없다는 러셀의 호언장담과 달리, 김정은은 지역 내 미국의 자산과 우방을 위협하는 핵무력을 손에 넣었던 것이다.

오바마 정부 사후 검증

그것이 전략적 인내였든, 깊은 불신이었든, 점잖은 무시였든 간에 오바마 정부는 북한의 위협을 상황이 요구하는 바에 따라 최우선으로 생각한 적이 한번도 없었다. 그러다가 결국 그들은 그 문제를 무시무시한 경고와 함께 트럼프에게 넘겨버렸다. 오바마 대통령도 그 정부의 고위 관료들도 임기 중 북한의 핵개발에 정면으로 대처하려고 적극적으로 나서지 않았다. 사실 그들은 공직에서 물러나 정부에 몸담았던 시절에 대한 회고록을 쓰면서도, 전 대통령을 필두로 해서 핵심 관료들 모두가 하나같이 북한을 뒷전 취급했다.

오바마 대통령은 높은 평가를 받는 그의 책 『약속의 땅』에서 그의 임기 첫 두해 반을 다루는 동안 북한은 그저 지나치듯 언급하는 데 그친다. 그는 2009년 핵실험 후 유엔에서 안보리가 북한에 새 제재를 부과하도록 만든 수전 라이스의 공을 칭송했다. 이와 대조적으로 그는 페르시아 및 이란의 역사와 샤의 통치, 이슬람혁명에 대해서는 여섯쪽을 할애했다. 그는 이란 핵 프로그램에 대한 깊은 이해도 (그것을 평가함에 있어서는 결정적인 기술적 오류를 드러냈지만) 보여주었다.[34] 그는 이란이 아직 핵무기를 갖고 있지는 않지만 곧 그 수준에 도달할 수도 있다고 한 정보기관의 평가를 언급한다. 북한은 그가 대통력직을 시작할 때 실제로 핵무기를 보유하고 있었고 더 위력적인 핵무력을 향해 꾸준히 전진하고 있었음에도 관심은 짧은 두마디 언급으로 그친다. 분단된 한반도에 대해서도, 남한에 주둔하는 수만명의 미군에 대해서도, 또는 정전 상태의 지속에 대해서도 아무 말이 없었다.

힐러리 클린턴 장관은 『힘든 선택들』(*Hard Choices*)에서 북한에 미안마보다 더 적은 양을 할애한다. 2009년의 위성 발사에 관한 기술도 주로 자신과 수전 라이스가 얼마나 성공적으로 단합된 유엔 안보리 제재 대응을 만들어냈는지에 관련된 것이다. 그녀는 책 속에서 북한 핵 프로그램을 기술할 때 몇가지 결정적인 오류를 저지르기도 한다.[35] 케리 장관도 『하루하루가 덤일 뿐』(*Every Day Is Extra*)에서 부시 대통령이 2002년 국정연설에서 "이라크와 이란, 그리고 북한을 묶어

‘악의 축’이라고 맹비난”했던 얘기를 하는 와중에 북한을 한번 언급할 뿐이다.[36]

오바마 정부 2기 국무부 차관이었던 윌리엄 J. 번스는 『비공식 채널』(*Back Channel*)에서 자신은 “변덕스러운 북한과의 외교 과정에 직접 관여하지 않았다”고 썼다.[37] 『끈질긴 사랑』(*Tough Love*)을 쓴 수전 라이스는 자신이 유엔 대사와 국가안보 고문으로 재임했던 시절의 북한에 대해서는 거의 언급하지 않는다. 자신의 책 속에서 그녀가 주로 다루는 것은 2009년 북한의 위성 발사와 핵실험에 뒤따른 유엔 제재에서 자신이 한 역할에 관한 얘기이다. 그녀는 시리아 문제, 리비아의 안정화, 이스라엘-팔레스타인 갈등에 대한 대처, 그리고 “북한의 핵 및 미사일 프로그램 철폐”에 대해 정부가 기대에 미치지 못했음을 인정하기는 한다.[38] 국가안전보장회의에서 재직하고 후에 유엔 대사 임무를 맡은 서맨사 파워(Samantha Power) 역시 『어느 이상주의자의 교육』(*Education of an Idealist*)에서 북한에 대한 말을 극히 아낀다. 그녀는 북한의 4차, 5차 핵실험 이후 그들에 대한 제재를 강화하기 위한 노력을 주도했던 것에 관해서는 얘기한다. 또 북한의 가혹한 자국민 취급에 관심을 모으려 했던 자신의 노력에 관해서도 기술한다. 하지만 그녀 역시 북한을 대하는 정부의 전략에 대해 진정한 통찰력을 보여주지는 않는다.[39] 심지어는 방대한 저서 『임무』(*Duty*)에서 지구촌 곳곳의 분쟁 지역을 시시콜콜 다루는 국방부 장관 로버트 게이츠도 부시 정부 시절 시리아에 플루토늄 생산 원자로를 지으려던 북한의 비밀스러운 노력에 대한 몇몇 중요한 세부사항을 알려줄 뿐 자신의 임무 기간 중 발생한 북한 관련 주요 사안에 대해서는 거의 언급하지 않는다.[40]

아시아에 대한 오바마식 접근법의 틀을 세운 중요 인물 중 한사람인 커트 캠벨은 『피벗』(*Pivot*)에서 초기 역사를 포함하여 북한에 대한 더 자세한 내용을 제공한다. 아시아의 각 나라가 주목을 받고 기회/도전 관점에서 검토되는 데 반해, 캠벨은 북한을 "복잡하고 골치 아픈" 사안으로 취급한다. 아시아에서 북한 같은 취급을 받은 나라는 아마 없을 것이다. 그는 "사실상 북한과 관련된 내 직업상의 경험은 면면이 절망스럽고 비상식적이었다. 그 어떤 나라도 그처럼 대담하게, 또는 그처럼 위험하게 수를 두는 경우는 없었다"고 밝혔다.[41] 버락 오바마 대통령의 재임 기간 막후 이야기를 다루었다는 홍보로 사람들의 관심을 끈 책 『있는 그대로의 세상』(*The World as It Is: A Memoir of the Obama White House*)에서 대통령의 최측근 국가안보보좌관 중 한 사람이자 초기 연설문 작성자, 오바마 임기 내내 전략적 커뮤니케이션 담당 국가안보보좌관이었던 벤 로즈(Ben Rhodes)는 북한에 대해 전혀 언급하지 않는다.[42]

대북 정책 관여와 관련하여 침묵을 지키는 가장 두드러지는 두 예는 웬디 셔먼과 어니스트 모니즈(Ernest Moniz)이다. 웬디 셔먼은 2011년에서 2015년까지 국무부 정무 담당 차관(그리고 2014년 몇달 동안 차관 대행)이었다. 그런 자격으로 셔먼은 테헤란의 핵 프로그램에 대한 이란과 세계 강국 6개국 간의 6차례 협상에서 미국팀을 이끌었다. 그녀는 클린턴 정부의 대북 정책을 조정한 인물이기도 했다. 『심약한 자 돌아서라』(*Not for the Faint of Heart*)에서 그녀는 클린턴 대통령의 임기가 끝나가던 시절 전임 국방부 장관 윌리엄 페리, 국무부 장관 매들린 올브라이트와 함께 북미제네바합의를 살려내려 노력했던 시간에 대해 통찰력 있는 설명을 하나, 오바마 정부 당시의 북한에 대해서는 한마디도 하지 않는다. 그녀의 책이 오바마 시절을 다루는 부분에서도 드러나듯이 북한에 관해서는 그녀의 통찰력과

영향력이 발휘되지 못했던 것이다.[43]

오바마 정부 2기 에너지부 장관이었던 어니스트 모니즈는 자신이 대북 정책에서 한 역할이 거의 없다시피 했다고 나에게 얘기했다.[44] 에너지부와 그 부속 핵 연구실들은 오랫동안 정보기관들을 지원하며 북한의 핵개발을 분석해왔다. 클린턴 정부의 북미제네바합의, 부시 정부의 불능화 합의 동안 에너지부와 연구소에서 파견된 기술 전문가들은 다양한 합의 사항을 감시하고 검증하는 데 현장에서 핵심적인 역할을 했다. 하지만 오바마 정부는 영변 핵단지로 돌아갈 기회를 모두 놓쳐버렸다. 따라서 에너지부가 담당해야 할 중요한 역할도 사라져버렸던 것이다. 그리고 기술적으로 유능하고 정치적으로도 노련한 인물이었음에도, 모니즈 장관은 북한 관련 논의 테이블에 절실히 필요한 기술적 정보를 바탕으로 한 위험/편익 분석을 제출하라는 대통령의 요청을 한번도 받은 적이 없었다. 이런 식의 무신경은 오바마 대통령이 모니즈에게 합류하라고 요청했던 이란 협상과 극명한 대조를 이뤘다. 모니즈는 에너지부 연구실의 핵 부문 인력들을 적재적소에 배치하여 협상을 지원했고, 그 자신도 회담에서 중요한 영향력을 발휘했다. 그의 기술적 전문지식은 미국이 알리 아크바르 살레히(Ali Akbar Salehi) 박사를 필두로 한 이란팀이 협상 과정에서 보여준 기술적 전문성을 상대하는 데 결정적으로 중요했다. 살레히는 이란 원자력청의 수장으로 MIT에서 수학한 핵공학자였다. MIT는 마침 모니즈의 홈그라운드이자 그가 몇년간 핵물리학과를 이끈 곳이기도 했다. 모니즈는 이란 핵 프로그램 평가에 결정적인 기술 정보 기반의 위험 분석을 케리 장관과 협상팀에게 직접 전달할 수 있었다.

오바마 대통령 자신이 이란 협상 과정에 관여한 모습도 북한 문제에서 그가 한 역할과 극명하게 대비된다. 그는 국무부의 일부 관계자들이 농담으로 대통령을 국무부 이란 담당 사무관이라고 부를 정도로 이란 협상의 모든 세부사항까지 살뜰하게 챙겼다. 그는 이스라엘의 이의 제기와 의회의 반대를 무릅쓰고 이란 합의를 밀어붙였다. 이스라엘의 군사적 행동이라는 위협이 점점 다가오는 탓도 있었겠지만, 이란과의 외교를 가능하게 만든 것은 대통령 자신의 의지 및 그의 정예 팀의 적극적 참여였다. 그 같은 의지 — 또는 아시아의 또 다른 세력으로부터의 위협 — 가 북한 문제에 관해서는 존재하지 않았다.

오바마 대통령이 그의 회고록 다음 편에서는 우리가 이란과 북한에 대한 그의 선택을 더 잘 이해하게 해주리라 기대한다. 우리는 지금으로서는 추측만 할 수 있을 뿐이다. 그는 어쩌면 정말로 북한 정권이 욕먹어 마땅한 존재여서 시도 자체가 의미 없다고 여겼을 수도 있다. 그는 여러번에 걸쳐 단호히 "도발과 억지 요구, 보상"의 순환고리를 깨겠다고 말했다. 그러나 아야톨라의 이란도 미덕의 귀감은 아니었다. 이란의 이중성은 이스라엘의 대담한 테헤란 기습 작전으로 획득한 '이란 아카이브'로도 증명되었다.[45] 어쩌면 단지 한반도에서 괴멸적인 사태는 안 벌어지고 있다는 것이 이유였을 수도 있다. 또다른 핵실험이나 미사일 발사에 관한 뉴스 헤드라인은 중동에서 매일 벌어지고 있는 인간적 재앙에 비하면 큰 주목거리가 못 되었다. 아마 대통령은 미국이 마침내 중동에서 발을 빼서 중국으로 선회할 수 있도록 이란 문제를 먼저 해결하기를 희망하며 거대 전략을 보고 있었을지도 모르겠다. 아니면 우선 이란과 협상을 매듭지은 다음 북한에 집중하려 했는데, 크림반도와 우크라이나 동부 러시아 전선에 새로 발생한 혼란 상황 때문에 그렇게 하지 못했을 수도 있겠다. 그 이유가 무엇이든 간에 북한에 대해 그가 아무것도 하지 않은 결과는 그의 대외정책에서 가장 큰 실패가 되었고, 덕분에 세계는 훨씬 더 위험한 곳이 되었다.

나는 오바마 정부가 막을 내리는 것을 보는 것이 대북 정책의 관점에서 그다지 아쉽지 않았다. 전략적 인내와 점잖은 무시, 그리고 여러번의 실기로 보낸 8년 동안 북한의 핵과 미사일 무력은 극적으로 성장해왔다. 문제는, 그다음에는 어떤 일이 일어날까 하는 것이었다.

18장

2017년의 “화염과 분노”

한해가 김정은의 신년연설로 시작되었다. 연설을 통해 그는 북한이 최초의 대륙간탄도미사일 실험을 위한 최종 준비단계에 들어갔음을 선언했다. 도널드 트럼프는 트위터에 글을 올려 이에 화답했다. "그런 일은 일어나지 않을 것이다." 트럼프는 중국에 대해 언짢은 심기를 드러내며 이런 발언도 했다. "중국은 완전히 일방적인 무역으로 미국의 돈과 자산을 엄청나게 챙겨왔다. 그러면서도 북한 문제는 돕지 않겠단다. 잘하는 짓이다!"[1]

이런 발언은 트럼프 임기 소란스러웠던 첫 1년을 예고하는 것이었다. 그가 다음에 무슨 말을 할지, 어떤 행동을 할지 아무도 알 수 없었다. 전해지는 바로는, 2016년 11월 오바마와 트럼프가 만난 자리에서 오바마가 북한 위협의 긴급함에 대해 경고하는 동안 트럼프는 "똑바로 앉아 귀를 기울였다"고 한다. 그 자리를 뜰 때 "이걸〔북한 문제를〕 어떻게 다루느냐로 내가 평가를 받겠군"이라는 말을 남겼다는 얘기도 있다.[2] 그는 김정은과 햄버거를 같이 먹겠다던 과거의 말을 지키게 될까? 아니면 나중에 유엔에서 경고한 대로 북한을 완전히 파괴하는 길로 나가게 될까? 임기 첫 몇달 동안은 군사 행동 쪽으로 결정이 기운 듯 보였다. 아사드 대통령이 시리아에서 화학 무기를 사용한 것에 대한 응징으로 4월 트럼프가 시리아의 샤이라트 공군기지에 대한 59발의 미사일 요격을 명령한 이후로는 특히 그래 보였다.[3]

나는 북한의 젊은 지도자가 오바마 정부와는 한번도 진지한 대화의 자리에 앉아본 적 없는 상태에서 종잡을 수 없는 기질에 대외정책 경험은 거의 없는 대통령에 의해 시험받게 되는 사태가 걱정스러웠다. 미국은 김정은의 관심이나 동기, 성격에 대해 아는 것이 거의 없었고 군부에 대해서는 더더욱 몰랐다. 평양의 지도부가 김정은의 연설에 명시된 대로 중대한 기술적 조치를 준비하면서 과신과 판단 착오에 빠질 수 있다는 점이 위험 요소였다.

트럼프 취임 직전 나는 『뉴욕 타임스』에 이렇게 썼다. "우리는 이미 위기 한복판에 있다. 핵 시계가 째깍째깍 계속 돌아간다. 예닐곱 주가 지날 때마다 북한은 그들의 무력에 핵무기 하나씩을 더할 수 있을 것이다."[4] 나는 핵 재앙을 피하기 위해서는 트럼프 정부가 오바마 정부의 회피성 접근법에서 벗어나 직접, 즉시 손을 뻗어 핵심 소통 창구를 마련하는 일이 중요하다고 믿었다. 나는 트럼프가 평양에 특사를 보내는 방안을 권고했다. 전임 정부는 끝나는 날까지 실패한 정책을 고수했다. 인수 회의에서도 오바마는 당시 대통령 당선인이었던 트럼프에게 북한과 그의 동맹 중국에 대한 압박 강화라는 전략을 계속 밀고 나가라고 권했다.[5]

인사가 정책을 만든다

곧 트럼프의 국가안보 보좌관이 될 마이클 플린(Michael Flynn) 중장은 인수기에 중국과 북한에 대한 정책을 개발하도록 매슈 포틴저(Matthew Pottinger)를 합류시켰다. 포틴저는 해병 수훈장교로, 『월스트리트 저널』에서 중국 담당 기자로 일한 경력의 소유자였다. 그는 표준 중국어에 능통했고 중국 역사에 정통했다. 그는 트럼프의 임기 시작과 동시에 국가안전보장회의 아시아 담당국장이 되었다. 플린은 외국의 영향력을 끌어들이고 거짓말을 했다는 혐의 속에서 22일간의 임기를 끝으로 사임했다. 그는 유죄 판결을 받았고 이후 2020년 트럼프에 의해 사면되었다. 플린의 후임자 H. R. 맥매스터(H. R. McMaster)는 『배틀그라운드』(*Battleground*)에서 그와 포틴저가 어떻게 정부의 대북 전략에 대한 다양한 선택지를 마련했는지 설명한다. 트럼프는 "그들의 핵 프로그램과 미사일 프로그램이 자산이라기보다는 위험이라는 사실을 평양이 깨닫게 하는" 것을 목표로 하는 방안을 선택했다. 미국은 "김정은 정권에 확고하고 통합된, 다국적 압박을 집중하도록" 다른 나라들과 함께 노력하리라는 것이었다.[6]

이런 전략은 정부의 정책 검토서에 "최대 압박 전략"이라 명문화되어 실렸고, 3월 트럼프의 승인을 받았다. 정부가 압박이라는 손잡이를 더 돌리는 것만으로 오바마보다 더 나은 결과를 얻으리라 생각하다니, 그 이유는 이해할 길이 없었지만 그렇다고 놀랍지도 않았다. 결국 트럼프 정부는 2017년 북한에 대한 경제 제재와 외교적 압박을 크게 강화할 수 있었다. 그 결과 평양은 핵무기와 미사일 프로그램 발전에 눈부신 진전을 이뤘다.

『배틀그라운드』에서 맥매스터는 한스 모겐소(Hans Morgenthau)

라는 학자가 "전략적 자아도취"라고 부른 것을 "전략적 감정이입"으로 대체해야 한다고 설명한다. 전략적 자아도취는 상황의 흐름에 미치는 '타자'의 주체적 작용과 통제의 정도를 인정하지 못하는 사고방식이다. 맥매스터는 이런 사고방식은 대통령과 그의 보좌관들이 소망적 사고에 기반하여 정책을 세우고 문제를 자기가 보고 싶은 대로 규정하도록 이끌기 십상이라고 말한다. 전략적 감정이입이라는 개념은 "그들의 동기, 정서, 문화적 성향, 그리고 열망에 대한 더 깊은 이해"를 바탕으로 무엇이 그 상대 국가들을 움직이게 하고 속박하는지를 이해하고자 하는 노력을 가리킨다고 맥매스터는 밝힌다.[7]

맥매스터는 수훈장교일 뿐만 아니라 미국사 박사학위 소지자이기도 하며 미국 육군사관학교의 교수였다. 그는 『배틀그라운드』에서 자신의 학술적 배경 일부를 확실히 보여주지만, 북한에 관한 전략적 감정이입 시험에서는 낙제점을 받는다. 그는 국면마다 북한을 비난하는 등, 타자가 경험하고 있는 것을 그들의 준거 틀 내에서 이해하거나 느끼는 능력이라는 감정이입의 정의 근처에도 가지 못한다. 게다가 맥매스터가 결국은 "미국 우선"과 "다시 미국을 위대하게"를 내건, 전략적 감정이입이라고는 찾아볼 수 없는 전략적 자아도취의 전형을 보여주는 대통령 밑에서 일하게 되었다는 것도 아이러니이다.

북한에 할애한 두장 내내 맥매스터는 북한의 역사 및 문화, 정서에 대한 이해를 보여주기보다는 북한을 거짓으로 점철된, 한반도를 통일해 자기 독재 정권 아래 두려는 욕심으로 가득 찬 사악한 정권으로 보는 흔한 미국식 강경파의 견해를 되풀이한다. 이 최대 압박 전략은, 강압적인 외교를 선호한다는 면에서 북한 이외의 세계 대부분에 대한 그의 구상에 부합한다. 맥매스터는 이렇게 쓴다. "우리의 잘못된 가정과 들쭉날쭉한 정책 탓에 비핵화가 그들에게 이롭다는 사실을 그들의 지도자가 깨닫게 될 정도로 북한 정권이 외교적·경제적·재정적·군사적 압박을 절감하도록 만든 적이 한번도 없었다."[8] 이것은 부시 정부와 오바마 정부가 김정은의 목에 올가미를 조이겠다는 그들의 정책을 설명한 방식과 정확히 일치한다.

김정은의 미사일 개발 추진

김정은은 트럼프의 정책 검토서를 기다리고 있지만은 않았다. 그는 신년연설에서 예고한 대로 ICBM 역량을 키우기 위해 꾸준히 나아가고 있었고, 그동안 외교는 뒷전으로 밀려나 있었다. 2월 11일 북한은 신형 준중거리 미사일인 북극성2호를 발사했다. 트럼프 시대 첫 미사일 실험이자 2017년에 발사된 24발 중의 하나였다. 고체연료, 해상 기지 발진의 북극성1호의 변형인 이 미사일은 고각 궤도로 발사되었다. 마침 일본의 아베 신조(安倍晋三) 총리와 트럼프 대통령이 플로리다주 마라라고에서 처음으로 정상회담을 하는 때였다. 아베와 트럼프는 원래도 서로 뜻이 맞는 사람들이었던 데다가, 이 발사 시점은 북한을 향한 모든 화해의 몸짓에 반대하는 아베에게 자기 입장을 정당화할 또 하나의 이유를 제공했다.

장거리 미사일을 손에 넣으려는 노력에 더해 김정은은 단거리 미사일 시스템의 작전 성능과 준비 태세를 향상시키고자 하는 의지가 확고했다. 그가 나중에 밝혔듯이, 목표는 언제 어느 곳에서나 발사할 수 있게, 미국의 미사일 방어에 영향을 받지 않게 하는 것이었다. 3월 초 북한은 남한 전역과 일본 일부 지역에 닿을 수 있는 사거리 연장 스커드 미사일 4발을 일제히 발사했다. 조선중앙통신은 한미연합군사훈련에 대응하는 차원에서 발사 시각을 조정했다고 보도했다.[9] 4발의 미사일을 동시에 발사함으로써 북한은 자신들이 지역 내 선진적인 미사일 방어망을 무력하게 만들 수 있는 일제 발사도 가능함을 증명했다.

3월 18일 김정은은 서해위성발사장에서 새로 개발된 고추진력 미사일 엔진의 지상 제트 시험을 참관했다. 김정은은 그것을 "우리나라 로켓산업의 새로운 탄생을 알리는 역사적 중요성을 띤 위대한 사건"이라고 칭했다.[10] 새 엔진은 아마 러시아나 우크라이나에서 수입된 러시아형 RD250 로켓엔진이었을 것으로 생각된다. 덕분에 북한은 무수단 미사일의 실패를 빠르게 극복할 수 있었을 것이다. 이후 여섯 달 동안 북한은 중거리 화성12호 미사일을 6발 발사하고 신형 화성14호 ICBM급 미사일 2발을 성공적으로 발사하게 된다. 모두 TEL에서 발사한 것이었다.[11]

북한의 미사일이 한단계씩 진전될 때마다 정치적 긴장이 고조되었으나, 그 상황에서도 트럼프 정부의 고위 각료 두명은 분별있는 접근법을 유지했다. 국방부 장관 제임스 매티스(James Mattis)는 2월 남한과 일본 순방 길에 침착하고 분명하게 미국의 억지력 약속을 확인하는 입장을 발표했다. 그는 북한의 핵무기 사용은 그에 상응하는 압도적인 대응을 받게 될 것이라고 밝혔다. 그는 지금으로서는 군사 작전은 필요 없으며 지금의 갈등은 "외교관들이 해결하는 것이 가장 좋은 종류의 것"이라고 덧붙였다.[12] 하지만 국방부는 핵 탑재가 가능한 B-1B 전략 폭격기가 괌의 미 공군기지를 출발하여 한반도 남쪽 영공을 비행하도록 허가하는 것으로, 김정은에게 그다지 완곡하지 않은 메시지를 보냈다. 조선중앙통신은 미국의 공격이 임박했다고 생각되면 북한은 "단호한 선제공격을 개시"할 것이라고 경고했다.[13]

3월 중순 국무부 장관 렉스 틸러슨(Rex Tillerson)은 남한과 일본에 워싱턴의 방위 약속을 장담했다. 베이징에 기착한 동안 그는 양국이 그 어떤 형태의 갈등도 발발하지 않도록 막는 데 전념할 것이라며 중국 외교부장 왕이(王毅)와의 연대를 표명했다.[14] 4월 초 마라라고에서 시진핑 주석과 처음 정상회담을 하는 자리에서, 트럼프는 시 주석에게 무역 불균형 개선과 북한 비핵화를 위해 역할을 해달라고 강력히 촉구했다. 실제로 중국은 한동안 북한에 대한 제재 집행을 강화했다. 그러나 트럼프도 알게 되겠지만, 중국에 기대어 북한 문제를 처리하는 일은 현실성이 없었다.

4월 중순에는 태평양 사령부의 해리 해리스(Harry Harris) 제독이 칼 빈슨 항공모함을 비롯한 미 군함들의 한반도 배치를 명령했는지를 놓고 논란이 벌어졌다. 미국의 시리아 공습 이후 긴장이 고조된 가운데 또 한번 긴장을 고조시킬 수 있는 사건이 발생한 것이었다.[15] 나중에 『뉴욕 타임스』가 이는 사실이 아니고 당시 함대는 호주군과 군사훈련을 실시하려고 했던 것이라고 보도했다.[16] 그때 마침 나는 북핵에 대한 나의 평가를 지도부에 브리핑해달라는 요청을 받고 태평양사령부 본부를 방문 중이었다. 스탠퍼드 동료들과 나는 해리스 제독의 자택에서 근사한 아침식사를 대접받았다. 내가 앞서 트럼프 정부에도 말했던, 대통령이 평양에 특사를 보내야 한다는 권고를 반복하자 해리스 제독은 비꼬는 듯한 말투로 이렇게 말했다. "지금 그러고 있지 않소, 칼 빈슨을 보냈으니까."

5월 14일, 세차례 실패 후에 북한은 중거리 탄도 미사일 화성12호 발사에 성공했다. 미사일은 30분을 비행하고 동해에 떨어졌다. 괌 기지를 포함하여 태평양 지역의 주요 미군 기지를 겨냥할 수 있는 성능이었다.[17] 이 미사일은 3월에 시험을 거친 엔진을 사용했다. 조선중앙통신은 핵탄두를 실어 나를 수 있는 이 화성12호 미사일이 최대 고도 2100킬로미터로 787킬로미터 거리를 비행했다고 보도했다. 김정은은 "만약 미국이 감히 조선민주주의인민공화국에 대한 군사 도발을 선택한다면 우리도 맞받아칠 준비가 되어 있다"고 밝혔다.[18] 이 실험은 이제껏 북한 미사일에서 보지 못하던 수준의 성능을 보여주었다. 엔진이 어디에서 온 것인지는 아직 확실치 않지만, 미사일 전문가들은 그것이 러시아로부터의 대규모 기술 및 부품 이전을 통해 가능했을 것이라고 주장한다.[19] 무수단 미사일의 대대적인 실패에서 화성12호의 성공으로 전환되는 과정은 북한에 미사일 기술의 난제를 돌파하고 수출 통제를 우회하는 능력, 프로그램을 계속 진행하도록 내부의 의사결정 과정을 관리하는 능력이 있음을 분명히 보여주었다.

미사일 분석가 마커스 실러(Markus Schiller)는 북한의 미사일 프로그램이 해외로부터의 지원과 조달에 크게 의존하고 있다는 설득력 있는 주장을 펼쳤다. 그는 지난 몇년에 걸쳐 북한의 미사일 발사율이 다른 미사일 개발 국가들의 경험에서 완전히 벗어나 있다는 사실을 보여주었다. 실험 횟수는 너무 적은데 성공률은 너무 높다는 것이었다. 예외라면 높은 실패율을 기록한 위성 발사와 무수단 미사일이 있는데 이 둘은 모두 아마도 북한 로켓 중 가장 토착적이었을 것이다.

앞서 언급된 미사일 데이터베이스 역시 2014년 이후 미사일 실험 프로그램이 얼마나 극적으로 변했는지를 보여준다. 김정은 지도하의 북한은 훨씬 더 많은 횟수의 시험 발사를 했을 뿐만 아니라 실험 패턴까지 변경해 기존의 실험장에서만 하던 방식을 벗어나 북한 전역을 옮겨다니며 발사를 실행했다. 핵위협방지구상/비확산연구센터의 분석가들은 이것을 엄청나게 중요한 전략 전환이라고 칭했다. 북한은 이제 금속만 실험하는 게 아니라 "사람을 실험"하고 있다는 것이었다.[20] 달리 표현해, 이번 발사 훈련들은 이 정권이 가지고 있을 법한 전국의 미사일 부대에 핵무기를 배치하려는 의도에 부합하는 것이었다.

미사일 실험 후 치솟는 긴장

2017년 5월 신속하게 진행된 일련의 미사일 실험 뒤, 워싱턴과 평양 사이에 오가는 발언이 확연히 험악해졌다. 6월 초 유엔 안보리가 만장일치 표결을 거쳐 북한 핵·미사일 프로그램에 관계된 15명의 개인과 4개 법인을 유엔 제재 블랙리스트에 추가했다. 중요한 유류 수송 봉쇄와 같은 더 강력한 제재는 중국의 반대를 받았지만, 결의안에는 전세계 차원의 여행 금지와 특정한 북한인들의 자산 동결이 포함되었다.

6월 말 문재인 대통령이 이틀간의 순방 일정으로 워싱턴을 찾았다. 트럼프 대통령은 로즈가든에서의 성명을 통해 북한의 "무모하고 잔인한" 정권을 비난하고 평양에 핵무기 프로그램을 둘러싼 한반도의 긴장을 완화하기 위한 더 나은 길로 나설 것을 촉구했다. 트럼프는 지역 내 동맹국과 강대국 들에게 평양에 대한 더 강력한 경제 제재를 시행할 것을 재차 요청했다. 맥매스터는 트럼프와 문재인이 비핵화를 달성하기 위해서는 최대 압박 전략이 최선이라는 데 합의했다고 전했다.[21] 이는 포용 전략을 추구하는 문재인 대통령이 품고 있던 생각은 아니었을 듯하지만, 트럼프가 북한 문제뿐만 아니라 주한미군 지원금 인상 문제로 남한을 을러대는 상황에서 그에게는 다른 선택의 여지가 많지 않았다. 그 기간 남한을 여러번 방문하면서 나도 직접 목격했지만, 문재인 정부와 트럼프 사이의 긴장 관계는 남은 트럼프 임기 내내 계속되었다.

문재인의 미국 방문 후 채 일주일도 지나지 않은 7월 4일, 북한은 화성14호 대륙간탄도미사일 발사에 성공했다. 북한의 핵·미사일 개발에 이정표가 되는 사건이었다. 미사일은 방현비행장 이동식 발사대에서 서북 방향으로 발사되어 고각 궤도로 37분 동안 933킬로미터를 비행하고 동해에 떨어졌다.[22] "우리의 전략 결정을 찬찬히 보고 나면 미국놈들이 상당히 기분 나빠 하겠군." 조선중앙통신은 김정은이 미사일 실험을 지켜본 후 이렇게 말했다고 전했다.[23] 연구자들 대부분이 곧바로 알아차리진 못했지만, 김정은은 여기서 미사일과 핵 프로그램을 "테이블에 올릴" 준비가 되어 있다는 첫 신호를 보낸 것이기도 했다. 그가 사용한 이런 공식은 앞으로 몇달 동안 북한이 계속해서 반복하고 키워나갈 방식이었다.

7월 28일 북한은 또 한차례 화성14호 ICBM 실험을 성공시켰다.[24] 미사일은 고각 궤도로 거의 곧장 45분을 날아 올라가 고도 3700킬로미터에 도달한 후 동해에 떨어졌다. 김정은은 미국을 향해 엄중하게 경고하며 북한은 "언제 어디서라도 대륙간탄도미사일을 기습 발사할 수 있으며, 미 본토 전체가 우리 미사일의 사거리 안에 있다"고 큰소리쳤다. 이에 대응하여 트럼프는 국무회의 전 막연하게 장담했다. "우리는 북한을 잘 처리할 겁니다. 그들을 처리할 수 있어요. 그 문제는 처리될 겁니다. 우리가 처리 못 하는 건 없습니다."[25]

2017년 중반 중간 점검

이런 말은 전혀 불안감을 덜어주지 못했다. ICBM 역량이 입증된 것은 대단한 사건이었다. 트럼프 자신이 미국인들에게 "일어나지 않을 것"이라고 장담했던 일이었다. 최근 화성12호와 두차례 화성14호 미사일 실험의 성공이 인상적이긴 했으나, 북한의 위협을 과장하지 않는 것이 중요하다고 나는 생각했다. 당시 『원자력과학자 회보』(*Bulletin of the Atomic Scientists*)와의 인터뷰에서 나는 7월의 미사일 실험은 북한이 상당한 진전을 이루었으며 그 속도가 불과 1~2년 전에 대부분의 분석가들이 예측했던 것보다 훨씬 빨랐다고 말했다.[26] 이 지점에 도달한 것을 보아 북한은 다양한 미사일 단계와 로켓 엔진을 개발하면서 이룬 이전의 진전을 하나로 통합하는 데 성공한 것이다. 그러나 믿을 만한, 정확한 ICBM을 얻기 위해서 북한은 고각 궤도가 아닌 정상 궤도에서의 실험을 비롯한 추가 실험이 필요할 것이었다. 그런 실험은 재진입체 공학을 충분히 숙달하기 위해 꼭 필요한 단계일 터였다. 재진입체는 안전하게 핵폭탄을 싣고 발사 및 비행, 재진입에 따라 기계에 가해지는 압력과 극한의 온도를 견뎌야 하기 때문이다.

핵개발의 측면에서 북한의 핵 ICBM 계획 중 여전히 가장 개발이 뒤처진 부분은 탄두였다. 의도대로 목표물에 도달해 폭발할 때까지 견뎌야 한다는 극단적인 조건을 만족시켜야 했기 때문이다. CIA는 화성14호의 재진입체가 정상 궤도로 미 본토의 목표물까지 비행한다면 충분한 성능을 발휘할 가능성이 크다는 예비 평가를 내놓았다. 김정은에게 "최소한이나마 신뢰할 만하고 제대로 기능하는 ICBM 체제"가 있다는 것을 인정해준 셈이었다.[27] 이것은 최악의 시나리오를 의미하는 것일 수 있었고, 정보기관과 펜타곤은 대비책을 세워야 했다. 그러나 급속한 진전에도 불구하고, 북한은 충분히 작고 가벼우면서도 ICBM이 목표까지 가는 동안 견딜 수 있을 만큼 견고한 탄두를 만들 수 있노라고 자신할 단계는 아니었다. 달리 말해, 북한은 아직 군사적으로 활용 가능한 ICBM을 확보하지 못한 상태였다. 더 많은 미사일 실험과 더 많은 핵실험이 필요했다.

내가 북한의 핵 위협을 가볍게 보고 있었던 것은 아니다. 북한의 핵과 미사일 프로그램은 모든 부문에서 가속하고 있었다. 핵분열 물질, 그리고 아마도 삼중수소의 생산도 계속되었다. 5MWe 원자로는 2017년 한해 대부분 기간에 제대로 돌아가고 있었고 영변의 우라늄 농축 시설도 여전히 가동 중이었다. 이 시점에 아마 북한은 소형 탄두용으로 더 적합한 플루토늄을 20~40킬로그램 보유하고 있었을 것이고 고농축 우라늄 보유량은 200~450킬로그램에 달했을 것이다. 이 정도 비축량의 핵분열 물질이면 대략 20~25개의 핵무기를 만들기에 충분했다. 나는 이전에도 북한이 남한 전역과 일본 대부분 지역에 핵 탑재 스커드 미사일과 로동 미사일을 보낼 수 있을 것이라고 평가한 바 있었다.

말로 하는 전쟁이 점입가경으로 치달았다. 갈등의 위험도 계속 고조되었다. 내 걱정은 미국과 전략적으로 동급이라는 모양새를 이루기 위해 북한은 미 본토에 닿으려 밀어붙이고, 표면상 북한이 그러지 못하도록 막으려고 미국이 갈수록 공격성을 보이며 접근하는 와중에 어느 한쪽이 판단 착오를 일으켜 전쟁을 초래할 대응을 하지 않을까 하는 것이었다.[28] 맥매스터는 MSNBC 인터뷰에서 미국은 북한이 핵무기 프로그램을 계속해서 빠르게 가속할 경우 예방 전쟁을 개시할 것임을 강력히 경고하고 있다고 설명했다. 그는 "잔혹한 불량 정권과 관련된 위험을 어떻게 과장할 수 있겠나"라고 덧붙였다.[29] 미국도 북한에 메시지를 보내기 위해 계속해서 더욱 공격적인 움직임을 보였다. "남한이 설립한 참수 전담 부대를 포함하여, 남한과 미국의 군대가 참수 작전 수행을 본격적으로 연습하기 시작한" 것도 바로 이즈음이었다.[30]

"화염과 분노"

8월 6일 유엔 안전보장이사회는 계속되는 미사일과 핵무기 실험에 대해 평양에 가장 강력한 제재를 부과했다. 이 결의안의 조항에 따르면 북한의 석탄, 철, 철광석, 납, 납광석, 수산물 등의 수출이 전면 금지될 예정이었다. 결의안은 또 북한의 무역은행에도 새로운 규제를 가했고 북한이 해외로 파견하는 노동자 수를 늘리는 것도 금지했다.

트럼프가 9월 8일 뉴저지 베드민스터에 있는 자기 골프클럽으로 가는 길에 기자들에게 즉석 발언을 하며 거들고 나섰다. 그는 기자들에게 이렇게 말했다. "북한은 더이상 미국을 위협하지 않는 게 좋을 겁니다. 그들은 지금껏 세상이 보지 못한 '화염과 분노'를 맞게 될 것입니다."[31] 이에 질세라, 몇시간 후 북한 국영매체는 괌 주위에 "포위사격"을 퍼부을 공격을 고려하고 있다는 전략로켓군 최고사령관의 말을 인용 보도했다.[32] 7월 말 북한의 화성14호 2차 실험이 있고 몇주 뒤 트럼프 정부의 몇몇 관계자들이 사태 진화에 나섰다. 틸러슨 국무부 장관은 최근의 사건들에 대해 기자들에게 이렇게 말했다. "우리는 정권을 교체하려는 것이 아닙니다. 우린 당신들의 적이 아니에요.

(…) 그러나 그쪽에서 우리에게 용납할 수 없는 위협을 가하고 있으니 우리도 대응할 수밖에 없는 겁니다."[33] 트럼프의 '화염과 분노' 발언 후에 틸러슨은 다음과 같이 말하여 미 대중을 안심시켰다. "미국민들은 지난 며칠 동안의 특정 언사에 대해 걱정할 필요 없이 안심하고 밤잠을 주무셔도 될 것 같습니다."

하지만 평양의 괌 포고에 자극받은 트럼프는 뉴저지 골프클럽에서 '화염과 분노' 발언을 한 발 더 밀고나갔다.[34] "솔직히 그 발언이 너무 센 것 아닌가 의문을 제기하는 사람들도 있겠지만. 어쩌면 너무 부족한 걸지도." 트럼프는 시진핑 주석과 전화 협의를 마친 후 미군은 북한을 공격하기 위한 "장전 완료 상태로, 만반의 준비를 갖추고 있다"는 트윗으로 북한에 대한 강경 노선을 고수했다. 맥매스터는 트럼프가 일주일 가까이 북한에 "화염과 분노, 그리고 솔직히 말해 무력"을 퍼붓겠다고 위협한 것은 평양이 계속 미국을 위협할 경우 어떤 일을 당하게 될지를 확실히 해두려는 뜻이었다고 말했다.[35]

8월 15일 조선중앙통신은 김정은이 전략군 사령부를 방문하던 중 "괌 포위 사격" 계획을 점검하고 먼저 미국에게 그들의 위협을 물릴 기회를 주기로 결정했다고 보도했다. 괌에 행동을 개시하기 전에 두고 보겠다는 것이었다.[36] 밥 칼린은 이것이 일방적으로 북한의 승리를 선언함과 동시에, 벼랑 끝에서 한발 물러나 "결정적인 동작 중지"를 알리는 김정은의 명확한 메시지라고 썼다.[37] 칼린은 8월 초에 북한이 내부적으로 아무런 행동도 취하지 않았던 걸 보면 평양이 괌 공격을 감행할 준비를 하지 않고 있다는 사실을 알아차릴 만하다고 주장했다. 실제로 "군사 대결을 대비하여 인력을 동원하는 일도 없었고", 조선중앙통신의 첫 보도 이후 괌에 대한 언급도 거의 없었다는 것이다.

김정은의 전략군 사령부 방문 며칠 전, 틸러슨과 매티스는 『월스트리트 저널』에 북한과의 긴장을 늦추려는 의도의 칼럼을 썼다.[38] 이 칼럼이 김정은의 두고 보겠다는 결정을 이끈 것인지도 모르겠다. 이 두 사람은 미국이 "평화적인 압박 활동"을 통한 비핵화를 추구하고 있으며 정권 교체나 통일을 목표로 하지도 않고 북한 인민에게 해를 가할 뜻도 없음을 분명히 함으로써 트럼프의 여과되지 않은 언사를 중화하고 긴장을 늦추고자 했다. 그들은 확실히 백악관에서 나오는 메시지를 일시적이나마 오해의 여지가 없도록 만들었지만, 특히 북한이 회담 전에 일방적으로 양보하지는 않을 상황임을 고려할 때 비핵화로 가는 진전을 이룰 새로운 조건들을 제시하지는 못했다.[39]

괌 공격 위협을 내려놓은 것은 환영할 만한 외교적 신호였으나 평양은 핵·미사일 프로그램 진행을 멈추지 않았다. 북한은 8월 26일 단거리 미사일 3발을 발사했고 뒤이어 중거리 화성12호 발사에 성공했다.[40] 이번에는 미사일이 고각 궤도로만 발사되지 않고 일본 영공 위를 날아갔다. 북한은 이 실험에 대한 발표를 통해 이런 미사일이 "무거운 대형 핵탄두를 실어나를 수 있다"는 점을 분명히 밝혔다. 공영방송 프로그램이 일본 영토 위 미사일 비행을 알리는 비상 경고 화면으로 중단되고 시민들이 문자 경보를 받으면서, 이 발사 실험은 일본에 커다란 혼란과 공포를 안겼다. 유엔 안보리는 긴급회의를 소집하여 이번 발사와 그전 토요일의 세차례 발사를 규탄하는 성명을 채택하며 이런 일은 "그 지역뿐만 아니라 모든 유엔 회원국에 대한 위협"이라고 규정했다.[41]

트럼프는 외교를 거부하는 것으로 이 실험에 대응하며 국제사회와 정부 관계자들을 향해 "대화는 답이 아니다"라고 훈계했다.[42] 이 이전에 발표한 더 공식적인 성명에서 트럼프는 이렇게 말했다.

"세계는 북한이 새로 내놓은 메시지를 크고 분명하게 알아들었다. 이 정권은 자기 이웃 국가들, 유엔의 모든 회원국들, 그리고 국제적으로 용납할 수 있는 행위의 최소 기준을 무시했다. (…) 모든 선택지가 테이블 위에 올라와 있다."[43]

6차 핵실험

9월 3일 북한은 계속해서 6차 핵실험, 지금껏 가장 대담한 실험을 실행했다. 이 실험으로 만탑산 비탈이 눈에 띄게 움직였고 국경 너머의 중국 주민들이 진동에 놀라 허둥대고 대피하는 소동을 겪었다. 평양은 수소폭탄 기술을 완전히 정복했다고 선언했다.[44] 조선중앙통신은 김정은이 폭파 바로 몇시간 전으로 보이는 시점에 2단계 수소폭탄이라는 것을 시찰하는 사진을 공개함으로써 극적 효과를 보탰다. 사진은—영변 핵단지의 전임 연구소장으로 나를 여러번 맞아주었고, 당시엔 핵무기연구소를 이끌고 있던—리홍섭 박사가 귀 기울여 듣고 있는 김정은에게 (당연히 모형인) 핵폭탄에 관해 설명하고 있는 모습을 보여주었다. 실험된 폭탄이 시찰 사진 속의 폭탄과 닮은 것이었는지는 알려지지 않았다. 김정은 뒤로 보이는 설계도가 암시하는 대로, 사진 속 폭탄은7월에 시험 발사된 ICBM 화성14호의 노즈콘에 맞을 정도로 소형이었다.[45]

실험 당시 나는 『불리틴』(*Bulletin*) 인터뷰에서 이번 폭발 규모가 수소폭탄에 부합하지만, 그것이 폭발력을 높이기 위해 중수소 및 삼중수소 동위원소를 이용한 활성화된 대형 핵분열 폭탄일 가능성도 있다고 밝혔다. 9월 실험의 폭탄이 수소폭탄이 아니었다 할지라도 북한이 열핵 역량에 도달하는 것은 시간문제에 불과하다고 나는 생각했다. 폭발력의 처음 추정치는 100킬로톤 어름이었지만, 이후 더 치밀하게 분석한 결과 폭발력이 250킬로톤에 가깝다는 결론이 나왔다. 이는 나가사키를 파괴한 폭탄의 10배 이상 되는 위력으로, 그것이 수소폭탄이었을 가능성이 크다는 뜻이었다. 북한이 ICBM에서 이룬 진전과 매우 유사하게, 폭탄 개발도 나를 포함한 대부분의 분석가들이 예측한 것보다 훨씬 빠른 속도로 진행되었다.

조선중앙통신의 공식 발표는 김정은이 "수소폭탄의 모든 구성요소가 국내에서 생산되었고 (…) 따라서 우리 공화국은 강력한 핵무기를 원하는 만큼 많이 만들 수 있게 되었다"고 얘기했다고 전했다.[46] 이것은 분명 과장이었다. 북한은 아직도 이런 핵폭탄을 생산하는 능력에 제약이 많았기 때문이다. 플루토늄 공급도 제한적이었고, 활성화된 핵분열 또는 핵융합 폭탄에 필요한 삼중수소의 경우도 마찬가지였다. "국내 생산"이라는 주장도 의심스러웠다. 실험이 있고 얼마 지나지 않아 나는 베이징에서 중국의 핵 분야 동료들과 의견을 교환했다. 그들은 실험된 폭탄이 북한이 공개한 사진에 나온 것과 같다면 평양이 틀림없이 어딘가에서 도움을 받았을 것이라고 믿고 있었다. 그들은 중국이 도움을 준 적은 없으니 그 도움은 필시 러시아에서 왔을 것이라고 주장했다. 20년간 러시아의 핵무기 프로그램과 관계를 맺어온 나로서는 그렇다고 믿기 어려웠다. 하지만 북한이 러시아의 미사일 공급업체들로부터 입수한 정보를 통해 간접적인 도움을 받았을 가능성을 배제할 수는 없었다. 북한이 첩보 활동을 통해, 어쩌면 미국으로부터도 설계 정보를 입수했을 가능성도 있었다. 북한은 중국과 매우 비슷하게 처음부터 핵분열 폭탄과 핵융합 폭탄 설계를 동시에 추구해왔을 것이다. 수소폭탄의 존재는 이미 알려진 사실이었고 일반물리학 원리도 과학계 내에서 널리 알려져 있었기 때문이다.

9월 9일 유엔 안보리는 2006년 이후 아홉번째 결의안으로 북한으로의 유류 수출에 상한 제한을 강화함으로써 북한에 대한 제재를 가중했다. 다만 미국 대표 니키 헤일리(Nikki Haley)와 미국의 다른 관계자들이 원한 것만큼 밀고 나가지는 않았다. 이에 뒤이어 일주일 후 북한은 또 한차례 화성12호 탄도미사일을 발사했다. 이번에는 더 표준에 가까운 궤도로 일본을 넘어 3700킬로미터를 비행했다. 미국 영토 괌을 공격할 수 있는 실제 비행 사거리를 최초로 보여준 것이었다.

트럼프는 9월 19일 유엔 총회에서 그 '로켓맨' 연설을 하며 "북한을 철저히 파괴하는 것 외에는 다른 선택의 여지가 없을 것"이라고 위협했다. 그는 북한 문제를 규정하며 엄격한 도덕적 용어를 동원했다. "정의로운 다수가 사악한 소수에 맞서지 않으면 악이 승리할 것이다." 북한의 핵개발 시도를 언급하며 트럼프는 김정은에 대해 "로켓맨이 스스로 자살 특공 임무에 나섰다"고 말했다.[47] 이틀 뒤 김정은은 노기에 찬, 평소와 다른 1인칭 시점의 경고로 대응했다. "나는 이 정신 나간 노망난 늙다리를 반드시, 그리고 단단히 불로 다스릴 것이다."[48] 김정은은 트럼프의 연설로 자신이 선택한 길, 즉 장거리 핵 억지력 개발이 옳았음을 확신하게 되었다고 밝혔다.

유엔 총회가 열리고 있던 뉴욕에서 리용호 외무상은 기자들에게 김정은이 태평양 상공에서 대기권 핵실험을 실시하기로 결정할 수도 있다고 말했다. 리용호는 또 기자들에게 북한이 진전을 이루고 있고 "국가 핵전력" 개발을 거의 완성했으며 핵무력이 전쟁 억지력으로 작용해 미국과의 힘의 균형을 확립하게 해줄 것이라고 얘기했다.

이런 발언은 내가 북한의 이중경로 전략이라고 부르는 것과 같은 맥락에 있는 것이었다. 억지력이 갖추어지면서 군사 노선이 완성되면 그뒤를 이어 경제 개발에 초점을 맞추어 선회할 준비가 되어 있음을 시사하는 발언이기도 했다.

트럼프는 김정은의 '늙다리' 발언에 김정은이 "자기 국민을 굶기건 죽이건 개의치 않을 미친놈이 틀림없으며" 이제 그는 "이제껏 한 번도 겪은 적 없는 시험에 들게 될 것"이라는 트윗으로 대응했다.[49] 다음날 펜타곤은 미국의 결의를 확실히 보여주고 대통령에게 그 어떤 위협도 무찌를 수 있는 다양한 군사적 선택지가 있다는 분명한 메시지를 전달하기 위해 미 공군이 B-1B 폭격기와 F-15C 전투기를 군사분계선 북쪽 해역으로 보냈다고 발표했다.[50] 리용호 외무상은 뉴욕에서 일주일간의 총회를 마치고 유엔을 떠나면서 기자들에게 즉흥 발언을 남겼다. "미국이 우리 공화국에 선전포고를 한 이상, 우리도 떳떳하게 대응조치를 취할 수 있게 되었다. 미국의 전력 폭격기가 우리 영공 경계 밖에 있을 때이더라도 그들을 격추할 권리까지 이에 포함된다."[51]

뒤엉킨 메시지와 출구의 가능성

사실 북한은 전쟁 태세에 돌입한 것이 아니었다. 오히려 그들은 나머지 세계 대부분과 마찬가지로 트럼프를 파악하려고 하는 중이었다. 그들은 미국 측 교섭 상대, 또 정부에 줄이 닿아 있는 사람들과의 비공식 통로를 이용하여 트럼프의 트윗을 해독하려고 애썼다. 그들은 또 미국의 '핵 공격 프로토콜'이 어떠한지, 트럼프에게 공격을 개시할 전권이 있는지도 물어보고 다녔다.[52] 북한 외교관들도 주로 트럼프 정부의 의중에 무엇이 있는지 더 잘 파악하기 위해 계속 다양한 회의에 참석했다.

10월 말에 열린 2017 모스크바 비확산 회의에서 나는 2010년 마지막 북한 방문 후 그동안 볼 일이 없었던 최선희를 만났다.[53] 세계적인 핵 문제의 현 상황에 대한 토론에 패널로 참석한 그녀는 북한 핵 프로그램에 대한 북한 측 입장을 발표하며 북한이 핵 억지력을 개발할 수밖에 없는 것은 바로 워싱턴의 적대적 정책 때문이라고 주장했다. 회의 주최자이자 토론 진행자인 안톤 클롭코프(Anton Khlopkov)가 적대적 정책이 정확히 무엇을 뜻하는 것인지 묻자, 최선희는 트럼프의 말을 그대로 반복했다. "지금껏 세상이 보지 못한 화염과 분노"라거나 "북한을 철저히 파괴하는 것 외에는 다른 선택의 여지가 없을 것", "지금은 폭풍 전야의 고요함"이라는 등의 발언이었다. 그녀는 그렇게 자신의 발표를 마무리했다.

유엔에서 한바탕 언어의 포화가 펼쳐진 후, 틸러슨 국무부 장관이 트럼프 정부가 북한의 미사일 실험과 핵실험 문제를 놓고 그쪽 정부와 직접 소통하기 위해 노력 중이라는 사실을 최초로 인정했다. 그는 뉴스 매체에 "우리에겐 평양과 소통할 수 있는 수단이 있다. 즉, 아무것도 안 보이는 깜깜한 상황은 아니다"라고 말했다.[54] 틸러슨에게 격분한 트럼프는 "지금은 대화할 때가 아니"라며 퉁명스레 반박했다. 자기 입장을 분명히 하기 위해 트럼프는 트위터로 향했다. "우리 훌륭하신 국무부 장관 틸러슨에게 일렀다, 꼬마 로켓맨과 협상하려는 것은 시간 낭비라고. 렉스, 힘을 아껴두시길. 해야 할 일은 어차피 할 테니까." 그는 다시 트윗을 올렸다. "로켓맨에게 잘해줘봤자 25년 동안 소용이 없었다. 이제라고 잘될 리가 있나? 클린턴도 실패했고, 부시도 실패했으며 오바마도 실패했다. 나는 안 그럴 거다."

맥매스터는 『배틀그라운드』에서 미 정부 전체와 국제적 동반자들이 최대 압박 정책에 충실하도록 전선을 유지하는 것이 특히 9월 핵실험 이후로는 더욱 어려웠음에 주목한다. 그는 먼저 북한에 그들 행동의 결과를 절감하도록 만드는 대신 그들과 여러 채널로 소통하려 한 국무부를 비판했다. 김정은에게 교훈을 주기 위한 제한적 '코피' 타격 구상의 정보가 유출되어 언론을 탔다. 정부는 그런 작전이 고려되고 있었다는 사실을 공식적으로 부인했다. 이로 인해 김정은이 어떤 댓가를 치르더라도 핵전력을 유지하겠다고 더욱 결심을 굳힐 수도 있고 핵전쟁이 유발될 수도 있는 등 위험성이 너무 명백하기 때문이었다. 분석가 앤키트 판다(Ankit Panda)는 이런 명백한 위험에도 불구하고 북한의 핵전력을, 특히 이런 폭탄들이 보관되어 있을 것으로 추정되는 북한의 산악 및 험준한 지역 내 갱도 방어진지나 지하 시설에 있는 핵전력을 궤멸하기 위해 미국이 실제로 핵무기를 이용한 예방 타격 또는 선제 타격 계획을 세워놓은 상태였다고 지적한다.[55]

이런 사태가 크게 걱정스러웠던 나는 『불리틴』에 "북한에 제어봉을 삽입할 시간"이라는 제목의 칼럼을 썼다. 나는 북한 상황을 언제라도 통제 불능의 상태가 되어 용융을 겪게 될 수도 있는 핵 원자로에 비유했다. 그 원자로를 다시 제어하려면, 중성자를 흡수하고 핵반응 속도를 늦추도록 특수 제작된 제어봉을 노심 속으로 내려보내야 한다. 나는 매티스와 틸러슨이 변덕스러운 대통령을 누그러뜨리고 북한에 발생할 수도 있는 용융을 피할 제어봉 역할을 정치 분야에서 해줄 것으로 보았다.[56]

밥 우드워드(Bob Woodward)가 『분노』(*Rage*)에서 지적하듯이, 매티스 장관도 북한에서 재앙적 상황이 벌어질 수도 있음을 우려했다. 트럼프 임기 첫 1년 동안 매티스는 "상시 경계 태세" 속에 살았다.[57] 대통령만이 핵무기 발사 권한을 가지고 있지만, 매티스는 자신이 할 역할이 있을 것이라고 확신했다. 매티스의 걱정은 트럼프의 "명령이 너무 무작위적이고 충동적이며 사려 깊지 못하다"는 데 있었다. 우드워드는 2017년 말 매티스가 기도와 숙고를 위해 여러번 워싱턴 국립 성당을 조용히 찾았던 일화를 소개한다. 그는 북한이 미사일을 또 발사하면 한밤중에라도 소집이 되고 그러면 극비로 진행되는 긴급 국가사태대책회의에 참석하러 달려가야 하기 때문에 수많은 밤 매티스가 운동복 차림으로 잠자리에 들었다는 얘기도 들려준다.

트럼프는 남은 가을 내내 김정은에 대한 전례 없는 개인적인 공격적 언사를 멈추지 않았다. 11월 초 아시아 순방 기간도 예외가 아니었다. 서울에서 그는 호평을 받은 국회 연설을 통해 "미국은 갈등이나 대결을 추구하지 않지만, 그렇다고 그것으로부터 도망치지도 않을 것"이라고 말했다. 서울 체류 기간 중 트럼프의 발언은 미국이 한반도 인근에 3척의 항공모함을, 적소에 핵잠수함을 배치하고 있다는 사실을 김정은에게 상기시키는 데 맞춰졌다. 그는 북으로 38킬로미터만 가면 "슬프게도 북한이라는 감옥 같은 국가가 시작된다. (…) 약 10만의 북한 주민들이 강제수용소에서 강제 노역에 힘겨워하며 고문과 굶주림, 강간, 살인의 고통을 일상적으로 겪고 있다"고 말했다. 그는 또 북한에 대안적 미래를 제안하며 "대화의 자리로 나와 협상을 하라"고 촉구했다. 트럼프는 김정일을 언급하며, "당신이 신과 인간을 거슬러 저지른 그 모든 범죄에도 불구하고 (…) 우리는 훨씬 더 나은 미래를 향한 길을 제안할 것"이라고 말했다. 물론 완전한 비핵화가 그것의 필요조건이었다.[58]

귀국 후에도 트럼프는 계속 북한을 옥죄어갔다. 정부는 북한을 테러지원국으로 공식 재지정했다. 대통령의 말에 따르면, 이 "불량 국가"가 핵무기 추구를 포기하도록 압박을 대폭 강화하려는 의도에서 나온 조치였다.[59] 전직 CIA 분석가인 정 H. 박(Jung H. Pak)은 이런 조치가 9개월 전 김정은의 이복형 김정남이 말레이시아 쿠알라룸푸르 공항에서 치명적인 화학적 신경작용제 VX로 암살당한 사건에 대한 대응으로 나온 것이라고 주장했다.[60] 평양 그리고 아마 김정은도 이 암살에 일정한 역할을 했으리라는 전반적인 의혹이 있었지만, 사실 김정남은 마카오에서 호화로운 망명생활을 즐기고 있었기 때문에 김정은의 통치에 위협적인 존재로 보이지는 않았다. 하지만 그가 한동안 CIA와 접촉하며 거기서 돈을 받아왔으며 평양도 그 사실을 분명히 알고 있었을 것이라는 확인되지 않은 보도들이 떠돌았다. 박을 비롯한 몇몇 사람들은 공항이라는 공개적 장소에서 그런 식으로 처형한 것은 김정은을 자리에서 몰아내려는 생각을 품고 있는 사람들에게 보내는 메시지로 의도된 것이라고 주장했다. 그것은 김정은이 세계를 향하여 자신이 성장 중인 핵무력과 함께 (약 5천톤 정도라고 여겨지는) 화학 무기도 비축해놓았다고 경고하는 한가지 방식이었다. 북한은 이에 더해 탄저균이나 콜레라, 페스트 등과 같은 생화학적 무기 소재도 생산했다는 의심을 받기도 한다.[61]

백악관에 큰 반향을 불러온, 특히 트럼프에게 영향을 끼쳤다고 언급되는 또다른 사건은 버지니아대학교 재학생 오토 웜비어(Otto Warmbier)의 비극적 죽음이었다. 그는 북한을 관광하던 중 정권에 적대적 행위를 했다는 혐의로 2016년 1월 수감되어 15년의 노역형을 선고받은 상태였다. 17개월 가까운 감금 끝에 2017년 6월 외교 채널을 통한 북미 접촉으로 웜비어의 석방이 확정되었다. 그런데 외무성도 충격을 받은 듯 보이는 사정이 드러났다. 웜비어가 1년 이상 혼수 상태에 있었던 것이다. 그는 미국으로 돌아온 지 6일 만에 사망했다.

11월 초 미 의회는 웜비어의 이름을 딴, 북한에 대한 새로운 금융 규제를 지지했다.[62] 그리고 같은 달 트럼프는 북한을 테러지원국으로 지정하면서 "오늘 이 결정을 내리며 우리의 생각은 오토 웜비어에게로 향합니다"라고 말했다. 남한 국회 연설에서도 트럼프는 웜비어가 "고문을 받았다"고 말한 바 있었다. 이런 발언은 웜비어가 고문을 받았는지 여부가 아직 논쟁 중임에도 그가 구타를 당했다는 설을 뒷받침하기 위한 것이었다. 서울에 거주하는 러시아인 북한 전문가 안드레 란코프(Andre Lankov)는 트럼프 정부가 김정은 정권에 대한 군사행동을 정당화할 논거를 개발하고 있는 것이라고 의심했다. 백악관은 구타가 있었을 수도 있다는 추측들이 퍼져나가도록 놔두었고, 이는 사람들에게 오토 웜비어의 운명에 대한 가장 공포스러운 상상에 빠져 그에 따라 행동할 수 있는 허가를 내준 셈이었다.[63]

김정은은 트럼프가 북한을 응징하는 조치를 배가해도 꿈쩍도 하지 않는 것처럼 보였다. 11월 29일 북한은 새 ICBM, 화성15호를 시험 발사했다. 이 거대한 미사일은 야간에 야전 발사장에서 커다란 9축 TEL로 고각 궤도에 맞춰 발사되었다. 그것은 최고 고도는 거의 4500킬로미터에 달했고 950킬로미터를 비행했으며, 점화시 추진력은 80톤으로 7월 발사된 화성14호 미사일의 두배에 달했다. 미사일 전문가들은 화성15호는 사거리가 1만3천킬로미터로, 정상 궤도로 발사된다면 미국 본토 전역에 닿기에 충분할 것으로 판단했다. 북한은 자체적으로 이번 미사일이 미국 전역에 도달할 수 있다는 포고를 발표하고 이제 자신들의 "핵전력이 완성되었다"고 덧붙였다.[64]

나는 이 발표가 북한 국내용인 동시에 김정은이 워싱턴을 향해 자신감을 과시하는 행위라고 보았다. 평양의 핵전력이 이제 미국 본토를 위협한다는 것을 믿을 수밖에 없게 된 것은 워싱턴이었기 때문이다. 그러나 내가 보기에 그것은 사실이 아니었다. 세차례에 걸친 북한의 ICBM 발사 성공이 인상적이기는 하였지만, 거기에서 작전 가능한 핵 탑재 ICBM 전력으로 가는 길은 아직 한참 남아 있었다.[65] 게다가 미사일 전력은 무기든 사람이든 결코 '완성될' 수 없다. 그런 것들은 필요할 때까지 그냥 선반에 보관해두는 물건이 아니다. 끊임없는 훈련이 따르지 않으면 안 된다. 예를 들어, 7월 말 북한 ICBM 발사 단 이틀 후 미국은 캘리포니아 반덴버그 공군기지에서 거의 7천 킬로미터 떨어진 태평양의 콰잘린 환초 인근 지역으로 비무장 미니트맨III ICBM을 시험 발사했다. 공군지구권타격사령부에 따르면, "이 ICBM 시험 발사 작전의 목적은 무기 체계의 안정성 및 보안, 효과, 준비 상태 등을 입증하고 확인하는 것이다."[66] 그것은 미 핵무력 중 유일하게 남아 있는 지상 기지용 ICBM인 미니트맨III의 299번째 시험 발사였다.

밥 칼린에 따르면, 북한은 핵전력의 빠른 성장이 그들에게 어느 정도의 "철벽같은 힘"을 준다고 믿었다. 그는 이로 인해 김정은이 외교로 다가갈 수 있게 되겠지만, 판단 착오의 가능성은 양쪽 모두에서 커지고 있다며 우려의 목소리를 높였다.[67] 12월 『포린어페어스』 기사를 통해 북한의 핵·미사일 프로그램에 대한 현시점에서의 평가를 발표한 데 덧붙여,[68] 나는 미국 정부에 김정은이 경제 쪽으로 선회할 경우 그의 대화 제안을 수용할 것을, 혹은 필요하다면 대화를 먼저 주도할 것을 조언했다. 대화는 보상이나 양보가 아니라 "오히려 핵 재앙의 위험성을 줄이고 상대방에 대한 더 나은 이해를 키워가는 첫걸음"이 될 것이라고 했다. 트럼프의 의중에도 같은 생각이 들어 있으리라고는, 나로서는 알 길이 거의 없었다.

12월 초, 전직 고위 외교관이자 정무 담당 차관인 제프리 펠트먼(Jeffrey Feltman) 유엔 수석특사가 안토니우 구테흐스(Antonio Guterres) 유엔 사무총장이 김정은에게 보내는 친서를 들고 북한을 방문했다.[69] 구테흐스를 대신하여 펠트먼은 북한이 군부 대 군부 채널을 다시 열고, 미국과 회담을 열어 대화를 시작할 준비를 갖추고, 안보리 결의를 이행할 것을 요청했다. 펠트먼은 북한 사람들에게 상황의 심각성을 강조했다. 그가 전달하려 한 메시지의 요점은 "그들이 억지력이라 생각하는 것이 그것으로 막고자 하는 전쟁을 유발할 수도 있다"는 것이었다. 펠트먼이 보기에 평양은 트럼프의 트위터 위협과 트럼프가 북한에 대한 선제 타격을 명령할 확률이 30퍼센트라고 못박아 말한 적 있는 린지 그레이엄(Lindsey Graham) 상원의원 같은 공화당 매파를 예의 주시하고 있었다. 그레이엄은 북한에 대한 정밀타격 같은 것은 없다고 큰소리치기도 했다. "그 정권을 완전히 무너뜨릴 각오를 해야만 한다."[70]

펠트먼의 평양 방문 일주일 후 도쿄 기자회견에서 구테흐스는 "우리 모두는 상황이 통제를 벗어나는 사태, 상황에 대해 잘못 이해하고 잘못 대처해서 끔찍한 결과를 불러올 전쟁으로 몽유병자처럼 걸어 들어가게 되는 사태를 피하고자 합니다"라며 우려를 표했다.[71] 의도치 않은 갈등에 대한 이런 메시지에 극적인 효과를 더하기 위해, 펠트먼은 평양 방문 중 역사학자 크리스토퍼 클라크(Christopher Clark)의 연구서 『몽유병자들: 1914년 유럽은 어떻게 전쟁에 이르게 되었는가』(*Sleepwalkers : How Europe Went to War in 1914*)를 리용호 외무상에게 증정했다.

펠트먼이 유엔 사무총장을 대신해 북한을 방문한 사건의 중요성은 이미 인정을 받았지만, 그가 판도를 뒤집어놓은 트럼프 대통령으로부터의 비밀 메시지를 들고 갔다는 사실은 3년이나 더 지나 그가 BBC 프로그램 「트럼프 어깨 위의 세계」에서 직접 밝히기 전까지 대중에 공개되지 않았다.[72] 펠트먼은 2017년 말 평양 방문 초청을 받은 경위와 미 국무부가 그의 방문을 탐탁지 않아 했던 당시 사정을 설명했다. 하지만 몇주 뒤 구테흐스 사무총장이 북한 상황을 논의하기 위해 백악관을 찾았다. 구테흐스는 트럼프에게 "제프 펠트먼이 평양으로 와서 북한 사람들과의 정책 대화를 이끌어달라는 이상한 초청을 받았음"을 알려주었다. 이에 트럼프가 구테흐스 쪽으로 몸을 기울이고 이렇게 말했다고 펠트먼이 BBC에 말했다. "제프 펠트먼은 평양에 가야죠. 가서 북한 사람들에게 내가 기꺼이 김정은과 마주 앉을 용의가 있다는 말을 전하라고 하세요."[73]

2017년 트럼프가 김정은과 대립하던 하나의 장을 닫고 2018년 극적으로 180도 방향 전환을 하게 된 계기가 바로 이 제안이었다고 나는 믿는다. 이상한 일이지만, 이 결정적인 제안을 트럼프는 한번도 공개적으로 언급하지 않았다. 우드워드의 『분노』에도 볼턴의 『그 일이 일어난 방』에도 이 이야기는 언급되지 않는다.

19장

올림픽에서 싱가포르까지

2017년 말, 트럼프 대통령이 제프리 펠트먼을 통해 김정은에게 초청 의사를 전달한 때와 거의 동시에, 문재인 대통령이 북한 선수들을 2월 평창 동계올림픽에 참가하도록 초청했다. 평양도 워싱턴과 서울의 이런 제의에 관심이 있는 듯 보였다. 김정은은 그의 신년연설에서 청와대가 보낸 신호에 직접 화답하며, 동계올림픽에 대표단을 보낼 것을 고려해보겠으며 남북 간 군사적 긴장 완화를 최우선 과제로 삼겠다고 밝혔다. 그러나 이렇게 남한과는 대화로 선회할 시도를 하면서도 김정은은 미국에 대해서는 같은 방식으로 즉각 답을 보내지는 않았다.

대신에 김정은은 2017년의 성공적인 핵·미사일 실험의 결과와 그것이 북한이 미국과 맺는 전략적 관계에서 갖는 의미를 강조했다. 고도화된 북한 핵 역량에 대한 새로운 자신감을 드러내며 김정은은 핵 억지력의 완성에 성공했음을 선언했다. 그는 이로 인해 "이미 그 위력과 신뢰도가 확고히 검증된 (…) 핵탄두와 미사일의 대량 생산"이 가능해졌다고 말했다. 김정은은 또 미국은 "내 테이블 위에 핵무기 단추가 올라와 있음을 알아야 할 것"이라고 경고했다.[1] 핵무기를 발사할 전권이 그에게 있음을 시사하고 그가 미국 대통령에 맞먹는 지휘 통제 시스템을 가지고 있음을 보여주려는 발언이었다.

김정은의 연설은 북한이 핵 관련 성과를 거두었음과 이중경로 전략 정책에서 예전부터 이어온 한 갈래가 확실히 완성되었음을 과시하면서, 그와 동시에 남한과의 대화의 문을 열면 북한의 핵개발이 필연적으로 느려질 것임을 시사했다. 그해 봄 정부 정책 노선의 공식적인 변화를 예고하며 김정은은 미국 주도의 최대 압박 작전이 경제에 부정적인 영향을 끼치고 있다고 언급했다.[2] "생명을 위협하는 제재와 봉쇄"가 북한의 "어려운 생활 여건"으로 이어지고 있는 상황에서, 이 발언은 김정은이 경제 개선으로 초점을 돌리면서 제재 압박의 짐을 계속 짊어져야 할 국내의 인민들에게 던지는 메시지였다.[3]

김정은의 신년연설은 남한에서 대체로 긍정적인 반응을 얻었다. 문재인 대통령은 판문점에서 북한의 협상가들과 대화를 시작하고 평창 올림픽 제안이 "남북 관계를 개선하고 평화를 가져오는 전환점"이 될 수 있도록 협상에 임하라고 정부에 지시했다.[4] 북한은 곧 직접 대화를 위한 귀중한 채널인 서울과의 핫라인을 다시 열었다. 워싱턴의 트럼프 정부는 그냥 '최대 압박'을 계속하는 쪽으로 자세를 취하는 반응이었다. 정부 관계자들이 북한이 비타협적 전제 조건들을 충족시키기 전에는 미국이 대화 불가 정책에서 벗어나는 일은 없을 것이라고 약속했던 것이다. 2017년에도 그랬듯이, 트럼프는 김정은에게 트윗을 날려 자기의 핵 단추가 "그의 것보다 훨씬 더 크고 더 강력하며, 게다가 잘 작동한다"는 것에 주의하라면서 미국의 공식 입장

위에 그의 자극적인 언사를 보탰다. 미국의 공개적 반응은 김정은의 연설에 예고된 획기적일 수 있는 북한의 정책 변화에 대한 섬세한 이해를 전혀 보여주지 않았다.

남북 간 대화가 추진력을 얻다

1월 9일 판문점에서 열린 남북 간 회담은 의미있는 일련의 사건들로 이어졌다. 북한이 대표단을 보내기로 합의한 2월의 동계올림픽이 그 시작이었다. 한반도기 아래 남과 북의 선수들이 나란히 행진하는 광경은 관중들로부터, 그리고 북한을 대표하는 김정은의 여동생 김여정과 북한의 명목상 국가원수 김영남으로부터 열광적인 환호를 받았다. 열렬히 박수를 보내는 북한에서 온 두 사람과 마찬가지로 흥겨워하는 문재인 대통령과는 완전히 대조적으로, 마이크 펜스(Mike Pence) 부통령은 무표정한 얼굴로 조용히 앉아 있었다.

올림픽 후로도 남북 고위 회담이 이어져 정의용 국가안보실장과 서훈 국가정보원장이 평양에서 김정은을 만났다. 남한 특사들이 같은 주 백악관으로 넘어와 트럼프 정부에 회담 결과를 알리고 오벌 오피스에서 대통령을 비롯한 고위 관계자들을 만났다. 정의용은 김정은이 평양에서 그들을 만난 자리에서 네가지를 명시적으로 약속했다고 설명했다. 비핵화 약속, 핵·미사일 실험 중지 약속, 한미 정규 군사훈련 진행 인정, 그리고 가장 중요하게 트럼프를 만나고 싶다는 의사표현이 그것이었다. 김정은이 기꺼이 트럼프를 만나려 한다는, 정의용이 전한 이런 놀라운 발언은 문재인 정부의 외교적 노력과 북한 핵 과학자 및 엔지니어 들이 이룬 기술적 성과에 고무된 김정은이 트럼프가 12월 펠트먼을 통해 전달한 메시지에 대해 보내는 직접적 응답이었을 것이다. 김정은의 약속에 대한 맥매스터의 회의적인 태도에도 불구하고 트럼프는 즉각 그도 김정은을 만날 용의가 있다고 밝히고 정의용으로 하여금 공개적으로 발표하도록 했다. 3월 9일 저녁 백악관 앞마당에 정의용이 등장해 공식 발표를 했다. 그는 전국으로 방송되는 텔레비전 채널을 통해 김정은이 남한에 전달한 네가지 구상을 발표하고 함께 만나자는 김정은의 제안에 트럼프가 동의했음을 밝혔다.

트럼프가 직접 만나자는 김정은의 초청을 받아들였다는 소식에 국제사회는 큰 충격을 받았다. 그가 펠트먼을 통해 먼저 제안했다는 사실은 아직 밖으로 알려지지 않았기에, 서울이 추진하고 있는 포용정책에 미국이 이런 식으로 발맞춰나갈 준비가 되어 있다는 조짐을 전혀 찾을 수 없었던 것이다. 트럼프는 '분노와 화염'으로 김정은을 위협하던 태도에서 180도 돌변하여, 각별한 설득력을 가지고 있다는 스스로에 대한 믿음에 기대어 자신은 김정은과 돈독한 개인적 관계를 형성하고 언론의 주목과 국제적 찬사를 받을 협상을 성사시킬 수 있다고 주장했다. 나는 이 새로운 현실을 반영하여 북한에 대한 스탠퍼드 강연을 수정해야 했다. 한때 매티스와 틸러슨을 당장이라도 폭발할 듯한 트럼프 대통령을 억제할 '제어봉'으로 묘사했었지만, 이제는 트럼프가 제어봉을 삽입해 정치적 용융을 막았다는 점을 인정하지 않을 수 없었다.

싱가포르로 가는 길

다음 석달 동안 남한은 성공적인 김정은-트럼프 정상회담의 준비를 돕는 데 전력을 기울였다. 북한 역시 대화의 장에 나올 준비가 되어 있었다. 올림픽 때 김정은의 여동생이 문재인 대통령에게 북한을 방문해달라는 친필 초청장을 전달해놓은 상태였다. 문재인과 김정은은 4월 말 판문점 회담으로 대화를 향한 첫걸음을 내딛었다. 이 정상회담으로 북한의 한바탕 정상 외교 행렬에 시동이 걸렸고, 수년에 걸친 반목과 긴장 끝에 드디어 외교가 힘을 발휘할 수 있겠구나 하는 새로운 희망이 일었다.

평양과 워싱턴은 마침내 미합중국 대통령과 북한의 지도자가 마주 앉을 최초의 정상회담 장소를 싱가포르로 합의했다. 그러나 미국 쪽에서 보면 싱가포르까지 가는 길은 혼란스럽기 그지없었다. 워싱턴은 사전 계획이나 질서가 거의 없는 상태에서 미답의 영역으로 들어가고 있었다. 트럼프는 CIA 국장 마이크 폼페이오(Mike Pompeo)에게 부활절 주말 동안 은밀히 평양에 건너가서 정상회담을 위한 정지작업을 해달라고 요청했다. 폼페이오는 해고된 렉스 틸러슨 국무부 장관 후임으로 지명되어 미 상원 승인을 기다리고 있는 상태였다. 그는 정보국 내 신설된 한국임무센터의 장인 성현 (앤디) 김과 동행해 북한을 향했다. 앤디 김(Andy Kim)은 CIA 분석가 출신으로 가장 최근에 서울 CIA 지부장을 맡은 바 있었다. 남한에서 성장하여 한국어를 능통하게 구사하는 그는 한반도 문제에 대해 남다른 이해도를 지니고 있었다. 폼페이오는 김정은에게서 비핵화 의향을 확인받을 수 있었다. 김정은은 때를 놓치지 않고 자기 앞의 미국인들에게 핵무기는 그와 그의 아이들이 짊어져야 할 무거운 짐이라고 설명했다. 북한 미래 세대의 등에서 그 짐을 덜어주고 싶어 하는 마음을 시사하는 발언이었다. 폼페이오의 제안으로 그들은 의제를 하나로 모으기 위한 실무자급 회의도 마련하기로 합의했다.[5]

같은 달 폼페이오가 공식적으로 국무부 장관직을 맡았다. 북한과의 외교 가능성에 개인적으로 어떤 의심을 품고 있는가와는 상관없이 그는 대통령의 사람이었고 겉으로는 긍정적인 모습을 보여주었다. 국가안보 보좌관 H. R. 맥매스터 장군도 존 볼턴으로 대체되었다. 볼턴은 부시 정부에서 국무부 고위직을 지냈고 공직을 떠난 후에도 미국 우월주의를 옹호하는 매파 인사로 자기 이미지를 구축해온 인물이었다. 트럼프가 눈에 띄게 맥매스터와 사이가 틀어져 있는 상황에서, 볼턴은 정부로 다시 들어가고 싶은 마음이 굴뚝같으면서도 오로지 국무부 장관이나 국가안보 보좌관직을 받아야겠다고 고집했다. 폼페이오가 국무부 수장으로 낙점되면서 그는 후자에 만족해야 했다.

미국이 진지한 외교적 노력을 앞두고 있고 트럼프의 시선이 온통 김정은과의 정상회담에 꽂혀 있던 이때, 맥매스터를 볼턴으로 교체한 것은 이해하기 어려운 일이었다. '최대 압박' 대북 정책을 세우는 데 일조했고 트럼프와 김정은의 만남을 극히 의심스러운 눈으로 바라보는 보수주의자 맥매스터의 후임으로 그런 만남을 죽자고 반대하는 볼턴이 온 것이다. 맥매스터는 김정은이 핵무기를 원하는 것은 단지 억지력만이 아니라 남한에서 미국을 몰아내고 한반도를 차지할 도구로 쓰려는 의도도 있어서라고 믿었다. 수많은 그의 전임자들처럼 그도 협상이란 북한이 한반도에 그 수정주의적 목표 달성에 더 유리한 조건을 조성할 시간을 벌기 위해 악용하는 기제 정도로 보았다. 한편 볼턴은 외교 자체를 매우 회의적으로 보았고 북한에 대한 군사력 사용을 가장 강력하게 지지하는 사람들 중 하나였다. 트럼프 정부에 합류하기 직전에 쓴 기고문 중 하나에서 볼턴은 자기 딴에는 북한의 핵 프로그램에 대한 예방적 공격의 법적 논거라고 생각하는 주장을 펼쳤다. 북한이 곧 핵무기로 미국을 칠 수 있는 강력한 역량을 갖게 될 터이니 "미국이 (…) 선제적 타격으로 대응하는 것은 전적으로 정당할 것"이라고 그는 썼다.[6] 이 시점에 볼턴을 불러올린 것은 김정은과의 회담을 준비함에 있어서 긍정적인 조치로는 보이지 않았다.

트럼프의 보좌관들이 쓸데없이 자리를 돌려 앉는 동안, 김정은 위원장은 같은 4월 북한을 새로운 정책 궤도에 올려놓기 위한 괄목할 만한 조치를 취했다. 김정은은 조선로동당 중앙위원회를 향해 북한은 이미 "핵무기의 완성을 증명했다. (…) 우리는 더이상 핵실험이나 중거리 및 대륙간 탄도미사일 실험이 필요치 않으며, 그런 이유로 북부 핵 실험장은 그 소임을 다했다"고 말했다.[7] 김정은은 또 일부 한국 연구자들이 기대하고 있던 당 노선의 전환을 선언했다. 그의 병진 정책 대신 경제에 집중하는 "새 전략 노선"이 그 자리를 차지했다. 밥 칼린을 포함한 몇몇 한국 연구자들은 김정은이 2021년 이후로 줄곧 이런 궁극적인 방향 전환을 위한 기초를 닦아왔다고 주장해왔으며, 2017년 말 핵 프로그램에 대한 북한의 표현법이 변했을 때 이런 전환이 다가오고 있음을 감지할 수 있었다.[8]

5월 초 마이크 폼페이오가 다시 평양을 찾았다. 이번에는 새로 임명된 국무부 장관 자격으로 트럼프-김정은 정상회담을 위한 추가 정지작업을 하기 위해서였다. 이 방문은 성공적으로 마무리되지 못했다. 폼페이오는 핵무기를 개발 및 실험하는 장소의 목록을 제시하는 것과 같은 확실한 약속을 얻고자 했으나, 북한 측 협상 담당자들은 그런 논의는 철저히 김 위원장의 권한에 속하는 것이라고 말했다. 편리하게도 그 순간 김정은은 수개월 만에 시진핑 주석과의 두번째 만남을 위해 베이징으로 가고 있었다. 임기 시작 후 몇년 동안 시진핑과의 냉랭했던 관계 뒤에 김정은은 중국의 지지를 강화하기 위해, 또는 최소한 곧 열릴 트럼프와의 정상회담에 대해 베이징에 귀띔해주기 위해 접촉을 시도하고 있었다.

5월 폼페이오가 빈손으로 평양에서 돌아온 후 싱가포르 정상회담을 향한 추진력이 상당히 약화되었다. 북한의 비핵화 과정을 리비아의 예에 비유한 존 볼턴의 발언에 북한은 부정적인 반응을 보였다. 5월 24일 최선희 부상이 펜스 부통령을 공격하는 날선 성명을 냈다. 그는 리비아식 모델을 극구 칭찬해왔고 북한에 대한 군사적 선택지가 결코 검토에서 제외되지 않았다고 밝힌 터였다. "핵 보유국인 조선민주주의인민공화국을 그저 몇개 설치해둔 폭탄이나 만지작거리고 있던 리비아와 비교하려 들다니 그가 정치적으로 얼마나 멍청이인지 짐작하고도 남음이 있다."[9] 이 발언이 백악관에 당도하자 곧바로 트럼프와 그의 보좌관 몇명이 모여 이런 공격은 용납할 수 없는 것이라는 데 의견일치를 보았다. 대통령은 이제 회담은 끝이라는 메시지를 김정은에게 보냈다. 같은 시각 김정은과 문재인이 서둘러 만났고 김계관은 상부의 허가를 받아 사실상 최선희의 발언에 대해 사과하는 성명을 발표했다.

김정은과의 관계 확립과 그 과정에서 연출될 멋진 광경에 대해 온통 관심이 쏠려 있던 트럼프는 결국 방향을 바꾸지 않을 수 없었다. 그는 보좌관들에게 자기는 "지금의 추진력을 놓치고" 싶지 않다며, "이거야말로 큰 건이다. 만일 우리가 협상을 이뤄낸다면, 그것은 역사상 가장 위대한 협상 중의 하나가 될 것이다"라고 설명했다. 볼턴은 트럼프의 심경 변화에 대해 "그것은 낙심천만한 일이었다. 우리는 거의 그 덫을 피할 수 있을 뻔했다"라고 털어놓았다. 그에게 그 덫이란 김정은과의 싱가포르 회담 개최였다.[10] 『그 일이 일어난 방』(*The Room*)에서 볼턴은, 어차피 싱가포르 회담이 진행될 것이라면 "법적 구속력이 있는 어떤 일도 일어나지 못하게 막고 트럼프가 덜컥 동의해버릴 수도 있는 부적절한 문서의 해악을 최소화하기 위해" 자신이 각고의 노력을 기울여야 함을 깨달았다고 진술한다.

취소했다가 곧바로 번복하는 트럼프의 모습에 자극을 받았을 법도 하건만 북한은 외신기자들을 참석시킨 가운데 풍계리의 실험용 터널 파괴 작업을 진행했다. 풍계리의 불능화는 그 실험장이 북한의 핵 프로그램 추진에 더이상 필요하지 않다는 김정은의 5월 주장에 따른 것이었다. 북한은 실험장에 남아 있던 사용 가능한 터널 세개를 무너뜨렸다고 주장했으나, 이런 주장을 검증할 외국 전문가들은 그 자리에 없었다. 몇주 후 북한은 싱가포르 회담 준비 기간에 또다른 핵심적 약속, 즉 미사일 엔진 시험대 파괴와 서해발사장의 발사 시설 일부 폐기를 이행하는 듯 보였다.[11] 볼턴은 북한의 실험용 터널 폭파가 지니는 가치를 매우 회의적으로 보았다. 그는 그것을 두고 또 하나의 "가짜" 양보, "순전한 허풍"이라고 했다. 내 생각에 그것은 중요한 일이었다. 핵실험 및 장거리 미사일 실험 모라토리엄은 평양발 핵 위험을 줄이는 방향으로 나아가는 결정적인 조치였다. 핵 실험장의 터널들을 폭파함으로써 핵실험으로 돌아가는 일이 완전히 불가능해진 것은 아니었지만, 적어도 그 가능성이 준 것만은 틀림없었다.

2018년 봄 나는 나의 스탠퍼드대학 동료 밥 칼린, 엘리엇 세르빈(Elliot Serbin)과 함께 「북한 핵 프로그램의 포괄적 역사」(A Comprehensive History of North Korea's Nuclear Program)라고 이름 붙인 연구를 완

료했다.[12] 우리는 칼린과 내가 수년에 걸친 (내 경우는 7차례, 칼린은 30차례 이상의) 북한 방문을 통해 알게 된 사실과 광범위한 문헌 검토를 종합하여 북한 프로그램의 진화를 조망하고자 했다. 1992년을 시작으로 우리는 북한의 핵·미사일 프로그램의 추이를 핵심적인 외교 변화와 나란히 보여주었다. 우리는 거의 100페이지에 달하는 역사를 기록하면서 그 옆에 색상으로 분류한 도표를 곁들여 한눈에 이해할 수 있는 시각적 요약본을 제공했다. 색상 도표는 외교, 기술, 정치 각 부문이 해마다 어떻게 전개되어왔는지를 시각적으로 해석하여 보여주었다. 우리가 이렇게 색상으로 분류하는 방법—미국 관점에서 좋은 변화에는 농도가 다른 세가지 녹색, 나쁜 변화에는 세가지 빨강—을 선택한 것은 워싱턴의 글을 읽지 않는 정책입안자들에게도 전달되기를 바라는 마음에서였다.

이 연구의 핵심적 요점들은 싱가포르 정상회담을 앞두고 트럼프 정부와 미국 관계자들에게 보내는 나의 정책적 충고를 담고 있었다. 첫째, 우리는 북한에게 핵무기 추구란 주도면밀하고 확고하며 끈질긴 프로그램이었다고 결론지었다. 그들의 핵 프로그램은 그렇게 은밀한 것도 아니었다. 둘째, 북한 핵 프로그램의 진전이 놀랄 일이 아니었음에도 불구하고 2000년 이후 미국의 외교는 산발적이고 대증적이었으며 종종 위기를 관리하기보다는 회피하려는 욕구에 지배당했다. 북한의 핵 프로그램은 외교에 주력하는 시기에는 느려지기도 하고 때로 역진한 적도 있었지만, 완전히 폐기된 적은 한번도 없었다. 북한 핵 프로그램의 속도를 늦춘 가장 중요한 요인 중 하나는 미국과 IAEA가 영변에 들어가 있는 것이었다. 바로 이런 것이 이번에도 미북 회담의 일차적인 목표에 들어가야 했다. 우리의 도표는 또 북한의 핵사업이 방대한 규모의 기획이었음을 보여주었다. 대략 25

년 정도가 걸린 일이었으니, 비핵화에도 마찬가지로 시간이 걸리리라 예상해야 했다.

이 도표들은 워싱턴이 비핵화의 목표를 앞으로 어떻게 설정해야 할지도 명확하게 보여주었다. 아무도 '비핵화'가 무엇을 의미하는지 확실히 알지 못했다. 무기를 없앤다는 뜻이었나, 아니면 실전 배치된 무기, 또는 핵분열 물질이나 미사일, 인력, 민간용 핵 프로그램을 없앤다는 뜻이었나? 설혹 그것이 북한의 정의와 당장 일치하지는 않는다고 하더라도 미국이 이 용어의 정의를 명확히 하는 일이 필요했다. 여기에 더해 북한이 '협상마다 속임수를 써왔다'는 이야기가 정확하지도 유용하지도 않다는 사실을 워싱턴이 깨닫는다면 더 큰 도움이 될 것이었다. 색상 도표는 그런 실수를 반복하지 않도록 북한 핵 프로그램의 역사에 대한 더 나은 이해를 제공하려 했다. 마지막으로, 우리는 2018년의 상황이 나빠질 만큼 나빠져 있다고 여겼지만 상황이 더 나빠질 가능성도 있었다. 미국은 과거에 위기가 가중되는 상황을 관리하지 못해 기회를 여러번 놓친 경험이 있었다. 미국은 그 어떤 비핵화 회담이든, 이런 역사에 대한 인식과 함께 상황 악화를 막기 위해 그런 위기들을 관리하겠다는 열의를 가지고 접근해야 한다는 것이 우리의 생각이었다.

우리는 제재가 북한 핵 프로그램의 진전에 유의미한 영향을 거의 미치지 못했다는 사실도 확실히 보여주었다. 또 일반적인 믿음과 달리 북한과의 외교적 협상이 유지되는 기간에 워싱턴이 지출한 비용이 그다지 많지 않다는 사실도 찾아냈다. 우리는 가장 중요한 초기 조치로 핵실험 중단과 중·장거리 미사일 실험 중단, 플루토늄 및 고농축 우라늄 생산 중지, 핵무기 및 관련 물질, 기술의 수출 중지 등을 꼽았다. 우리는 "중지, 원위치로 후퇴, 그리고 폐지"라는 단계적 접근법을 추천했다. 북한 핵무기 기획의 엄청난 규모와 워싱턴과 평양의 깊은 불신의 골 때문에 북한 핵무기를 폐기하기 위한 이런 작업은 10년이 넘게 걸릴 수도 있는 일이었다.

2018년 봄 우리는 이런 연구 결과를 국가안전보장회의의 매트 포틴저와 앨리슨 후커(Allison Hooker), 국무부, 펜타곤, 국가핵안보국을 비롯한 워싱턴의 몇몇 관계 기관에 브리핑했다. 워싱턴에서는 커다란 관심을 받았고 NSC에서도 정중한 대접을 받았다. 4월 워싱턴에 머무는 동안 존 볼턴은 만나지 않았다. 그는 막 국가안보보좌관이 된 상태였다. 우리가 추천한 단계적 접근법은 볼턴의 견해와 정반대였다. 그는 '행동 대 행동' 식의 조치는 반드시 피해야 한다고 믿었다. 그런 것들은 핵 프로그램 폐기를 질질 끌면서 막연한 미래로 미루는 동안 경제적 혜택은 먼저 챙기게 해주기 때문에 북한에만 이롭다는 주장이었다.[13] 볼턴은 트럼프에게 북한에 어떤 혜택을 주려면 그것은 완전하고 검증 가능하며 돌이킬 수 없는 비핵화가 완료된 *이후*여야만 한다고 얘기했다. 그는 계속해서 완전한 비핵화를 위한 "리비아식 모델"을 앞세웠다. 그는 또 북한 핵 프로그램 폐기 과정은 리비아의 경험에 근거해 볼 때 6~9개월이면 끝날 수 있다고 주장했다. 그런 비현실적인 시간 계획은 볼턴의 핵기술 분야에 대한 이해 부족, 또는 기술적 현실은 개의치 않고 이데올로기가 정치적 결정을 좌우하도록 하려는 의지를 보여주는 또 하나의 예다.

우리의 연구는 윌리엄 브로드(William Broad)와 데이비드 생어가 쓴 '북한 핵 군축에 15년이 걸릴 수 있다고 전문가는 경고한다'라는 제목의 『뉴욕 타임스』 1면 기사에 소개되면서 전세계에 알려졌다.[14] 이 글쓴이들이 "15"라는 숫자를 쓴 것은, 10년이라는 기간 안에 비핵화가 실제로 달성될 수 있는지 그 여부를 묻는 브로드에게 내가 "사실은 잘 모르죠. 더 오래 걸릴 수도 있습니다, 아마 15년 정도"라고 대답했기 때문이었다. 뉴스 기사들에 흔히 있는 일이지만, 사람들의 기억에 남는 것은 제목이다.

5월 말 성 김 특사가 이끄는 미국의 기술 전문가, 외교 전문가 들이 정상회담을 위한 정지작업을 시작하기 위해 북한과 싱가포르로 향했다. 트럼프와 북한이 양쪽에서 회담을 취소하겠다고 으름장을 놓은 뒤 문재인 대통령의 '셔틀 외교' 덕분에 회담이 정상 궤도로 돌아와 있는 상태였다.[15] 싱가포르 회담 준비단계에서 성 김은 핵무기를 포기하겠다는 김정은의 의지에 대한 "구체적 확답을 받으려고" 노력했다. 이즈음 북한 역시 관계자들을 미국으로 보냈고 김영철이 뉴욕에서 국무부 장관 폼페이오를 만난 것도 이때였다. 그들은 정상회담을 그들의 개인적 관계 강화에 활용할 기회로 삼았다.[16]

싱가포르 정상회담

트럼프는 캐나다 샤를부아에서의 논쟁적인 G7 정상회담에서 곧장 달려온 터라 지친 상태로 싱가포르에 도착했다. 싱가포르 회담은 미국기와 북한기를 배경으로 트럼프와 김정은이 붉은 카펫이 깔린 단상을 가로질러 서서히 걸어나와 서로 악수를 하는 극적인 장면으로 시작되었다. 한시간이 못 되게 진행된, 통역을 대동한 일대일의 모두회담이 끝나고 양측은 실무 관계자까지 합석한 확대회의 겸 오찬을 함께 했다. 트럼프는 언제나처럼 개인적인 측면에 집중하며 회담에 앞서 이렇게 약속했다. "우리가 멋진 관계를 맺게 될 것 같군요." 김정은은 미국과 북한이 역사적으로 양국 관계를 짓눌러온 "오래된 편견과 관행"을 극복하는 순간인 만큼, 회담이 가져올 결과에 대해 더 차분하고도 눈에 띄게 낙관적인 태도를 보여주었다.[17]

회의가 진행되는 동안 김정은은 비핵화에 대한 자신의 약속을 확인하며 자기 선조들이 한 일 때문에 그를 불신하는 사람들도 자신은 다르다는 것을 알아야 할 것이라고 설명했다. 그는 트럼프에게 그들이 "자주" 만나가면서 "불신을 떨쳐버리고 비핵화의 속도를 올릴 수 있을 것"이라고 약속했다.[18] 김정은은 또 트럼프에게 평양의 강경파들이 "자신이 쉽게 극복할 수 없는 국내 정치의 걸림돌"이 되고 있으며, 따라서 자신은 비핵화 계획을 위한 북한 내 대중적 지지를 도모하지 않을 수 없다고 설명했다. 트럼프는 군사훈련을 축소해달라는 김정은의 제안에 동의하며 선의의 협상이 진행되는 동안 군사훈련을 펼치지 않겠다고 약속했고, 김정은은 트럼프의 그런 결단이 평양의 강경파들에게도 감명을 줄 것이라고 화답했다. 회담이 끝날 무렵 두 정상이 성명서에 서명하기 위해 기다리고 있을 때 김정은이 다음 단계는 유엔 제재 문제가 될 것인지를 물어보았고, 볼턴에 따르면 트럼프는 열린 마음으로 한번 생각해보겠노라고 말했다.

정상회담은 양국 관계의 정상화와 비핵화를 약속하는, 두 정상이 서명한 공동성명을 산출했다. 핵심 합의 사항은 다음과 같았다.

1 평화와 번영을 바라는 양국 국민들의 뜻에 따라 새로운 미북 관계를 확립하기로 약속한다.
2 한반도에 항구적이고 안정적인 평화 체제를 세우기 위해 공동의 노력을 기울인다.
3 2018년 4월 27일의 판문점 선언을 재확인하며 조선민주주의인민공화국은 한반도의 완전한 비핵화를 위해 노력하기

로 약속한다.

4 북한에 있는 미군 포로 및 전쟁 중 실종된 병사들의 유해를, 이미 신원이 확인된 병사들의 즉각 송환을 포함하여, 발굴·송환할 것을 약속한다.

김정은은 이전의 두차례 중국 방문을 제외하고 처음으로 외국을 방문하는 길에 3천명 전후의 굶주린 외신 기자들 앞에서 외교적 외줄타기를 해야 했다. 그는 노련한 정치인 같은 면모를 보이며 핵무기를 든 미친 은둔자 이미지에서 탈피할 수 있었다.

『그 일이 일어난 방』에서 볼턴은, 트럼프와 김정은이 멋지게 죽이 맞아서 사무적인 성격이 짙은 행사에서까지도 돈독한 개인적 관계를 쌓았다고 기술한다. 볼턴은 사교적이고 영리한 국가원수이자 트럼프라는 사람과 그의 거대 자아를 정확하게 파악한 듯 보이는 김정은의 모습을 보여준다.[19] 볼턴의 글에 따르면, 트럼프가 김정은에게 '우리 두 사람이 잘 어울릴 것임을 거의 보자마자 알았다'고 말했다고 한다. 그다음에 트럼프가 김정은에게 자기를 어떻게 평가하느냐고 물었다는 것이다(나는 이 대화에 대한 약간 다르게 전해지는 이야기도 들었다. 그에 따르면, 김정은이 트럼프 쪽으로 몸을 돌리고 말했다. "대통령님은 사람들을 1~2분 만에 빠르게 판단하실 수 있는 걸로 압니다만." 김정은이 말을 이어가며 그럼 자신에 대해서는 어떤 판단을 내렸는지 트럼프에게 물었다. 트럼프는 질문이 아주 마음에 든다며 "하지만 틀렸어요, 그렇게 오래 걸리지 않습니다"라고 말했다). 볼턴이 전하길, 트럼프는 김정은에게 그를 "매우 똑똑하고 상당히 비밀스러우며 완전히 진실하고 훌륭한 인품을 지닌" 사람으로 본다고 말했다. 볼턴의 눈에는 김정은이 트럼프를 제대로 낚은 것처럼 보였다.

트럼프는 증명 가능한 핵 위협의 감소는 거의 이루지 못하고 김정은에게 한바탕 대중의 관심을 받을 자리만 깔아준 꼴이 되었다고 워싱턴의 대외정책 집단 대부분으로부터 비난을 받았다. 한반도 비핵화라는 목표는 확인되었으나 구체적 세부사항이나 시간표, 지침 등은 없었던 것이다. 이런 비판자들과 달리 나는 이 정상회담을 극적으로 긴장을 늦추고 외교를 위한 시간과 공간을 만들어낸 트럼프의 담대한 한걸음이라고 보았다. 물론 앞길에는 여전히 어려운 일이 놓여 있었지만, 상황은 올바른 방향을 잡아가고 있었다. 싱가포르에서 미국은 김정은에 대해 지난 5년 전체를 통틀어 알아낸 것보다 더 많은 것을 알게 되었다. 그동안 김정은을 만난 미국인이라고는 폼페이오와 앤디 김을 빼면, 괴짜 농구선수 데니스 로드먼(Dennis Rodman)과 그의 측근들뿐이었다.

트럼프는 한시간 남짓 진행된 두서없는 단독 기자회견으로 정상회담을 마무리했다. 그는 과장된 주장과 평소와 다름없이 진실을 무시하는 태도로 승리를 선언했다. 일례로 그는 3천, 4천, 5천만의 사람들이 죽을 수도 있는 재앙을 막는 데 일조했다고 말했다. 내가 흥미롭게 본 것은 트럼프가 우리 스탠퍼드 연구를 언급한 것처럼 보인 대목이었다. 북한이 비핵화하는 데 시간이 얼마나 걸리겠느냐는 질문을 받자 그는 빨리 할 수 있다, 과학과 기술이 허락만 한다면 빨리 할 수 있다고 대답했다. 그는 확실히 우리 연구에 대한 『뉴욕 타임스』 헤드라인을 언급하며 "15년이 걸릴 거라고 쓴 사람이 누구든 그건 틀린 소리입니다"라고 덧붙였다. 7월이 되자 트럼프는 생각을 바꿨다. 그는 CBS 뉴스에서 북한의 비핵화 협상을 언급하며 이렇게 말했다. "이것은 수십년을 끌어온 일입니다만, 나는 꼭 그렇게 서두를 생각은 없습니다."[20]

『그 일이 일어난 방』에서 볼턴은 성명서 서명에 대한 뉴스 보도가 이례적이었음에 주목하며 정상회담 분량을 마무리했다. 그다음, "우리는 뭔가 다른 일이 잘못 돌아가기 전에 워싱턴을 향해 떠났다. 바라고 바라던 바였다."[21] 볼턴이 계획했던 그대로, 싱가포르 성명에는 트럼프가 덜컥 동의해버릴 수도 있는 부적절한 문서의 해악을 최소화하기 위해 그 어떤 법적 구속력이 있는 조항도 담기지 않았다. 그리고 그는 북한이 내세우던 "단계적·동시적 행동"도 피할 수 있었다.

북한은 싱가포르 정상회담을 커다란 진전으로 보았다. 북한 국영매체는 굉장한 성공이라고 이 회담을 치켜세우며 공식적인 공동성명처럼 읽히는 상세한 보도를 했다. 다음과 같은 내용이었다.

> 두 정상은 조선민주주의인민공화국과 미합중국 사이 수십년의 적대 관계를 청산하고 한반도에 평화와 안정을 정착시키는 데 중차대한 의미를 지니는 실질적 사안에 대해 솔직한 의견 교환을 이루었다. 트럼프 대통령은 공화국과 미국 사이에 선의의 회담이 열리는 동안 우리 공화국이 도발 행위라 생각하는 미국-남한 연합군사훈련을 중지하고 공화국의 안전을 보장하며 공화국을 향한 제재를 해제함과 동시에, 대화와 협상을 통해 상호 관계 증진에 노력하겠다는 뜻을 표명하였다. (…) 회담에서는 새로운 북미 관계를 확립하고 항구적이고 영속적인 평화체제를 구축하는 문제에 관한 폭넓고 깊이있는 토론이 있었다.[22]

이 보도는 "김정은 위원장과 트럼프 대통령이 한반도의 평화와 안정, 그리고 비핵화를 이루는 데 단계적·동시적 행동의 원칙을 지키

는 것이 중요하다는 점에 인식을 공유했다"라고 덧붙였다.[23]

싱가포르에서 돌아오자마자 트럼프가 내놓은 기이한 주장들이 이 정상회담의 진정한 성취를 손상시켰다. "누구나 이제는 내가 집무를 시작한 그날보다 훨씬 더 안전하다고 느낄 수 있게 되었다." 그는 트위터에 이런 글을 올렸다. "이제 북한 핵 위협은 더이상 없다. 김정은과의 만남은 흥미롭고 매우 긍정적인 경험이었다. 북한은 대단한 미래 잠재력을 가지고 있다!" 이 발언으로 트럼프는 비판을 받았고 또 그래야 마땅했지만, 불행하게도 이런 것이 뉴스 보도를 덮어버리는 바람에 정작 중요한, 비록 점진적이나마 중요한 미북 협상의 진전은 주목받지 못했다.

이제 정상회담의 약속을 현실화하는 어려운 외교적 작업이 시작될 차례였다. 그러나 양측이 두 정상의 만남을 바라보는 방식에 이견이 있었고, 그것이 앞으로 나가려는 걸음의 발목을 잡을 터였다. 트럼프의 발언은 더 안전한 세계를 만들었다든지 김정은과 개인적 관계를 확립했다든지 하는 그의 주장처럼, 주로 정상회담의 업적이라고 스스로 평하는 것들에 초점이 맞춰져 있었다. 북한에게는 이것이 위의 보도 내용이 명확하게 보여주듯 워싱턴과 새로운 관계를 맺고 수십년 묵은 한반도의 반목을 해소할 기회였다.

20장

하노이의 탈선 열차

연애 편지

싱가포르에서 합의된 바에 따라 이 외교적 곡예의 다음 단계는 폼페이오가 이끄는 미국 팀과 북한 사이에 후속 회담을 여는 것이었다. 싱가포르 정상회담을 감싸고 있던 선의라는 얇은 포장에 금이 가기 시작한 것은 이 회담에서였다. 하지만 이 회담 전에도, 심지어는 협상 테이블의 양측이 하향 궤도를 따라 움직이기 시작할 때에도 도널드 트럼프와 김정은은 친서를 주고받으며 다정하고 낙관적인 어조의 대화를 이어갔다. 이 편지들이 결국은 하노이 정상회담을 끌어내는 데, 그리고 나중에는 그 실패에 중요한 역할을 했다.

편지의 자세한 내용에 대해서는 알려진 바가 거의 없었다. 백악관이 이따금 언급했을 뿐 그 편지들은 대개 중요하지 않은 것으로 치부되었다. 나 역시 그 편지들에 중요한 외교적 내용이 있다는 데 대해서는 매우 회의적이었다. 특히 트럼프가 그것을 김정은에게서 온 "아름다운 편지들"이라 칭찬하고 자기와 김정은이 "사랑에 빠졌다"고 말할 때는 더욱 그랬다. 나는 그 편지들이 밥 우드워드가 『분노』에서 "비대한 개성. 체계적 사고의 실패. 규율 결여. 자기가 뽑은 타인들, 전문가들에 대한 신뢰 부족"[1]이라고 묘사한 트럼프의 모습을 보여줄 것이라고 예상했다. 김정은으로 말하자면, 나는 그가 트럼프의 허영과 자아도취에 맞춰주는 데 집중할 것이라고 생각했다. 양쪽 모두 내 예상을 빗나갔다. 김정은이 트럼프를 다루는 법을 알고 있는 것은 확실했지만, 그는 외교에 대한 진정성과 핵 관련 핵심 사안에 대한 상당한 이해를 보여주었다. 트럼프는 김정은과 소통하면서 외교적 진전을 이끌 수 있는 유대를 쌓는 일이 중요하다는 것을 본능적으로 파악했음을 보여주었다. 그러나 편지가 그의 자만심에 먹이를 제공한 것도 사실이었다. 편지는 또 그가 진짜 문제에 대한 이해가 거의 없고 김정은이 편지에서 그에게 열어준 기회를 잡는 데에도 실패했음도 보여주었다.

온갖 주제를 망라하는 밥 우드워드와의 인터뷰에서 트럼프는 2018년 4월부터 2019년 8월까지 주고받은 27통의 편지에 접근하도록 해주었다. 우드워드가 그 세부내용 일부를 『분노』에서 공개했지만, 그 편지들이 전체적으로 어떤 영향을 미쳤는지에 대한 평가는 우드워드가 내 동료 밥 칼린에게 그 편지를 보여주고 나서야 가능했다(우드워드에게도 칼린에게도 그 편지의 사본을 만드는 일은 허용되지 않았다).[2] 칼린은 그 편지들에는 그런 편지라면 으레 등장하는 입에 발린 말과 심리적 술수도 들어 있지만, 수십년 이어진 북미 사이의 적대를 더 정상적인 관계에 가까운 무언가로 돌려놓으려 시도하는 와중에 양측이 품은 중요한 이해와 오해의 내용도 담겨 있다고 지적한다. 칼린은 그 편지들이 "양측 사이의 근본적인 오해를 반영하고 있으며 우리에게 많은 것을 알려준다"고 평가했다.

트럼프는 초기에 쓴 편지 중 한통에서, 김정은에게 폼페이오가 곧 북한을 방문할 테니 그때 싱가포르 공동성명의 후속 조치를 위해 그와 의논하라고 촉구했다. 그는 세가지 핵심 목표를 진행해주길 요구했다. 한국전쟁 당시 미국인 전쟁 포로들의 유해를 송환할 것, 김정은이 폐쇄를 약속한 서해미사일발사장에 기술 전문가가 방문하게 할 것, 굳건한 비핵화 합의를 향한 첫 조치들을 기술한 더욱 상세한 계획을 설계할 것 등이었다.[3] 며칠 후 김정은이 트럼프에게 싱가포르는 "뜻깊은 여정의 시작"이며 다음 정상회담을 성사시키는 데 도움이 될 실질적인 조치를 취하는 것을 보면서 트럼프에 대한 자신의 믿음이 커질 것이라는 답을 보내왔다. 그는 양국 관계가 "새 시대를 여는 진전"을 이룰 수 있을 것이라고 덧붙였다. 칼린이 지적하듯이, 대부분의 편지에서 트럼프의 초점은 김정은에게 비핵화 의무를 상기시키는 데에 가 있었다. 트럼프는 양국의 관계 정상화를 위해 자기 쪽에서 해야 할 일에 대해서는 거의 거론하지 않았다.

같은 시기 이런 편지들의 취지와는 거의 정반대로, 볼턴은 합의를 막을 생각이었다. 볼턴은 7월 초 평양 재방문 준비를 하는 폼페이오에게 미국이 평양으로부터 "그들의 핵 및 탄도미사일 프로그램에 대한 완전하고 철저한 신고를 제공한다"는 확약을 받기 전까지는 그 어떤 진지한 협상도 시작되어서는 안 된다고 말하며, "그러면 1년 안에" 군축 작업을 끝낼 수 있을 것이라고 주장했다.[4] 볼턴은 이것이 협상을 믿고 진행해도 될지 시험해볼 기회이자 김정은이 싱가포르 합의를 진짜로 지킬 생각이 있는지 확인할 방법이 될 것이라고 했다. 볼턴에 따르면 폼페이오도 원칙상 동의하고 그의 협상작전에 적용했다고 하는, 이런 충고가 협상 과정 전체에 찬물을 끼얹는 결과를 가져왔다. 양측이 싱가포르 합의의 요점을 바라보는 방식에 도사리고 있던 근본적 괴리가 북한 측 협상 대표인 김영철이 평양에서 폼페이오를 맞이하면서 곧바로 표면으로 부상했다. 김정은이 핵무기를 포기할 것인지에 대해 사적으로 큰 의심을 표명했던 폼페이오는 철저한 신고와 비핵화 추진 일정에 대한 공격적인 의제를 강요했다.

조선민주주의인민공화국 외무성 대변인은 폼페이오의 이런 자세를 "독단적이고 도적 같은 비핵화 요구"라고 규정했고, 회의 동안 김영철도 역으로 싱가포르 합의의 "균형 잡힌 이행"을 제안하며 버텼다.[5] 북한의 시각에서 이는 구체적인 비핵화 조치 시작보다는 종전선언을 통한 "평화체제" 확립에 더 집중하는 과정을 의미했다. 평양은 워싱턴의 정책은 비판하면서도 김정은과 트럼프의 개인적 관계를 상찬하고 미합중국 대통령에 대한 "신뢰"를 강조하는 것을 잊지 않았다. 대화가 침몰하지 않도록 막고 있는 것은 트럼프와 김정은이 주고받는 편지였다.

북한은 평양이 이미 행한 조치들을 선의 및 진지한 비핵화 약속의 표시로 계속 내세웠다. 북한 시각에서 보면 그들은 싱가포르 이전에 이미 첫 조치를 취했고, 즉각적이지는 못하더라도 적어도 상호주의에 입각한 미국의 응답을 기대하는 것이 당연했다. 그러나 트럼프의 국가안보팀 내 볼턴과 폼페이오는 북한의 조치를 의미있는 것으로 보지 않았다. 김정은의 낙관적인 편지와 반대로 그들은 협상의 "성공 가능성은 제로"라고 믿었다.[6]

진실은 이런 양측의 주장 사이 어딘가에 있었다. 평양이 자진해서 추진한 핵 및 장거리 미사일 실험 모라토리엄 같은 조치들은 긍정적이었다. 사실 2018년 북한은 사거리를 불문하고 미사일 발사를 자제했다. 그들은 또 서해발사장에 있는 미사일 엔진 실험 발사대와 발사체 준비를 위한 레일형 처리동을 철거하기 시작했다.[7] 이 모든 일은 신뢰 구축을 위한 합당한 절차였지만, 그런 것들은 모두 되돌릴 수 있는 일이기도 했다. 한국전쟁 중 전사한 55명 미군 병사들의 유해 송환도 싱가포르 회담에 따른 구체적인 후속 조치이기는 했지만, 그 역시 뭔가 새로운 것이라기보다는 부시 정부 동안 일지 중지되었던 이전의 유해 송환 사업이 재개된 것이었다.

이런 조치들에 대해 잘 알고 있으며 미국의 상호주의적 행동을 촉진하는 데에 관심이 가 있는 김정은은 7월 30일 트럼프에게 그가 싱가포르에서 했던 약속을 상기시키기 위해 "기대하던 전쟁 종식 선언이 없는 것에 대한 유감"을 밝히는 편지를 썼다.[8] 8월 초 아세안지역안보포럼 연설에서 북한 외무상 리용호는 전쟁 종식 선언을 "한반도에 평화를 가져오기 위한 매우 기본적이고 일차적인 단계"라고 칭했다. 미국이 폼페이오가 내민 제안으로 북한의 비핵화 약속을 시험하고자 했던 것과 유사하게, 평양이 전쟁 종식 선언에 집중하는 것은 북한과의 신뢰를 쌓고자 하는 워싱턴의 "강력한 의지"를 시험하기 위함이라고 리용호는 규정했던 것이다.[9]

9월 6일 김정은은 트럼프에게 지금껏 쓴 편지 중 가장 긴 편지를 보냈다. 비핵화를 특정해 언급한 내용이 담긴 편지였다. 그는 트럼프에게 폼페이오가 "각하의 의중을 충분히 대변할" 수 없을 것 같으니 다시 직접 만나는 것이 건설적이겠다고 했다. 이는 북한의 다른 관계자들에게는 핵 문제에 대해 구체적으로 얘기할 권한이 주어지지 않을 것임을 알리는 초기 신호였을 수도 있다. 그것은 김정은과 트럼프 사이에 논의될 문제로 미뤄둘 것이라는 뜻일 터였다. 편지에서 김정은은 그가 준비하고 있는 조치들과 그것을 진행하기 위해 미국이 어떤 일을 해주어야 할지 얘기했다.

> “지금까지 취해온 조치에 더해, 우리는 단계적 방식으로 한번에 하나씩 그 이상의 뜻깊은 조치를 취해갈 생각이 있습니다. 핵무기연구소나 위성발사구역의 완전한 중단 및 핵물질 생산 시설의 불가역적 폐쇄가 그것입니다.”[10]

서해 발사 시설의 폐기는 여름 동안 이미 논의된 바 있었다. 핵물질 생산 시설의 불가역적 폐쇄에 대한 발언도 이전에 비해 더 명확해진 듯 보였다.

그러나 핵무기연구소 완전 폐쇄는 전에 한번도 등장한 적이 없었던 얘기였다. 그것은 주목할 만한 제의였다. 나는 핵무기연구소가 북한 핵 프로그램의 두뇌에 해당한다고, 즉 그들에겐 우리의 로스앨러모스(미국의 경우 로스앨러모스와 로런스스리버모어국립연구소로 역할이 나뉘어 있지만)와 같은 역할을 한다고 보았다(지금도 그렇게 생각한다). 김정은의 제의가 그렇게 의미심장한 것은 핵무기연구소 폐쇄란 (로스앨러모스와 로런스리버모어연구소 폐쇄와 마찬가지로) 핵 프로그램의 궁극적 종식을 뜻하기 때문이다. 연구소의 과학자와 엔지니어 없이 핵무기를 배치하는 것은 불가능하다. 그것을 설계하는 사람도, 그것을 조립하도록 돕는 사람도, 그것을 유지하고 해체하는 것을 감독하는 사람도 그들인 것이다. 김정은은 편지에서 비핵화를 추진할 의지가 있음을 시사하면서도 한편으론 “추진력을 유지하기 위해서는 (…) 우리가 하는 노력이 헛되지 않다는 것을 증명할 수 있게 조금이라도 우리 주변에 변화가 있음을 느낄 필요가 있겠습니다”라고 경고하기도 했다.

트럼프의 국가안보팀 고위 관계자들은 김정은의 편지에 별 감흥을 느끼지 못했던 것으로 보인다. 볼턴은 『그 일이 일어난 방』에서 그와 폼페이오, (당시 수석보좌관이었던) 존 켈리(John Kelly)가 트럼프에게 그 편지를 전달했고 트럼프는 "그 번드르르한 구절을 차례차례" 소리내어 읽으면서 "훌륭해"와 "멋지군"을 연발했다고 전한다. 편지를 다 읽은 트럼프는 김정은과 다시 회담을 해야겠다며 그 생각에 반대하는 볼턴을 질책했다. 트럼프가 볼턴에게 "존, 자네는 적개심이 너무 많아"라고 하자 볼턴은 이렇게 답했다. "그 편지는 쥐똥만큼 작은 나라의 독재자가 쓴 겁니다. 그는 폼페이오를 만나기 전까지는 각하와 다시 회담을 할 자격이 없습니다."

트럼프가 중간선거가 끝나는 11월 이후에 김정은과 2차 회담을 갖겠다고 고집하자, 10월 중순 폼페이오는 김정은을 다시 만났다. 이 회담의 주요 성과는 실무급 회의 재개였다. 볼턴은 그런 회의가 시작되면 미국이 북한 외교관들에게 양보하기 시작할 것이라 예상했기 때문에 이를 "불가피한 일이지만, 그럼에도 불구하고 나쁜 소식이라고 생각했다".[11] 국무부에서 하는 일이라면 늘 그렇듯 경멸하는 태도였다. 볼턴은 김정은이 편지에서 제안한 비핵화 세목 중 그 어느 것도 언급하지 않는다. 사실 볼턴은 그의 책에서 핵무기연구소를 언급조차 하지 않았다.

김정은은 9월 18일부터 20일까지 열린 평양 정상회담에서 문재인 대통령을 만났을 때 다음 조치에 대한 계획의 일단을 보여주었다. 정말로 초현실적으로 보일 장면이었지만, 김정은은 문재인 대통령이 평양의 열렬히 환호하는 15만 북한 군중 앞에서 연설하도록 자리를 마련했다. 김정은은 또 평화를 향한 발걸음을 상징하는 뜻으로 문 대통령과 함께 백두산을 찾았다. 두 지도자는 평화를 추구하고 군사협력에 동의하며 새로운 소통 채널을 수립하고 새로운 경제 관계를 발전시킨다는 공동선언문을 발표했다. 정상회담에서 비핵화 논의가 있었다는 사실은 언론에서 자세히 보도되지 않았다. 일주일 후 서울을 방문했을 때 나는 정상회담의 논의 내용을 잘 아는 사람들로부터 자세한 사항들을 들을 수 있었다.

트럼프에게 보낸 편지에서처럼, 김정은은 남한 대표단을 만났을 때도 핵 문제에 대해 거침이 없었다. 그는 조선민주주의인민공화국의 전략 방향을 바꾸는 중이라고 말했다. 그는 비핵화를 하고 전적으로 경제에 집중할 계획이라고 했다. 김정은은 문 대통령에게 미국 내 회의주의를 달랠 수 있을 중요한 조치를 취해서 이런 목표에 대한 자신의 의지를 증명하고 싶다고 얘기했다. 그는 이미 문재인 대통령과 판문점 선언에도 서명했고 트럼프와 싱가포르 선언에도 서명했는데 아직도 그렇게 많은 의심이 남아 있음에 낭패감을 느낀다고 했다. 김정은은 영변 시설들을 폐기하겠다는 제안을 반복했다. 그는 이전에도 서해위성발사장의 엔진 실험 발사대를 해체하겠다고 제안한 바 있었다. 이제 그는 실험 발사대만 해체하면 미국 측의 거센 비판이 있을 테니 발사장 전부를 폐기한다는 제안을 하겠다는 것이었다. 김정은은 조선민주주의인민공화국이 위성을 우주로 보내는 데 그렇게 큰 의미를 두어왔는데 이제 와서 이것을 자기 인민들에게 어떻게 설명할지 걱정했다. 그는 양국이 모두 우주 및 위성 역량이 있으니 어쩌면 후일 함께 일을 도모할 수 있지 않겠느냐는 뜻을 내비쳤다. 김정은은 문재인에게 조선민주주의인민공화국은 마지막까지 핵무기를 포기하지 않을 것이라고 말했다. 핵무기가 없으면 자기들이 너무 취약해진다는 얘기였다. 핵무기는 마지막에, 평화조약 후에 없앨 것이라고 그는 말했다. 남한 대표단과의 회담에서 드러난 비핵화에 관한 김정은의 입장의 전체적 윤곽은 그가 트럼프에게 보낸 9월 6일자 편지, 한참 지나 우드워드의 『분노』를 통해 공개된 그 편지의 내용과 일맥상통했다. 나의 남한 동료들은 평양 정상회담 당시 편지의 내용을 모르고 있었을 것이 거의 확실하고, 따라서 김정은과 문재인 사이의 논의에서 핵무기연구소 얘기가 등장한 사실에 대해서는 언급이 없었다.

그들은 나에게 문재인 대통령을 비롯한 대표단은 김정은이 스스로 설명한 전략적 전환에 대해 진지하다고 믿는다는 얘기를 했다. 하지만 정상회담이 끝나고 하루 뒤, 김정은은 트럼프에게 보낸 또 한 통의 편지에서 문재인 대통령이 비핵화 문제에 관해 "지나친 관심"을 보이고 "불필요한" 역할을 하고 있다고 불만을 표했다. 문재인과 비핵화에 대해 꽤 구체적인 논의를 나누긴 했지만, 김정은은 이런 문제는 자신과 트럼프만이 따로 결정할 사안임을 확실히 한 것이다. 김정은은 편지를 이어가며, 북미 양국 관계의 개선과 비핵화 진전의 전망을 회의적으로 보는 사람들이 많지만 "각하"와 함께라면 "그들이 틀렸다는 것을 확실히 증명"할 수 있을 것이라고 자신감을 내비쳤다.

9월 초, 정부는 신임 대북 특별대표 자리에 여러 정부 직위를 거쳐 포드자동차회사에서 국제 대관업무부를 이끌고 있던 스티븐 비건(Stephen Biegun)을 임명했다. 밥 칼린과 나는 그가 공식적으로 집무를 시작한 첫날 국무부에서 그를 만났다. 나중에 알게 된 바이지만, 김정은이 트럼프에게 그 긴 편지를 쓰던 9월 6일이었다. 비건은 경험 많은 대외정책 전문가로 1990년대 초 러시아에서도 일했고 콘돌리자 라이스가 국가안보보좌관이던 시절 NSC 사무국장을 지낸 인물이었다. 국무부 로비에서 만나 손을 내밀며 내 소개를 하자 비건이 대답했다. "박사님이 누군지는 저도 알고 있습니다. 박사님 도움이 필요합니다." 그는 1990년대 중반 포괄적핵실험금지조약 상원 청문회에서 내가 로스앨러모스 소장 신분으로 증언했을 때 우리가 만난 적 있다고 알려주었다. 그는 당시 제시 헬름스(Jesse Helms) 상원의원의 보좌진이었다.

비건과의 만남은 그가 특별대표로서 어떤 행보를 보일지 미리 엿볼 기회였다. 그는 대단히 사려 깊고 항상 귀를 기울이며 앞길에 대한 조언을 새겨듣는 사람이었다. 비건은 유능한 보좌진의 도움을 받으며 한반도 문제를 깊이 파고들었고 미국 내외의 조언을 청취했다. 그는 선명한 이념적 성향에 얽매이기보다는 성과를 내겠다는 마음으로 북한 문제에 대한 실용적인 접근법을 취했다. 비건은 남한과 일본, 중국, 러시아의 교섭 상대방들을 알아가야 한다는 큰 과제가 있었고, 그동안 폼페이오와 상대해오던 북한의 외교관들과는 밑바닥부터 다시 시작해야 했다. 김정은은, 당연히, 트럼프하고만 직접 상대해온 상태였다.

9월 이즈음엔 몇몇 의제들이 서로 각축하며 작동하고 있었다. 평양 정상회담은 그 당시로서는 김정은과 문재인이 앞길에 대해 유사한 구상을 지니고 있음을 보여주었다. 김정은은 경제 쪽으로 선회할 생각이었고 문재인은 남한과 북한의 경제적 통합에 대한 원대한 계획을 가지고 있었다. 정상회담을 찍은 사진들은 거의 형제애에 가까운 우정을 보여주었다. 그러나 김정은은 문재인이 핵 문제에 개입하는 것은 원치 않았다. 따라서 그 문제에 관해서는 워싱턴의 정책이 더 결정적인 역할을 하게 될 상황이었다. 비건은 북한과의 외교 및 북한 핵 문제에 대한 기록 파악에 속도를 내면서 트럼프가 협상을 성사시키도록 돕기 위해 나섰다. 외교 전선에서 엄청나게 복잡한 문제들을 마주하고 있기도 했지만, 비건의 가장 큰 도전은 워싱턴 내부로부터 왔다. 볼턴은 북한의 완전 항복에 미달하는 모든 합의를 막겠다는 결의에 차 있었다. 볼턴의 관점은 NSC 관계자들 다수가 원칙적으로 공유하고 있었고, 비건의 상급자인 폼페이오 장관도 대체로는 그에 동의하고 있었다. 그러나 맨 위에 있는 트럼프는 그만의 의제를 고수했다. 언론을 사로잡고 국내 정치에서 이익을 챙겨줄 대타협을 성사시키는 데 중점을 둔 의제였다.

하노이로 가는 길

2019년 초 미국과 북한이 2차 정상회담을 향해 나아가는 동안 트럼프와 김정은 사이의 서신 교환은 그들 정부의 하위급 관계자들 사이에 지배적인 깊은 이견과 의심을 초월했다. 김정은과 트럼프는 가을을 지나 2019년으로 넘어갈 때까지 편지를 주고받으며 소통을 이어갔다. 김정은은 거듭하여 비핵화 의지를 밝혔다. 트럼프는 그에게 다음 정상회담에서 만나 비핵화에 진정한 진전을 이루고 "다가올 한 해 위원장님의 지도 아래 북한 인민들을 위한 정말로 밝은 미래"를 만들어나가길 고대하고 있다고 말했다. 2019년 초 트럼프는 "우리 두 나라 사이에 위대한 성과가 이룩될 것이며, 그 일을 할 수 있는 지도자는 귀하와 나 둘뿐일 것"이라는 등 김정은에게 온갖 언질을 주었다. 트럼프의 편지 중 한통은 친필로 쓰였고 이렇게 서명이 되어 있었다. "당신의 친구, 도널드 J. 트럼프."

존 볼턴은 트럼프의 김정은에 대한 이런 '당신의 친구' 식 정서를 공유하지 않았다. 『그 일이 일어난 방』에서 볼턴은 자기가 재앙을 피하도록 하노이에 대비하여 트럼프를 준비시키는 데 결연한 노력을 다했다고 썼다. 그는 각각 45분씩 걸린 세차례 브리핑 동안 트럼프가 평소에 비해 유달리 열심이었다고 기술했다. 그중 첫번째 브리핑은 정상회담 2주 전에 열렸다. 볼턴은 단호함을 견지하는 것이 중요하다는 것을 트럼프가 이해하도록 각인시키기 위해 트럼프의 마음을 다잡으려고 노력했다. 그는 트럼프에게 협상이 더 간절한 쪽은 김정은이라고 말했다. 자신의 주장을 더 잘 전달하기 위해 볼턴은 1986년 미하일 고르바초프와의 레이캬비크 정상회담 당시 레이건 대통령의 모습이 담긴 영상을 보여주며 완강히 버티는 것의 미덕을 설파했다. 트럼프는 그날 브리핑의 핵심을 이렇게 요약했다. "서두를 필요는 없지" 그리고 "내가 판을 깰 수도 있지". 볼턴은 "내가 각본을 써도 이렇게 잘 쓸 수는 없었을 것"이라고 썼다.[12]

볼턴은 두번째 브리핑에서는 '완전한 비핵화'의 의미에 집중했다. 볼턴은 완전하고 철저한 신고를 받는 것, 그리고 화학 및 생물 무기까지 포함하여 전부를 폐기하는 것이 중요하다고 강조했다. 주의 깊게 듣던 트럼프는 볼턴에게 그것을 종이 한장에 적어달라고 요구했다. 트럼프가 나중에 하노이에서 김정은에게 건네준 바로 그 종이였다. 볼턴은 두번째 브리핑이 잘 끝난 것에 대해 스스로를 대견해했다. 그는 이 브리핑으로 "하노이에서 곳간을 내어주는 일이 없도록 트럼프가 올바른 의식 구조를 갖게" 하는 데 성공했다고 말했다. 볼턴은 세번째 브리핑에 대해서도 마찬가지로 흡족해했으나 그 단락을 이렇게 마쳤다. "김정은에 대한 재앙적 양보를 막기에 그것들〔브리핑들〕로 충분할지는 아직 두고 볼 일이었다."

볼턴은 하노이 회담 준비 브리핑에서 강경한 자세를 취하는 것에 대한 핵심 메시지가 트럼프에게 전달되었다고 자신했지만, 비건을 위시한 실무 협상팀이 정상회담 전 북한 사람들에게 한 제안에 대해

들을 때마다 경악하지 않을 수 없었다. 그는 비건이 1월 말 스탠퍼드 대학에서 열린 최초의 공개 정책 발표에서 제시한 내용에 격분했다. 비건은 워싱턴이 "우리의 외교와 비핵화 계획을 나란히 진행하되 그런 메시지를 북한에 명확히 전달하는 방식으로" 할 필요가 있다고 말했다. 그는 완전한 비핵화를 향한 조치들이 평화선언을 시작으로 하는 한반도 평화를 향한 움직임과 "동시에 그리고 병행하여" 단계적으로 진행되어야 한다는 평양의 주장을 충분히 이해하고 있었다.[13] 이것은 싱가포르 공동성명 및 칼린과 세르빈, 그리고 내가 「북한 핵 프로그램의 포괄적 역사」에서 내린 결론과 일맥상통하는 견해였다.

비건과 그의 팀은 하노이 정상회담의 사전 준비차 워싱턴과 평양에서 북한의 실무 협상팀을 만났다. 정상회담 한주 전 비건은 16명으로 구성된 관계 부처 합동 팀을 이끌고 북한 측 교섭 상대역들을 만났다. 그는 나중에 북한이 어떻게 "인적 차원의 협력을 증진하고 한반도 위의 관계를 변화시킬지"에 대한 창의적인 구상을 내놓았다고 전했다.[14] 제재 문제에 관해서 비건은 "북한 사람들이 요구한 것, 그리고 그들이 우리와 실무급 협상을 하면서 몇주 동안 요구해온 것은 2016년 3월 이후 부과된 유엔 안전보장이사회의 제재를 해제하는 것"이라고 밝혔다.[15] 나중에 보게 되겠지만, 이 부분이 정상회담에서는 양측에 의해 다르게 해석되었다.

비건은 싱가포르 정상회담의 핵심 동력은 비핵화였는데, 북한 팀은 "터무니없게도 비핵화 문제를 논의할 권한이 없었다"고 말했다. 그러나 정상회담 후 언론 브리핑에서 그는 비핵화의 정의에 관해 얘기하던 중 "그것은 우리가 실무급 회담에서 자세히 논의한 문제이지만, 어제 북한의 제안에 들어 있지는 않았다"고 말했다. 비건과 그의 팀은 주로 그가 스탠퍼드에서 제시했던 구상을 바탕으로 두 정상이 회담장에서 만나기 전에 자세히 논의되어야 할 내용의 모든 측면을 포괄하는 로드맵을 만들어놓은 상태였다. 그들은 (외교가에서는 탁자 밑 거래라 일컫는) 비공식 사본 한부를 북한 팀에 전달했다.

비건의 생각은 볼턴이 정상회담을 대비해 트럼프를 준비시킨 방식과 어긋나도 그렇게 어긋날 수가 없을 정도였다. 볼턴은 그가 회담의 "위험한 결과"라고 여기는 바에 대한 이런 접근법을 트럼프가 지지해주는 사태를 피하고자 하노이 회담에 앞서 개입할 마음을 먹고 있었다. 『그 일이 일어난 방』에서 볼턴은 비건이 권한도 없이, 그리고 확립된 관계 부처 합동 절차를 교묘하게 위반해가며 일을 처리해서 성명 초안을 북한 사람들과 "탁자 밑으로" 주고받았다고 그를 매섭게 비난했다. 볼턴은 격분하며 이것을 "어마어마한 절차 위반"이라고 규정했다.[16] 그는 그 문서를 읽어보니 마치 북한 사람들이 초안을 작성한 것 같더라고 했다.

이 시점에서 볼턴은 국무부와 그쪽 팀이 세운 계획이라면 무엇이든 방해하는 작전에 돌입했다. 볼턴은 자기가 트럼프의 새 수석보좌관 믹 멀베이니(Mick Mulvaney)와 상의하고 펜스 부통령에게 상황을 알렸다고 전한다. 멀베이니는 비건의 초안 사본을 하노이로 가는 대통령 전용기 안에서 트럼프에게 전했다. 볼턴은 트럼프가 폼페이오에게 비건의 의견(탁자 밑 서류)이 마음에 들지 않는다고 말했다고 밝힌다. "너무 나갔다"고 했다는 것이다. 볼턴은 저서에서 이런 일화를 전하게 되어서 특히 신이 난 듯하다. "분명히 말해두지만, 다음날 아침 그〔트럼프〕가 비건을 만났을 때 그는 비건을 알아보지도 못했다."[17] 트럼프가 자신의 협상 대표를, 그것도 합의를 이루도록 그와 발맞춰줄 유일한 인물인 비건을 알아보지도 못하는 모습을 보였다니, 트럼프가 도대체 어떻게 정상회담을 준비했는지 알려주는 안타까운 증거가 아닐 수 없다.

2년 이상이 지나고 나서야 비건은 『NK 뉴스』와의 인터뷰를 통해 "탁자 밑" 운운하던 볼턴의 비난에 대응했다.[18] 비건은, 그 서류는 부장관위원회의 적절한 채널을 통해 취급 허가를 받고 정상회담 전 주 실무팀과의 하노이 회의에서 북한 측과 공유한 것이었다고 말했다. 비건은 그 회의에 동석했던 볼턴 쪽 NSC 인사도 그 내용에 동의했다고 했다. 2년이라는 세월이 지난 후에도 비건은 어떻게 볼턴이 북한 관련한 모든 행보를 방해했는지 얘기하기를 주저했다. 그는 그저 볼턴이 "자기만의 접근법을 따라 자기만의 전제로 일을 처리하는 경향이 있다"고만 말했다.[19] 곧 보게 되겠지만, 볼턴이 하노이에서 한 일이 정확히 그런 일이었다.

정상회담 전날 밤 양쪽 상황이 어떻게 돌아가고 있었는지 점검해 보자. 미국 쪽은 극심하게 양분되어 있었다. 트럼프는 합의를 원했다. 김정은에게 보낸 1월 편지에서 "우리 두 나라 사이에 위대한 성과가 이룩될 것"이라며 기대감도 한껏 끌어올려놓은 상태였다. 비건은 북한의 협상 대상자들과 함께 작업하면서 합의를 성사시키려는 트럼프의 뜻을 지원했다. 그는 그들과 협상의 로드맵을 공유했으나, 정상회담 전에 북한 팀과 비핵화의 핵심적인 구체적 사항을 논의하는 데에는 이르지 못했다. 볼턴은 비건의 모든 행보를 방해했다. 하노이를 대비하여 트럼프를 준비시킨 것도, 자기가 트럼프에게 서두를 필요가 없으며 협상을 깨도 된다는 확신을 주었다고 뿌듯해한 것도 바로 볼턴이었다. 트럼프도 국내에서 큰 난관에 봉착해 있었다. 정상회담 일정과 같은 시기에 진행될 하원의 2016년 미 대선에 대한 러시아 개입에 관한 감독위원회 청문회가 그것이었다. 단연 주목을 받을 증인으로 트럼프의 개인 변호사이자 그의 '해결사'로 널리 알려진 마이

클 코언(Michael Cohen)의 출석이 예정되어 있었다.

김정은은 틀림없이 자신감이 충만한 상태에서 정상회담에 나왔을 것이다. 그는 싱가포르 정상회담에서 이미 노련한 정치인의 면모를 보여주었다. 그는 여러차례 정상회담을 열며 중국과 러시아, 남한의 정상들과 대화를 이어갔다. 트럼프와도 편지 교환을 통해 개인 외교를 펼쳤다. 정상회담에 거는 북한의 기대는, 북과 긴밀한 관계에 있는 언론인 김지영이 정상회담 시작에 맞춰 도쿄의 친북 성향 신문『조선신보』에 발표한 기사에 잘 담겨 있다.[20] 이 글은 독자에게 트럼프가 "비핵화 문제에 관해서라면 '서두를 이유가 없다'면서 회담이 매우 성공적일 것"이라고 말했다는 사실을 상기시켰다. 기사는 트럼프 대통령이 협상은 "단계적·동시적 행동의 원칙"을 따를 것이라는 믿음을 가지고 하노이로 향하고 있다고 밝혔다. 기사에는 지난 1년간 북한이 이미 취한 선제적 비핵화 조치들도 나열되었다. 여기에는 핵실험 및 탄도 로켓 실험발사 중지와 핵 실험장 폐기 등이 들어 있었다. 이 기사는 북한이 이미 엔진 실험장과 로켓 발사대를 해체하고 미국의 상응 조치에 뒤이어 영변 핵시설들을 폐기하겠다는 의지를 명확히 한 바 있다고 명시했다. 또 독자에게 김정은이 2019년 신년 연설에서 "더이상 핵무기를 생산도, 실험 및 사용도, 보급도 하지 않겠다는" 입장을 재확인한 사실을 상기시켰다. 미국이 이런 일을 실현시키고 싶다면 "이에 상응하는 행동과 조치를 보여야 할 것"이라고 김지영은 덧붙였다.

김정은은 또 그의 팀이 비건의 스탠퍼드대학 정책 연설과 실무급 회담에서 듣고 전한 내용을 듣고 고무되어 있었을 것이다. 그는 당연히, 기다렸다가 트럼프와 직접 비핵화의 세부사항과 상응 조치들을 협상해도 되리라 자신감에 차 있었을 것이다. 그는 지난번 9월 6일자 편지를 통해 트럼프에게 폼페이오 장관이 대통령의 생각을 대변하지 못할 터이니 비핵화의 세부사항은 직접 만나 논의해야 한다는 뜻을 알려놓았다. 그리고 볼턴이 대통령의 협상 의지에 반대한다는 것을 김정은도 알고는 있었지만, 트럼프의 정상회담 준비에 볼턴이 주도권을 휘둘렀다는 사실은 알지 못했을 것이다.

트럼프가 하노이 협상을 결렬시키다

2월 26일 김정은이 평양에서부터 60시간 동안 기차를 달린 끝에 하노이에 도착했다. 트럼프 대통령은 대통령 전용기를 타고 그날 저녁 도착했다. 수요일 두 정상은 하노이에서 각각 베트남 관계자들과 회담을 열었다. 그후 그들은 두 정상 사이의 짧은 일대일 회담으로 시작해서 그뒤로는 만찬을 이어갔다. 그 자리에는 트럼프와 함께 폼페이오와 믹 멀베이니 수석 보좌관이 배석했다. 볼턴에 따르면, 그는 북한 측이 막아서 만찬에 참석할 수 없었다고 한다.

만찬이 끝나고 멀베이니가 볼턴에게, 트럼프는 다음 날 아침까지 김정은과의 실질적인 논의를 피하려 했는데 김정은은 2016년 이후의 유엔 안보리 제재를 모두 해제하는 댓가로 영변 핵센터를 불가역적으로 폐쇄하겠다는 이전의 제안을 또 설명하더라고 알려주었다. 볼턴은 이런 식의 거래야말로 자신이 막으려고 했던 바로 그것이라고 단언했다. 그는 이런 것은 북한에게는 그들이 원하는 경제적 원조를 주고, 그의 관점에서 보면 미국은 그 댓가로 받는 것이 거의 없는 전형적인 '행동 대 행동' 술수라고 규정했다. 이후 정상회담의 역학을 이해하기 위해서는 그 첫날 저녁 정확히 무슨 일이 벌어졌는지를 아는 것이 중요하지만, 자세한 내용은 아직 알려진 바 없다. 트럼프는 빅딜을 추진하거나 판을 깨거나 어느 쪽으로든 기울 수 있을 듯 보였다. 반면 김정은은 그의 팀이 비건에게 그가 하노이로 가져올 것이라고 얘기한 "큰 선물"을 내보이고 싶어서 틀림없이 안절부절못하고 있었을 것이다.[21]

볼턴은 『그 일이 일어난 방』에서 트럼프가 마이클 코언이 자기에게 불리한 증언을 하는 것을 시청하며 밤늦게까지 깨어 있었다고 전한다. 볼턴은 트럼프가 아침 브리핑도 취소했고, 회담장인 메트로폴 호텔로 가는 길에 그에게 자신이 작은 딜에라도 성공하는 것이 큰 뉴스거리가 될지 아니면 그냥 회담을 깨는 것이 더 큰 뉴스가 될지 물었다고 말한다. 볼턴은 그에게 "판을 깨는 것이 훨씬 더 큰 뉴스거리"라고 장담했다.[22] 트럼프와 김정은은 또 한차례 일대일 회담을 가졌고 뒤에는 각각 폼페이오와 김영철이 배석했다. 볼턴은 약 한시간 뒤 양측이 휴식시간을 가졌다고 전한다. 트럼프는 대기실로 들어가서 "곧바로 폭스뉴스를 켜고 심야 방송이 코언의 증언을 어떻게 다루고 있는지, 또 하노이의 일은 어떻게 다루고 있는지 확인했다". 볼턴에 따르면, 트럼프는 눈에 띄게 피곤하고 짜증이 나 있었으며 만족스러운 합의를 쉽게 이루지 못하리라고 느끼고 있는 게 분명했다.

휴식시간이 끝나고 확대 회담을 위해 양측이 다시 모였다. 트럼프와 함께 폼페이오와 멀베이니, 그리고 이번만은 볼턴도 참석했다. 김정은의 옆에는 김영철과 리용호 외무상이 앉았다. 불행하게도, 지금 이 글을 쓰는 시점에는 불편부당한 기록이라고는 보기 어려운 볼턴의 기술만이 회담의 자세한 내용을 알려주는 자료이다. 볼턴은 트럼프가 김정은에게 쉬는 시간에 어떤 결론을 내렸는지 물었다고 전한다. 김정은은 자신이 먼 길도 마다치 않고 하노이까지 와서 그의 할

아버지와 아버지가 제안했던 그 어떤 것과도 비교가 안 될 제안을 내놓았는데도 트럼프가 여전히 만족을 못 하니 언짢은 마음이라는 뜻을 내비쳤다. 볼턴은 이 순간에 트럼프가 비핵화의 정의에 대해 볼턴이 준비했던 한페이지짜리 서류와 북한의 밝은 경제적 미래에 대한 또다른 서류를 가져오라고 했고, 그것을 김정은에게 건네주었다고 말한다. 볼턴에 따르면, 김정은은 꿈쩍도 하지 않고 영변을 양보하는 일의 중요성을 재차 강조했다. 볼턴은 트럼프가 김정은에게 그의 제안에 뭔가를 더 보태줄 수는 없겠느냐고, 이를테면 제재를 완전히 해제하는 것보다 일부만 완화하는 식으로 할 수는 없겠냐고 물어보았다고 말한다.

이 논의가 구체적으로 어떻게 진행되었는지가 중요하다. 김정은이 어떤 식으로든 이 시점에 그가 주로 관심을 두는 것은 민간 경제와 인민의 생계를 짓누르는 제재 문제라는 뜻을 밝혔을까? 정상회담 뒤이어 급히 소집된 한밤중의 기자회견에서 리용호 외무상도 북한이 요구해왔던 것이 바로 그것이라고 설명했다. 김정은의 대답에 미묘한 어감 차이가 있었는데 그것을 미국 측이 놓친 것인지, 아니면 김정은이 이것을 비밀로 했다가 때가 무르익었을 때 타협책으로 공개하려고 했던 것인지, 그것도 아니면 그저 그가 악수를 둔 것인지 우리는 알 수 없다. 볼턴은 이 논의에 대해서는 자세히 기술해주지 않으면서도 자기 자신의 견해는 분명히 밝힌다. "이것은 의심의 여지없이 회담 중 최악의 순간이었다. 만약 김정은이 거기서 예스라고 말했더라면 협상이 타결되었을 것이고, 그것은 미국에는 재앙이었을 것이다." 볼턴은 이렇게 덧붙인다. "다행히 김정은은 자기가 얻는 것이 아무것도 없다며 그 미끼를 물지 않았다."

트럼프는 김정은이 이미 제안한 비핵화 보따리를 개선하도록 재

시도했다. 볼턴에 따르면, 트럼프는 김정은에게 장거리 미사일 폐기안을 내놓도록 제안했다. 김정은이 자신은 지금 서해발사장을 내놓고 있다고 대답하며 트럼프에게 자기가 이미 장거리 미사일 실험 및 핵실험을 중지하는 일방적인 조치를 취했다는 사실을 상기시켰을지, 이번에도 우리는 궁금해할 수밖에 없다. 볼턴도 얘기해주지 않는다.

볼턴에 따르면, 김정은이 입장을 물리도록 만드는 데 실패하고 나서 트럼프가 볼턴에게 어떻게 생각하느냐고 물었다. “나에게 온 이 기회를 놓치지 않을 생각이었다”라고 볼턴은 밝힌다. 그는 트럼프가 김정은에게 건네준 한쪽짜리 요약서에서 제시했던 바를 다시 정리하며 “북한의 핵, 화학, 생물 무기 프로그램과 탄도미사일 프로그램에 대한 완전하고 철저한 신고”가 필요하다는 데 초점을 맞춰야 한다고 설명했다. 볼턴이 보기에 이전의 협상들은 그런 신고를 먼저 받아내지 못했기 때문에 실패한 것이었다. 그러나 당연하게도, 북한의 관점에서는 이는 얘기를 하지 말자는 거나 마찬가지였다. 볼턴이 전하길, 김정은은 단계별 절차가 “미국에게 전반적인 구도를 파악하게 해줄 것”이라고 대답했다. 김정은의 대답은 지난 1년간 평양이 강조해온 바, 그리고 김정은이 편지를 통해 트럼프에게 거듭 얘기해온 바였다. 그것은 또 비건이 로드맵을 마련하기 위해 활용한 접근법이기도 했다. 볼턴이 『그 일이 일어난 방』에서 밝힌 대로라면, 김정은은 트럼프에게 “그들에겐 자국의 안전을 지켜줄 어떤 법적 보장책도 없다. 양국 사이엔 외교적 관계도 없고, 70년의 적대와 겨우 8개월 동안의 개인적 관계뿐”이라며 그들은 볼턴이 요구하는 대로 할 수 없다고 대답했다.

밥 우드워드는 『분노』에서 트럼프도 하노이에서 벌어진 일을 자기 나름의 방식으로 설명했다고 전한다. 그는 우드워드에게 정상회담을 시작하면서부터 "김정은이 우리가 데려가야만 하는 곳으로 움직일 준비가 되어 있지 않다"는 것을 자기는 본능적으로 알았다고 말했다. 김정은은 하나의 핵시설을 포기하겠다고 했지만, 트럼프는 다섯개는 포기해줘야겠다고 말했다. "이것 봐요, 하나로는 도움이 안 되고 둘도 도움이 안 되고 셋도 넷도 도움이 안 돼요." 트럼프는 김정은에게 "다섯이면 될 거요"라고 했다. 김정은이 영변은 그들의 가장 큰 시설이라고 대답하자, 트럼프는 "하긴, 제일 낡은 것이기도 하지 않소"라고 받아쳤다. 트럼프는 계속해서 김정은에게 말했다. "나는 당신네 시설 하나하나를 다 알고 있소. 전부 다 알아요. 우리 사람들 그 누구보다 내가 더 잘 알고 있어요. 그걸 아셔야 할 거요."[23] 당연히 이 말은 완전한 헛소리였다.

그것은 또 트럼프의 정상회담 준비가 얼마나 부족했는지, 그리고 볼턴이 비핵화 협상을 얼마나 하기 싫어했는지를 보여주는 증거이기도 하다. 나는 이 시점에 김정은이 트럼프에게 자기는 미국으로부터의 상호주의적 조치가 없이도 이미 네다섯건의 비핵화 조치를 취했다고 말하면서 맞받아쳤을 수도 있겠다고 상상해본다. 그리고 어쩌면 김정은은 그가 9월 6일자 편지에서 제의한 대로 핵무기연구소를 영구적으로 폐쇄하겠다는 제안을 반복했을 수도 있다. 만약 그가 그런 제안을 하지 않았다면, 그건 왜였을까? 그리고 미국 측은 왜 그 얘기를 꺼내지 않았을까? 그것은 김정은이 지난 1년 했던 제안 중 가장 중대한 제안이라는 게 내 의견이다. 특히 영변 폐쇄와 결합하면 그 영향이 자못 컸을 것이다. 하지만 볼턴은 그 제안의 심각성을 이해하지 못했거나, 또는 알고 싶지 않았던 것이다.

2022년 2월 그가 참석한 북한 관련 세미나에서 볼턴에게 그 제안에 대해 물어볼 기회가 생겼고, 그때 나는 어느 쪽이 사실인지를 알아낼 수 있었다.[24] 나는 볼턴에게 9월 6일자 편지에 대해서, 핵무기연구소가 무엇인지 얘기해줄 수 있는지 특정하여 질문했다. 그답지 않게 약간 머뭇거리더니 그는 "그 용어가 몇군데 등장하기는 하는데 북한이 그것을 명확히 규정한 적은 없었다"고 말했다. "다른 사람들은 모르겠지만, 나는 그것이 그들의 〔핵〕 프로그램 전반을 통칭한다고 생각했다"라고 그는 말을 이었다. 엉터리 같은 소리다. 이것은 볼턴이 핵무기연구소가 무엇인지도 몰랐고, 어디 물어서 알아볼 생각도 없었다는 사실을 분명히 보여준다.

나중에 밥 우드워드와 얘기하는 과정에서 트럼프는 김정은이 자기 입장을 한발짝도 물리려 하지 않더라고 말했다. 결국 트럼프가 김정은에게 이렇게 말했다. "당신은 합의를 볼 준비가 안 되었군요. 아직 멀었어요." 충격에 휩싸인 얼굴로 김정은이 물었다. "그게 도대체 무슨 뜻입니까?" 트럼프가 대답했다. "난 가봐야겠습니다. 당신은 내 친구이고 나는 당신이 정말 멋진 사람이라고 생각하지만, 우리는 자리를 떠야겠습니다. 당신이 합의할 준비가 되지 않았기 때문입니다."[25] 내 생각에 이것은 기념비적인 오해였다. 김정은은 트럼프를 자기가 유리한 방향으로 움직이게 설득할 수 있으리라 지나치게 자만했을 수는 있으나, 그럼에도 불구하고 합의를 이룰 채비를 하고 그 자리에 왔던 것이다.

이쯤 되자 트럼프와 김정은은 그들이 왜 합의에 이르지 못했는지에 대해 각각 자기한테 유리하게 전달하려고 시도했다. 그들은 공동성명을 낼지 각자 따로 성명을 낼지 오락가락했다. 폼페이오와 김영철이 나가서 공동성명을 작성해보라는 지시를 받았으나, 당시 상황과 시간적 압박을 생각하면 그것은 사실상 불가능한 일이었다. 당연히 그들은 실패했다. 그들이 나가 있는 동안 대기실에서는 비건이 최선희 외무성 부상에게서 영변 폐쇄에 어디까지가 포함되는지에 대한 명확한 답을 받아내려 시도했다. 그녀는 김 위원장만이 거기에 답할 수 있다고 대답했다. 비건이 전한 바에 따르면, 김정은에게 물어보러 그의 대기실에도 들르는 등 몇번 왔다갔다 하던 그녀가 돌아와서 비건에게 전했다. 김정은은 그것이 "영변에 있는 모든 것"을 뜻한다고 했다는 것이다. 비건은 최선희에게 "잘됐군요. 이제 다시 얘기해봅시다"라고 말했다. 그러나 바로 그 순간, 이런 논의에서 빠져 있던 트럼프가 갈 시간이 되었노라고 결정해버렸다. 그는 비건과 최선희를 지나쳐 문밖으로 나갔다. 정상회담이 끝났다. 나중에 비건은 나에게, 만약 김정은이 영변에 있는 모든 것이 포함된다는 얘기를 좀더 빨리 했더라면 "그로써 역사가 바뀌었을 것"이라고 말했다.[26] 그랬을 수도, 안 그랬을 수도 있다. 볼턴은 비건을 막고 합의를 막을 패를 손에 쥐고 있었다. 그는 트럼프에게 회담장을 떠나는 것이 그의 이익에 가장 부합한다고 믿게 만들어놓았던 것이다.

트럼프와 폼페이오는 기자회견에서 정상회담을 어떻게든 긍정적으로 해석하려 애를 썼다.[27] 트럼프의 횡설수설하는, 대개는 앞뒤가 안 맞는 설명에서는 협상의 결정적인 구체적 내용에 대해 알아낼 수 있는 것이 거의 없었다. 폼페이오 장관은 기자회견장에서 정상회담을 그럴듯하게 표현하려고, 또 다음과 같은 말로 향후의 협상에 대한 자락을 깔아놓으려고 시도했다. "나는 우리가 이룬 진전을 대단히 낙관적으로 봅니다 (…) 나는 며칠이나 몇주 안에 양쪽 팀이 다시 모여서, 매우 복잡한 문제이지만, 그 문제를 해결하는 노력을 계속해나가길 희망합니다."

이와 반대로 북측의 심야 기자회견에서 리용호 외무상과 최선희 제1 부상은 그들의, 그리고 거의 틀림없이, 김정은의 실망감을 표명했다. 그들은 북한은 오직 "선도적으로 유엔 제재의 부분적 해제"만을 요구했다고 주장했다. 리용호의 발언은 다음과 같았다.

"만약 미국이 유엔 제재 일부, 즉 민간 경제와 민생에 피해를 주는 품목에 대한 제재를 해제한다면, 우리는 플루토늄과 우라늄을 포함하여 핵물질을 생산하는 영변의 모든 시설들을 통째로 양국 기술진의 협력을 통해 미국 전문가들이 지켜보는 가운데 영구적으로 폐기할 것이다."[28]

그들은 그들의 제안이 싱가포르에서 공동으로 합의한 바대로 단계적 방식을 통해 신뢰를 구축하고 문제를 해결해나가는 현실적 방법이라고 보았다. 최선희는 영변 시설 전체를 폐쇄하겠다는 것이 그들의 제안임을 다시 확인했다. 그녀는 이렇게 말을 맺었다.

"내가 강조하고 싶은 것은 핵 전문가인 헤커 박사가 영변의 우리 농축 우라늄 공장을 방문한 적이 있다는 사실입니다. 우리는 고농축 우라늄 생산 능력이 있는 이 공장까지도 영구적으로 폐쇄할 수 있다고 제안했습니다. 미국의 반응은 실망스럽습니다. 그런 황금 같은 기회가 다시 올지, 미국의 눈앞에 다시 펼쳐질지는 나도 약속할 수 없습니다."

하노이, 또 하나의 변곡점

트럼프가 하노이에서 회담장을 빠져나온 것은 트럼프의 생각대로 일시적인 후퇴가 아니라 일련의 — 나쁜 결정이 나쁜 결과로 이어지는 — 변곡점 가운데 또 하나였다. 김정은은 상처 입고 화가 난 채로 평양에 돌아왔다. 목요일 정상회담이 결렬된 후 하노이 부근에서 기다려야 했던 것은 그로서는 특히나 괴로운 일이었을 것이다. 기차도 정비해야 했고 베트남 지도자들과도 만나고, 그다음엔 집으로 돌아가는 이틀 반의 여정에 올라 3월 5일 화요일 오전 3시가 되어서야 평양에 도착했다. 정상회담이 계획대로 되지 않은 상태로 돌아가는 열차 안은 그의 보좌진들에게는 지옥과 같았을 것이다. 하지만 김영철 대장과 같은 어떤 이들에게는 지도자의 분노를 감당하는 것이 그가 하노이에서 곳간을 내어주게 놔두는 것보다 나았을지도 모른다. 미국에 볼턴이 있었다면 북한에는 김영철이 있다고 해도 좋을 정도로, 그는 훼방꾼으로서 비슷한 역할을 하고 있었다. 김영철은 오래전부터 정보총책으로, 30여년 전 김일성이 남한에 다가가는 것을 반대한 이력을 시작으로 워싱턴과의 타협에도 반대해온 인물이었다. 아마 그는 그런 입장, 즉 미국인들과 협상하지 않는 편을 선호하는 기존 입장에서 벗어난 적이 없었을 것이다.

워싱턴에 돌아온 트럼프는 사람들이 거의 하나같이 나쁜 합의라고 여기던 협상을 깨고 나왔다며 칭찬을 받았다. 김정은이 내놓은 영변 시설들은 낡고 "수명이 다했다"는 것이 워싱턴의 통념이었다. 나는 이런 의견엔 그때도 동의하지 않았고 지금도 마찬가지이다. 2010년 마지막 영변 방문 동안 그들은 내게 초현대식의 새 원심분리기 시설을 보여주었다. 북한은 새 원자로도 짓고 있었다. 그후 10년 동안 위성을 통해 약 8평방킬로미터 규모에 300여개의 건물을 갖춘 이 핵단지가 계속 추가로 건설되고 뻗어나가는 모습을 관찰할 수 있었다. 내 생각엔, 영변이 수명이 다한 무용지물이 아니라는 데에는 의문의 여지가 없었다.

북한 핵 프로그램의 무기화 시설(연구개발, 무기 제조, 조립 등이 이루어지는 곳)이나 미사일 생산 및 실험 시설 등의 상당 부분은 영변 밖에서 이루어진다고 알려져 있었다. 그러나 나는 영변 시설이 여전히 북한 핵물질 생산 과정의 심장이라고 보았다. 영변은 플루토늄과 삼중수소를 생산할 수 있는 북한의 핵 원자로 전부를 품고 있었다. 내가 방문했던, 몇년 후엔 그 규모가 두배로 커진 현대식 원심분리기 시설도 거기에 있었다. 2010년 나는 북한이 영변 밖에도 원심분리기 시설을 더 두고 있다는 결론을 내렸다. 그 갯수, 성능, 위치는 불분명한 상태였다. 이런 현장들은 영변의 화학처리 시설에 의존해 모든 원심분리기 가동에 필요한 UF_6 공급재 대부분을 생산하는 데 도움을 받았을 것이다. 따라서 영변은 계속해서 북한의 고농축 우라늄 생산 능력에 결정적인 존재였으며 그 비축 규모에도 영향을 미쳤다. 하지만 가장 중요한 점은 영변이 없다면 북한이 추가적인 플루토늄과 삼중수소를 생산할 수 없을 것이며, 따라서 핵무기의 고도화를 강화할 능력이 제한될 수밖에 없다는 사실이었다.

만약 하노이에서 트럼프가 김정은의 제안을 받아들였더라면, 영변 가동은 중지되고 미국의 기술팀이 10년 만에 처음으로 그곳에 돌아갈 수 있었을 터였다. 그러면 워싱턴은 북한의 핵 역량에 대해 많은 불확실성을 해소할 수 있었을 것이다. 예컨대, 그들의 원심분리기 시설은 얼마나 고도화되었고 그 성능은 어떨까? 영변의 그 시설들을 검증해보았다면 북한이 다른 곳에 두고 있는 시설들에 대해서도 더 잘 알게 되었을 것이었다. 영변에 다시 들어갈 수 있었다면 당시 5MWe 원자로가 왜 가동되지 않고 있었는지, 그것이 재가동될 수 있을지도 파악이 가능했을 것이다. 이에 더해 실험용 경수로의 현황이 어떤지, 그것의 예상되는 역할에 관해서도 우리에게 절실히 필요한 정보를 얻었을 터였다.

리용호 외무상이 지적했다시피, 북한은 영변 시설 외에도 모든 핵 및 장거리 미사일 실험을 중단하겠다는 약속을 서면으로 작성하겠다고 제안했었다. 나는 북한이 군사적으로 사용 가능한 핵 탑재 ICBM을 확보하기 위해서는 여전히 이런 두가지 실험이 더 필요했기 때문에, 그들의 이런 제안이 중요하다고 보았다. 서면 보증이 깨어질 수 없는 철칙은 아니겠으나, 앞길로 나아가는 도중의 중요한 이정표는 될 수 있었을 것이다. 북한은 또 풍계리 핵실험장도, 적어도 몇몇 실험용 터널 입구를 폭파하는 지점까지 해체했다. 하노이에서 합의가 이루어졌더라면 그들이 차후의 핵실험을 위해 그 터널 일부를 복구하는 일이 매우 어려워졌을 것이다. 그러나 이 모든 양보보다 더 중요한 것은 9월 6일자 편지에서 핵무기연구소를 완전히 폐쇄하겠다고 한 김정은의 제안이었다. 김정은이 하노이에 가기 전부터 이렇게 많은 것을 내어놓은 상황이었으니, 이 정도면 건설적인 협상을 위한 길을 닦는 데 충분했어야 마땅했다.

싱가포르에서 하노이에 이르기까지, 김정은은 그의 아버지와 할아버지가 그랬듯 워싱턴과의 전략적 화해 가능성을 바라보고 있음을 보여주었다. 그것을 통해 자신의 정권이 미국과 관계 정상화를 이루고 자국의 경제를 향상시키고 중국의 과도한 영향력에서 벗어날 기회를 보았을 것이다. 김정은과의 개인적 관계를 쌓는, 기존의 틀을 벗어난 트럼프의 접근법이 북한 핵무기 프로그램의 중지와 궁극적 폐기로 나갈 수 있는 문을 열어주었다. 하노이에서 트럼프는 그 열린 문으로 걸어 들어가는 대신에 그 문을 등지고 빠져나왔던 것이다.

트럼프는 최대 압박 제재 작전을 완화하지 않기로 했다. 그는 오히려 지난 20년간 실패만 거듭해온 정책을 더 거세게 밀어붙이는 길을 택했다. 만약 트럼프가 비핵화를 향한 구체적 조치를 얻어내기 위해 김정은에게 제재 해제 같은 특정한 유도책을 제안하기로 선택했더라도, 워싱턴이 치러야 할 비용은 극히 적었을 것이다. 하노이에서의 트럼프 정부의 행동이 우리가 이후 몇년 동안 절감하지 않을 수 없었던 부정적인 결과를 가져오긴 했지만, 그만큼 김정은 쪽에도 실책이 없었다고 할 수 없다. 그에게는 협상을 원하는 트럼프의 욕구에 호소할, 그리고 비건 팀과의 협력을 통해 볼턴의 과도한 영향력에 대항할 기회가 여러번 있었으나 그것을 놓쳐버렸다.

제재 해제라는 사안은 하노이 정상회담의 실패에 결정적인 역할을 했다. 볼턴에 따르면, 트럼프는 김정은에게 협상을 깬 것은 바로 제재를 해제하라는 그의 제안이라고 말했다. 김정은이 회담 중 제재 해제를 트럼프에게 내민 경위를 우리는 알 수 없다. 미국 쪽에서는 김정은이 요구하는 것의 가격이 너무 높다는 데에 의견일치가 있는 듯 보였다. 심지어는 비건도 그런 듯했다. 평양은 민간 분야에 대한 제재 해제를 원한 반면, 워싱턴은 북한을 비핵화로 몰 수 있는 데 필요한 최대 압박을 가하는 것이 바로 그런 제재라고 생각했다. 하지만 그런 압박 작전은 실패의 연속이었다. 강경파 제재 옹호론자들은 이런 실패에 대해 언제나 같은 대답을 내놓았다. 충분히 엄격하지 않았고 충분히 오래 적용되지 않았다는 것이었다.

회담 이후 가진 인터뷰에서 비건은 하노이 사전 회의에서 북한 실무팀이 제재 해제 문제를 꺼냈다고 말했다. 비건은 북한 팀이 모든 제재에 대한 해제를 요구했다고 주장했지만, 그의 발언만으로 그것이 북한의 1차 제안이었던 것인지, 아니면 그들로서는 도저히 물러설 수 없는 하한선을 제시한 것이었는지 불분명하다. 그의 팀 내 경제 분석가들은 평양이 원하는 대로 제재가 해제되면 그들이 수십억 단위의 큰 재정적 이득을 얻게 될 것이라고 계산했다. 비건에 따르면, "사실 그렇게 되면, 유일하게 남는 무역 제한은 대량살상무기 시설 및 사업을 통한 적극적 무역 행위뿐이었을 것이다". 그는 북한의 제안에 깔린 뜻은 "북한을 사실상 핵무기 보유국으로 인정하라는 것"이었다고 덧붙였다.[29] 솔직히 말해 이런 말은 마치 존 볼턴의 전술집에서나 나올 법한 소리로 들린다.

북한 쪽은 제재 해제를 아주 다른 시각으로 보았다. 그들은 그것을 신뢰 구축의 첫단계라고, "관계 개선에 대한 미국의 의지를 확인하기 위한 시금석"[30]이라고 생각했다. 의아한 점은 리용호 외무상이 기자회견에서 제재 해제는 북한의 최우선 과제가 아니었다고 밝혔다는 것이다. 오히려 조선민주주의인민공화국이 비핵화 조치를 취할 수 있게 되려면 안전 보장이 더 중요했다는 것이었다. 리용호는 그들이 제재 해제를 요구한 것은 그것이 미국에 더 쉬운 일일 것 같아서였다고 말했다. 그런 경우라면, 김정은과 트럼프는 왜 하노이에서 제재 해제나 안전 보장의 가능성을 더 깊이 모색해보지 않은 걸까? 마지막 분석에서 미국 측은 평양의 비핵화에 대한 제안과 제재 해제에 대한 요구 사이의 간극이 하노이에서 풀기에는 너무 크다고 보았다. 그들은 협상을 통해 그 간극을 줄일 생각도 없어 보였다.

트럼프 대통령과 폼페이오 장관, 비건 특별대표는 이런 차이점이 정상회담 후 곧 해소될 수 있으리라고 낙관적으로 전망했다. 존 볼턴은 아니었다. 그는 합의 실패를 성공이라 보았고 더 나아가 그것을 자기 공이라 생각했다. 『그 일이 일어난 방』에서 그는 "아마 가장 중요한 것은, 하노이 회담 준비 브리핑을 통해 우리가 (『그 일이 일어난 방』에서 브리핑에 관해 기술할 때 볼턴은 그것이 통상적 의미의 '우리'가 아니라 '그' 자신이었음을 분명히 했다) 트럼프를 도와 협상을 깨는 것이 실패가 아니라는 결론을 내리게 했고, 그로써 비건이 가고 있던 위험한 협상의 길을 벗어나게 만들었다는 사실"이라고 밝힌다.[31]

"이런 황금 같은 기회는 다시 오지 않을지도 모른다"

트럼프 대통령은 하노이를 떠나기 전 김정은에게 이번 결렬이 돌이킬 수 없는 사태는 아니라는 점을 확신시키기 위해 자기가 할 수 있는 모든 일을 다 했다. 하노이 이후 트럼프와 김정은 사이의 편지는 여전히 따뜻했지만, 그 횟수는 드물어졌다고 우드워드는 전한다. 김정은은 북한으로 돌아와서, 비록 몹시 실망한 상태였지만 짐짓 체면을 유지하려고 노력했고 정상회담을 비판하지도 않았다. 그런 태도가 끝을 본 것은 4월 초 연설에서였다. 그 연설에서 그는 하노이에서 일어난 일과 앞으로 일어날 일에 대해 강경한 자세를 취했다. 북한은 이미 남한과의 거의 모든 접촉을 단절한 상태였다. 남한의 중재를 김정은은 4월 연설에서 "오지랖"이라며 조롱했다.[32] 6월 김정은은 싱가포르 1주년을 맞아 그때를 뒤돌아보며 몇달 만에 처음으로 트럼프에게 편지를 썼다. 그는 편지에 이렇게 썼다. "새로운 접근법과 거기에 요구되는 용기 없이는 이런 문제들의 해결 전망이 암담할 뿐인 것이 오늘의 현실입니다." 그는 또 한번의 만남으로 "한반도에 지속적이고 안정적인 평화체제를 세울" 수 있을지도 모르겠다는 한가닥의 희망을 남겨두었다.

2주 뒤 트럼프는 그가 일본에서 G20 정상회담을 마치면 "특별한 의제 없이" DMZ에서 만나자고 트위터를 통해 김정은에게 제의했다. 김정은은 트럼프의 제의를 받아들였고, 트럼프 임기 내 사진 연출 중 가장 빛나는 순간이 될지도 모를 장면을 만들어냈다. 판문점 공동경비구역에서 군사분계선을 넘어 북한 영토를 밟아보지 않겠느냐는 김정은의 제의를 트럼프가 받아들였던 것이다. 그러나 진전은 쉽사리 손에 잡히지 않았다. 8월 5일 김정은은 트럼프에게 지금껏 가장 긴 편지를 보냈다. 칼린이 지적하듯이, 끝없는 비통함을 토로하는 편지를 통해 김정은은 그의 우려와 장애물에 관해 얘기했다. 그는 미국과 한국이 그런 장애물을 만든 책임이 있다고 했다.[33] 김정은은 DMZ에서 만났을 때 트럼프 대통령에게 "몇주 후에 전문가들끼리 만나게 하자고" 약속했던 것을 "선명히 기억하고 있으나 (…) 지금은 시절이 달라졌다"고 썼다. 그는 자국을 겨냥한 "도발적 연합군사훈련"을 진행한 것에 대해 워싱턴을 비난했다. 김정은은 "자신은 남한을 공격하거나 전쟁을 시작할 의도가 전혀 없음에도" 트럼프가 이런 일이 진행되도록 허용했다며 트럼프에 대한 실망감을 드러냈다. 그는 "미국 군대가 남한 사람들과 함께 이런 편집증적이고 과민증적인 행동을 벌이는 것"에 대해서는 더더욱 반대하지 않을 수 없다고 덧붙였다.

김정은은 편지 뒷부분으로 갈수록 훨씬 더 감정적으로 되어갔다. 그는 "나는 정말 마음이 상했으며 이런 감정을 당신에게 감추고 싶지 않습니다. 정말로, 크게 마음이 상했습니다"라고 말했다. 그는 다음과 같이 덧붙였다.

> "나는 이내 당신을 실망시킬 어떤 일도 하고 싶지 않고 그렇게 할 계획도 없습니다. 만약 당신이 우리 관계를 당신에게만 이익을

줄 디딤돌 정도로만 생각하고 있다면, 그 덕분에 나는 댓가는 아무 것도 못 챙기고 내어주기만 하는 멍청이 같아 보일 것입니다."

김정은은 트럼프에게 "유감스럽게도 지금은 실무급 회담을 열 시기가 아니"라고 얘기하면서 말을 맺었다. 김정은은 "그간 일어난 일도 있고 하니, 이제 사정이 달라졌습니다. 서두를 이유가 없겠습니다"라고 강조했다. 최고위급의 서신 교환으로 트럼프와 김정은 사이에 개인적 관계가 쌓였고, 그 관계가 그것 없이는 무의미했을 외교적 과정을 지금껏 지탱하고 있었다면, 이제 그 관계마저도 무너져버린 것이었다.

이 당시 북한과 미국의 관계는 가까스로 명맥만 이어가고 있었다. 폼페이오 장관이 대화를 계속하려 시도해보았으나 북한 사람들의 마음을 얻지 못하는 듯했다. 평소 노련한 외교관의 면모를 보이던 리용호 외무상이 폼페이오를 "미국 외교의 독초"이자 북미 협상의 "방해꾼"이라고 비난했다.[34] 폼페이오가 어느 편인지 나로서는 언제나 애매했다. 그는 합의를 이루려는 대통령 편이었을까, 아니면 그것을 막으려는 볼턴의 편이었을까? 당연히 공개적인 자리에서 그는 언제나 트럼프 대통령과 그의 의제를 지지했다. 하지만 볼턴은 사적인 대화를 나눌 때의 국무부 장관은 자신의 의견과 별로 다르지 않았음을 시사했다. 리용호 외무상도 틀림없이 같은 느낌을 받았을 것이다.

정상회담 후 5월 그의 집무실에서 폼페이오 장관을 만날 기회가 있었다. 폼페이오는 손을 내밀어 "안녕하세요, 마이크라고 합니다"라며 힘차게 악수하고 준비된 미소를 날리는, 뼛속 깊은 정치인이었다. 그러나 북한에 대한 질문을 받자 언짢은 기색이 되어 김정은과 그 정권에 대한 전적인 경멸을 드러냈다. 폼페이오는 기본적으로 "이

친구와는 희망이 없어요. 그들이 말하거나 약속하는 것은 하나도 믿을 수가 없습니다"라고 말했다. 폼페이오가 보기에 "북한은 25년간 거짓말을 해온 역사가 있었다. 그리고 김정은은 우리를 가지고 놀았다". 나는 특정 부문을 겨냥한 제재 해제가 핵 프로그램의 후퇴를 가져올 수도 있다는 점을 주장하려 했다. 폼페이오는 김정은을 다른 길로 가게 만들 방법은 압박을 가중하는 것뿐이라고 말했다. "김정은이 고통을 느끼게 해야 한다. 그렇지 않으면 우리만 제재 해제라는 수표를 써주고 그는 진지한 조치를 완수하지 않는 꼴이 될 것"이라는 것이었다. 폼페이오가 볼턴이 한 것처럼 합의를 이루려는 대통령의 시도를 방해하지 않았을지는 모르지만, 그의 발언으로 미루어볼 때 트럼프가 하노이에서 협상을 깨고 나왔을 때 그도 안도감을 느꼈으리라는 것은 틀림없었다. 나는 폼페이오에게 하노이가 또 하나의 변곡점이 되지 않을까 걱정된다고 말했다. 나는 부시 정부와 오바마 정부 시절 기회를 놓친 결과가 어땠는지를 설명했다. 그는 고개를 끄덕이며 이렇게 말했다. "그러게요, 하노이가 또 하나의 변곡점이 되겠군요."

상황은 이렇게 흘러가고 있었지만, 스티븐 비건은 꿋꿋하게 다시 한번 북한 측 교섭 상대자들과 실무급 회담을 열고자 시도했다. 그는 9월 6일 미시간대학교 정책 연설에서 한반도의 지속적 평화 추구에 대한 정부의 의지를 반복 확인했다. 비건이 다음 단계로 제안한 거의 모든 것이 볼턴이 추진해온 것과 완전한 대척점에 있었다. 그러나 볼턴은 트럼프의 나쁜 면을 이용하는 데 성공했고 며칠 뒤엔 출구를 찾고 있었다. 틀림없이 시시콜콜한 얘기를 담은 책을 쓰기 시작하려고 그랬을 것이다.

연설에 뒤이어 비건은 10월 초 스톡홀름에서 북한 측과 만나는 자리를 한번 더 마련하지만, 밥 칼린의 설명처럼 "거기에서 북한 사람들이 대화를 계속할 가능성은 사라져버렸다고 선언했고, 결국 비건은 복병을 만난 셈이 되었다."[35] 외교가 주도권을 쥐고 나가던 거의 18개월 동안의 중지 기간이 끝나고 북한은 이미 2019년 5월로 미사일 실험 일정을 잡아놓은 상태였다. 5월을 시작으로 몰아친 미사일 발사 행렬은 고체연료 단거리 미사일의 성능을 확인하려는 작전 훈련처럼 보였다. 아직은 북한이 장거리 로켓을 발사한다거나 추가적인 핵실험을 실행하지 않고 있었지만, 2020년 1월 평양은 이제는 그런 모라토리엄에 얽매일 필요가 없겠노라고 선언했다. 북한의 이중경로 전략에서 핵 노선이 다시 주도권을 쥐게 된 것이다.

평양은 11월 바이든이 대선에 승리했다는 소식을 듣고도 침묵을 지켰다. 1월 초 바이든이 취임을 준비하고 있을 때 김정은은 조선로동당 8차 대회에서 북한 지도부의 제1 사업은 경제라고 강조했다.[36] 하지만 워싱턴의 눈은 온통 핵 관련 발표에만 쏠려 있었고 김정은은 워싱턴에게 생각할 거리를 많이 던져주었다. 그는 "우리나라를 노리는 적의 고성능 무기들이 늘어나고 있는" 가운데 북한의 방어 능력을 가능한 최고 수준으로 유지하지 않는 것은 "어리석고 위험한" 일일 것이라고 주장하며, 대대적인 군사력 강화를 촉구했다.

김정은은 화성급 ICBM과 북극성 잠수함발사 탄도미사일을 특정하여 언급했다. 김정은은 핵무기를 소형화하고 그것을 "규격화, 전술화, 무기화"한 것을 상찬했다. 그는 "초대형 수소폭탄"과 중·장거리 크루즈 미사일, 대공 로켓 시스템, 중전차, 곡사포, 다탄두 미사일, 신형 탄도미사일, "극초음속 활공 비행 탄두", 전자 무기, 500킬로미터 비거리 드론, 군사용 정찰위성 등의 개발을 알렸다.[37] 더 나아가 그는 (미국 전역을 포함하는) 1만5천킬로미터 사정권 내의 표적을 파괴할 군사적 필요성을 강조했다. 김정은은 또 그들이 신형 잠수함 개발의 최종 단계에 와 있으며 가까운 미래에 정찰위성을 가동할 것이라고 주장했다.

물론 이것은 희망 사항 목록으로, 틀림없이 자국민들을 향해 한 발언이었을 것이다. 미국 대통령이 누구든 그가 그 어느때보다 더 결연히 북한의 안보와 주권을 지키고자 한다는 사실을 확실히 보여주었다. 지나치게 낙관적이다 싶어도, 평양은 여러해에 걸쳐 비현실적으로 보이던 목표를 위해 밀고 나가는 불굴의 결의를 증명해왔고, 결국에는 성공을 거둔다.

2021년 김정은은 최고지도자 자격으로 집권 10년 차에 들어섰다. 다시 한번 핵 노선이 외교 노선 앞에 서게 되었다. 트럼프와의 서신 교환에서 선명히 보이던 워싱턴과의 관계 정상화에 대한 높은 기대는 하노이에서 존 볼턴에 의해 여지없이 꺾여버린 상황이었다. 경제에 집중하려던 김정은의 계획은 2020년 거의 전면적인 국가 봉쇄를 불러오고 2021년까지 계속된 팬데믹으로 인해 좌절을 맛보았다. 자신의 군사 계획을 선언하면서도 김정은은 지난 몇년과 달리 어조를 누그러뜨림으로써 외교 노선의 가능성을 살려두고자 했다. 2016년 이전 당대회에서는 "불구대천의 원수"라고 지칭되던 미국이 이번 8차 대회에서는 "주"적으로 묘사되었다. 그는 또 워싱턴은 한번도 진지한 적이 없었다고 주장하며 지난 미북 정상회담을 쓸모없는 것이라 치부하던 태도에서도 한발 물러났다. 그 대신에 김정은은 2018년 6월의 싱가포르 공동성명이 여전히 북미 관계 개선을 위한 유효한 근거임을 시사했다.

21장

관측을 마무리하며: 변곡점과 실수

내가 북한의 영변 핵단지에 처음 발을 디딘 것은 2004년 1월이었다. 그때는 그 나라에 대해 아는 것이 거의 없었다. 소련 붕괴 후 러시아의 핵 과학자와 엔지니어 들을 여러해 상대하면서 쌓은 경험이 괜찮은 준비과정이었음을 알게 되었지만, 그것도 어느 지점까지만이었다. 배워야 할 것이 많았다. 7년 동안 7차례 조선민주주의인민공화국 내 현장을 방문한 경험은 위성사진을 들여다보는 것으로는 흉내도 내지 못할 배움이었다. 그렇게 방문하는 동안 나는 북한의 핵시설과 핵 기술진에 접근할 수 있는 예외적인 기회를 누렸다. 북한 경험이 있는 미국인들과 여행하면서 나는 조선민주주의인민공화국의 고위 외교관들을 직접 만났다. 그 몇년은 내 경력에서 가장 흥미진진한 시기이면서 동시에 마음을 무겁게 만드는 시기이기도 했다. 내가 북한 문제에 본격적으로 발을 담그게 되었을 때 북한의 핵무기 프로그램은 내리막길을 걷고 있었지만, 다음 20년 동안 나는 그들의 핵 역량이 성장하는 과정을 지켜보았다. 그러는 동안 미국의 외교는 대체로 우유부단에 빠져 헤매는 상태였고, 북한 사람들을 이중적이라 치부하고 평양과의 대화를 시간 낭비라고 여김으로써 스스로를 좁은 틀 안에 가두는 일을 반복했다.

이 책에서 나는 독자들을 북한의 핵개발 추이를 정치적 상황 변화와 나란히 추적하는 이 복잡한 여정으로 안내하면서, 그 둘이 어떻게 서로에게 영향을 끼쳤는지, 그리고 궁극적으로 그것이 북한의 어떤 정책을 낳았는지를 밝혀왔다. 그런 북한의 정책은 둘 중 어느 하나의 측면에서만 보아서는 결코 안 되고 *두 측면을 함께* 고려하면서 바라봐야만 했을 것이다. 계속 변화하는 이 둘의 흐름을—때로는 나란히, 때로는 하나로 흐르는 동안—관찰할 수 있는 드문 위치에 있었으므로, 나는 북한이 외교와 핵의 발전을 *동시에* 추구하는, 즉 하나를 다른 하나보다 강조하는 경우가 있긴 했으나 그 어느 쪽도 완전히 포기한 적은 없는 이중경로 전략을 좇아왔다는 결론을 내릴 수 있었다. 부시, 오바마, 트럼프의 정부는 그런 전략에 대해 효과적으로 대처하는 것은 고사하고 그것을 파악하는 데에도 실패했다. 북한에 대한 오도된 가정과 깊은 의심 때문에 역대 세 정부는 평양이 외교 노선에 주력하는 시기에도 위험을 완화하고 북한 핵 프로그램의 궤도를 바꿀 기회를 놓치고 말았다. 워싱턴은 평양이 핵무력 증강을 위해 미국으로부터 시간과 자원을 벌기 위한 목적으로만 외교를 추구한다는 고정된 믿음에 사로잡혀 있었다. 이것은 워싱턴이 평양과 대화할 때조차 그 노력이 기껏해야 마지못한 것이었으며 대개는 의심으로 가득 차 있었다는 의미이다. 이런 노력들은 과실을 맺을 만큼 충분히 오래 지속된 적도, 충분히 효과적이었던 적도 없었다.

지난 3대 미국 정부의 똑똑하고 노련한 관계자들도 북한과 무슨 진전을 이루는 것에 대개 매우 회의적이었다. 그렇다면 나는 왜, 3대를 이어온 북한의 김씨 정권이 각각 중요한 시기마다 미국에 진정한 가능성을 제공하는 외교를 추구한다고 믿게 되었을까? 답은 간단하다. 북한이 이 외교 노선을 그 나라의 대외 안보 상황을 개선하는 데 필수적이라고 보았기 때문이다. 이는 핵무력이 아니라 주적과의 화해를 통해 체제 안정을 달성하는 것을 의미했다. 북한은 이를 통해 경제를 개발하고 중국의 그늘에서 빠져나오기 위한, 숨 쉴 공간을 확보하기를 기대했을 것이다. 달리 말해, 평양은 그들의 생존에는 핵무기가 도움이 되겠지만 번영을 위해서는 외교가 필요할 것이라고 믿었다. 이런 셈법이 워싱턴에 여러번의 기회를 제공했다. 그때마다 워싱턴은 그것을 허비해버렸다.

평양의 이중경로 전략은 꾸준한 핵개발 흐름을 낳았다. 핵 노선을 우선하는 동안에도 그랬고, 외교에 나서 있는 동안 대비책으로 그것을 유지하고 있을 때에도 마찬가지였다. 내가 북한을 방문하는 동안, 북한 사람들은 놀라울 정도로 숨김없이 이런 발전에 관해 이야기하고 또 그것을 보여주었다. 나의 방문이 중단된 후에도 그들은 자국 매체를 통해 핵무기 분야의 진척 상황을 계속 보여주었다. 워싱턴에서 위기를 관리하기 위해 기술적 정보를 바탕으로 한 위험/편익 분석을 했다면 이런 끈질긴 핵 관련 활동에 대처할 수 있었을 것이다. 그러나 지난 20년간의 정책 대응은 대증적이었고, 대개는 정치적 동기에 의해 좌우되었다. 역대 세 정부는 현실적으로 위기를 관리하기보다는 오로지 핵 위험을 제로로 만들겠다는 비핵화에만 집중했다. 이런 논리에 영향을 받은 워싱턴은 중요한 결정 지점마다 거듭하여 빗나간 수를 두었다. 북한 핵 프로그램을 억제할 기회가 왔을 때에도 그렇게 하지 못했다. 그 결과는 워싱턴이 원하던 바와 정반대였다.

북한이 상대적으로 자유로운 상태에서 핵 프로그램을 확장할 기회를 얻었던 것이다.

모든 정책은 복합적이고, 시간이 지남에 따라 한데 모이는 서로 다른 의사결정의 흐름으로 구성된다. 미국의 대북 정책의 경우에도 이 책 전반에서 내가 집중한 현상, 즉 변곡점 외에 다른 요인들이 분명히 작용하고 있었다. 각각 의사결정 과정 전반에서 나름의 역할을 하면서 변곡점 문제에 얽혀들기도 한 다른 요인들 중 적어도 세가지는 언급할 가치가 있겠다. 첫째, 2기 부시 정부부터 지금까지 워싱턴은 북한 핵 프로그램의 고삐를 죄기 위해 중국과 제재 강화에 의존했다. 그것은 실패였다. 평양을 남한 쪽으로 끌어당기기보다는 중국 쪽으로 밀어버렸다. 둘째, 워싱턴은 남북 간 관계 증진에 더해 경제, 교육, 문화적 대화를 포함하는 한반도 평화에 대한 전체론적 접근을 추구하지 않았다. 그 대신에 미국의 정책은 비핵화에만 초점을 맞추어 추진되었다. 평양은 핵무기 폐기에는 반드시 관계 정상화가 동반되어야 한다는 것을 명확히 해왔다. 셋째, 북한이 꾸준히 핵과 미사일을 개발하고 있음에도 미국은 북한을 최우선 안보 현안으로 삼지 않았다.

이런 요인들 각각이 나름 중요하기는 하지만, 나는 핵-외교의 역사라는 길 위의 분기점을 가리키기 위해 내가 사용하는 용어인 '변곡점'에 초점을 맞추어왔고, 거기에는 그럴 만한 이유가 있었다. 잠재적 기회를 지닌 이런 시기들이 워싱턴의 근시안적 결정으로 허비되었고 종종 평양의 판단력 부족으로 악화되었다. 북핵 문제에 대한 미국식 분석 대부분은 북한만을 탓하며 실패한 외교 기획의 책임을 미국이 아니라 북한에 물었다. 이런 틀 짓기가 때로는 사실일 때도 있지만—그리고 이 책 내내 북한이 일을 망친 그런 경우들을 나도 지적해온 바이지만—미래에 미국이 더 나은 정책을 세울 수 있도록 내부로 시선을 돌려 워싱턴의 역할을 비판적으로 평가하고자 한다. 역사에 대한 정직한 기술은 워싱턴에 상냥하지 않다. 변곡점은 관리 가능한 정도의 위험만 감수하면 평양이 핵무기 폐기로 가는 외교의 길을 따라나서도록 워싱턴이 효과적으로 유도할 가능성이 있는 순간들이었다. 그러나 워싱턴이 결정한 미국의 정책은 한반도의 핵 위험을 오히려 악화했다.

2002년 10월: 북미제네바합의를 파기하다

가장 치명적인 분기점은 부시 정부가 합의를 깨는 일의 위험을 충분히 평가하거나 제대로 이해하지도 못한 채로 1994년 북미제네바합의에 치명적인 타격을 입힌 2002년 10월이었다. 클린턴 정부가 끝날 때 북한은 핵무기가 없었다. 고작해야 몇킬로그램도 안 되는 플루토늄뿐, 플루토늄 생산 활동도 없었다. 비축된 농축 우라늄도 없었을 것이며 원심분리기 프로그램은 걸음마 단계였다. 북한이 일방적으로 미사일 발사 모라토리엄을 선언한 지 4년이 되어가던 때였고, 그 모라토리엄으로 미사일의 사거리와 정교함을 발전시킬 능력에 제한이 있을 수밖에 없었다. 이때가 북한에 핵무기 프로그램을 포기하도록 설득할 가장 좋은 기회였다. 그들이 가진 것이 얼마 없었기 때문이다.

협상 파기에 대해 부시 정부가 명시적으로 밝힌 이유는 평양이 비밀리에 우라늄 농축을 추진함으로써 북미제네바합의를 위반했다는 것이었다. 진짜 이유는 주로 정치적인 것으로, 나중에 존 볼턴이 밝힌 대로 클린턴 정부의 중요한 대외정책 업적 중 하나인 "북미제네바합의에 대못을 박으려는" 것이었다.

북미제네바합의 파기의 기술적 여파는 재앙과 같았다. 2004년 첫 방문을 통해 나는 이 점을 명확히 알게 되었다. 부시 정부는 평양이 고농축 우라늄 생산을 위해 원심분리기 프로그램을 개발한다는, 결실을 보기까지 앞으로 10년은 더 걸릴 장기적 위협 때문에 영변 가동을 재개하고 채 1년도 안 걸려 플루토늄 폭탄을 제조할 무료입장권을 주어버린 셈이었다. 국제 검증단과 미국 기술팀이 추방되고 이미 알려진 시설들은 재빨리 가동 상태로 돌아갔으며 비밀 가동도 계속 이어졌다. 북미제네바합의 동안 미국 사람들이 영변에 상당히 접근할 수 있었으므로 워싱턴의 국가안보 고위 관계자들도 이런 위험을 충분히 이해했어야 했지만, 그러지 못했다는 것이 비극이다.

그리 놀랄 일도 아니겠으나 평양은 이중경로 전략의 일환으로 북미제네바합의 기간 중에도 핵무기 프로그램을 언제라도 복구할 수 있도록 대비책을 세워놓고 있었다. 그리고 워싱턴이 합의를 깨자 김정일은 사실상 아무 제한도 받지 않고 그렇게 했다. 그는 또 중국이 중재하는 6자회담을 통해 외교의 명맥도 이어갔는데, 이는 대화의 문을 열어놓고 워싱턴의 온도를 재며 갈수록 공격적으로 되어가는 핵 전선의 조치들로 인해 발생하는 위험을 관리하기 위함이었다. 부시 정부 2기에 이런 회담들이 2005년 9월의 공동성명이라는 결과로 이어졌다.

2005년 9월: 공동성명을 되돌리다

이 공동성명이 과연 핵 위기를 해결할 전망이 있었던 것인지 우리는 결코 알 수 없을 것이다. 부시 정부가 거의 즉시 그 이행을 어렵게 만들었기 때문이다. 미국 정부는 힐 대사가 서명한 잉크가 채 마르기도 전에 6자회담의 중요한 합의 사항을 뒤로 돌리는 독자 성명을 발표했다. 거기에 더해, 거의 동시에 재무부는 방코델타아시아에 제재를 부과했다. 다른 은행들도 북한과 거래하지 못하도록 하려는 의도였다. 이런 결정들은 평양이 공동성명의 합의와 거기에 명시된 비핵화 약속을 거부해야겠다는 확신을 갖게 만들었다.

이것은 또 하나의 변곡점이었다. 이 합의의 기술적 이익은 워싱턴에 가해질 잠재적 위기를 크게 능가했다. 평양은 모든 핵무기와 기존의 핵 프로그램을 포기하고 조속한 시일 내에 핵확산금지조약과 IAEA의 안전조치로 돌아가겠다고 약속한 상태였다. 북한이 이 합의를 지키리라고 믿든지 말든지와 상관없이, 잘못된 조언에 따른 워싱턴의 결정은 평양이 전속력으로 핵 노선을 밀고 나가게 풀어주고 말았다. 북한은 국제 검증단을 다시 영변으로 불러들이고 가동을 중단하는 대신 더 많은 폭탄을 위한 플루토늄 생산을 이어갔다. 그들은 핵실험 준비도 계속했으며 원심분리기 프로그램도 추진했다. 부시 정부가 애초에 막겠다고 나섰던 바로 그 프로그램이었다. 1년 후 2006년 10월 북한은 최초의 핵실험을 감행했다.

비록 부분적으로만 성공했음에도, 이 실험은 워싱턴의 군사 대응보다는 어느정도의 외교적 지렛대를 가져다준 것으로 보였다. 북한 국내적으로 그 핵실험은 북한이 핵보유국 반열에 들었음을 증명했다고 선전되었다. 김계관 부상은 몇달 후 6자회담을 되살리기 위해 크리스토퍼 힐과 협력하기로 합의했고, 2005년 공동성명 이행 촉진을 목표로 2007년에 이루어진 두차례의 6자회담 합의가 그 결과였다. 2007년의 합의는 2007년과 2008년의 방문을 통해 내가 검증할 수 있었다시피 영변 핵시설의 일시적 불능화로 이어졌다. IAEA 검증단과 미국 기술팀도 영변으로 다시 들어갔다.

2008년 상반기 동안 부시 정부 내의 극심한 분열과 가능 장애가 외교의 발목을 잡았다. 급기야 힐 대사가 이미 북한과의 협상으로 성사시킨 불능화 합의의 검증 골대를 옮기는 일까지 벌어졌다. 힐은 플루토늄에 집중하는, 실용적이고도 내가 보기엔 올바른 위험/편익 결정을 내렸지만 정부 내 많은 이들의 반대 때문에 조직과 떨어져 혼자 알아서 하는 방식으로 일을 처리할 수밖에 없었다. 결국 힐은 워싱턴의 평양에 대한 뿌리 깊은 불신을 극복할 수 없었고 협상은 무너져내리기 시작했다.

평양은 미국이 협상 이행에 또 실패할 것이라 믿었고, 그것으로 2008년의 외교는 그 뿌리가 이미 흔들리고 있었다. 거기에 조종 소리가 울린 것은 8월 김정일이 심각한 뇌졸중으로 쓰러졌을 때였다. 김정일의 생명이 위태로운 상태가 되자 북한의 의사결정은 승계 계획이 움직였다. 화해의 순간이 이미 지나갔다는 사실이 명백해 보였다. 평양은 더이상 협상을 할 생각이 없었다. 그들은 어떻게 해서든 승계 계획을 탄탄한 궤도 위에 올려놓아야 했고 그러려면 아마 북한의 핵억지력의 신뢰성을 확립하기 위한 2차 핵실험이 필요했을 것이다. 차기 오바마 정부가 핵 위기를 물려받을 수밖에 없는 상황이었다.

2009년 4월: 북한의 로켓 발사를 규탄하다

2009년 4월 5일 북한은 위성 발사 시도로 오바마 대통령을 맞았다. 오바마가 핵무기 폐기에 관한 역사적인 프라하 연설을 한 바로 그날이었다. 발사 자체는 성공하지 못했지만, 양국 관계를 망치는 일에는 성공했다. 오바마가 그것을 평양식 "도발, 억지 요구, 그리고 보상의 순환고리"가 드러난 예로 보고 그것에 종지부를 찍겠다고 마음을 굳힌 것이다. 이 발사에 대한 워싱턴의 대응은 유엔 안전보장이사회의 발사에 대한 규탄을 끌어내는 것이었다. 이는 평양이 기대하던 바 그대로였고, 그들이 핵 프로그램을 계속 추진하도록 앞길을 닦아준 셈이었다. 북한은 불능화되었던 영변 시설들을 원래 상태로 복구했다. 그들은 IAEA와 미국팀을 나라 밖으로 추방했다. 6주 후 평양은 두번째 핵폭탄을 폭발시켰다. 이번엔 성공이었다.

부시 정부가 물러날 당시 평양은 이미 2차 핵실험으로 가는 길에 올라 있었고 그 추세를 멈추기 어려웠을 것이다. 그러나 이 미사일 발사에 대한 오바마의 대응으로 선택지를 더 많이 잃게 된 쪽은 북한이 아니라 오히려 미국이었다. 남은 2009년 동안, 그리고 2010년까지 북한이 영변에서 진행했던 불능화 조치는 번복되었고 미사일 프로그램은 속도를 더해갔으며 우라늄 농축 프로그램은 다음 단계로 진입했다. 2019년 11월 영변 방문 당시 북한이 놀라울 정도로 현대적인 소형 산업 규모의 우라늄 원심분리기 공장과 건설 중인 토착 경수로를 스탠퍼드 동료들과 내게 보여주었을 때, 우리가 발견한 상황 그대로였다.

북한의 위성 발사에 대한 오바마의 대응도 결국은 하나의 변곡점을 낳았다. 북한은 핵실험 성공, 그들에게 폭탄으로 가는 제2의 경로가 있음을 증명한 우라늄 농축 시설과 함께 큰 도약을 이뤄냈다. 그러나 이 변곡점은 평양이 발사 시기를 오바마가 백악관에 자리잡기 시작한 때로 맞춘 탓에 어쩔 수 없이 생겨난 것이기도 했다. 발사를 연기했더라면 양국 관계가 다른 길을 걸었을까, 우리는 결코 알 수 없을 것이다. 어쨌든 오바마 정부는 '전략적 인내' 정책으로 기조를 정했고, 그것은 결국 억제, 예의 주시, 북한의 '나쁜 행동'에 보상하는 것에 대한 명시적 거부감과 동의어였다.

2012년 4월: 윤달 합의를 파기하다

이중경로 전략의 핵개발 전선 강화를 마친 평양은 2011년 또 한번의 외교적 노력을 개시했다. 김정일이 자기 아들에게 매끄럽게 통치권을 물려줄 길을 닦기 위해 워싱턴과의 관계를 덜 대립적으로 만들려고 시도하고 있는 것으로 보였다. 이런 외교적 노력은 2011년 12월 김정일의 갑작스러운 사망으로 잠시 중단되었다가 김정은 정권이 들어선 후 양국 간 합의로 이어졌다. 2012년 2월 29일 양국의 수도에서 윤달 합의에 관한 각 정부의 독자적 언론 발표가 진행됐다. 영변 가동을 중단하고 영변 핵단지 현장에 다시 감시자를 들이기로 했다는 내용이었다. 그 안에는 핵 및 장거리 미사일 실험 모라토리엄을 실시하고, 그 댓가로 미국이 20만톤의 영양 원조를 한다는 계획도 포함되었다.

불행히도 양측은 미사일 실험의 구체적 내용에 대해 이견을 가지고 있었다. 윤달 합의 서명 6주 후 평양은 지구관측위성 발사를 시도했다. 발사는 실패했지만 이 일로 평양은 믿을 만한 협상 상대가 못된다는 미 정부의 믿음이 강화되었고, 이런 시각은 남은 오바마 임기 내내 계속되었다.

윤달 합의를 침몰시킨 정부의 결정은 또 하나의 변곡점으로 귀결되었고, 이는 심각한 결과를 가져왔다. 윤달 합의가 제대로 이행되었다면 영변은 가동을 중단하고 접근권을 다시 보장했을 것이고, 그랬다면 미국과 IAEA가 원심분리기 프로그램에 대해서도, 5MWe 플루토늄 생산 원자로가 가동 중단 상태인 이유에 대해서도 중요한 기술적 세부사항들을 알게 되었을 터였다. 대신에 북한은 원심분리기 시설의 규모를 두배로 늘렸고 원자로를 재가동했다. 워싱턴은 실험용 경수로가 건설되는 모습을 위성사진을 통해 지켜볼 수밖에 없었고, 그 원자로의 설계가 어떠한지, 그것이 적절한 안전장치를 갖추었는지, 또 그것이 전력과 플루토늄을 동시에 생산할 수 있는 사양을 갖추었는지 알 도리가 없었다. 북한은 영변을 폐쇄하기는커녕 오히려 무서운 속도로 핵단지의 보수와 신축을 밀어붙였다. 그들은 고농축 우라늄 생산에 속도를 더했고 플루토늄과 삼중수소 생산을 재개했다. 핵실험 모라토리엄이 없는 상태에서 그들은 또 한번의 핵실험을 준비하여, 1년 내에 실험을 감행했다. 미사일 실험을 하지 않았던 2010년과 2011년을 끝으로 북한은 오바마 대통령의 두번째 임기 동안 60발이 넘는 미사일을 시험 발사했다.

이렇듯 값비싼 댓가를 치러야 했던 것은 평양이 핵 프로그램을 신속하게 추진할 수 있다는 정보가 부족했기 때문이 아니었다. 2010년에 정보당국이 원심분리기 시설과 경수로 건설 사실을 놓친 일이 있긴 했지만, 이때쯤에는 북한의 핵 프로그램이 얼마나 빨리 달려나가고 있는지에 대한 충분한 정보가 있었다. 사실 이번 실패는 미국의 정책결정자들이 위성 발사 시도 후 합의를 깸으로써 발생할 기술적 위험을 제대로 평가하지 않고 평양의 동기가 불순하다는 그들의 오랜 믿음에만 매달린 결과였다. 권력을 잡은 지 겨우 넉달밖에 안 된 김정은은 부친이 할아버지 탄생 100주년을 기념하여 계획한 미사일 발사를 그대로 시행할 수밖에 없다고 느꼈을 것이다. 잘못 생각한 것이든지, 아니면 발사에 대한 오바마 정부의 대응이 어떨지 크게 오판한 것이었다.

2015년 1월: 핵실험 모라토리엄을 거절하다

남은 2013년, 그리고 2014년까지 북한은 폭탄용 핵분열 물질을 생산하고 미사일 역량을 강화해나가는 일을 이어갔다. 아마 자신의 새 경제 정책에 힘을 싣기 위해서였겠지만, 2015년 1월 김정은은 워싱턴과의 외교를 모색하는 방향으로 선회하는 모습을 보였다. 그는 핵실험 모라토리엄을 제안하며 그 댓가로 한미 연합군사훈련 모라토리엄을 요구했다. 불행하게도 이때쯤 오바마 정부는 그들의 눈에는 불순하게만 보이는 북한의 제안에 휘둘려서는 안 된다는 결심이 선 상태였고, 따라서 김정은의 제의를 단칼에 거절했다. 이것 역시 또 다른 변곡점이었다. 북한은 이에 두차례의 추가 핵실험과 오바마 임기 말의 연이어 몰아치는 미사일 발사로 대응했고, 그동안 워싱턴은 경기장 밖에서 이를 지켜봐야 했다. 북한과의 본격적인 외교적 기획에 착수한 적은 없었지만 오바마 대통령과 측근들은 북한의 힘이 그들 임기 중에 무시 못할 정도로 성장했다는 사실을 잘 알았다. 오바마는 2016년 11월 인수 회합에서 대통령 당선인 트럼프에게 북한이 가장 큰 국가안보 문제가 될 것이라 알려주었다.

2019년 2월: 하노이 정상회담의 판을 깨다

트럼프 대통령의 백악관 입성과 함께, 2017년은 한반도 역사상 가장 위험한 한해가 되었다. 트럼프의 "분노와 화염" 발언에 김정은이 똑같이 험악한 대답으로 맞받아치면서 상황은 진짜 분쟁에 가까울 정도로 위험해졌다. 북한은 처음으로 ICBM 성능의 미사일 시험 발사에 성공했다. 9월엔 수소폭탄일 가능성이 큰 6번째 핵폭탄을 폭발시켰다. 히로시마와 나가사키 폭탄 폭발력의 10배에 맞먹는 규모였다. 그러던 와중 12월, 태세를 전환한 트럼프가 유엔 특사 제프리 펠트먼을 통해 김정은에게 그와 만날 의사가 있다는 비밀 메시지를 보냈다.

2018년 6월 싱가포르 정상회담에서 트럼프와 김정은은 시기와 절차는 향후의 문제로 남겨놓았지만 관계 정상화*와* 비핵화를 연계한 공동성명에 서명했다. 싱가포르 성명에서 약속한 바를 실현하는 어려운 일은 다음 정상회담의 몫으로 넘겨졌다. 이번엔 2019년 2월 말 하노이였다. 트럼프는 김정은과 합의를 보기를 바랐다. 대북 특별대표인 스티브 비건은 북한 측 인사들과 함께 작업하며 싱가포르 정상회담의 연장선에서 협상을 진척시키려 노력했다. 그러나 이때 트럼프의 국가안보보좌관으로 존 볼턴이 재등장한다. 그는 부시 정부에서 북미제네바합의의 숨통을 끊는 데 일익을 담당한 전력이 있었으며, 이번에도 하노이에서 협상이 성사되지 않도록 하겠다는 결의에 차 있었다.

김정은은 하노이에 올 때는 매우 자신만만한 상태였다. 이미 트럼프와 직접 진지한 외교를 펼친 경험이 있었고 서신 교환을 통해 친밀한 관계를 유지해온 터였다. 이 모든 것이 하노이에서 나락으로 떨어졌다. 대통령의 보좌관들은 서로의 목을 겨누고 있었다. 볼턴의 칼이 더 날카로웠고, 대통령은 탄핵 위험이 커지는 것에 정신이 팔려, 김정은을 다시 만날 때면 그가 좀더 고분고분하게 굴지 않을까 하는 엉터리 가정을 하며 협상 테이블을 박차고 나오는 것이 유리할 것이라 믿게 되었다. 하노이도 결국 또 하나의 변곡점이 되었다. 북한 핵 프로그램의 위협을 뒤로 돌릴 기회를 다시 잃어버린 것이다. 내 견해로는 여전히 북한 핵분열 물질 생산의 핵심인 영변 핵단지는 계속 가동되며 점점 확장되었다. 하노이에서 미국 측은 핵무기연구소의 폐쇄 가능성을 타진해보지도 않았다. 북한 핵 프로그램의 두뇌와 같은 그곳을 김정은은 2018년 9월 6일 트럼프에게 보낸 편지에서 폐쇄하겠다고 제안해놓은 상태였다. 평양이 자체적으로 선언한 핵실험 및 장거리 미사일 실험 모라토리엄도 공식화되지 못했다. 서해로켓발사장의 폐쇄도 영구적인 것은 아니었다.

하노이가 가장 심각한 변곡점인 이유는 정상회담이 열릴 즈음엔 이미 북한의 핵무력이 규모와 정교화 면에서 막대하게 성장한 상태였기 때문이다. 핵단지는 점점 더 강력해지는 핵폭탄을 연이어 실험함으로써 주목할 만한 성공의 모습을 보여주었다. 전략로케트군과 그것을 뒷받침하는 군산 복합체도 계속해서 인상적인 미사일 발전상을 알렸다. 그들은 정권이 쉽게 폐쇄해버리기는 어려울 정도의 규모로 성장한 상태였고 아마 그 영향력도 커져 있었을 것이다. 하지만 하노이에서의 김정은은 핵무기 프로그램을 감축하는 대담한 조치를 취할 의지가 있어 보였다. 그가 트럼프에게 말한 대로, 그 모든 일이 단번에 이루어질 수는 없었겠지만 그는 미국이 관계 정상화를 향한 조치를 취하는 것에 상응하여 그 방향으로 움직일 준비가 되어 있었다. 하노이에서 걸려 있던 문제가 바로 이것이었다. 그런데 워싱턴은 감히 그 문제를 알아볼 뜻이 없었던 것이다. 이전의 변곡점에서 협상을 피하기보다는 위험을 관리해야 한다는 교훈을 얻었어야 했지만, 워싱턴은 그러지 못했다. 커다란 기회가 될 수 있었던 하노이는 그렇게 허비되었다. 북한의 고위급 외교관이 공개적으로 경고했다. "이런 기회는 다시 오지 않을지도 모른다." 남은 트럼프의 임기 동안 기회는 다시 오지 않았다.

결국 2001년 이후 미국의 역대 세 정부의 정책은 북한이 핵무기로 미국과 그 동맹을 위협할 수 있는 단 3개국 중 하나로 부상하는 사태를 초래했다. 그런 정책들은 북한 일반 주민들을 가난으로부터 구해내는 데 도움이 되지도 못했고 그들의 인권 상황을 개선시키지도 못했다. 한반도는 여전히 분단된 상태였고, 점점 더 위험해져가는 동북아시아에서 위험한 장소로 남아 있었다. 평화와 안정이라는 목표는 아직도 요원했고 남북한의 화해는 그 어느 때보다 어려워 보였다. 2021년 바이든 정부가 물려받은 상황이 이러했다.

에필로그

이 글을 쓰고 있는 2022년 5월 현재, 북한 핵 문제는 위험할 지경으로 악화되었다. 트럼프 대통령이 하노이 정상회담에서 걸어 나왔을 때 외교는 그 자리에 멈췄다. 대화가 없을 때면 평양이 핵·미사일 프로그램을 확대한다는 것은 역사적 기록에 비추어 짐작할 수 있다. 2019년 이후 제재도 팬데믹도 북한의 군사적 성장을 늦추지 못했다. 과거에는 핵무기 강화가 있고 나면 외교적 기회가 뒤따랐다. 그러나 하노이 회담 직후 북한은 그들이 비핵화를 위해 제안한 조치들이 다시는 협상 테이블 위에 오를 수 없을지도 모른다고 경고했다. 만약 사실이 그러하다면, 동북아시아의 상황은 정말로 암울해질 것이다.

바이든 대통령의 취임을 몇주 남겨두고 김정은은 조선로동당 8차 대회에서 야심만만한 핵 프로그램 계획을 발표했다. 그는 핵무기의 수를 늘리고 더 정교화할 것을 주창했다. 그 이후로 북한은 약 6개의 핵무기를 더 만들 만큼의 고농축 우라늄을 추가 생산했다. 하노이 정상회담을 비판하던 사람들이 "수명을 다한" 시설이라고 했던 영변 핵단지에서는 재가동을 시작한 5MWe 원자로가 훨씬 더 파괴적인 수소폭탄에 필요한 물질인 플루토늄과 삼중수소를 추가 생산했다. 북한은 2021년 10월 국방발전전람회에서 인상적인 미사일 시스템 진용을 선보였으며, 여기에 가을에서 겨울로 이어지는 왕성한 실험도 수반되었다. 지금 같은 속도라면 북한은 2024년까지 65발의 폭탄을 보유하게 될 것이다. 그렇게 되면 바이든 정부도 (북한이 처음으로 폭탄 5발을 보유하는 상황을 불러온) 부시 정부, (폭탄의 갯수가 대략 25발로 증가한) 오바마 정부, (폭탄이 45발로 늘어난) 트럼프 정부에서 겪은 실패의 전철을 밟는 셈이 된다. 매번 북한은 무기의 숫자를 늘려갔을 뿐만 아니라, 사거리는 늘리고 파괴력은 키우며 정교함을 높이는 일을 해냈다.

바이든 정부의 시작과 함께, 김정은이 한편으로는 북한의 핵·미사일 프로그램 전반을 현저히 향상시킬 5개년 국방 계획을 명령하면서도 워싱턴과의 대화 재개를 위한 문을 빼꼼히 열어놓고 있다는 징후가 보였다. 김정은이 외교로 돌아가기 전에 새로운 수준의 국방 역량을 확보하려고 기다렸던 것인지는 의문으로 남는다. 2017년 북한과 미국 사이의 상황이 비등점에 다가가는 듯 보이던 때 김정은은 이미 경제에 더 크게 집중하며 외교 노선으로 갈아탈 복안을 가지고 있었다는 사실을 상기해볼 필요가 있겠다.

그러나 바이든 정부 초기에는 그 어느 쪽도 싱가포르 정상회담을 만들어낸 외교 노선이 다시 열릴 수 있을지 타진해보려 선불리 나서지 않았다. 김정은이 진지하게 외교의 길을 추진하거나 유지할 가능성은 점점 낮아졌다. 시간이 흐르면 김정은의 입지는 약해지기보다는 강화되고, 반면 워싱턴으로서는 비핵화의 첫단계로 다가가는 길조차 더 멀어지고 더 어려워진다. 다시 말해, 북한의 핵무력이 성장하면서 위험도 함께 커지는 동안 비핵화의 전망은 점점 희미해진다는 것이다.

한가지 희망은 여러해에 걸쳐 북한 사람들이 실용적인 면모, 변화하는 상황에 빠르게 적응하는 경향을 보여주었다는 점이다. 북한 경제를 되살릴 그의 계획이 무엇이든 간에, 대외적 안보 환경의 개선 없이는 그 계획이 성공할 수 없다는 것을 김정은은 알았다. 그러기 위해 그는 미국과의 적대적 관계를 완화하기 위해 노력하지 않을 수 없다. 대외 안보에 우선순위를 둠과 동시에, 국내 발전의 역할 또한 무시할 수 없을 것이다. 그는 경제개혁을 계속 추진해왔지만 최근의 코로나19 사태로 국가 차원의 봉쇄를 해야 했고 백신 접종을 받지 못한 북한 대중들에게 큰 위험이 닥치는 등 어려움을 겪었다.

2022년 초 김정은은 그의 핵·미사일 프로그램을 강화하기 위해 눈에 띄게 주력하기 시작하여 15차례 이상 미사일을 발사했고 — 2006년 이후 7번째이자 5년 만에 처음으로 — 핵실험도 준비하는 듯했다. 김정은은 또 그의 핵 원칙을 더 선명하게 밝히며 북한의 핵무력은 억지를 위해서만 존재하는 것이 아니라 북한의 근본적 이익이 위협을 받는다면 사용할 수도 있다는 사실을 워싱턴에 상기시켰다. 더 나아가 김정은은 (러시아의 우크라이나 침공을 지지함으로써) 러시아 및 중국과 제휴하는 위치로 가고 있다는 조짐을 보여왔으며, 우리는 이로써 그가 전세계적으로 변화하고 있는 정치적 힘의 균형을 보고 있음을 알 수 있다. 만약 김정은이 정말로 대외 안보 환경을 개선하려 워싱턴과의 전략적 화해에 이르려는 노력을 포기하고 베이징 및 모스크바와 더 밀착하는 자세를 취해간다면, 우리는 북한 핵 문제가 여전히 우리를 위협하는 21세기를 살게 될 것이다.

감사의 말

스탠퍼드대학교, 특히 국제안보협력센터(CISAC)와 그 모체인 프리먼 스폴리 국제학연구소에 감사드린다. 그들은 로스앨러모스국립연구소에서 40년 가까운 세월을 보낸 나에게 새 지평을 열 기회를 주었다. 스콧 세이건 교수에게 특별한 감사를 드린다. 6년간 그와 함께 CISAC의 공동 소장으로 일하는 특전을 누리며 정치학 속에 과학이 있음을 그에게서 배울 수 있었다. 경영과학공학부는 내가 공과대학을 비롯한 전교의 학생들을 가르칠 수 있도록 해주었다. 나는 스탠퍼드에서 지낸 15년 동안 3천명이 넘는 학생들에게 기술과 핵 안전에 관한 수업을 했고, 이때가 대학에서 보낸 시간 중 가장 보람된 시기였다. 전직 국방부 장관이자 이제는 스탠퍼드대학교 교수직에서 퇴임한 윌리엄 페리에게도 감사드린다. 그는 나를 불러 그의 수업을 맡게 했다. 7차례 북한 방문에서 돌아와 얘기를 전할 때마다 홀린 듯 꼼짝 않고 자리에 앉아 있는 학생들을 보면서 나는 내 이야기를 미국 대중들에게도 들려주어야겠다고 확신하게 되었다.

본인의 연구를 통해, 그리고 나와 협업하며 이 책을 쓰는 데 도움을 준 학생인턴, 연구조교, 박사후연구원 들에게 특별히 감사드린다. 니코 밀로노풀로스, 피터 데이비스, 이사벨라 유리아, 크리스 로런스, 프랭크 윌리, 쥘리앵 드 트룰리유 드 랑베르생, 슬기예 박이 그들이다. CISAC의 전문직 동료와 관계자 들에게도 감사드리고 싶다. 하임 브라운은 북한의 핵 프로그램 및 그 시설들을 평가하는 데, 닉 한센은 북한의 미사일 프로그램을 이해하는 데, 프랭크 페이비언과 앨리슨 푸치오니는 2010년 내 마지막 북한 방문 이후 구해 본, 그 양이 점점 늘어나던 위성사진을 해석하는 데 없어서는 안 될 도움을 주었다.

지칠 줄 모르는 나의 멘토들, 존 루이스와 로버트 칼린으로부터도 북한을 이해하는 데 막대한 도움을 받았다. 루이스와 칼린에 더해 북한 방문길에 함께 올랐던 이들, 찰스 (잭) 프리처드와 키스 루스, 프랭크 자누치, 데이비드 스트라우브, 존 메릴, 조엘 위트, 폴 캐럴로부터 많은 것을 배웠다. 미국 정부의 여러 관계자들에게서 북한을 방문하도록 격려를 받았으며, 돌아와서는 그들과 유익한 토의를 했다. 남한의 학자와 교육자, 정부 관계자 들로부터도 내가 북한에서 하는 일에 대한 격려를 받아왔다. 여러해 그들과 교류하면서 엄청나게 많은 것을 배웠다. 마찬가지로 중국 및 러시아의 학자, 관계자 들과의 지속적인 토의도 북한 문제를 더 넓은 시각에서 볼 수 있도록 해주었다. 스탠퍼드대학교 소속의 세 학자들, 즉 토머스 핑거, 래리 브랜트, 제이슨 라인하르트가 중국이 북한을 바라보는 관점을 이해하는 데 특히 큰 도움을 주었다.

나의 연구 및 분석, 북한 방문 기획은 뉴욕 카네기 재단과 존 D. 앤드 캐서린 T. 맥아더 재단의 후원을 받았다. 이들 재단의 기획 관리자들의 격려와 지원에도 감사의 마음을 전한다.

이 책의 공동저자인 엘리엇 세르빈에게, 북한 핵사업의 역사에 대한 빈틈없는 그의 연구와 내가 이 책 속 수많은 이야기를 전할 수 있도록 도와준 그의 글솜씨를 빌리는 큰 신세를 졌다. 그의 위성사진 분석 기술도 북한이 핵 분야에서 어떤 일을 달성했는지 해독하는 데 큰 역할을 해주었다. 로버트 칼린에게 감사한다. 북한 길에 여러번 같이 나섰던 그는 북한에 대한 자기 지식을 너그럽게 나눠주었고 이 책의 모든 장들을 꼼꼼히 검토해주었다. 로스앨러모스국립연구소 시절을 같이 보낸 나의 과학자 동료 제임스 토브스가 이 책의 과학적 내용을 검토해주었고 스탠퍼드대학 동료 하임 브라운도 같은 도움을 주었다. 그럼에도 이 책에 어떤 오류가 있다면 그것은 오롯이 나의 탓이다. 스탠퍼드대학 동료 알라 카시아노바와 학생인턴 프랭크 윌리는 참고 및 인용 자료를 모으고 책에 따라 나올 웹사이트 개발을 감수하는 데 없어서는 안 될 도움을 주었다. 책을 교열하는 작업을 훌륭하게 해준 제니퍼 고든에게도 감사를 전한다.

마지막으로, 그러나 누구 못지않게, 아내 니나에게 고맙다고 말하고 싶다. 딸 넷을 키우면서 내가 대학원을 마치는 동안, 로스앨러모스와 미시간에서 일을 시작하고 그후론 점점 과중해지는 로스앨러모스의 일과 씨름하며 핵 분야 협력을 증진하기 위해 전세계를 돌아다니는 동안, 그녀는 우리 가족을 받쳐주는 힘이었다. 북한이나 러시아, 카자흐스탄, 우즈베키스탄, 중국, 몽골, 파키스탄, 인도 또는 그 어떤 덜 이국적인 장소를 가더라도 집에 돌아오면, 항상 집과 가족이 주는 사랑과 위안을 품고 그녀가 거기에 있어주었다.

주

1장

1 Frank Pabian, Joseph S. Bermudez Jr., Jack Liu, "North Korea's Punggye-ri Nuclear Test Site: New Media Reports of an Imminent Sixth Test Again Cannot Be Corroborated," *38 North* (August 30, 2017), https://www.38north.org/2017/08/punggye083017/.

2 Earthquake Hazards Program, "M 6.3 Nuclear Explosion—21 km ENE of Sengjibaegam, North Korea," *USGS* (September 3, 2017), https://earthquake.usgs.gov/earthquakes/eventpage/us2000aert/executive#executive; CTBTO. 추정치는 진도 6.1이었다. 기술적 조사 결과는 "3 September 2017: North Korea Announced Nuclear Test," *CTBTO* (September 7, 2017, updated April 12, 2018), https://www.ctbto.org/the-treaty/developments-after-1996/2017-sept-dprk/technical-findings/를 보라.

3 David Sanger, Choe Sang-Hun, "North Korean Nuclear Test Draws U.S. Warning of 'Massive Military Response,'" *New York Times*(September 2, 2017), https://www.nytimes.com/2017/09/03/world/asia/north-korea-tremor-possible-6th-nuclear-test.html.

4 Dimitri P. Voytan, Thorne Lay, Esteban J. Chaves, John T. Ohman, "Yield Estimates for the Six North Korean Nuclear Tests from Teleseismic P Wave Modeling and

Intercorrelation of *P* and *Pn* Recordings," *JGR: Solid Earth* 124, no. 5 (May 2019), 4916~4939, https://doi.org/10.1029/2019JB017418.

5 David Wright, "North Korea's Longest Missile Test Yet," *All Things Nuclear* (November 28, 2017), https://allthingsnuclear.org/dwright/nk-longest-missile-test-yet.

6 프리처드는 북한 관련 공직 경험을 회고록으로 출간했다. Charles L. Pritchard, *Failed Diplomacy* (Washington, DC: Brookings Institution Press, 2007). 칼린은 고전이 된 *The Two Koreas: A Contemporary History* 3판(New York: Basic Books, 2014)을 돈 오버도퍼와 공동으로 집필했다. 루이스는 중국에 관한 몇권의 영향력 있는 책을 출간했다. 예로, John Wilson Lewis, Xue Litai, *China Builds the Bomb* (Stanford: Stanford University Press, 1988)을 보라.

7 여러해 동안 스탠퍼드대학교 팀은 대학 소속의 Chaim Braun, Nick Hansen, Frank Pabian, Allison Puccioni, 그리고 졸업생 Niko Milonopoulos, Sulgiye Park, Elliot Serbin으로 구성되었다.

8 Mike Chinoy, *Meltdown: The Inside Story of the North Korean Nuclear Crisis* (New York: St. Martin's Griffin, 2009), 3(빌리 그레이엄 목사와 함께 참석한 회합에서 김일성이 한 말에 대한 치노이의 평가).

9 자세한 역사에 관해서는, 초기의 위기를 다루는 Joel S. Wit, Daniel B. Poneman, Robert L. Gallucci, *Going Critical: The First North Korean Nuclear Crisis* (Washington, DC: Brookings Institution Press, 2004); 클린턴 시절에 관해서는 Mike Chinoy, *Meltdown*; 2021년까지의 포괄적 역사에 관해서는 Oberdorfer, Carlin, *Two Koreas*를 참조한다.

2장

1 우라늄(원자번호 92)과 플루토늄(원자번호 94)은 주기율표에서 악티늄이라 불리는 무거운 방사성 원소들의 열에 속한다. 이것들의 핵은 불안정하기 때문에 방사성 붕괴를 통해 딸 원소로 분열, 변환된다. 우라늄과 플루토늄은 *원자번호* 92, 94, 즉 원자핵 안에 있는 양성자(양전하)의 숫자로 표시된다. 핵은 원자를 중성으로 만들기 위해 같은 수의 전자를 포획한다. 그 화학적 성질은 전자에 의해 결정된다. 핵의 성질은 핵 안에 있는 양성자와 중성자(중성의 입자 또는 대전되지 않은 입자)의 수에 의해 결정된다. U-235와 U-238처럼 하나의 원소의 상이한 *동위원소*들은 화학적 성질은 같지만 중성자의 수가 다르다. 예를 들어 143개의 중성자를 갖는 U-235와 146개의 중성자를 갖는 U-238은 서로 다른 핵 성질을 지닌다.

2 D. E. Lilienthal, C. I. Barnard, C. A. Thomas, J. R. Oppenheimer, H. A. Winne, *Acheson-Lilienthal Report: Report on the International Control of Atomic Energy*

(Washington, DC: U.S. Government Printing Office, 1946).

3 Scott D. Sagan, Benjamin A. Valentino, "Revisiting Hiroshima in Iran: What Americans Really Think About Using Nuclear Weapons and Killing Noncombatants," *International Security* 42, no. 1 (Summer 2017), 41~79.

4 Tatsuichiro Akizuki, *Nagasaki 1945: The First Full-Length Eyewitness Account of the Atomic Bomb Attack on Nagasaki* (London: Quartet Books, 1981), 4.

5 Nukemap 2.7, *Nuclearsecrecy.com*. 폭발력 10킬로톤에 대한 데이터, https://nuclearsecrecy.com/nukemap/?&kt=10&lat=37.566536&lng=126.977969&hob_psi=5&hob_ft=2207&casualties=1&fallout=1&psi=20,5,1&zm=13 Nukemap 2.7, Nuclearsecrecy.com. 폭발력 250킬로톤에 대한 데이터, https://nuclearsecrecy.com/nukemap/?&psi=20,5,1&casualties=1&fallout=1&linked=1&kt=250&lat=37.566536&lng=126.977969&hob_psi=5&hob_ft=6454&zm=11.

6 플루토늄과 일부 우라늄 동위원소는 핵분열성이다. 즉 활동성이 있는 중성자에 의해 촉발된, 원자로나 폭탄에 필요한 연쇄반응을 유지하고 핵분열시 더 많은 중성자를 배출할 수 있다. 이것들의 임계질량(핵 연쇄반응 유지에 필요한 핵분열 물질 최소량)은 실용적 핵무기 장비에 사용할 수 있을 정도로 충분히 작다. 이들 원소는 불안정하지만, 반감기(원소의 2분의 1이 붕괴되는 시간)는 실용적으로 사용할 수 있을 만큼 충분히 길다. 유용한 핵 뇌관에 관해서는, Richard L. Garwin, Georges Charpak, *Megawatts and Megatons: The Future of Nuclear Power and Nuclear Weapons* (Chicago: University of Chicago Press, 2002)를 보라.

7 U-238의 반감기는 45억년으로, 7억년 반감기의 U-235에 비해 훨씬 더 안정적이다.

8 핵 연쇄반응은 핵분열 중 방출된 중성자가 적어도 하나 이상의 다른 핵에서 추가적 핵분열을 일으키는 자기 지속적인 핵분열 반응 과정이다. 그러면 이 핵이 중성자들을 산출하고, 그렇게 과정이 반복된다. 이 과정은 핵 원자로에서처럼 제어가 될 수도 있고, 핵폭발에서처럼 제어되지 않을 수도 있다.

9 다만 20퍼센트 농축에서는 임계질량이 약 800킬로그램으로, 실용적인 무기를 만들기에는 너무 무겁다.

10 무기급 플루토늄의 주요 동위원소인 Pu-239의 반감기는 2만4100년이다.

11 핵확산 문제에 대한 더 자세한 내용은 Siegfried S. Hecker, Matthias Englert, Michael C. Miller, "Nuclear Non-proliferation," in *Fundamentals of Materials for Energy and Environmental Sustainability*, edited by David S. Ginley, David Cahen (New York: Cambridge University Press, 2011), 162~177에 제시된다.

12 중수소는 양성자 하나와 중성자 하나로 구성된 핵을 가진, 수소의 안정된 형태의 동위원소이다. 삼중수소는 양성자 하나와 중성자 두개로 구성된다. 이것은 반감기가

12.32년으로 불안정하며 방사성 (헬륨-3으로) 붕괴한다.

13 중성자 기폭제는 핵폭탄 내에서 폭탄 재료가 폭발적으로 응축될 때 그 최적의 순간에 연쇄반응에 시동을 걸기 위해 사용되는 중성자 폭발을 제공한다.

14 "Missile Technology Control Regime (MTCR)," edited by David S. Ginley, David Cahen, *Nuclear Threat Initiative*, https://www.nti.org/learn/treaties-and-regimes/missile-technology-control-regime-mtcr/ MTCR은 핵확산금지조약을 보완하여 미사일 확산 문제에 대처한다.

15 미국 측의 다수 추산은 100만에 가까운 중국인들이 사망했다는 것이었으나, 중국의 군 관계자들은 전쟁 60주년에 그 수가 18만이었다고 주장했다. *China Daily* (June 29, 2010), http://www.china.org.cn/china/2010-06/28/content_20365659.htm.

16 Don Oberdorfer, Robert Carlin, *The Two Koreas: A Contemporary History*, 3rded. (New York: Basic Books, 2014), 6.

17 Joseph S. Bermudez Jr., "A History of Ballistic Missile Development in the DPRK," Occasional Paper No. 2, Center for Nonproliferation Studies (November 1999).

18 소련 해체 후 러시아 핵무기연구소의 과학자와 기술자 들의 애국적 반응은 *Doomed to Cooperate*, edited by Siegfried S. Hecker (Los Alamos: Bathtub Row Press, 2016)에 러시아인, 미국인 들에 의해 연대순으로 기록되어 있다.

19 Robin Bulman, "No A-Arms in S. Korea, Roh Says," *Washington Post* (December 19,1991), https://www.washingtonpost.com/archive/politics/1991/12/19/no-a-arms-in-s-korea-roh-says/b62e8f9e-fd08-498e-abd7-0d81184f1073/.

20 "Joint Declaration on the Denuclearization of the Korean Peninsula," *Ministry of Foreign Affairs: Republic of Korea*, https://www.mofa.go.kr/eng/brd/m_5476/view.do?seq=305870&srchFr=&srchTo=&srchWord=&srchTp=&multi_itm_seq=0&itm_seq_1=0&itm_seq_2=0&company_cd=&company_nm=&page=6&titleNm=.

3장

1 Victor D. Cha, David C. Kang, "The Debate over North Korea," *Political Science Quarterly* 119, no. 2 (Summer 2004), 229~254.

2 Mike Chinoy, *Meltdown: The Inside Story of the North Korean Nuclear Crisis* (New York: St. Martin's Griffin, 2009), 25.

3 위의 책.

4 "U.S.-D.P.R.K. Joint Communique," *U.S. Department of State* (October 12, 2000), https://1997-2001.state.gov/regions/eap/001012_usdprk_jointcom.html (accessed April 13, 2022).

5 Madeleine Albright, *Madam Secretary: A Memoir* (New York: Miramax Books, 2003), 463.

6 "Interview with Robert Gallucci," *PBS Frontline* (March 5, 2003), https://www.pbs.org/wgbh/pages/frontline/shows/kim/interviews/gallucci.html.

7 두 내부자의 이 사건들에 관한 자세한 설명은 Chinoy, *Meltdown*과 Don Oberdorfer, Robert Carlin, *The Two Koreas: A Contemporary History*, 3rd ed. (New York: Basic Books, 2014) 참조.

8 Patrick McEachern, *Inside the Red Box: North Korea's Post-Totalitarian Politics* (New York: Columbia University Press, 2010), 82.

9 위의 책, 102.

10 John Bolton, *Surrender Is Not an Option: Defending America at the United Nations and Abroad* (New York: Threshold Editions, 2008), 106.

11 Oberdorfer, Carlin, *The Two Koreas*, 364.

12 이 만남은 도쿄와 평양 간 몇년에 걸친 비밀 접촉의 결과였다.

13 이 회담은 Chinoy, *Meltdown*; Oberdorfer, Carlin, *The Two Koreas*; Charles L. Pritchard, *Failed Diplomacy* (Washington, DC: Brookings Institution Press, 2007)에서 상당히 자세하게 기술된다.

14 Oberdorfer, Carlin, *The Two Koreas*, 364.

15 위의 책, 379.

16 David E. Sanger, "Bush Shifts Focus to Nuclear Sales by North Korea," *New York Times*(May 5, 2003), https://www.nytimes.com/2003/05/05/world/aftereffects-the-asian-are-na-bush-shifts-focus-to-nuclear-sales-by-north-korea.html.

17 Pritchard, *Failed Diplomacy*, 63.

18 John Pomfret, "U.S., North Korea Don't Bend on Arms," *Washington Post* (August 28, 2003), https://www.washingtonpost.com/archive/politics/2003/08/28/us-north-korea-dont-bend-on-arms/8eaf608e-a9ba-4af0-b2ba-cb8ec35af95c/.

19 Joseph Kahn, "Korea Arms Talks Close with Plans for a New Round," *New York Times*(August 30, 2003), https://www.nytimes.com/2003/08/30/world/korea-arms-talks-close-with-plans-for-a-new-round.html.

20 Pritchard, *Failed Diplomacy*, 103.

4장

1 Barbara Slavin, "N. Korea OKs U.S. Visit to Complex," *USA Today* (January 2, 2004), https://usatoday30.usatoday.com/news/world/2004-01-02-korea-usat_x.htm.

2 Mike Chinoy, *Meltdown: The Inside Story of the North Korean Nuclear Crisis* (New York: St. Martin's Griffin, 2009), 198.

3 ISIS는 중동의 테러 단체가 이 이름으로 알려지기 전까지는 완벽하게 좋은 약어였다. Albright의 이 연구소는 '좋은' ISIS라고 부를 수 있겠다.

4 David Albright, Kevin O'Neill, eds., *Solving the North Korean Nuclear Puzzle* (Washington, DC: Institute of Science and International Security, 2000).

5 루이스 교수는 미국의 민간재단들로부터 받은 보조금으로 우리의 여행 경비를 지불했다.

6 DPRK Foreign Ministry Spokesman, "DPRK to Continue Increasing Its Nuclear Deterrent Force," *KCNA* (October 2, 2003).

7 방사화학실험실은 북한의 플루토늄 재처리 시설이다.

8 나는 나중에 금속용기 하나당 20개씩, 8천개의 연료봉을 수용하기 위해 미국이 금속용기 400개를 공급했다는 사실을 알게 되었다. 내가 볼 수 있던 바로는, 수조의 폭을 가로질러 15개의 금속용기가 한줄로 있었고, 약 20~30개 줄의 깊이였다. 다시 말해, 수조에는 총 400개가량의 금속용기가 있었다.

9 John Wilson Lewis, Xue Litai, *China Builds the Bomb* (Stanford: Stanford University Press, 1988).

5장

1 "1994 U.S.-DPRK Agreed Framework Confidential Minute" (October 21, 1994). https://www.documentcloud.org/documents/2829751-1994-U-S-DPRK-Agreed-Framework-Confidential-Minute.html.

2 David E. Sanger and William J. Broad, "Evidence Is Cited Linking Koreans to Libya Uranium," *New York Times* (May 23, 2004), https://www.nytimes.com/2004/05/23/world/evidence-is-cited-linking-koreans-to-libya-uranium.html.

3 Director General, IAEA Board of Governors, "Implementation of the NPT Safeguards Agreement in the Syrian Arab Republic" (May 24, 2011), https://www.iaea.org/sites/default/files/gov2011-30.pdf.

4 태영호, 필자와의 개인적 논의, 서울(September 14, 2017). 그의 책은 한국어로 출판되었고 영어로 번역되지 않았다. 제목은 *Cryptography from the Third-Floor Secretariat* 로 번역된다(한국어: 『3서기실의 암호』; 한자: 3層 書記室의 暗號).

5 William J. Perry, *My Journey at the Nuclear Brink* (Stanford: Stanford University Press, 2015), 167.

6 A. Q. 칸은 일반적으로 파키스탄 핵 프로그램의 아버지로 인정받는 파키스탄의 핵과

학자였지만, 핵을 확산하는 인물로 악명 높기도 했다.

7 Sanger and Broad, "Evidence Is Cited Linking Koreans to Libya Uranium."

8 Pervez Musharraf, *In the Line of Fire: A Memoir* (New York: Free Press, 2006).

9 David E. Sanger, "U.S. Widens View of Pakistan's Link to Korean Arms," *New York Times* (March 14, 2004), https://www.nytimes.com/2004/03/14/world/us-widens-view-of-pakistan-link-to-korean-arms.html.

10 Musharraf, *In the Line of Fire*.

11 Glenn Kessler, "U.S. Will Stand Firm on N. Korea; Arms Talks to Set Stage for Demands," *Washington Post* (February 16, 2004), A17.

12 Joseph Kahn, "Cheney Urges China to Press North Korea on A-Bombs," *New York Times* (April 15, 2004), https://www.nytimes.com/2004/04/15/world/cheney-urges-china-to-press-north-korea-on-a-bombs.html.

13 Glenn Kessler, "N. Korea Nuclear Estimate to Rise; U.S. Report to Say Country Has at Least 8 Bombs," *Washington Post* (April 28, 2004), A1.

14 Colum Lynch, "North Korea Resists Talks on Nuclear Arms: Meeting by U.S. Election Is Unlikely," *Washington Post* (September 28, 2004), A21.

15 "The Nomination of Dr. Condoleezza Rice to Be Secretary of State," 미국 대외관계위원회 청문회(January 18 and 19, 2005), https://www.govinfo.gov/content/pkg/CHRG-109shrg22847/pdf/CHRG-109shrg22847.pdf.

16 George W. Bush, "State of the Union Address," *The White House* (February 2, 2005), https://georgewbush-whitehouse.archives.gov/news/releases/2005/02/20050202-11.html.

17 Victor Cha, *The Impossible State: North Korea, Past and Future* (New York: Harper-Collins, 2012), 27.

18 DPRK Foreign Ministry Spokesman, "Spent Fuel Rods Unloaded from Pilot Nuclear Plant," *KCNA* (May 11, 2005).

19 James Brooke, "North Koreans Claim to Extract Fuel for Nuclear Weapons," *New York Times* (May 12, 2005), https://www.nytimes.com/2005/05/12/world/asia/north-kore-ans-claim-to-extract-fuel-for-nuclear-weapons.html.

20 Associated Press, "Cheney Says China Must Press N. Korea on Weapons," *Washington Post* (May 30, 2005), A18.

21 Mike Chinoy, *Meltdown: The Inside Story of the North Korean Nuclear Crisis* (New York: St. Martin's Griffin, 2009), 236.

22 Charles L. Pritchard, *Failed Diplomacy* (Washington, DC: Brookings Institution

Press, 2007), 110~111.

23 Glenn Kessler, "N. Korea Agrees to Rejoin Talks; Nuclear Arsenal on Table After Year-Long Boycott," *Washington Post* (July 10, 2005), https://www.washingtonpost.com/archive/politics/2005/07/10/n-korea-agrees-to-rejoin-talks/7f10e9bb-ff9e-44fd-830a-3f971c-1c716c/.

24 Chinoy, *Meltdown*, 241~242.

25 Cha, *Impossible State*, 261.

26 Joel Brinkley, "North Korea Says U.S. Alone Is Holding Up 6-Nation Nuclear Talks," *New York Times* (August 10, 2005), https://www.nytimes.com/2005/08/10/world/asia/north-korea-says-us-alone-is-holding-up-6nation-nuclear-talks.html.

27 Chinoy, *Meltdown*, 244.

6장

1 방사성물질 취급시설(hot cell facility)이란 고준위 방사성물질을 원격으로 다루는 철저하게 차단된 실험실을 말한다.

2 Siegfried S. Hecker, "The Nuclear Crisis in North Korea," *The Bridge* 34, no. 2 (June 1, 2004), https://www.nae.edu/7452/TheNuclearCrisisinNorthKorea.

3 사실은 이 주장과 상당히 다르다. 소련은 경수로 4기를 건설하겠다고 약속했으나, 먼저 북한이 핵확산금지조약에 가입해야 한다고 주장했다. 북한은 그렇게 했지만, 소련은 예비적 부지 답사 이상으로 나가지 못한 상태에서 해체되기 시작했다.

4 Siegfried S. Hecker, ed. *Doomed to Cooperate* (Los Alamos: Bathtub Row Press, 2016).

5 Mike Chinoy, *Meltdown: The Inside Story of the North Korean Nuclear Crisis* (New York: St. Martin's Griffin, 2009), 44.

6 위의 책, 246.

7 위의 책, 247.

8 Christopher Hill, *Outpost: Life on the Frontlines of American Diplomacy: A Memoir* (New York: Simon & Schuster, 2014), 239.

9 "Joint Statement of the Fourth Round of the Six-Party Talks," *U. S. Department of State Archive* (September 19, 2005), https://2001-2009.state.gov/r/pa/prs/ps/2005/53490.htm.

10 Chinoy, Meltdown, 250.

11 "North Korea-U.S. Statement," *U.S. Department of State Archive* (September 19, 2005), https://2001-2009.state.gov/r/pa/prs/ps/2005/53499.htm.

12 Hill, *Outpost*, 240.

13 Chinoy, *Meltdown*, 251.

14 Don Oberdorfer, Robert Carlin, *The Two Koreas: A Contemporary History*, 3rd ed. (New York: Basic Books, 2014), 409.

15 "Chief Negotiators' Advice: Next Steps on North Korea," *International Crisis Group*, webinar with comments by Ambassador Chun Yung-woo (June 15, 2020), https://www.crisisgroup.org/how-we-work/events/chief-negotiators-advice-next-steps-north-korea.

16 Charles L. Pritchard, *Failed Diplomacy* (Washington, DC: Brookings Institution Press, 2007).

7장

1 Glenn Kessler, Edward Cody, "N. Korea, U.S. Gave Ground to Make Deal; Long Process Looms on Nuclear Accord," *Washington Post* (September 20, 2005), A1.

2 David E. Sanger, "Yes, Parallel Tracks to North, But Parallel Tracks Don't Meet," *New York Times* (September 20, 2005), https://www.nytimes.com/2005/09/20/politics/yes-paral-lel-tracks-to-north-but-parallel-tracks-dont-meet.html.

3 Colum Lynch, "N. Korea Urges U.S. to Give Reactor for Nuclear Program," *Washington Post* (September 23, 2005), https://www.washingtonpost.com/archive/politics/2005/09/23/n-korea-urges-us-to-give-reactor-for-nuclear-program/735196fe-9482-4393-b977-965ace36f81d/.

4 Peter Baker, Glenn Kessler, "U.S. to Push Koreans on Nuclear Program," *Washington Post* (October 5, 2005), https://www.washingtonpost.com/archive/politics/2005/10/05/us-to-push-koreans-on-nuclear-program/e8c3cb7f-4260-4e30-8245-920f266cde1c/.

5 DPRK Foreign Ministry Spokesman, "U.S. Anti-DPRK Diatribe Assailed," *KCNA* (October 18, 2005).

6 Jim Yardley, "Six-Nation Talks on North Korea Resume in China," *New York Times* (November 10, 2005), https://www.nytimes.com/2005/11/10/world/sixnation-talks-on-north-korea-resume-in-china.html.

7 위의 글.

8 DPRK Foreign Ministry Spokesman, "DPRK FM Spokesman Demands U.S. Compensate for Political and Economic Losses," *KCNA* (November 28, 2005).

9 Don Oberdorfer, Robert Carlin, *The Two Koreas: A Contemporary History*, 3rd ed. (New York: Basic Books, 2014), 413.

10 위의 책.

11 Joel Brinkley, "U.S. Squeezes North Korea's Money Flow," *New York Times* (March 10, 2006), https://www.nytimes.com/2006/03/10/politics/us-squeezes-north-koreas-money-flow.html.

12 Glenn Kessler, "N. Korea Warned on Testing Missile: Act Would Spur Penalties, Rice Says," *Washington Post* (June 20, 2006), https://www.washingtonpost.com/archive/politics/2006/06/20/n-korea-warned-on-testing-missile-span-classbankheadact-would-spur-penalties-rice-saysspan/963a6cce-05d5-4040-abb3-8689b0f1e0bf/.

13 Ashton B. Carter, William J. Perry, "If Necessary, Strike and Destroy; North Korea Cannot Be Allowed to Test This Missile," *Washington Post* (June 22, 2006), https://www.washingtonpost.com/archive/opinions/2006/06/22/if-necessary-strike-and-destroy-span-classbankheadnorth-korea-cannot-be-allowed-to-test-this-missilespan/ac0fccd7-014d-4bc1-8dd5-37e038665b3f/.

14 Glenn Kessler, "U.S. Rejects Suggestion to Strike N. Korea Before It Fires Missile," *Washington Post* (June 23, 2006), https://www.washingtonpost.com/archive/politics/2006/06/23/us-rejects-suggestion-to-strike-n-korea-before-it-fires-missile/45e6ec7c-71d4-4dab-bc81-d7a2f96ba33d/.

15 Peter Baker, "Japan and U.S. Warn N. Korea on Missile," *Washington Post* (June 30, 2006), https://www.washingtonpost.com/wp-dyn/content/article/2006/06/29/AR2006062901918.html.

16 DPRK Foreign Ministry Spokesman, "DPRK Foreign Ministry Spokesman on Its Missile Launches," *KCNA* (July 6, 2006).

17 Warren Hoge, Norimitsu Onishi, "China Fights Sanctions to Punish North Korea," *New York Times* (July 8, 2006), https://www.nytimes.com/2006/07/08/world/asia/china-fights-sanctions-to-punish-north-korea.html.

18 Oberdorfer, Carlin, *The Two Koreas*, 415.

19 DPRK Foreign Ministry, "DPRK Foreign Ministry Refutes Resolution of UN Security Council," *KCNA* (July 16, 2006).

20 Selig S. Harrison, "In a Test, a Reason to Talk Bilateral Diplomacy Could Still Roll Back North Korea's Nuclear Arms Effort," *Washington Post* (October 10, 2006), https://www.washingtonpost.com/archive/opinions/2006/10/10/in-a-test-a-reason-to-talk-span-classbankheadbilateral-diplomacy-could-still-roll-back-north-koreas-nuclear-arms-ef-fortspan/6ae9d54b-dc76-496d-a45b-0798e9541311/.

21 DPRK Foreign Ministry, "DPRK Foreign Ministry Clarifies Stand on New Measure

to Bolster War Deterrent," *KCNA* (October 4, 2006).

22 위의 글.

23 Glenn Kessler, "N. Korean Move Comes Amid Bid for Talks; With Plan to Conduct Nuclear Test, Pyongyang Again Dismisses U.S. Peace Feelers," *Washington Post* (October 4, 2006), https://www.washingtonpost.com/archive/politics/2006/10/04/n-korean-move-comes-amid-bid-for-talks-span-classbankheadwith-plan-to-conduct-nuclear-test-pyong-yang-again-dismisses-us-peace-feelersspan/d97e4e8a-4fac-4341-b7ef-87a510f2d2ce/.

24 위의 글.

25 Thom Shanker and Warren Hoge, "Rice Asserts U.S. Plans No Attack on North Korea," *New York Times* (October 11, 2006), https://www.nytimes.com/2006/10/11/washington/11diplo.html.

26 Colum Lynch and Glenn Kessler, "U.N. Votes to Impose Sanctions on N. Korea; Council Demands End to Nuclear Program," *Washington Post* (October 15, 2006), A1.

27 DPRK Foreign Ministry Spokesman, "DPRK Foreign Ministry Spokesman on U.S. Moves Concerning Its Nuclear Test," *KCNA* (October 11, 2006).

28 DPRK Foreign Ministry Spokesman, "DPRK Foreign Ministry Spokesman Totally Refutes UNSC Resolution," *KCNA* (October 17, 2006).

8장

1 외무성에서 나온 안내자도 이에 앞서 우리에게 같은 얘기를 한 적 있었다.

2 Frank V. Pabian, Siegfried S. Hecker, "Contemplating a Third Nuclear Test in North Korea," *Bulletin of the Atomic Scientists* (August 6, 2012), https://thebulletin.org/2012/08/contemplating-a-third-nuclear-test-in-north-korea.

3 Joseph DeTrani, "Statement on North Korea Nuclear Test," *Office of the Director of National Intelligence* (October 13, 2006), https://www.odni.gov/files/documents/Newsroom/Press%20Releases/2006%20Press%20Releases/20061013_release.pdf.

4 Siegfried S. Hecker, "Report on North Korean Nuclear Program" (November 15, 2006), https://fas.org/nuke/guide/dprk/nuke/hecker1106.pdf.

9장

1 Helene Cooper and David E. Sanger, "U.S. Signals New Incentives for North Korea," *New York Times* (November 19, 2006), https://www.nytimes.com/2006/11/19/world/asia/us-signals-new-incentives-for-north-korea.html.

2 Siegfried S. Hecker, "Lessons Learned from the North Korean Nuclear Crises," *Daedalus* 139, no.1 (Winter 2010), 44~56.

3 Christopher Hill, *Outpost: Life on the Frontlines of American Diplomacy: A Memoir* (New York: Simon & Schuster, 2014), 253.

4 위의 책, 255.

5 S. Haggard, M. Nolad, *Hard Target: Sanctions, Inducements, and the Case of North Korea* (Stanford: Stanford University Press, 2017).

6 "North Korea – Denuclearization Action Plan," *U.S. Department of State Archive* (February 13, 2007), https://2001-2009.state.gov/r/pa/prs/ps/2007/february/80479.htm.

7 David E. Sanger, "U.S. to Offer North Korea Face-Saving Nuclear Plan," *New York Times* (March 5, 2007), https://www.nytimes.com/2007/03/05/world/asia/05korea.html.

8 Glenn Kessler, "N. Korea May Accept Deal in Nuclear Talks," *Washington Post* (January 31, 2007), A12.

9 David E. Sanger, "Money Shift Could Clear Way to Shut North Korea Reactor," *New York Times* (April 7, 2007), https://www.nytimes.com/2007/04/07/world/asia/07korea.html.

10 Robert Carlin, John W. Lewis, "What North Korea Really Wants," *Washington Post* (January 27, 2007). https://cisac.fsi.stanford.edu/news/what_north_korea_really_wants_20070127.

11 위의 글.

12 S. S. Hecker, "Report on North Korean Nuclear Program," National Press Club, (Washington DC, November 15, 2006).

13 Glenn Kessler, "N. Korea, Syria May Be at Work on Nuclear Facility," *Washington Post* (September 13, 2007), https://www.washingtonpost.com/wp-dyn/content/article/2007/09/12/AR2007091202430.html.

14 Mark Mazzetti and Helene Cooper, "U.S. Official Says Syria May Have Nuclear Ties," *New York Times* (September 15, 2007), https://www.nytimes.com/2007/09/15/world/middleeast/15intel.html.

15 "Six Parties October 3, 2007 Agreement on 'Second-Phase Actions for Implementation of the Joint Statement,'" *U.S. Department of State Archive*, https://2001-2009.state.gov/r/pa/prs/ps/2007/oct/93223.htm.

10장

1 Robert Carlin and John W. Lewis, "What North Korea Really Wants," *Washington Post* (January 27, 2007), https://cisac.fsi.stanford.edu/news/what_north_korea_really_wants_20070127.

2 Siegfried S. Hecker and William Liou, "Dangerous Dealings: North Korea's Nuclear Capabilities and the Threat of Export to Iran," *Arms Control Today* 37, no. 2 (March 2007), 1.

3 Burt Herman, Associated Press, "Fatal Floods Endanger N. Korea's Food Supply," *Arkansas Democrat Gazette* (August 15, 2007), https://www.arkansasonline.com/news/2007/aug/15/fatal-floods-endanger-n-koreas-food-suppl-20070815/.

4 나는 이 말을, 그들이 소련이 공급하는 HEU 연료로 온전히 기능하는 IRT 원자로에서 강력한 핵 연구 프로그램을 진행하고 방사성 동위원소를 생산했다는 의미로 받아들였다.

11장

1 "CIA: North Korea Helping Syria Build Nuke Reactor," *National Public Radio* (April 24, 2008), https://www.npr.org/templates/story/story.php?storyId=90115722.

2 "Implementation of the NPT Safeguards Agreement in the Syrian Arab Republic," Report by the Director General, IAEA (May 24, 2011), https://www.iaea.org/sites/default/files/gov2011-30.pdf.

3 냉각탑 없이 시리아 원자로를 건설한 경험을 통해 강으로부터 직접 냉각할 실현 가능한 대안을 개발했기 때문에 북한은 영변 냉각탑을 폭파할 자신감을 얻었을 수도 있다.

4 Hans Ruehle, "Wie Iran Syriens Nuklearbewaffnung vorangetrieben hat: Hintergründe der Israelischen Aktion gegen den Reaktor von al-Kibar," *Neue Zuericher Zeitung* (March 19, 2009), http://jer-zentrum.org/ViewNews.aspx? ArticleId=1196 ("How Iran Pushed Forward Syria's Nuclear Armament: Background of the Israeli Action Against the Reactor of Al-Kibar.").

5 David E. Sanger, *The Inheritance: The World Obama Confronts and the Challenges to American Power* (New York: Harmony Books, 2009), 273.

6 Yaakov Katz, *Shadow Strike: Inside Israel's Secret Mission to Eliminate Syrian Nuclear Power* (New York: St. Martin's Press, 2019).

7 Michael V. Hayden, *Playing to the Edge: American Intelligence in the Age of Terror* (New York: Penguin Press, 2016), 266.

8 Cynthia P. Schneider, "The Sound of Music in Pyongyang," *Brookings Institution* (February 28, 2008), https://www.brookings.edu/opinions/the-sound-of-music-in-pyong-yang/.

9 "N.Y. Philharmonic Plays Concert in North Korea," *NBC News* (February 26, 2008), https://www.nbcnews.com/id/wbna23347082.

10 Bill Powell, "A Gershwin Offensive in North Korea," *Time* 171, no. 8 (February 25, 2008), http://content.time.com/time/world/article/0,8599,1717019,00.html.

11 "U.S. Anthem Gets Orchestral Airing in Pyongyang," 『조선일보』 (February 27,2008), https://web.archive.org/web/20080301220150/http://english.chosun.com/w21data/html/news/200802/200802270015.html.

12 Mike Chinoy, *Meltdown: The Inside Story of the North Korean Nuclear Crisis* (New York: St. Martin's Griffin, 2009), 306.

13 Glenn Kessler, "Kim's Realm Shows Signs of a Rift," *Washington Post* (March 27, 2008), A11.

14 David Ignatius, "A Ticking Clock on N. Korea," *Washington Post* (March 23, 2008), B7.

15 Chinoy, *Meltdown*, 366.

16 Helene Cooper, "Past Deals by N. Korea May Face Less Study," *New York Times* (April 18, 2008), https://www.nytimes.com/2008/04/18/washington/18diplo.html.

17 Chinoy, *Meltdown*, 366.

18 Glenn Kessler, "U.S. Ready to Ease Sanctions on N. Korea; Pyongyang Would Have to Acknowledge Evidence About Nuclear Activities," *Washington Post* (April 11, 2008), A15.

19 Cooper, "Past Deals."

20 Chinoy, *Meltdown*, 366. 북한은 미국인들에게 해외에서 입수한 알루미늄 튜브에 접근하도록 허가해주었다. 이 튜브들은 비밀 원심분리기 프로그램의 회전자에 사용되었을 것으로 의심받았다. 미국인들은 미사일 공장 방문도 허락받았고 놀랍게도 (밤늦게 호텔로 배달된) 알루미늄 샘플까지 받았다. 당시에는 상당히 협조적인 것으로 보였던 이 일은, 내가 후속 방문에서 발견했듯이 북한이 원심분리기 프로그램 회전자에 알루미늄이 아닌 고강도 강철을 사용했기 때문에 이치에 맞지 않는 행동이었다.

21 Glenn Kessler, "Uranium Traces Found on N. Korean Tubes: Discovery Appears to Clash with Pyongyang's Denial of Secret Nuclear Program," *Washington Post* (December 21, 2007), A25.

22 Chinoy, *Meltdown*, 367.

23 George W. Bush, "President Bush Discusses North Korea," *The White House* (June 26, 2008), https://georgewbush-whitehouse.archives.gov/news/releases/2008/06/20080626-9.html.

24 DPRK Foreign Ministry Spokesman, "DPRK Foreign Ministry's Spokesman on U.S. Lifting of Major Economic Sanctions Against DPRK," *KCNA* (June 27, 2008).

25 Glenn Kessler, "Far-Reaching U.S. Plan Impaired N. Korea Deal; Demands Began to Undo Nuclear Accord," *Washington Post* (September 26, 2008), A20.

26 Office of the Press Secretary, "President Bush Visits Bangkok, Thailand," *The White House* (August 7, 2008), https://georgewbush-whitehouse.archives.gov/news/releases/2008/08/20080807-8.html.

27 Don Oberdorfer, Robert Carlin, *The Two Koreas: A Contemporary History*, 3rd ed. (New York: Basic Books, 2014), 426; Anna Fifield, *The Great Successor: The Divinely Perfect Destiny of Brilliant Comrade Kim Jong Un* (New York: PublicAffairs, 2019), 67.

28 Chinoy, *Meltdown*, 372.

29 Condoleezza Rice, *No Higher Honor: A Memoir of My Years in Washington* (New York: Crown, 2011), 743.

12장

1 2009년 1월, Selig Harrison (언론인이자 학자); 2009년 2월, Stephen Bosworth, Morton Abramowitz (외교관); 2009년 2월, Susan Shirk (정치 전문 학자).

13장

1 DPRK Foreign Ministry Spokesman, "Spokesman for DPRK Foreign Ministry Slams Anti-DPRK Campaign over Its Projected Satellite Launch," *KCNA* (March 24, 2009).

2 위의 글.

3 David Straub, "North Korea Policy: Why the Obama Administration Is Right and the Critics Are Wrong." Talk presented at Stanford University (May 13, 2016), https://aparc.fsi.stanford.edu/events/north-korea-policy-why-obama-administration-right-and-critics-are-wrong.

4 Morton Abramowitz and Stephen Bosworth, "Reaching Out to Pyongyang," *Newsweek* (May 12, 2008), https://www.newsweek.com/reaching-out-pyongyang-89613.

5 위의 책.

6 Blaine Harden, "Defiant N. Korea Launches Missile; Neighbors Express Dismay; U.S. Decries Provocative Act," *Washington Post* (April 5, 2009), A1.

7 Choe Sang-Hun, "Citing U.N. Penalties, North Korea Threatens Uranium Enrichment and Missile Tests," *New York Times* (April 30, 2009), A10.

8 Colum Lynch, "Key U.N. Powers Agree on N. Korea Statement," *Washington Post* (April 12, 2009), A12.

9 DPRK Foreign Ministry, "DPRK Foreign Ministry Vehemently Refutes UNSC's 'Presidential Statement,'" *KCNA* (April 14, 2009).

10 Frank V. Pabian and Siegfried S. Hecker, "Contemplating a Third Nuclear Test in North Korea," *Bulletin of the Atomic Scientists* (August 6, 2012), http://www.thebulletin.org/web-edition/features/contemplating-third-nuclear-test-north-korea.

11 "KCNA Report on Successful 3rd Underground Nuclear Test," *KCNA* (May 25, 2009), https://www.ncnk.org/resources/publications/KCNA_3rd_Nuke_Test.pdf.

12 Don Oberdorfer, Robert Carlin, *The Two Koreas: A Contemporary History*, 3rd ed. (New York: Basic Books, 2014), 415.

13 Elisabeth Bumiller, "North Korea Is Warned by Gates on Testing," *New York Times* (May 29, 2009), https://www.nytimes.com/2009/05/30/world/asia/30military.html.

14 President Barack Obama, "Remarks by President Barack Obama in Prague as Delivered," *The White House* (April 5, 2009), https://obamawhitehouse.archives.gov/the-press-office/remarks-president-barack-obama-prague-delivered.

15 Barack Obama, *A Promised Land* (New York: Crown, 2020), 348.

16 Oberdorfer, Carlin, *The Two Koreas*, 430.

17 위의 책, 434.

18 "North Korea: Back at the Brink?" Testimony of Ambassador Stephen W. Bosworth, Special Representative for North Korea Policy, U.S. Department of State, Before the Senate Foreign Relations Committee (June 11, 2009), https://2009-2017.state.gov/p/eap/rls/rm/2009/06/124657.htm.

19 Oberdorfer, Carlin, *The Two Koreas*, 436~437.

20 김정일-클린턴 회담은 클린턴 대통령을 수행했던 데이비드 스트라우브 전 국무부 한국국 국장의 회담 기록에 담겨 있다. "Memorandum of Conversation: President Clinton and Chairman Kim Jong Il, 5:05~6:05 P.M., Tuesday, August 4, 2009."

21 밥 칼린에 따르면, 이것은 김정일이 1990년대 말 처음으로 드러낸 대단히 중요한 주제였다. 이는 이후 결정적 순간들에 평양이 대화로 회귀하고 싶다는 뜻을 나타내기 위해 북한 외교관들에 의해서 언급되었다.

22 이명박, 『대통령의 시간』(2015), https://book.naver.com/bookdb/book_detail.nhn?bid=8736461 이 책은 영어로 번역되지 않았다. Choe Sang-Hun, "North Korea

Sought Talks and Attached a Hefty Price Tag, South's Ex-Leader Says," *New York Times* (January 29, 2015), https://www.nytimes.com/2015/01/30/world/asia/north-korea-sought-talks-and-attached-a-hefty-price-tag-souths-ex-leader-says.html을 보라.

23 1977년과 1983년 사이 일본 해안 지역에서 북한의 정부 요원들이 일본 시민들을 납치했다. 일본 정부는 공식적으로 17명의 피랍자를 확인했는데, 그들 중 5명은 북한이 납치를 인정하고 그에 대해 사과한 후 2002년에 일본으로 돌아왔다. 일본은 납북자 문제에 대한 만족스러운 해결 없이는 북한과의 관계를 정상화할 수 없다고 주장하며, 계속해서 남아 있는 납북자의 송환을 요구해왔다. "Japan–North Korea Relations: Abductions of Japanese Citizens by North Korea," Ministry of Foreign Affairs of Japan (August 6, 2021), https://www.mofa.go.jp/region/asia-paci/n_korea/abduction/index.html를 보라.

24 Jonathan Thatcher, "N. Korea Says in Last Stage of Enriching Uranium," *Reuters* (September 3, 2009), https://www.reuters.com/article/us-korea-north/n-korea-says-in-last-stage-of-enriching-uranium-idUSTRE5826IG20090903.

25 DPRK Permanent Representative of the DPRK to the United Nations, "DPRK Permanent Representative Sends Letter to President of UNSC," *KCNA* (September 4, 2009).

26 Choe Sang-Hun, "China Aims to Steady North Korea," *New York Times* (October 6, 2009), https://www.nytimes.com/2009/10/07/world/asia/07korea.html.

27 DPRK Foreign Ministry Spokesman, "DPRK on US Envoy's Pyongyang Visit," *KCNA* (December 11, 2009).

28 Choe Sang-Hun, "North Korea Says Differences with U.S. Narrowed During Visit by Obama's Envoy," *New York Times* (December 11, 2009): A6.

29 Hillary Rodham Clinton, Secretary of State, "Remarks with Croatian Foreign Minister Gordan Jandrokovic After Their Meeting," *U.S. Department of State Archive* (December 10, 2009), https://2009-2017.state.gov/secretary/20092013clinton/rm/2009a/12/133416.htm.

30 Daniel Wertz, "The U.S., North Korea, and Nuclear Diplomacy," National Committee on North Korea, Issue Brief (October 2018), https://www.ncnk.org/sites/default/files/issue-briefs/US_DPRK_Relations.pdf.

31 Choe Sang-Hun, "Korean Tensions Grow as South Curbs Trade with North," *New York Times* (May 23, 2010), https://www.nytimes.com/2010/05/24/world/asia/24korea.html.

32 Blaine Harden, "North Korea Severs All Ties with South; Move Follows Sanctions Imposed by Seoul over Sinking of Warship," *Washington Post* (May 26, 2010), A1.

33 Oberdorfer, Carlin, *The Two Koreas*, 444.

34 DPRK Foreign Ministry Spokesman, "Foreign Ministry Dismisses US Nuclear Plan," *KCNA* (April 9, 2010).

35 DPRK Foreign Ministry, "Foreign Ministry Issues Memorandum on N-Issue," *KCNA* (April 21, 2010).

36 Mark Landler, "U.S. Considers Possibility of Engaging North Korea," *New York Times* (August 27, 2010), https://www.nytimes.com/2010/08/28/world/asia/28diplo.html.

37 사거리 2500~4000킬로미터의 무수단은 적어도 10년 동안 개발 중이었으나, 수년 후 2015년이 되어서야 시험 발사가 가능해졌다. 그때 무수단은 일련의 시험 발사에서 재앙에 가까운 실패를 거듭했으며, 결국 북한의 무력에 포함되지 못했다.

14장

1 충분한 재료를 처리하기 위해 원심분리기는, 때로 수백대씩 병렬로 가동된다. 필요한 농축도를 얻기 위해 원심분리기 한 세트에서 산출된 재료가 그 옆의 다른 세트에 다시 투입되어 한단계 더 농축된다. 원하는 농축률을 얻을 때까지 원심분리기 각 세트가 이전 세트보다 조금 더 우라늄을 농축한다. 이렇게 원심분리기를 모아놓은 집합을 캐스케이드라고 한다. Ivan Oelrich, Ivanka Barzashka, "How a Centrifuge Works," *Federation of American Scientists*, https://fas.org/programs/ssp/nukes/fuelcycle/centrifuges/centrifuge.html (accessed November 26, 2021)를 보라.

2 이 글을 쓰는 지금 2022년 4월 현재 오바마 정부와 트럼프 정부가 영변으로 돌아갈 기회를 날려버린 상태로, 그것을 마지막으로 본 사람도 우리인 것으로 드러났다.

3 David Albright, Paul Brannan, "What Is North Korea Building in the Area of the Destroyed Cooling Tower? It Bears Watching," *Institute for Science and International Security* (September 30, 2010), https://isis-online.org/isis-reports/detail/what-is-north-korean-building-in-the-area-of-the-destroyed-cooling-tower-it/10.

4 지금부터 내가 그 건설 현장을 목격한 이 원자로를 실험용 경수로, 또는 ELWR이라고 부르겠다.

5 "North Korea's Yongbyon Nuclear Complex: A Report by Siegfried S. Hecker," *Center for International Security and Cooperation* (CISAC) (November 20, 2010), https://cisac.fsi.stanford.edu/publications/north_koreas_yongbyon_nuclear_complex_a_report_by_siegfried_s_hecker; David E. Sanger, "North Koreans Unveil Vast New Plant for Nuclear Use," *New York Times* (November 20, 2010), https://www.nytimes.

com/2010/11/21/world/asia/21intel.html?ref=todayspaper.

6 Sanger, "North Koreans Unveil Vast New Plant for Nuclear Use."

15장

1 John Pomfret, "N. Korea Suggests Discarding One of Its Nuclear Arms Programs," *Washington Post* (November 23, 2010), A10.

2 Chico Harlan, "China Affirms N. Korea Ties with 'Candid' Official Visit," *Washington Post* (December 10, 2010), www.washingtonpost.com/wp-dyn/content/article/2010/12/09/AR2010120901782.html.

3 Mark Landler, "Obama Urges China to Check North Koreans," *New York Times* (December 6, 2010), https://www.nytimes.com/2010/12/07/world/asia/07diplo.html.

4 Anna Fifield, *The Great Successor: The Divinely Perfect Destiny of Brilliant Comrade Kim Jong Un* (New York: PublicAffairs, 2019), 76.

5 John Pomfret and Chico Harlan, "North Korea Makes Gestures Toward Calm After South's Drills," *Washington Post* (December 21, 2010), https://www.washingtonpost.com/wp-dyn/content/article/2010/12/20/AR2010122005890.html.

6 Don Oberdorfer and Robert Carlin, *The Two Koreas: A Contemporary History*, 3rd ed. (New York: Basic Books, 2014), 454.

7 Chico Harlan, "U.S. Invites North Korea Official to N.Y. for Talks," *Washington Post* (July 24, 2011), https://www.washingtonpost.com/world/asia-pacific/us-invites-n-korean-official-to-new-york-for-talks/2011/07/24/gIQATQKeWI_story.html.

8 Jean H. Lee, "U.S. Set to Pledge Food Aid to North Korea," *Washington Post* (December 19, 2011), A14.

9 The Central Committee and the Central Military Commission of the Workers' Party of Korea, National Defense Commission of the DPRK, the Presidium of the Supreme People's Assembly and the Cabinet of the DPRK, "Notice to All Party Members, Servicepersons and People," *KCNA* (December 19, 2011), https://kcnawatch.org/newstream/1451890638-677103435/notice-to-all-party-members-servicepersons-and-people/.

10 Choe Sang-Hun, "North Korea Suggests That It Is Open to More Nuclear Talks," *New York Times* (January 12, 2012), A11.

11 "Comment on US-DPRK Talks," *KCNA* (February 29, 2012), https://www.ncnk.org/sites/default/files/content/resources/publications/KCNA_February_29_2012.pdf

12 Victoria Nuland, "U.S.-DPRK Bilateral Discussions," *U.S. Department of State*

Archive (February 29, 2012), https://2009-2017.state.gov/r/pa/prs/ps/2012/02/184869.htm.

13 William Wan, "N. Korea Agrees to Suspend Uranium Enrichment, Nuclear Tests," *Washington Post* (March 1, 2012), https://www.washingtonpost.com/world/national-security/n-korea-agrees-to-suspend-uranium-enrichment-nuclear-tests/2012/02/29/gIQAsxwAiR_story.html.

14 Choe Sang-Hun and Steven Lee Myers, "North Korea Says It Will Launch Satellite into Orbit," *New York Times* (March 16, 2012), https://www.nytimes.com/2012/03/17/world/asia/north-korea-satellite-launch-missile-test.html.

15 Chico Harlan and William Wan, "N. Korea Rebuked for Plan to Fire Rocket," *Washington Post* (March 17, 2012), A1.

16 DPRK Foreign Ministry Spokesman, "DPRK Foreign Ministry Spokesman on Launch of Working Satellite," *KCNA* (March 23, 2012), https://kcnawatch.org/newstream/1451900316-518734172/dprk-foreign-ministry-spokesman-on-launch-of-working-satellite/.

17 "Ambassador Davies Provides Students with Firsthand Lesson in Diplomacy," *Graduate School of Public and International Affairs* (University of Pittsburgh: February 6, 2013).

18 Choe Sang-Hun and Rick Gladstone, "North Korea, Defiant, Fails in Rocket Test," *New York Times* (April 13, 2012), A1.

19 Mark Landler and Choe Sang-Hun, "Obama Warns North Korea to End 'Bad Behavior,'" *New York Times* (March 26, 2012), A8.

20 David Nakamura and Chico Harlan, "Obama Urges China to Add to Global Pressure on N. Korea," *Washington Post* (March 26, 2012), https://www.washingtonpost.com/politics/obama-urges-china-to-add-to-global-pressure-on-north-korea/2012/03/26/gIQA8T-7vbS_story.html.

21 Choe and Gladstone, "North Korea, Defiant."

22 Chico Harlan and William Wan, "North Korea Signals Rocket Launch Does Not Flout Deal with US," *Washington Post* (April 13, 2012), https://www.washingtonpost.com/world/asia_pacific/north-korea-signals-rocket-launch-does-not-flout-deal-with-us/2012/04/12/gIQAXSgNCT_story.html.

23 James Church, "Keep Your Eye on the Duck," *38 North* (June 19, 2012), https://www.38north.org/2012/06/jchurch061912/.

16장

1 몬터레이의 미들베리연구소 비확산연구센터의 동아시아 비확산 프로그램 책임자인 제프리 루이스는 유익하고 흥미로운 그의 블로그 특유의 생생한 표현으로, 이번 장 소제목에 있는 질문을 던졌다. "멍청한 로켓 발사 한번 때문에 미국은 이걸 다 날리는 건가?" Jeffrey Lewis, "Rockets and the Leap Day Deal," *Arms Control Wonk* (March 23, 2012), https://www.arms-controlwonk.com/archive/205098/rockets-and-the-leap-day-deal/을 보라.

2 한 북한 외교관은 2012년 4월 1일 유럽에서 열린 한 회의에서 전직 미국 관료에게, 아마도 윤달 합의가 미국이 북한의 프로그램을 영변으로 제한할 수 있는 마지막 기회일 것이라고 경고했다. Bob Carlin, 필자와의 개인적 대화(November 11, 2021).

17장

1 DPRK Foreign Ministry, "DPRK FM Memorandum Terms U.S. Hostile Policy Towards DPRK Main Obstacle in Resolving Nuclear Issue," *KCNA* (August 31, 2012), https://kcnawatch.org/newstream/1451899878-39520168/dprk-fm-memorandum-terms-u-s-hostile-policy-towards-dprk-main-obstacle-in-resolving-nuclear-issue/.

2 "Korean Peninsula's Denuclearization Comes to End," *KCNA* (January 25, 2013).

3 "DPRK's Choice Will Be Beyond Imagination of Hostile Forces," *KCNA* (February 5, 2013).

4 "KCNA Report on Successful 3rd Underground Nuclear Test," *KCNA* (February 12, 2013), https://www.ncnk.org/resources/publications/KCNA_3rd_Nuke_Test.pdf.

5 John Delury, "The Disappointments of Disengagement: Assessing Obama's North Korea Policy," *Asian Perspective* 37, no. 2 (April–June 2013), https://www.jstor.org/stable/42704824.

6 Barack Obama, *A Promised Land* (New York: Crown, 2020), 454.

7 Kurt M. Campbell and Jake Sullivan, "Competition Without Catastrophe: How America Can Both Challenge and Coexist with China," *Foreign Affairs* 98, no. 5 (September–October 2019), https://www.foreignaffairs.com/articles/china/competition-with-china-without-catastrophe

8 Mark Landler, "Detecting Shift, U.S. Makes Case to China on North Korea," *New York Times* (April 5, 2013), https://www.nytimes.com/2013/04/06/world/asia/us-sees-china-as-lever-to-press-north-korea.html.

9 "DPRK Proposes Official Talks with U.S.," *KCNA* (June 16, 2013).

10 Bob Carlin, 필자와의 개인적인 대화(November 11, 2021).

11 Mark Landler, "Biden Looks into North Korea at Border," *New York Times* (December 7, 2013), https://www.nytimes.com/2013/12/08/world/asia/biden-peers-into-north-korea-at-tense-border.html.

12 Michael R. Gordon, "North Korea a Priority as Kerry Begins Asia Tour," *New York Times* (February 12, 2014), https://www.nytimes.com/2014/02/13/world/asia/north-korea-a-priority-as-kerry-begins-asia-tour.html.

13 국가정보국장 클래퍼의 방북은 오바마 정부 시절 정보 채널을 통한 일련의 미북 접촉 가운데 하나였다.

14 DPRK Foreign Ministry Spokesman, "FM Spokesman Rejects UN 'Human Rights Resolution' Against DPRK," *KCNA* (November 20, 2104).

15 Ellen Nakashima, "U.S. Accuses N. Korea of Cyberattack on Sony," *Washington Post* (December 20, 2014), https://www.washingtonpost.com/world/national-security/us-attri-butes-sony-attack-to-north-korea/2014/12/19/fc3aec60-8790-11e4-a702-fa31ff4ae98e_story.html.

16 Amy Chozick, "Obama to See If North Korea Should Return to Terror List," *New York Times* (December 21, 2014), https://www.nytimes.com/2014/12/22/us/politics/obama-cuba-north-korea-cyberattack.html.

17 Choe Sang-Hun, "North Korea Offers U.S. Deal to Halt Nuclear Test," *New York Times* (January 10, 2015), https://www.nytimes.com/2015/01/11/world/asia/north-korea-offers-us-deal-to-halt-nuclear-test-.html.

18 Reuters Staff, "North Korea Offers to Suspend Nuclear Tests If U.S. Suspends Military Drills," *Reuters* (January 10, 2015), https://www.reuters.com/article/us-northkorea-usa-drills/north-korea-offers-to-suspend-nuclear-tests-if-u-s-suspends-military-drills-idUSKBN0KJ09F20150110.

19 Daniel Russel, 필자와의 개인적 대화(Stanford University, April 21, 2016).

20 DPRK Foreign Ministry Spokesman, "FM Spokesman Accuses the US of Shunning Conclusion of Peace Treaty," *KCNA* (November 13, 2015).

21 DPRK Government, "DPRK Proves Successful in H-bomb Test," *KCNA* (January 6, 2016).

22 DPRK Nuclear Weapons Institute, "DPRK Succeeds in Nuclear Warhead Explosion Test," *KCNA* (September 9, 2016), https://www.cnbc.com/2016/09/09/heres-the-full-statement-from-north-korea-on-nuclear-test.html.

23 Jeffrey Lewis, "Five Things You Need to Know About Kim Jong Un's Photo Op

with the Bomb," *38 North* (March 11, 2016), https://www.38north.org/2016/03/jlewis031116/.

24 John Schilling, "North Korea's Large Rocket Engine Test: A Significant Step Forward for Pyongyang's ICBM Program," *38 North* (April 11, 2016), https://www.38north.org/2016/04/schilling041116/.

25 HEU 80킬로그램이라는 추정치는 영변 시설이 HEU 생산만을 위해서 가동되었을 경우를 가정한 결과다. 그러나 나는 한두개의 비밀 시설들이 그 시설과 함께 가동되었을 것이라고 생각했고, 그 경우엔 연간 총 150킬로그램의 HEU를 생산할 수 있을 것으로 보았다. 이런 분석은 내가 스탠퍼드대학 동료들과 공동 집필한 논문으로 발표되었다. John E. Bistline, David M. Blum, Chris Rinaldi, Gabriel Shields-Estrada, Siegfried S. Hecker, M. Elisabeth Paté-Cornell, "A Bayesian Model to Assess the Size of North Korea's Uranium Enrichment Program," *Science & Global Security* 23, no. 2 (2015), 71~100.

26 북한 미사일실험의 역사는 전략및국제연구센터의 "Missiles of North Korea," https://missilethreat.csis.org/country/dprk/ (last updated March 24, 2022)과 제임스 마틴 비확산연구센터(CNS)의 "The CNS North Korea Missile Test Database," https://www.nti.org/analysis/articles/cns-north-korea-missile-test-database/ (last accessed April 30 2022)에 상세하게 제공되어 있다.

27 Daniel R. Russel, "The Persistent Threat of North Korea and Developing an Effective U.S. Response," *U.S. Department of State Archive* (September 28, 2016), https://2009-2017.state.gov/p/eap/rls/rm/2016/09/262528.htm.

28 Choe Sang-Hun, "After Nuclear Test, South Korea Urges China to Rein in North," *New York Times* (January 13, 2016), https://www.nytimes.com/2016/01/14/world/asia/south-korea-china-north-nuclear.html.

29 Russel, "The Persistent Threat of North Korea."

30 Gardiner Harris, "Obama, in Japan, Emphasizes Lingering Threat of Nuclear War," *New York Times* (May 26, 2016), https://www.nytimes.com/2016/05/27/world/asia/g7-summit-2016.html.

31 Julie Hirschfeld Davis, "Obama Places Sanctions on North Korean Leaders for Human Rights Abuses," *New York Times* (July 6, 2016), https://www.nytimes.com/2016/07/07/world/asia/obama-puts-sanctions-on-north-korean-leaders-for-human-rights-abuse.html.

32 Daniel R. Russel, "North Korea: How to Approach the Nuclear Threat," speaking at the Institute for Corean-American Studies, Washington, DC(April 4, 2016),

https://2009-2017.state.gov/p/eap/rls/rm/2016/04/255492.htm.

33 Gerald F. Seib, Jay Solomon, and Carol E. Lee, "Barack Obama Warns Donald Trump on North Korea Threat," *Wall Street Journal* (November 22, 2016), https://www.wsj.com/articles/trump-faces-north-korean-challenge-1479855286.

34 예를 들어, 오바마 대통령은 "2003년부터 2009년까지 이란이 100에서 시작해 평화로운 프로그램이라고 정당화할 수 없을 정도인 5천까지 그 용량을 끌어올렸다"고 밝혔다(Obama, *A Promised Land*, 453). 틀린 말이다. 민간용 핵에너지 프로그램은 핵무기 프로그램보다 훨씬 더 큰 우라늄 농축 능력을 요구한다. 사실 원래 나탄즈에 있던 원심분리기 시설은 민간용 프로그램을 위한 5~6만의 원심분리기(P1형)로 설계되었다.

35 Hillary Rodham Clinton, *Hard Choices: A Memoir* (New York: Simon & Schuster, 2014).

36 John Kerry, *Every Day Is Extra* (New York: Simon & Schuster, 2018), 246.

37 William J. Burns, *The Back Channel: A Memoir of American Diplomacy and the Case for Its Renewal* (New York: Random House, 2019), 271.

38 Susan Rice, *Tough Love: My Story of the Things Worth Fighting For* (New York: Simon & Schuster, 2019), 450.

39 Samantha Power, *The Education of An Idealist: A Memoir* (New York: Dey St./William Morrow, 2019).

40 Robert Gates, *Duty: Memoirs of a Secretary at War* (New York: Alfred A. Knopf, 2014).

41 Kurt M. Campbell, *The Pivot: The Future of American Statecraft in Asia* (New York: Twelve, 2016), 170.

42 Ben Rhodes, *The World as It Is: A Memoir of the Obama White House* (New York: Random House, 2018).

43 Wendy R. Sherman, *Not for the Faint of Heart: Lessons in Courage, Power, and Persistence* (New York: PublicAffairs, 2018).

44 Ernest J. Moniz, 필자와의 개인적 대화 (August 2021).

45 David Albright with Sarah Burkhard and the Good ISIS Team, *Iran's Perilous Pursuit of Nuclear Weapons* (Washington, DC: Institute of Science and International Security, 2021).

18장

1 "Trump: North Korea Intercontinental Missile 'Won't Happen,'" BBC News (January 3, 2017), https://www.bbc.com/news/world-us-canada-38492947; Maggie Haberman,

David E. Sanger, "'It Won't Happen,' Donald Trump Says of North Korean Missile Test," *New York Times* (January 2, 2017), https://www.nytimes.com/2017/01/02/world/asia/trump-twitter-north-korea-missiles-china.html.

2 Evan Osnos, "The Risk of Nuclear War with North Korea," *New Yorker* (September 7, 2017), https://www.newyorker.com/magazine/2017/09/18/the-risk-of-nuclear-war-with-north-korea.

3 Barbara Starr and Jeremy Diamond, "Trump Launches Military Strike Against Syria," *CNN* (April 7, 2017), https://www.cnn.com/2017/04/06/politics/donald-trump-syria-military/index.html.

4 Siegfried S. Hecker, "The U.S. Must Talk to North Korea," *New York Times* (January 12, 2017), https://www.nytimes.com/2017/01/12/opinion/the-us-must-talk-to-north-korea.html.

5 Jenny Lee, "Aide Says Obama Urged Trump to Press China on North Korea," *Voice of America* (February 22, 2017), https://www.voanews.com/a/aide-says-obama-urged-trump-to-press-china-on-north-korea/3736300.html.

6 H. R. McMaster, *Battlegrounds: The Right to Defend the Free World* (New York: Harper, 2020), 351.

7 위의 책, 131.

8 위의 책, 366.

9 Motoko Rich, "North Korea Launch Could Be Test of New Attack Strategy, Japan Analysts Say," *New York Times* (March 6, 2017), https://www.nytimes.com/2017/03/06/world/asia/north-korea-missiles-japan.html.

10 Eric Talmadge, "North Korea Tests New Rocket Engine," *Associated Press* (March 19, 2017), https://www.usatoday.com/story/news/world/2017/03/19/north-korea-tests-new-rocket-engine/99380046/.

11 북한의 미사일 공개와 시험에 관한 자세한 설명은 Ankit Panda, *Kim Jong Un and the Bomb: Survival and Deterrence in North Korea* (New York: Oxford University Press, 2020), 135~249에 제시되어 있다. 북한의 미사일과 시험 발사 도표는 Center for Strategic and International Studies, "Missiles of North Korea," https://missilethreat.csis.org/country/dprk/ (last updated March 24, 2022) and the James Martin Center for Nonproliferation Studies (CNS), "The CNS North Korea Missile Test Database," https://www.nti.org/analysis/articles/cns-north-korea-missile-test-database/ (last accessed April 30, 2022)에서 찾을 수 있다.

12 Michael R. Gordon, Choe Sang-Hun, "Jim Mattis Seeks to Soothe Tensions in

Japan and South Korea," *New York Times* (February 5, 2017), https://www.nytimes.com/2017/02/05/us/politics/jim-mattis-south-korea-japan.html.

13 Anna Fifield, "North Korea May Be Preparing for Nuclear Test," *Washington Post* (March 31, 2017), https://www.washingtonpost.com/world/north-korea-might-be-preparing-for-another-nuclear-test-satellite-images-suggest/2017/03/29/f59bded6-14ed-11e7-924b-58851f3a675d_story.html.

14 Simon Denyer, "China Tries to Calm U.S. on North Korea," *Washington Post* (March 19, 2017), A15.

15 Eric Schmitt, "U.S. Reroutes Warships Toward Korean Peninsula in Show of Force," *New York Times* (April 9, 2017), https://www.nytimes.com/2017/04/09/world/asia/korean-peninsula-us-aircraft-carrier-north-korea.html.

16 Mark Landler and Eric Schmitt, "Aircraft Carrier Wasn't Sailing to Deter North Korea, as U.S. Suggested," *New York Times* (April 18, 2017), https://www.nytimes.com/2017/04/18/world/asia/aircraft-carrier-north-korea-carl-vinson.html.

17 Choe Sang-Hun, "North Korea Says Missile It Tested Can Carry Nuclear Warhead," *New York Times* (May 14, 2017), https://www.nytimes.com/2017/05/14/world/asia/north-korea-missile-nuclear.html.

18 위의 글.

19 Markus Schiller, "The Scope of Foreign Assistance to North Korea's Missile Program," *Science and Global Security* 27, no. 1 (2019), https://doi.org/10.1080/08929882.2019.1613805.

20 Shea Cotton, "Understanding North Korea's Missile Tests," *NTI* (April 24, 2017), https://www.nti.org/analysis/articles/understanding-north-koreas-missile-tests/.

21 McMaster, *Battlegrounds*, 365.

22 "Kim Jong Un Supervises Test-Launch of Inter-Continental Ballistic Rocket Hwasong-14," *KCNA* (July 5, 2017), https://kcnawatch.org/newstream/276945/kim-jong-un-supervises-test-launch-of-intercontinental-ballistic-rocket-hwasong-14.

23 Euan McKirdy, "North Korea State Media Celebrates 'Gift' to 'American Bastards,'" *CNN* (July 5, 2017). https://www.cnn.com/2017/07/05/asia/north-korea-missile-nuclear-gift/index.html.

24 "Kim Jong Un Guides Second Test-Fire of ICBM Hwasong14," *KCNA* (July 29, 2017), https://exploredprk.com/press/kim-jong-un-guides-second-test-fire-of-icbm-hwasong-14/.

25 White House, "Remarks by President Trump in Cabinet Meeting," *Newswires* (July

31, 2017), https://www.einnews.com/pr_news/395443397/remarks-by-president-trump-in-cabinet-meeting.

26 Elisabeth Eaves, "Talk to North Korea to Avert a Nuclear Disaster: An Interview with Siegfried Hecker," *Bulletin of the Atomic Scientists* (August 7, 2017), https://thebulletin.org/2017/08/talk-to-north-korea-to-avert-a-nuclear-disaster-an-interview-with-siegfried-hecker/.

27 Panda, *Kim Jong Un and the Bomb*, 199.

28 Eaves, "Talk to North Korea: Interview with Hecker."

29 Jason Le Miere, "U.S. Prepared to Launch 'Preventive War' Against North Korea, Says H. R. McMaster," *Newsweek* (August 5, 2017), https://www.newsweek.com/us-north-korea-war-mcmaster-646942.

30 Anna Fifield, *The Great Successor: The Divinely Perfect Destiny of Brilliant Comrade Kim Jong Un* (New York: PublicAffairs, 2019), 237.

31 Jeff Zeleny, Dan Merica, and Kevin Lipton, "Trump's 'Fire and Fury' Remark Was Improvised but Familiar," *CNN* (August 9, 2017), https://www.cnn.com/2017/08/09/politics/trump-fire-fury-improvise-north-korea/index.html.

32 Jonathan Cheng, "North Korea Threatens to Surround Guam with an 'Enveloping Fire,'" *Wall Street Journal* (August 9, 2017), https://www.wsj.com/articles/north-korea-threatens-to-surround-guam-with-an-enveloping-fire-1502325226.

33 Peter Baker and Choe Sang-Hun, "Trump Threatens 'Fire and Fury' Against North Korea if It Endangers U.S," *New York Times* (August 8, 2017), https://www.nytimes.com/2017/08/08/world/asia/north-korea-un-sanctions-nuclear-missile-united-nations.html.

34 Philip Rucker and Karen DeYoung, "More Threats from Trump," *Washington Post* (August 11, 2017), A1.

35 Carol Morello, "Officials Downplay Idea That Nuclear War with North Korea Is Imminent," *Washington Post* (August 13, 2017), https://www.washingtonpost.com/world/national-security/officials-downplay-idea-that-nuclear-war-with-north-korea-is-immi-nent/2017/08/13/e64fd28c-fe74-47a3-afd2-937ee7987268_story.html.

36 "Kim Jong Un Inspects KPA Strategic Force Command," *KCNA* (August 15, 2017), https://kcnawatch.org/newstream/1502749950-753062439/kim-jong-un-inspects-kpa-strategic-force-command/?mc_cid=e1e6830b06&mc_eid=8fc8089a7c.

37 Robert Carlin, "Kim Jong Un Steps Back from the Nuclear Cliff," *38 North* (August

15, 2017), https://www.38north.org/2017/08/rcarlin081517/.

38 Jim Mattis and Rex Tillerson, "We're Holding Pyongyang to Account," *Wall Street Journal* (August 13, 2017), https://www.wsj.com/articles/were-holding-pyongyang-to-account-1502660253.

39 Siegfried Hecker, "If Nixon Went to China, Trump Can Talk to North Korea," *Politico* (August 23, 2017), https://www.politico.com/magazine/story/2017/08/23/north-korea-talk-nuclear-weapons-icbms-215523.

40 Choe Sang-Hun, "Route of Missile by North Korea Unnerves Japan," *New York Times* (August 29, 2017), A1.

41 Choe Sang-Hun, "U.N. Condemns North Korea's Latest Missile Tests, but Takes No Action," *New York Times* (August 29, 2017), https://www.nytimes.com/2017/08/29/world/asia/north-korea-japan-missile-us.html.

42 Anne Gearan and Anna Fifield, "N. Korea's 'Perfectly Calibrated' Launch," *Washington Post* (August 30, 2017), A1.

43 White House, "Statement by President Donald J. Trump on North Korea," *Trump White House Archives* (August 29, 2017), https://trumpwhitehouse.archives.gov/briefings-statements/statement-president-donald-j-trump-north-korea/.

44 "DPRK Nuclear Weapons Institute on Successful Test of H-bomb for ICBM," *KCNA* (September 3, 2017). Full statement at https://www.cnbc.com/2017/09/03/north-korea-hydrogen-bomb-read-the-full-announcement-from-pyongyang.html.

45 Elisabeth Eaves, "North Korean Nuclear Test Shows Steady Advance: Interview with Siegfried Hecker," *Bulletin of the Atomic Scientists* (September 7, 2017), https://thebulletin.org/2017/09/north-korean-nuclear-test-shows-steady-advance-interview-with-siegfriedhecker/.

46 "DPRK Nuclear Weapons Institute on Successful Test of H-bomb for ICBM."

47 "At U.N., Trump Singles Out 'Rogue' Nations North Korea and Iran," *New York Times* (September 19, 2017), https://www.nytimes.com/2017/09/19/world/americas/united-nations-general-assembly.html.

48 "Statement of Chairman of State Affairs Commission of DPRK," *KCNA* (September 22, 2017), https://www.ncnk.org/resources/publications/kju_statement_to_trump.pdf/file_view.

49 Choe Sang-Hun and Jane Perlez, "At U.N. and in the Air, North Korea and U.S. Trade Tough Messages," *New York Times* (September 23, 2017), https://www.nytimes.com/2017/09/23/world/asia/north-korea-us-china-south.html.

50 위의 글.

51 Carol Morello, "North Korea Threatens to Shoot Down U.S. Warplanes," *Washington Post* (September 25, 2017), https://www.washingtonpost.com/world/national-security/north-korea-asserts-its-right-to-shoot-down-us-bombers/2017/09/25/74da66c4-a204-11e7-8cfe-d5b912fabc99_story.html.

52 Fifield, *The Great Successor*, 239.

53 Center for Energy and Security Studies (CENESS) Moscow Nonproliferation Conference, October 21, 2017.

54 Emily Rauhala, "Tillerson: U.S. Is in Direct Contact with North Korea, Is 'Probing' Talks," *Washington Post* (September 30, 2017), https://www.washingtonpost.com/world/tillerson-us-is-in-direct-contact-with-north-korea/2017/09/30/eecb3ed2-a5c3-11e7-8c37-e1d99ad6aa22_story.html.

55 Panda, *Kim Jong Un and the Bomb*, 291~292.

56 Siegfried S. Hecker, "Time to Insert the Control Rods on North Korea," *Bulletin of the Atomic Scientists* (October 17, 2017), https://thebulletin.org/time-insert-control-rods-north-korea11198.

57 Bob Woodward, *Rage* (New York: Simon & Schuster, 2020), 71.

58 "Full Text of President Trump's Remarks to the South Korean National Assembly," *Voice of America* (November 8, 2017), https://www.voanews.com/a/text-of-trump-speech-to-south-korean-national-assembly-/4106294.html.

59 Michael D. Shear and David E. Sanger, "Trump Revives Terrorist Label for Pyongyang," *New York Times* (November 21, 2017), https://www.nytimes.com/2017/11/20/us/politics/north-korea-trump-terror.html.

60 Jung H. Pak, *Becoming Kim Jong Un* (New York: Ballantine Books, 2020), 153.

61 "North Korea Chemical Overview," *Nuclear Threat Initiative* (April 17, 2018), https://www.nti.org/analysis/articles/north-korea-chemical/; "North Korea Biological Overview," *Nuclear Threat Initiative* (July 13, 2018), https://www.nti.org/analysis/articles/north-korea-biological/.

62 H. R. 4084: Otto Warmbier North Korea Nuclear Sanctions Act of 2019.

63 Doug Bok Clark, "The Untold Story of Otto Warmbier, American Hostage," *GQ* (July 23, 2018), https://www.gq.com/story/otto-warmbier-north-korea-american-hostage-true-story.

64 "Kim Jong Un Guides Test-fire of ICBM Hwasong-15," *KCNA* (November 29, 2017), http://www.uriminzokkiri.com/index.php?lang=eng&ptype=cfoson&page=1&

mtype=view&no=7596.

65 Siegfried S. Hecker, "What We Really Know About North Korea's Nuclear Weapons: And What We Don't Yet Know for Sure," *Foreign Affairs* (December 4, 2017), https://www.foreignaffairs.com/articles/north-korea/2017-12-04/what-we-really-know-about-north-koreas-nuclear-weapons.

66 Vandenberg Space Force Base, "Unarmed Minuteman III Test Launch from Vandenberg" (August 11, 2021), https://www.vandenberg.spaceforce.mil/News/Article-Display/Article/2727025/unarmed-minuteman-iii-test-launch-from-vandenberg/.

67 Robert Carlin, "Death's Dusty Measure," *38 North* (November 7, 2017), https://www.38north.org/2017/11/rcarlin110717/.

68 Hecker, "What We Really Know About North Korea's Nuclear Weapons." *Foreign Affairs*에 실린 이 논문에서, 필자는 북한이 대략 25~30개의 핵무기에 충분한 핵분열 물질을 보유하고 있으며 6~7개의 연간 생산율을 가지고 있다고 추산했다. 북한의 핵탄두 미사일이 남한 전역과 일본 대부분 지역에 닿을 수 있다는 것에는 의심의 여지가 거의 없었으나, 북한에 군사적으로 사용 가능한 ICBM 전력은 아직 없었다.

69 David Ignatius, "Sleepwalkers in North Korea," *Washington Post* (December 20, 2017), A17.

70 Mick Krever and Joshua Berlinger, "UN Official Who Visited North Korea Sees 'High Risk' of Miscalculation," *CNN* (December 15, 2017), https://www.cnn.com/2017/12/14/world/north-korea-jeffrey-feltman-amanpour/index.html.

71 위의 글.

72 "The BBC Exclusively Revealed That the Hanoi Negotiations Broke, and Trump Invited Kim Jong Un to Go Home on the Air No. 1-International," *6PARK.News* (February 21, 2021), https://6park.news/en/the-bbc-exclusively-revealed-that-the-hanoi-negotiations-broke-and-trump-invited-kim-jong-un-to-go-home-on-the-air-no-1-international.html; Episode 3 of *Trump Takes on the World*, broadcast by the BBC in Great Britain (February 24, 2021), https://www.bbc.co.uk/iplayer/episode/m000sln7/trump-takes-on-the-world-series-1-episode-3.

73 "The BBC Exclusively Revealed."

19장

1 "Kim Jong Un's 2018 New Year's Address," *National Committee on North Korea*, https://www.ncnk.org/node/1427.

2 Robert Carlin, "A New Enchilada," *38 North* (January 2, 2018), https://www.38north.org/2018/01/rcarlin010218/; Ruediger Frank, "Kim Jong Un's 2018 New Year's Speech: Self-Confidence After a Tough Year," *38 North*, (January 3, 2018), https://www.38north.org/2018/01/rfrank010318/.

3 "Kim Jong Un's 2018 New Year's Address."

4 Choe Sang-Hun, "South Korea Proposes Border Talks with North Korea After Kim's Overture," *New York Times* (January 2, 2018), https://www.nytimes.com/2018/01/02/world/asia/south-north-korea-olympics-talks.html.

5 Andy Kim, "Prices for Denuclearization of North Korea," speaking at Stanford University's Shorenstein Asia-Pacific Research Center(February 22, 2019); Bob Woodward, *Rage* (New York: Simon & Schuster, 2020), 99.

6 John Bolton, "The Legal Case for Striking North Korea First," *Wall Street Journal* (February 28, 2018), https://www.wsj.com/articles/the-legal-case-for-striking-north-korea-first-1519862374.

7 Anna Fifield, "North Korea Says It Will Suspend Nuclear and Missile Tests, Shut Down Test Site," *Washington Post* (April 20, 2018), https://www.washingtonpost.com/world/north-korean-leader-suspends-nuclear-and-missile-tests-shuts-down-test-site/2018/04/20/71ff2eea-44e7-11e8-baaf-8b3c5a3da888_story.html.

8 Robert Carlin, "Kim Jong Un's New Strategic Line," *38 North* (April 23, 2018), https://www.38north.org/2018/04/rcarlin042318/.

9 "Press Statement by Vice-Minister of Foreign Affairs of DPRK," *KCNA* (May 24, 2018), http://www.uriminzokkiri.com/index.php?lang=eng&ptype=cfodoc&mtype=view&no=11445.

10 John Bolton, *The Room Where It Happened: A White House Memoir* (New York: Simon & Schuster, 2020), 92.

11 Choe Sang-Hun, "North Korea Razes Missile Test Facility Ahead of Meeting with Trump," *New York Times* (June 7, 2018), https://www.nytimes.com/2018/06/07/world/asia/north-korea-missile-test-site.html.

12 Siegfried S. Hecker, Robert Carlin, and Elliot Serbin, "A Comprehensive History of North Korea's Nuclear Program," Center for International Security and Cooperation, Stanford University, https://cisac.fsi.stanford.edu/content/cisac-north-korea.

13 Bolton, *The Room*, 78.

14 William J. Broad and David E. Sanger, "North Korea Nuclear Disarmament Could Take 15 Years, Expert Warns," *New York Times* (May 28, 2018), https://www.nytimes.

com/2018/05/28/us/politics/north-korea-nuclear-disarmament-could-take-15-years-expert-warns.html.

15 Woodward, *Rage*, 107.

16 Jane Perlez and Choe Sang-Hun, "Top Aide to North Korean Leader Is Expected in U.S. to Meet Pompeo," *New York Times* (May 29, 2018), A5.

17 "Trump to Suspend Military Exercises on Korean Peninsula," Live Briefing, *New York Times* (June 11, 2018), https://www.nytimes.com/2018/06/11/world/asia/trump-kim-live-updates.html.

18 Bolton, *The Room*, 109.

19 위의 책.

20 Sarah Kim, "After Helsinki, Trump Says He's in No Hurry for Denuclearization of North Korea," *Korea JoongAng Daily* (July 17, 2018), https://koreajoongangdaily.joins.com/news/article/article.aspx?aid=3050692.

21 Bolton, *The Room*, 113.

22 "Historic First DPRK-U.S. Summit Meeting and Talks Held," *KCNA* (June 13, 2018), https://kcnawatch.org/newstream/1528840973-311086573/historic-first-dprk-u-s-summit-meeting-and-talks-held/.

23 위의 책.

20장

1 Bob Woodward, *Rage* (New York: Simon & Schuster, 2020), 386.

2 Robert Carlin, "The Real Lessons of the Trump-Kim Love Letters," *Foreign Policy* (August 13, 2021), https://foreignpolicy.com/2021/08/13/north-korea-trump-kim-jong-un-love-letters-diplomacy-nuclear-talks/. 우드워드가 접근할 수 있었던 편지 모음에 들어 있지 않은, 트럼프가 김정은에게 보낸 편지가 한통 더 있는 것으로 보인다. 2020년 3월 22일자 『조선중앙통신』 기사에서, 김정은의 여동생이자 중앙위원회 부부장인 김여정은 김정은이 트럼프에게서 친서를 받았다고 밝힌다.

3 Woodward, *Rage*, 171.

4 John Bolton, *The Room Where It Happened: A White House Memoir* (New York: Simon & Schuster, 2020), 117.

5 "FM Spokesman on DPRK-U.S. High-Level Talks," *KCNA* (July 7, 2018), http://www.uriminzokkiri.com/index.php?lang=eng&ptype=cfodoc&mtype=view&no=12300; "도적 같은"이라는 표현은 Carlin, "The Real Lessons of the Trump-Kim Love Letters."에서 찾을 수 있다.

6 Bolton, *The Room*, 119.

7 Joseph Bermudez, "North Korea Begins Dismantling Key Facilities at the Sohae Satellite Launching Station," *38 North* (July 23, 2018), https://www.38north.org/2018/03/sohae032018/

8 Woodward, *Rage*, 172.

9 "DPRK Foreign Minister Makes Speech at ASEAN Regional Forum," *KCNA* (August 5, 2018), https://kcnawatch.org/newstream/1533450055-893152373/dprk-foreign-minister-makes-speech-at-asean-regional-forum.

10 Woodward, *Rage*, 172.

11 Bolton, *The Room*, 125.

12 위의 책, 320~323.

13 Stephen E. Biegun, "Remarks on the DPRK," Stanford University, Freeman Spogli Institute (January 31, 2019), https://fsi-live.s3.us-west-1.amazonaws.com/s3fs-public/transcript_stephen_bieugn_discussion_on_the_dprk_20190131.pdf.

14 "Negotiating with North Korea: An Interview with Former U.S. Deputy Secretary of State Stephen Biegun," *Arms Control Association* (June 2021), https://www.armscontrol.org/act/2021-06/interviews/negotiating-north-korea-interview-former-us-deputy-secre-tary-state-stephen.

15 "Senior State Department Official Remarks to Traveling Press," *U.S. State Department* (February 28, 2019), https://2017-2021.state.gov/senior-state-department-official-remarks-to-traveling-press-3/index.html. 공식 언급에서는 스티븐 비건이라고 특정되지 않았지만, 이 국무부 고위 관계자가 비건임은 확실했다.

16 Bolton, *The Room*, 323.

17 위의 책, 324.

18 Bryan Betts, "An Interview with Stephen Biegun, Former US Special Envoy to North Korea," *NK News* (July 14, 2021), https://www.nknews.org/2021/07/an-interview-with-stephen-biegun-former-us-envoy-to-north-korea/.

19 위의 글.

20 Kim Chi-yong, "Second North Korea–US Summit Talks in Hanoi, Vietnam from Today," *Choson Sinbo* (online in Korean) (February 27, 2019).

21 Betts, "Negotiating with North Korea: Interview with Biegun."

22 Bolton, *The Room*, 326.

23 Woodward, *Rage*, 175.

24 Institute for Corean-American Studies (ICAS) seminar featuring John Bolton

(February 4, 2022), https://www.icasinc.org/2022/2022v/v220204a.html/

25 Woodward, *Rage*, 176.

26 Biegun, 필자와의 개인적 대화, U.S. State Department (May 18, 2019).

27 "Remarks by President Trump in Press Conference," Hanoi, Vietnam (February 28, 2019), https://trumpwhitehouse.archives.gov/briefings-statements/remarks-president-trump-press-conference-hanoi-vietnam/.

28 이것은 정상회담이 끝나고 한국어 온라인판 『조선신보』에 실린 김지영의 기사 "The Points of Arguments for the Second Summit Between the Democratic People's Republic of Korea and the United States and the Way of Resolving the Issues—The First Step Toward DPRK-US Cooperation Is Confidence Building Through Phase-by-Phase Simultaneous Actions."(March 1, 2019)에 사용된 표현이다.

29 Betts, "Negotiating with North Korea: Interview with Biegun."

30 Kim Chi-yong, "The Points of Arguments for the Second Summit."

31 Bolton, *The Room*, 331.

32 "On Socialist Construction and the Internal and External Policies of the Government of the Republic at the Present Stage," First Session of the 14th Supreme People's Assembly of the DPRK, posted by National Committee on North Korea (April 12, 2019), https://www.ncnk.org/resources/publications/kju_april2019_policy_speech.pdf/file_view.

33 Robert Carlin, "The Real Lessons of the Trump-Kim Love Letters," *Foreign Policy* (August 13, 2021), https://foreignpolicy.com/2021/08/13/north-korea-trump-kim-jong-un-love-letters-diplomacy-nuclear-talks/.

34 Kim Hyung-Jin, "North Korea Foreign Minister Calls Pompeo 'Poisonous Plant,'" *Asociated Press* (August 23, 2019), https://abcnews.go.com/International/wireStory/northkorea-foreign-minister-calls-pompeo-poisonous-plant-65138219.

35 Robert Carlin, "Distant Thunder: The Crisis Coming in Korea," *38 North* (October 17, 2019), https://www.38north.org/2019/10/rcarlin101719/.

36 R. L. Carlin, "North Korea's Eighth Workers' Party Congress: Putting Things into Context," *38 North* (January 19, 2021), https://www.38north.org/2021/01/north-koreas-eighth-workers-party-congress-putting-things-into-context/; Ruediger Frank, "Key Results of the Eighth Party Congress in North Korea" (part 2 of 2), *38 North* (January 19, 2021), https://www.38north.org/2021/01/key-results-of-the-eighth-party-congress-in-north-korea-part-2-of-2/.

37 "Great Programme for Struggle Leading Korean-style Socialist Construction

to Fresh Victory on Report Made by Supreme Leader Kim Jong Un at Eighth Congress of WPK," *KCNA Watch*(January 10, 2021), https://kcnawatch.org/newstream/1610261416-871234007/great-programme-for-struggle-leading-korean-style-so-cialist-construction-to-fresh-victory-on-report-made-by-supreme-leader-kim-jong-un-at-eighth-congress-of-wpk/.

찾아보기

ㄹ

    윤달 합의(2012) 406~12, 415~19, 424, 427, 429, 440, 550, 583

ㅍ

ㅎ

핵의 변곡점

핵물리학자가 들여다본 북핵의 실체

초판 1쇄 발행 / 2023년 10월 27일
초판 2쇄 발행 / 2023년 11월 28일

지은이 / 시그프리드 헤커
옮긴이 / 천지현
펴낸이/염종선
책임편집 / 이하림 김정희
조판 / 신혜원
펴낸곳 / (주)창비
등록 / 1986년 8월 5일 제85호
주소 / 10881 경기도 파주시 회동길 184
전화 / 031-955-3333
팩시밀리 / 영업 031-955-3399 편집 031-955-3400
홈페이지 / www.changbi.com
전자우편 / human@changbi.com

ISBN 978-89-364-8699-0 03300

* 책값은 뒤표지에 표시되어 있습니다.